그림자를
이으면

길이 된다

그림자를 이으면 길이 된다

피해자에서 생존자, 그리고 감시자가 된
마녀 D의 사법연대기

초판 1쇄 펴낸날 2022년 7월 25일

지은이 D
감수 김수정 김영주
펴낸이 이건복
펴낸곳 도서출판 동녘

책임편집 정경윤
편집 구형민 김혜윤 홍주은
마케팅 임세현 박세린
관리 서숙희 이주원

등록 제311-1980-01호 1980년 3월 25일
주소 (10881) 경기도 파주시 회동길 77-26
전화 영업 031-955-3000 | 편집 031-955-3005
전송 031-955-3009
블로그 www.dongnyok.com | 전자우편 editor@dongnyok.com
페이스북·인스타그램 @dongnyokpub
인쇄·제본 영신사 | 라미네이팅 북웨어 | 종이 한서지업사
조판 신성기획

ⓒ D, 2022
ISBN 978-89-7297-052-1 03300

D 지음

그림자를
이으면

길이 된다

피해자에서 생존자,
그리고
감시자가 된

마녀 D의
사법 연대기

김수정·김영주 감수

동녘

| 일러두기 |

1. 인용된 피해 사례는 피해자의 허락을 받아 수록된 것입니다. 사례 속 피해자의 이름은 피해자가 원하는 방식에 따라 실명이나 가명 또는 이니셜로 표기했기에 중복될 수 있습니다.

2. 피고인(가해자)의 이름이 나올 때는 첫 등장에서 나이와 성별을 함께 표기했습니다. 이름의 경우 신상공개가 된 경우는 실명 그대로, 그렇지 않은 경우는 초성을 썼습니다. 표기된 나이는 2022년을 기준으로 했습니다. 성별의 경우, 기존의 성범죄 사건 보도가 여성 성별을 부각하는 관행을 낯설게 보기 위해 남성일 경우에만 표기했습니다.

3. 성폭력 피해자를 대상으로 한 추가·파생 가해는 이를 가리키는 용어가 통일되지 않은 점을 고려해, 이 책에서는 '2차 가해'나 '추가 가해' 혹은 '2차 피해'나 '추가 피해'로 썼습니다.

4. 법원과 검찰의 이름은 약칭을 사용했습니다.(예: ○○지방법원 → ○○지법, ○○고등법원 → ○○고법, ○○지방검찰청 → ○○지검, ○○고등검찰청 → ○○고검)

5. 법률용어와 재판 과정의 이해를 돕기 위한 주는 각주로, 출처를 밝히고 추가 설명 등을 위한 주는 후주로 처리했습니다.

6. 단행본, 잡지, 학술지 등은 《 》에, 짧은 글, 기사, 논문, 영상, 세미나 프로그램 등은 〈 〉안에 넣어 표기했습니다.

7. 일부 내용은 《한겨레21》 등에 발표된 글을 수정하고 보완했습니다.

일단 살아만 있어요

"괜찮냐고, 힘내라는 말 듣기 싫어요. 저보고 왜 생존자라고 하는
지 모르겠어요."

증인신문을 앞두고 피해자 Z씨가 했던 말이다. 오랜 수사와 재판
에 지쳐 검사, 변호사와도 연락이 닿지 않던 그에게 증인석에 서달라
는 부탁을 하기 위해 찾아간 자리였다.

문득 2011년 1심 재판 이후 내 모습이 떠올라서 가만히 듣고 있었
다. 그때 나도 '생존자'라는 말이 싫었다. 살아내라고 강요하는 것 같아
서, 무채색으로 둘러싸인 세상을 부유하듯 떠다니는 내가 잘못이라고
질책하는 것 같아서, 분노와 절망에 휩싸여 옹졸해진 내가 부족하고
모난 인간이라고 말하는 것 같아서. 그냥 사는 건데, 삶에 무슨 크고
대단한 의미가 있다고 생존자라고 하는지. 한때는 그 말이 부담스러웠
다. 힘을 내라는 말이, 괜찮냐고 묻는 안부가 더 힘들고 더 괜찮지 않
았다.

"당신은 지나왔으니까 이렇게 쉽게 말하는 거잖아."

고소 이후 경찰과 검찰에서 수차례 피해 진술을 하고 있던 피해

자 Y씨는 이렇게 말했다. 진행형의 싸움을 하는 이들에겐 외부의 조언이나 위로가 오히려 칼날이 되어 상처를 입히곤 한다. 그의 말처럼 나는 그나마 정리를 했기에 다시 길을 찾고 걸어갈 수 있었지만, 늪 속에 침잠해 있는 그에겐 늪을 빠져나갈 힘도, 방법도 거의 없었다. 그런 그에게 땅 위에서 어떻게 해야 할지를 늘어놓고 있었으니, 그 말이 닿기나 했을까.

가해자가 자신이 불기소의견으로 송치되었다며, 활동하던 커뮤니티에 나를 무고죄로 고소한다는 글을 올렸을 때, 경찰이 내게 그 소식을 통보하지 않고 연락조차 받지 않던 그때, 변호사는 내가 경찰을 내 편으로 만들지 못했다고 탓할 때, 그래서 가해자를 법정에 세우기 위해 처음부터 다시 싸워야 했을 때, 그때 나도 주변의 모든 말이 흉기처럼 느껴졌다. 날이 선 예민한 상태로 하루하루를 보내면서 그렇게 변하는 내게 실망하기를 반복했다. 그러다 보니 사람들도 떠나고 혼자 남게 되었다. 세상에 내 편은 없다고 생각했다.

"살아남는 거 못하겠어요, 힘들어요."

비상연락망을 통해 연락을 받고 달려간 병원에서 피해자 O씨는 지쳐 있었다. 여러 차례 반복된 그의 병원행에 가족도, 지인들도 지쳐 있긴 마찬가지였다. 그때, 삶의 시간을 멈추면 편해질 것 같다고 생각했던 과거의 어느 시간이 스쳐지나갔다. 지지나 연대 기반 없이 혼자 싸우면서도, 수사와 재판에만 매달리기엔 당장의 생계 문제를 고민해야 했던, 그럼에도 무엇 하나 결과를 장담하기 어려웠던 불확실한 과거의 어느 시간. 시간이 해결해준다는데 내 시간만, 내 삶만 제자리인 것 같아서, 내가 기억하는 내 모습에서 멀어지는 스스로를 견딜 수가 없어서 힘들었다. 원망과 자조가 뒤섞이고 분노와 체념이 교차하면서 사는 것 자체가 고통이던 때가 있었다.

Z씨는 신문기일을 조정하긴 했으나, 증인석에 서서 자신의 피해를 진술했다. Y씨는 1년이 넘는 수사를 거쳐 법정에 선 가해자를 보게 되었다. O씨는 상담과 치료를 지속하며 올해부터는 아르바이트를 시작했다. 그들은 자신들의 이야기를 전해달라고 했다. 살아 있기를 잘했다고, 살아 있으면 어떻게든 길은 있다고, 그러니 살라고.

살아남지 못한 피해자들도 있다. 그들의 이야기도 해야 한다. 그들이 죽음으로 몰려갔던 과정을 산 자들이 기억하고 기록해야 한다. 그들은 죽음을 선택한 게 아니다. 그들은 살고 싶어 했다. 다른 피해자들에게 손을 내밀고, 그 손을 맞잡아 함께 걷기를 원했다. 그런 그들이 이 세상을 떠난 이유를 잊지 않을 책임이 내게, 사회에 있다. 그들의 삶과 죽음을 제대로 기억하고 기록하는 것, 그것이 그림자였던 내가 그들에게 마지막으로 연대하는 방법이다. 망각과 삭제가 아니라 행동과 실천으로 그들의 죽음에 대한 책임을 지는 것, 그것이 사회가 해야 할 일이다.

이 책은 살아남은, 그리고 살아남지 못한 피해자들의 기록이다. 그 피해자들이 다른 피해자들에게 전하는 연대의 목소리다. 섬처럼 떨어져 있던 피해자들을 연결하는 다리다. 형사사법 절차가, 사법 시스템이 피해자들의 회복과 일상 재구성을 위해 존재하고 기능하도록 감시하는 창이다. 법대로 하는 것이 피해자들에게 어떤 의미인지, 어떤 의미가 되어야 하는지 고민하는 광장이기도 하다.

긴 시간 동안 이 책을 함께 만든 피해자들에게.
당신들의 경험이, 당신들의 용기가, 당신들의 삶이 다른 피해자들에게 어떤 힘이 되는지 지켜봐주십시오. 그 힘이 어떻게 시스템과 사회를 바꾸는지 확인해주십시오. 당신들의 시간이 '공백'이 아니었음을,

당신들의 존재가 다른 이들에게 희망임을 잊지 말아주십시오. 당신들의 연대자가, 그림자가 될 수 있도록 곁과 뒤를 내주어 감사했습니다.

이 책을 통해 만나는 다른 피해자들에게.

일단 살아만 있어요. 제가 당신의 그림자가 될 수 있게, 당신을 위해 길을 찾고 다듬어 당신의 손을 잡아 함께 걸을 수 있게, 당신의 말·시간·자리를 지킬 수 있게, 그 기회를 주십시오. 어떻게든 살아만 있으면, 일단 살아남는다면 시간이 걸리더라도 더 넓고 안전한 길을 만들겠습니다. 그러니, 부디, 제발 살아요. 우리 길에서, 광장에서 만납시다. 언제나 당신의 곁과 뒤에서 당신을 기다리겠습니다. 당신과 나는, 우리는 연결되어 있습니다.

차례

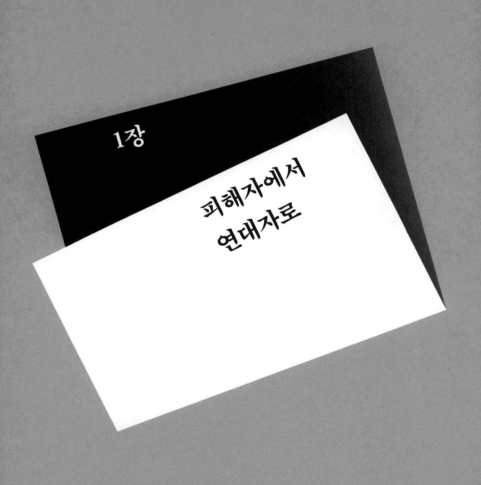

1장

피해자에서
연대자로

예민하고
끈질긴
미친년

'아무 일도 없었어. 다 잊어버리자. 괜찮아.'

2010년 서울 어느 경찰서 앞, 이른 출근을 준비하는 사람들 틈에서 나는 돌아섰다. 당시 내게는 '포기'가 유일한 선택지였다. 빈곤층 장녀로 태어나 가장 노릇을 하며 가족의 생계를 책임지고 있었고, 사회인으로 이제 막 인정을 받는 시점이었다. 게다가 신고한다고 해도 시스템의 보호를 받을 수 있다는 신뢰가 없었다. 아니, 내 자신을 피해자라고 인정하기 싫었다. 그렇게 세월 속에 흘려보낼 수 있을 줄 알았다. 괜찮을 줄 알았다. 그러나 나는 안 괜찮았다.

반나절 꺼둔 휴대전화를 켜는 순간, 500개 넘는 메시지가 보였다. 차단하면 다른 번호를 이용하는 방식으로, 10개가 넘는 전화번호를 통한 스토킹이 이어지고 있었다. 가해자는 내가 연락을 받지 않으면 지인들을 이용했다. 자신이 활동하는 단체와 인터넷 커뮤니티에 허위사실을 유포했다. 모든 일상이 어그러지기 시작했다. 더 이상 참을 수가 없었다.

물증은 다 사라진 뒤였고, 전문가들은 포기를 권했다. 가족들의 지지나 연대는 기대조차 할 수 없었다. 그래서 혼자 했다. 당시 상황을 간접적으로라도 설명할 수 있는 모든 자료를 모았고, 가해자가 보낸 수천 개의 메시지를 하나하나 정리한 뒤 문서로 만들었으며, 기억의 오류나 왜곡을 감안해서 진술의 신빙성을 계속 점검했다. 그리고 경찰서로 가서 고소장을 접수했다.

가해자는 법적 지식이 있는 사람이었고, 자신이 활동하는 분야에서 나름대로 '정의감'이 넘치는 인물로 평가받았다. 그래서 연상의, 그것도 경제활동을 활발하게 하고 있는 내가 가해자의 커뮤니티에서는 어느새 '꽃뱀'이 되어 있었다. 젊고 건강한 활동가의 발목을 잡은 '마녀'로 불렸다. 나에 대한 각종 허위사실과 개인정보가 인터넷에 돌아다니기 시작했다. 수사와 재판이 중계되었다. 가해자와 그 무리들에게 나는 사냥당하고 있었다. 내 사건은 그들에게 유희였다.

담당 경찰은 가해자와 '형'과 '동생'으로 친밀하게 지내면서 내게는 사건의 진행 상황을 전혀 알리지 않았다. 가해자가 올린 게시글을 보고서야 경찰이 사건을 '불기소의견'*으로 송치한 사실을 알게 되었다. 이에 대해 항의했지만 경찰은 피했고, 나는 다시 혼자 남겨졌다. 그때부터 일도 그만뒀다. 가족들과 함께 살고 있었기에 출근 시간에 맞춰 집을 나선 뒤 도서관 등에서 배회하다가 퇴근 시간에 맞춰 들어왔다. 불면, 거식 등 신체적 이상증세와 함께 정신적인 붕괴도 이어졌다. 기억력이 떨어지고, 언어 체계도 망가졌다.

사건이 검찰에 송치된 후 만난 변호사는 내게 왜 수사관을 자기

---

* 범죄 혐의가 인정되지 않는다는 의견으로 관할 검찰에 송치하는 것. 검경수사권 조정으로 2021년부터는 범죄 혐의가 인정되지 않으면 경찰이 '불기소의견으로 송치'하는 것이 아니라, 경찰이 1차로 수사를 종결한 뒤 '불송치결정으로 마무리'되고 있다.

편으로 만들지 않았냐고 질책했다. 아차 싶었는지 곧이어 사과했지만, 난 그 순간 오히려 정신이 들었다. 전문가도 돕지 않는구나. 혼자 싸우는 수밖에 없다. 정신 차려야 한다. 그래서 그때부터 민원을 제기하고 자료를 다시 정리해서 제출했다. 검찰에는 대질신문*을 포함해 몇 번이든 좋으니 조사를 다시 받겠다고 했다. 그렇게 하니 기관들이 조금씩 움직였다. 재진술을 하기 위해 검찰 조사실로 들어가자 조사관이 병원에 가라고 했다. 또 거부당한 것일까 봐, 이렇게 미루다 조사를 안 할까 봐 버티고 있었더니 거울을 보여줬다. 비쩍 마른, 초점이 사라진 눈을 한 여성이 보였다. 그리고 이동하는 도중 쓰러졌다. 힘이 없으니 정작 싸워야 할 때 견디질 못한 것이다. 그때부터다. 이를 악물고 식사를 하고 잠시라도 운동을 하기 시작한 것이.

대질을 포함해 수차례 조사가 이어졌다. 이미 경찰 단계에서 제출한 자료라도 다시 다듬어 제출했고, 내게 불이익이 생기거나 예상될 경우 민원도 이어나갔다. 그런 나를 두고 가해자는 커뮤니티 회원들과 함께 '예민하고 끈질긴 미친년'이라고 했다. 그리고 그 '예민하고 끈질긴 미친년'은 경찰의 불기소 송치를 뒤집고 검찰 단계에서 기소를 이끌어냈다. 다들 불가능했던 일이라며 축하 인사를 건네왔지만, 당시에는 어떤 감흥도 없었다. 그저 이후 재판에서 내 피해를 인정받기 위해 더 노력해야 한다고만 생각했다.

재판에서 피고인(가해자)은 변호인의 조력을 받아 방어권을 행사할 수 있었지만, 피해자인 내게는 그 어떤 무기도 없었다. 공판검사가 제 역할을 하리란 기대도 없었다. 내가 만난 전문가들은 재판에 들어

＊ 　수사기관이 피해자와 피의자(가해자)를 같은 공간에 두고 서로의 진술을 들을 수 있게 하면서 질문을 하는 방식으로 진행하는 신문. 차폐막을 치는 경우도 있다.

가면 피해자 변호사가 적극적으로 개입할 수 없다고 입을 모아 말했다. 변호사는 피해자 증인신문을 할 때 동석하거나, 의견서를 제출하는 일 정도가 할 수 있는 최선이란다. 또 혼자 하라는 거다. 그래서 매 공판, 방청석 맨 앞자리에 앉아서 기록했다. 피고인 측이 거짓말을 하면 바로 반박 자료를 만들어 제출했고, 엄벌에 대한 탄원을 지속했다. 현장에서 재판부의 질문에 답하기도 했다. 피고인을 마주해야 하는 공포와 분노, 역겨움보다 내 피해를 입증해 인정받아야 한다는 생각이 강했다.

차폐막(가림막) 설치를 권하는 재판부에 그조차 안 하겠다고 하며 증인석에 섰다. 수사 과정에서 한 번 피해를 부정당했던 터라 어떻게든 인정받고 싶은 절박한 심정이었다. 피고인 측 변호인은 "진짜 피해자라면 증인석에서 저렇게 차분하고 논리적으로 말할 수 없다", "진짜 피해자라면 매 공판 방청해 피고인을 똑바로 바라보며 있을 수 없다", "진짜 피해자라면 …"을 반복했다.

1심 선고일, 가해자는 여러 명의 커뮤니티 회원들과 함께 법정에 들어왔다. 그는 무죄를 확신하고 있었다. 전문가들 역시 실형 선고는 어렵고, 잘해야 징역형의 집행유예일 거라고 했다. 나는 선고를 기다리는 동안 무죄나 집행유예일 경우 어떻게 해야 할지 머릿속으로 그리고 있었다.

"피고인을 법정구속 한다."

법정에선 기뻐하기보다는 항소심(2심)을 어떻게 진행할지 생각했다. 당황한 가해자가 구속 피고인들이 있는 문으로 끌려 나갔고, 같이 왔던 커뮤니티 회원들도 황급히 빠져나갔다. 나는 법정을 나와 법원 정문 쪽으로 가서야 가해자의 구속이 실감 났다. 이제 가해자가 법원 근처에 있을지도 모른다며 두리번거리지 않아도 된다. 난 안전해진 것이다.

그러나 그 여유는 단 하루를 못 갔다. 1심 선고 당일 항소장을 제출한 가해자는 이어 명예훼손, 모욕, 위증 등 다양한 명목의 보복성 고소를 이어갔다. 거기에 내가 추가로 고소한 스토킹에 대한 형사재판, 성폭력 피해와 관련된 민사 손해배상 청구소송도 이어졌다. 그사이 가해자의 구치소 동기라며 도와줄 테니 만나자는 편지가 이사 간 집 현관에 꽂혀 있기도 했다. 1심에서 피해를 인정받았음에도, 피해자로서 나는 보호받기는커녕 개인정보까지 유출된 것이다.

　'법대로' 하면 피해를 인정받고 내 삶을 찾을 줄 알았는데 여전히 싸워야 했다. 왜 끝나지 않는 것일까. 끝은 있는 걸까. 싸움에서 이겼는데 왜 난 여전히 말과 시간, 그리고 자리를 찾지 못하는 걸까. 왜 난 아득바득 '예민하고 끈질긴 미친년'이 되어 이 싸움을 하는 걸까. 이 싸움이 가치가 있나.

　차라리 죽여버릴 걸.

마녀,
사냥을
시작하다

"당하면 오세요. 지금은 할 수 있는 일이 없어요."

2013년 출소한 가해자는 '일베' 등 각종 남초 사이트에 내 정보를 올리고, 사건 당시 몰래 촬영한 영상이 있다며 유포를 암시했다. 그는 출소 뒤 직업 훈련을 위해 요리학원을 다녔는데, 나를 만나면 죽여버리겠다며 자신이 학원에서 사용한 칼을 사진으로 찍어 협박하는 글과 함께 올렸다. 그 대상이 나임을 알아본 지인에게 이 게시물을 제보받고 경찰을 찾아갔다. 출소한 가해자로부터 보복범죄 위협에 노출되어 있다고 호소하자 경찰은 '당하면' 오라고 했다. 내가 '당하면' 여기 이 자리로 와서 말할 수 있겠냐고 했지만, 자기들도 지금은 어쩔 수 없다더라.

화도 나지 않았다. 그저 다시 한번 국가기관은, 시스템은 피해자 보호에 관심이 없다는 것만 깨달았을 뿐이다. 내가 가해자에게 보복 살인을 당한다면 이 경찰은 뭐라고 할까. 아마 원칙대로 처리했으며, 실질적인 위협이 없을 경우 본인들은 개입할 수 없다고 하겠지. 그리고 내 사건은 가해자에 의해 각색되어 세상에 알려질 거다. 죽은 피해자는 말할 수 없으니까.

선고 당시 가해자에 대한 신상공개가 결정되었지만, 가해자가 출소한 후 한 달이 지나도록 '성범죄자 알림e' 사이트에 신상정보가 올라오지 않았다. 내가 하나하나 관련 기관에 전화를 걸고 확인을 하며 민원 제기를 하자 겨우 사이트에 기재되었다. 기관은 왜 있는가. 도대체 언제까지 피해자가 하나하나 신경을 써야 하나. 나는 언제쯤 안정을 취할 수 있을까.

만기 출소한 가해자는 법무부의 출소자 지원 프로그램에 따라 직업 훈련을 받고, 임시 주거지까지 보장받으며 사회 복귀를 준비했다. 가해자가 종로에 있는 요리학원에 다니며 '미래'를 설계하는 동안, 나는 그 많은 소송에서 이기고도 단 한 푼도 배상받지 못한 채 신용불량 상태로 세상에 내던져졌다. '법대로' 했지만 내 피해는 회복되지 않았고, 일상은 망가져 다시 만들 엄두조차 나지 않았다. 난 도대체 무엇을 위해 싸운 걸까. 내게 '미래'는 있는 걸까.

사건을 겪고 해결하는 동안 가족들에게 알리지 않았다. 가족은 내가 기댈 수 있는 울타리가 아니라 책임져야 하는 이들이었다. 일을 그만두고도 한동안 출근 시간에 맞춰 집을 나섰다가 퇴근 시간에 돌아왔다. 도서관을 돌아다니며 소송 서류를 작성하다가 벤치에 멍하니 앉아 있기를 반복했다. 세상은 온통 버석거리는 모래로 만든 성 같았다. 색도, 향도, 맛도 그 어떤 감각도 느낄 수 없었다. 감정은 말라갔고, 머리도 굳어졌다.

귀가 후 인사를 한다. 나는 아무 일도 없어야 한다. 가족들이 알면 안 된다. 밥은 먹고 다니냐며 잔소리하는 가족의 말을 뒤로 하고 피곤하다며 방으로 들어간다. 내 방문을 열면 거기에는 안온하면서도 끔찍한 늪이 기다리고 있다. 그 늪에 나를 가둔다. 울지도 않는다. 어느

1 피해자에서 연대자로

새 우는 방법도 잊은 것이다. 이렇게 늘어져 있다가 사라지고 싶었다. 겨우 몸을 일으켜 옥상으로 올라갔다. 내려다보며 문득 편해지고 싶다는 생각을 했다. 그러다 갑자기 정신이 들었다. 내가 지금 무엇을 하고 있나. 내가 왜 이래야 하나. 내가 많이 무너져 있구나. 치료가 필요하다. 이러다 돌이킬 수 없는 길로 몰리겠다. 방법을 찾아야 한다.

성폭력 피해 이후 말과 글이 무너졌다. 완성된 문장으로 생각을 표현하지 못하고 단어 위주로 내뱉거나, 핵심을 말하지 못하고 장황하게 늘어놓기 일쑤였다. 감정은 메말라 내가 어떤 기분인지 전달하지 못했다. 무엇보다 내 생각과 감정을 드러낼 곳이 필요했다. 출소한 가해자로부터 안전한 익명의 공간. 짧은 글을 연습할 수 있는 곳. 그렇게 찾아다니는 내게 누군가가 '트위터'를 소개했다. 하지만 온라인 커뮤니티 활동조차 해보지 않은 내게 SNS는 낯설고 버거웠다. 닉네임을 정하는 것도 고민의 연속이었다. 그러다 결정한 게 바로 '마녀'였다. 가해자가 활동하는 커뮤니티에서 나를 조롱하며 붙였던 이름. 그래, 그렇다면 진짜 '마녀'가 되자. 피해자가 아니라 심판자로서, 사냥의 객체가 아니라 주체로서 사냥을 시작하자.

닉네임을 만들 때야 거창했지만, 현실은 녹록치 않았다. 출소한 가해자의 보복을 걱정하면서 무너진 언어 체계를 다시 세우고 일상을 다시 만들어가는 게 쉬울 리 없다. 문장의 주술 호응 하나 맞추지 못하는 내가 무슨 '사냥'을 할 수 있을까. 현실은 '사이다'가 아니다. 객기를 부리는 게 아닐까. 그렇게 나를 탓하고 세상을 탓하기를 반복했다. 그러다 보니 글자 수가 140자로 제한된 트위터에 맞춰 완결된 두세 문장으로 내 생각을 표현하고, 공개적으로 게시하기까지 오랜 시간이 필요했다. 그전까진 타인의 글을 읽고 옮기는 수준에 머물러 있었다. 내 생각이라는 것이 존재하나. 내 생각이 맞나. 이렇게 표현해도 되나. 회복은 될까. 난 뭐하고 있는 걸까. 난 나아갈 수 있을까.

다이어리를 꼼꼼하게 작성하기 시작한 것도 그때부터였다. 수기로 작성하는 것이 귀찮을 때도 있었지만, 신체의 말단 부위를 자극하고 움직이는 것은 늘어져 있던 내게 중요한 일이었다. 사건 이후 지능이 떨어져 예전엔 듣고 바로 기억하던 것들도 메모를 해야 겨우 알아보는 수준이 되었던 터라, 직접 써서 확인하는 수밖에 없었다. 난 과거의 나와 매우 달라져 있었다. 사건이 있기 전에 하던 일을 이어서 하기에는 너무 많은 시간이 흘렀고, 그 일을 할 역량도 되지 않았다. 일정 부분에서 사건 이전으로 회복되지 않는 손상이 발생했고, 문제를 해결하며 입은 상처 중에는 영구히 그 흔적이 남는 것도 있었다. 과거의 나는 과거에 두고 와야 했다. 그걸 인정해야 했는데, 내 시선은 자꾸 과거를 향하려 했다.

'마녀'로서의 연대는 그런 뒤틀림과 불완전함 속에서 시작했다. 다른 피해자를 위해서라기보다는 2010년의 그때, 혼자 남아 있던 나를 피해자들에게 투영했다. 연대를 통해 과거의 내게 손을 내밀고, 그때의 나를 이해하고 용서하며, 지금의 나를 인정하고 수용했다. 나는 무결하거나 완전하지 않다. 그리고 그래도 된다.

난 가해자를 용서할 생각이 없다. 사법 시스템을 선택한 것이 내가 베풀 수 있는 관용의 최대치다. 나는 가해자와의 싸움에서 얻은 경험과 지식을 다른 피해자와 연대하며 시스템을 바꾸는 기반으로 삼고 있다. 그것이 '마녀'로서 내가 가해자를 사냥하는 방식이다. 그리고 그 사냥을 멈출 생각이 없다. 사람들과 건배사로 하는 말이 있다. "돌아온 마녀가 세상을 태운다!" 그렇게 정화된 땅에서 피해자들이 안전하고 행복하게 살아가도록 만들고 싶다.

1 피해자에서 연대자로

그림자가 되는 일

연대자는 어떤 존재인가. 사람마다 다르겠지만 나는 연대자로서의 나를 피해자의 그림자로 표현한다. 그림자는 본체에 가려져 있다. 따라서 내가 하는 연대의 기본은 본체인 피해자의 의사를 중심으로 목표를 설정하고, 그 안에서 문제를 해결하는 것이다. 동시에 그림자는 그 길이와 방향을 통해 본체가 시간과 위치를 파악하도록 돕는다. 갈피를 잡지 못하는 피해자를 위해 때로는 전략을 수립하고, 특정 방향을 선택하도록 권하며, 앞으로 나서기도 한다.

피해자가 문제를 인지하고, 해결 방법을 선택하며, 이후 피해 회복과 일상 재구성을 위해 노력하는 과정에서 연대자가 언제 어떻게 결합하느냐에 따라 연대 방식은 달라지기 마련이다. 나는 피해자가 문제를 인식한 후 그것을 해결하는 과정에 집중적으로 연대하고 있으며, 그 중에서도 사법 시스템을 활용하는 방식을 선택했다. 따라서 내 모든 연대는 법적 책임을 전제로 한 것이기도 하다.

그림자가 기록을 남기는 것이 좋을까. 출판을 앞두고 여러 고민을 했다. 그런데 본체인 피해자들이 내 기록을 통해 본인들의 이야기를 전하길 원했다. 그들은 그림자가 남기는 기록을 통해 다른 피해자들과 연대하기를 원했다. 피해자들이 원하면 한다. 이 작업 역시 그런 그림자로서의 내 연대 중 하나가 될 것이다.

어떤 연대를 하냐는 질문을 받는다. 2014년 이후 내 연대는 피해자와 일대일 형태로 진행하는 '직접연대'와, 트위터 등을 통해 외부로 발언하고 교육하는 확장된 형태의 '간접연대'로 구분할 수 있다. 이 글에서는 직접연대의 내용과 원칙 등에 대해 설명하고자 한다.

직접연대는 수사와 재판의 과정에서 피해자와 개별적으로 진행하는 연대 활동 전반을 의미한다. 법률과 의료 등 필요한 지원을 받을 수 있게 설명하고 소개하기, 수사기관과 법원에 신뢰관계인* 으로 동석하기, 수사·재판 기록물을 분석하고 정리하도록 돕기, 의견서와 탄원서 등 단계별로 필요한 문서를 작성·검토하도록 안내하기, 사법 시스템을 피해자의 눈높이에 맞게 설명하며 단계별로 필요한 정보 안내하기, (필요할 경우) 수사·재판 관련 전략을 수립하도록 안내하기, 인터뷰·기자회견 등 언론 대응하기 등 그 범위는 매우 넓다.**

사법 시스템을 이용해 연대할 때는 전문성을 바탕으로 하되, 주변 상황이나 피해자의 상태 등을 고려해 즉각적이면서도 유연하게 대처

---

*   범죄 피해자의 심리적 안정을 도모하고 원활한 의사소통을 돕기 위해 수사와 재판에서 피해자와 동행하는 사람으로 특별한 자격조건은 없다. 수사 과정에서는 범죄 피해자의 권리이므로 수사관에게 요청하면 되고, 재판 과정에서는 피해자 증인 신문 시 증인지원 절차 중 하나로 명시되어 있으므로 신청해서 활용하면 된다.

**   나는 문서 작성, 정보 제공, 전략 수립, 언론 대응 등의 안내를 포함해 이 책에서 언급한 그 어떤 직접연대 활동도 이익을 얻거나 얻을 것을 약속하고 한 바 없으며, 역시 이익을 얻거나 얻을 것을 약속하고 특정 변호사 혹은 사무직원에게 당사자를 소개·알선하는 등의 행위도 하지 않았다. 법률과 관련된 전문 상담도 하지 않았음을 밝혀둔다.

하는 능력이 필요하다. 또한 피해자의 안전과 안정을 도모하되, 피해자의 욕구와 한계를 정확히 분석하면서 그가 곡해하지 않도록 상황을 설명하고 풀어나가야 할 때도 있다. 그때 연대자인 내가 피해자나 상황을 통제하려 하거나, 능력 밖의 일을 하려는 욕심을 갖게 되면 연대 자체가 망가질 수 있다. 또한 내 판단과 피해자의 욕구가 충돌하는 경우도 잦은데, 대체로 난 안전한 방식을 선호하지만, 피해자는 실험적이면서도 위험한 대응을 원할 때가 있다. 그럴 경우 충분히 설명하되, 가급적 피해자의 욕구에 충실하도록 노력한다. 그 선택지가 실패할 경우를 고려해 다른 방안도 찾아둔다.

혼자서 한 것이 맞느냐는 이야기를 듣곤 한다. 외부로 공개되는 간접연대도 개인이 하기에는 그 범위가 너무 넓은데, 일대일 직접연대까지 할 수 있냐는 것이다. 원드라이브OneDrive와 각종 하드, 문서로 쌓인 직접연대의 증거물들을 보면, 때론 나 역시도 무슨 일을 이렇게 많이 했나 싶다. 연대자로서의 정체성을 기반으로 2014년 이후 내가 설정한 원칙을 철저히 지키지 않았다면 번아웃에 빠져 이미 연대를 중단했을 거다. 그 원칙은 바로 주제 파악과 거리 유지다.

주제 파악

연대 활동을 하면서 '전문성'과 관련된 공격을 많이 받았다. '자격증' 하나 없이 무슨 연대를 하냐는 것이다. 법률적 조력은 변호사에게, 그 외 조력은 기관 활동가에게 맡기면 되는데 주제넘게 왜 나서냐는 뜻이다. 일반인인 성폭력 피해자가 알면 얼마나 알고, 하면 얼마나 할 수 있냐는 비아냥이 지속되었다. 하지만 난 오히려 그런 비아냥을 즐겼다. 역량 강화를 위한 채찍질이라고 생각했기 때문이며, 실제로 지금까지 난 발전하기 위한 노력을 게을리하지 않고 있다.

그러나 내가 아무리 경험을 통해, 그리고 개인적인 공부를 통해 앎을 확장한다고 하더라도 전문 분야에 대한 이해도는 전공자나 관련 자격증이 있는 이들보다 떨어질 수밖에 없다. 그래서 세운 원칙이 바로 '주제 파악'이다. 내가 할 몫은 형사사법 시스템을 피해자의 시각과 입장에서 해석하고 설명하며, 전문가와 협업하는 것이다. 그 경계를 명확하게 인지하고, 나설 때와 물러설 때를 구분해야 피해자에게 도움이 된다.

이런 선을 유지했기에 수준 미달의 자격증 소유자들에 대해서도 제대로 비판할 수 있었다. 자격증이 전문성을 모두 보장하는 것은 아니며, 세상에는 자격증이 그저 무늬이기만 한 '전문가'도 존재한다. 적어도 일반인인 나보다는 전문성에서 앞서야 하지만, 수준 미달의 전문가가 피해자들 곁에 조력한답시고 붙어 있는 경우도 있다. 이런 전문가와 함께해야 하는 경우, 그 부족함을 메워야 제대로 연대할 수 있기 때문에 관련 공부를 끊임없이 하는 중이다.

피해 당사자일 때도 관련 도서, 논문, 판례 등을 공부했지만 연대활동 중에는 그 강도를 더 높였다. 진정성이나 진심은 매우 귀한 가치이지만, 법적 책임이 전제된 연대에서는 이를 효과적으로 구현하기 위한 지식도 필요하기 때문이다. 아는 만큼 보이고 아는 만큼 들리는 법이므로, 효과적인 연대를 위해서는 전문가에 준하는 지식과 정보가 있어야 했다. 관련 지식을 쌓고 정보를 수집할 때는 일반인이 찾을 수 있는 공개된 형태로 한정하려 노력했다. 일반인인 피해자나 연대자가 찾아서 공부할 수 있는 범위여야 했기 때문인데, 나처럼 혼자 싸워야 하거나 개인적으로 연대하고 싶은 이들에게 길을 제시하기 위해서다.

대법원, 법무부, 경찰청, 국회의안정보시스템, 여성가족부, 한국형사법무정책연구원, 한국여성정책연구원, 사법정책연구원, 한국여성인권진흥원, 변호사협회, 성폭력 상담기관 등의 사이트는 적어도 일주일에 한 번 이상 체크하며 공개된 정보를 정리하고 흐름을 파악한 후 트위터에 공유했다. 언론에서 다루는 자료도 반드시 그 출처를 찾아 전문을 확인해서 기사가 왜곡하거나 과잉 또는 축소해 전달하는 부분이 있을 경우 오류를 짚고 바로잡는 트윗을 게시했다. 또한 관련된 도서, 논문, 판례, 각종 수사와 재판 자료 등 일반인이자 연대자인 내가 모을 수 있는 자료들을 계속 아카이빙하며 분석했고, 이를 실제 연대 과정에서 활용했다.

비전문가로서의 주제 파악은 외부 조언에 대한 열린 태도로 이어졌고, 결과적으로 피해자를 조력할 때 많은 도움이 되었다. 또한 그 과정에서 쌓인 고유의 전문성으로 여러 분야의 전문가들과도 협업을 이어나가고 있다. 일반인 성폭력 피해자인 내가 현직 판검사와 변호사 등 전문가들 앞에서 그간의 연대 활동에 대해 알리고, 그 과정에서 파악한 문제점과 해결 방안을 제시하며 비판과 협업의 주체로 서게 된 것이다.

그런데 시간이 어느 정도 흐르고 연대 경험이 쌓일수록 '할 수 있는 일'에 안주하고 싶은 마음이 생기곤 했다. 성인-비장애 피해자로 연대 대상을 한정하다 보니 그 범위 내에서는 어느 정도 전문성을 인정받았지만 그것만으로 괜찮은 걸까. 연대 대상의 확장을 고민하지 않으면 정체될 것이고, 이는 연대에도 악영향을 줄 것이다. 내 '주제'를 어떻게 만들어나갈지는 이제 내 책임의 영역으로 들어왔다. 연대자로서 의무와 책임을 수용해야 할 때가 온 것이다. 계속 공부하고 경험하며 이를 사회로 환원하기 위해 노력하는 일이 이제 내 '주제'가 되었다.

거리 유지

두 번째 원칙은 거리 유지다. 감정적인 과몰입을 경계해야 하고, 수사와 재판의 과정을 입체적으로 봐야 하기 때문이다. 이는 사법 시스템에서의 연대를 위해 필요하기도 하지만, 연대자로서 나를 지키기 위한 원칙이기도 하다.

사법 시스템에서의 연대는 피해자에 대한 신뢰를 바탕으로 하되, 가해자의 입장과 전략 등 상황 전체를 파악할 수 있는 능력이 필요하다. 내게 있어 피해자를 신뢰한다는 것은, 피해자의 불완전성과 (혹시 있을 수도 있는) 흠결을 수용하고 이해하는 것이다. 피해자의 기억은 왜곡되기 쉽고 주장이 편향될 수도 있는데, 이는 피해자가 거짓말을 한다는 뜻이 아니다. 피해자도 인간이며, 인간은 무결하지도 완벽하지도 않다는 뜻이다. 이런 인식을 바탕으로 가해자가 취할 가능성이 큰 입장과 전략을 분석하며, 결과적으로 사법 시스템에서 어떻게 연대하는 것이 피해자에게 유용할지 고민한다. 건조하고 냉혹한 사법 시스템을 선택한 피해자가 헛된 희망을 품는 대신 현실을 파악하도록 돕고, 승소 가능성을 높이기 위한 조력을 하는 것이 내 역량에 맞는 연대라고 생각하기 때문이다.

나는 살가운 연대자는 아니다. 피해자의 감정을 어루만지며 그를 안아주는 연대를 하기에는 능력이 부족하며, 그런 연대와 조력은 관련 전문가들을 소개하는 방식을 취한다. 그래서 언제나 피해자들에게 미안하다. 서운한 마음이 들 때도 많을 거다. 그러나 내 역량을 벗어난 연대를 할 경우 오히려 피해자에게 위해가 될 수 있기 때문에, 내가 할 수 없는 부분은 인정하고 이를 피해자에게 전달한다. 하지만 때로는 피해자의 감정을 건드리는 '현실적인 조언'을 해야 할 때가 있다. 그럴 때는 사건 당시 내가 어땠는지를 떠올리며 충분히 시간을 들여 쉽게 설명하려고 노력한다. 피해자가 감정이나 생각을 구체적으로 표현해낼 수 있게 기다리고 돕기도 한다. 일정 거리를 유지한 덕분에 오히려 피해자에 대해 다각적으로 이해할 수 있었고, 이성적으로 상황을 분석할 수 있었으며, 다양한 선택지를 구상하면서 피해자의 선택을 기다리는 인내심도 기를 수 있었다.

거리 유지는 연대자로서의 나를 지키기 위한 것이기도 하다. 감정적 과몰입은 상황에 대한 입체적 분석을 방해할 뿐만 아니라, 내 자신을 갉는 방식으로 발현된다. 이는 결국 피해자에 대한 통제욕구로 이어지고, 과정과 결과에 대한 책임을 피해자에게 전가하게 하며, 개인으로서 내 삶을 지키지 못하게 만든다. 피해자는 가변적이고 유동적이다. 연대를 중도에 그만두기도 하며, 원칙에 벗어나는 돌발 행동을 하기도 한다. 부담이 될 것을 우려해 자기 의견이나 감정을 숨기기도 하고, 여과 없이 본인의 감정을 쏟아버릴 때도 있다. 이런 피해자와 적절한 거리를 설정하고 유지하려는 노력이 없을 경우, 연대자는 마모되고 연대를 포기하게 된다. 연대자로서의 나를 지키지 못하는데 과연 연대가 지속될 수 있을까.

사랑받는 연대자보다 인정받는 연대자가 되고 싶다. 오해와 원망을 직면하고 풀어가도록 노력하되, 내 자신을 보호할 수 있는 범위를 설정하고 벗어나지 않도록 노력할 것이다. 결국 거리 유지는 피해자에 대한 것일 뿐만 아니라 연대자로서 내 자신에 대한 것이기도 하다. 나는 연대자의 정체성만 있는 것이 아니기 때문이다.

현재까지 이 두 원칙을 충실히 지켜왔다고 생각한다. 연대의 과정과 결과 역시 예상 범주 안에 있다. 그러나 이처럼 연대자의 역량에 따라 많은 것이 좌우되는 인물 중심의 연대가 지속성을 담보할 수 있을까. 내가 없어도 연대는 이어져야 한다. 연대의 다변화를 고민하고 기획해야 할 시점이 온 것이다. 변화의 흐름을 앞서 파악하고 주도할 것인가, 그 흐름을 따라가기만 할 것인가, 아니면 변화를 거부할 것인가.

다양한 고민을 앞두고 우선 기록을 시작하려 한다. 유연하고 연속적인 연대를 위해서라도 피해자들의 이야기를 세상에 더 많이 전할 필요가 있기 때문이다. 나와 함께한 피해자들 중 자신의 경험을 다른 이들과 나누길 바라는 마음으로, 기록을 통한 연대를 선택한 이들이 있다. 이제 그들의 이야기를 그림자인 내가 전하려 한다.

"고통은
현재에
있다"

　2019년 2월, 예약해둔 세미나실로 서류 봉투를 끌어안은 피해자 H씨와 J씨가 들어섰다. 그들은 동일한 가해자로부터 성폭력을 당한 피해자들이다. 활동가라고는 하지만 본인들과 접점이 없던 제3자인 나를 만나는 자리가 불편하고 어색하며 불안했을 것이다. 사건과 관련된 자료는 일부러 먼저 요청하지 않았다. 피해자들과 만난 후 그들이 나를 신뢰하게 되었을 때 직접 받을 심산이었다. 이 사건은 디지털 성범죄와 연관이 있다. 자료의 공개나 외부 유출에 피해자가 민감하게 반응하는 것이 당연하다. 신뢰를 얻어내는 건 내 몫이다.

　사선으로 변호사가 선임되어 있고 연대체도 존재하는 상황에서 내가 할 수 있는 일이 무엇인지 파악해야 했다. 그런데 시기가 좋지 않았다. 가해자가 구속된 채로 재판이 진행 중이었기 때문에 기한에 여유가 없었다. 2월에는 법관 정기 인사이동도 예정되어 있어서 기존의 항소심 재판부는 변경될 가능성이 컸다. 더구나 항소심 공판검사는 디지털 성범죄에 대한 이해도가 떨어지는 경향이 있는 50대 남성이었다. 피해자들이 선임한 변호사는 의견서 제출과 공판 동석 외에는 적극적으로 조력하지 않았고, 피해자들이 형사재판 절차에 참여할 수 있는 방법에 대해 알려주지도 않았다.

피해자들은 방어적이었던 1심과 달리 2심에서는 적극적으로 참여하려 했다. 또한 여러 공소사실 중 1심에서 무죄가 선고된 디지털 성범죄 사건에 대해, 어떻게 해야 유죄를 인정받을 수 있는지 알고 싶어 했다. 다들 안 된다고 하니 불안해했다. 피해자가 다수였다는 점에서 그들만의 싸움이 아니었기에 부담감도 있었을 거다. 피해자들이 다수인 사건에서는 처리에 대한 피해자들의 의견이 많이 갈리는데, 그 갈등을 수습하고 봉합하는 역할을 일부 피해자가 담당하는 경우가 많다. H씨와 J씨는 그런 역할을 맡아 수사 과정에서부터 줄곧 다른 피해자들을 독려하며 재판까지 끌고 왔기에 많이 지친 상태였다. 서운하기도 했을 것이다. 버거워서 다 던져버리고 숨어버리고 싶었을 것이다. 그럼에도 그들은 싸움을 선택했다. 내가 할 일은 그 선택이 최대한 그들의 바람대로 되도록 조력하는 것이었다.

첫 만남 이후 나는 H씨와 J씨에게 건네받은 각종 자료를 분석했다. 피해자가 직접 공판검사를 만나 설명하고 입장을 전달할 필요가 있다고 판단했기에, 검사와 면담하도록 제안했다. 대다수 피해자들은 본인이 검사와 소통할 수 있다고 생각하지 못한다. 피해 회복에만 힘쓰면서 가만히 있으면 검사가 '어련히 알아서' 최선을 다해 피해 사실을 입증할 것이라고 믿는다. 그러나 현실은 다르다. 사건 파악도 제대로 하지 않는 공판검사도 많다. 그래서 검사와 직접 면담해 설명하도록 권한 것이다.

이에 H씨와 J씨는 면담을 요청하러 검찰청에 수차례 찾아갔지만, 계속 거부당했다. 연대 과정에서 내가 공판검사와의 소통이 중요하다고 강조했지만, 실제로 이를 실천하기란 피해자 입장에서 부담스러웠

1 피해자에서 연대자로

을 것이다. 면전에서 거부당하는 경험이 수차례 이어지면서 절망스러웠을 것이다. 하지만 그들은 포기하지 않고 계속 찾아갔고, 결국 공판검사와의 면담이 성사되었다. 이때 피해자들에게는 공판검사를 관련 내용에 대해 아무것도 모르는 사람으로 생각하고 설명하도록 권했다. 공판검사가 디지털 매체나 환경에 대해 잘 이해하지 못할 것으로 보았기 때문이다.

예상대로였다. 공판검사는 사건을 제대로 파악하지 못하고 있었다. 면담할 때 검사는 디지털 자료의 기본 단위인 'jpg', 'mp4', 'KB', 'MB' 등의 의미도 모르는, 디지털 성폭력과 관련된 기초 지식조차 없는 상태였다. 피해자들에게 사람 좋은 얼굴로 "잘 몰라서 미안하다"는 식의 말을 건네는 게 무슨 위안이 될 것인가. 왜 피해자가 유죄 입증을 위해서 직접 디지털 매체와 환경에 대해 검사에게 설명해야 하는가. 소통은 되지만 무능한 공판검사, 인사이동으로 바뀐 재판부, 구속기한 만료까지 3개월 정도밖에 안 남은 상황, 범죄사실을 부인하는 피고인 (가해자). 촉박한 일정 속에서 해야 할 일이 많았다.

앞서 1심 재판부는 디지털 성범죄에 대해 "영상에 등장하는 여성이 피해자인지 확정할 수 없으며, 해당 영상만으로는 피해자가 거부했는지가 명확히 드러나지 않아 암묵적·묵시적으로 촬영에 동의했다고 볼 여지가 있다"며 무죄를 선고했다. 저화질에서도 지인들이 영상 속 피해자를 알아보고 연락해서 피해자가 고소했음에도, 영상 속 인물이 피해자인지 확정할 수 없다고 본 것이다. 또한 1심 증인신문 과정에서 피해자가 영상 속의 상황을 기억해 진술했는데도 동일인임을 확정할 수 없다고 했다. 더구나 그 영상은 촬영자인 가해자(피고인)가 자신의 시각에서 찍은 여러 영상을 직접 잘라 이어붙인 편집본이었다. 당연히 그 영상은 피해자의 촬영 거부 의사가 빠진 채로 가해자의 시각에서 편집된 것이다. 그런데도 재판부는 이러한 영상의 특성을 고려하지 않은 채 피해자와 가해자가 교제하던 사이였음을 이유로 '묵시적·암묵적 동의의 가능성'을 들었다. 촬영 후 수년이 지나 고소한 것 또한 무죄의 근거가 되었다. 지인들을 통해서 뒤늦게 영상의 존재를 알게 된 것인데도, 재판부는 오히려 그 시점을 문제 삼았다. 이는 디지털 성범죄에 대한 이해를 도외시한 재판부의 선택적 무지에 기인한 판단이다.

그래서 고민 끝에 내뱉기 어려운 말을 피해자에게 했다. 2심에서는 해당 영상에 대한 분석본을 제출하자고 권한 것이다. 기한이 촉박했기에, 영상분석을 별도로 맡겨 결과가 나오기까지 기다릴 경우 구속기한 만료로 가해자(피고인)가 세상으로 나올 수도 있었다. 가해자와 피해자들의 관계 등을 고려할 때 그런 상황은 발생하지 않도록 막아야 했다. 공판검사는 디지털 성범죄에 대해 잘 모르긴 했지만, 일단 소통을 열심히 하며 피해자들을 다시 증인으로 신청하는 등 적극적으로 협조하고 있었다. 재판부도 공판마다 방청하는 피해자들을 의식하면서 그들의 말을 들으려 노력하고 있었으므로 이를 이용할 필요가 있었다.

본인이 등장하는 피해 영상을 보며 그 영상 속 인물이 본인임을 설명하고, 해당 영상이 어떤 식으로 편집되었는지 프레임별로 잘라 분석하는 과정에서 피해자가 받을 고통은 감히 상상조차 할 수 없다. 수사 과정, 아니 최소한 1심에서 검사가 영상 속 인물이 피해자와 동일 인물이고 그 영상이 편집본임을 상세히 분석해 입증했다면 피해자가 이런 추가적인 고통을 받았겠는가? 검찰이 할 일을 제대로 했으면 물증까지 확보했던 건에서 무죄가 선고되었겠는가? 왜 피해자가 입증까지 해야 하는가? 물증 확보가 가능한 디지털 성범죄조차 이런 식으로 가면 어떤 피해자가 사법 시스템을 선택하려 하겠는가?

피해 입증을 위해 피해자가 직접 나서는 일은 수사 과정에서부터 이미 계속되고 있었다. 당시 이 사건은 피해자가 다수일 것으로 예상되었는데도, 경찰 수사관은 자신이 연락하기가 어렵다며 다른 피해자들에 대한 연락부터 관련 자료의 수집까지 H씨와 J씨에게 맡겼다. 그래야 가해자(피의자)를 구속할 수 있다고 압박한 것이다. 그렇다면 수사는 제대로 했는가? 영상 자체가 편집된 형태인 만큼, 가해자가 불법촬영물을 저장했을 것으로 예상되는 물질적·비물질적 저장 공간은 다양했다. 집이나 사무실 등 일상 공간에 숨겨진 외장하드부터 클라우드 서비스 등 눈에 보이지 않는 공간도 있다. 그런데 이 부분에 대한 수사는 수사관의 역량과 의지에 전적으로 맡겨져 있다. 가해자가 자백하면 더 이상 수사하지 않고 물증 확보를 게을리하는 경우도 있다. 이 사건 역시 다양한 저장 공간에 대한 수사가 제대로 이루어지지 않았다.

검찰은 다른가? 검찰 수사 과정에서 H씨를 불법촬영한 다른 영상들이 발견되었음에도 검찰 수사관은 이를 피해자에게 알리지 않았다. 수사 기록을 남길 때 해당 영상 속 인물이 피해자임이 분명하다고 판단했으면서도 말이다. 이 내용도 2심 재판 도중 H씨가 수사기관의 디지털 포렌식 자료를 열람하면서 확인한 것이다. 피해자가 왜 이를 자신에게 알리지 않았는지, 어째서 추가 기소를 하지 않았는지 항의하자, 검찰 수사관은 "내 덕분에 미처 인지하지 못했던 추가 피해 영상도 발견했으니 고마워해야 하는 것 아니냐"며, "원한다면 추가 고소를 하라"고 말하는가 하면, "9시에 출근해서 퇴근하는 6시까지 너희들 사건만 보고 있다. 이렇게 새로운 피해 사실로 연락하지 말라"며 강압적인 방식으로 자신들의 무성의한 수사와 불충분한 기소를 덮으려 했다.

수사기관이 이렇듯 수사와 기소를 게을리하면서 피해자는 기소건 외의 영상에 대한 피해를 인정받지 못했다. 항소심에서도 폐기 대상에 해당 영상들이 포함되지 않았으며, 압수물 폐기 과정에서 추가 피해 영상의 완전 폐기에 어려움을 겪었다. 더구나 압수물품에서는 항거불능 상태의 추가 피해자들이 나오는 영상이 발견되었고, 약물을 이용한 성범죄 정황도 확인되었다. 그러나 수사기관이 책임을 회피하면서, 피해자의 노력에도 불구하고 의심 가는 모든 영상을 폐기하는 데는 이르지 못했다.

H씨는 피해자에게 일방적인 부담을 안겼던 피해 입증 과정을 모두 감내했다. 아울러 가해자(피고인)의 디지털 성범죄 관련 저장매체와 영상에 대한 몰수에 이어 복구 불가능한 폐기까지 요구하는 의견서와 탄원서를 제출했다. 1심에서 일부 유죄가 선고된 불법촬영 건이 있었는데, 해당 영상이 '복사본'이었다는 이유로 그것이 저장된 외장하드를 몰수조차 하지 않았기 때문이다. 당시 법원들은 폐기는 집행 단계의 문제라며 크게 신경을 쓰지 않았는데, H씨가 문제제기를 하며 폐기에 대한 재판부의 명확한 입장을 판결문에 명시해줄 것을 요구한 것이다. 이에 2심 재판부는 폐기와 관련해 피고인 측이 성의 있는 태도를 보일 것을 권했고, 피고인 측은 피해자 변호사와 만나 협의하기 시작했다. 그러나 언제든 피고인 측에서 변심할 수도 있어 끝까지 방심할 수 없었다.

H씨와 J씨가 2심에서 양형증인*으로 증인석에 섰을 때 내가 신뢰관계인으로 동석했다. 신문 전에 쟁점을 정리하고 증언 시 유의해야 할 지점에 대해 이야기를 나누었다. 그들은 차분히 신문에 응했다. 차라리 소리 지르고 울며 화를 내는 게 낫지 않았을까. 흔들리지 않는 모습을 보이려고 안간힘을 쓰는 그들을 뒤에서 지켜보며 여러 생각이 들

---

*　　사실관계를 다투는 것이 아니라 형벌의 정도를 정하기 위해 재판부가 참고로 삼는 증인.

었다. 절박함이 묻어나는 피해자의 뒷모습을 지켜보며, 나도 정신을 다 잡고 재판의 전 과정을 모니터링했다.

이어진 공판에서 H씨는 직접 영상분석을 한 내용을 토대로 법정에서 그 영상을 틀어놓고 확인하는 과정을 감내해야 했다. 피해자를 제외하고 모두 남성인 법정에서, 큰 스크린으로 영상을 틀어놓고, 그 영상 속에 등장하는 인물이 본인임을 법정에서 혼자 입증했던 것이다. 이 고통을 왜 피해자가 겪어야 하나. 울지도 못하고 멍한 얼굴로 나와 사람들에게 상황을 전달하던 그 얼굴이 지금도 떠오른다. 그런 H씨를 보며 소리 내서 울던 J씨의 모습도 잊히지 않는다. 그들은 피해를 인정받기 위해 감내해야 했던 시간들을 떠올렸을 것이다. 억울하고 분했을 것이다. 불완전하고 부적절하게 운용된 사법 시스템 때문에 추가로 고통받았던 시간들이 머릿속을 지나갔을 것이다. 자신이 입은 피해만으로도 버거웠을 이들이 다른 피해자들의 고통에 공명하면서 느꼈을 그 아픔도 짐작하기 어렵다. 서러웠을 거다. 외로웠을 거다.

"이 법원이 명하는 폐기는 피해자 희망과 같이, '복구가 불가능한 폐기'를 의미한다. 집행 단계에서 복구가 불가능한 폐기가 확정되어야 하며 ……"

항소심 선고일, 재판부는 1심과는 달리 외장하드의 몰수·폐기를 명했다. 비록 주문이 아니라 이유 부분에 포함되었지만,* 내가 알기로는 불법촬영물의 폐기에 대해 구체적으로 판결문에 명시한 최초의 사례다. 책임을 집행 단계로 넘기는 불완전한 형태이기는 하지만, 그래도

＊　판결문에서 '주문'은 재판의 결론에 해당하는 부분으로, 원고(형사재판에서는 검사)의 청구에 대한 법원의 최종 답변이 축약되어 있다. '이유'는 '주문'이 나오게 된 과정을 설명하는 부분으로 크게 '기초사실-판단-결론'으로 이루어진다(360~362쪽 참조).

피해자의 의사를 최대한 판결문에 반영하려 했다는 점에서, 그리고 영상 폐기를 위해 끝까지 싸웠던 H씨의 무기가 되었다는 점에서 의미 있다고 할 수 있다.

2심 재판부는 1심에서 무죄로 판단했던 디지털 성범죄 사건에 대해 유죄 선고를 내렸다. 피해자의 영상분석 내용과 법정 진술의 신빙성을 인정했으며, 해당 영상물을 촬영조차 하지 않았다는 피고인의 주장을 배척했다. 아울러 편집된 영상임을 인정했고, 그 분석 내용을 토대로 피해자가 촬영에 묵시적으로 동의했다고 판단할 수 없다고 봤다. H씨의 주장이 모두 인정된 것이다. 아울러 항소심 재판부는 양형증인으로 나왔던 J씨에 대한 피고인의 범죄행위를 지목하며, 실상 그 범죄 하나만으로도 1심의 형량은 가볍다고 판단했다. 피고인은 1심에서 J씨에 대한 범죄사실을 인정했고 유죄가 선고되었는데, 그 J씨를 굳이 2심의 양형증인으로 다시 증인석에 부른 재판부가 내놓은 답변이었다. 이 모두 피해자들이 재판에 참여해 자신들의 목소리를 전하려 노력한 결과물이었다. 피해자들의 개입이 없었다면 이 재판은 어떻게 진행되었을까. 그리고 이러한 연대나 지지기반이 없는 피해자들은 과연 사법 시스템에서 온전히 피해를 인정받을 수 있겠는가.

"가해자의 범행은 과거에 있지만 피해자의 고통은 현재에 있다." H씨가 쓴 탄원서 내용의 일부다. 그를 만난 지 3년 정도 되었지만, 그의 싸움은 진행형이다. 형사소송 이후 진행한 민사소송은 기관과 연계된 변호사의 무능과 게으름, 거짓말 때문에 와해될 뻔했다. 나는 피해자의 연락을 받고 소송과 변호사 등에 대한 의견을 물은 뒤 대응책을 마련했다. 피해자는 변호사에게 소송 지연과 불성실한 조력에 대해 문제제기를 했고, 변호사가 이를 인정하고 좀 더 적극적인 조력을 약속하면서 마무리된 상태다. 그러나 민사소송 과정에서 H씨가 강력히 요구한 압수물 등의 폐기는 집행 단계에서 여러 문제에 부딪혔다. 예상대로 가해자(피고인) 측은 말을 바꾸었고, 담당 검사와 수사관이 계속 교체되면서 H씨는 사건에 대해, 피해자가 폐기 과정에 참여하는 것이 어떤 의미인지에 대해 반복적으로 설명해야 했다. 게다가 해당 기관의 '폐기'라는 것이 담당자의 말처럼 파일을 긁어 휴지통에 넣는 수준으로 부실하기 때문에 H씨는 너무 불안해했다.

이런 상황에서도 H씨와 J씨는 자신들의 사례가 다른 피해자들에게 도움이 되기를 바란다고 전했다. 나는 이런 말을 들을 때마다 마음이 복잡해진다. 자신에게 집중해도 될 텐데, 나와 연락을 끊어도 될 텐데. 내가 괜히 그들에게 부담을 주는 것은 아닐까. 이게 그들의 진의는 맞을까. 그러다 다시 마음을 다잡는다. 허락을 구하고 그들의 뜻에 어긋나지 않게, 그렇게 해나가면 된다.

2022년 2월, H씨에게서 만나고 싶다는 메일이 왔다. 먼저 만나자는 제안을 잘 하지 않는 이라 의아했는데, 한 달 후 그를 만났을 때 난 웃으면서도 울고 싶었다. 그는 검사 네 명, 수사관 두 명이 바뀌는 과정을 거쳐, 드디어 본인이 원하는 방향으로 폐기를 마무리했다고 알려주었다. 보수적이고 폐쇄적인 담당자들을 설득했고, 가해자로부터 피해를 입었거나 입을 위험이 있는 다른 피해자들의 상황까지 고려해 폐기 대상과 범위를 정한 뒤, 피해자로서 직접 폐기에도 참여했다고 한다. 디지털 성범죄 피해자의 상황과 상태를 이해하려 노력해준 마지막 검사와 수사관에게도 고마워하고 있었다. 그는 자신이 할 수 있는 최선을 다해 싸워왔노라고 웃으며 말했다. 감정을 겉으로 드러내지 않으려 애쓰던 그의 얼굴이 다채로운 표정으로 가득 차 있었다.

밝고 찬란한 그의 미소가 좋으면서도 지난 시간이 떠올라 마음속에서 무언가 울컥 솟아올랐다. H씨는 자신이 싸움을 하던 그 시간은 결코 '공백'이 아니었다고, 의미 없이 날리는 시간이 아니었다고 강조했다. 고통이 완전히 사라진 것도, 싸움이 온전히 종결된 것도 아니지만, 그는 하나하나 자신의 삶을 다시 만들어가고 있다. 서로의 근황을 전하고, 또 다른 싸움을 할지 논하며 이야기를 나누던 그 시간을 앞으로도 잊지 못할 것이다.

H씨와 J씨가 이 모든 과정을 복기하느라 고통스러울 것임에도 나와 계속 연락하는 이유, 인터뷰에 응하고 사례로 언급되는 것을 허락하는 이유는, H씨가 말하듯 피해자들이 싸운 시간이 '공백'이 아니기를 바라는 마음에서가 아닐까. 그래, 나는 이런 피해자들의 마음을 안고 연대한다. 그들과 함께 연대하는 것이다.

"왜 하필
당신이어야
했나?"

피고인은 자신의 범행을 전혀 뉘우치지 않고 있을 뿐만 아니라, 오히려 더욱 적극적으로 "피해자가 성추행을 당하지 않았음에도 자신의 이해관계에 따라 허위 진술을 하고 있다"는 취지로 주장한다. 피고인에 대해 이 사건 약식명령에서 정한 벌금형(70만 원)보다 훨씬 더 중한 형(벌금 500만 원)을 선고함이 타당하다.

2021년 2월 18일, 만화가 박재동(70세, 남)의 지인이자 전 국회의원 비서관이었던 박ㅇㅇ(48세)이 약식명령*에 불복해 정식재판을 청구했던 명예훼손 사건의 1심 결과다. 약식명령으로 선고받았던 벌금의 일곱 배 넘는 벌금을 선고받은 것은, 앞서 2020년 10월 유사한 형태의 2차 가해로 약식명령 벌금의 두 배(100만 원 → 200만 원)를 선고받은 전 충남도지사 안희정(57세, 남)의 전 비서 어ㅊㅅ(38세, 남)의 사례와 유사

---

*   법원이 검사가 제출한 서면만 보고 공판 과정 없이 피고인을 벌금·과료·몰수에 처하는 재판 절차.

하다. 이는 성폭력 가해자의 지인들이 피해자를 대상으로 저질러온 2차 가해에 대한 법원의 엄벌 의지를 보여준다.

가해자 지인들의 2차 가해는 허위 비방, 사생활 유포, 모욕, 신상 정보 공개 등 다양하다. 이런 상황에서 피해자는 1차 피해인 성폭력 사건의 고통에 더해 추가 피해의 고통까지 떠안게 되며, 그 추가 피해 때문에 자해와 자살을 시도한 사례도 있다. 2차 가해가 피해자들이 피해를 회복하고 일상을 다시 구성하는 데 또 다른 걸림돌이 되는 것이다. 그러나 아쉽게도 현재 성폭력 2차 가해를 별도로 다루는 법률은 없다. 그래서 피해자들은 형법상 혹은 정보통신망법상 명예훼손(사실적시/허위사실적시), 모욕, 성폭력처벌법상 비밀준수 위반 등으로 고소·고발한다. 그러나 성폭력 2차 가해를 다루는 법률이 따로 없는 상황에서 수사기관은 그 죄질을 과소평가하고, 신상공개와 같은 2차 가해가 이루어져도 성폭력처벌법 등을 적극적으로 적용하지 않는다. 이에 대해 항의하면 이미 공론화를 선택하지 않았느냐며, 형사사법 시스템을 거치려면 외부의 의문이나 비판을 수용해야 하지 않느냐고 한다.

명예훼손이나 모욕의 경우, 피해자가 고소를 하면 수사기관은 이를 형사조정* 으로 넘겨 당사자끼리 해결하라고 강요하거나, 혐의도 극히 일부분만 인정하는 사례가 많다. 인정된 혐의조차 기소유예**나 약식기소*** 로 끝낸다. 형사소송 이후 민사소송으로 간다고 하더라도 재판이 길어지는 경우가 많아 피해자에게 고통만 더해지기 쉽다. 또한 손해배상 판결을 받아도 배상 금액이 피해에 비해 너무 적거나, 승

---

*　형사사건에 대해 검찰청 내 형사조정위원회에 조정을 의뢰하고 그 결과를 사건 처리 또는 판결에 반영하는 모든 절차.

**　죄는 인정하지만 공소는 제기하지 않는 검사의 처분.

***　약식명령의 재판을 청구하는 검사의 기소 방식.

소를 해도 배상금은 피해자가 직접 받아내야 한다. 따라서 가해자가 안 주고 버틸 경우 배상금을 받지 못해 실질적인 피해 복구로 이어지지 않기도 한다. 이처럼 2차 가해는 고소가 되더라도 처벌과 배상의 수준이 낮기 때문에, 가해자 주변의 지인들은 거리낌 없이 피해자를 비난하고 모욕하면서 고통을 안긴다.

그런데 최근 들어 이런 가해자들의 행동에 제동이 걸리기 시작했다. 일단 2차 가해 사건이 법원으로 넘어가 정식재판이 진행되면 재판부가 신중히 판단한다. 또한 2018년 이후 '불이익변경금지의 원칙'이 부분적으로 완화되어, 피고인이 정식재판을 청구한 경우 약식명령보다 높은 금액으로 벌금형을 선고하는 것이 가능해졌다. '불이익변경금지'란 피고인이 상소한 사건에서 원심보다 무거운 형을 선고할 수 없다는 원칙을 말한다. 예컨대 약식명령에서 벌금형을 선고한 경우, 피고인의 상소로 정식재판이 진행되면 징역형으로 높일 수 없다. 지금도 이러한 원칙은 여전히 유효하지만, 벌금액은 올릴 수 있게 된 것이다. 이를 토대로 성폭력 피해자에게 2차 가해를 저지른 피고인의 벌금액을 높이는 판결이 지속적으로 나오고 있다. 아울러 민사소송에서도, 형사상 벌금액과 비슷한 수준으로 설정되던 손해배상 금액이 조금씩 상향되고 있다.

만화가 박재동의 지인 박○○의 2차 가해 사건에 대한 연대 요청이 들어왔을 때, 정식재판에서 약식명령보다 상향된 벌금형을 끌어낼 수 있다고 생각한 건 그래서다. 나는 이미 2019년부터 박재동이 SBS를 상대로 진행한 정정보도 청구소송 등을 계속 모니터링해왔기에, 박재동의 지인들이 저지른 2차 가해에 대해 잘 알고 있었다. 공론화한 피해에 대해 '가짜 미투' 운운한 것은 시작에 불과했다. 공론화와 무관한 피해자 이태경 씨의 작품을 모욕했고, 태경 씨와 그 가족들의 신상정보를 유포했으며, 위해를 가할 것처럼 지속적으로 협박했다. 거기에 그 치지 않고 피해자와 연대하는 이들의 신상정보도 캐려 했으며, SNS를 이용해 피해자와 연대자들에게 폭언을 일삼았다. 박ㅇㅇ의 경우 "박재동이 거짓 미투를 당했다"는 글을 SNS에 올렸으며, 소송관계인이 아닌데도 피해자 증인신문조서와 판결문 등의 재판 기록물을 유출하고 왜곡해 게시했다.

명예훼손 형사재판에서는 우선적으로 관련 내용(공소사실)이 사실인지 의견인지를 살핀다. 이후 그것이 진실인지 허위인지를 따진 다음, 비방 목적으로 이루어졌는지 여부를 점검한다. 이때 피고인이 공소사실을 인정하면 피해자는 의견진술권을 행사하지 않는 이상 법정에 출석할 필요가 없다. 그러나 이 사건의 경우 공소사실 인정 여부 단계에서 피고인 박ㅇㅇ이 무죄를 주장하며 피해자의 진술 등에 동의하지 않았기 때문에, 피해자에 대한 증인신문이 진행되었다. 사실관계 입증부터 피해자가 다시 감당해야 했던 것이다.

피해자는 적극적으로 싸우기를 선택했다. 그럴 경우 피해자의 눈높이에 맞춰 대응책을 마련하는 게 연대자의 몫이다. 나는 고소장, 공소장, 피해자 진술조서 등 각종 수사·재판 기록물에 대해 분석하고 공판을 모니터링한 결과물을 토대로 증인신문에 대비하도록 했으며, 관련 의견서와 탄원서를 작성하도록 도왔다. 아울러 '비방의 목적'과 관련해 재판부가 상황과 맥락을 이해하고 종합적으로 판단할 수 있도록, 박ㅇㅇ과 만화가 박재동의 친분, 허위 게시물의 고의성을 입증하기 위한 자료 등을 준비하도록 조력했다.

검사 주신문-피고인 쪽 반대신문-재판부 신문-검사 재주신문 등의 순서로 피해자 증인신문이 이어졌다. 태경 씨는 사실관계에 대해 가감 없이, 현재의 기준에서 기억나는 대로 진술하며 능동적으로 대처

1 피해자에서 연대자로

했다. '피해자다움'에 갇히지 말고 적극적으로 대응하도록 권하는 게 내 연대 전략인데, 그것이 피해자에게 적합했다. 이 사건에서는 공판검사가 피고인 측 변호인의 반대신문에 맞서 피해자 진술의 신빙성을 다듬는 등 적극적으로 참여하는 모습이 인상적이었다. 통상 명예훼손이나 모욕 사건의 경우, 공판검사는 사건도 제대로 파악하지 않고 공소사실과 관련된 신문을 하는 정도에 그치곤 하기 때문이다. 재판부 역시 양쪽 발언 모두 경청하면서 적극적으로 질의했다.

피고인 박○○은 피해자의 고발이 "이해관계에 기반한 거짓 미투"라는 입장을 고수했다. 피해자가 특정 이해관계나 단체 등의 비호를 받으며 가해자를 음해·모함한다는 주장은, 성폭력 가해자 지인들의 2차 가해에서 일반적으로 나타난다. 이 사건도 마찬가지였다. 그는 박재동에 대한 피해자의 고발이 만화계 내 A와 B 두 협회의 주도권 싸움과 관련이 있고, 피해자가 자신이 속한 A 협회가 유리한 위치를 차지하도록 만들기 위해 성추행 사실을 허위로 고발했다고 주장했다.

재판부는 이런 피고인 박○○의 주장을 일축했다. 피해자의 고발은 각종 법정 제출 자료와 피해자 증언 등을 통해 사실임이 확인되고 있으며, 추가 피해를 막기 위한 공익적인 목적도 인정된다고 보았다. 재판부는 오히려 피고인의 2차 가해가 박재동과 피고인에게 유리한 상황이 전개되도록 하려는 목적으로 보인다고 지적했다. 박○○에게 "왜 하필 당신이어야 했나?"라는 재판부의 질문은 그래서 나왔다. 만화계 인물도 아닌 박○○이 나선 것에 다른 의도가 숨어 있다고 판단한 것이다. 이에 대해 피고인 박○○은 만화계를 비롯한 사회 각계 유명인들이 외부 공격을 두려워해서 본인이 나섰다고 했으나, 재판부를 설득하는 데 실패했다.

박 씨에 대한 1심 선고 후 일주일이 지난 2021년 2월 25일, 대법원은 1차 가해자 박재동이 제기한 민사소송에 대해 '심리불속행 기각 결정'*을 내렸다. 2018년 5월에 시작된 민사소송이 피해 폭로 후 36개월 만에 피해자 진술의 신빙성을 인정하면서 마무리된 것이다. 이를 바탕으로 피해자는 1차 가해자와 2차 가해자들에 대한 법적 싸움을 지속할 생각이다.

한편 고故 박원순(65세, 남) 전 서울시장의 성폭력 사건과 관련해서 2020년 12월에 피해자의 실명을 온라인에 공개해 피소된 뒤 수사를 받고 있던 김민웅(66세, 남) 전 교수가 2021년 7월, 청소년 대상 민주시민교육 프로그램 강사로 참여하고 있다는 사실이 알려지면서 논란이 되었다. 그런데 이 프로그램을 주최하는 시민단체의 사무처장이 피고인 박○○이라는 기사가 나왔다.[1] 강사는 2차 가해 혐의로 기소되어 형사재판을 받고 있고[2], 사무처장은 2차 가해 혐의로 형사재판에서 유죄가 확정되었음을 보면 유유상종이라는 말에는 이유가 있는 법이다.

많은 성폭력 피해자가 고발과 고소 후 이어지는 2차 가해로 감당하기 어려운 고통을 겪는다. 그럼에도 현행 수사·재판 과정에서 제대로 된 사법적 판단이 이루어진 사례는 찾아보기 어렵다. 2차 가해 사건은 많은 경우 기소까지 가지 않으며, 수사관들은 2차 가해가 피해자의 인격과 삶을 얼마나 갉는지 이해하지 않는다. 일부 변화가 감지되긴 하지만 법원도 여전하다. 입법적 보완은 필요하지만 그와 별개로, 싸움을 진행중인 피해자들을 위한 수사기관과 법원의 적극적인 접근이 필요하다.[3]

2021년 8월, 항소심 공판에서 피고인 박○○는 여전히 피해자의 고발이 허위라는 주장을 굽히지 않았다. 자신이 올린 게시물은 피해자

＊   본안 심리 없이 상고를 기각하는 것.

가 가처분 등을 통해 내리게 할 수 있음에도 하지 않고 있으며, '2차 가해'라는 것이 추상적이고 모호한데 1심 재판부는 피해자가 미래에 입을 피해까지 포함해 판결을 내렸다는 취지로 항변했다. 결심 공판(선고 전 마지막 공판, 변론종결) 이후에는 피해자의 지인들에게 연락해, 이미 배척당하거나 인정받지 못한 자료를 들이밀며 피해자의 고발이 허위라는 식으로 주장을 이어나가는 등 '개전의 정'이 전혀 보이지 않았다. 게다가 충분한 시간이 있었음에도, 결심 공판 후 선고 10일 전에야 사선으로 변호사를 선임해 변론재개를 요청하기도 했다.

그러나 9월 17일 재판부는 예정대로 선고를 내렸으며, 그 결과는 당연히 항소 기각이었다. 그날 피해자 대신 법정에 들어왔던 가족의 눈빛을 기억한다. 가족의 지지와 응원을 기대하기 어려운 상황에서 홀로 어렵게 싸우는 성폭력 피해자들이 많은데, 이 사건의 경우 가족과 지인들이 피해자 뒤에 든든히 서 있었다. 그들 역시 많은 공격에 노출되어 힘들었을 것이다. 그럼에도 피해자를 혼자 두지 않았던 그들에게 감사의 말을 전한다.

2021년 12월 28일, 박○○이 상고한 건에 대해 대법원이 상고 기각 결정을 내리면서 박 씨의 2차 가해에 대한 형사법적 판단은 마무리되었다. 그럼에도 박 씨는 여전히 잘못을 인정하거나 반성하지 않고 있으며, 피해자는 민사 손해배상 청구소송을 제기하는 등 피해 회복을 위한 법적 싸움을 지속하고 있다. 이 싸움이 피해자가 원하는 방향으로 잘 갈무리된 후 피해자와 가족, 그리고 그를 지지하고 응원한 많은 이들이 부디 안온한 일상을 되찾길 바란다.

허위과장의
진술습벽이
있는 여자

"피고인 조덕제를 징역 1년에 처한다. 피고인을 법정구속 한다."

2021년 1월 15일, 의정부지법에서 만 6년의 싸움을 정리하는 선고 결과가 나왔다. 이번 판결은 영화배우 조덕제(본명 조득제, 54세, 남)와 그 동거인 정ㅁㅎ(46세)가 저지른 3차 범죄*(허위사실적시 명예훼손, 모욕, 성폭력처벌법상 비밀준수 위반 등)에 대한 법원의 세 번째 '유죄' 판단이다. 1차 범죄인 조씨의 '강제추행 및 무고'와 그 지인들이 저지른 2차 범죄인 '허위사실적시 명예훼손'에 대해서는 2018년 유죄가 확정되었다.

피고인 조덕제와 정ㅁㅎ는 선고 후에도 '여성단체' 운운하며 외압이 있었다는 식의 주장을 이어갔으나, 3차 범죄 사건에 '여성단체'는 개입한 바 없다. 나는 피해자 반민정 씨 곁에서 2017년부터 관련 사건의 형사재판 모두를 모니터링하며 일대일 연대 활동을 해왔다. 조덕제

---

*   정식으로 형사 고소가 되어 유죄로 인정된 사건에 대해서는 '가해'가 아닌 '범죄'로 표기한다.

측이 외압의 증거라며 강조하는 '여성단체'가 실상은 개인 활동가인 나다. "여기에 여성단체가 어디 있느냐, 또 거짓말을 하는 거냐"라고 방청석에서 외치던 순간, 만 5년 동안 반민정 씨 곁에서 감시자, 기록자, 목격자로 함께했던 시간들이 떠올랐다.

2017년 초봄, 영화계 단체가 주축이 된 '공동대책위원회'(이하 '공대위') 활동가로부터 연대를 권하는 연락을 받고 고민했다. 이미 변호사가 선임되어 있고 공대위까지 활동하는 상황에서 개인이 연대에 참여하는 것이 적절한지, 참여한다고 해도 연대자로서 위치와 범위를 어떻게 설정해야 할지 복잡했기 때문이다. 사법 시스템하에서 연대한다는 것은 그 과정과 결과에 대한 법적 책임까지 고려해야 한다는 뜻이다. 기존의 연대 전략이나 방향과 맞지 않을 경우 오히려 피해자에게 부담이 될 수 있다. 내가 아니어도 되는 사건에 굳이 들어갈 필요가 없었다.

고민 끝에 피해자와 한번 만나기로 했다. 내가 필요 없다면 거절할 생각이었다. 그렇게 반민정 씨를 만났다. 카페 구석에 자료를 쌓아둔 채 모자를 눌러쓰고 불안해하는 그를 본 후, 법적 지식이 없는 그에게 조력자가 필요하다고 판단해 연대 요청을 수락했다. 그때부터 나는 피해자 곁에서 1, 2, 3차 형사재판 전부를 모니터링하며 연대해왔다.

1차 범죄인 강제추행은 2015년 영화 촬영 현장에서 일어났다. 조덕제는 피해자와 사전에 협의되지 않았을 뿐 아니라 감독의 별도 연기 지시에도 벗어난 신체 접촉을 했다. 충격을 받은 피해자는 현장에서 항의했고, 조 씨가 사과하고 해당 영화에서 퇴출되는 절차를 밟으며 사건은 마무리되는 듯했다. 하지만 조 씨는 사과를 번복했고, 피해자가 그런 조 씨를 신고하자 수사 과정에서 무고와 명예훼손 등을 내세워 피해자에 대한 보복성 고소를 했다. 이에 대해 검찰은 불기소 처분*을 내리면서, 조덕제의 보복성 고소를 무고로 판단했다. 7개월이 넘는 수사 끝에 조 씨는 강제추행치상**뿐만 아니라 자신의 보복성 고소로 인한 무고로도 기소되어 재판을 받게 된 것이다.

2016년 12월, 1심 재판부는 조 씨에게 무죄를 선고한다. 피해자의 의사에 반하긴 했으나 연기라고 본 것이다. 그러나 이듬해 10월, 2심에서는 1심을 뒤집고 징역 1년에 집행유예 2년의 유죄 선고가 내려졌다. 영화 촬영 현장에서도 여성의 성적자기결정권을 존중해야 한다는 상식적인 판결이었다. 재판부가 강제추행 장면이 담긴 '사건 영상'을 심리하면서, 피해자와 피고인 신문을 통해 진술의 신빙성을 판단한 게 주요한 요인이었다.

피해자는 2심이 시작된 뒤에야, 사건 직후 폐기된 것으로 알았던 당시 피해 영상이 남아 있음을 알고 충격을 받았다. 그런 피해자에게 사건 영상에 대한 심리가 필요하다고 설명하며 이해를 구하는 것은 연대자인 내 몫이었다. 어떤 피해자가 성폭력 장면이 담긴 영상을 법정에서 틀어놓고 신문을 진행하고 싶겠는가. 그러나 그는 설명을 듣고 마음을 다잡은 후, 직접 영상을 분석하고 법정 신문에도 적극 응하며 일관되게 진술했다. 반면 동일한 영상에 대해 조 씨는 신체 접촉 여부, 접촉 부위에 대한 설명을 계속 바꿨다. 피고인 진술이 일관적이지 않고 피해자 진술은 일관적일 때, 피해자 진술의 신빙성은 높아지기 마련이다.

2심 유죄 선고 이후, 조덕제는 언론을 이용해 각종 허위사실을 유

---

* 공소를 제기하지 않는 검사의 처분. '기소유예', '기소중지', '공소권없음', '혐의없음', '죄가 안됨', '공소보류'로 나뉜다.
** 무기징역 또는 5년 이상 징역에 해당되는 것으로, '위력에 의한 추행'(3년 이하 징역 또는 1500만 원 이하 벌금)과 '강제추행'(10년 이하 징역 또는 1500만 원 이하 벌금)보다 중한 형이다.

1 피해자에서 연대자로

포하기 시작했다. 강제추행 혐의로 유죄가 선고된 '남배우 A'가 본인이라고 밝히며 언론사들과 인터뷰를 지속했다. 특히 연예매체《디스패치》가 감독의 별도 연기 지시가 포함된 메이킹 영상과 사건 영상에 대한 연속기사를 내면서 피해자의 상태는 악화되기 시작했다.《디스패치》는 피해자의 이름을 공개하고, 부실한 영상분석 결과를 전문가 이름을 앞세워 보도했으며, 실제 영상과 다르게 내용을 짜깁기했다. 그 과정에서《디스패치》기자들은 조덕제와 수차례 통화를 하면서 피해자가 제기한 언론중재위원회 제소 건, 형사 고소 건, 후속 보도 건 등에 대해 정보를 주고받으며 친밀한 관계를 유지했다.

피해자는《디스패치》가 내세웠던 영상분석 전문가를 찾아가 정식으로 영상분석을 의뢰했다. 다른 전문가를 찾아가봐야 구설에 오를 뿐이라고 판단한 것이다. 그 전문가는 충분한 시간을 두고 영상을 다시 분석했으며, 자신의 오류를 인정하며 피해자 진술에 신빙성이 있다고 판단했다. 그런 모든 과정을 거쳐《디스패치》는 1년 뒤인 2018년에야 자신들의 잘못을 인정하고 기사를 삭제하면서 정정보도를 내보냈다. 이렇듯 진실을 알리려고 피해자가 애를 썼음에도 언론과 대중은 외면했다. 언론은 조회 수만 높이면 되기 때문에 이후 진실이 드러나도 스스로 정정하려 들지 않으며, 강제로 정정하게 되어도 그 사실을 적극적으로 알리지 않는다. 의심하기를 선택한 대중들은 추후 사실관계가 밝혀지고 진실이 드러나도 본인들의 판단이 잘못되었음을 인정하지 않는다. 자극적인 허위 기사를 두고 피해자와 사건에 대해 말을 얹으며 추가 가해를 한 이들 또한, 이후 정정보도 등이 나와도 관심을 두지 않는다.

언론이 그 어떤 사실 검증도 없이 조덕제의 말을 주워 담던 그때, 조덕제는 인터넷 카페까지 만들어 피해자와 관련된 각종 허위 게시물과 영상을 올리기 시작했다. 추가 가해는 나열하기 어려울 만큼 끔찍한 수준이었다. 자신이 죽어야 사람들이 믿어줄 것이냐며 무너져내리는 피해자 곁에서 하나하나 해야 할 일을 정리하고, 손을 잡아 같이 갔던 이들이 없었다면 어떻게 되었을지 생각조차 하기 싫다. 조덕제가 만든 인터넷 카페에는 재판에 대한 허위 게시물 외에도 사건과 무관한 피해자의 사생활, 다시 말해 '식당 및 병원 사건'에 대한 허위 게시물도 올라왔다. '식당 및 병원 사건'은 피해자가 2015년 조덕제의 1차 범죄로 피해를 입기 전인 2014년에 동네 식당과 병원을 대상으로 '갑질'을 하며 거액의 보험금과 합의금을 받아냈다는 허위 내용이다. 이 게시물들은 앞서 조덕제와 정ㅁㅎ의 지인으로서 개그맨과 기자로 활동한 이재포(62세, 남), 김ㅎㅊ(45세, 남)이 2016년에 작성해 조덕제의 1차 범죄 1심 재판에서 활용한 가짜뉴스였다.

　이 가짜뉴스 때문에 1심 재판 과정에서 피해자는 진술의 신빙성을 의심받았다. 1심이 선고되기 전, 피고인 조덕제의 변호인단으로 뒤늦게 합류한 판사 출신의 변호사가 당시 피해자를 "허위·과장의 진술 습벽이 있는 여성"으로 몰아가며, 그 근거로 '식당 및 병원 사건'과 관련된 각종 자료를 들이밀었기 때문이다. 당시 조덕제 측 변호사가 제출한 자료에는, 1심이 한창 진행 중이던 2016년 7~8월에 이 '사건'과 관련해서 《코리아데일리》라는 인터넷 언론사에 게시된 기사뿐만 아니라, 이 언론사 기자들이 취재하면서 얻은 녹취록 등도 포함되어 있었다.

　당시 이 인터넷 언론사에서 수개월간 '편집국장'을 지내며 조덕제를 조력했던 이재포는 조 씨의 지인이었다. 이재포는 가명까지 써가며 피해자에 대한 가짜뉴스를 생산하고 게시했다. '식당 사건'과 '병원 사건'에 관한 기사를 연달아 냈고, 이 모든 자료를 조덕제에게 넘겼다. 조덕제는 이를 자신의 1차 범죄 재판에 적극 활용했으며, 실제로 1심에서는 무죄를 끌어내기도 했다. 그러다가 2심에서 유죄가 인정되자 그 가짜뉴스를 포함한 허위사실을 무차별적으로 유포했다.

피해자가 아무리 보도자료를 돌리고 사실관계를 정정하려 해도 소용없었다. 그래서 나는 2차 범죄, 즉 조덕제의 지인인 이재포와 김ㅎㅊ의 허위사실적시 명예훼손 사건의 재판에 집중하기로 했다. 공판마다 피해자와 함께 방청하며 공판검사와 소통하도록 권했다. 피해자는 증거자료, 의견서, 탄원서 등도 제출했다. 2018년 5월, 1심에서 이재포는 징역 1년 2개월을 선고받고 법정구속 되었으며, 김ㅎㅊ은 징역 1년 6개월에 집행유예 3년을 선고받았다. 그리고 같은 해 10월 항소심 결과, 이재포는 1심 형량보다 높은 징역 1년 6개월, 김ㅎㅊ은 징역 1년의 실형을 선고받고 법정구속 되었다. 항소심 판결문에는 이들이 지인인 조덕제의 성폭력 사건 재판에 도움을 주기 위한 악의적인 목적으로 가짜 인터넷 뉴스를 작성했고, 그로 인해 피해자가 성폭력 사건 1심에서 진술의 신빙성을 의심받게 되었다는 내용이 들어갔다.

가짜뉴스와 싸우는 사이, 1차 범죄인 강제추행치상 및 무고 사건의 상고심(3심) 선고일이 잡혔다. 주변의 만류에도 피해자는 선고 당일 자신의 이름 '반민정'을 공개하기로 했다. 여러 경우의 수를 고려해 새벽 내내 그와 함께 입장문을 수정했다. 그리고 2018년 9월, 상고가 기각되며 대법원에서 조덕제의 유죄가 확정(징역 1년 집행유예 2년)되었다.

선고 다음 날, 조덕제는 사건 영상 중 공소사실과 무관한 앞부분의 폭행 장면을 잘라 퍼뜨리며, 그것으로 유죄가 선고되었다고 또 거짓말을 했다. 언론은 앞다투어 조덕제의 거짓말을 검증 없이 옮겼다. 공중파 방송에서는 현직 변호사, 한국형사·법무정책연구원의 연구위원이 출연해, 공소장과 판결문을 확인하지도 않은 상태에서 조 씨의 거짓말을 토대로 판결에 의문을 제기하기도 했다. 공소장만 확인하면

되는 간단한 일이었음에도 그 어떤 언론사도 전문가도 피해자에게 확인하지 않았다. 피해자 변호사와 함께 보도자료를 만들어 조덕제의 주장이 거짓말임을 알려도 소용없었다.

2018년 10월로 예정된 이재포와 김ㅎㅊ의 2차 범죄 사건 항소심을 대비하며, MBC 〈당신이 믿었던 페이크〉에 출연하기로 결정한 것도 그때다.[4] 여러 방송사에서 연락이 왔으나 기획 의도와 사전 질문지 전달, 사실관계에 대한 철저한 검증, 자료 전달책의 일원화 등 요구 조건을 수용한 곳은 MBC뿐이었다. 촬영 초반 제작진은 이재포에 집중했다가 후반으로 가면서 조덕제를 정조준했다. 그들이 판단하기에도 이 사건의 중심은 조덕제였기 때문이다.[5]

대법원에서 성범죄 유죄가 확정된 후에도 조 씨는 허위사실을 기반으로 한 피해자 비방을 멈추지 않았다. 조덕제와 동거인 정ㅁㅎ는 인터넷 카페에 이어 유튜브 방송으로 이익을 챙기며 추가 가해를 이어갔다. 피해자를 '이상한 여자'로 몰아가는 데 중점을 두었고, 있지도 않은 '윗선'과 '여성단체'를 들먹이며 재판에 대한 불신을 야기했다. 이미 거짓으로 확정된 허위사실도 다시 유포했다. 이 3차 범죄에 대한 법적 단죄가 필요했다. 결국 2019년 조덕제와 동거인 정ㅁㅎ는 정보통신망법 허위사실적시 명예훼손, 형법상 모욕, 성폭력처벌법상 비밀준수 위반 등으로 기소되었다. 그로부터 1년 7개월이 지난 2021년 1월, 조덕제는 3차 범죄에 대해서도 1심 선고 공판에서 공소사실 대부분이 유죄로 인정되어 징역 1년을 선고받고 법정구속 되었다. 9월에 내려진 2심 판결에서도 일부 감형되었지만 실형은 유지되었고, 2021년 12월 3심에서 상고가 기각되어 징역 11개월이 확정되었다.

이 싸움은 조덕제 개인만을 상대로 한 것이 아니다. 예술의 이름으로 성폭력을 은폐하는 문화·예술계, 최소한의 사실 검증이나 보도 윤리마저 내팽개친 한국 언론, 부적절한 정보를 토대로 피해자를 공격하는 대중, 피해 회복은 뒷전인 사법부에 대한 고발이다. 또한 피해자의 바람대로 비슷한 처지의 다른 피해자들과 연대하는 일이기도 하다. 그러나 싸움은 여전히 진행 중이다. 조덕제의 출소 전에는 조 씨의 동거인 정ㅁㅎ와 그 지인이, 출소 후에는 조 씨까지 가세해 유튜브를 통해 허위사실을 유포하며 피해자에 대한 추가 가해를 멈추지 않고 있다. 사건 관련 기사의 댓글에는 여전히 피해자에 대한 비방과 모욕이 이어진다.

그가 싸움을 마무리하고 자신이 사랑하는 연기를 다시 하기를 바란다. 성폭력 피해를 입고 '법대로' 문제를 해결하기로 선택한 이후 만 7년가량을 과거에 묶여 있는 그가, 부디 현재를 살고 미래를 향해 나아가길 바란다. 피해자 반민정이 아니라 배우 반민정으로 그를 만나고 싶다. 그가 자신의 자리를 찾기 위해서는 사법 시스템과 언론의 성찰과 자정이 필요하다. 개인인 그가 더 이상 무엇을 해야 하는가. 이제는 사회가 응답하고 변할 차례다.

조덕제 사건 일지

순서	요점	일시	세부 내용
1	무관한 두 사건	2014.12~ 2015.02	① ○○국수 사건: 피해자, 음식물 섭취 후 급성위염과 급성장염(식중독 증상)으로 치료를 받은 후 원만한 보험처리 완료 ② ○○○병원 사건: 피해자, 수액치료 중 감금과 혈액역류 등 증상으로 이송되어 치료 후 원만한 합의 완료
2	사건 발생	2015.04.16~ 05.04	① 촬영 중 강제추행 등 사건 발생 ② 조덕제, 피해자에게 두 차례 사과 ③ 피해자, 감독 포함 여러 사람들에게 사실을 알리고 조치 요구 ④ 관계자들, 피해자에게 신고 등을 만류하며 압박을 가함
3	신고	2015.05.05	피해자, 영화 촬영 종료 후 가명(외부 유출 우려) 신고
4	수사	2015.05~08	경찰 조사
5		2015.09	조덕제, 피해자 대상으로 명예훼손·무고 등 보복성 형사 고소와 민사소송 제기
6		2015.09~11	검찰 조사
7	1차 범죄 (조덕제) 1심	2015.12.12	검찰, 강제추행치상 및 무고 혐의로 조덕제 기소
8		2016.02.29	1차 공판
9		2016.04.20	2차 공판: 피해자, 감독, 증인신문
10		2016.05.23	3차 공판: 관계자들 증인신문
11		2016.06.27	4차 공판: 재판부, 결심 공판 예정 의사 표시
12		2016.07.08	(이재포, 7월 1일 《코리아데일리》 편집국장 임명) 《코리아데일리》 피해자 관련 가짜뉴스 게시 (제목: "[단독] 백종원 상대로 돈 갈취한 미모의 여자 톱스타")
13		2016.07.12	조덕제, 재판부에 추가 변론 요청
14		2016.07.13	5차 공판
15		2016.07.14	《코리아데일리》, 피해자 관련 가짜뉴스 게시 (제목: "성추행 피해 주장 여배우 B씨 '자칭 교수' 논란")
16		2016.07.29	《코리아데일리》 피해자 관련 가짜뉴스 게시 (제목: "[단독] 백종원 식당 여배우 '혼절했다' 병원서도 돈 받아 '경찰 수사 착수'")
17		2016.08.01	《코리아데일리》 피해자 관련 가짜뉴스 게시 (제목: "백종원 식당 갈취 여배우, 근거자료(?) 내세워서 이중으로 목돈 챙겨")

1 피해자에서 연대자로

순서	요점	일시	세부 내용
18		2016.08.17	《코리아데일리》 피해자 관련 가짜뉴스 게시 (제목: "'TV 소설 저 하늘에 태양이' 미모의 메인 여배우 '만행사건'")
19		2016.08.22	6차 공판
20		2016.09.26	7차 공판: 조덕제, 《코리아데일리》 기사 증거 제출, "허위·과장의 진술 습벽" 재주장
21		2016.10.14	8차 공판
22		2016.11.14	9차 공판(변론종결)
23		2016.12.02	재판부, 조덕제 1심 무죄 선고
24		2016.12.08	검사 항소
25		2017.01.18	검찰, '순서 12' 관련 형사 고소 불기소 처분
26		2017.02	피해자, '순서 25' 관련 항고장 제출
27		2017.03.17	검찰, '순서 26' 관련 재기수사명령
28		2017.03.29	조덕제 2심 1차 공판
29		2017.04	검찰, '순서 16,17,18' 관련 허위사실적시 명예훼손 혐의로 이재포·김ㅎㅊ 기소
30	1차 범죄	2017.05.10	이재포·김ㅎㅊ 1심 1차 공판
31	(조덕제)	2017.05.12	조덕제 2심 2차 공판
32	2심	2017.05.31	이재포·김ㅎㅊ 1심 2차 공판
33	&	2017.06.21	이재포·김ㅎㅊ 1심 3차 공판
34	2차 범죄	2017.06.28	조덕제 2심 3차 공판: 이재포 지인 김ㅎㅊ, 조덕제 측 증인으로 출석
35	(이재포· 김ㅎㅊ· ㅇㅅㄱ)	2017.07.14	조덕제 2심 4차 공판(변론종결)
36	1심	2017.07.19	이재포·김ㅎㅊ 1심 4차 공판: 피해자 증인신문
37		2017.09.01	조덕제 2심 선고 예정일 안내, 이후 기일 변경
38		2017.09.13	이재포·김ㅎㅊ 1심 5차 공판: ○○식당 주인과 ○○○병원 원무과장 증인신문
39		2017.10.13	재판부, 조덕제 2심 유죄 선고(징역 1년 집행유예 2년)
40		2017.11	피고인 조덕제와 검사의 쌍방 상고
41		2017.11.15	이재포·김ㅎㅊ 1심 6차 공판
42		2018.01.17	이재포·김ㅎㅊ 1심 7차 공판: 《코리아데일리》 대표 증인신문

순서	요점	일시	세부 내용
43		2018.02.07	이재포·김ㅎㅊ 1심 8차 공판: ○○○병원 의사, 영화감독, 에이전시 대표 등 증인신문
44		2018.03.02	검찰, '순서 27' 관련 범인도피 및 범인도피교사 혐의로 김ㅎㅊ과 《코리아데일리》 대표 ㅇㄱㄱ 기소(이후 병합처리)
45		2018.04.04	이재포·김ㅎㅊ·ㅇㄱㅅ 1심 9차 공판: 《코리아데일리》 전 기자, 에이전시 관계자 등 증인신문
46		2018.04.18	이재포·김ㅎㅊ·ㅇㄱㅅ 1심 10차 공판(변론종결)
47	1차 범죄 (조덕제) 3심 & 2차 범죄 (이재포· 김ㅎㅊ· ㅇㅅㄱ) 2~3심	2018.05.09	재판부, 이재포·김ㅎㅊ·ㅇㄱㅅ 1심 유죄 선고 (이재포: 징역 1년 2개월 실형, 김ㅎㅊ: 징역 1년 6개월 집행유예 3년, ㅇㅅㄱ: 징역 1년 집행유예 2년)
48		2018.05	피고인 이재포·김ㅎㅊ·ㅇㅅㄱ와 검사의 쌍방 항소
49		2018.08.20	피고인 이재포·김ㅎㅊ·ㅇㅅㄱ 2심 1차 공판
50		2018.09.10	피고인 이재포·김ㅎㅊ·ㅇㅅㄱ 2심 2차 공판(결심 공판)
51		2018.09.13	재판부, 조덕제 3심 유죄 선고(상고 기각)
52		2018.10.04	재판부, 이재포·김ㅎㅊ·ㅇㅅㄱ 2심 유죄 선고 (이재포: 징역 1년 6개월 실형/상고 포기로 확정, 김ㅎㅊ: 징역 1년 실형/상고 포기로 확정, ㅇㅅㄱ: 항소 기각)
53		2018.11.30	재판부, ㅇㅅㄱ 3심 유죄 선고(상고 기각)
54	3차 범죄 (조덕제· 정ㅁㅎ) 1심	2019.06.20	검찰, 허위사실적시 명예훼손, 모욕, 비밀준수 위반 등 혐의로 조덕제·정ㅁㅎ 기소
55		2019.09.06	피고인 조덕제·정ㅁㅎ 1심 1차 공판
56		2019.10.11	피고인 조덕제·정ㅁㅎ 1심 2차 공판
57		2019.11.29	피고인 조덕제·정ㅁㅎ 1심 3차 공판
58		2020.01.22	피고인 조덕제·정ㅁㅎ 1심 4차 공판: 피해자 증인신문
59		2020.03.13	피고인 조덕제·정ㅁㅎ 1심 5차 공판: 증인신문(보험사 직원, 영화감독)
60		2020.05.09	피고인 조덕제·정ㅁㅎ 1심 6차 공판: 증인신문(식당 주인)
61		2020.06.19	피고인 조덕제·정ㅁㅎ 1심 7차 공판: 증인신문(조덕제 1차 범죄 담당 변호인 중 1인, 피해자 지인)
62		2020.08.21	피고인 조덕제·정ㅁㅎ 1심 8차 공판: 증인신문(조덕제 지인 배우 김ㅇㅇ, 사건 당시 피해자 소속사 대표였고 사건 후 조덕제 소속사 대표 송○○)
63		2020.10.16	피고인 조덕제·정ㅁㅎ 1심 9차 공판

1 피해자에서 연대자로

순서	요점	일시	세부 내용
64		2020.12.01	피고인 조덕제·정ㅁㅎ 1심 10차 공판(결심 공판), 피고인 신문
65		2021.01.15	재판부, 조덕제·정ㅁㅎ 1심 유죄 선고 (조덕제: 징역 1년 실형, 정ㅁㅎ: 징역 6개월 집행유예 2년)
66		2021.01	피고인 조덕제·정ㅁㅎ와 검사의 쌍방 항소
67	3차 범죄 (조덕제· 정ㅁㅎ) 2심	2021.03.25	피고인 조덕제·정ㅁㅎ 2심 1차 공판
68		2021.06.07	피고인 조덕제·정ㅁㅎ 2심 2차 공판
69		2021.07.19	피고인 조덕제·정ㅁㅎ 2심 3차 공판(결심 공판)
70		2021.09.02	피고인 조덕제·정ㅁㅎ 2심 유죄 선고 (조덕제: 징역 11개월 실형, 정ㅁㅎ: 항소 기각)
71	3차 범죄 (조덕제· 정ㅁㅎ) 3심	2021.09	피고인 조덕제·정ㅁㅎ와 검사의 쌍방 상고
72		2021.12.30	재판부, 조덕제·정ㅁㅎ 3심 유죄 선고 (조덕제: 상고 기각, 정ㅁㅎ: 상고 기각)

- 1차 범죄(조덕제): 강제추행치상, 무고
- 2차 범죄(이재포, 김ㅎㅊ·ㅇㅅㄱ): 허위사실적시 명예훼손, 범인도피 등
- 3차 범죄(조덕제·정ㅁㅎ): 허위사실적시 명예훼손, 모욕, 비밀준수 위반 등

그때도 틀렸고, 지금도 틀렸다

"마녀님, 검찰에서 통지서가 왔어요."

목소리가 지나치게 낮다. 뒤집는 것은 불가능했나. 아니, 자료는 완벽했고, 검찰 조사도 잘 받았는데. 뭐가 잘못됐지? 항고는 언제까지 더라? 항고 인용률*이 10퍼센트는 되던가?

"불기소래요."

2016년 초여름 해질 무렵, 경기도 시흥의 길 한복판을 소리 지르며 뛰어다녔다. 회사에서 본 것이라 목소리를 낮춘 거란다. 그럼, 얼마나 준비했는데. 당연히 뒤집혀야지.

'모모' 씨를 처음 만난 건 2015년이었다. 처음엔 변호사가 선임되어 있고 연대체도 있으며 기관의 도움도 받고 있는, 겉으로 봤을 때 지지와 연대 기반이 있는 것처럼 보이는 그가 왜 개인 활동가인 내게 연대를 요청하는지, 요청을 수용하는 것이 적절할지 고민했다. 하지만 그

＊ 고등검찰청에 접수된 항고 사건 중 수사의 미진함 등을 이유로 재기수사명령이 내려지는 사건의 비율.

1 피해자에서 연대자로

와 대면한 후 바로 일대일 연대를 결정했다.

트위터와 페이스북에서 각종 교제폭력(데이트폭력)과 성폭력 피해의 공론화가 이어지던 해, 그도 다른 피해자들의 글을 보고 연대의 의사 표시로 자신의 교제폭력 피해를 고발하는 글을 게시하며 공론화에 동참했다고 한다. 가해자는 일단 사과한 후, 잠잠해지기를 기다렸다가 모모 씨에 대한 민형사소송을 제기했다. 가처분 신청을 통해 피해자의 말과 글을 묶었고, 수차례의 형사 고소를 통해 '피의자'로 조사받게 했다. 피해자에게 뒤집어씌우려 한 죄명은 '허위사실적시 명예훼손'과 '모욕'이었다. 그뿐만이 아니었다. 가해자는 피해자 외에도 피해자의 연대자, 지인, 제3자까지 가리지 않고 수많은 사람들을 고소했다. 지지와 연대 기반을 무너뜨려 피해자를 고립시키는 전형적인 '보복성 고소'였다.

가해자는 사회운동가로 이름이 알려져 있었다. 그를 옹호하는 이들은 모모 씨를 '이 구역의 미친년'이라 불렀고, 수사기관에 고소인(가해자) 측 참고인으로 출석해 진술했다. 페이스북 같은 SNS와 언론 등을 이용해 '폭로'의 위험성과 무가치성을 부각하려 애썼다. "그때는 맞았는데 지금은 왜 틀리냐"는 거다. 사회운동이라는 대의 앞에서 피해자들의 폭로는 모함이자 음해란다. 자신들의 폭로는 '공익적 목적의 운동'이지만, 가정폭력이나 교제폭력의 피해자가 하는 폭로는 그저 '사적 복수'인가? '법대로' 하면 되지 왜 외부로 공개되는 폭로의 방식을 취하냐고도 했다. 난 그들이 사법 시스템을 그렇게 맹신하는 줄 처음 알았다. 그들의 운동 방식이 늘 합법의 영역에만 있었나?

모모 씨는 공론화를 하기 전, 관련 기관을 찾아가 자신이 입은 피해가 교제폭력에 해당되는지 확인했다. 교제폭력은 피해자의 판단력에 영향을 미쳐 스스로 피해자임을 인식하는 것조차 어렵게 하기 때문이다. 공론화를 진행하면서는 기관과 연대체의 도움을 받았다. 변호사도 선임했다. 그런데도 경찰은 가해자에게 보복성 고소를 당한 피해자를 기소의견*으로 검찰에 송치했다. 가해자가 '고소인'이 되고, 피해자는 '피의자'가 된 것이다. 가해자는 여러 명목으로 형사 고소와 민사 손해배상 소송을 이어나갔다. 모모 씨는 무너지기 시작했다.

반의사불벌죄**인 '명예훼손'과 친고죄***인 '모욕'은 고소인의 의사가 중요하다. 따라서 피고소인이 사과하고 합의하면 고소인이 소를 취하하는 것으로 마무리되는 것이 일반적이며, 초범의 경우 기소유예도 많이 나온다. 그래서 변호사들은 시간과 비용을 줄일 수 있는 효율적인 방법, 즉 폭로 내용이 허위임을 인정하고 가해자(고소인)에게 사과해 합의하는 방식으로 소 취하를 유도하자고 피해자에게 권한다. 불이익을 최소화하는 게 현실적인 선택이 아니냐는 거다. 모모 씨가 만난 변호사들도 그렇게 말했다.

모모 씨가 전문가들의 이런 '현실적인 조언' 때문에 괴로워하던

---

*　범죄 혐의가 인정된다는 의견으로 관할 검찰에 송치하는 것. 2021년 1월 1일부터는 범죄 혐의가 인정될 때만 '송치 결정'이 이루어지고 있다.

**　피해자가 처벌을 원하지 않는다는 명시적 의사 표시를 하거나 처벌의 의사 표시를 철회한 경우 처벌할 수 없는 죄. 수사기관 등이 독자적으로 진행할 수도 있지만, 피해자가 처벌을 원하지 않는다는 의사 표시를 한 경우 그 의사에 반해 공소를 제기할 수 없다. 공소제기 후라도 피해자가 처벌을 원하지 않는다는 의사를 표시하거나 처벌의 의사 표시를 철회한 경우, 법원은 공소기각을 선고해야 한다. 일단 고소를 취소하면 재고소할 수 없다.

***　범죄의 피해자 등 법률이 정한 자의 고소가 있어야 공소를 제기할 수 있는 범죄. 즉, 고소가 없다면 처벌이 불가능하며, 범인을 알게 된 날로부터 6개월 이내로 고소 기간을 한정하고 있다. 고소한 후 1심 판결 선고 전까지는 취소가 가능하며, 적법하게 취소된 경우 수사기관은 공소권없음 처분을, 법원은 공소기각 판결을 하게 된다. 일단 고소를 취소하면 고소권은 소멸되며, 고소 기간이 남았어도 재고소가 불가능하다.

때, 연대체 사람들도 보복성 고소를 당했다. 법적 지식과 대응 전략을 갖추고 있던 가해자에 비해, 연대체 구성원들은 피해자를 조력하고자 모이기는 했으나 법적 싸움을 위한 경험이 부족했기에 서서히 와해되기 시작했다. 연대체에 소속되진 않았지만 모모 씨와 연대하려 했던 이들 또한 그의 글을 리트윗하고 게시했다는 등의 사유만으로 고소를 당했다. 한 경찰서에 100명 이상의 사람들에 대한 고소장이 접수되기도 했다. 게다가 당시 모모 씨가 선임했던 유부남 변호사는 피해자를 밤중에 불러 "여자로 보인다"는 말까지 지껄였다. 연대와 지지기반이 무너지기 시작한 모모 씨는 그렇게 고립된 섬이 되어가고 있었다.

연대를 하기로 결정한 후, 그에게 폭로 글과는 별개로 그가 오랜 시간 당했던 교제폭력에 대해 시간순으로 일람표를 만들어달라고 요구했다. 그가 만들어도 어차피 다시 작성해야 한다. 그럼에도 사건과 관련해 정리하도록 권하는 것은, 결국 진술을 해야 하는 사람은 피해자 자신이고, 이런 정리 과정을 통해 피해자가 자신의 기억이 왜곡될 가능성을 인정하며, 진술의 신빙성을 검토할 수 있기 때문이다. 물론 고통스럽다. 어려운 일이다. 그래서 난 기다린다. 연대자에게 요구되는 덕목 중 하나가 바로 기다림, 인내다.

예상대로 모모 씨는 일주일 이상 연락을 하지 않았다. 그 시간 동안 나는 기존 자료들을 취합해 사실관계를 파악하고 관련 판례를 정리해두었다. 그리고 그에게 연락이 왔을 때, 그와 함께 하나씩 다시 자료들을 만들었다. 본업을 하고 집에 오면 자정이 넘었기 때문에 새벽에 모모 씨와 연락을 주고받으며 오류를 수정하고, 수사기관에 넘길 자료 형태로 정리하기를 반복했다. '교제폭력'은 그 개념조차 생소했을 때라 (당시에는 '데이트폭력'이라고 했다) 논문과 신문 기사를 참고 자료로 정리했다. 일람표 형태로 사건을 정리하던 모모 씨는 어느 정도 거리를 두고 자신의 피해 사실을 바라볼 수 있게 되었다.

차분해진 그와 함께 10개 정도의 자료를 만들어 변호사에게 연락했다. 그랬더니 변호사는 그 자료가 왜 필요하냐며 제출해봤자 소용없을 거라고 했다. 싸우고자 하는 피해자에게는 그에 걸맞은 전략이 필요하다. 보복성 고소에 맞서기를 선택할 때 불이익을 당할 수도 있지만, 그것을 감수하고서라도 끝내 불기소 처분이나 무죄를 인정받고 싶어 하는 피해자들이 있다. 이런 피해자들에게도 '현실적인 조언'만을 늘어놓으며 싸움을 포기하라고 종용하는 것은 부적절하다. 피해자의 선택지는 하나가 아니다.

모모 씨는 내 판단과 전략을 신뢰했다. 직접 해당 자료를 검찰에 제출했고, 이후 검사가 재조사를 위해 모모 씨를 불렀다. 명예훼손이나 모욕에서, 그것도 이미 기소의견으로 송치된 사건에 대해서 재조사를 위해 굳이 피의자(모모 씨)를 불렀다는 것은 긍정적인 신호였다. 모모 씨가 피의자의 지위였기 때문에 내가 신뢰관계인으로 따라가기에는 한계가 있었지만, 자료를 함께 보고 정리하면서 신문에 대비했다. 모모 씨는 검찰에서 차분하게 자신이 겪은 일, 그리고 폭로 과정과 목적에 대해 설명했다. 마침내 형사 고소를 당한 지 10개월 만인 2016년 5월 말, "폭로 내용은 사실이며, 공공의 이익에 부합해 위법성이 조각된다"라는 불기소이유서를 받게 되었다. 그 이유서에는 우리가 만들었던 자료가 모두 반영되었다.

2015년 중반에 다양한 형태로 이루어진 교제폭력의 공론화는, 2016년 2월 경찰이 대대적으로 '데이트폭력 신고 기간' 등을 운영하게 한 기폭제가 되었다. 당시 공론화에 대해 '사실 인정 → 사과문 게시 → 부인 후 민형사 보복성 고소'로 대응했던 가해자들은 이후 "사실적시로 인정된다"거나 "허위로 볼 수 없다"는 법적 판단을 받았다. 물론 허위사실이 아니어도 '공공의 이익'에 해당되지 않는다면 '사실적시 명예훼손'*이 될 수도 있다. 이러한 공공의 이익에 대한 인정 여부는 각 수사기관이나 재판부마다 달랐으나, 최소한 가해자들이 주장하는 것처럼 허위사실적시는 아니었다. 교제폭력의 공론화는 '사적 복수'도 '무가치한 배설'도 아니었던 것이다.

모모 씨의 가해자는 이후 불복해 항고 등을 이어갔으나 모두 기각되었다. 또한 민사 손해배상 소송 역시 조정으로 마무리했다. 폭로 내용과 관련한 형사소송에서 모두 "사실적시이자 공공의 이익에 부합한다"라는 판단이 나왔기 때문에 가해자는 원고로서 민사 손해배상을 이어갈 명분이 없었다. 조정 당일, 변호사가 아니라 내가 모모 씨와 함께 조정실로 들어갔다. 조정위원이 모모 씨와 함께 지켜보는 가운데, 내가 피해자를 대신해 원고(가해자) 측 변호사와 조정안을 작성했다. 소송 비용은 각자 부담하고, 금전적 배상도 하지 않으며, 페이스북 등에 관련 사건에 대한 허위사실을 담은 게시물 등을 적시하지 않는 조건으로 조정안 작성을 마무리했다.

보복성 고소에 대응하면서 여유를 찾은 모모 씨는 가해자를 협박으로 고소했다. "살해 협박이 있었으나 그 방법이나 수단의 구체성이 부족하고 반복적인 것으로 볼 수 없다"고 수사기관이 판단하면서 불기소 처분이 내려지긴 했지만, 모모 씨는 수사기관에 나가 가해자를 가해자로 부를 수 있어 좋았다고 했다. 자신의 피해를 직면하고, 가해

*   형법 제307조 1항("공연히 사실을 적시하여 사람의 명예를 훼손한 자는 2년 이하의 징역이나 금고 또는 500만 원 이하의 벌금에 처한다")과 정보통신망법 제72조 1항("사람을 비방할 목적으로 정보통신망을 통하여 공공연하게 사실을 드러내어 다른 사람의 명예를 훼손한 자는 3년 이하의 징역 또는 3000만 원 이하의 벌금에 처한다")에 따라 한국에서는 사실을 적시해도 명예훼손죄가 될 수 있으며, 공공의 이익에 부합할 경우에 위법성이 조각된다.

자의 잘못을 지적하며, 그것에 대한 공적 판단을 구하는 과정이 모모 씨에게 자신감을 불어넣고 회복의 원동력이 된 것이다.

　모모 씨는 이후 나와 함께 프로젝트 팀에서 활동하는 연대자가 되었다. 팀 활동을 종료한 이후에도 그는 다른 피해자들과 연대하는 일을 멈추지 않고 있다. 또한 멀리 돌아가기는 했으나, 교제폭력의 피해자가 되면서 배제당한 그의 자리를 다시 찾았다. 대다수의 피해자들이 자신의 원래 자리를 빼앗기는 현실에서 그의 사례는 다른 피해자들에게 용기와 희망이 되었다. 그렇게 그는 피해자로, 연대자로, 나의 동료이자 친구로 내 곁에 있다. 가해자와 그 지인들의 언행은 그때도 틀렸고, 지금도 틀렸으며, 앞으로도 틀릴 것이다.

고소와
고립
앞에서

'보복성 고소'란, 성폭력 피해자들과 교제폭력 피해자들이 피해를 신고·고소·(외부)폭로한 후, 가해자와 그 지인·이해관계인이 피해자를 대상으로 제기하는 다양한 민형사상 소송을 의미한다. 이러한 보복성 고소는 피해자뿐 아니라 그 지인, 연대자, 제3자를 대상으로 광범위하게 이어지는 경향을 보이고 있다.

나는 2014년 이후 직접연대 활동을 해왔는데, 그중 절반 정도는 성폭력과 교제폭력에 대해 지연 고소(피해 이후 일정 시간이 지난 후 고소하는 것)를 하는 피해자들과 함께했고, 나머지 절반은 보복성 고소를 당한 이들과 함께했다. 이 글에서는 특히 공론화 이후 보복성 고소를 당한 피해자들, 연대자들, 제3자들과의 연대 경험 중 일부를 소개한다.

피해자를 겨냥한 보복성 고소

피해자 A씨의 경우 2016년에 있었던 '#문화예술계_내_성폭력' 해시태그 운동에 동참해 성폭력 피해를 공론화했다. 가해자는 즉각 인정하는 사과 문자를 보내왔고, 피해자는 이를 확인한 후 공론화를 위해 올렸던 게시물을 삭제했다. 그러나 한 달 뒤 피해자는 수사기관에 출석하라는 통보를 받고 '피의자'로 나가 진술했다. 사회 초년생이었던 피해자는 경찰서에서 진술하기 전에 전문가의 조력(상담 등)을 받지 않았다. 사실대로 말하면 알아서 해결될 것이라고 판단했기 때문이다. 그러나 당시 수사관은 강압적인 태도를 취하며 "고소인(가해자)의 앞길을 막으려는 것이냐", "피해를 입은 게 사실이라면 왜 바로 신고하지 않았냐" 등의 말을 했다. 겁을 먹은 피해자는 제대로 진술하지 못했고, 그 뒤 내게 연락을 취해 도움을 요청했다.

A씨가 경상도에 거주하고 있어서 연대할 때 이동의 제약이 있긴 했으나, 경제적으로 취약한 피해자였고 해당 지역에서 충분한 법률 조력 등을 받을 수가 없어 직접연대를 결정했다. 다만 피해자가 이미 수사기관에서 진술한 내용 중 불리한 부분이 있었기에, 현실적으로 가능한 범위 내에서 처분을 이끌어내기로 했다. 피해자는 다른 피해자와의 연대를 위해 공론화를 했음에도, 앞선 경찰 조사에서 수사관이 가해자에 대한 복수심으로 공론화한 것이 아니냐고 다그치자 그렇다고 답변했으며, 진술조서 역시 제대로 확인하지 않았던 것이다. 그러다 보니 경찰은 조사 이후 얼마 지나지 않아 모두 기소의견으로 송치했다.

피해자가 원하는 바를 파악해 전략을 짰다. 적극적인 대응(맞고소 등)을 원하는 피해자가 있는가 하면, 피소에 대응하는 것으로 충분하다는 피해자도 있기 때문이다. 피소 대응 역시 합의, 사과 등 고소인(가해자)의 요구를 수용해 간단히 마무리하며 불이익을 최소화하는 방법과, 무혐의나 무죄를 주장하며 적극적으로 맞서는 방법이 있다. 이 모든 경우의 수를 피해자에게 설명하고, 그가 자신의 상황과 상태에 맞는 선택을 하도록 조력하는 게 연대자의 몫이다.

그는 맞고소는 포기했지만, 피소에는 적극적으로 대응하길 원했

1 피해자에서 연대자로

다. 그러나 경찰 조사에서 아쉬운 부분이 있어서, 적극 대응을 하더라도 검찰에서 기소유예 등의 처분을 끌어내는 것이 당시로서는 최선이었다. 그래서 A씨는 공론화 내용이 사실적시이며, 일부 사적인 감정도 있었으나 공공의 이익을 위한 측면도 있음을 부각하려 노력했다. 모욕은 고소인(가해자)이 불쾌할 수는 있으나, 사회 일반의 상식에 기대어 봤을 때 모욕죄로 처벌할 내용은 아니라는 것, 가해자가 추가로 고소한 업무방해 역시 사실적시를 기반으로 한 것이라 구성요건을 충족하지 않았음을 입증하려 노력했다. 이와 관련된 판례, 2016년 당시 해시태그 운동의 사회적 의미를 분석하는 각종 자료, 해당 문화·예술계의 폐쇄성과 그로 인한 유사 피해 사례 등도 찾아 정리했다.

한 달 후 검찰에서 관련 자료의 추가 제출을 요구하는 연락이 왔고, 어느 정도 뒤집을 수 있다는 확신이 들었다. 피해자는 성폭력 사건의 전후 상황과 공론화 전후 과정에 대해 시간의 흐름에 따라 일람표를 작성했고, 관련 자료를 체계적으로 정리했다. 검사는 추가 조사가 필요하다며 피해자를 불렀고, 피해자는 제출한 자료를 바탕으로 성실하게 답변했다. 다행히 검사는 사실관계부터 다시 파악했고, 공론화의 목적과 과정 등을 꼼꼼하게 질문했다. 3주 후 결과가 나왔다. '허위사실적시 명예훼손'의 경우, 공론화 내용은 사실이며 공공의 이익을 위한 측면도 있으나 비방의 의도를 온전히 부정하기는 어렵다는 점을 들어 기소유예를 받았다. '모욕'과 '업무방해'는 불기소 처분을 받았다.

보복성 고소에 대응하며 어느 정도 심적인 여유를 찾은 A씨는 원 피해인 강제추행을 고소할지에 대해 신중히 검토했다. 그러나 피소 사실을 알게 된 가족들로부터 그만둘 것을 종용받았고, SNS상의 느슨한 형태의 지지나 응원만이 연대 기반의 전부였기에 포기했다. 보복성 고소의 피의자로서 수사기관에 드나들며 겪었던 심적 고통이 컸고, 그 과정에서 공론화를 위한 게시물이 사실적시로 인정되어 어느 정도 만족했다는 이유도 있었다. 이렇듯 피해자가 여러 선택지 중 하나를 택했을 때, 나머지 선택지에 대한 미련을 최소화하도록 돕는 것도 연대자로서 내가 신경 쓰는 부분 중 하나이다.

그는 신체적·정신적 건강을 회복하고 독립을 위한 기반을 쌓는데 집중했고, 그러다 연락이 끊겼다. 그리고 3년 후, 안정된 직장을 구했고 드디어 독립했다며 짧은 소식을 전해왔다. 시효는 남아 있기 때문에 언제든 본인이 원할 때 고소할 계획이라는 말도 덧붙였다. 피해 사실을 말하고 싸웠던 경험이 그에겐 의미 있는 자원이 되었다고 한다.

연대자를 겨냥한 보복성 고소

연대자를 대상으로 한 보복성 고소는 피해자의 기반을 완전히 무너뜨릴 수 있을 정도로 파괴력이 있다. 특히 성폭력과 교제폭력 등을 공론화한 피해자들의 경우, 연대자들이 보복성 고소를 당하면 죄책감을 느끼고 본인의 사건도 잘 처리하지 못하게 되는 데다 인간관계마저 틀어지기도 한다. 한편 연대자는 피해자가 죄책감을 가질까 봐 걱정하며 자신의 불안과 고통을 숨기거나, 일을 처리하는 과정에서 신념에 반하는 해결 방식(사과, 합의 등)으로 몰리기도 하고, 피해자와 연락이 끊기는 경우 혼자 모든 것을 감당하는 부담을 안기도 한다.

이를 가해자들은 너무 잘 알고 있다. 그래서 가해자들끼리 연대자(통상 한 명의 연대자가 다수의 유사 사건에 연대하는 경우가 많다)의 연락처를 공유해 시간 차를 두고 고소하는 방식을 취한다. 서로 변호사를 소개하는가 하면, 합의 등의 팁도 공유한다. 나 역시 연대자로서 수차례 보복성 고소의 위협에 노출된 바 있다.

연대자의 위치에서 보복성 고소를 당한 서진 씨를 만난 것은

1 피해자에서 연대자로

2017년이었다. 2016년 그는 학내에서 발생한 성폭력 사건과 관련해 교수가 조교에게 "이런 일이 생기지 않도록 여학생들을 술자리에서 조심시키라"라고 했다는 이야기를 전해 듣고, 그에 대해 비판하는 글을 페이스북에 올렸다. 이 게시물에는 피해자가 대학 커뮤니티 등에 이미 폭로한 내용 등을 바탕으로 요약한 피해 사실이 포함되어 있었는데, 이를 본 가해자(고소인) 측이 게시 내용 중 사실관계가 다소 어긋난 세부 지점을 들어, 왜 타인이 사건에 대해 잘 알지도 못하면서 언급하느냐며 '허위사실적시 명예훼손'으로 고소한 것이다. 이처럼 보복성 고소는 피해 사실 공론화 이후 연대자나 제3자가 그에 대한 의견 개진 등을 하다 피소되는 경우가 대다수다.

서진 씨는 게시물을 보고 연락해온 피해자와 소통한 후 게시물을 수정했고, 공개 역시 단기간으로 설정해놓았다. 그러나 보복성 고소로 가해자 측의 압박을 받은 피해자가 서진 씨의 연락을 피하면서 상황은 더욱 악화되었다. 게시물의 내용이 사실에 근거하고 있으며, 게시 목적이 비방의 의도가 아니라 공공의 이익에 있음을 부각해야 하는데, 피해자와 연락이 닿지 않으니 입증이 어려워진 것이다. 아니나 다를까 경찰은 기소의견으로 검찰에 송치했고, 그 후 서진 씨가 내게 연대를 요청했다.

관련된 수사 기록물을 검토하며 검찰에서 충분히 다툴 만한 지점이 있다고 판단했지만, 대응할 시간이 부족했다. 일반적으로 명예훼손이나 모욕 사건은 송치되고 나면 처분이 나오기까지 얼마 걸리지 않았기 때문이다. 게다가 명예훼손과 모욕 사건은 형사조정을 하는 경우가 아니면 검찰이 고소인이나 피고소인을 검찰에 부르는 일 자체가 드물다(형사조정이 진행되는 경우 양측의 의사를 확인한 후 위원회를 열어 의견을 청취한다). 기소의견으로 송치된 이상 기소 처분이 내려질 가능성이 높았기에, 제출할 수 있는 모든 자료를 제출하면서 검사가 다시 부를 수 있게 만들어야 했다. 나는 수사 기록물과 서진 씨와의 미팅 내용을 토대로 준비할 자료들에 대해 조언했고, 서진 씨는 성실하게 자료를 준비했다.

나는 반反성폭력 활동 등을 하는 활동가로서 서진 씨의 행적을 부각해보면 어떨지 제안했고, 서진 씨도 자신의 신념이나 활동에 대해 밝히고 싶어 했기에 이러한 방향으로 자료를 구성했다. 또한 글을 게시하는 과정에서 서진 씨가 미처 확인하지 못했거나 실수한 지점에 대해서는 인정하면서 접근할 것도 권했다. 서진 씨는 이 모든 조언을 수용해 자료를 만들었고, 나는 그 자료를 재검토했다. 이후 그는 내 조언에 따라 검찰청에 자료를 제출했고, 제출 후에는 검사실에 별도로 연락해 제출 소식을 알렸다. 추가 조사가 필요하면 성실하게 임하겠다는 의사도 함께 전달했다.

두 달이 지나고 드디어 때가 왔다. 서진 씨가 검찰청에서 연락을 받은 것이다. 검사가 직접 다시 보자고 했다. 이것만으로도 어느 정도 검사가 불기소를 생각한다고 판단했지만, 서진 씨에게는 최악의 경우까지 고려하도록 요구하며 준비했다. 공론화된 내용을 사실로 믿었던 이유, 피해자와 소통한 후 그의 말을 진실이라고 생각한 이유, 무엇에 대한 공론화였으며 어떤 측면에서 공익성이 있다고 판단했는지 등을 고소장과 경찰 수사 기록을 토대로 차분하게 정리하도록 조언했다. 서진 씨는 검찰에 가서 준비한 대로 적절히 대응했다고 전해주었다.

검찰 조사가 끝나고 일주일 후, 경찰의 기소의견 송치를 뒤집고 불기소 처분이 내려졌다. 예상대로 서진 씨가 피해 사실을 사실로 믿었다는 점이 인정되었다. 또한 특정 사회집단 및 그 구성원 전체의 관심사와 이익에 관한 것도 공공의 이익과 연관된다는 대법원 판례를 바탕으로 공공의 이익에 대한 주장도 받아들여졌다.

그는 이 모든 과정을 영상으로 남기고 있었다. 그리고 내게 〈바뀌지 않을 것이다〉라는 다큐멘터리에 출연 제의를 해왔고, 나는 내용을 검토한 후 블라인드 처리 등의 조건을 걸고 수락했다. 불편한 질문과 평범한 연대를 담고자 한 기획 의도도 마음에 들었다. 해를 넘겨 2018년 초, 다큐멘터리의 최종본을 확인했고, 2월에 내가 진행한 세미나 〈마녀의 나침반〉에서 GV를 진행하기도 했다. 그렇게 2017년 4월 서울의 한 카페에서 보복성 고소의 피의자로 처음 만났던 그를, 2018년 2월 다큐멘터리 '감독'으로 마주보게 되었다. 나는 이런 순간을 정말 좋아한다. 사법 시스템에서 붙이는 명명 외에 다른 이름으로 상대를 만나는 것은 내가 보람을 느끼는 순간 중 하나이다.

보복성 고소와 관련해서는 앞으로도 '사실적시 명예훼손'의 문제, 수사 과정에서의 무고 인지 문제, 원 피해 사건 재판 과정에서의 양형 반영 문제 등 풀어가야 할 다양한 숙제들이 쌓여 있다. 피해자의 말을 막고 연대와 지지기반을 무너뜨리며 표현의 자유를 침해하는 가해자들의 '보복'을, 이 사회는 어떻게든 막고 책임을 지울 것이다.

제3자를 겨냥한 보복성 고소

보복성 고소는 제3자를 향하기도 한다. SNS 등에서 공론화된 사건에 대해 자신의 의견을 게시하는 이들이 주로 대상자가 되지만, 리트윗이나 개진 행위 자체만으로 고소를 당하기도 한다. 제3자의 경우 피해자와 연락을 하는 경우가 드물기 때문에 온전히 혼자서 해결해야 하며, 그 과정에서 두 번 다시 타인의 일에 나서지 않겠다고 다짐하는 이들이 생긴다. 그리고 대다수는 가해자(고소인)가 원하는 사과와 합의 등을 선택한다. 제3자 대상의 보복성 고소는, 공론화를 선택한 피해자가 원하던 외부의 지지와 응원을 봉쇄하는 데 그 목적이 있다.

채연 씨는 2015년 인터넷에서 한 유명인의 교제폭력 사건에 대한 글을 읽고 트위터에 의견을 게시한 후, 허위사실적시 명예훼손과 모욕으로 고소당했다. 경찰은 불기소의견으로 송치했으나, 검찰은 모욕으로 약식기소 했다. 수사와 재판의 절차에 대해 잘 알지 못했던 그는 개인적 차원에서 해결하려 했지만, 약식명령이 내려지자 내게 연대를 요청했다.

우선 그에게 원하는 것이 무엇인지 물었다. 적극적인 대응을 원한다면 정식재판을 청구할 수도 있지만, 시간이 많이 걸릴 수 있음을 알렸다. 더구나 그는 당시 경제적 여유가 없었기에 재판으로 갈 경우 국선변호인과 함께해야 하는 상황이었고, 조력이 충실하지 않을 수 있다는 점도 말했다. 그는 얼마나 오래 걸리든 싸우겠다고 했다. 이에 즉시 정식재판을 청구하고 수사 기록물을 복사하도록 권했다. 기록을 검토한 결과, 특정성* 부분에서 충분히 무죄를 다툴 만했다. 모욕죄의 위법성 조각사유,** 즉 사회상규 위배와 관련해서도 무죄를 주장할 수 있는 지점이 보였다.

관련 의견서를 준비하던 그때, 1심 재판부를 보고 바로 2심을 준비하는 것이 낫다는 판단을 했다. 무죄를 다투는 사건에 대해 심리를 제대로 하지 않는다는 평가를 받던 재판부였다. 해당 지법의 항소부가

---

* 　피해자가 실존하는 사람일 경우에 인정되는 것으로 모욕죄의 성립 요건 중 하나. '특정성' 외에도 피해자가 모욕당한 사실을 제3자가 목격했을 때 인정되는 '공연성', 사회적 평가를 저하시킬 만한 추상적 판단이나 경멸적 표현일 경우 인정되는 '모욕성'이 있다.

** 　형식적으로는 범죄행위나 불법행위로서 조건을 갖추고 있어도 실질적으로는 위법이 아니라고 인정할 만한 특별한 사유. 모욕죄 경우 위법성 조각사유로 "사회상규(일반인의 건전한 윤리감정/정상적인 행위규칙)에 위배되지 않는 행위"가 있다.

오히려 사건을 꼼꼼하게 검토하는 것으로 알려져 있어 그 부분을 채연 씨에게 전달하며 진행 상황을 체크했다. 예상대로 1심 재판부는 무죄를 다투며 국선변호인 선정 등을 요청하는 피고인의 의사와 관계없이, 더 이상의 심리가 불필요하다며 그대로 종결했다. 그리고 얼마 뒤 약식명령 그대로 선고했다.

항소는 대비하던 바였지만 항소이유서 제출이 문제였다. 기한 내에 이유서를 제출하려면 전문가의 조력 없이 가야 했다. 국선변호인 선정을 요청했지만, 항소심 재판이 시작될 즈음에나 선정될 가능성이 높았다. 우선 채연 씨에게 관련 자료의 준비와 정리를 요청하며 무죄 취지로 항소이유서를 작성하도록 도왔다. 사실오인, 양형부당, 심리미진 모두를 언급했으며, 관련 판례 역시 취합해 정리했다. 공론화 글이 진실이고, 가해자(고소인)가 특정 분야의 유명인이라 그의 교제폭력은 해당 분야의 관심사가 되므로 공공의 이익에도 부합하며, 이 정도 의견 제시를 모욕으로 처벌할 경우 표현의 자유를 심각하게 침해할 수 있을 뿐만 아니라, 피고인 채연 씨의 의견은 자기 전공에 비추어 학문의 자유와도 연관된다는 점을 강조했다. 또한 성폭력, 교제폭력, 가정폭력 등에 취약한 대한민국 여성의 입장에서 충분히 제시할 수 있는 의견이라는 점 역시 덧붙였다.

항소장과 항소이유서를 제출하고 6개월이 지나서야 첫 공판 일정이 잡혔다. 그때 선정된 국선변호인은 채연 씨에게 공소사실은 인정하되 선처를 구하는 선고유예* 전략으로 가는 것이 어떠냐고 제안했다. 고민하던 채연 씨에게 나는 무죄 주장을 권했고, 그 책임 역시 지겠다

---

* 법원이 경미한 범행이라고(다시 기회를 줄 만한 사유가 있다고) 판단할 경우 형 선고를 일정 기간 유예하고, 자숙하며 다른 범죄를 저지르지 않는 상태에서 선고유예일로부터 2년이 경과하면 선고를 아예 면해주는(면소) 제도.

고 했다. 재판부는 첫 공판 이후 바로 종결하는 대신, 공판을 한 번 더 속행하겠다며 추가 자료를 요구했다. 이를 보고 뒤집을 수 있다는 확신을 했다. 요구한 자료가 사실오인에 관한 것이었기 때문이다. 사회상 규 위배 등 위법성 조각 여부는 제출한 항소이유서나 추가 제출할 자료로도 충분히 입증 가능하다고 판단했다. 아울러 항소이유서를 제출할 당시 다소 미비했던 부분, 즉 채연 씨의 전공과 관련된 추가 자료를 제출해 채연 씨의 의견이 학문의 자유와 연관이 있다는 점을 피력했다. 표현의 자유와 함께 학문의 자유는 모욕죄가 아님을 입증하는 데 중요한 지점이었기 때문이다.

2017년 6월, 1심 결과를 뒤집고 무죄가 선고되었다. 판결문을 살펴보니 항소이유서에서 주장한 모든 것이 받아들여졌다. 검사가 상고했지만 그해 기각되면서 채연 씨의 무죄가 최종 확정되었다. 피소 후 만 2년 이상 싸운 결과였다. 자신의 신념대로 싸울 것을 각오한 채연 씨의 의지와 인내가 만들어낸 결과이기도 했다. 연대자인 나를 신뢰하며, 끝까지 포기하지 않고 싸웠던 채연 씨 덕분에 유사한 다른 사례에서도 좋은 결과를 끌어낼 수 있었다. 지금도 그 판결문은 각종 매뉴얼과 교육 자료에 활용하고 있다.

가해자의
죽음,
피해자의
삶

2018년은 서지현 검사를 시작으로 각계각층에서 성폭력 피해 고발 운동MeToo(미투운동)이 이어지던 해였다. 서울서부지법에서 열린 안희정 전 충남도지사 성폭력 사건의 재판 역시 서지현 검사가 피해를 입었던 사건과 마찬가지로 위력威力에 의한 성폭력 사건 중 하나였다. 당시 이 재판의 방청연대를 하면서 또 다른 위력에 의한 성폭력 피해 사건의 고발자였던 '휴가중' 씨를 만났다.

2017년 트위터에는 각종 매체에서 유명세를 얻은 한 정신과 의사가 '전이감정'을 이용해 환자들을 성적으로 착취한 사건에 대한 고발이 터져나왔다. 이 공론화는 자신과 유사한 피해를 입은 이들이 더 있다는 사실을 알게 된 피해자 '휴가중' 씨의 용기 있는 고발로 시작되었다. 2018년 봄, 경찰의 인지로 수사가 시작되었고, 사건을 기소의견으로 검찰에 송치하면서 정신과 의사의 경계위반boundary violation이 '위력에 의한 성폭력'으로서 법적 인정을 받는 계기가 될 것으로 기대를 모았다. 수사가 이어지면서 가해자가 병원 직원에게 저지른 추행뿐 아니라 각종 의료법 위반 등의 추가 범행이 밝혀져 원 고발과는 별건으로 기소되기도 했다.

그러나 가해자인 정신과 의사는 '허위사실적시 명예훼손'과 '모욕'을 내세워 도리어 보복성 고소를 했고, 대구지검은 2018년 12월에 원 피해인 '위력에 의한 성폭력'에 대해 불기소 처분을 내렸다. 이는 주로 50~60대의 중년 남성으로 구성된 검찰시민위원회의 결정을 토대로 한 것이었다. 특히 대구지검은 불기소 처분을 내리기 전 피해자에 대한 추가 조사를 하지 않았으며, 사실관계에 대해 기본적인 파악도 하지 않았다. 이 사건은 경찰의 인지로 시작되긴 했지만 경찰 수사 과정에서 피해자가 별도로 고소장을 제출했고,* 경찰 역시 '고소사건'으로 정리해 검찰에 송치한 것이었다.

그런데도 담당 검사는 피해자가 고소장을 제출한 사실조차 모르고 단순 '인지사건'**으로 분류했다. 그리고 인지사건이라는 이유로 사건 처분 결과에 대한 통보 의무가 없다고 판단해 알리지 않았다. 이 때문에 피해자는 기사를 본 지인으로부터 그 내용을 전해 들었다. 피해를 회복하려고 법적 절차를 밟는 것인데, 그 과정과 결과를 제대로 통보받지 못해 또 다른 피해를 입게 된 것이다. 고소장 확인 등 기본조차 지키지 않은 검찰이 내린 결론이 제대로 된 것이겠는가. 이는 피해 고발자의 용기와 경찰의 적극적 수사 의지를 모두 짓밟는 것이었다.

심지어 피해자의 국선변호사는 이 문제를 짚어내지도 못했다. 내가 피해자에게 검사와 통화해서 확인해보라고 권했다. 피해자가 고소

---

* 피해자라 하더라도 '고소인'이 아니면, 불기소 처분이 내려져도 그에 대한 불복 절차인 항고를 할 수 없기 때문에 피해자의 고소는 중요한 의미가 있다.

** 수사기관이 고소나 고발이 아닌 신고와 진정 등을 통해 범죄의 발생을 알아차리고 수사를 진행하는 사건. 고소사건에서와 달리 피해자는 처분 결과에 대해 별도로 신청해야 통지를 받을 수 있다.

1 피해자에서 연대자로

장 제출 등 확인된 사실에 근거해 문제제기를 하자, 고압적인 자세로 피해자를 대하던 검사도 그제야 "이제라도 통지서를 보내드리면 되느냐"라고 답변했다. 전문가들이 이 모양인데 일반인인 피해자 혼자서 어떻게 싸울 수 있겠는가.

'위력에 의한 성폭력'에 대해 불기소 처분이 내려지자 가해자(정신과 의사)는 피해자의 말과 글을 막기 위해 가처분 신청까지 했다. 공론화를 무력화하고 법적 절차를 밟지 못하도록 하기 위해 가해자들이 취하는 전형적인 전략이다. 이 모든 법적 절차를 피해자 혼자서, 그것도 경제적 여유가 없는 피해자가 알아서 대응하기는 어려웠기에 성폭력위기센터를 통한 무료법률구조를 권했고, 피해자와 함께 하나씩 차분하게 대응하려 노력했다.

그러던 중 2019년 2월, 피해자는 보복성 고소와 관련해 '사실적시 명예훼손'과 '모욕'으로 약식기소 처분을 받았다. '허위사실적시 명예훼손'으로 고소당한 후 수사 과정에서 해당 내용이 '사실적시'임을 인정받아도, '사실적시 명예훼손'으로 처벌받을 수 있는 게 한국의 현실이다. 수사관은 보복성 고소의 사건에서 고소인(가해자)을 조사할 때, '사실적시'로 판단이 내려질 경우 '사실적시 명예훼손'으로 피고소인(피해자)을 처벌하겠느냐고 질문한다. 대개 고소인은 그렇게 하겠다고 대답한다. 물론 외부에는 본인이 일단 '허위사실적시 명예훼손'으로 고소했다는 사실만 떠들고 다닌다. 그리고 이후 피고소인을 '사실적시 명예훼손'으로 기소하게 되면 그 내용은 정확히 밝히지도 않는다. 이 사건의 가해자인 정신과 의사 역시 동일한 수법을 썼다.

결국 피해자는 약식명령을 선고받았고, 이에 불복해 정식재판을 청구했다. 그리고 이와 별개로 피해자가 가해자를 의료법 위반(비밀준수 위반)으로 추가 고소한 건은 고소 기간 도과徒過(경과, 만기)를 이유로 검찰에서 공소권없음 처분이 내려졌다. 친고죄라 고소 기간에 제한이 있었던 것은 사실이지만, 고소 시점을 기준으로 고소 가능 기간을 산정해봤을 때 기간이 남아 있었으므로 말도 안 되는 처분 결과였다. 이에 대해서는 불복 절차인 항고를 하며 계속 싸워야 했다. 결국 피해자가 추가로 고소한 사건과 관련된 항고 건은 재기수사명령이 내려진 뒤 기소되었고, 진행 중이던 협박·강제추행 사건과 의료법 위반 사건(앞서 언급된 비밀준수 위반의 의료법 위반보다 먼저 기소된 또 다른 의료법 위반)의 1심에 병합되었다. 이처럼 2019년 '휴가중' 씨는 가해자가 추가 기소된 사건의 재판에서 피해자로 증인석에 서야 했던 동시에, 가해자의 보복성 고소와 관련된 정식재판 청구 건에서는 피고인석에도 앉아야 했다.

그러던 중 2019년 4월, 추가 피해자의 공론화가 트위터를 통해 진행되었다. 역시 환자였던 피해자를 대상으로 저지른 성적 착취와 노동 착취의 범행이 드러난 것이다. 첫 고발이 나왔을 당시 수사기관이 성폭력으로 인정하지 않았기 때문에, 가해자는 정신과 의사라는 자신의 지위를 이용해서 또 다른 환자들에게 지속적인 가해를 할 수 있었다. 그렇다면 비슷한 시기에 수사기관들은 하나같이 위력에 의한 성폭력을 인정하지 않았던 것일까? 그건 아니다. 상담심리사이자 목사였던 김세준(58세, 남) 현대드라마치료연구소장의 경우, 성인-비장애 피해자를 대상으로 한 성폭력이 인정되었다. 심지어 이 사건은 위력威力뿐만 아니라 위계僞計에 의한 성폭력도 공소사실에 포함되었고,* 법원에서도 유죄로 판결했다.

---

* '위력'은 상대를 압도할 만한 힘을 뜻하며, 판례상으로는 "사람의 자유의사를 제압·혼란케 할 만한 일체의 유무형적 세력"으로 통용된다. '위계'는 거짓으로 꾸민 계책을 뜻하며, 판례상으로는 "행위목적의 달성을 위해 상대방에게 오인·착각·부지를 일으키게 해 이용하는 것"을 뜻한다.

1 피해자에서 연대자로

2018년 정신과 의사의 성폭력 사건 등의 재판을 앞두고, 나는 트위터를 통해 '방청연대단'을 모집했다. 트위터에 공판 일정을 올리며 정보를 제공했고, 재판 당일엔 법원에 미리 나와 기다리며 연대자들을 맞이했다. 전국 각지에서 대구로 사람들이 모였다. 서로 이름도, 직업도 밝히지 않은 익명의 연대자들이 피해자들의 싸움에 지지와 응원의 의사 표시를 하기 위해 평일 대낮에 찾아온 것이다. 그들에게 사건과 관련된 공소사실 등 각종 정보를 전달하고, 재판 방청 중 모니터링해야 할 부분을 안내하며 같이 움직였다.

피해자를 명예훼손으로 고소했던 가해자는 공소사실조차 파악하지 않고 재판에 임했다. 검사가 증인석에 있는 가해자(고소인)에게 공소장을 보여주며 인지시켜도 엉뚱한 답변을 하거나 회피했다. 그렇게 1시간 30분 정도 증인신문을 이어가다 증인석에 있던 가해자가 갑자기 피해자(피고인)에 대한 처벌불원* 의사를 밝혔다. 법정 내에 잠시 정적이 흘렀다. 반의사불벌죄인 명예훼손과 친고죄인 모욕의 특성상 1심 선고 전 고소인의 처벌불원 의사가 있을 경우 공소기각**을 선고할 수 있다. 그런데 왜 굳이 증인석에서 엉뚱한 소리를 해가며 뒤늦게 처벌불원 의사를 밝혔을까.

며칠 뒤 열린 강제추행 사건과 의료법 위반 사건 등에 관한 1심 재판에서 가해자(피고인)는 판사 출신 변호사와 함께 피고인석에 섰다. 나는 사전에 피해자에게 트위터에서 통용되는 '인용알티'의 의미가 무엇인지 정리해 공판검사에게 제출하라고 권했다. 공판검사가 젊은 편이기는 했지만 트위터를 알지 못할 수도 있기 때문이다. 예상은 적중했

---

* 피해자가 피고인의 처벌을 원하지 않는다는 것.

** 공소가 제기되었지만 법원이 형식적 소송조건의 결여를 이유로 사건을 심리하지 않고 소송을 종결시키는 형식적 재판.

다. 이는 SNS에 무지한 법조인들 앞에서 거짓말을 하려던 가해자(피고인)의 전략을 봉쇄하는 결과를 가져왔다. 증인들 모두 증인석에서 본인이 경험한 것을 사실 그대로 차분하게 말했다. 이 모든 과정을 방청석에서 연대자들과 지켜보았다.

가해자의 보복성 고소는 가해자가 재판 도중 갑자기 처벌불원 의사를 밝혔기 때문에 당연히 공소기각 판결이 나왔다. 피해자가 추가로 고소했던 항고 건(비밀준수 위반과 관련된 의료법 위반)이 병합된 협박·강제추행 사건과 또 다른 의료법 위반 사건의 1심 선고를 앞두고 더 할 수 있는 일을 찾다가, 구글폼을 이용해 엄벌을 촉구하는 탄원서를 받기로 했다. 국내외에서 3000명 넘게 탄원에 동참했고, 선고 전에 이를 잘 갈무리해 제출했다.

2019년 10월 선고가 예정된 날, 대구로 내려가는 KTX 안에서 기일 변경을 확인했다. 선고 당일에 선고기일이 연기되거나 변론재개가 되는 일이 가끔 있다. 평일에 재판이 진행되기 때문에 다들 일정을 조정해 대구로 왔을 텐데, 그렇게 모인 연대자들을 그대로 돌려보낼 수가 없어 모여서 이야기를 나누었다. 그들이 바라는 것은 무엇일까. 왜 자기 시간과 비용을 들여가면서 일면식도 없는 피해자를 위해 법원으로 오는가. 연대의 이유에 대해 구구절절 늘어놓는 이들은 당연히 없다. 인사치레도 안 하려 하니까. 그저 피해자에게 직접적으로 지지와 연대의 의사를 전달하고, 연대를 위한 다른 방법이 없는지 함께 고민하다가, 그렇게 헤어진 기억이 있다. 그리고 11월로 연기된 선고에서 그들을 또 만났다.

11월 선고 당일, 가해자(피고인)인 정신과 의사는 징역 1년 6개월에 집행유예 3년을 선고받았다. 공소사실은 모두 유죄로 인정되었지만, 여전히 가해자의 영향력 아래 놓여 있던 환자들의 탄원 등이 유리한 양형으로 반영된 것이다. 피해자는 자신의 엄벌 의사 등이 충분히 고려되지 않은 선고 결과를 접하고는 법정 밖으로 나와 "지겹고 질린다"며 고통을 호소했다. 유죄가 선고되었지만 집행유예로 자유롭게 나다니던 가해자는, 여전히 사건과 재판에 대해 왜곡된 정보를 유포하며 진료 행위를 이어갔다. 피해자들은 그 모든 추가 가해를 오롯이 감당해야만 했다.

그러다 2020년 봄, 가해자는 사망했다. 자신의 가해에 대한 그 어떤 인정도, 반성도, 회복을 위한 노력도 없이 이 세상에서 사라진 것이다. 고통을 감수하고 사법 시스템을 통해 문제를 해결하려 노력했던 피해자들의 허탈감은 얼마나 컸을까. 죽음에 관대한 한국 사회의 정서상 오히려 가해자의 죽음에 대한 책임을 피해자에게 묻는 이들도 있었다. 죽음으로 모든 것이 마무리되지 않았냐며 피해자들에게 망각을 강요하기도 했다. 그러나 가해자의 죽음 그 자체가 곧바로 피해자의 회복과 일상의 재구성으로 이어지지는 않는다. 그럼에도 피해자들은 가해자의 죽음을 딛고 앞으로 나아가려 애썼다.

하지만 공론화와 법적 투쟁에 대해 사회는 '불이익'을 주는 것으로 답했다. 교직에 몸담고 있던 피해자는 교육청으로부터 '품위 손상'을 이유로 징계(견책) 처분을 받았다. 또 다른 피해를 방지하기 위해 공론화를 하고 고통을 감내하며 법적 절차를 밟은 그에게 어떤 이해와 공감도 보여주지 않은 것이다. 만약 교육청이 의지가 있었다면 피해자를 보호하면서도 문제를 해결할 방법이 있었다. 재량의 영역에서 징계 철회가 아예 불가능한 것도 아니었다. 하지만 교육청은 피해 이후 법적 절차를 밟느라 징계 건에 때맞춰 대응하기 어려웠던 피해자를 이해하고 돕기는커녕 원칙을 내세워 압박했으며, 문제제기를 한 피해자를 잘라내려 했다. 이런 식인데 어떤 피해자가 피해를 말하고 법대로 하려

하겠는가. 부당 징계에 이어 각종 괴롭힘에 시달리는 그는 그리워하는 교단으로 돌아가는 데 어려움을 겪었고, 돌아가서도 여전히 힘들어하고 있다. 그러나 포기하지 않고 싸움을 이어가는 중이며 2022년 2월, 행정법원에 징계처분 무효확인 소송을 제기했다. 삶을 선택한 그는 여전히 사투 중이다.

만 3년 정도 연대를 하는 동안 삶과 죽음의 갈림길에서 고통스러워했던 그의 모습을 기억한다. 하지만 그는 삶을 선택했고, 여전히 자신의 존엄을 지키기 위해 노력 중이다. 죽음으로 책임을 회피하고 도망친 가해자 때문에 피해자의 삶이 흔들리는 일이 있어서는 안 된다. 그러니 그의 선택을 지지할 수 있는 책임감 있는 결정이 내려지길, 그가 지난하고 버거운 싸움을 더 이상 하지 않게 되기를 기원한다. 그가 자신의 바람대로 교단에서 교육에 대한 고민만을 할 수 있는 날이 오길 고대한다. 대구 어딘가에서 그와 편하게 맥주 한잔하며 과거를 흘려보낼 수 있기를 바란다. 그가 부디 제 삶을 찾기를 원한다. 피해자의 삶은 끝난 게 아니다.

싸움이
끝난
후

2014년, 나는 만 4년에 걸친 민형사소송을 마무리했다. 무너진 언어 체계, 악화된 건강 상태, 단절된 경력, 끊어진 인간관계, 추락한 경제 상황, 출소한 가해자의 보복 위협, 그리고 승소했다는 판결문이 싸움 이후 내게 남겨진 것들이었다. 겨우 안정을 찾게 된 것은 딱 그만큼의 시간이 더 흐른 2018년 즈음이었다. 회복 불가능한 상흔과 평생 짊어져야 할 후유증을 인정하고, 피해를 회복하며 일상을 다시 만들어내기까지 짧지 않은 시간이 필요했다.

사람들은 가해자에 대한 법적 단죄가 마무리되면 저절로 피해가 회복되며 일상이 재구성된다고 생각한다. 그러나 아니다. 그때부터 다시 시작이다. 그렇게 시작된 싸움은 지리멸렬하고 이해받지 못하기도 한다. 지원은 끊기고 관심도 사라진 상태에서 피해자 혼자 덩그러니 남는 경우가 태반이다. 다 끝났는데 왜 그러고 있냐는 핀잔을 듣기 쉽다. 왜 아직 못 벗어났냐고, 이제 열심히 회복하고 사회로 복귀해야 하는 것 아니냐고. 피해자도 그러고 싶다. 그런데 그게 참 어렵다.

사법 시스템으로 범위를 한정해 연대 활동을 이어가고 있지만, 싸움 이후 피해자들의 삶에 대해서도 계속 고민하게 된다. 연대자로서 난 어떤 역할을 할 수 있을까. 망각을 원하는 이들을 위해선 그들을 잊고, 기억을 원하는 이들을 위해선 적절한 방법을 찾는 것 정도가 현재 내 위치와 역량에서 할 수 있는 연대의 기본이겠지만, 과연 그것으로 충분한가.

2019년 초겨울, 이화여대 후문의 버스정류장에서 오랜만에 김지은 씨를 만났다. 마스크를 쓴 그가 버스에서 내린다. 주위를 둘러보며 나를 찾는 그의 옷 끝으로 보이는 손가락이 유독 시려 보인다. 다가가 그의 손을 잡고 이동한다. 힘드네, 힘들구나. 그래, 당연하다. 이 사람의 또 다른 싸움은 이제 시작되었으니까.

지은 씨와 함께 미리 예약한 L 식당으로 이동한 후, 사장님의 배려로 구석의 편안한 장소에서 식사하며 여러 이야기를 나누었다. 그는 대법원 선고 이후 여러 지원이 끊긴 상황, 여전히 외출조차 하기 힘든 신체적·정신적 상태 등을 담담히 전해주었다. 한국에서 피해자에 대한 지원은, 출소자까지 포함해 가해자를 지원하는 것에 비하면 턱없이 부족하다. 그나마도 피해자가 사법 시스템을 밟을 때만 지원이 유지되며, 이후 끊기는 것이 일반적인 형태다. 결국 '법대로' 해도 피해자는 또다시 이 세상에 보호 장치 없이 내던져진다.

그는 수사·재판 과정에서 꾸준히 기록을 해왔고, 그 기록을 알리고 싶어 했다. 그러나 많은 출판사들이 난색을 표하거나, 성폭력 피해 사실을 묘사하는 데 집중하는 자극적인 방향으로 출판하길 원했다. 글은 쓸 수 있는 때가 있다. 기록으로 남겨야 할 타이밍이 존재한다. 그의 이야기를 들으며 지금이 아니면 안 된다는 판단을 했고, 그때 떠올랐던 게 바로 '봄알람'이었다. 작은 출판사이지만 전원이 젊은 여성으로 구성되어 있고, 성폭력과 피해자에 대한 이해도가 높은 데다 감각

1 피해자에서 연대자로

적이고 대담하다. 봄알람에서 어떤 책들을 펴냈고 어떤 식으로 홍보해 왔는지 꾸준히 지켜봐왔기에 조심스럽게 지은 씨에게 소개했다. 출판 의지가 강했던 그에게 허락을 얻은 후 나는 바로 DSO(디지털성범죄아 웃) 전 활동가 고이경 씨에게 '봄알람'과의 연결을 요청했다.

김지은 씨와 봄알람의 미팅에 함께 참여하며 계약에 이르는 과정을 지켜봤다. 이두루 편집장에게 지은 씨가 기록하게 된 경위와 내용, 출판을 시도하는 과정에서 겪은 일, 출판 계약 후 있을 수도 있는 법적 대응 등 현실적인 부분까지 전달하며 의사를 타진했다. 그 모든 것을 감수하며 함께하겠다는 봄알람 측의 적극성과 지은 씨의 출판 의지가 맞아떨어졌고 2020년 초봄, 드디어 《김지은입니다》라는 피해자의 기록이 세상에 나오게 되었다. 물론 그 기록물로 지은 씨의 피해가 온전히 회복된 것은 아니다. 여전히 그는 여러 형태의 추가 가해(2차 가해) 때문에 고통받고 있으며, 다른 법적 싸움을 진행 중이기도 하다.

지은 씨는 기록을 시작으로 하나씩 일상을 다시 만들기 위해 노력 중이지만, 여전히 세상 밖으로 편하게 나오지는 못하고 있다. 그런 그에게 당시 무리라는 것을 알면서도 출판을 권유한 것은 '이후의 삶'에서 주도권을 갖길 바라는 마음에서였다. 그가 외부 평가에 의해 박제된 삶을 살기를 원치 않았다. 내 연대의 지향은 피해자들이 '이후의 삶'에서 주체적이고 안정적으로, 안전하게 살아가는 모습을 지켜보는 것이다. 그래서 찾은 방법 중 하나가 바로 기록과 영상이다. 《김지은입니다》는 피해 회복과 일상 재구성을 위해 그가 선택한 첫걸음이자, 개인 연대자로서 내가 할 수 있는 연대의 하나인 것이다. 그러나 이 정도로는 피해를 실질적으로 회복하기가 어렵다.

성폭력 가해자에 의한 1차 피해 이후 입게 되는 다양한 추가 피해를 막을 안전장치와, 피해자의 사회 복귀를 위한 실질적 지원에 대해 김지은 씨와 이야기를 나누었다. 피해자가 숨을 고르고 사회 복귀를 준비할 시간이 필요한데, 사회는 그 부분에 대한 고민이 없다. '회복적 사법restorative justice'에 대한 이야기는 많지만, 정작 피해자의 실질적 회복에 대한 관심은 적은 것이다. 신변보호, 주거와 생활비 등 경제적 지원, 신체적·정신적 건강과 관련된 각종 의료적 지원, 직업교육 등 사회 복귀를 위한 지원, 안전망 구축 등 아주 기본적인 회복 지원도 여전히 제대로 이루어지지 않는다. 하긴 '응보적 사법retributive justice' 역시 제 기능을 못하는 상황에서 아직은 지나치게 큰 기대일 수 있다.[6] 그렇기에 '법대로' 하는 것은 피해자가 여전히 많은 상실을 각오해야 하는 선택지다. 법적 절차가 종료된 후 피해자가 사회로 복귀하기까지 사법 시스템은, 사회는 어떤 역할을 해야 하는가.

반민정 씨도 다시 연기자로 세상에 서길 원하지만, 세상은 그에게 침묵을 강요한다. 만 5년 이상 연대를 해오면서 그가 무대와 카메라 앞에 다시 서기 위해 노력하다 좌절하는 것을 계속 지켜봤다. 그는 성폭력 피해를 입고 현장에서 항의한 후 '법대로' 해서 피해를 인정받았으나, 그 대가로 모든 것을 잃었다. 피해자임에도 '물의를 일으킨' 사람으로 취급받아 내쳐지고 있다. 무대에서, 화면에서 연기를 시도하면 가해자와 그 지지자들이 인터넷 게시판 등에 몰려와 항의하며 방해했다. 민사소송도 다 이겼지만, 가해자들이 버티면서 그는 아직 어떤 배상도 받지 못했다. 아르바이트를 하고, 빚을 내고, 온몸과 마음이 망가진 상태로 병원에 드나드는 그를 지켜보면서 시스템이 제 기능을 하고 있는지 회의감에 빠지곤 했다. 법대로 해도, 그렇게 해서 이겨도 이렇게 삶이 뒤틀리는데 피해자들에게 사법 시스템을 신뢰하고 선택하라고 말할 수 있을까.

난 개인의 힘으로 여기까지 왔다. 문제를 해결하는 과정에서는 건강이 매우 악화되었으나 이후 비교적 빠른 시간 내에 회복했고, 어릴 때부터 사회 경험이 많았기 때문에 경력이 단절되었어도 일을 구하는 데는 큰 무리가 없었다. 지나칠 만큼 낙천적인 성격과 과거에 얽매이기 싫어하는 성향 때문에 추가적인 법적 싸움에 대한 미련도 버렸다. 그러나 나 역시 새로운 나 자신과 삶을 수용하고 다시 만들기까지 쉽지 않았다. 운 좋게 사회에 복귀했지만, 다른 피해자들에게는 절대 내가 걸었던 길을 좋은 선택지로 소개하지 않는다. 피해 회복과 일상 재구성을 피해자 개인의 책임으로만 떠넘기며 사회가 방기하는 것은 부적절하기 때문이다.

"평생 씻을 수 없는 상처(고통, 충격)"라는 표현을 쉽게 내뱉는다. 이는 정의가 실현되지 않은 상태에 대한 시스템의 책임 회피이자, 피해 회복을 피해자 개인의 몫으로 돌리는 사회의 비겁한 변명이기도 하다. 시스템에 기반해 정의를 제때 실현하고, 응보적 측면의 책임부터 견고히 해야 한다. 아울러 다양한 사회적 지원 프로그램을 통해 싸움 이후 피해자의 피해 회복과 사회 복귀를 위해 노력해야 할 것이다.

2장

판사는
판결로 말한다?

보호할지
말지
정하는
사람

피해자 변호사, 나오셨습니까? 불출석하셨군요. 다음 기일 영상 재생 등과 관련된 증거조사를 할 예정인데, 민감한 문제이다 보니 재판부에서 그 방법에 대한 의견을 구하고 싶은데요. 현재는 비공개와 법정재생의 형태 정도만 떠오르거든요. 이 부분 검사님이나 재판부에서 확인해 다음 기일 증거조사 과정에서 반영하도록 하겠습니다.

2020년 6월 22일, '남성복지부' 등의 운영자였던 피고인 신ㄷㄱ ('흑통령', 34세, 남)와 '고담방' 운영자였던 피고인 전ㅅㅈ('와치맨', 40세, 남) 의 텔레그램 집단 성착취·성폭력 사건에 대한 1심 재판이 수원지법에 서 열렸다. 당시 재판부(수원지법 형사9단독: 박민)*는 피해자 변호사를 찾으며 이렇게 말했다. 영상 재생 등 디지털 성폭력 재판의 증거조사 과정에서 피해자 쪽 의견을 이렇게 적극적으로 확인하는 것은 예전에

＊ 재판부의 이름을 기록하는 것은 재판 모니터링의 기본에 속한다. 따라서 이번 장부터는 직접 방청한 재판에 한해 재판부의 이름을 표기한다.

2 판사는 판결로 말한다?

는 보기 힘든 일이었다.

그동안 피해자 쪽 법률 대리를 맡은 변호사는 피해자가 증인신문을 할 때 동석하는 정도로만 활동해왔다. 형사재판에서 피해자는 당사자가 아니며 범죄의 입증책임은 검사에게 있기 때문에(3장의 〈피해자는 당사자가 아니라는 말〉 참조), 피해자 변호사의 역할도 사실상 한정적인 편이다. 그렇기에 전국에서 재판 모니터링을 하면서도 피해자 변호사가 재판 중 적극적으로 개입하거나, 의견을 개진할 기회가 제대로 주어진 경우를 보지 못했다. 재판부가 피해자 변호사의 의견을 재판 과정에서 확인하는 모습도 보기 드물었다. 심지어 피해자 변호사는 피고인 변호인[*]과 달리 '대법원 나의사건검색' 사이트에 이름이 올라가지도 않는다. 이 때문에 피해자 국선변호사의 경우 공판에 출석해도 확인이 어려워 보수 책정에 애를 먹기도 한다. 이런 상황이다 보니 피해자들도 변호사의 역할에 대해 회의적인 의견을 보이는 경우가 많았다.[1]

최근에는 변화의 조짐이 보인다. 디지털 성폭력 사건의 재판에서 재판부가 피해자 변호사의 출석 여부와 재판 진행 관련 의견을 확인하는 일이 잦아진 것이다. 형사재판 과정에서 피해자 변호사의 실질적 조력이 가능하도록 해달라는 오래된 요구가 받아들여지는 모양이다. 그러나 이 변화는 법원 내부의 자성에 기인한다기보다 디지털 성폭력 재판에 대한 외부 관심이 높아지고, 증거조사 방법에 대한 비판이 이어지는 사회적 분위기 속에서 재판 감시가 강화된 영향이다. 여전히 한국 법원은 피해자를 보호하지 못한다.

---

[*] '변호사'는 법률상 자격을 가지고 소송 관련 대리업무와 일반 법률사무를 업으로 하는 사람을, '변호인'은 형사사건에서 피의자나 피고인을 보조하는 사람을 뜻한다. 따라서 형사사건에서 피해자 보조인은 '피해자 (국선)변호사'로, 피의자나 피고인의 보조인은 '(국선)변호인'으로 불린다.

2011년에는 피해자 증인신문을 끝낸 한 피해자가 재판부의 신문 내용이 모멸적이라는 유서를 남긴 채 사망했다. 이후 재판부는 피해자가 유서에서 언급한 증인신문 내용이 신문 과정에서 확인해야 할 지점이었다고 변명하면서 가해자에게 징역 3년의 실형을 선고했지만, 그 죽음에 대한 책임은 누구도 지지 않았다. 뒤늦게 법원은 2012년부터 여러 증인지원 절차를 마련했다. 현재 성폭력 피해자를 포함한 '특별증인'은 '증인신문 전후의 동행 및 보호'(증인지원관 제도), '비공개 심리'(방청객 퇴정), '증언 도중 피고인과의 접촉 차단', '신뢰관계인 동석', '재판 결과 통지' 등을 선택할 수 있다.

그러나 증인지원 절차는 여전히 홍보가 부족하고, 재판부마다 허용하는 범위에 차이가 있다. 정비 또한 형식적 차원에 머무를 뿐 각 지원 절차가 현장에서 어떻게 구현되는지에 대한 평가가 불충분하다. 2019년 성폭력 피해자들을 설문조사한 결과, 많은 피해자들이 증인지원 절차에 대한 충분한 설명을 듣지 못해 어떻게 활용해야 하는지 모르겠다고 답했다.[2] 피해자는 부족한 정보 속에서, 더군다나 사법 시스템에 대한 이해도가 낮은 일반인이라는 한계 속에서 증인신문을 두려워하며 회피하게 되는 것이다. 그런데도 이에 대한 법원의 깊이 있는 접근이 부족하니, 피해자는 형사사법 절차를 불신하게 된다.

증인지원 절차의 현실

증인지원관 제도가 도입된 후 각 법원에는 성폭력 피해자가 대기할 수 있는 특별증인지원실이 생겼다(대개 특별증인지원실과 일반증인지원실이 별도로 있지만, 일부 법원의 경우 아직 증인지원실 자체가 없는 곳도 있다). 피해자는 그곳에서 대기하다가 별도의 통로로 법정에 들어가 증언한 뒤 귀가할 수 있다. 그러나 증인지원관 동행은 증인지원실에 피해자가 도착했을 때나 가능하다. 증인지원실 도착 전이나 증언이 끝난 후에는 법원의 신변보호조치가 미흡해서 피해자들은 여전히 법원에 오는 것 자체를 두려워한다. 아울러 증인지원관은 겸업을 하는 데다 그 수도 적어서, 피해자에게 정보를 전달하거나 심리적 안정감을 주기에는 한계가 있다.

비공개 심리의 경우, 피해자의 사생활 보호 등을 내세워 검사나 피해자 쪽이 비공개 심리를 원하기도 하지만, 피해자가 자신의 상황이나 연대와 지지기반 유무에 따라 공개 심리를 요구하기도 한다. 그런데 오히려 이를 재판부가 받아들이지 않는 경우가 있다. 2020년 7월 9일, 서울고법에서 한 성폭력 사건의 재판이 열려 재판 모니터링 교육을 받던 일반인들이 다 함께 재판을 방청했을 때의 일이다. 당시 증인신문을 앞둔 피해자는 다수의 여성 방청객을 보고는 재판을 공개 심리로 해달라고 요청했다. 하지만 재판부는 '피해자의 사생활 보호'를 내세워 피해자의 요구를 묵살했다. 그런데 실제로는 비공개 심리 과정에서도 피해자는 자주 추가 피해에 노출된다. 외부 감시가 없기 때문이다. 피해자 보호에 무관심한 검사, 재판 과정에 직접 개입이 허용되지 않는 피해자 변호사, 피고인 방어권을 보장한다며 소송지휘*에 소극적인 재판부 사이에서 피해자는 방치되는 경우가 흔하다.

피고인(가해자)과의 접촉 차단도 재판부마다 다르게 운영한다. 차폐막 설치, 피고인 퇴정, 화상지원실 활용 등 다양한 방식이 있는데, 피해자가 요청해도 재판부가 불허하는 경우가 있다. 피해자들은 대부분

---

*   법원이 소송을 담당하는 주재자로서 재판을 신속하고 원활하게 진행하기 위해 상황에 맞는 적절한 조치를 하는 권능이자 의무를 말한다. 형사재판의 증인신문 과정을 예로 들면, 피고인 측의 부적절한 신문에 대해 재판부가 개입해 피해자 대상의 2차 가해를 최소화하는 것 등이 있다.

피고인 퇴정* 등 공간 분리를 요구하지만, 재판부는 피고인의 재판 참여권을 보장해야 한다며 같은 공간에 차폐막만 쳐놓고 피해자 증인신문을 강행하기도 한다. 성폭력 혐의로 기소된 이윤택(70세, 남) 전 연극 연출가와 안희정 전 충남도지사의 재판에서는 피고인이 차폐막 너머에서 헛기침을 하거나 차폐막을 발로 차며 위압감을 주는 행위를 일삼기도 했다. 당시 피해자들은 불안과 공포 속에서 증인신문을 견뎌야 했다. 이런 형태로 피고인이 피해자를 압박하고 신문을 방해하는 행위가 잦기 때문에 피고인 퇴정 등 공간 분리는 매우 중요하다.

특히 아동·청소년 피해자들의 경우, 피고인과 그 변호인으로부터의 접촉 차단이 더 요구된다. 문제는 이 부분 역시 재판부의 재량에 맡겨진다는 데 있다. 아동·청소년이라도 '13세', '16세' 등 재판부의 판단으로 성인과 구분 가능한 연령대를 설정해, 차등적으로 접촉 차단 방식을 취한다. 피해자 측이 공간 분리를 전제로 한 접촉 차단을 미리 신청했는데도 재판부가 차폐막(가림막)만 놓고 피해자에게 신문에 응하도록 강요한 사례도 있었다. 피해자가 재판 당시 16세가 지났다는 이유였는데(사건 당시 피해자는 15세였다), 결국 피해자가 신문 후 자해를 했다는 소식을 접한 뒤 급하게 병원으로 달려갔던 기억이 있다.

이런 상황에서 2021년 12월 23일, 헌법재판소는 19세 미만 미성년 피해자의 영상녹화 진술을 증거로 인정하는 성폭력처벌법 조항(제30조 6항)에 대해 단순위헌결정을 내렸다. 2010~2011년 8세 아동을 성추행한 혐의로 징역 6년을 선고받은 피고인이 "19세 미만 미성년 피해자의 영상녹화 진술을 증거로 인정하는 이 조항은 위헌"이라며 낸 헌

---

* 피해자가 피고인의 면전에서 충분한 진술을 할 수 없다고 인정한 때, 피고인을 재판정에서 내보내는 조치.

2 판사는 판결로 말한다?

법소원을 받아들인 것이다. 단순위헌결정으로 이 조항의 효력은 즉각 상실됐다. 아동·청소년 피해자들이 안전장치도 없이 가해자 쪽의 모멸적·가학적 반대신문에 노출되면서 추가 가해로 내몰리게 된 것이다. 헌법재판소는 피해자의 헌법상 권리를 짓밟았다. 피해자가 어떤 고통을 받을지 전혀 고려하지 않았다. 민주사회를위한변호사모임(민변)의 성명에 따르면, 헌재는 이번 결정과 관련해 공개 변론이나 의견 조회 등도 거치지 않았다고 한다.[3] 유예기간도 없이 즉각 효력을 상실시킨 헌재의 무책임한 결정 직후 현장에서는 여러 문제가 발생했다. 어떤 보호자들은 피해 아동의 회복을 위해 사법 절차를 밟지 않는 게 더 낫다고 판단하기도 했고, 피해자들은 미리 겁을 먹고 연락을 피하기도 했다.[4]

신뢰관계인 동석의 경우도 불완전하기는 마찬가지다. 피해자 변호사 외에 한 명 정도 더 허가하는 것이 일반적이지만, 재판부에 따라 변호사 외 신뢰관계인 동석을 불허하기도 한다. 동석이 허가되더라도 피해자의 대각선 뒤쪽 혹은 방청석에 앉아야 하기에 피해자의 눈에 들어오지 않아, 피해자는 증인석에서 홀로 신문 과정을 견디며 불안해한다(164쪽 '형사재판 배치도' 참조). 피해자 변호사만이라도 바로 옆에 앉게 해달라고 요구하지만, 이를 허가하는 재판부는 찾기 어렵다. 피해자 증인신문 전에 신문 과정 자체를 충실히 설명한 후 진행하는 재판부도 보기 힘들다. "기억나는 대로 차분하게만 답변하면 된다"는 추상적인 조언만 한다. 그래서 증인신문 중 무엇을 요구할 수 있고 어떤 태도까지 용인되는지 알지 못해 당황하는 피해자가 많다.

피고인 쪽의 부적절한 신문을 재판부가 제지하지 않아 고통을 겪는 일도 다반사다. 실제로 2019년 이후 성폭력 사건 재판의 증인신문 과정에서는 "일반적으로 남자라면 이런 상황을 동의로 받아들일 수 있지 않겠어요?", "사람들이 생각하기에 클럽에 가거나 모텔에 남성과

투숙하는 것은 성관계 동의로 볼 수 있지 않겠어요?", "본인이 성소수
자이기 때문에 남성 혐오감을 갖고 있어 예민하게 받아들인다고 생각
하지 않아요?" 등의 질문이 쏟아졌다. 이는 모두 2016년 사법정책연구
원 연구보고서에서 부적절한 신문 유형으로 지적된 것들이다.[5] 보고서
에 따르면 "과도하게 괴롭히거나 겁을 주거나 공격적인 질문", "빈정거
리거나 모욕하거나 폄하하는 질문", "집요하고 반복적인 질문", "성관
계 행위 내지 신체적 특징을 불필요하고 지나치게 구체적으로 묘사하
도록 하는 질문", "피해자의 사생활 내지 성적 행위 이력에 관한 질문"
등은 모두 부적절한 신문 유형이다.

　　보고서는 각 상황의 사례를 설명하며 적절한 소송지휘를 권하지
만, 현실 속 재판부는 여전히 피고인의 방어권 보장을 내세워 부적절
한 질문을 방치하고 있다(물론 '부적절한 질문'이 무엇인지 파악조차 못 하는
재판부도 허다하다). 피해자는 증인석에서 이런 질문을 날것으로 접하며
고통을 겪을 수밖에 없다. 재판부가 신문 사항을 미리 확인해서 부적
절한 질문을 제외하도록 검사와 피고인 변호인에게 요청하면 좋은데,
이를 구현하는 재판부를 찾기가 어렵다. 대개는 부적절한 신문이 이어
질 경우 개입해 제지하는 방식으로 충분하다고 말한다. 하지만 그때는
이미 질문 자체로 피해자가 고통을 당한 이후다.

　　추가 피해는 양형에 반영하면 된다는 이들도 있다. 그러나 법정에
서 겪은 피해자의 고통이 양형에 적극적으로 반영된 판결을 찾기가 어
렵다. 부당함을 인지한 피해자가 증인석에서 항의하거나 문제를 제기
하면, 오히려 "저 정도로 적극적인 문제제기가 가능한 피해자가 성폭
력 피해를 입었을 때 소극적으로 대처할 리 없다" 등의 이유로 피해자
에게 불리한 판단을 하기도 한다. 결국 피해자는 성폭력 피해의 고통
만으로도 버거운데, 취조에 가까운 신문을 견디며 모멸을 느껴야 한

증인지원 절차	증인신문 전후 동행·보호(증인지원관 제도), 비공개 심리, 증언 도중 피고인과의 접촉 차단, 신뢰관계인 동석, 재판 결과 통지
열람·복사	공소장, 피고인 변호인 의견서 및 참고 자료, 공판조서, 증인신문조서 및 관련 녹음물 등 재판 기록물에 대해 신청
의견진술권	증인신문과 별개로 양형에 대한 피해자의 의견을 (본인이나 대리인이) 구두 혹은 문서로 전달
의견서·탄원서	재판부와 검사에게 제출
피해자 정보 보호	비실명처리, 판결서 등 재판 기록물의 열람·복사 제한
재판 방청	증인신문을 제외한 공판 과정에서 피해자가 방청석에 앉아 기록 가능(비공개 심리로 전환하더라도 재판부에 요청할 경우 재판부의 판단에 따라 방청 가능)
재판 종료 후 사후처리	신변보호, 피해 회복 지원, 피해자 통지(피고인의 구금상황 및 출소 등 통지), 압수물 폐기 등

＊ 피고인 퇴정 요구나 열람·복사가 가능한 재판 기록물의 종류와 범위, 피해자 증인신문 외 다른 증인신문의 공판 방청 등은 재판부의 재량에 따라 허가되지 않는 경우도 있다.

다. 필요한 절차라고 강요만 할 뿐 추가 피해에 대해서는 누구 하나 책임지지 않는다. 형사사법 절차에 대한 피해자들의 회피와 불안, 불신은 이런 과정을 거쳐 형성된다.

　신뢰관계인으로 동석할 때, 세 곳(검사, 피고인, 재판부)에서 날아오는 질문에 내던져진 피해자를 뒤에서 지켜보는 일은 괴롭다. 증인신문으로 추가 피해를 겪은 피해자와 계속 연락하며 자살이나 자해를 시도하지 않는지 확인하고, 필요할 경우 병원에 데려가는 일을 개인이 감당하는 것도 한계가 있다. 피해자 증인신문이 왜 필요한지, 그것을 통해무엇을 지키려는지 근본부터 다시 돌아봐야 하지 않을까 생각한다. 나는 합리적 의심이 없을 정도의 엄격한 증명을 거쳐야 피고인에게 유죄를 선고할 수 있다는 형사사법 시스템의 원칙과, 피해자에 대한 추가 피해를 방조하고 부추기는 현 증인신문 절차에 대한 문제제기가 배치되지 않는다고 본다. 물증 확보가 용이하지 않은 성범죄 재판의 특성상 피해자 진술이 필요하다면, 피해자에게 그 당위만을 강요하지 말고 각 절차에서 발생할 수 있는 추가 피해를 막는 방식을 더 고민해야 한다.

다른 증거조사 과정에서 발생하는 추가 피해의 문제도 그간 제대로 다루어지지 않았다. 그나마 피해자 증인신문에서는 앞서 말한 것처럼 피해자를 특별증인지원 대상자로 규정해 다양한 지원을 하고, 또 피해자가 비공개 심리를 요청하면 방청객 없는 법정에서 신문을 진행할 수도 있다. 하지만 그 밖의 증거조사 과정에서는 대개 공개 심리를 진행하기 때문에 방청객 있는 법정에서도 아무런 제재 없이 증거자료가 재생되는 등 추가 피해가 일어난다. 성폭력 사건 재판에서 증거의 재생·확인 방법 등에 대한 지침은 있지만, 이를 피해자 입장에서 적용하려는 재판부가 적은 탓이다. 특히 디지털 성폭력 재판은 증인신문을 포함한 증거조사 과정에서 추가 피해가 극심해 문제제기가 이어지고 있다. 증인신문 때 큰 스크린에 영상과 사진 등을 띄우는데, 비공개 심리라고 하더라도 법정에는 피고인은 물론 교정기관 관계자 등이 같이 있는 경우가 많다. 다수의 남성이 둘러싼 그곳에서, 피해자는 커다란 화면에 재생되는 자신의 피해 영상과 사진을 보며 증인신문을 해야 하는 상황에 내몰린다.

더욱이 증인신문 외 증거조사 과정의 경우, 일반적으로 피해자 출석이 요구되지 않기 때문에 추가 피해가 생길 수 있는데, 이는 디지털 성폭력 사건의 재판에서 더 크게 나타난다. 그런데도 이러한 점이 일반적으로 고려되지 않기 때문에 추가 피해 정도는 재판부에 따라, 외부 감시가 있는지에 따라 확연하게 달라진다. 2020년 4월 '박사방' 사건의 주범 조주빈('박사', 27세, 남) 일당들의 재판이 시작될 무렵, 서울중앙지법에서는 또 다른 아동·청소년 대상의 성착취 사건 재판이 열렸다.

2 판사는 판결로 말한다?

당시 방청객이 있는 상황에서 피해자를 특정할 수 있는 영상과 사진이 재생되었다는 기사를 접한 뒤 해당 재판부와 공판검사를 찾아본 적이 있다. 그런데 그들은 조주빈 일당들의 재판도 상당수 맡고 있었다. 그리고 조주빈 일당들의 재판이 시작되자, 그 재판부는 증거조사 과정에서 2차 피해를 막기 위해 고뇌하는 재판부로 언론에 소개되었다.

'재량'의 의미

한국에서는 증거조사 방식 등을 포함해 재판 진행의 상당 부분이 재판부의 재량에 맡겨져 있다. 그러다 보니 실질적으로 피해자를 보호할지 말지 결정하는 힘도 재판부에 있는 게 현실이다. 심지어 연대와 모니터링을 할 때 변호사들로부터 "판사는 법정의 절대자, 즉 왕이다"라는 말을 들은 적도 있다. 그래서 "판사의 심기를 거스르면 안 된다"는 류의 말을 현실적 조언이랍시고 자주 접하게 된다. 판사의 재판 진행에 개입하거나 문제를 제기하면 안 된다는 것이다. 이렇게 외부 감시 없는 형사재판이 이어지다 보니 재판부는 피해자를 보호해야 할 필요성도 느끼지 못했을 것이고, 증거조사 방식에 대해서도 고민하지 않았을 것이다.

시민들은 이렇듯 안온한 성에 갇혀 있던 법관들을 광장으로 이끌고 있다. 아니 정확히 말하면, 고립된 성과 같은 법정을 광장으로 바꾸고 있는 것이다. 시민들의 사법 감시는 법관의 독립성을 훼손하는 게 아니다. 법대 위에 앉아 재판을 주재하고 피해자를 보호할 책무가 있는 이들에 대한 정당한 문제제기다. 법원 내부에서 먼저 이런 문제를 인식하고 바꾸려고 노력했다면 어땠을까. 일부 변화가 보이기는 하지만, 그런 사례가 한국 형사재판의 실질적 변화로 이어지리라는 막연한 기대는 금물이다. 외부 감시가 소홀해지면 언제든 법원은 이전 상태로 회귀하려 들 것이다. "법은 느리다"는 말에는 이런 의미가 담겨 있다고 생각한다.

"사건 이후 법정에 증인으로 출석한 피해자가 극단적 선택을 시도해 현재 인공호흡기 없이 생존이 어려운 처지에 있고 ⋯."

2021년 6월, 또 다른 성폭력 사건에 대한 서울북부지법의 판결문에는 피해자의 상태가 양형이유로 짧게 언급되어 있었다. 읽는 동안, 재판을 거치면서 자살·자해를 시도한 다른 피해자들도 떠올랐다. 재판 절차가 피해 회복이나 일상 재구성을 위해 기능할 수 있는지 의심이 들었고, 피해자에게 재판에 적극적으로 참여하라고 해도 할지 고민이 이어졌다. 그리고 2021년 11월, 항소심 선고일에 법정을 찾았다. 1심 선고로부터 5개월이 넘어가던 시점이었기에 부디 피해자가 회복했기를 바라는 마음을 안고 갔다. 그러나 피해자는 그때도 인공호흡기 없이 생존이 불가능한 상황이었다. 반면 항소심 들어 피고인에게 유리한 여러 정상(사정)들이 생기면서 피고인은 집행유예로 감형되어 세상으로 다시 나왔다.

사람들은 성폭력 피해를 입으면 "법대로 하라"는 말을 쉽게 내뱉지만, 그 과정에서 피해자가 어떤 고통을 겪는지는 관심이 없다. 피해자가 일관되고 신빙성 있게 진술하면 가해자의 유죄를 이끌어낼 수 있다며, 마음만 먹으면 쉽게 할 수 있는 일처럼 묘사한다. 그러나 정작 피해자는 진술 뒤 자살·자해를 시도할 만큼 추가 피해를 입는다. 피해를 인정받고 회복한 후 사회로 돌아가 다시 일상을 만들고자 '법대로' 하기를 선택한 피해자에게, 법원은 그 선택이 틀린 것이 아니라고 답할 의무가 있다. 피해자에게 고통을 감내하라고 강요해서는 안 된다. 법관에게 주어진 재량을 피해자를 보호하는 데 활용해야 한다.

2022년 3월, 자해를 했던 어린 피해자는 재판이 마무리된 후 전

2 판사는 판결로 말한다?

학 간 학교에서 적응하느라 바쁘다고 했다. 코로나로 인해 대면 수업이 줄어 친구들을 보지 못해 아쉬웠는데 지금은 너무 좋다던 그의 높고 맑은 목소리를 기억한다. 그와 통화를 끝낸 후, 인공호흡기를 달고 있던 다른 피해자가 떠올랐다. 부디 피해자가 스스로 호흡할 수 있기를, 부디 회복되기를 바란다.

합의는
어떻게
악용되는가

배우 강지환(45세, 남)은 성폭력 범죄를 저지른 후 구속 상태에서 1심을 이어가던 중 피해자들과 합의에 성공했다. 2019년 12월, 1심 재판부(수원지법 성남지원 형사1부: 최창훈, 최은경, 정우용)는 이를 반영해 집행유예를 선고했다. 그런데 피고인 쪽은 이후 항소와 상고를 거치면서 언론을 이용해 피고인이 무죄라는 주장을 이어나갔고, 피해자들은 '꽃뱀'으로 불리며 추가 피해를 당했다.

이처럼 피고인(가해자)이 범죄 혐의를 인정한다는 조건을 걸어 피해자로부터 처벌을 원치 않는다는 합의서를 받아낸 후, 재판 결과가 유리하게 나오면 돌변해 무죄를 주장하는 경우가 여전히 많다. 그런데도 수사기관이나 재판부는 합의에 이르는 과정, 합의 내용, 합의 이후 (공소제기 이전일 경우) 피의자 또는 (공소제기 이후일 경우) 피고인의 태도 등을 충분히 고려하지 않는다. 이런 상황에서 '합의'는 가해자의 족쇄를 풀어주는 장치로 활용된다.

성폭력 범죄와 관련해 '합의' 자체는 감경사유로 명시되지 않지만, '피해자의 처벌불원'은 감경사유가 된다. 대법원 양형위원회는 "피고인의 진지한 반성, 피해에 대한 상당한 보상, 피해자가 처벌불원의 법적·사회적 의미를 명확히 인식한 상태에서 표명한 피고인에 대한 처벌불원 의사"를 감경사유로 설명한다.[6] 현실은 어떠한가? 수사기관과 재판부는 합의했다는 사실만으로 선처한다. 구체적인 상황은 살피지 않는다. 그저 합의서에 쓰인 "피해자는 피고인(혹은 피의자)에 대해 처벌을 원하지 않는다"는 문구만을 기계적으로 반영한다. 그래서 가해자들은 선처받기 위해, 혹은 구속 상태를 벗어나기 위해 피해자에게 합의를 요구한다. 이에 2013년 성폭력 범죄의 친고죄 조항이 폐지되면서 가해자 측의 집요한 합의 종용 같은 추가 가해가 줄어들 것이라는 기대가 있었다. 그러나 지금도 '합의'는 수사 과정에서 '기소유예'를, 재판 과정에서 '벌금형'이나 '징역형의 집행유예'를 끌어내는 데 도움이 된다. 따라서 가해자 측이 이를 악용하거나, 수사관과 재판부가 합의를 강요하는 경우도 여전히 많다.

가해자의 또 다른 전략

가해자들이 수사와 재판의 과정에서 '합의'를 이용하는 방식은 다양하다. 수사 과정에서는 소의 취하를 유도하기 위해 합의를 요구하지만, 실상 합의에 실패해도 불리할 것이 없다. 합의 과정에서 피해자가 금전적 요구를 했거나 금전적 보상 제안에 응했다면, 그 사실을 내세워 피해자가 돈을 노리고 접근한 것으로 몰아가면 되기 때문이다. 재판 과정에서는 합의해야 공소사실(범행 내용)을 인정하겠다고 버티거나, 합의를 해야 법정 싸움이 길어지는 걸 막고 피해의 일부라도 회복할 수 있는 것처럼 피해자를 밀어붙인다. 그리고 재판 과정에서도, 합의에 실패한 피고인은 불리하지 않다. '진지한 노력'을 한 것으로 평가되기 때문이다. 한국 법원은 합의에 성공해도, 합의에 실패해도 피고인에게 유리하도록 판단한다.

강지환은 인신 구속을 벗어나기 위해 합의를 악용한 사례라고 할 수 있다. 구속 상태로 재판을 받던 강지환은, 1심 선고 전 합의에 성공할 경우 징역형이 선고되어도 집행유예로 풀려날 가능성이 높다는 것을 알고 있었을 것이다. 그간 한국 법원은 성인-비장애 피해자 대상의 성폭력 사건에서 피고인이 합의에 성공하면 집행유예를 선고해 선처를 베풀어왔기 때문이다. 따라서 1심 선고 전 어떻게든 합의에 성공하기 위해 합의 단계에서 혐의를 인정하는 것처럼 하다가, 합의서를 제출한 뒤에는 입장을 번복한다. 그렇게 해도 불리하지 않다는 확신이 있는 것이다.

가수 최종훈(32세, 남)은 어떤가. 그는 공소사실을 부인했는데도, 피해자와 합의에 성공했기 때문에 재판부가 정상참작감경*으로 최저 형량을 선고했다. 가수 정준영(33세, 남)은 공소사실을 부인하고 합의에도 실패했지만, 합의를 시도했다는 이유로 '진지한 반성'을 한다며 감형받았다. 그러나 해당 재판부(서울고법 형사12부: 윤종구, 최봉희, 조찬영)는 이후 미성년자 남성이 피고인이었던 다른 성폭력 재판의 선고에서는, 피고인이 항소심 들어 합의에 성공했지만 이를 양형에 반영하는 건 한계가 있다는 판단을 내리기도 했다.

동일한 재판부가 유사한 상황에서 양형에 합의를 반영하는 정도가 이렇게 다른 이유는 무엇일까? 사건별 특수성 때문이라면 수긍할 수 있겠으나, 실상 두 재판 모두 모니터링을 한 내 입장에서는 피해자들이 합의 후 처벌불원서를 제출한 형태에서 두드러진 차이점을 발견

＊ 범죄의 정상(사정)에 참작할 만한 사유가 있다고 판단해 형을 줄이는 것. 원래 '작량감경'이었으나 2021년 12월 9일부터 용어가 변경되었다.

2 판사는 판결로 말한다?

하지 못했다. 특히 공소사실을 부인하고 합의에 실패한 피고인 정준영까지 감형한 것에 대해 재판부는 판결문에서도 합당한 이유를 대지 못했다. 합의 반영에 대한 기준이 제대로 서 있지 않다 보니 이런 식으로 들쑥날쑥한 판결이 나오는 것이다. 그러니 합의금을 마련할 재력이 있으면 감형이나 집행유예고, 그 돈이 없으면 실형이라는 말이 나온다.

'합의'를 피고인에게 유리한 양형이유로 반영할 때 그 형태도 일관성이 없다. 통상 금전적 합의가 이루어지고, 그에 기반한 피해자의 처벌불원서가 선고 전에 제출되면 감형 등 선처를 하는 기계적인 방식을 떠올리는 경우가 많은데, 실제로 합의와 관련된 선처는 그 외에도 다양하다. 피고인의 공소사실(범죄사실) 인정을 전제로 한 '합의'뿐 아니라, 이후 피고인이 재판 과정에서 공소사실을 일부 혹은 전부 부인하는 등 번복해도 합의'했었다'는 사실 자체를 유리한 양형이유로 판단하기도 한다. 1심의 형량이 결정될 때 이미 합의 사실이 유리하게 반영되었는데, 2심에서 또다시 1심에서의 합의 사실을 들어 재차 감형하는 경우도 있다. 피해자가 다수일 경우 그중 일부와만 합의에 성공해도 피고인에게 유리한 판결을 하기도 한다. 합의를 거부한 다른 피해자가 엄벌을 해달라고 요청해도 그렇다. 피해자 특정이 어려운 디지털 성범죄 사건에서 이런 경향은 더 강하다.

더욱이 앞서 나온 정준영의 사례처럼, 합의에 실패했더라도 "합의에는 이르지는 못하였으나 합의를 위하여 진지하게 노력한 것으로 보인다"며 선처를 베풀기도 한다. 심지어 성범죄 사건은 수사와 재판 과정에서 피고인이 피해자에게 함부로 접근하기 어렵다는 '사정'(물론 합의를 위해 진지하게 노력하는 피고인이라면, 피해자가 특정된 경우 합의 의사를 전달할 방법은 다양하다)이 있기 때문에, 피고인이 합의를 시도하지 않았어도 이를 양형에 불리하게 반영하면 안 된다고 판단한 경우도 있다. 다

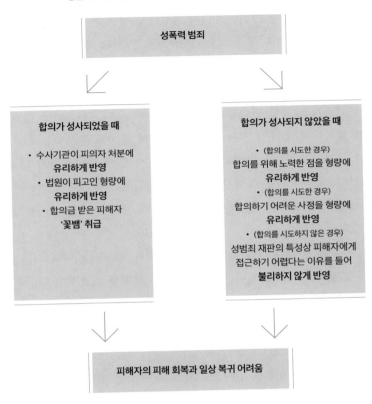

성범죄 사건의 수사·재판 과정에서 '합의'가 반영되는 구조

성폭력 범죄

합의가 성사되었을 때

• 수사기관이 피의자 처분에
유리하게 반영
• 법원이 피고인 형량에
유리하게 반영
• 합의금 받은 피해자
'꽃뱀' 취급

합의가 성사되지 않았을 때

• (합의를 시도한 경우)
합의를 위해 노력한 점을 형량에
유리하게 반영
• (합의를 시도한 경우)
합의하기 어려운 사정을 형량에
유리하게 반영
• (합의를 시도하지 않은 경우)
성범죄 재판의 특성상 피해자에게
접근하기 어렵다는 이유를 들어
불리하지 않게 반영

피해자의 피해 회복과 일상 복귀 어려움

시 말해 한국 법원은 합의를 해도, 하지 않아도 피고인에게 유리한 방향으로 해석하며 형량을 결정하고 있는 것이다.

피해자의 또 다른 고통

2019년 나는 법원 내 연구모임인 젠더법연구회와 인터뷰하면서 성폭력 피해자 64명에게 설문조사를 실시해 그 결과를 연구회에 전달

2 판사는 판결로 말한다?

했다.[7] 설문조사 결과, 응답자의 절반 이상이 합의를 종용받아 고통스러웠지만 어떻게 대응해야 하는지 몰랐다고 답변했다. 어떤 미성년 피해자는 '합의'의 의미를 모르는 상황에서 "어차피 벌금형이니 합의하는 게 유리하다"는 수사관의 말만 믿고 합의에 응할 뻔했다고 한다. 또 다른 성인 피해자는 피해자 증인신문 과정에서 재판부가 "끝까지 가도 피해자가 납득할 만한 결과가 안 나올 수 있다. 그럴 바엔 합의 후 피해 회복에 집중하는 것이 낫지 않겠냐"며 합의를 종용하는 말을 했다고 한다. 당시 그는 합의를 안 하면 본인에게 불리한 결과가 나올까 봐 선고 때까지 너무 불안했다고 한다. 이처럼 피해자에게 합의는 여러 선택지 중 하나가 아니라, 조건이 붙거나 상황에 내몰려 이르게 되는 강요된 답이다.

설문에 응답한 대다수 피해자는 합의가 진정한 의미의 처벌불원 의사 표명이 아니라고 했다. 그들은 합의가 피해를 회복하고 일상을 재구성하는 데 도움이 되지 않는다는 회의적인 반응을 보였다. 단지 수사와 재판 과정을 버티기 힘들어서, 경제적 어려움에 몰려서(피해자들은 피해 이후 대개 학업이나 생업을 중단한다. 나 역시 생업 중단 뒤 경력이 단절되었고 신용불량자가 되었다), 민사소송으로 가도 소송 기간이 너무 길어서, 승소해도 가해자가 안 주고 버티면 배상받을 길이 없어서, 보복이 두려워서 합의하는 경우가 많았다. 그럼에도 불구하고 재판부가 피해자의 진의(처벌불원 의사 등)를 구체적으로 확인하기보다는, 감형을 위한 요소로만 기계적으로 활용하고 있어 피해자들이 고통받는다.

아동·청소년 성폭력 사건의 경우, 피해자의 처벌불원 의사가 온전한 것인지 판단하는 과정 없이 보호자와 가해자 측이 합의하면 이를 유리하게 반영하기도 한다. 장애가 있는 피해자의 경우 피해자의 상황과 상태에 대해 판단하지 않은 채 합의서와 처벌불원서를 토대로 피고인에게 선처를 베풀기도 한다. 친족성폭력 사건의 경우, 피해자는 가해자와의 관계를 고려하는 데다가(피해자는 친족인 가해자에게 대립되는 두 감정이 혼재한 양가감정을 갖기 쉽다) 가족을 비롯한 주변의 합의 강요로 특히 취약해지기 쉬운 상태인데, 이를 고려하지 않기도 한다.

　게다가 피해자는 합의 과정에서 피해를 당해도 어떻게 알려야 하는지 모르거나, 알더라도 문제제기를 했다가 수사와 재판 과정에서 '피해자답지 않다'는 인상을 주어 불이익을 받을까 봐 불안해한다(실제로 절차상 문제에 대해 적극적으로 알리거나 이의제기를 한 피해자에 대해 수사관과 법관이 모두 "피해를 당하고도 가만히 있을 사람이 아닌데 왜"라는 식으로 평가해 부정적인 결과가 나온 적도 있다). 혹은 가해자 측의 보복에 대한 공포로 주저한다. 판사들은 대개 검사나 출석한 피해자 변호사에게 피해자의 합의 의사를 물어보는데, 상당수 재판에서 이런 문제들을 고려해 명확히 답변하는 검사와 피해자 변호사(일단 피해자 변호사는 증인신문 외 공판에 출석하는 것을 보기 어렵다)도 찾기 어려웠다.

　합의와 관련해 수사 과정에서 피해를 당했을 경우, 가해자 측으로부터 피해를 입었다면 그 내용을 수사관에게 알리되 가급적 증명할 수 있는 방식(탄원서나 의견서 등의 문서)으로 해야 한다. 수사관에게 피해를 입었다면 청문감사인권담당관실이나 국민신문고 등에 민원을 제기하거나, 경찰 또는 검찰 수사관인 경우 수사관 기피 등을 신청할 수 있다. 재판 과정에서 입은 피해는 검사나 피해자 변호사에게 알리는 방식이 있고, 피해자가 직접 재판부에 탄원서와 의견서 등을 제출하며 상황을 알려도 된다. 증인신문이나 피해자 의견진술을 할 때 밝힐 수도 있다. 그러나 일반인인 피해자의 입장을 고려한다면, 수사와 재판의 과정에서 전문가들이 먼저 합의와 관련된 정보를 적극 제공하고 확인하는 것이 적절하다.

　　　　　　　　　　　　　　2 판사는 판결로 말한다?

합의금은 지급했습니까? 영수증 등 증빙자료를 제출하세요. 합의서에 보면 "지급하기로 한다"로 되어 있을 뿐 "지급했다"가 아니니 자료를 제출하길 바랍니다. 그리고 합의서에는 피해자가 처벌불원 의사를 밝혔지만 피해자 변호사 의견서를 보면 그게 피해자의 온전한 의사로 보기는 어려운데, 이에 대해 밝혀주길 바랍니다.

2021년 5월, 서울고법에서 10대 남학생들의 집단 성폭력 사건 재판에서 항소심 재판부(서울고법 형사9부: 문광섭, 박영욱, 황성미)가 한 말이다. 이처럼 합의에 이르는 과정이나 관련 문서에 대한 검토, 피해자의 처벌불원 의사가 피해자의 온전한 의사인지 확인하는 작업이 기본이 되어야 할 것이다.

그러나 2021년 7월, 대전지법 재판부는 각종 학대와 성폭행을 일삼았던 34세 남성 피고인의 형량을 결정하면서 피해자의 처벌불원 의사를 피고인에게 유리하게 반영하기도 했다. 피해자는 13세 미만 아동으로 피고인의 친딸이었다. 따라서 피고인과의 관계 등 여러 요인으로 처벌불원 의사가 오염될 가능성이 높았는데도, 이에 대한 고민이 재판 과정에서 충분히 반영되지 않았다. 가해자에 대한 양가감정을 갖기 쉬운 친족성폭력 사건 등에서 피해자의 처벌불원 의사를 감형 사유로 보지 말아야 한다는 주장이 왜 나오겠는가.

2022년 7월 4일, 대법원 양형위원회가 의결한 '성범죄 양형기준 수정안'에서는 '합의'와 관련된 양형요소로서 '처벌불원'만이 특별감경 인자로 규정되고, '피해회복을 위한 진지한 노력'은 삭제되었다. 합의를 양형에 반영할 때 피해자의 의사(처벌불원)를 확인하고, 그 외 요인으로 감경하는 부분을 줄인 것이다. 아울러 '합의 시도 중 피해 야기'와 관련해 기존의 정의보다 그 범위를 넓히면서 추가·파생 피해에 대한 엄벌 의지를 내보였다(1장 3번 주 참조). 물론 이 수정안이 법정에서 어떻게 구현될지는 지켜보며 분석할 필요가 있다. 현실에서 '합의'는 피해자의 회복과 일상 재구성을 위해 제대로 기능하기보다는 가해자를 위해 활용되는 경우가 많고, 이번 수정안 역시 여전히 피해자의 의사·상황·상태보다는 피고인 중심이기 때문이다.

연대자로서 나는 합의를 고민하는 피해자들에게 합의가 어떤 결과를 가져오며 회복을 위해 어떤 기능을 하는지, 합의 과정에서 불이익이나 추가 피해가 발생했을 때 어떻게 대처해야 하는지, 합의에 어떤 내용을 담아야 하는지 등을 상세하게 전달한다. 그러나 원래 이런 역할은 형사사법 절차를 담당하는 각 분야 전문가들이 해야 한다.

피해자가 의사를 표명할 때까지 소극적으로 기다리지 말고, 각 절차마다 피해자를 대상으로 양형조사 등을 적극적으로 실시해 진의를 확인해야 할 것이다. 아울러 합의를 강요하는 관행을 고치고, 가해자 측의 합의 종용으로 인한 추가 피해는 적극적으로 양형에 반영해야 한다. 돈이라도 받아야 피해를 회복할 수 있을 것이라는 막연하고 자의적인 판단에 기대지 말고, 금전합의를 양형에 반영하는 게 합당한지, 실제 합의가 피해 회복을 위해 기능할 수 있는지도 다각적으로 살펴야 한다. 가해자의 족쇄를 풀어주는 열쇠이자, 피해자에게 재갈이 되는 합의를 그 근본부터 재검토해봐야 한다.

2 판사는 판결로 말한다?

'최대
29년 3개월'의
진짜 의미

　　2020년 9월 15일, 대법원 양형위원회가 아동·청소년 성착취물을 여러 차례 조직적으로 제작한 피고인에게 최대 징역 29년 3개월을 선고할 수 있도록 했다. 양형기준*이 부재해 디지털 성범죄에 대한 솜방망이 판결이 이어졌다는 비판에 따른 것이다. 양형기준은 권고의 효력만 있고 범죄별로도 약간의 차이가 있지만, 실제 판사들은 각 범죄별 양형기준을 90퍼센트 정도 준수한다고 한다.[8] 그렇기에 디지털 성범죄 재판의 낮은 형량을 지적하는 목소리가 커지자 법원 내부에서도 양형기준부터 만들어야 한다고 주장한 것이다.

　　그런데 양형기준만 확정한다고 판사들이 제대로 판결을 내릴까? 그 답을 하기 위해 반드시 짚어야 할 것이 있다. 법정형 하한을 재판부 '재량'으로 2분의 1로 깎을 수 있는 판사들의 무기, 바로 '정상참작감경'(작량감경)이다.

　　판사의 재량으로 법정형을 감경해주는 제도는 한국과 일본에만

　＊　　법관이 '처단형'의 범위 내에서 '선고형'을 정할 때 참조되는 기준(117쪽 표 참조).

존재한다. 한국의 형법 제53조는 "범죄의 정상情狀에 참작할 만한 사유가 있는 경우에는 그 형을 감경할 수 있다"고, 일본에서는 형법 제66조에 "범죄의 정상이 민량할(가엽게 살핌) 바가 있는 것은 작량하여 그 형을 감경할 수 있다"고 되어 있다. 법률에 정해진 감경사유가 없더라도, 그 형이 범죄에 비해 과중해 보이면 판사의 재량에 맡기는 정상참작감경이 보장되는 것이다. 실제로 판사들은 한국의 법은 형량과 하한선이 과도하게 높이 설정되어 균형을 맞추기 어려운 상태이므로 정상참작감경이 필수적이라고 주장한다.

문제는 무엇을 참작할지가 전적으로 판사에게 맡겨져 있으며, 이 재량권을 악용하는 경우 견제 장치가 전무하다는 데 있다. 그러다 보니 현실에서 정상참작감경은 재벌이나 권력자 피고인을 위해 기능하고, 성범죄 가해자들의 사회 복귀를 돕는다. 판사들의 재량은 강자, 다수자, 가해자를 위해 발휘된다.

형 깎기의 원리

정상참작감경의 작동 원리를 살펴보려면 형이 어떻게 정해지는지 확인할 필요가 있다. 형은 '법정형-처단형-권고형-선고형' 단계를 밟아 정해진다. '법정형'은 각 범죄에 대응해 법률 조항에서 규정한 형벌을 의미한다. '처단형'은 법정형에서 형벌의 종류를 선택한 후 이를 토대로 법률상·재판상 가중하거나 감경한 형이다. '권고형'은 양형기준에 따른 형량의 범위를 말한다. '선고형'은 처단형과 권고형을 모두 고려해 최종적으로 피고인에게 선고하는 형이다.

이때 정상참작감경이란, '처단형'을 정할 때 활용하는 법률상 가중, 법률상 감경, 재판상 감경(재판상 가중은 불인정) 중에서 '재판상 감경'을 가리키는 말이다. 법률상 가중사유는 경합범,* 누범, 상습범 등이 있고, 유기징역과 유기금고의 가중 최대치는 징역 50년이다. 법률상 감경사유는 심신미약, 미수, 과잉방위, 정당방위, 자수 등이 있다. 그런 데 '재판상 감경'사유, 즉 '정상참작감경'은 "범죄의 정상에 참작할 만한 사유"라고만 되어 있을 뿐 무엇이 정상참작사유인지에 대한 기준이 없으며, 법관들도 판결문에 그 이유를 제대로 적지 않는다. 그저 "아래 양형이유 중 유리한 정상**을 참작한다"라고만 되어 있을 뿐이다. 결국 양형이유를 보고 추론할 수밖에 없는데, 대개 '초범', '진지한 반성', '피해자의 처벌불원' 등이다.

'아동·청소년의 성보호에 관한 법률'(이하 '청소년성보호법')*** 제 11조의 '아동·청소년 성착취물 제작'을 예로 들어보자. 이 범죄의 법정 형은 법조문에 명시된 "무기징역 또는 5년 이상의 유기징역"(단일범죄의 경우 유기징역 상한선은 징역 30년)이다. 처단형에서 우선 재판부가 유기징 역을 선택하면 '징역 5~30년'이 된다. 그런데 여기서 재판부가 피고인에게 정상참작의 여지가 있다고 판단해 재판상 감경(정상참작감경)을 하면 처단형은 그 절반인 '징역 2년 6개월~15년'으로 낮아질 수 있다.

더욱이 2020년까지는 '아동·청소년 성착취물 제작' 범죄의 양형 기준이 없었기 때문에 권고형 없이 바로 선고형을 결정하게 되어 있었다. 그래서 법원은 성착취물 제작 범죄자들에게 정상참작감경을 적용한 하한인 징역 2년 6개월에 가까운 형을 선고했다. 판사들은 '아동·청소년 성착취물 제작'에 대한 법정형 하한(5년)이 너무 높다고 생각해

'아동·청소년 성착취물 제작'에 대해 정상참작감경이 작동하는 원리

단계			형량*		비고
1	법정형	법조문에 규정된 형	유기징역	무기징역	단일범죄의 법정형 상한은 징역 30년
			5~30년	가석방 가능	
2	처단형	형 선택 후 법률상 가중, 법률상 감경, 재판상 감경 등을 거쳐 구체화된 형	'유기징역'을 선택한 경우 2년 6개월** ~ 15년		법률상 가중 X*** 법률상 감경 X**** 재판상 감경 O(정상참작감경)
3	권고형	양형기준이 적용된 형의 범위	5~9년(기본형)		2021년 1월 이전에는 권고형이 없었음(양형기준 미설정)
4	선고형	1~3단계를 거쳐 최종적으로 선고되는 형	?*****		

*	청소년성보호법 제11조(아동·청소년 성착취물 제작, 배포 등)에 대해 단일범죄(성착취물 제작만 했음)를 저지른 성인-비장애-남성 피고인일 경우에 한정한다.
**	징역 3년 이하일 경우 집행유예 선고가 가능하다.
***	경합범죄일 경우 법률상 가중이 되어 법정형 상한의 1.5배인 45년까지 가능하다. 여기서는 단일범죄이므로 해당되지 않는다.
****	심신미약 등이 법률상 감경요소에 해당된다.
*****	양형기준이 없었던 2014~2018년에 동일한 조건으로 기소된 15명 중 12명에게 집행유예, 3명에게 실형이 선고되었다.

실형 선고를 하지 않으려는 경향이 있었고, 양형기준이 없던 상태에서 유사한 판례들이 쌓이는 데다, 집행유예를 선고하기 위해 그 상한선인 '징역 3년'에 맞춰 형량의 하한을 깎고자 정상참작감경을 적용했다. 그러다 보니 징역 3년 이하가 되어, 디지털 성범죄자들이 징역형을 선고받고도 집행유예로 풀려났던 것이다. 양형위원회 조사에 따르면, 2014~2018년에 단일범죄로 성착취물 제작을 한 범죄자 중 15명이 기소되었고, 이 중 단 3명이 실형(평균 2년 6개월)을 받았다. 12명은 집행유예로 풀려났다.[9] 바로 정상참작감경이 적용된 결과였다.

　판사들이 실제 재판에서 정상참작감경을 적용했던 사례를 구체적으로 살펴보자. 2019년 A는 청소년성보호법 제11조 1항(아동·청소년 음

117

2 판사는 판결로 말한다?

란물* 제작·배포), 청소년성보호법 제7조 3항(강제추행) 등으로 기소되었다. 법정형은 제11조 1항의 경우 '징역 5년 이상 또는 무기징역'이며, 제7조 3항의 경우 '2년 이상의 유기징역 또는 1000만 원 이상 3000만 원 이하의 벌금'이다. 처단형을 결정하는 단계에서 우선 둘 중 더 높은 형인 청소년성보호법 제11조 1항으로 처벌하는 '상상적 경합'**을 거친 뒤, 정상참작감경이 적용되어 최종 처단형은 '징역 2년 6개월~15년', 선고형은 '징역 2년 6개월'로 결정되었다. 양형이유로는 "잘못을 인정하고 깊이 반성하고 있으며", "고도비만 등 외모 콤플렉스로 인하여 주로 인터넷상에서 타인과 교류하던 중 경솔한 판단으로 사건에 이른 것으로 판단된다" 등이 꼽혔다. 이것이 판결문에서 언급하는 '유리한 정상'이었다.

2019년 B는 성폭력처벌법 제14조 1항(불법촬영), 청소년성보호법 제11조 1항(아동·청소년 음란물 제작·배포) 등을 포함해 다수의 범죄로 기소되었다. 판사가 유기징역을 선택하고 법률상 가중사유인 '경합범 가중'***을 거쳐 우선 '징역 5~45년'이 되었다. 이후 판사가 정상참작감경을 선택해 최종 처단형은 그 절반인 '징역 2년 6개월~징역 22년 6개월'이 되었다. 당시는 디지털 성범죄에 대한 양형기준이 설정되지 않은 때라 최종 선고형은 '징역 3년'으로 결정되었다. 판사가 이렇게 판단하게 된 '유리한 정상'은 "초범이고, 범행을 반성하고 있으며, 피고인의 가족 등도 피해 아동의 정신적 상처를 위로하기 위해 노력하는 한

---

*   청소년성보호법 내 '음란물' 표현이 '성착취물'로 바뀐 것은 2020년 6월 이후다.

**   1개의 행위가 2개 이상의 죄에 해당되는 것. 이 경우 가장 중한 죄에 정한 형으로 처벌한다.

***   피고인이 저지른 여러 가지 범죄 중 법정형이 가장 큰 죄의 형의 상한에 1.5배를 가중하는 것. 여기서는 '음란물 제작'이 해당된다.

편 피고인에 대한 선도를 다짐하며 선처를 탄원하고 있다"는 것이었다.

2019년 C는 성폭력처벌법 제8조 1항(강간 등 상해·치상), 형법 제319조(주거침입) 등 여러 범죄로 기소되었다. 법정형은 성폭력처벌법 제8조 1항의 경우 '무기징역 또는 10년 이상의 징역'이며, 형법 제319조의 경우 '3년 이하의 징역 또는 500만 원 이하의 벌금'이다. 유기징역을 선택한 판사는 법률상 감경사유로 '심신미약'을 선택한다. 이유는 대학생인 피고인이 만취해 '블랙아웃' 상태에서 범죄를 저질렀다는 것이다. 물론 재판상 감경(정상참작감경)도 했다. 그렇게 법률상 감경과 재판상 감경을 중복으로 적용해야 처단형이 '징역 10~30년'(유기징역 선택)에서 '징역 5~15년'(법률상 감경)으로, 이것이 다시 '징역 2년 6개월~7년 6개월'(재판상 감경)로 낮아져 집행유예 선고가 가능한 선인 징역 3년 이하에 이를 수 있기 때문이다.[10]

여기서 양형기준에 따른 권고형의 범위는 '징역 3~9년'이다. 하지만 처단형의 상한인 '징역 7년 6개월'을 넘을 수 없기 때문에 최종 권고형은 '징역 3년~7년 6개월'이 되었다. 결국 판사는 피고인에게 '징역 3년 집행유예 5년'을 선고하며 풀어줬다. 법정형 하한이 '징역 10년 이상'으로 규정되어 있어도, 이렇듯 법률상 감경과 재판상 감경(정상참작감경)을 중복 적용하면 얼마든지 집행유예 선고가 가능한 것이다. 판결문에 쓰인 '유리한 정상'은 "피고인이 잘못을 시인하며 뉘우치고 있는 점, 술에 취한 상태에서 우발적으로 저지른 것으로 보이는 점, 피해자에게 합의금을 지급한 점, 사회적 유대관계가 분명해 보이는 점" 등이었다.

판결로 말한다는 것

정상참작감경의 기준은 판사마다 다르며, 판결문에도 그 내용을 구체적으로 쓰지 않는다. 말 그대로 '판사 마음'에 달린 것이다. 디지털 성범죄에 터무니없이 낮은 형량의 판결이 이어지는 것은 이 정상참작 감경 때문이다. 그렇기 때문에 양형기준을 만들었다고 해도, 개별 재판에서 판사의 재량을 내세워 감형하는 관행이 바로 깨지는 않을 것이라고 생각한다. 그래서 일반인을 대상으로 재판 모니터링 교육을 할 때 판결문에 정상참작감경이 포함되어 있는지, 포함되었을 경우 그 이유를 판결문에 구체적으로 적시하는지 검토하도록 권해왔다. "판사는 판결로 말한다"고 했으니 그들이 정상참작을 통해 감경한 이유가 판결문에 제대로 쓰여 있는지 확인할 필요가 있기 때문이다. 그리고 그 결론은 한결같다. 판사 재량에만 맡겨서는 안 된다는 것.

대법원 양형위원회는 디지털 성범죄 양형기준을 발표하기 전인 2020년 4월, 판사들을 대상으로 설문조사를 실시했다. 설문에 응한 판사들의 30퍼센트 이상이 디지털 성범죄 중 '성착취물 제작'에 대해 기본형으로 이번 양형기준인 '징역 5~9년'보다 훨씬 낮은 '징역 3년'을 선택했다.[11] 물론 이에 대해 판사들 내부에서도 설문조사 방식이나 내용에 대한 문제제기가 이어졌고, 결국 양형기준은 설문조사 결과보다 높게 설정되었다. 그럼에도 이 설문조사는 판사들이 디지털 성범죄의 심각성에 얼마나 무지한지 단적으로 보여준다. 우여곡절 끝에 디지털 성범죄 양형기준이 2021년부터 적용되고 있으니, 이제 판사들이 90퍼센트 넘게 준수한다는 그 양형기준 내에서 시민들이 납득할 만한 판결을 내리는지 지켜볼 때다.

또한 양형기준안이 새로 적용되면서 권고형 내 기본형의 범위가 5~9년으로 높아지긴 했지만, 법정형은 여전히 그대로다. 그래서 양형기준안을 확정하는 것 외에도 정상참작감경을 폐지해야 한다는 주장이 나오기도 했고, 정상참작감경 뒤 집행유예를 적용하는 관행을 원천적으로 막으려면 법정형 하한을 '징역 7년' 정도로 높여야 한다는 주장도 나왔다. 이 경우 정상참작감경을 해도 '징역 3년 6개월'이므로 집행유예 요건인 '징역 3년'을 웃돌아 무조건 실형을 선고해야 한다. 물론 그래도 앞서 나온 사례처럼 법률상·재판상 감경을 중복 적용하는 경우가 발생하지 않으리라는 보장은 없다.

양형기준 설정 전에 이미 기소되었던 디지털 성범죄 재판들에는 이번 양형기준이 어떤 영향을 미쳤을까? 'n번방', '박사방', '프로젝트n번방' 등 외부로 잘 알려진 사건들의 경우, 주범들에게 엄벌이 내려졌다는 평가가 많다. 전국 법원에서 모니터링을 해본 내 경험으로도 이전과는 달라진 재판 분위기를 느낄 수 있었다. 그러나 사건, 재판부, 외부 감시 여부 등 여러 요인에 따라 여전히 차이가 나고, 다양한 이유로 디지털 성범죄자들이 선처받는 경우도 존재한다. 물론 그 선처의 근간에는 재판부의 '재량'이 버티고 있다.

이제 한국 판사들이 쥔 강력한 무기인 정상참작감경에 대한 논의가 활발히 진행되어야 한다. 판사들은 정상참작감경이 부당한 권력에 대항해 시민들을 지키기 위한 무기, 특별법의 남발로 인한 형벌 불균형을 조정할 수 있는 수단이라고 말하지만, 실상 그 무기가 지키는 대상은 피해자, 약자, 소수자가 아니다. 그렇다면 판사들 손에 쥐어준 그 무기의 주인이 판사가 되는 것이 합당한가? 입법 미비, 양형기준 미설정, 수사 과정 문제 등 외부로만 책임을 돌리는 판사들에게 자발적 변화를 기대할 수 있을까? 권한은 빼앗기기 싫고 책임은 외부로 돌리면서 언제까지 그 무기의 주인으로 서 있을 것이라 생각하는가? 사법 시스템에 대한 불신이 그저 무지몽매한 시민들 때문인가? 판사들은 그 무기의 주인이 아니다. 그 무기는 시민들이 판사들에게 빌려준 것이다. 따라서 무기를 사용하기에 적합하지 않다고 생각되면 언제든 '진짜 주인'이 그 무기를 찾을 것이다.

성범죄자에게
잊힐 권리란
없다

　일명 'n번방'으로 알려진 텔레그램 집단 성착취·성폭력 사건에 대한 사회적 공분이 커지자, 수사기관은 신상공개를 내세우며 '강력 처벌'을 하겠다고 공언해왔다. 그러나 2022년 6월 기준으로 수사 단계에서 신상이 공개된 디지털 성범죄 가해자(피의자)는 총 9명이다.

　그중 7명이 2020년에 공개되었다. '박사방' 운영자이자 성폭력 범죄 피의자 최초로 수사 단계에서 신상이 공개된 조주빈, 미성년자 최초로 신상공개 결정이 내려진 '박사방'의 강훈('부따', 21세, 남), 군인인 성폭력 피의자로서 정식 절차를 밟아 군 최초로 신상이 공개된 '박사방'의 이원호('이기야', 22세, 남), 검거된 '박사방' 조직원 중 가장 늦게 신상이 공개된 남경읍(31세, 남), 텔레그램 집단 성착취·성폭력 사건의 틀을 만든 'n번방' 운영자 문형욱('갓갓', 27세, 남)과 문형욱의 공범인 안승진(28세, 남), 미성년자 성착취·성폭력범인 배준환('영강', 39세, 남)이 그들이다. 2021년에는 2명의 성범죄자 신상이 공개되었는데, '몸캠 피싱' 방식을 활용한 김영준(30세, 남), 남성 아동·청소년 성착취·성폭력범 최찬욱(25세, 남)이다.

여기서 살펴야 할 점은, 이들 모두 수사가 진행되는 과정에서 신상이 공개되었다는 것이다. 일반적으로 대중이 요구하는 성범죄자의 신상공개는 이처럼 수사 단계의 신상공개를 의미한다. 하지만 공개된 성범죄자 9명의 면면을 보면 알 수 있듯이, 공개 요건이 까다롭기 때문에 보통은 실제 신상공개까지 이어지는 경우가 드물다. 이들과 비슷하거나 더 악질적인 범죄를 저질렀어도 언론에 알려지기 전에 체포되고 수사가 완료되어 재판에 넘겨진 경우, 재판부가 형을 선고하면서 '신상정보 공개·고지명령'을 내려야만 신상공개가 가능하다. 그러나 이 또한 모든 재판 절차가 마무리되고 유죄가 확정된 후에야, 실형을 선고받았을 경우에는 출소 후에나 신상이 공개되기 때문에, 막상 공개되어도 대중들은 이들을 잊고 있을 가능성이 높다. 그래서 'n번방'을 드나들던 그 '26만 명'은 여전히 우리 주변에서 성범죄 가해사실을 감춘 채 함께 살아갈 것이다.

신상공개는 수사 단계와 재판 단계로 나누어볼 수 있다. 그중 수사 단계에서는 검사와 사법경찰관이 결정한다(성폭력처벌법 제25조). 성폭력 범죄 피의자가 죄를 범했다고 믿을 만한 충분한 근거가 있고, 국민의 알 권리 보장과 피의자의 재범 방지 등을 위해 필요하다고 판단하면 '신상정보 공개 처분'을 내릴 수 있다. 이 경우 대개 경찰에서 검찰로 송치되는 과정에서 피의자 신상을 외부에 공개한다.

피의자의 반발은 심하다. 강훈은 신상정보 공개 처분 취소소송을 했다가 집행정지 신청이 기각되었고, 2021년 1월 본안 소송도 패소했다. 강훈은 신상정보 공개 절차가 부적절하고, 무죄추정 원칙에 반하며, 사실상의 연좌제로 가족들이 고통을 겪고 있다고 주장했으나, 재판부(서울행정법원 행정11부: 박형순, 김송, 이디모데)는 공공의 안전 또는 복리를 위해 필요한 긴급한 처분이었으며, 알 권리 보장의 필요성이 크다

2 판사는 판결로 말한다?

고 판단했다. 함께 진행된 성폭력처벌법 제25조 1항(성범죄 피의자 신상 공개)에 관한 위헌법률심판 제청도 기각되었다.

'신상정보 공개'는 '성범죄자 알림e' 사이트에서 일반인 누구나 성범죄자의 각종 정보를 열람할 수 있도록 하는 것이다. '신상정보 고지'는 법원에서 신상정보 공개·고지명령을 받은 성범죄자가 거주하는 지역(읍·면·동)의 아동·청소년 보호 세대와 아동·청소년 보호기관에 성범죄자의 정보를 우편이나 모바일(카카오톡, 네이버의 앱 알림), 정보통신망('성범죄자 알림e' 사이트)을 통해 제공하는 것을 말한다. 해당 정보는 열람만 되고 공유 등은 금지하지만, 성범죄자의 이름과 주소 등 검색 조건이 다양해 일반인이 쉽게 접근할 수 있다. 성범죄 재판 때 피고인 쪽이 면제받기 위해 가장 애쓰는 처분인 이유다. 2020년 5월 '노모피카츄방' 등의 운영자 강ㅁㅅ('잼까츄', 22세, 남)의 1심 공판 중 피고인 가족과 변호사가 일반인 방청인의 기록물을 강탈하고 폭언한 것이나, 같은 달 강제추행 범죄로 재판받던 마ㅅㅇ(50세, 남) 전 서울중앙지검 부부장 검사가 기자를 피해 법원에서 얼굴을 가리며 달리기한 것, 그리고 결심 공판에서 자식들을 위해 신상정보 공개·고지만은 말아달라고 읍소한 것 모두 신상정보 공개를 두려워해서였다. 가해자들도 자신의 신상정보는 소중하다.

그렇다면 피해자의 입장은 어떠한가? 내 성폭력 사건의 가해자는 2011년부터 성인 대상 성범죄자에게도 적용된 신상정보 공개·고지 대상이 되어, 출소 뒤 3년 동안 '성범죄자 알림e'에서 그 정보가 공개되었다. 당시 나는 스토킹 등 민형사상 소송을 여전히 진행하고 있었기 때문에 가해자 정보가 필요했는데, '성범죄자 알림e'가 큰 도움이 되었다. 피해자를 구제하는 데 가해자의 신상정보 공개가 무슨 의미가 있냐는 의견도 있지만, 실제 피해자 입장에서는 유용할 수 있다.

주요 디지털 성범죄자의 신상정보 공개 현황

사건	피고인	형량	신상정보 공개 · 고지명령 기간
n번방	문형욱('갓갓', 27세)	징역 34년	10년
	고ㅈㅎ('오프남', 30대)	징역 4년	3년
	전ㅅㅈ('와치맨', 40세)	징역 7년	10년
	신ㄱㅎ('켈리', 34세)	징역 4년	10년
박사방	조주빈('박사', 27세)	징역 42년	10년
	강훈('부따', 21세)	징역 15년	5년
	강ㅈㅁ('도널드푸틴', 26세)	징역 13년	7년
	천ㄷㅈ('랄로', 31세)	징역 13년	10년
	이원호('이기야', 22세)	징역 12년	7년
	한ㅈㅎ('김승민', 29세)	징역 13년	5년
	남경읍(31세)	징역 15년	10년
프로젝트 n번방	류ㅎㅈ('슬픈고양이', 22세)	징역 7년	5년
	김ㅌㅇ('서머스비', 22세)	징역 7년	5년
기타	배ㅈㅇ(31세)	징역 20년	10년
	배준환('영강', 39세)	징역 16년	10년
	신ㄷㄱ('흑통령', 34세)	징역 6년	10년

그러나 재판부는 신상정보 공개·고지명령에 소극적이다. 미성년자 피고인은 그 대상이 될 수 없고, 성인이라 하더라도 '특별한 사정'이 있다고 판단하면 면제하는 것이 일반적이다. 2020년부터 이어진 디지털 성범죄 재판에서 피고인 대다수가 그렇게 면제받았다. 하지만 판결문에는 그 '특별한 사정'이 구체적으로 적시되지 않는다. 복사한 듯한 내용만 반복된다. 예를 들면 이런 식이다.

2 판사는 판결로 말한다?

피고인은 형사처벌을 받은 전력이 전혀 없고, 피고인에 대한 형벌과 신상정보 등록 및 성폭력 치료 프로그램 이수만으로도 어느 정도 재범을 방지하는 효과를 기대할 수 있다. 그 밖에 피고인의 연령, 직업, 환경, 가족관계, 사회적 유대관계, 이 사건 범행의 경위와 수단 및 결과, 공개명령 또는 고지명령으로 인하여 피고인이 입을 불이익의 정도와 예상되는 부작용, 그로 인해 달성할 수 있는 성폭력 범죄의 예방 효과와 피해자 보호 효과 등을 종합적으로 고려해보면, 피고인의 신상정보를 공개·고지하여서는 아니 될 특별한 사정이 있다고 판단된다.

2020년 10월 12일 국정감사에서 김진애 의원실(열린민주당)이 공개한 자료에 따르면, 2020년 9월 말 기준 신상정보 등록 대상 성범죄자는 9만 1141명인데, 그중 공개 대상자는 4260명(4.67%)에 불과하다.＊ 성범죄를 저질러도 재판에서 신상을 공개·고지하는 부수 처분을 내리는 비율이 그만큼 낮다는 의미다.

공개 대상 성범죄자의 신상정보 관리도 문제가 있는 것으로 드러났다. 특히 신상정보 공개 대상자 4260명 중 13.9퍼센트인 595명은 '성범죄자 알림e' 서비스의 '시도별' 총합 항목에서 찾아보는 게 사실상 불가능하다. 실명 검색이 아닌 이상 신상정보를 확인할 길이 없다. 출국, 주거 불상, 주거 부정의 경우에도 신상공개가 사실상 무의미하다. 또한 성범죄로 신상정보 공개·고지명령 처분을 받은 범죄자가 성범죄가 아닌 다른 범죄로 수감 중일 경우, 공개명령이 중단되지 않은 채로 기간이 계산되므로 제도의 취지를 살리지 못한다는 비판도 나왔다. 공

＊ '등록 대상자'는 성범죄 중 등록 대상 범죄를 저지른 자들로, 경찰서 등에 신상정보 등이 등록되며 외부로 알려지지는 않는다. 반면 '공개 대상자'는 등록 대상자 중 '성범죄자 알림e' 등을 통해 외부로 공개되는 자들을 의미한다.

개되는 신상정보 역시 제대로 된 정보가 아닐 때가 많다. '성범죄자 알림e' 사이트는 법무부의 협조를 받아 여성가족부가 운영하고 있는데, 정보가 부정확하거나 변경 사유가 즉시 반영되지 않기도 한다.

신상공개 대상 정보의 범위와 성범죄 종류 등은 계속 변한다. 2020년 12월에 출소한 조두순(70세, 남)은 원래대로라면 성범죄자 신상공개 시스템에 상세 주소가 공개될 수 없었다. 성범죄자의 상세주소(건물번호 등)가 공개 대상에 포함된 것은 그의 재판이 끝난 뒤인 2013년이었기 때문이다. 따라서 그는 과거 법률을 적용받기 때문에 신상정보 열람 범위는 읍·면·동 수준이었다. 그런데 조 씨의 출소를 앞둔 2020년 12월 초, '청소년성보호법' 일부개정안이 국회 본회의를 통과했다. 구법에 따라 상세주소 공개가 제한되었던 조 씨의 경우, 개정안 통과로 도로명주소와 건물번호 등 상세 정보까지 공개할 수 있게 되었다. 그래서 2020년 12월 12일부터 조두순의 신상정보는 이름, 사진, 나이, 상세주소(주민등록상 주소, 실제 거주지 주소), 위치추적전자장치(전자발찌) 부착 여부(2027년 12월 종료 예정), 성폭력 전과(죄명, 횟수), 성범죄 요지 등이 모두 공개되어 있는 상태다.

반면 세계 최대 아동·청소년 성착취물 사이트 '웰컴투비디오w2v'의 운영자 손정우(26세, 남)는 신상정보 공개·고지명령 대상에서 제외되었다. 재판 당시(2019년)만 하더라도 성착취물을 구매·소지·시청·배포·판매한 사람은 신상정보 공개·고지 대상이 아니었고,[*] 그는 2020년 7월 6일 풀려났기 때문이다. 그러나 2022년 현재 재판이 진행 중인 디지털 성범죄 사건에서도 신상정보 공개·고지명령이 내려지는 경우가

---

[*] 2020년 11월부터 신상정보 공개·고지 대상이 확대되어 성착취물 구매·소지·시청·배포·판매자도 포함되었다.

2 판사는 판결로 말한다?

적다. 심지어 문형욱의 공범인 안승진의 경우, 검찰이 청구하지도 않아서 출소 후 그의 신상정보는 공개되지 않는다. 공개·고지명령이 내려진 디지털 성범죄자의 경우도 출소 뒤에나 정보가 공개될 테니, 그때쯤이면 대중의 뇌리에서 가해자들은 지워질 것이다. 그래서 나는 더 열심히 전국을 돌며 방청하고 피고인 정보를 기억·기록하고 있다. 가해자들은 잊힐 권리가 없다.

미국으로 갔어야 했다

'보낼 수 있지만 안 보낸다.'

2020년 7월 6일, 세계 최대 아동·청소년 성착취물 사이트의 운영자 손정우를 미국에 송환하지 않겠다고 결정한 재판부(서울고법 형사 20부: 강영수, 정문경, 이재찬)의 입장을 한마디로 요약해보면 이렇다. 또 '재량'이다. 그동안 디지털 성폭력 범죄자들을 선처해왔던 한국 법원의 재량이 이번에 또 반영되었다. 재판부는 법대에서 엄중한 목소리로 "면죄부가 아니다"라고 선언하고 범죄인에게 적극적 수사 참여를 독려했지만, 법원의 선언은 틀렸다. 법원은 늘 그렇듯 범죄자에게 면죄부를 주었고, (예비) 범죄자들에게는 아무리 악질적인 디지털 성범죄를 저질러도 처벌이 약한 한국에서 재판받을 수 있으며, 몇 년(징역) 살겠다는 각오만 하면 수억 원을 벌 수 있다는 희망을 주었다. 한국 법원이 디지털 성범죄를 양산한다고 비판받는 이유다.

손정우는 전 세계 128만 명의 회원을 둔 '웰컴투비디오'의 운영자였다. 유료회원이 4000여 명에 이르는 이 사이트를 운영하며 비트코인 거래소를 활용해 막대한 수익을 얻었다. 한국의 수사기관은 이를 4억원으로 계산했지만, 44억 원에 이른다는 추정치도 있다.[12] 손정우는 성인보다는 아동·청소년을 대상으로 한 성착취·성폭력 영상물이 수익 창출에 더 적합하다고 보고, 아동·청소년 성착취물만 중복 여부까지 확인해가며 올리도록 강제했다. 미 법무부 발표 자료 등에 따르면, 2세 미만 영유아가 포함된 영상 속 아동들은 신체 훼손 등의 성적 학대와 성폭력 피해를 입었다. 한국 재판의 공소사실에 나오는 아동·청소년 성착취물만 3055개(268GB 분량)다. 2017년 5월부터 2018년 3월까지 불과 10개월 동안 '웰컴투비디오'에서 발생된 다운로드 건수는 36만 건(파일 7만 3722개)에 달한다.

그는 2018년 3월 구속 기소된 이후, 디지털 성범죄자들 사이에서 널리 알려진 '성범죄 전담전문 법무법인'의 도움을 받아 1심 재판에 임했다. 그 결과, 1심 재판부(서울중앙지법 형사16단독: 최미복)는 손 씨가 운영자임에도 징역 2년에 집행유예 3년을 선고했으며, 신상정보 공개는커녕 취업제한조차 면제해주었다. 검찰은 항소했다. 2019년 5월 2일, 2심 결과 손정우는 1심에서 면제받았던 취업제한 5년을 포함해 징역 1년 6개월 실형을 선고받는다. 그러나 2심 재판부(서울중앙지법 형사항소1-1부: 이성복, 이수영, 김동현)도 "피고인이 자백하고, 어린 시절 정서적·경제적으로 어려운 시간을 보냈으며, 성장 과정에서도 충분한 보호와 양육을 받지 못했던 점", "(2심 변론종결 다음 날인) 2019년 4월 17일 혼인신고서를 접수하여 부양할 가족이 생긴 점" 등을 유리한 정상으로 반영했다. 손정우는 상고를 했다가 일주일 만에 취하한다. 사실관계를 모두 인정한 상태에서 상고 이유로 통하지 않을 '양형부당'*을 주장하

---

*   양형부당과 관련한 상고 이유는 "사형, 무기 또는 10년 이상의 징역이나 금고가 선고된 사건에 있어서 중대한 사실의 오인이 있어 판결에 영향을 미친 때 또는 형의 양정이 심히 부당하다고 인정할 현저한 사유가 있는 때"로 규정되어 있다

며 대법원의 판단을 기다리는 것은 의미가 없다고 판단했을 것이다.

한국 국적의 '이용자'에 대한 수사와 재판은 더 엉망으로 흘러갔다. 2018년에 수사가 진행될 당시 인터넷 카페 등에는 수사에 대비하는 '팁'을 공유하거나, 수사 진행 상황을 알리는 글들이 올라왔다. 그들은 "다운로드 받은 영상물을 삭제하라", "법률구조공단에 가서 법률상담을 받아라", "수사기관이 물증을 확보했을 경우 시인하고 반성하는 모습을 보이는 것이 유리하다" 등의 조언을 주고받았다. 수사기관에 제출할 '반성문'을 카페에 공유하고 서로 평가도 해주었다. 실제로 수사 단계부터 다수의 이용자가 선처받았음은 물론이다.

그러다 2019년 10월, 미 법무부가 공개한 자료에서 '웰컴투비디오'의 실체가 알려지기 시작했다. 'Jong Woo Son'이라는 실명이 알려진 것도 이때다. 청와대 청원 게시판을 비롯해 한국 전체가 들끓기 시작했다. 마지못해 수사기관이 나섰고, 2019년 4월에는 이미 미국이 범죄인 인도청구를 했다는 소식도 알려지면서 손정우를 미국으로 보내 처벌받게 하라는 목소리가 커졌다. 결국 법무부 장관이 나서 범죄인 인도심사청구 명령을 내렸고, 검찰은 인도 구속영장을 청구해 출소일인 2020년 4월 27일에 영장을 집행했다. 만기 출소를 앞두고 그는 다시 구속되었다. 그렇게 미 법무부 성명에 의하면 "세계에서 가장 위험한 아동 성착취 범죄자" 중 한 명인 손정우를 제대로 처벌할 수 있는 기회가 열리는 듯했다.

2020년 7월 6일 서울고법 403호 앞. 손정우 인도심사청구 재판을 방청하기 위해 1시간여 전에 도착했다. 법정 앞에서 내가 직접 목격했

(형사소송법 383조). 이러한 예외적인 경우를 제외하면 3심(상고심)은 주로 법률 문제에 대해서만 심판하는 '법률심'의 성격을 지니며, 1심과 2심은 사실 문제를 주로 심판하는 '사실심'이라고 할 수 있다.

2 판사는 판결로 말한다?

던 공판 과정들을 되짚으며 불허의 가능성이 얼마나 높을지 계산했다. "청구국(미국)에서 아동 성착취 혐의 등으로 처벌받지 않는다는 보증이 있어야 한다", "청구 대상 범죄인 자금세탁과 관련해 혐의가 없다", "미국으로 송환되면 부당한 대우를 받을 것이다"라는 범죄인(손정우) 쪽 주장은 범죄인 인도 거절 사유에 부합하지 않는다고 생각했다. 더구나 서울고법은 지난 10년간 인도심사청구 사건 30건에서 '정치범'으로 분류된 단 한 건을 제외하고 29건을 허가한 바 있다. '범죄인 인도법'에 따르면 정치적 성격의 사건이거나, 절대적 사유 또는 임의적 사유가 존재하는 경우에 인도를 불허할 수 있는데, 이번 건에 대해 불허 결정을 내리기엔 부담이 커 보였다. 이번에도 허가 결정을 내리는 것이 기존의 흐름에 맞다고 판단했다.

오전 10시, 본 법정과 두 개의 중계법정에서 선고 재판이 시작되었다. 재판부가 결정 이유를 읽어내려갔다. 재판부는 우선 범죄인 쪽 주장을 다수 배척했다. 인도 범죄(자금세탁) 외의 범죄로 처벌받지 않는다는 보증이 필요하다는 범죄인 쪽 주장에 대해, 범죄인 인도 조약의 성격상 청구 범죄 외의 범죄로 처벌받지 않을 것이므로 보증은 필요 없다고 판단했다. 인도 범죄를 범했다고 믿을 만한 상당한 이유가 있으며, 청구국(미국)에서 부당한 대우를 받을 것이라고 보기 어렵다고도 했다. 범죄인 손정우 쪽이 내세운 사유를 모두 배척하는 재판부의 결정을 손으로 받아 적으며, 내심 허가 결정을 기대하게 되었다. 그리고 이어진 한국 재판부의 임의적 인도 거절 사유에 대한 언급.

"범죄인의 범죄는 초국가적 네트워크 기반 범죄다. … 범죄 관할지는 중요하지 않다."

재판부의 말을 받아 적던 펜을 집어던지고 싶은 욕구가 치솟았다. 손정우의 범죄를 초국가적 네트워크 기반 범죄로 규정한 것까지는 적절하다고 봤다. 그런데 그것을 이유로 "범죄 관할지가 중요하지 않다"고 본 재판부의 판단을 이해할 수 없었다. 디지털 성범죄의 특성상 선진적인 수사기법과 국제 공조에 기반한 물증 확보가 중요하지, 범죄인 손정우를 한국에 두고 그 진술을 확보하려 드는 것은 의미가 없다. 손정우가 미국으로 가는 것이 더 적절한 이유도 여기에 있다. 이미 여러 디지털 성범죄 사건에서 보았듯 부실 수사가 뻔히 예견되는 한국에서, 손정우의 신병을 확보하고 그의 진술을 받아낸다고 한들 그게 제대로 된 수사와 재판으로 이어지겠는가.

이로써 한국 판사들이 디지털 환경과 그에 기반한 성범죄에 무지하다는 것이 또 한번 확인되었다. 게다가 언제부터 한국 법원이 수사명령을 내리고 지휘를 했던가. "운영자인 손정우의 신병을 한국에서 확보해 관련 수사에 필요한 정보와 증거를 추가 수집하고 이를 활용하는 것이 필요하며, 손정우를 미국으로 인도할 경우 국내 수사에 지장을 줄 수 있다"고 판단하면서 검찰 수사를 앞세우는 법원의 판단은 재량권을 넘어선 명백한 월권행위다. "범죄인을 인도하지 않는 것이 한국에서 아동·청소년 음란물 제작을 예방하고 억제하는 데 상당한 이익이 된다"는 대목에서는 디지털 성범죄에 대한 한국 법원의 얄팍한 이해 수준을 보여주었을 뿐 아니라, 권위를 내세워 현실을 무시하는 법관들의 경향성도 여실히 드러냈다. "주권국가로서 주도적으로 형사처벌 권한을 행사해야 한다"며 "국내에서의 적극적 수사를 통한 발본색원"을 언급하는 부분에서는 재판부가 도대체 이 사건을 제대로 알고 있는지 의심까지 들었다.

운영자 손정우를 비롯해 '웰컴투비디오' 사이트 이용자에 대한 수사는 이미 2018년에 국내에서 종료되었다. 경찰과 검찰도 진행 중이거나 예정된 수사가 없다고 밝혔다. 200명이 넘는다는 한국 국적의 이용자들은 상당수가 수사 과정에서 기소유예 등을 받아 재판에 넘겨지지도 않았다. 기소되어 재판을 받았더라도 현재 검색되는 것은 43건에 그친다. 벌금형이 대다수인 데다, 실형 선고는 운영자 손정우뿐이었다.[13]

손정우가 추가로 조사받은 것은 그의 아버지가 미국 송환을 막기 위해 고발했던 '범죄수익은닉' 혐의였다. 이 역시 법정형이 징역 5년 이하이며, 손정우가 범행을 자백하고 수사와 재판에 협조하는 상태여서 실형 선고가 어려울 수 있다는 의견이 나왔다. 그리고 2022년 2월, 검찰은 경찰 조사로 드러난 범죄수익은닉(4억여 원)에 560만 원 정도의 인터넷 도박 혐의를 추가해 불구속 기소했다. 이후 서울중앙지법에서 진행된 1심에서 손 씨는 공소사실을 모두 인정하며 읍소하는 전략을 펼쳤고, 검찰은 결심 공판에서 징역 4년(범죄수익은닉)과 벌금 500만 원(인터넷 도박)을 구형했다. 결심 공판에서 손 씨 측은 자신을 알아보는 사람들 때문에 기초생활수급자로 어렵게 생계를 유지한다며 선처를 요구했다.

2022년 7월 5일, 1심 재판부(서울중앙지법 형사5단독: 조수연)는 징역 2년(범죄수익은닉)과 벌금 500만 원을 선고한 뒤 손 씨를 법정구속했다. 손정우가 공소사실을 모두 인정한 데다 범죄수익은 이미 몰수·추징한 상태였기 때문에 현실적으로 실형 선고 자체도 불투명한 상황에서 이 정도도 엄벌에 속한다고 볼 수 있다. 그래서 범죄인 인도가 불허된 것이 더 화가 났다. 손정우가 만약 병과주의(각 범죄별로 형을 합산하는 방식)를 택한 미국으로 인도되어 '범죄자금세탁'으로 재판을 받았다면, 각각 상한선이 징역 20년에 해당하는 범죄 3건을 합산해, 최대 징역 60년 선고도 가능했기 때문이다.[14]

"범죄인 인도 제도의 취지는 더 엄중하게 처벌할 곳으로 (범죄인을) 보내는 것이 아니다."

2020년 당시 손정우 인도 불허 결정을 내린 재판부는 세간의 이목을 의식한 듯 이렇게 말했다. 그러나 재판부가 밝혔듯이 '초국가적 범죄'라서, 그리고 과학적 수사기법을 총동원한 국제 공조가 절실한 범죄이기 때문에, 더구나 아동·청소년을 대상으로 저지른 성착취·성폭력 사건이므로 오히려 범죄인 손정우에 대한 인도가 필요했다. 게다가 국가 간 범죄인 인도는 상호 호혜적인 성격을 띤다. 한쪽이 협조하면 상대방도 협조하고, 한쪽이 협조하지 않으면 상대방도 협조하지 않는다. 이번 한국 법원의 판단은, 유사한 범죄에서 한국 국적 피해자가 생길 경우 국제 공조를 기대하기 어려워졌다는 말이기도 하다.

법원이 불허 결정을 내린 뒤, 당시 중계법정에서 이를 지켜본 수많은 여성들이 법정 밖에 하나둘 모였다. 우리는 할 수 있는 일을 함께 찾기로 하고 헤어졌다. 그리고 이어진 디지털 성폭력 피해자들의 연락. 그들은 피해자인 자신들은 도대체 누가 보호해주냐고 했다. 법원의 판단에 깊은 절망감을 느낀다고 했다. 재판부는 '사법주권'을 강조하고 '자국민 보호'를 내세웠지만, 그 과정에서 피해자는 배제되었다. 피해자는 주권국가의 '자국민'이 아닌 것이다. 피해자에게, 여성에게 국가는 있는가.

한국 법원은 안희정 전 충남도지사의 위력에 의한 성폭력 사건 1심 재판(서울서부지법 형사합의11부: 조병구, 정윤택, 황용남)에서는 입법이 미비하다며, 손정우의 디지털 성범죄 사건에서는 수사기관의 철저한 수사가 필요하다며 책임을 외부로 돌렸다. 국제 공조가 절실한 초국가적 범죄에 대해 사법주권을 앞세워 외면했고, 사법 시스템에 대한 불신을 조금이라도 해소할 기회를 스스로 놓아버렸다. 손정우에 대한 범죄인 인도 불허 결정을 내린 재판부는 "범죄가 악순환되는 연결고리를 끊기 위해" 이런 결정을 내렸다고 변명했다. 틀린 말이다. 그 연결고리는 바로 한국 법원이기 때문이다. 그 결정으로 한국에서 디지털 성범죄의 예방과 억제는 한 걸음 더 멀어졌다. 그러니 '우리들'이 그 연결고리를 끊어야겠다. 다시 법원으로 간다.

이것을

정말 변화라고
말하려면

"피고인 배ㅅㅎ을 징역 장기 10년, 단기 5년에 처한다. 피고인 류ㅎ
ㅈ를 징역 7년에 처한다."

2020년 6월 5일 오후 2시, 춘천지법 제101호 법정에서 열린 '프로
젝트n번방' 운영자 배ㅅㅎ('로리대장태범', 20세, 남)와 그 공범 류ㅎㅈ('슬
픈고양이', 22세, 남)의 1심 선고 공판. 재판장(춘천지법 형사2부: 진원두, 이주
일, 오에스더)이 주문을 읊자 피고인들은 망연자실한 표정을 감추지 못
했다. 이어진 공범 김ㅌㅇ('서머스비', 22세, 남)의 선고 공판에서도 징역
8년의 실형이 선고되었다. 방청석에서는 짧은 탄식이 터져나왔다. 텔레
그램 집단 성착취·성폭력 사건의 실질적인 첫 판결에서 검찰의 구형과
동일하거나 근접한 중형이 선고된 것이다. 그간 온정적 판결로 디지털
성범죄를 양산해왔다고 비판받던 한국의 사법부가 변하기 시작한 것
일까.

'제2의 n번방'으로도 알려진 이 사건은 배ㅅㅎ의 주도하에 조직적
으로 진행된 텔레그램 집단 성착취·성폭력 사건이다. 피해자의 개인정
보를 캐내기 위한 피싱 사이트 제작·운영, 범행 표적인 피해자에게 사

이트 링크를 전송해 개인정보 탈취, 협박과 성폭력 등의 추가 범행, 성착취물 제작·공유·유포 등이 주범과 공범의 역할 분담 아래 상호 협조로 이루어졌다. 이들은 집단 디지털 성범죄자의 전형이었지만 수사단계에서 신상공개를 피해갔고, 형사재판의 진행 여부도 외부에 알려지지 않았다. 'n번방' 사건이 본격적으로 공론화되기 전인 2019년 12월부터 2020년 1월 사이에 기소되었기 때문이다.

혐의를 일부 부인하던 배ㅅㅎ은, 사건이 외부에 알려지자 공소사실 모두를 인정하며 읍소하는 전략으로 선회했다. 혐의 모두를 인정하고 '어린 나이'와 '전과 없음'을 내세우는 방식은 그간 무수히 봐온 가해자들의 전략이다. 물증 확보가 쉬운 디지털 성범죄 사건에서 가해자는 반성문을 제출해 진지하게 반성하고 있다는 점을 부각하고, 수사기관이 누구인지 찾을 수 있는 특정 가능한 피해자와 합의하려 애쓴다. 이에 성공하면 대부분의 피고인이 선처를 받게 된다. 입증 부담에서 벗어난 검찰은 피고인 신문 등을 적극적으로 하지 않고, 재판부 역시 재판을 편하게 마무리하려는 경향을 보인다.

배ㅅㅎ에 대한 판결은 텔레그램 집단 성착취·성폭력 사건이 공론화한 뒤 내려지는 실질적인 첫 판결이기에 그 과정과 결과가 모두 중요했다. "n번방은 (솜방망이) 판결을 먹고 자랐다"는 비판에 직면한 사법부가 어떤 판단을 내릴지 관심이 모아졌다. 춘천지법의 1심 판결은 이어질 다른 재판에서 의미 있는 비교 기준이 될 터였다. 그래서인지 검찰부터 변화의 조짐이 보였다. 춘천지검은 재판 도중 배 씨의 공소장을 변경해 적용법조(적용되는 법률)를 추가했고, 피고인들이 공소사실 모두를 인정했음에도 피고인 신문을 진행하겠다고 했다. 재판부가 "피고인 신문은 보충적 절차다. 검찰 측이 특별히 추가적으로 해야 할 필요가 있느냐"고 물었는데도, 검찰은 "양형과 관련해 중요하다"며 신문

강행 의사를 밝혔다.

일반적으로 피고인이 자백(공소사실 인정)한 사건은 검찰이 굳이 나서서 피고인 신문을 하는 경우가 드물다. 심지어 유무죄를 다투는, 다시 말해 피고인이 공소사실의 일부 혹은 전부를 부인하는 사건의 경우에도 피고인 신문이 필수적 절차는 아니었다. 그런데도 사실관계가 아니라 양형판단을 위해 피고인 신문을 한 것은, 검찰이 디지털 성범죄 사건에서 무능하고 소극적이라는 비판을 의식했기 때문일 것이다. 이어 검찰은 피고인 배 씨를 비롯한 해당 사건의 피고인 모두에게 재범의 위험성이 높다며 위치추적전자장치(전자발찌) 부착명령까지 청구했다. 진작 이렇게 해야 했다. 형사재판에서 입증책임은 검사에게 있으므로.

춘천지검은 앞서 신ㄱㅎ('켈리', 34세, 남)를 선처한 전적이 있다. 신씨는 문형욱에게 'n번방'을 물려받아 각종 성착취·성폭력 영상물을 공유하고 유포한 성범죄자다. 그런데 검찰은 "수사에 협조했다"는 등의 이유로 2019년 11월 1심에서 신 씨에게 징역 2년을 구형했고, 1심 재판부는 징역 1년을 선고했다. 검찰은 항소하지 않고 신 씨만 항소했다가 포기해 형이 그대로 확정되었다. 검찰의 항소가 없으면 항소심에서 1심보다 무거운 형이 선고되지 않는 '불이익변경금지의 원칙'을 검찰이 몰랐을 리 없다. 디지털 성범죄에 대한 가벼운 처벌에는 이처럼 검찰의 무책임과 무능함도 한몫한다. 형사재판에서 입증책임은 검사에게 있지만, 언론을 통해 알려지는 건 그 입증 과정이 아니라 결과인 판결뿐이기 때문이다. 검찰은 항상 판사 뒤에 숨어 있다.

2020년 5월 28일 오후 2시 결심 공판 현장. 검찰은 피고인 배ㅅㅎ, 류ㅎㅈ에게 법정 최고형 등을 구형하며 이렇게 밝혔다.

이 사건이 일반적인 성범죄와는 달리 치밀하게 조직된 계획범죄이고, 아직 아동·청소년에 불과한 어린 피해자들이 수사기관 출석조차 거부할 정도로 고통스러워하고 있으므로 일벌백계의 차원에서라도 중형의 선고가 불가피합니다.

피고인들은 잘못을 인정하고 반성하고 있다며 선처를 요구했다. 배 씨는 호기심에서 시작한 일이 이렇게 커질 줄 몰랐다고, 류 씨는 성착취물의 직접 제작에는 가담하지 않았다며 장래가 촉망되는 대학생으로서 자신의 기술을 사회에 기여하는 방향으로 활용할 수 있게 해 달라고 호소했다. 피고인들 모두 재판부를 향해 '진지하게 반성하고 있다'는 점을 부각하려 했다. 이제껏 유사 사건의 판결문에 적시된, 그간 유사 범죄자들이 선처받은 내용을 그대로 법정에서 구현하는 형태의 최후변론이자 최후진술이었다.

그에 비해 피해자의 목소리는 법원에 제대로 닿기 어려운 상황이었다. 결심 공판 전날에야 일부 피해자와 연결된 'n번방성착취공동대책위원회' 소속 변호사가 위임장을 제출했기 때문이다. 선고도 결심 공판 8일 후로 예정되어 있어 시간이 너무 촉박했으므로, 피해자 변호사가 선임되어도 실질적으로 조력할 수 있는 범위에 한계가 있었을 것이다. 검찰과 피해자 변호사의 의견서가 각 결심 공판과 선고 공판 전에 제출되기는 했으나, 재판부가 어떻게 판단할지는 지켜봐야 했다.

2020년 6월 5일, 1심 재판부의 선고는 검찰 구형의 절반만 나와도 성공이라던 세간의 판단을 뒤집었다. 검찰의 구형과 동일하거나 (배ㅅㅎ) 근접한(류ㅎㅈ) 징역형을 선고한 것이다. 이 사건의 경우 '범죄단체 등의 조직'(형법 제114조)이 적용되지는 않았다. 이는 사형이나 무기징역, 4년 이상의 징역에 해당하는 범죄를 목적으로 한 단체를 조직했

을 때 성립하는데, 이 죄가 인정되면 피고인들을 더 무거운 형에 처할
수 있다. 2020년 5월 28일 결심 공판이 열린 날, 법정 밖에서 언론사
기자를 만났을 때도 기소 단계에서 이 죄를 적용하지 않아 아쉽다는
이야기를 주고받았었다.

　　그렇다면 남은 것은 '공동정범'*의 인정 여부였다. 주범 '로리대장
태범' 배스ㅎ 외의 다른 공범들에게 중형을 선고하려면 형법 제30조인
'공동정범'이 인정되어야 한다. 이 법조의 적용을 피하기 위해 배스ㅎ와
다른 공범들은 책임을 배 씨에게 돌리는 방향으로 방어 전략을 구상
했다. 그러나 1심 재판부는 이들이 공모해 범행에 이른 것으로 판단했
다. 범행에 대한 고의, 공모 관계와 기능적 행위지배**　모두 인정된다
고 본 것이다. 피해자를 협박하거나 성착취물 제작에 직접 관여하지
않았더라도 범행 특성상 치밀하게 조직된 계획범죄라고 판단했다.

　　피고인 세 명에 대한 양형이유 중 '유리한 정상(사정)'에서 재판부
의 시각을 엿볼 수 있었다. 나이의 경우, 소년법***　적용을 받는 주범
배스ㅎ 외에는 고려 대상이 아니었다. 아울러 피고인과 그 가족들의 반
성문과 탄원서도 반영되지 않았다. '진지한 반성', '사회적 유대관계' 등
은 성범죄 피고인을 전문적으로 변호하는 법무법인들이 선처를 받아

＊　　　"2인 이상이 공동으로 죄를 범한 때에는 각자를 그 죄의 정범으로 처벌한다"(형
　　　법 제30조)라는 규정에 근거한 것으로, 책임능력이 있는 2인 이상의 사람들이 공
　　　동으로 죄가 될 만한 행동을 하고 그것을 실현하게 되면, 참여도와 관계없이 참
　　　여자 전원을 '각자' 범행을 주도한 사람인 '정범'으로 처벌할 수 있다.
＊＊　　공동정범의 정범성 표지로, 공동의 결의에 따라 분업적 협력을 통해 공동으로
　　　범죄의 구성요건을 실현하는 것.
＊＊＊　소년법 처벌은 '범법소년'(만 10세 미만, 모든 처분 면제), '촉법소년'(만 10세 이상~14세
　　　미만, 보호처분만 가능), '범죄소년'(만 14세 이상~19세 미만, 보호처분과 형사처분 가능)으
　　　로 구분된다.

　　　　　　　　　　　　　　　　　　　　2　판사는 판결로 말한다?

내기 위한 요건으로 광고하는 내용이자, 최근까지 여러 판결에서 반영되던 부분인데, 이번 판결에서는 언급조차 되지 않았다.

미성년자 최초로 신상공개 결정이 내려진 '박사방' 강훈과 달리, 같은 미성년자였지만 17세에 불과해 미성년자 예외 조항의 미적용 조건(만 19세가 되는 해의 1월 1일을 지난 경우)에도 해당되지 않아 신상공개를 피했던 미성년자 피고인 배ㅅㅎ에 대해, 재판부는 위치추적전자장치(전자발찌) 부착 10년을 명했다. 성인인 피고인 류ㅎㅈ와 김ㅌㅇ의 경우 재범 가능성이 낮다며 전자발찌 부착명령청구를 기각했지만, 정보통신망을 이용한 신상정보의 공개·고지 5년을 명했다. 또한 모든 피고인에게 각 기관 취업제한 10년을 명하는 등 출소 뒤에도 죄의 대가를 치르게 했다. 이는 지금껏 전자발찌 부착, 신상공개, 취업제한 등을 기각하면서 성범죄자의 사회 복귀를 용이하게 해주었던 흐름에 제동을 건 것이라고 볼 수 있다. 게다가 피해자에게 어떤 방법으로도 접근하거나 연락하지 않도록 준수사항을 덧붙였다는 점에서 재판부가 고심한 흔적이 엿보였다.

아쉬운 지점도 있다. 범죄 관련 영상의 저장매체인 휴대전화는 몰수했지만 해당 물품에 대한 처리('폐기' 등)에 대한 고민이 반영되지 않았다는 점, 디지털 성범죄자들의 특성을 충분히 헤아리지 않고 재범 위험성을 낮게 평가해 전자발찌 부착명령청구를 기각한 점 등이다. 특히 몰수 후 폐기와 관련해서는 재판 이후 피해자의 삶을 고려해 적극적으로 판결문 주문 등에 직접 반영할 필요가 있다. 실제로 그런 형태의 판결들도 나오고 있긴 하다. 피해자들은 가해자들 손에 혹시나 자신들의 영상이 남아 있을까 봐 두려워하기 때문에, 물질적·비물질적 저장공간과 저장매체의 폐기가 형사 판결문에 언급될 경우 피해자의 불안감을 줄여주어 피해 회복과 일상 재구성을 위해 기능할 수 있다.

응보적 사법에서 회복적 사법으로 나아가야 한다고 주장하려면, 판결 내용을 구성할 때 피해 회복을 위한 다양한 의견을 듣고 적용하기를 바란다.

한 달 뒤, 동일한 재판부는 백ㅇㅊ('윤호TM', 19세, 남)에 대해서도 선고를 내렸다. 백 씨는 '프로젝트n번방' 공범들 중 가장 늦게 1심 재판이 마무리되었는데, 소년범이라서 징역 장기 9년 단기 5년에 처해졌다. 백ㅇㅊ는 주범 배ㅅㅎ와 공모해 피해자들을 속여 개인정보를 수집했고, 이를 빌미로 연락하고 협박해 성착취물 제작에 관여했으며, 개별적으로도 불법촬영을 하고 이를 유포하는 등의 범죄를 수차례 저지른 혐의를 받았다. 백ㅇㅊ에 대해서도 검찰은 전자발찌 부착명령을 청구했으나, 재판부는 장래에 성폭력 범죄를 저지를 상당한 개연성이 부족하다는 이유로 기각했다.

피고인들은 모두 항소했다. 1심의 형량이 과하다는 '양형부당'이 주요 항소이유였다(반면 검찰은 1심 형량이 가볍다는 이유로 '양형부당'을 주장하고, 전자발찌 부착명령청구 기각 건에 대해 재차 부착명령을 청구하는 것을 골자로 항소했다). 특히 공범들인 '슬픈고양이' 류ㅎㅈ, '서머스비' 김ㅌㅇ의 경우, 항소심에서도 '공동정범'을 부인하는 취지의 주장을 이어갔다. 그러나 항소심 재판부(서울고법 춘천재판부 형사1부: 박재우, 진영현, 양승우)는 2020년 10월과 12월, 1심과 마찬가지로 이들이 '공동정범'임을 인정했고, 김ㅌㅇ를 제외한 다른 피고인들과 검사의 항소를 모두 기각했다. 김ㅌㅇ의 경우 범행 가담 시기, 가담 정도(직접 성착취물 제작을 지시하거나 협박한 사실이 없는 점 등), 다른 공범의 검거를 위해서 정보를 제공하며 수사에 협조한 점 등을 고려해 징역 7년으로 1년 감형되었다. 이들의 재판은 2021년 3월 주범 배ㅅㅎ의 상고가 대법원에서 기각되면서 마무리되었다.

2 판사는 판결로 말한다?

하급심 재판의 진행은 이처럼 최종 판단에까지 영향을 미친다. 하급심일지라도 공판검사가 범죄를 입증하기 위해 최선을 다하고, 피해자 변호사가 제한된 범위 내에서라도 양형에 대한 의견을 적극 개진하며, 재판부가 균형 잡힌 시각을 토대로 판단을 내리는 것이 중요한 이유다. 신뢰는 각자 제 위치에서 제 역할을 다할 때 형성되는 것이지, 외부 평가에 대해 억울함만 호소한다고 되는 게 아니다.

그러나 이것으로 한국 법원이 정말 변했다고, 변하고 있다고 단언하는 것은 위험하다. 시민들의 사법 감시가 소홀해지면 법대 위의 그들은 언제든 변화 전으로 돌아가려 할 것이다. 변화의 가능성은 백래시 backlash를 부르기 마련이며, 그런 의미에서 변화를 위한 진짜 싸움은 이제부터 시작이다. 실제로 나는 2019년 말, 연대 활동 중단을 계획하면서 주변에 백래시에 대비해야 한다고 말했던 적이 있다. 당시는 과거부터 이어져온 반성폭력 운동이 여론의 형성과 오프라인 시민운동의 활성화로 이어지는 중이었고, 입법적 보완을 포함해 수사와 재판 등 형사사법 절차의 전반에서 변화의 요구가 힘을 얻고 있었다. 물론 실질적 성과로 이어지기는 여전히 힘이 부족했기에 가능성을 열어둔 것에 불과했지만, 그 가능성이 바로 가해자-강자-다수자를 움직일 것이라고 판단했던 것이다.

아나나 다를까. 대표적인 기득권이라 할 수 있는 정치인들은 적극적으로 혐오 장사를 하며 피해자-약자-소수자를 짓밟기 시작했다. '외람이'로 대변되는 일부 언론은 권력의 하수인이 되기를 자처했으며, 차별을 구조의 문제가 아니라 개인의 책임으로 돌리는 곡학아세를 서슴지 않는 '지식인'도 있다. 피해자-약자-소수자의 목소리가 힘을 얻고 사회 변화로 이어질 조짐을 보이자, 가해자-강자-다수자가 자신들이 착취당하는 무고한 시민이라고 우기며 변화를 막고 있는 것이다.

반성폭력 운동이나 사법감시운동이 다른 영역과 분리되기 어려운 이유도 여기에 있다. 특히 정치는 사회의 신뢰자원인 시스템을 흔들 힘이 있다.

2022년 5월 2일, 미국에서는 1973년 '로 대 웨이드' 판례*를 50년 만에 뒤집으려는 대법원 다수의견 1차 초안 전문이 공개되었다. "미약한 추론으로 이뤄진 '로 대 웨이드' 사건은 해로운 결과를 가져왔다"며, 두 사건(나머지 하나는 1992년 '가족계획연맹 대 케이시' 판례)은 임신중지 문제의 국가적 해결로 이어지기는커녕 논란을 악화시키고 분열을 깊게 만들었다"는 게 초안의 주요 내용이었다. 긴즈버그Ruth Bader Ginsburg 대법관의 사망 이후 트럼프 전 대통령이 지명한 대법관이 합류하면서 보수색이 짙어진 연방대법원이 50년 전으로 역사의 시계를 돌리려 시도한 것이다. 그리고 2022년 6월 24일, 결국 연방대법원은 대법관 9명 중 5명의 다수의견으로 '로 대 웨이드' 판례를 폐기했다. 심지어 보충의견을 통해 피임(그리스월드 대 코네티컷), 동성혼(로런스 대 텍사스), 동성 성관계(오버게펠 대 호지스) 등을 인정한 대법원 판례도 재검토해야 한다고 주장해 역사적 후퇴를 선언했다.[15]

한국이라고 해서 다른가. 헌법재판소는 2021년 12월 23일, 19세 미만 미성년 피해자의 영상녹화 진술을 증거로 인정하는 성폭력범죄의 처벌 등에 관한 특례법 제30조 6항에 대해 단순위헌결정을 내렸다. '공정'과 '조화'를 들먹였지만, 실은 가해자-강자-다수자의 입장에서 형사사법 절차를 해석한 것이다. 피해자의 상황·상태, 성폭력 재판의 현실을 도외시한 기계적 균형을 '공정'이라 명명하고, 기울어진 저울을

---

*   임신중지 처벌이 사생활 권리 침해라며 위헌이라고 선언한 것으로, 이 판례로 임신 22~24주까지 임신중지권이 보장되었다.

외면하면서 그것을 '조화'라고 주장했다. 더욱이 이번 20대 대통령의 임기 안에 대법관 14명 중 13명, 헌법재판관은 9명 전원이 교체될 예정이며, 2022년 9월부터는 피해자에게 불리하게 작용할 가능성이 높은 검찰청법과 형사소송법의 개정안이 시행된다.

이런 상황이다 보니 쉽게 절망과 체념, 냉소와 포기를 표현하거나, 특정 분야에 매몰되어 그것만이 해법인 듯 말하는 이들이 있다. 그러나 변화는 저절로, 알아서, 당연히 오는 것이 아니다. 그리고 사회의 특정 분야는 그 자체로 절대적일 수 없다. 사법 시스템 역시 다른 사회 시스템과 분리될 수 없으며, 상호 견제와 균형이 있어야만 앞으로 나아갈 수 있다. 그래서 시민들의 감시가 필요하다. 사법 시스템의 실질적인 변화를 위해 법원을 법관이 절대권력을 휘두르는 성이나, 피해자가 고립되는 섬으로 두지 말고 광장으로 만들어야 하는 것이다. 변화는 희망을 함께 이야기하는 것에서 시작한다. 당신을 광장에서 기다리겠다.

듣는 일에도 준비가 필요하다

피고인 조주빈은 다수의 피해자에게 회복 불가능한 피해를 줬음에도 협박한 사실이 없다고 주장해 피해자들을 이 법정 증인으로 불러냈다.

2020년 11월 26일, 재판부(서울중앙지법 형사30부: 이현우, 윤중렬, 박예지)는 텔레그램 성착취 사건의 주범 조주빈에 대한 1심 선고 공판에서 이렇게 밝혔다. 물증이 확실한 사건에서 굳이 피해자를 증인으로 불러내 추가적인 고통을 안긴 것이 피고인에게 불리한 양형이유임을, 재판부가 판결에서 밝힌 것이다. 그간 절차상 필요하다며, 어쩔 수 없다며 피해자에게만 법정 증언을 요구하고, 정작 실제 판결에는 그로 인한 고통을 적극적으로 반영하지 않던 한국 법원의 변화가 엿보인다.

2020년 9월 법원 내 연구모임인 젠더법연구회가 주최한 〈성범죄 재판, 함께 돌아보기〉 포럼에 참석한 판사들이 피해자들에게 "법정에 나와 더 많이 말해달라"는 바람을 전한 것도 이런 변화를 반영하겠다는 의지일 수 있다. 피해자들이 법정에 나와 적극적으로 증언한다면, 경청한 후 선고할 때 충분히 반영하겠으니, 막연한 불안감을 안고 재판 출석을 거부하지 않았으면 좋겠다는 것이다. 피해자의 재판 참여권은 피해자가 실제 그 권리를 행사할 때 사법 정의와 피해 회복을 위해 기능할 수 있다는 말이다. 그러나 아직 한국 법원은 피해자의 말을 제대로 들을 준비가 되어 있지 않다. 말하라고 하기 전에, 듣기 위해 어떤 노력을 해왔고 할 것인지 알려야 한다. 들을 준비가 안 되어 있으면서 말하라고 강요해서는 안 된다.

2019년 9월, 한 판사가 내게 인터뷰를 요청하며 전자우편을 보내왔다. 자격증도 없고 내세울 직함도 없는 개인 활동가에게 이 보수적인 집단이 인터뷰를 요청한 이유는 무엇일까. 외부의 전문가들과 활동가들을 초청해 인터뷰를 진행 중이던 그들은, 나를 통해 성폭력 피해자의 이야기를 들으려 한다고 했다. 만약 인터뷰가 성사된다면 이는 성폭력 피해 당사자이자 연대자로서는 최초로 현직 판사들과 만나는 것이 된다. 그래서 내 개인의 이야기를 전달하는 데서 그치지 않고 이 기회에 더 많은 성폭력 피해자들의 이야기를 전하고 싶었다. 혹여 나를 피해자의 전형처럼 보지 않을까 고민도 들었다. 그래서 더 많은 피해자들의 이야기를 전할 목적으로 구글폼을 이용한 설문조사를 제안했다. 성범죄 재판의 절차적 측면에 대한 설문에 정작 피해자의 의견이 빠진다면 아쉬운 일이기 때문이다.

인터뷰단이 흔쾌히 제안을 수용한 후, 나는 설문조사 문항을 만들었다.[16] 판사들이 원한 것은 '재판을 겪은 피해자들'의 이야기였으나, 나는 '신고·고소하지 않은 피해자'(총 5문항), '수사기관 경험만 있는 피해자'(총 30여 문항), '재판 경험이 있는 피해자'(총 60여 문항)로 나눠 설문조사를 진행했다. 성폭력 피해자들의 다양한 상황을 구체적으로 알리고 싶었다. 실제로 판사들은 피해자가 어떤 과정을 거쳐 법정에 서는지, 왜 그렇게 예민하고 억울해하며 (판사가 보기에) 사소한 말에도 상처를 받는지 이해하지 못했기 때문이다. 단 8일 동안 진행된 설문조사에 성폭력 피해자 34명이 트위터와 구글 문서를 통해 응답했다.

2019년 12월 말, 이 설문조사 결과를 가지고 전국에서 모인 판사 20명 정도를 서울서부지법에서 만났고, 네 시간 동안 인터뷰에 응했다. 법대(재판장석)에서 증인석에 앉은 성폭력 피해자만 만났을 판사들에게 더 많은 피해자의 말을 전하려 했다. 나는 성인-비장애-대졸-여성인 피해자로서 내 이야기를 하는 데 큰 어려움이 없지만, 피해자들의 상황은 다양하다. 자칫 내가 다양한 피해자의 모습을 편협하게 만들 수 있다는 생각에 많이 고민하고 공부했다.

인터뷰 이후, 설문조사의 신뢰성을 높이기 위해 2014년부터 연대해온 성폭력 피해자 30명을 직접 만나 앞선 설문조사를 좀 더 보완했다. 구글폼을 이용한 설문조사는 익명에 기댄 방식이라 각 피해자의 정보별(성별, 연령, 직업, 사건 등) 분석이 불충분한 탓에 대면을 통한 설문조사의 필요성을 느꼈던 것이다. 자료의 신뢰성을 높이는 방식으로 조사를 진행해야 내 의견이 전문가 집단에 효과적으로 전달될 수 있다. 어려운 부탁이었지만 접촉한 피해자들 모두 흔쾌히 설문조사에 응했으며, 피해 당사자로서 자신들의 이야기가 법원 내부에 가닿기를 바랐다.

그 모든 과정을 거쳐 2020년 1월, 10~50대 성폭력 피해자 64명의 이야기를 담은 분석 보고서[17]를 젠더법연구회에 전달했다. 분석 내용은 판사들이 이용하는 법원 내부 게시판에 세 차례에 걸쳐 게시되었다. 이는 판사가 증인신문이 아닌 다른 통로로 성폭력 피해자들의 이야기를 들은 최초의 경험이다. 이 보고서를 통해 피해자들의 언어 체계가 무너져 있을 수 있다는 것, 판사가 생각하는 것보다 성폭력 재판의 절차적 측면에서 피해자 보호가 제대로 이루어지지 못한다는 것, 법정에서 증인신문 과정이 피해자에게 고통만을 안길 뿐 절차나 결과에서 보상이 없다는 것, 그런데도 법원은 피해자의 말이 필요하다고만 할 뿐 정작 들을 준비는 안 되어 있다는 것 등의 내용을 전했다.

피해자의 말을 듣고 싶어도 피해자들이 응하지 않는다고 항변하는 판사들이 있다. 물증이 확보되지 않은 성폭력 사건에서 피해자 진술의 신빙성을 검토하는 일은 당연하지 않느냐고 한다. 정규 교육을 받은 성인-비장애 피해자라면 자신이 겪은 일을 말할 수 있지 않느냐고 한다. 특히 검경수사권이 조정된 2021년부터는 수사 과정에서 발생할 수 있는 절차적 하자(위법수집증거 등)와 성범죄 재판에서 피고인 측의 적극적인 방어 전략 구사 등으로 인해, 2022년부터는 검찰 단계 피의자 신문조서의 증거능력 변화*로 공판 과정이 더 중요해졌으므로 피해자를 적극적으로 불러내야 할 상황이 발생할 텐데, 피해자들은 왜 그렇게 소극적이냐고 한다. 또한 법정에 나온 피해자들은 왜 그렇게 예민한지 묻는다. '필요'에 따라 질문하고 성실히 답변하면 되지 않느냐는 태도다. 법정에서는 피고인 방어권도 생각하며 소송지휘를 하더라도, 판결에서 피해자 진술을 잘 반영하면 된다고 생각하는 판사도 있다.

아니다. 질문을 바꿔야 한다. 법원은 피해자의 말을 들을 준비가 되어 있는가? 성폭력 사건에서 피해자를 불러내 확인하는 작업이 필수라고만 주장할 뿐, 어떻게 그들을 법원에 오게 할지, 그들의 말을 어떻게 끌어낼지에 대한 고민은 찾아보기 어렵다. 왜, 어떻게 말해야 하는지, 말하고도 안전한지, 고통스러운 증인신문을 견딘 피해자가 피해를 회복하고 일상을 재구성하기 위해 어떤 보상을 받을 수 있는지에 대해서는 아무도 피해자에게 알려주지 않는다. 그래서 피해자들은 법원이

---

*   2022년 1월 1일부터 검사가 작성한 피의자 신문조서는 피고인이 내용을 부인할 경우 증거로 쓸 수 없다.

무섭다. 증인신문을 앞두거나 끝낸 피해자가 자살하는 사례가 왜 나오겠는가.

법원 내부에서 변화하겠다는 움직임을 보일 때, 외부에서 함께해야 한다. 나는 '현장'의 이야기를 법원 내부에 전하기 위해서 활동가들과 연계해 기획을 이어나가고 있다. 기관 중심으로 진행하던 '방청연대'는 전문 교육을 통해 일반인 재판 모니터링으로 확대했고, 성범죄 재판을 계속 감시하고 있다. 나는 피해자와 일반인에게 피해자의 권리와 보호 조처에 대한 정보를 전달하면서 관련된 교육을 계속할 생각이다. 피해자에게 법원에 가도록 권할 것이다.

그러니 법원도 이런 요구에 응답하고, 관련된 조처를 보장해야 한다. 절차에 규정된 피해자의 권리와 여러 보호 조처가 재판에 실질적으로 반영되도록 판사 교육을 철저히 해야 한다. 이를 반영하지 않는 판사에게 불이익을 줄 수 있어야 한다. 그게 어렵다면 최소한 외부 비판을 경청하고, 내부에서 재발 방지를 위해 노력해야 한다. '필요'와 '방어권'을 내세운 피고인 쪽의 공격적 행위를 예방하고, 그것이 안 되면 현장에서 적절히 소송을 지휘해야 한다. 피해자가 현장에서 받은 고통은 당연히 양형에 적극적으로 반영되어야 한다.

"연대자 D도 이쪽 사람 다 됐네요."

어느 법조인과 대화를 나누다가 듣게 된 충격적인 말이다. 형사사법 절차를 활용해 연대 활동을 이어나가다 보니, 어느새 나도 기존의 틀 안에서만 피해자를 이해하고 문제를 해결하려는 안일한 인식과 태도가 생겼다. 피해자에게 절차와 시스템에 대해 설명하는 데 급급해서, 정작 피해자의 말을 들어야 하는 사람들과 시스템에 대한 문제의식이 옅어진 것이다. 왜 피해자가 법정에 나와야 하는가. 왜 피해자가 말해야 하는가. 왜 형사사법 절차에서 피해자는 당사자가 아닌가. '왜'라

2 판사는 판결로 말한다?

는 질문이 빠진 연대는 생명이 짧다. 정신을 차려야 한다.

그날 대화 중에 '아동의 피청취권'에 대한 언급이 나왔다. '아동의 권리에 관한 협약' 제12조에 명시된 것으로, 아동을 형사사법 절차의 권리 주체로 인정하는 것을 골자로 한다. 그런데 2021년 12월, 한국의 헌법재판소는 미성년 피해자의 영상녹화 진술을 증거로 인정하는 조항에 대해 단순위헌결정을 내렸다. '공정'과 '조화'를 내세워 아동을 또다시 형사사법 절차의 당사자로 인정하지 않는 동시에, 그들에게 범죄 입증을 위해 말하도록 강요하는 일을 정당화한 것이다. 아동·청소년이나 장애인 피해자는 성인-비장애 피해자보다 상대적으로 취약할 수밖에 없는데, 그들마저 보호하지 못하는 형사사법 절차가 과연 존재 가치가 있는지 의문이 들었다. '법대로' 하기를 선택한 피해자들이 그 선택을 당연하게 여기고, 이후 문제를 해결하는 과정에서 더 이상 피해 입지 않도록 존중하고 보호하는 일이 그렇게나 어려운 일인가. 여전히 재판은, 법정은 '또 다른 가해의 장'이 되고 있다.

형사사법 절차를 피해자의 시각과 입장에서 재해석하고, 그 틀의 근본부터 다시 살펴야 할 때다. "한 번만 말하면 돼", "네가 말하지 않으면 가해자는 무죄가 돼"라고 강요하기 전에, 그리고 피해자가 온갖 고통을 다 겪은 후에야 "당신의 책임이 아니다"라고 입발림으로 위로하기보다는, 절차와 결과로 피해자의 회복과 일상 재구성을 도와야 한다. 그러기 위해 법관은 왜 피해자의 말을 들어야 하는지, 어떻게 들을지부터 고민해야 한다. 준비 없이 피해자들에게 말하라고 강요하면 안 된다. 그게 바로 법대 위에 앉은 이들의 의무다.

어느
판사님께
드리는 편지

특히 성폭력 사건 담당 1, 2심은 아우성이다. "부담 갖지 말고 유죄 판결해서 대법원으로 올려라", "무죄 판결해봐야 대법원에서 파기된다"는 자조가 난무한다. 대법원이 '유죄 판결 법원'이 되었다고도 한다. …… 피고인과 증인, 당사자를 직접 만나 그들의 억울함 호소와 눈물, 표정을 본 판사와 그렇지 않고 조서를 비롯한 소송기록만 본 판사가 있다면 누구의 의견을 더 존중해야 할까? 사실 인정 문제에 관한 한 대법관님들 생각이 옳다는 믿음을 잠깐 내려놓고 하급심 판사들을 믿어달라.

안녕하십니까, 판사님.

2021년 5월 18일 오전 한 언론사에서 기사화한, 코트넷(법원 내부 전산망)에 올라왔다는 글을 접한 뒤 여러 생각이 들었습니다. 성폭력 사건의 무죄 판결에 대한 파기환송이 많아졌다면 하급심에 문제가 없는지 돌아볼 것이라는 기대가 얼마나 비현실적인지 확인할 수 있었기 때문입니다. 그간 대법원 판례 때문에 하급심에서 보수적이고 소극적인 판결을 할 수밖에 없었다며, 책임을 대법원에 돌리던 하급심 법관

2 판사는 판결로 말한다?

들의 하소연에 반하는 목소리이기도 해서 관심이 갔습니다. 피해 당사자이자 연대자로서, 그리고 성폭력 사건의 재판을 모니터링하는 활동가로서 이 편지를 보내고 싶었습니다.

판사가 피고인과 '라포'(상호 신뢰)를 형성하는 과정에서 피해자는 소외되는 게 현재 성폭력 하급심의 모습입니다. 법관이 재판의 당사자인 피고인에게 과몰입하는 경향이 있다는 거지요. 피고인은 판사의 공감을 사기 위해 여러 양형자료를 만들어 제출하고, 거짓말을 해서라도 본인에게 유리한 말을 내뱉으며, 판사의 감정을 자극하기 위해 법정에서 눈물을 흘리고 호소하는 방법을 공유합니다. 이런 문제를 인식해 매뉴얼을 정비하고 외부 조언을 경청하며 발전하려는 판사들도 있는데, 판사님께서는 어떤 성찰과 변화를 꾀하고 계시는지요.

지금 계시는 의정부지법만 해도 2021년 5월에 있었던 재판을 비롯해, 최근 2~3년간 무죄를 선고했던 성폭력 사건 재판이 대법원에서 여러 차례 파기환송 되었습니다. 피고인에게 과몰입해 피해자를 상대로 비합리적인 의심을 했거나, 피해자에 대한 몰이해를 당당히 드러냈거나, 기본적인 법리 이해가 부족했던 사례입니다.

먼저 '대학 동기의 강제추행 사건'을 살펴보겠습니다. 이 사건의 피고인은 1심에서 유죄를 인정받아 징역 6개월이 선고되었지만, 2심에서 무죄로 바뀌었습니다. 그 이유는 이렇습니다. "강제추행을 당한 피해자라고 하기에 수긍하기 어려운 측면이 있다." "사건 발생 뒤 2년 넘게 별다른 조처를 하지 않았다." "피고인의 사과문도 피해자를 달래려는 차원에서 작성한 것에 불과하다." 그러나 2021년 5월 대법원은 이렇게 지적했습니다.

피해자가 사건 발생 뒤 별다른 어색함이나 두려움 없이 피고인과 시간을 보낸 것을 두고 '마땅히 그러한 반응을 보여야 하는 피해자'로 보이지 않는다고 해서 피해자 진술의 신빙성을 함부로 배척할 수 없다.

'전철 강제추행 사건'은 어떤가요. 2심은 이렇게 판단했습니다.

피해자가 추행 행위를 5분 동안이나 몰랐다는 건 믿기 힘들다. 사람이 많은 전동차 내에서 피고인에게 큰 소리로 항의하고 피고인을 잡고 전동차 밖으로 끌어내린 뒤 경찰에 신고한 피해자의 태도에 비춰 적극적이고 용감한 성격인 피해자가 일정 시간 공소사실과 같은 정도의 피해에 대해 이의를 제기하지 않고 참았다는 것은 믿기 어렵다.

이 사건도 2021년 3월 대법원에서 파기환송 되었지요. 피해자의 항의 태도만으로 피해자의 성격을 속단해 진술의 신빙성을 배척한 것은 부적절하다고 말이지요. 피해자 진술의 신빙성은 다양한 측면에서 종합적으로 판단해야 하는데, 하급심 재판부가 생각하는 '피해자상'만 들이밀어 편협하게 판단한 시대착오적인 판결이니 당연한 결과일 겁니다.

판사님 글에서처럼 대법원 판결은 소송기록만 본 판사들이 내린 결론이라서 당사자를 직접 접하는 하급심 판사들의 판단보다 신뢰도가 떨어진다고 단언하려면, 하급심 재판의 수준이 어떤지 돌아봐야 할 것입니다. 성폭력 사건의 하급심 재판은 충실하게 진행되지도 않고, 재판부마다 그 수준이 현격히 차이 납니다. 왜 유독 특정 판사들의 판결이 파기환송이 되는 것일까요? 그 이유를 모르신다면 참 안타까운 일입니다. 그런데도 하급심에 대한 평가가 현실과 다르게 너무 후하십니다. 판사님은 이런 말씀도 하셨지요.

대법원에서 생각하는 경험칙과 실제 세상의 경험칙이 다를 수 있다. 경험칙과 상식이라는 것은 자기가 경험한 세상을 바탕으로 만들어진다. 나는 소년 보호 사건을 담당하기 전까지는 요즘 청소년들의 혼숙 문화와 동성애 문화, '남친'과 '남사친', '여친'과 '여사친' 등이 어떻게 다른지 알지 못했다.

성폭력 사건과 관련해 대법원의 경험칙을 문제 삼기에 앞서, 하급심 판사들이 내세우는 경험칙과 상식에 대한 성찰부터 하셔야 합니다. '디지털 네이티브digital native'로 불리는 현 청소년 세대와 그들의 문화에 대한 인식 수준이 저 정도라면 판사님의 경험칙은 시대에 뒤떨어진 것입니다. 소수자에 대한 몰이해, 청소년 성 관념에 대한 편협한 판단, 청소년 문화의 핵심과 거리가 먼 용어들이 나열된 것을 보니, 판사님은 법원 바깥의 '경험칙'에 대해 더 겸허하게, 더 많이 배우셔야 할 것으로 보입니다. 판사님의 기준에서 낯선 용어들을 나열한다고 해서 청소년의 삶을 제대로 이해하는 것은 아닙니다. 누구라도 모르면 배우려는 태도를 지녀야 합니다. 판사도 예외는 아니지요.

하급심 판사들의 인식이 세상과 얼마나 괴리되어 있는지 이제는 돌아볼 때입니다. 무죄를 선고한 사건들을 볼까요? 피고인에게 고기를 덜어주거나, 그 앞에서 반지를 뺐다 꼈다는 것을 성관계에 대한 동의로 여겼다는 피고인의 항변을 그대로 받아들인 경우가 있었습니다. 또 피해자의 몸에 외상이 발견되지 않았다는 이유로 10세 미만 아동 피해자의 진술이 부정확하다며 무죄를 선고하기도 했습니다. 특히 다른 나라들에서는 찾아보기 힘든 '정상참작감경'으로 형을 감경해주는 게 현실입니다.

상급심에서 하급심 판사에게 성인지 감수성이 결여됐다고 판단하는 기준은 도대체 무엇인지 도무지 알 수 없다.

　판사님이 댓글 달기를 독려하면서, '성인지 감수성'에 대한 몰이해를 당당히 드러내는 판사들의 이런 댓글이 언론을 타기도 했습니다. 부끄럽지도 않은 모양입니다. '성인지 감수성'이란 감성/감정을 의미하는 것이 아니라, 관점의 균형을 잡기 위한 고도의 지적이고 이성적인 능력을 뜻합니다. '피해자다움'을 설정하고 그에 맞추는 것이 아니라, 사건마다 피해자가 놓여 있는 상황·상태 등을 고려해 판단할 수 있는 능력입니다. 물론 이 능력은 저절로 길러지는 것이 아니니, 그게 뭐냐고 볼멘소리를 하는 판사들은 그렇게 본인들이 선택한 무지를 바탕으로 계속 잘못된 판단을 내리겠지요. 그런 수준 낮은 판사들의 무지와 나태를 뒷받침하는 글이 바로 판사님의 글입니다.

　판사님의 글은 2021년 5월 21일에 열린 상고제도 개선 토론회와 연관되었겠지요. 상고심이 일을 줄이기 위해서라도 하급심을 믿고 맡겨달라는 건데, 이런 글을 쓰기에 앞서 문제가 된 하급심부터 돌아보기를 재차 권합니다. 판사님은 재판의 독립성 보장에 민감하게 반응하며 여러 번 의견을 내신 것으로 압니다. 그런데 독립성 보장과 그 결과물에 대한 평가를 혼동하고 있습니다. 재판의 독립성은 책임을 전제로 보장되고, 평가에 겸허할 때 지켜질 수 있습니다. 변화는 싫고 자신이 내린 판단에 대한 문제제기도 수용하지 않으려 한다면 그 하급심에 대한 신뢰는 어떻게 쌓을 수 있을까요.

　사법 시스템을 신뢰해 재판을 선택한 피해자들은 자살·자해 충동에 시달리기도 하고, 일부는 몰리다 못해 삶을 포기합니다. 판사님 글에는 피해자의 자리가 없습니다. 시대 변화에 능동적으로 대처하고, 자신의 굳은 사고를 유연하게 만들며 끊임없이 성찰하려는 자세를 지닌 판사와 그렇지 않은 판사의 차이는 점점 더 벌어질 것입니다. 판사님의 자리가 어디에 있을지 계속 지켜보며 기록하고 알리겠습니다.

그럼, 법정에서 뵙겠습니다.

3장

또 다른
통나바퀴를

피해자는 당사자가 아니라는 말

　"현재 형사사법 절차에서 피해자는 당사자가 아닙니다."

　2010년 성폭력 피해를 입은 후 만나는 전문가들마다 내게 한 말이었다. 왜 피해자인 내가 수사·재판 과정에 참여할 수 있는 범위가 좁은지, 어째서 제대로 보호받지 못하는지 물으면 내가 당사자가 아니니 당연하다고 했다. 난 범죄 피해를 입었는데, 피해로부터 회복을 해야 하는 사람인데, 왜 당사자의 지위에 있지 못하고 가해자에 대한 처분과 판결이 내려질 때까지 기다려야만 하는 걸까. 이해할 수 없었다.

　그런데 당사자는 아니라면서, 형사사법 절차가 내게 부과한 책임은 막중했다. 성폭력 사건은 물증 확보가 어려워 피해자 진술이 중요한 증거로 활용된다며, 피해 입증을 하려면 취조에 가까운 신문 과정을 감수해야 한다고 했다. 그 후 설령 피고인에게 무죄가 선고되더라도 그 또한 일관되게 신빙성 있는 진술을 하지 못한 내 탓이 된다고 했다. 성폭력 피해자는 당사자의 지위가 아니므로 형사사법 절차에서 당연히 배제되는 동시에, 당사자가 아닌데도 범죄의 입증책임을 과도하게 부여받는 것이다. 성폭력 재판을 '피해자 재판'이라고 부르는 이유다.

2014년 이후 연대자로서 피해자와 직접연대를 하면서, 그리고 일반인들에게 재판 모니터링 교육을 하면서 이젠 저 말을 내가 제일 먼저 한다. 형사사법 절차에 대한 이해를 돕기 위해서는 피해자의 지위에 대한 설명이 필요하기 때문이다. 그러나 이 말을 들은 이들 역시 범죄 피해의 당사자인 피해자가 왜 형사사법 절차에서는 당사자가 아닌지 이해할 수 없다는 반응을 보인다. 그리고 당사자가 아닌데도 성폭력 피해자에게 요구하는 것은 왜 그렇게 많은지 질문한다. 이렇게 피해자가 배제되고 소외되는 형사사법 절차가 정의롭냐고, 그게 당연한 거냐고 묻는다. 그렇다. 그게 옳은 것인가?

　　나는 연대 활동을 하면서 만난 수사와 재판 관계자들에게 피해자가 소외·배제되는 현상에 대해 지속적으로 문제제기를 해왔다. 그들의 답변은 한결같다. 피해자가 수사와 재판에 협조하지 않고 출석조차 꺼리는데 어떻게 하냐는 것이다. 그래서 계속 질문하고 있다. 당신들은 피해자가 안심하고 나와 안정적으로 조사와 신문에 응할 수 있도록 어떤 노력을 해왔는가? 피해자들이 수사기관과 법원을 꺼리는 이유에 대해 구체적으로 파악하고 개선하려 애써왔는가?

　　지금도 수사·재판 과정에서 피해자의 참여를 유도하고, 피해자를 보호하기 위한 각종 제도와 장치가 마련되어 있기는 하다. 법무부는 2022년 4월부터 범죄피해자지원센터(1577-1295)를 이용한 '원스톱 지원 서비스'도 운영 중이다. 문제는 이를 알고 제때 활용할 수 있는 피해자들이 매우 적다는 데 있다. 이를 설명해야 할 담당자가 내용을 모르거나, 피해자에게 제대로 설명하지 않고 안내서 한 장 건네는 것으로 마무리하는 경우가 많기 때문이다. 오히려 담당자가 보호제도를 위반해 피해자에게 추가적인 피해를 입히기도 한다. 따라서 당사자의 지위를 보장받지 못하는 범죄 피해자들이 현재 형사사법 절차에서 어떻게 소외·배제되고 있는지, 현행 제도는 잘 구현되고 있는지부터 제대로 분석할 필요가 있다.

피해자 배제의 매커니즘

우선 피해자들은 정보 접근성이 떨어진다. 수사 과정에서 피해자가 확보할 수 있는 것은 본인이 제출한 자료와 본인의 수사기관 진술조서 정도다. 불기소 처분이 내려진 경우, 불기소이유서를 받거나 행정소송을 통해 수사 기록물 일부를 확인할 수도 있긴 하다. 그러나 일반인인 피해자들이 이런 절차를 알거나, 알더라도 그 절차를 거치는 것이 쉬운 일은 아니다. 물론 피의자 신분인 가해자 역시 피소 후 정보공개청구를 해야만 고소장의 일부 내용, 본인이 제출한 자료, 본인의 수사기관 진술조서 정도만 확인할 수 있다. 따라서 수사 과정에서는 피해자와 가해자의 정보 격차가 크지 않은 편이다.

그러나 기소 이후인 재판 과정에서는 확연한 차이가 난다. 이때부터 가해자는 '피고인'으로 불리며 형사사법 절차의 당사자가 되어 헌법에 보장된 '방어권'을 보장받기 때문이다. 원고와 피고는 대등한 위치에 있어야 한다는 '무기대등의 원칙'에 따라 피고인은 국가권력인 검사에 맞서 무기, 즉 수사·재판 기록물 등의 '정보'를 얻게 된다. 반면 피해자가 얻을 수 있는 정보는 일부 재판 기록물에 한정되며, 그조차도 재판부의 허가를 받아야 접근할 수 있다. 재판 단계에서 피해자는 당사자의 지위가 아니며, 입증책임은 검사에게 있기 때문이다. 이때부터 피해자와 가해자(피고인)의 정보 격차는 극심해진다.

그런데 검사에게 입증책임이 있어도, 성폭력 사건의 수사·재판은 사실상 피해자에게 입증을 요구한다. 무기(정보)도 빈약한데 입증까지 해야 하는 이중의 부담 속에서 피해자들의 고통은 가중될 수밖에 없

3 또 다른 톱니바퀴들

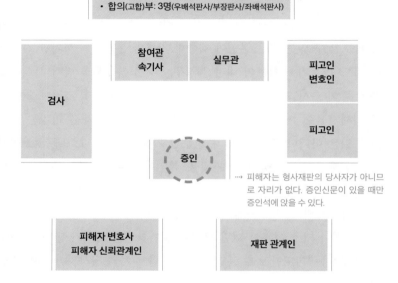

판사
- 단독(고단/고정)부: 1명
- 합의(고합)부: 3명(우배석판사/부장판사/좌배석판사)

| 참여관 속기사 | 실무관 |

검사

피고인 변호인

피고인

증인

⋯→ 피해자는 형사재판의 당사자가 아니므로 자리가 없다. 증인신문이 있을 때만 증인석에 앉을 수 있다.

피해자 변호사 피해자 신뢰관계인

재판 관계인

방청인

방청인

⋯→ 증인신문을 제외한 공판 과정에서 피해자는 방청석에서 앉아 재판을 지켜본다. 정해진 좌석은 없지만, 보통은 피고인석을 피해 왼쪽 방청석에 앉는 경우가 많다.

형사재판(1심) 배치도 속 피해자의 위치. 피고인(가해자)은 '무기대등의 원칙'에 따라 검사와 동등한 위치의 당사자다.

다. 그렇다고 정보를 얻기 위해 모든 피해자가 평일 낮에 열리는 재판을, 그것도 피고인을 봐야 하는 방청석에 앉아 매번 방청하며 기록할 수 있겠는가?

지금도 피해자나 그 대리인인 변호사가 신청할 경우 재판 기록물을 볼 수 있기는 하다. 그러나 열람·복사가 허가되는 기록물의 범위는 재판부마다 편차가 매우 크다. 어떤 재판부는 신청하면 대부분 허가하는 반면, 또 다른 재판부는 공소장이나 판결문 외의 기록물을 허가하지 않고, 심지어 재판이 진행 중인데도 피해자 증인신문조서를 피해자 본인에게 주지 않기도 한다. 이에 대해 문제를 제기하면, 피해자 진술이 유일한 증거로 기능할 수 있는 성폭력 사건 재판에서는, 재판 기록물의 열람·복사를 폭넓게 인정할 경우 진술의 순수성을 담보하기 어렵다는 이유를 대곤 한다.

그러나 법조인들이 상상하는 '순수성'이란 존재하지 않는다. 피해자는 바로 법원에 오는 것이 아니다. 수사 등의 단계를 거치는 동안 이미 진술의 신빙성에 대해 판단받는다. 아니, 그보다 현실적으로 '진술의 순수성'이 존재할 수 있겠는가? 형사사법 절차는 기본적으로 긴 시간이 소요되며, 기억만 놓고 보더라도 그 시간 동안 얼마든지 흐려질 수 있다. 피해자의 시간도 어떻게든 흘러가기 때문에 최초의 진술과 오롯이 동일한 형태의 순수성을 기대하는 것이 오히려 비현실적이다. 법원도 이런 상황을 알고 있기 때문에 신문 방식을 '주신문-반대신문-재판부 신문'으로 구성해 종합적으로 판단하는 것이 아닌가?

'(피해자가) 일관되게만 진술하면 (피고인은) 유죄'라는 인식이 법조인들 사이에도 있던데, 그런 이들을 증인석에 세워보고 싶다. 신문 방식의 질적 향상을 통해서 피해자 진술의 신빙성을 판단하려는 노력 없이, 진술 전에 관련 정보를 차단하고, 수사에서 재판에 이르는 전 과정

3 또 다른 톱니바퀴들

형사재판의 일반적 순서

순서	관련 절차	내용	주체
공판 기일※	인정신문	피고인 인적 사항 등 확인	재판장
		진술거부권 고지	재판장
		국민참여재판 신청 여부 확인	재판장
	모두진술	공소장에 의거해 공소요지 진술	검사
	증거 인부 등	검찰이 증거로 제시한 자료들과 공소사실 등을 인정하는지 여부 등을 진술	피고인, 변호인
	증거조사	인적·물적 증거와 증거서류 전반에 대한 확인	검사, 변호인, 판사
		직권 증거조사 가능	재판장
		피해자 등 증인신문 가능	검사, 변호인, 판사
	피고인 신문	피고인 진술 청취	검사, 변호인, 판사
	변론종결 (결심 공판)	최후의견진술과 구형	검사
		최후변론	변호인
		최후진술	피고인
선고 기일	선고	'주문' 낭독과 '이유' 설명	재판장
		상소기간과 상소법원 등 고지	재판장

※   일반적인 재판은 '공판준비기일' 없이 바로 공판기일로 넘어간다. 하지만 사회적으로 논란이 되거나 쟁점이 많은 사건의 경우, 공판준비절차를 거친다. 이때 법원은 미리 이를 공지하고 준비명령을 내린다. 쟁점을 정리하고 증거조사 방식 등을 논의하는 등 효율적인 재판 진행을 위해 준비하며, 피고인은 출석 의무가 없기 때문에 나오지 않아도 된다.

에서 피해자가 한 진술들이 일치하는지 여부만으로 그 신빙성을 판단하는 것은 매우 게으른 접근이다. 사전에 수사·재판 기록물의 대부분을 확보할 수 있는 피고인조차 피고인 신문 과정에서 진술의 일관성을 제대로 유지하지 않는 경우가 많다. 아무리 준비를 해도 증인석에 서면 진술의 일관성을 유지하기가 어려운 것이 사람이다. 증인신문이 단순한 기억력 테스트가 되어서는 안 된다.

설령 피해자 증인신문 전에 재판 기록물 열람·복사를 허용하면 진술 왜곡 등의 문제가 발생할 수도 있다는 우려를 수용한다고 치더라도, 피해자 증인신문 이후에도 이를 제한하는 것은 도대체 무슨 이유인가? 일반적으로 피해자 증인신문은 증거조사 속 증인신문 과정에서도 초반에 이루어지는 경우가 대부분이다. 그렇다면 순서만 놓고 보더라도, 피해자가 먼저 진술을 했기 때문에 재판부가 요구하는 '진술의 순수성'을 판단하기에는 무리가 없는 상황이다. 사건의 본질과 무관한 각종 허위사실이나 피해자의 사생활을 들어 피해자 진술의 신빙성을 무너뜨리려는 피고인 측에 대항할 무기를 피해자에게도 주어야 한다. 형사재판의 특성상 피고인의 일방적 주장만이 재판부에 가닿을 수 있는 구조임을 인정한다면, 그리고 피해자에게도 사실상 입증책임을 부과할 것이라면 그에 걸맞은 수준으로 정보를 제공해야 한다.

물론 아무리 정보를 제공받더라도, 피해자가 수사·재판 절차에 직접적으로 참여하는 데는 한계가 있다. 형사재판의 또 다른 '당사자'인 검사의 노력이 중요한 이유다. 그렇다면 검사는 피해자와 적극적으로 소통하며 입증을 위해 진지하게 노력하는가? 내가 본 현실 속의 검사들은 사건 파악이 제대로 되어 있지 않았고, 신문 내용이 부실했으며, 피고인 측의 전략에 효과적으로 대응하기보다는 그저 따라가기 급급하거나 무신경한 태도로 일관하는 경우가 많았다. 이렇게 검사가 제 역할을 못하면, 피해자는 진술의 신빙성을 인정받기 위해 취조 식의 신문을 감수해야 하며, 판사는 유죄에 대한 심증이 있어도 무죄를 선고할 수밖에 없다. 결과 역시 피해자에게 책임이 돌아갈 뿐, 당사자인 검사는 책임 있는 자세를 보이지 않는다. 피해자가 항소나 상고 등을 원해도, 상소권을 지닌 당사자인 검사가 포기하는 경우가 많다.

피해자 변호사가 있기는 하지만, 피해자가 당사자가 아니기 때문에 변호사 역시 조력하는 데 제한을 받는다. 수사 과정에서는 피해자에게 절차를 설명하고 진술할 때 동석하며, 재판 과정에서는 증인신문 동석과 피해자 의견진술 대리 등의 역할을 하는 정도가 일반적이다. 그 외에는 변호사 개인의 역량에 맡겨져 있다. 하지만 변호사의 업무 범위를 넘어 피해자 증인신문 내용을 작성해 오라는 검사, 적용법조에 대한 적절성 판단을 하라는 재판부도 목격한 적이 있다. 실제로 입증하고 판단하기 위해 노력해야 할 당사자는 검사와 재판부임에도, 자신의 일을 피해자 변호사에게 떠넘기는 것이다. 그렇다고 해서 피해자 변호사의 의견을 재판에 적극적으로 반영하지도 않는다. 이런 상황이다 보니 피해자와 변호사가 서로 불신하는 사태도 발생한다. 어딜 가나 억울한 사람만 양산되고 있는 것이다.

수사와 재판이 진행되는 과정에서 피해자의 엄벌 의사 또한 제대로 전달되지 않는다. 피해자가 엄벌 의사를 전달할 수 있는 방법은 다양하다. 수사 과정에서는 범죄피해평가 신청(경찰)과 범죄피해양형자료보고서 작성 신청(검찰), 재판 과정에서는 의견진술(구두 혹은 서면), 모든 과정에서 엄벌에 대한 탄원서나 의견서 제출 등이 있다. 그렇지만 각 제도에 대한 설명이 불충분하기 때문에 일반인인 피해자는 어떤 식으로 문서(예: 진술조서, 증인신문조서 등)를 확인하고, 어떤 내용을 담아 글(예: 탄원서 등)을 써야 하는지 잘 모른다.

엄벌 의사를 수사기관이나 재판부에 전달한다고 해도 처분이나 판결에 적극적으로 반영되지 않기도 한다. 피해자가 다수일 때 일부 피해자의 합의 등 처벌불원 의사가 있는 경우, 다른 피해자가 엄벌을 요구해도 가해자에게 유리한 방향으로 결론이 내려진다. 이처럼 엄벌 의사 표시는 그저 참고사항 정도로 반영되는 반면, 처벌불원 등 선처 의사 표시는 거의 필수적으로 반영된다. 그 과정에서 수사기관이나 재판부가 처벌불원이 피해자의 진의인지에 대해 적극적으로 판단하지 않기도 한다. 친족성폭력 피해자, 교제폭력 피해자, 가정폭력 피해자, 아동·청소년·장애인 피해자 등은 취약한 위치에 있을 수밖에 없는데도 그들의 의사를 기계적으로 가해자에게 유리한 방향으로 반영하는 경우도 허다하다.

수사·재판 절차에 대한 이의제기 역시 일반인 피해자에게는 버거운 일이다. 그나마 수사 과정에서는 피해자가 수사관 기피신청, 불송치 결정에 대한 이의제기, 불기소 처분에 대한 항고와 재정신청* 등을 직접 할 수 있다. 하지만 수사관 기피신청을 제외하면, 나머지 불복 절차에서 피해자가 원하는 결과가 나오는 경우가 드물다. 또한 재판 과정에서 법관 기피는 제도만 있을 뿐 실제 구현이 거의 불가능하며,** 원심에 불복할 수 있는 상소권한 역시 검사의 판단을 기다려야만 한다. 이 과정에서 전문가의 조력이라도 제때 충분히 받을 수 있으면 좋겠지만, 앞서 언급했듯 현행 제도는 한계가 많다.

피해자를 위한 선택지

피해자는 다양하다. 그런데도 많은 전문가들은 피해자가 형사사법 절차에 참여하기를 원치 않는다고 상정하고 문제를 해결하려 한다. 내가 연대했던 많은 피해자들은 전문가들에게 수사·재판 과정에서 자신들이 무엇을 할 수 있고 해야 하는지 질문했을 때, 그저 피해 회복을 목표로 쉬라는 말을 들었다고 했다. 그렇게 피해자들은 전문가의 조언대로 수사·재판 과정에 소극적으로 대응했고, 그 결과 피해를 인정받

---

* 검사의 불기소 처분에 불복해 처분의 옳고 그름을 가려달라고 직접 법원에 신청하는 제도.
** 피해자뿐 아니라 피고인의 법관 기피신청도 허용되는 경우가 거의 없다.

3 또 다른 톱니바퀴들

지 못했다. 형사사법 절차에서 피해자의 존재 자체만으로는 피해를 인정받기가 어렵기 때문이다.

그들에게 좀 더 일찍 선택지가 주어지고, 그들이 각 선택지에 대해 충분히 설명을 들었다면 굳이 그런 시행착오를 거쳐 뒤늦게 피해를 인정받는 일은 없지 않았을까 생각하곤 한다. 물론 신고·고소 이후의 진행 과정이나 결과에 더 이상 신경 쓰기를 거부하는 피해자들도 존재하며, 그들의 선택 역시 존중되어야 한다. 그러니 더욱 다양한 피해자의 욕구나 욕망을 반영한 여러 선택지가 필요하며, 이를 적극적으로 알릴 필요가 있다.

나는 연대할 때 피해자들과 지속적으로 소통하며 의사를 확인한다. 내가 연대한 대상이 주로 성인-비장애 피해자였기 때문에 수사와 재판의 과정에서 피해자의 의사를 정확하게 파악하고 전달하는 것이 중요했다. 성인-비장애 피해자의 경우 성적자기결정권을 행사할 수 있고, 자신의 의사를 상대에게 전달할 능력이 있으며, 피해 사실의 입증 과정을 견딜 수 있을 것이라고 수사기관과 법원에서 기대하기 때문이다. 그래서 수사와 재판에 대해 충분히 설명하고, 각 단계에서 피해자가 고를 수 있는 선택지를 소개하며, 각 선택지별로 어떤 결과가 예측되는지 전달한다. 이런 정보가 제공되면 피해자는 자신의 의사를 전달할지 여부부터 그 방법까지 신중히 선택하게 되고, 결과에 대한 수용도 비교적 빠르다.

피해자에게 선택지를 주어야 한다. 그 선택지는 일반인인 피해자의 시각과 입장을 반영해서 구성해야 하고, 피해자에게 선택지를 충분히 설명한 뒤 그 선택을 기다릴 수 있어야 한다. 그리고 이는 사법 시스템에 종사하는 전문가들의 몫이라고 생각한다. 전문가들이 이 역할을 제대로 해야 사법 시스템이 피해자들에게 온전한 선택지로 기능할 수 있다. 그러나 현실은 어떠한가? 사법 시스템을 통해 모든 문제가 해결되고 정의를 실현할 수 있다거나, 그 과정에서 모든 것을 잃을 거라는 양극단의 과장과 공포를 조장하는 데 머무르고 있다. 이런 식의 접근이 피해자들에게 과연 도움이 되겠는가?

20세기 후반부터 세계 각국은 '회복적 사법'에 대한 고민을 바탕으로 사법 시스템을 바꾸고 있다. 가해자 처벌 등 전통적 의미의 '응보적 사법'에서 나아가, 어떻게 피해자의 권리를 보호하고 실현할지에 대해 논의하기 시작한 것이다. 하지만 한국의 사법 시스템은 여전히 응보적 사법에 기반을 두고 있다. 형벌은 범죄자에 대한 국가 형벌권의 발동, 즉 범죄행위에 상응하는 형벌을 가함으로써 재범 방지와 사회 복귀를 목적으로 한다는 것이다. 그러다 보니 형사사법 절차는 가해자(피의자/피고인)의 유무죄를 판단하고 형량을 정하는 데 초점이 맞춰지고, 피해자는 가해자의 범죄행위를 밝힐 '증인'으로서 부수적·주변적·수동적 지위에 놓인다. 그렇다면 이러한 '응보'는 제대로 되고 있는가? 아니다. 수사와 재판의 과정에서 당사자의 지위도 아닌 피해자에게 과도한 입증책임을 안긴다. 결과 역시 범죄의 피해와 해악이 불균형을 이루고 있어 제대로 된 응보도 되지 않는다. 결국 형사사법 절차를 거친 많은 피해자들은 피해를 온전하게 회복하지도, 사회에 복귀하지도 못하고 사라졌다.

형사사법 절차의 과정과 결과가 피해 회복에 기여하기를 바란다. 현재 형사사법 절차에서 주변적·부수적·소극적 지위에 머무르는 피해자가 절차의 중심으로 들어가서 자신의 고통을 적극적·능동적으로 이야기하고, 가해자와 국가에게 피해 회복을 위한 실질적인 책임을 요구하는 것. 형사사법 절차의 근본부터, 그 존재 의의부터 피해자를 중심으로 다시 검토하고 바꾸어나가야 한다.

피해자에게 말하라고 강요하기 전에 피해자가 말할 환경을 만들고, 피해자의 말을 들을 준비를 해야 한다. 물증 확보가 어려운 성폭력 사건의 특수성이라고 뭉개지 말고, 피해자의 진술이 중요하다는 이야기만 반복하지 말고, 형사사법 절차에서 기대되는 피해자의 지위와 참여 범위 등에 걸맞은 대우를 하도록 노력해야 한다. 피해자가 '법대로' 하기로 선택한 것을 후회하지 않게 이런 말을 건넬 수 있어야 하지 않을까.

"당신들이 피해를 입고 그 시기가 어떻든 사법 시스템을 선택하게 되면 국가는 당신이 추가적인 피해를 입지 않도록 최선을 다할 것이며, 당신의 피해 회복을 위해 지원할 것이다. 비록 비교적 긴 시간이 걸리고, 그 과정에서 여러 가지를 포기하는 일이 생기더라도, 시스템을 통한 문제 해결이 당신의 일상을 다시 찾는 기반이 되도록 노력할 것이다. 그러니 사법 시스템을 선택하고, 절차에 적극 개입하며, 본인의 의사를 말해달라. 당신의 말을 경청하겠다."

경찰이라니,
가해자인
줄

2017년 11월 10일 트위터에 '#경찰이라니_가해자인줄'[1]이라는 해시태그가 등장했다. 그해 11월 초, 한국여성의전화 부설 가정폭력 피해자 보호시설에 가해자가 침입한 사건을 둘러싼 경찰의 대응이 2차 가해임이 알려지면서 시작된 것이다. 성폭력, 교제폭력, 가정폭력의 많은 피해자들이 온라인상에서 경찰의 2차 가해에 대한 경험을 공유했다. 나도 연대 과정에서 알게 된 다음의 사례들을 피해자들의 허락하에 당시 운영하던 트위터 계정(@C_F_diablesse)에 게시했다.

> 아, 무슨 아줌마를 여자로 본다고. 젊은 애들이 넘치는데.
>
> 20대 남성으로부터 성폭력 피해를 입은 50대 여성 피해자에게

> 이봐요 아가씨. 요새 위에서 성폭력 신고 들어오면 무고인지 따지랬어.
> 상대가 무혐의 되면 아가씨 무고로 들어갈 수 있다니깐? 줄 긋고 싶어?
>
> 강간 피해를 신고하러 온 20대 여성 피해자에게

3 또 다른 톱니바퀴들

내가 보기엔 아버지가 진심으로 반성하고 있다니깐? 그래도 자식인데 아버지 꼭 신고해야겠어?

가정폭력 신고를 하고 경찰서에 와서 진술하는 20대 여성 피해자에게

그러니까 왜 그때 신고 안 하고 지금 하냐구요.

관계 단절 후 교제폭력 후유증으로 고생하다가 고소를 한 30대 여성 피해자에게

이 사람은 가장이잖아. 피해가 사실이든 아니든 이렇게 인터넷에 올리는 건 인격살인이지. 당했을 때 고소하지 뭐했어요.

SNS에 성폭력 피해 사실을 폭로한 후 가해자로부터 명예훼손으로 고소당한 20대 여성 피해자에게

결혼도 했었고, 아줌마잖아요. 뭘 그렇게 가려.

강간 피해 이후 해바라기센터를 통해 검사를 받기 위해 기다리다가 남성 의사라는 말을 듣고 여성 의사로 바꿔달라는 30대 여성 피해자에게

또 왔어요? 뭐 그리 조심성이 없어.

강간 피해를 당한 후 도와주던 남성에게 또다시 준강간 피해를 입은 20대 여성 피해자에게

일단 지금 문제없잖아요. 합의하겠다고 반성한다고 비는데, 젊은 남자 창창한 인생 아가씨가 망치고 싶어?

합의에 활용하라며 자신의 연락처를 사전 허락 없이 가해자에게 넘긴 경찰에 항의하는 20대 여성 피해자에게

그래서 증거 있어요? 모텔 같이 들어갔다며. 모텔까지 갔으면 생각 있던 거지.

이별을 고하자 잠시 이야기하자며 모텔로 유인한 20대 남성에게 강간당할 뻔한 20대 여성 피해자에게

실질적인 피해가 없으면 경찰이 할 수 있는 게 없어요. 아니, 빵(교도소)도 다녀왔는데 정신 차리겠지. 문제 생기면 연락해요. 경찰들 바빠.

강간 가해자가 출소 후 연락하자 두려움을 느껴 신변보호를 요청한 30대 여성 피해자에게

그러니까 알 만한 사람이 왜 필름 끊길 때까지 술 마셔요. 그리고 길가에 앉아 있으면 남자들이 그거 놔두겠어?

만취 상태로 길가에서 강간을 당해 신고한 20대 여성 피해자에게

왜 저항을 못해? 보니까 아가씨 당하고만 있지는 않겠던데.

회식 후 음주 상태에서 직장 상사에게 모텔로 끌려가 강간을 당했으나 적극적 저항을 하지 못한 20대 여성 피해자에게

젊은 혈기에 욱했다잖아. 남자친구라며? 좀 봐줘. 좋게 타일렀어. 다시 이런 일 없을 거래. 신고하고 그러면 서로 골치 아파.

교제폭력을 신고한 20대 여성 피해자에게

이는 2014~2017년에 내가 직접연대를 했거나, 이후 여러 경로로 만난 여성 대상 폭력 피해자들의 사례다. 수사 단계부터 이런 형태의 추가 가해에 노출된 피해자들은 수사관의 눈치를 보면서 적극적 대응

3 또 다른 톱니바퀴들

을 주저했거나, 수사관에게 항의했다는 이유로 다양한 불이익(예: 불기소의견으로 검찰에 송치)을 경험했다. 아예 고소 자체를 포기한 경우도 있었다. '#경찰이라니_가해자인줄' 해시태그 운동이 알려지자, 경찰은 관련 내용을 숙지하고 재발 방지를 위해 노력하겠다고 밝혔다.[2] 그러면 이후 한국 경찰은 달라졌는가? 신고·고소를 위해 경찰서를 찾아간 피해자들을 어떻게 대하고 있나?

검경수사권이 조정되기 전인 2020년까지 나는 지연 고소를 결심한 피해자들에게 고소장 접수는 검찰에 하도록 권했다. 경찰은 접수 단계부터 다양한 이유를 들어 고소장을 반려·거부하면서 피해자에게 고통을 안긴다. 반면 검찰에 접수하면 제출만으로 마무리되기 때문에 그 단계에서 겪어야 하는 추가 피해가 없다. 수사지휘권이 검찰에 있던 기존 구조에서는 검찰에 접수된 사건도 다시 경찰로 수사지휘가 내려가는 게 일반적이었고, 경찰은 검찰에 접수된 사건을 거부할 수 없었다. 물론 검찰에서 다시 경찰로 내려가면 시간은 더 걸렸다. 하지만 긴 시간을 감수하는 게 나을 만큼, 고소장 접수 등 수사 단계에서 발생하는 경찰의 2차 가해는 심각했다.

그런데 이제 성폭력, 가정폭력, 교제폭력 등 여성 대상 폭력의 피해자들은 검찰이 아니라 경찰에만 고소장을 제출해야 한다. 2021년 검경수사권 조정, 2022년 형사소송법·검찰청법 개정 등으로 검찰의 직접수사권이 축소·폐지되고 있기 때문이다. 검찰의 직접수사 범위는 2021년 검경수사권 조정 이후 6대 범죄(부패·경제·공직자·선거·방위사업·대형참사)로 제한되었다가, 2022년 9월부터는 2대 범죄(부패·경제)로 축소되며, 그에 따라 경찰이 여성 대상의 폭력·살인 사건 등 일반 형사사건의 1차 수사종결을 할 수 있게 되었다. 경찰은 수사를 통해 범죄 혐의가 없다고 판단되면 검찰에 넘기지 않고 불송치결정을, 피의자의 소재가 불분명할 때는 수사중지결정을 내릴 수 있다. 고소인 등이 이의신청과 같은 불복 절차를 밟지 않거나(고발인은 이의신청조차 할 수 없다), 검찰의 시정조치 요구 등이 없으면 사건은 경찰 단계에서 마무리 되는 것이다. 물론 검찰은 경찰에 보완수사, 시정조치, 재수사, 직무배제, 징계 등을 요청할 수 있고, 일반인도 이의를 제기할 수 있도록 규정함으로써 경찰을 견제할 장치를 마련했다.

경찰이 지난해까지 정비해온 통제·점검·확인 등 보완 시스템이 올해 검경수사권 조정 시행 후 현장에서 무리 없이 작동되고 있다. 법과 제도가 바뀌고 시스템을 뒷받침하는 인력이 제대로 배치돼 교육·훈련으로 역량을 키워나간다면 책임수사 시스템이 제대로 정착할 것으로 생각한다.[3]

수사권 조정 이후 1년, 인력 부족으로 사건 기일이 일부 늘어난 것 이외에 어떤 인권침해, 사건 암장, 부정부패가 있었습니까.[4]

각각 2021년 4월에 김창룡 경찰청장이, 2022년 4월 민관기 경찰 공무원직장협의회 위원장이 '검경수사권 조정', '책임수사 시스템', '경찰의 수사역량' 등에 대해 내린 평가다. 그러나 이런 낙관적 평가는 현장의 상황을 무시한 것이며, 검경수사권 조정 후 일반인 피해자가 수사 과정에서 겪는 추가적인 피해를 외면한 일방적 주장이다. 현장에서는 고소장 접수 단계부터 문제가 생기고 있다.

수사 전의 문제
피해자들이 고소장 접수를 위해 경찰서를 찾아가면, 경찰은 수사를 통해 범죄 혐의를 밝히고 증거를 찾아야 한다. 그러나 실제로는 갖

3 또 다른 톱니바퀴들

가지 이유를 들어 고소장 접수를 반려하거나 고소 취하를 유도하고 있다. 이에 대해 2021년 6월 국가권익위원회 경찰옴부즈만이 고소·고발 반려 절차 전반에 대한 개선을 요구하는 등[5] 지속적인 문제제기가 이어지자, 경찰은 고소·고발의 처리 절차 개선 방안을 내놓고 2021년 10월부터 시행 중이다.[6] 요컨대 고소사실이 범죄를 구성하지 않거나, 시효가 도과되는 등의 이유로 수사할 수 없는 상황을 제외하면, 경찰은 피해자가 고소할 경우 관할을 불문하고 이를 접수해야 한다는 것이다. 그러나 경찰 수사관은 이런 방침을 모르거나, 알아도 무시하는 경우가 빈번하다.

　고소장을 반려하고 고소 취하를 유도하는 방식은 다양하다. 우선 고소장을 접수하려는 피해자들에게 더 구체적인 증거를 수집해오라고 요구하는 경우가 있다. 특히 디지털 성폭력 사건의 경우, 피해자는 가해자의 신원을 특정하기 어려운 사례가 많다. 그런데도 경찰은 "외국 SNS나 사이트는 수사 협조가 어렵다", "가해자가 누군지 알아 와야 고소장 접수가 가능하다", "민사소송을 제기한 다음 재판부에 사실조회를 신청해 가해자(피고소인)의 인적사항 등 관련 증거를 수집해 와라" 등의 말로 고소장 접수를 거부하거나 반려하고 있다.[7]

　'고소장 쪼개기'를 통해 고소 취하를 유도하거나 수사를 지연할 때도 있다. 성폭력 사건의 경우, 피의자가 한 명이더라도 연관된 범죄가 여럿인 경우가 많아 고소장에 적는 범죄명이 다양할 수 있다. 과거에는 그런 경우에 하나의 사건으로 처리해서 피해자인 고소인이 한 번 정도만 진술해도 되었지만, 지금은 고소장을 범죄별로 쪼개라는 요구를 경찰이 한다. 이 때문에 피해자는 여성청소년계에 가서는 성범죄 관련 진술을 하고, 사이버수사대에 가서는 명예훼손 등에 대해 진술하는 등 담당 부서만 바뀐 동일한 내용의 조사를 수차례 감당해야 한다.

일반인인 피해자가 법적 지식이 부족하거나 없다는 점을 이용해, 고소 내용이 범죄를 구성하지 않거나 죄명이 잘못되었다며 다시 고소장을 써오라는 식으로 반려하는 경우도 흔하다. 예를 들어 게임 채팅, SNS 등을 이용한 성적괴롭힘은 '통신매체이용음란죄'를 적용시켜 수사를 진행할 수 있다. 그러나 엉뚱하게도 모욕죄 구성요건(75쪽 첫 번째 각주 참조)을 들어 범죄가 성립되지 않는다고 반려하기도 했다. 경찰의 법적 지식이 부족한 탓도 있지만, 대개는 업무 과중을 들어 수사를 진행하기 귀찮은 것이 더 본질적인 이유다.

그렇다면 변호사를 선임해 고소장을 접수하면 좀 나을까? 2022년 4월 대한변호사협회가 실시한 '형사사법제도 개선을 위한 최근 회원 설문조사' 결과를 보면 변호사들도 고소장 접수 단계에서 접수 거부, 취하 종용, 소극적 태도 등을 경험했으며(46.8퍼센트), 재접수도 반복적인 접수 요구를 해야만 가능했다고(76.7퍼센트) 답변했다.[8] 법률 전문가인 변호사들에게도 이렇게 대하는데 일반인 피해자들에게는 과연 어떻겠는가?

어렵게 고소장이 접수되어도 이후 과정 역시 문제가 많다. 우선 수사관은 범죄 피해자의 권리와 지원제도에 대해 성실히 안내해야 한다. 성폭력 피해자의 경우 신뢰관계인 동석, 국선변호사 선임, 가명조서, 인적 사항 미기재 혹은 기재 후 삭제, 신변보호, 수사 과정 통지 등을 경찰에 요구할 수 있다. 그러나 안내서[9]를 제공하는 수준에 머물 뿐 적절한 설명을 하지 않아 피해자들이 제때 활용하지 못하기도 한다. 심지어 경찰이 안내서에 언급된 지원제도의 내용을 이해하지 못해서 피해자가 필요한 시기에 적절히 보호받지 못한 경우도 있었다.

형식적으로 접수만 한 뒤 '사건 돌리기'(관할 떠넘기기)를 하는 경우도 있다. 가해자(피의자)가 이사를 가는 등 변동 사항이 발생하면 다른

경찰 수사 단계에서 활용할 수 있는 피해자 권리 및 보호제도(경찰청 민원실: 국번없이 182)

법률지원	피해자 국선변호사, 대한법률구조공단, 대한변협법률구조재단, 법률홈닥터 등
심리지원	신뢰관계인, 피해자심리전문인력(CARE요원 등), 스마일센터 등
진술조력	진술조력인 동석(성폭력, 아동학대 등 사건의 아동·장애인 피해자 대상)
신체·정신·재산상 지원	범죄피해자 구조제도, 주거지원제도, 경제적 지원(치료비, 심리치료비, 생계비, 학자금, 장례비 등), 범죄피해자지원센터, 스마일센터 등
피해자 신변보호	신변보호조치, 가명조서, 인적사항 미기재, 인적사항 기재 후 삭제, 피해자 보호시설, 임시안전숙소, 이전비(이사실비), 스마트워치(위치확인) 등
진술방식	메모장, 진술녹음제, 진술영상녹화제 등
열람·복사	본인 제출 서류와 본인 진술조서 등에 대한 열람·복사
수사 진행 상황 통지	수사 진행과 결과에 대한 통지(의무)
정보 제공	형사사법포털(KICS) 활용, 형사절차 정보 조회 및 민원신청 서비스 제공
인권 침해에 대한 문제제기	수사관 기피신청, 청문감사인권담당관 제도
이의신청	불송치결정, 수사중지결정 등에 대한 이의신청
범죄피해평가	피해자의 신체적·심리적·경제적 피해 종합평가(향후 가해자 구속·양형 영향 자료 활용)
회복적 경찰활동	대화·협의 등 중재를 통한 문제 해결 지향

경찰서로 사건을 넘기는 방식(이송)을 취하는 것이다.[10] 당연히 수사는 늘어지게 되고, 이송된 경찰서에서 피해자 조사가 필요하다고 하면 피해자는 낯선 수사관 앞에서 또다시 진술해야 하는 상황이 발생하게 된다. 연대 중인 사건에서도 이런 사례가 있었는데, 경찰은 가까운 거리임에도 관할만 다른 곳으로 이사한 가해자(피의자)에 대한 조사를 지속적으로 미루면서도 책임지지 않으려 했다.

수사의 문제

수사는 어떠한가? 디지털 성범죄의 경우, 가해자 특정부터 관련 자료의 수집까지 모두 피해자가 찾아서 정리해오라고 요구한다. 피해자가 다수일 경우, 본인들은 접촉하기 어렵다며 직접 다른 피해자들에게 연락해 수사 협조 요청을 받아내라고도 한다. 증거자료를 취합·정리해 가져가도 제대로 보지 않을 때도 많다. 추가 범죄의 가능성을 전달해도, 관련 자료를 제출해도, 시간만 끌면서 여죄에 대한 수사는 아예 진행조차 하지 않을 때도 있다.

2021년 검경수사권 조정 이후, 검찰은 경찰이 송치한 사건과 '직접 관련성'이 있는 사건에 대해서만 직접수사를 개시할 수 있고, 나머지는 다시 경찰에 보완수사를 요구해야 한다. 문제는 '직접 관련성'이라는 제약 때문에 검찰이 직접수사를 소홀히 하거나 소극적으로 할 수 있고, 검찰이 경찰에 보완수사를 요구해도 경찰 스스로 초기 수사의 한계를 짚는 추가 수사를 제대로 할지 우려된다는 것이다. 경찰이 불송치결정을 내린 사건의 경우, 고소인 등이 이의신청을 해도 결국 '동일성을 해치지 않는 범위 내'에서만 검찰이 수사할 수 있기 때문에 1차 수사를 맡은 경찰의 역할이 절대적이지만, 수사 역량의 질적 발전은 아직 더딘 상태다.

늘어지는 수사에 대해 피해자가 문의하거나 항의하면 절차대로 진행 중인데 왜 그러냐고 피해자에게 화를 내거나, 민원을 제기해 수사관을 교체하라며 엄포를 놓는다. 수사관을 교체해도 어차피 마찬가지일 것이며 시간은 더 걸릴 거라고 압박하기도 한다. 검경수사권 조정 이후인 2021년부터는 인력 부족과 업무 폭증을 들어 수사 지연을 정당화하는 일도 잦다. CCTV 등 물증 확보도 게을리해 영상이 삭제되거나, 피해자가 직접 영상을 확보해 갈 때까지 아무것도 안 하기도 한다. 도대체 수사의 주체는 누구인가? 왜 피해자가 수사까지 해야 하는가?

반면 가해자(피의자) 수사는 어떻게 진행되고 있을까? 상당수의 가해자들이 수사를 받기 전 미리 '학습'한다. 성범죄 가해자들이 모여 정보를 나누는 각종 인터넷 카페 등에 들어가 보면, 디지털 성범죄의 경우 특정 프로그램을 이용해 6회 이상 덮어쓰기를 하면 포렌식을 통해서도 드러나지 않는다는 등 각종 증거인멸 방식에 대해 소개하고 있다. 압수·수색과 관련해서는 경찰이 영장 제시, 참여권 보장 등에서 관행을 앞세워 절차적 문제를 일으키는 여러 사례를 공유하고 학습한 후, '위법수집증거배제의 법칙'*을 활용해 빠져나오는 방식도 이용 중이다. 디지털 성범죄 사건에서는 상대적으로 물증 확보가 용이하므로 이를 고려한 가해자가 애초에 자백이나 인정을 함으로써 여죄에 대한 추가 수사를 최소화한 후,** 재판 단계에서 수사 과정의 문제를 짚어 빠져나오려는 전략을 취하는 것이다.

이런 게 가능한 것은 가해자들이 말하는 '착한 수사관'의 존재 때문이다. 가해자들에게 '착한 수사관'은 어떤 이들이겠는가? 관련 분야에 대한 전문성도 없고, 수사는 부실하며, 인권 감수성도 떨어지는 데다, 법적 지식도 부족한 이들이다. 검경수사권 조정을 가해자들이 반기는 이유도 여기에 있다. 검경수사권 조정 이전에는 부실 수사의 책임을 검찰의 지휘 문제로 돌리거나, 적극적 수사 요청을 거부하며 검찰에 가서 이야기하라던 경찰이, 과연 수사종결권을 갖는다고 수사력이 비약적으로 발전할까? 1차 수사종결권을 가져간 후 시간이 꽤 흘렀지

---

*   적법한 절차에 따르지 않고 수집한 증거는 증거능력이 부정된다는 형사소송법의 원칙.

**   가해자가 자백할 경우 그 이상으로 수사를 진행하지 않는 경향이 있으며, 경찰이 혐의가 있다고 판단해 송치해도 검찰이 직접수사를 할 수 있는 범위는 극히 제한적이다. 경찰의 부실 수사에 대해 검찰이 보완하거나 견제하려 해도, 앞서 언급했듯 '직접관련성'(송치결정일 경우), '동일성'(불송치결정일 경우) 등의 요건 때문에 경찰의 수사 범위를 넘어서기 어렵다.

만, 준비 없이 권한만 부여받은 경찰의 수사 수준은 아직까지 기대 이하다.

피해자 진술조서를 작성하는 과정은 어떠한가? 메모장 활용, 녹음·녹화제도 도입 등 조사 과정에서 발생하는 수사관의 2차 가해를 기록하거나 입증할 수 있는 장치가 생기고 있으나, 여전히 현장은 엉망인 경우가 많다. 변호사가 동석하더라도 전문가로서 의견을 진술할 기회를 주지 않거나 나중에 의견서로 내라는 식으로 입을 막는 경우도 있고, 반말은 기본인 데다, 소 취하와 합의를 강요한다. 조서를 작성할 때는 여전히 성폭력 피해자에 대한 편견을 바탕으로 신문을 진행해 고통을 준다. 수사 단계부터 의심에 내몰리는 피해자의 상황·상태에 대한 배려가 부족하다 못해 '무고' 가능성부터 생각하고 접근하는 경우도 허다하다.

피해자들은 조사를 받을 때 필요한 질문과 2차 가해성 질문을 구분할 수 있고, 혐의 입증을 위해 필요하다면 고통스러운 질문을 받는 것도 감수한다. 그러나 수사 단계에서 피해자 진술을 어떻게 받아내느냐가 더욱 중요한 경우, 예를 들어 물증 확보가 어려운 일반 성폭력 사건이나 피해자가 아동·청소년·장애인 등 취약한 계층이어서 의사 전달에 한계가 있는 사건에서도 한국 경찰의 신문 기술은 여전히 나아지지 않고 있다. 질문을 잘해야 답변도 잘 나오는 법인데, 경찰의 신문 방식이나 질문 수준은 제자리걸음이다. 작성한 조서도 피해자의 입장을 제대로 반영하지 못하거나, 답변을 왜곡하기도 하고, 수사관 자신의 주관적 판단을 집어넣기도 한다. 조서를 꼼꼼하게 확인할 시간을 주지 않는 경우도 있으며, 수정을 요청해도 윽박지르며 거부하거나 최소화하라고 강요한다. 기록과 문서가 중시되는 사법 절차에서 조서가 이렇게 엉망으로 작성되면 이후의 피해는 고스란히 피해자에게 간다.

3 또 다른 톱니바퀴들

그렇다면 법리적 검토 능력은 있는가? 담당 경찰관이 법 조항에 대한 이해도가 현저히 낮거나, 조항을 잘못 적용하거나, 판례 해석을 제대로 하지 못하는 경우도 있다. 경찰 조사 과정에서 연대할 때 다양한 자료를 미리 준비해가는 이유이기도 하다. 특히 성범죄 사건의 경우 적용 법률이 다양하기도 하고, 전향적인 판단과 보수적인 판단이 공존할 수 있기 때문에 법리적 이해 능력이 매우 중요하다. 그래서 검경수사권 조정 이후에는 수사 초기 단계부터 변호사 등 전문가의 조력이 더 필요해졌다고들 한다. 경찰의 법리적 검토와 적용 능력이 충분하면 좋겠으나, 현장 수준은 처참하다.

이렇게 해서 진행된 수사는 얼마나 걸릴까? 경찰청이 발표한 통계에서도 검경수사권 조정 전보다 늘어난 것으로 나오지만,[11] 현장에서는 더 심각한 상태로 보고 있다. 내가 연대 중인 성폭력 사건의 경우, 고소장 접수 후 3개월이 지나 고소인(피해자) 진술이 이루어졌는데, 피의자(가해자) 조사는 11개월이 지난 2022년 6월 현재까지도 진행되지 않고 있다. 대한변호사협회의 조사에 따르면 고소장 접수 후 고소인 조사가 이루어지기까지 1개월이 넘었다고 답변한 변호사들이 61.9퍼센트였으며, 고소인 조사 후 피의자 조사가 이루어지기까지 3개월이 넘었다(심지어 1년 이상 걸린 경우도 있다)는 답변도 절반 정도를 차지했다.[12] 대검찰청도 검찰이 경찰에 보완수사를 요구한 건 중 절반 정도가 3개월 이상 걸렸으며, 1년 이상 이행되지 않은 건은 13퍼센트에 이르고, 재수사를 요청한 건도 35.1퍼센트 이상이 6개월 이상 재수사가 진행 중이며, 이행되지 않은 건은 22.7퍼센트라고 발표했다.[13] 결국 경찰 단계의 수사 지연 문제를 해결하지 않는 이상 수사 역량에 대한 문제제기는 계속될 수밖에 없다.

문제제기를 할 때의 문제

경찰 수사 과정에서 발생하는 각종 인권 침해에 대한 구제 절차와 제도는 제대로 운용되고 있는가? 대개 피해자 변호사들은 피해자들의 이의제기를 막는다. 수사관에게 밉보이면 결과를 장담하기 어려우며, 수사관 교체를 요구하더라도 잘 되지 않을 뿐만 아니라, 교체해도 어차피 "그 나물에 그 밥"이라 달라질 것이 없다고들 한다. 그래서 많은 피해자들이 눈치를 보며 수사 과정의 불합리함과 각종 인권 침해를 참는다.

그러나 나는 연대할 때 문제제기를 적극적으로 권한다. 절차에서 인권 침해가 발생하면 결과에도 영향을 미친다. 잘못된 절차가 부적절한 결과로 이어지는 것이다. 또한 인권 침해를 참고 사건에 대한 처분이 내려질 때까지 기다리기만 하다 그 결과가 원하는 방향이 아닐 경우, 항의를 하면 당시에는 뭐하다가 이제 와서 문제제기를 하냐며 오히려 피해자를 몰아가기도 한다. 그러므로 현장에서 곧바로 항의하거나, 그게 어려우면 경찰서 내 청문감사인권담당관실에 문제를 제기하고, 국민신문고를 통해 경찰청과 국가인권위원회 등에 이중으로 민원을 제기하는 방식을 권했다. 경찰 내부에만 문제를 제기하는 데 그칠 경우, 내부에서 덮으려는 경향이 있기 때문이다. 아울러 수사 개시 후 피해자가 참여한 대화와 통화 등은 녹음하거나 기록하도록 권한다. 메모장, 진술녹음제, 영상녹화제도의 활용도 긍정적으로 검토해 수사관의 2차 가해를 기록·저장하도록 유도했다.

특히 '수사관 기피제도' 역시 적극적으로 활용했다. 기피신청을 하면 문제제기를 했던 피해자라는 낙인이 찍혀 불이익을 받을 것이라고 우려하거나, 어차피 동일한 수사기관인데 수준이 비슷하지 않겠냐며 신청 자체를 꺼리는 피해자들이 있다. 그러나 인권 침해를 동반한 소극적 수사가 진행되면 그 처분 결과도 긍정적인 경우가 드물다. 또 기소까지 가더라도, 수사가 부실하면 재판 과정에서 피해자가 재차 피해를 입증해야 하는 일이 생기기도 한다. 따라서 적극적 대응을 원하는 피해자들에게는 권리 침해에 대해서도 적극적이고 즉각적으로 문제제기를 하도록 권하고 있다. 실제로 이러한 문제제기를 통해 수사관이 적시에 교체되기도 했고, 부적절한 처분(불기소의견 송치, 불송치결정, 불기소 처분 등)에 대해 항고 등 불복 절차를 밟았을 때 재기수사명령 등이 내려져 결국 기소로 이어진 케이스들도 있었다.

　불송치결정을 내린 건들은 어떻게 처리되고 있을까? 경찰은 불송치결정을 통한 1차 수사종결권이 있는데, 이 경우 경찰은 고소인 등에게 7일 이내에 그 이유를 적은 결정서와 함께 통보해야 한다. 문제는 현장에서 이 지침의 준수가 엉망이라는 데 있다.[14] 우선 불송치결정에 대한 이의신청 절차와 진행 과정 등의 안내가 매우 미흡하다. 또 불송치결정서의 내용 속 이유가 명확하지 않아서(예: "피의자의 혐의를 인정하기 어려워 불송치결정을 한다") 이의신청을 하고 싶어도 어떤 내용으로 해야 할지 판단하기 어려운 경우가 많다.[15] 심지어 불송치결정 후 세 달 넘게 피해자(고소인)에게 통보하지 않고, 불송치결정서를 작성하지 않은 사례도 있었다. 피해자의 연락을 받고 형사사법포털에서 사건 진행 상황을 파악한 뒤 정보공개청구를 하도록 권했지만, 경찰이 의무적으로 할 일을 하지 않는 상황에서 외부 조력을 구하기 어려운 피해자들은 도대체 어떻게 대처하란 말인가.

앞으로의 문제

　2021년 검경수사권 조정으로 일반 형사사건에 대한 1차 수사종결권을 갖게 된 경찰은, 2022년 형사소송법과 검찰청법 개정으로 수사의 실질적·직접적 주체가 되었다. 여기에 국정원법 개정으로 2024년부터는 국가정보원이 담당해온 대공수사권까지 가져오며 '정보'라는 힘도 거머쥐게 된다. 이를 통해 일반 시민들에게 더 강한 영향력을 미칠 수 있게 되었다.[16] 문제는 그에 걸맞은 수사 역량 강화, 전문 인력 확충, 인권 감수성 제고, 내외부 감시·통제 장치 마련 등을 제대로 준비하지 않는다는 데 있다. 물론 경찰은 외부의 이런 우려를 의식해 '수사'와 '정보'를 분리하고, '국가경찰', '자치경찰', '수사경찰'로 권한을 분산할 것이며, '인권경찰', '회복적 경찰활동' 등을 내세우며 쇄신하겠다는 포부를 밝히고 있다. 수사 과정의 투명성을 제고하고, 관련된 정보를 제때 전달하며, 수사 진행과 결과에 대해 통지하고, 불송치결정과 수사중지결정 등에 대한 이의제기에도 적극 협조하겠단다.[17]

그런데 당장 피해자들은 고소장 접수부터 어렵다고 한다. 수사 지연, 사건 암장, 인권 침해 등은 진행형의 문제다. 현재 경찰이 수사권을 가질 만한 자격과 능력이 있는지 의심스러운 사례들은 계속 나오고 있다. 검경수사권 조정, 수사와 기소의 분리 등을 경찰과 검찰의 관계로만 보지 말고 일반인과 경찰의 관계로도 봐야 하지 않는가? 현장에서 직접적 영향을 받는 것은 바로 시민들이기 때문이다. 이제 수사는 경찰의 몫이며 책임이다. 그러나 경찰은 아직 그 책임의 무게를 알지 못하거나, 책임보다 권한 행사에 집착해 변화된 모습을 보이지 못하고 있다. 그래서 문제제기나 감시 없이 둘 경우, 앞으로 그 비대해진 권력을 악용해 피해자, 약자, 소수자를 뭉갤 수 있다. 기관끼리의 감시·통제가 어려워진 상황이라면 시민 감시를 통한 외부 통제를 강화해야 한다.

경찰은 '민중의 지팡이'임을 자처하고 있지만, 아직 능력이나 의지가 부족하다. 외부 감시가 소홀해지면 언제든 민중을 향한 '권력의 몽둥이'가 될 수 있음을 역사가 증명하고 있다. 그래서 앞으로는 경찰 감

3 또 다른 톱니바퀴들

시를 더욱 진행할 예정이다. 강력한 무기를 쥔 경찰에 대한 시민 감시가 제대로 이루어지지 않으면 형사사법 절차는 망가지기 마련이며, 결국 피해자들의 고통만 가중되기 때문이다.

한편 이런 외부 감시를 지속하려는 것은 경찰에 대한 신뢰가 피해자 보호로 이어지리라는 기대가 있어서다. 경찰은 사건 현장에서 누구보다 먼저 피해자를 만나는 사람, 가장 많이 피해자와 이야기하는 사람이기 때문에 경찰을 믿을 수 있을 때 피해자의 회복도 앞당겨진다. 그래서 경찰을 믿고 싶다. 피해자들에게 피해 이후 수사기관에 찾아가는 것이 당연하며, 찾아가 도움을 청했을 때 보호받을 수 있다는 확신을 주고 싶다. 그래서 오늘도 '지팡이'로 쓸 나무를 고르고, 다듬으며, 광을 내는 중이다. 시민의 손에 맞는 지팡이는 저절로 만들어지는 게 아니기 때문이다.

판사 뒤에
숨은
검사들

"공판검사가 판사 뒤에 숨어 있다는 발제자의 발언에 동의할 수 없습니다."

2020년 9월 서울동부지법에서 열린 〈성범죄 재판, 함께 돌아보기: 보호법익, 재판실무, 시민사회의 시선으로〉 포럼의 '세션 3: 시민사회의 관점에서 바라본 성범죄재판' 발제자로 참여했을 때, 채팅방에 올라온 발언이다.

내 발언에 동의하는지 여부와 상관없이, 검찰은 이제껏 재판 과정과 결과에 대한 책임을 판사에게 떠넘기며 숨어 있었다. 언론과 대중은 재판에서 검사가 제 역할을 했는지보다는 최종적으로 가해자(피고인)가 몇 년 형을 선고받았는지에 더 관심이 많기 때문이다. 그래서 언론에 재판부의 이름은 공개되지만, 수사검사와 공판검사의 이름은 나오지 않는다. 판결문에는 담당 검사의 이름이 적혀 있긴 하지만, 검사의 구형과 최후의견 등은 찾아볼 수 없다. '조두순 아동 성폭력 사건'처럼 사회적인 공분을 일으킨 경우에나 겨우 검찰의 무능력과 태만이 드러나는 정도다.[18]

'조두순 아동 성폭력 사건'은 성폭력 수사·재판 과정에서 나타날 수 있는 검찰의 잘못이 집약된 사건이었다. 당시 수원지검 안산지청 소속의 수사검사는 몸이 불편한 아동 피해자를 검찰로 불러 장시간 조사를 강행했고, 영상녹화장치 조작도 서툴러서 피해 상황을 수차례 진술하도록 만들었다. 그뿐 아니다. 법조 적용에서도 경찰이 당시 성폭력특별법상 '13세 미만 미성년자에 대한 강간상해'를 적용해야 한다는 의견으로 검찰에 송치했음에도, 검찰은 그보다 법정형이 낮은 형법상 '강간상해'로 기소했다.* 재판으로 넘긴 후에도 검찰은 잘못 적용한 법조를 바로 잡을 수 있는 공소장 변경**을 하지 않았다.

재판 과정에서도 공판검사는 음주로 인한 심신미약을 주장하는 피고인(조두순)에 대해 적극적으로 반박하지 않은 것으로 알려졌다. 게다가 검사가 무기징역을 구형한 후 1심 재판부가 징역 12년을 선고했음에도 관행***을 들어 항소하지 않았다. 이에 2심에서는 피고인만 항소하면서 '불이익변경금지의 원칙'에 따라 1심보다 중한 형을 선고할 기회를 날려버렸다. 법률심인 3심에서는 '양형부당'만을 이유로 상고하는 것은 의미가 없었으므로 결국 그대로 확정되었고, 피고인 조두순은 2020년 12월 사회로 복귀했다.

이 사건은 2009년 국회 법제사법위원회의 국정감사 과정에서도 문제가 되었고, 결국 대검찰청 감찰위원회는 같은 해 12월 수사검사에

---

* 검찰이 적용한 형법상 '강간상해'는 법정형이 '무기 또는 징역 5년 이상'이지만, 경찰이 제시한 (구)성폭력특별법상 '13세 미만 미성년자에 대한 강간상해'의 법정형은 '무기 또는 7년 이상의 징역'이었다.

** 공소사실의 동일성을 해치지 않는 범위에서 법원의 허가를 얻어 공소장에 기재한 공소사실 또는 적용법조를 추가·철회·변경하는 것.

*** 당시에는 검사가 무기징역을 구형한 경우, 징역 7년 미만이 선고될 때만 항소하는 경향이 있었다.

대해서 주의조치를 내렸다. 검사가 무기징역을 구형했고, 재판 도중 논고문(1심에서 의견서 형태로 제출)까지 작성한 노력을 참작했다는 것이다. 감찰위원회는 항소를 포기한 공판검사와 지휘라인(당시 수원지검장과 수원지검 안산지청장)에 대해서는 업무상 과실이 없다는 이유로 조치를 취하지 않았다. 피해자에게 고통을 안긴 수사 과정의 책임에 대해서는 피해자 가족이 별개로 손해배상 소송을 제기했고, 국가가 배상하는 것으로 마무리되었다. 수사 과정에서의 2차 가해, 잘못된 법 조항 적용, 태만한 입증 과정, 관행을 앞세워 쉽게 포기한 상소권 등 2008~2009년 당시에 나타났던 검찰의 문제가 2022년 현재에는 과연 얼마나 개선되었을까?

70년 만의 변화

2021년 1월 1일부터는 검찰의 권한이 일부 축소되었다. 검찰에 집중되어 있던 세 가지 권한, 즉 수사권(수사개시권, 수사지휘권, 수사종결권), 기소권, 영장청구권 중 특히 수사권과 관련해 많은 변화가 생긴 것이다. 송치 전 경찰에 대한 검찰의 수사지휘권이 폐지되면서 경찰이 1차적·일반적 수사를 담당(수사개시권, 1차 수사종결권)하게 되었고, 검찰은 일부 범죄를 제외하면 2차적·제한적 수사의 주체가 되었다.* 그러나 검찰이 권한을 남용할 가능성은 남아 있다. 여전히 영장청구권과 기소권이 있고, 견제 장치가 부족하기 때문이다. 따라서 경찰이 신청한 영

---

*   일선에서는 검경수사권 조정 전에도 경찰의 송치의견과 검찰의 처분(기소/불기소)이 거의 일치했던 것을 들어 아직 큰 변화는 없다고들 한다. 그러나 피해자들은 수사권 조정 후 수사 지연이나 부실 수사에 대한 고충을 토로하고 있는 실정이다. 검찰에 대한 감시와 별개로, 수사지휘권이 사라진 검찰이 경찰을 충실히 견제하는지도 지켜봐야 한다.

3 또 다른 톱니바퀴들

장을 검사가 정당한 이유 없이 청구하지 않을 경우를 대비해 '영장심의위원회'가 새로 생겼고, 불기소 처분에 대해서는 고소인이 항고와 재정신청 등을 할 수 있는 불복 절차도 이미 마련되어 있다.

그러나 청주에서 발생한 '계부(56세, 남) 성폭행 사건'처럼, 경찰의 영장 신청을 검찰이 수차례 기각해 피해자들이 제때 보호받지 못하고 사망한 사례가 2021년에도 이어졌다. 디지털 성범죄 사건의 경우, 검찰 단계에서 검사의 재량으로 기소유예가 남발되고 있다. 성폭력 가해자들의 보복성 고소(예: 명예훼손, 모욕 등)에 대해서는 충분한 검토 없이 형사조정을 강요하거나, 편견(예: 피해자답지 않다)에 기반해 수사 지침을 무시하고, 성폭력 피해자에 대해 적극적으로 '무고' 인지를 하는 등 공판 전 검찰 수사 단계에서 문제가 계속 발생하고 있다.

> 검수완박? 대체 뭔가요?
> 개정안은 범죄 외면법, 범죄 방치법입니다.
> 검수완박, 누구를 위한 것입니까?

매달 뉴스레터 정도의 게시물만 올라오던 대검찰청 공식 블로그의 '검찰 소식'에 2022년 4월 20일 이후 2주 정도 우르르 쏟아진 게시물 일부의 제목이다. '검수완박'('검찰 수사권 완전 박탈'의 줄임말)으로 불리던 검찰청법·형사소송법 개정안은 '수사와 기소의 분리'를 내세워 검찰의 수사권을 축소하는 것이 핵심이다.[19] 2021년 1차 검경수사권 조정 이후 6대 범죄로 제한되었던 검찰의 수사권이 2022년 9월부터는 2대 범죄로 더 축소되고, 경찰을 간접적으로 감시·통제할 수 있었던 보완수사 등에도 제한이 생겼다. 결론적으로 여성을 대상으로 한 폭력·살인 사건은 수사 개시와 종결을 경찰 단계에서 마무리할 수 있게 되었으며, 검찰은 2차적 수사와 보완수사를 맡게 되었다.

70여 년 만에 형사사법 절차의 근본적인 변화를 가져올 이번 개정안의 문제점을 알린다는 목적으로 검찰이 올린 게시물들을 보면서 생각했다. 역시 검찰은 위기에 처해야 외부와 소통이라도 하는 척한다고. 그런데 개정안의 문제를 지적하기 위해 일반인 피해자의 고통을 앞세우고, 경찰의 수사 역량을 비하하며, 공소유지를 위해 직접수사권 확보가 중요하다고 강조하는 것을 보면서 검찰 내부의 자정과 성찰은 아직 멀었다고 판단했다. 실제 여성 대상 폭력 사건 등 일반 형사사건에서 검찰이 수사-기소-공소유지와 관련해 어떻게 대처해왔는지 살펴볼 필요도 여기에 있다.

우선 검찰 측 지적대로, 검찰청법과 형사소송법 개정안 내용[20] 중 일반 형사사건과 관련해 문제가 예견되는 지점이 있긴 하다. 경찰이 불송치한 사건에 대한 이의신청권자에서 '고발인'을 제외한 것은, 디지털 성범죄나 아동학대, 내부고발 등 피해자가 피해를 인지하지 못하거나 신고·고소를 두려워하는 사건 등에 대한 수사를 위축시켜 피해 구제를 요원하게 만들 위험성이 크다는 점에서 대표적인 독소조항이다. 검찰은 불송치 사건 중 '고소인' 등이 이의신청을 한 사건, 경찰 수사 단계에서 위법적인 요소 등이 발견되어 시정조치를 요구한 사건 등에 대해서는 송치 요구가 가능하다. 그러나 이때는 '동일성을 해치지 아니하는 범위'* 내에서만 검찰의 수사가 가능하므로 경찰의 수사를 바로잡

---

*   본래 '동일성'은 재판 단계에서 위법수집증거 등과 관련해 활용하던 개념이다. 따라서 이를 수사 실무에서 어떻게 적용할지가 문제다. 앞으로 피의자 측은 추가 조사에 대해 '동일성'을 들이밀며 방어할 가능성이 높은데, 그럴 경우 검찰은 실질적으로 경찰의 수사 범위 내에서만 수사를 진행할 수밖에 없어 이 조항이 이의신청제도를 사실상 무력화했다는 비판이 있다.

을 기회가 줄어들 수 있다.

검찰 처분에 대한 불복 절차인 항고와 재정신청도, 이번 개정안에 따르면 불송치결정이 내려진 고발 사건의 고발인, 이의신청을 포기했거나 관련 제도를 몰라 놓친 고소인·피해자 등은 밟을 수 없게 된다. 여기에 경찰에 대한 검찰의 견제·감시 장치의 부재, 수사에 대한 책임 소재 불분명, 무고 수사의 축소, 수사와 기소의 분리 방침 때문에 공소 유지가 어려워질 수 있다는 우려 등도 개정안 비판의 한 축을 이룬다.

수사·재판에 걸쳐 연대 및 모니터링 활동을 해온 입장에서 나는 개정안에 대한 이런 비판에 공감하는 측면이 있다. 하지만 형사사법 절차, 즉 시스템 측면에서의 공감이지 '수사 역량'이나 '인권 보호', '공소 유지' 등과 관련된 검찰의 주장에 수긍하기 때문은 아니다. 검찰은 개정안과 관련해 특정 사건들을 중심으로 본인들의 업적을 내세우기 바쁘다. 그런 논리라면 반대의 사례도 얼마든지 내세울 수 있다. 1차 검경수사권 조정이 있던 2021년 전후로 검찰이 어땠는지를 먼저 돌아본다면, 검찰의 여론전이 갖는 한계가 여실히 드러난다.

비판만 있고, 반성은 없는

1차 검경수사권 조정이 있기 전, 즉 검찰에게 수사지휘권이 있던 2020년까지 여성 대상 폭력·살인 사건 등 일반 형사사건은 외부로 알려진 유명한 사건이 아닌 이상 검찰에 고소장을 제출해도 결국 수사는 경찰이 담당했다. 수사지휘권이 검찰에 있었기 때문에 검경수사권 조정 이후처럼 수사 지연이 심각하지는 않았지만, 당시에도 불구속 사건의 경우 수사 지연 문제가 발생했고, 사건이 검찰 단계로 넘어가서도 직접 보완수사 등이 적극적으로 진행되었다고 보기 어려웠다. 검찰의 주장과 달리, 경찰이 성실하게 수사한 사건에 대해 검찰이 기록 등을 제대로 검토하지 않고 불기소 처분을 내리거나, 물적 증거에 대한 확인 없이 '피해자답지 않다'는 이유로 피해자를 무고범으로 몰아 기소하는 등의 사례도 많았다. 또한 검찰은 법률 전문가로서 경찰과 차별화된다고 주장하지만, 법조를 잘못 적용한 기소도 수차례 목격했다.

검찰 수사 과정의 인권 침해는 어떤가. 성인-비장애 성폭력 피해자가 신뢰관계인 동석을 요구하는데도 인신공격(예: "아줌마가 무슨 신뢰관계인이 필요하느냐", "어리냐", "장애인이냐" 등의 폭언)을 하며 불허한 경우가 있었고, 조사를 하겠다며 피해자를 부른 후 무고 적용을 하겠다며 협박해 소 취하를 강요하기도 했으며(이 사건은 경찰이 기소의견으로 송치한 건이었다), 성소수자인 성폭력 피해자에게 "남자를 몰라서", "남자와 연애를 안 해봐서", "원래 남자의 성향이란" 등을 운운하며 불쾌감을 주었던 사례 등 찾으려면 끝도 없다. 게다가 검사는 기피신청 대상자도 아니기 때문에* 검찰 수사 단계에서 당한 인권 침해는 구제도 요원했다(앞서 언급한 사례에서도 피해자가 검찰청 내부에 문제제기를 하는 데 그치지 않고 국가인권위에 민원을 제기함으로써 결국 인권 침해가 인정되었다).

1차 검경수사권 조정이 있던 2021년 이후, 검찰은 과연 경찰과 구별될 만큼 열심히 제 역할을 해왔는가? 이번 개정안과 관련된 각종 토론회 등에서 검찰 측이 여러 사례를 들어 검경수사권 조정 이후 경찰의 수사 행태에 비난을 퍼붓는 모습을 목격하고 있는데, 그 사례들을 모니터링한 입장에서 어이가 없었다. 보완수사만 하더라도 검찰이 직접 하기보다는 경찰에 요구하는 게 더 많았고, 그 내용도 사건의 실체 파악 등 수사와 관련된 직접적이고 필수적인 요구가 아닌 경우가 있었

---

*   2020년 검사에 대한 기피신청이 가능하도록 법안이 발의된 상태이지만 아직 통과되지 않았다.

                3 또 다른 톱니바퀴들

다. 검경의 힘겨루기에 바탕을 둔 의도적인 수사 지연 행태로 보이는 사례도 있었다. 수사에 대한 책임의식을 강조하지만 송치 사건에 대해, 그리고 불송치 후 이의신청이 이루어진 사건에 대해 수사 지연의 책임을 물으면 경찰에 떠넘기던 검찰의 모습도 기억하고 있다.

검찰의 수사·기소 단계에서 피해자 보호·지원제도의 활용이 개별 검사의 역량에 맡겨진 점도 문제다[법무부는 2022년 4월부터 여러 기관으로 흩어져 있는 범죄 피해자 지원을 통합하는 원스톱지원서비스를 운영 중이다. 피해자는 범죄피해자지원센터(1577-1295)를 통해 한 번에 다양한 서비스를 신청할 수 있지만, 아직 시행 초기라 한계가 있다].[21] 예를 들어 피해자는 검찰 단계에서 다양한 경제적 지원을 받을 수 있다. 서울서부지검이 맡았던 한 사건의 경우, 검사가 생계비 지원(월 50만 원 상한, 최대 3개월) 등 세심한 부분까지 신경을 썼기에 성폭력 피해 이후 아르바이트를 중단한 상태였던 피해자에게 큰 도움이 되었다. 그런가 하면 서울북부지검에서는 한 피해자가 검사에게 경제적 지원 가능성을 문의해도 그런 제도가 없다는 답변을 받기도 했다. 또한 경찰 단계의 '범죄피해평가'와 비슷하게 검찰 단계에서도 '범죄피해양형자료보고서' 작성이 가능한데, 피해자들에게 제대로 알리지 않거나 검사들조차 제대로 알지 못해서 활용도가 낮다. 각종 지침과 제도가 존재하면 뭐하나. 언제 어떻게 활용해야 하는지 꾸준히 알려야 함에도 그저 만들기만 하고 끝난 상태다.

공판 단계에서는 제 역할을 하고 있는가? 검찰은 수사와 기소의 연관성을 강조하며 분리를 반대하고 있지만, 일반 형사사건은 원래 수사검사와 공판검사가 분리되어 있다. 공판검사는 기록 검토만을 한 후 법정에 들어서는데, 사건 파악이 제대로 되지 않아 공소유지, 즉 범죄 입증을 제대로 못한 경우도 있었다. 유명 사건이야 재판 과정에 수사

법률지원	피해자 국선변호사, 대한법률구조공단, 대한변협법률구조재단, 법률홈닥터 등
심리지원	신뢰관계인, 스마일센터 등
진술조력	진술조력인 동석(성폭력, 아동학대 등 사건의 아동·장애인 피해자 대상)
신체·정신·재산상 지원	범죄피해자 구조제도, 주거지원제도, 경제적 지원(치료비, 심리치료비, 생계비, 학자금, 장례비 등), 범죄피해자지원센터, 스마일센터 등
피해자 신변보호	신변보호조치, 가명조서, 인적사항 미기재, 인적사항 기재 후 삭제, 피해자 보호시설, 임시안전숙소, 이전비(이사실비), 스마트워치(위치확인) 등
범죄 피해자 통지	사건처분 결과, 공판 일시·장소, 재판 결과, 구금 상황(구속, 석방 등), 출소 등 통지(피해자 신청 시)
정보 제공	형사사법포털(KICS) 활용, 형사절차 정보 조회 및 민원신청 서비스 제공
인권 침해에 대한 문제제기	국민신문고 등 활용
이의신청	불기소 처분 등에 대한 항고, 재정신청
의견진술	구속 전 심문 절차 참여 및 진술, 범죄피해양형자료보고서 작성
형사조정	재산범죄, 명예훼손, 모욕 등 사건에서 합의를 통한 분쟁 조정
증거보전절차 진행 청구 요청	공판기일에 출석해 진술하는 것이 곤란할 경우 미리 검사에게 요청

검사가 참석하기도 하지만, 일반 형사사건은 공판검사가 누구냐에 따라 재판 질의 차이가 확연하다. 2020년에 법무부는 직제 개편을 통해 형사부와 공판부를 확대했고, 공판부 역량 강화도 강조한 바 있으나, 여전히 법정에서 만나는 공판검사들은 사건 파악도 제대로 하지 않거나 무기력한 모습을 보인다.

2022년 1월 1일부터는 검사가 작성한 피의자 신문조서(이하 '피신조서')도 경찰이 작성한 피신조서와 마찬가지로, 피고인이 재판 단계에서 부인하면 증거로 활용할 수 없게 되었다. 이 때문에 공판 과정에서 검찰이 범죄 입증에 더 많은 노력을 기울여야 하는 상황인데도 아직 준비가 부족해 보인다.[22] 이미 성폭력 사건 재판에서 위법수집증거배제의 법칙을 들어 방어하는 피고인들이 늘어나고 있으며, 일부 혹은 전부 무죄가 선고되는 사례들도 나오고 있다. 공소장 작성과 변경, 모두진술 및 증거조사 과정에서의 피해자 보호, 증인신문 방식, 2차 가해 방지를 위한 개입, 피해자 혹은 피해자 변호사와의 소통과 협업, 상소권 행사 등 공판 전 과정에서 검사가 하는 일에 대한 평가와 분석이 필요하다.

법정 속의 검사들

우선 공소장부터 살펴보자. 공소장은 재판을 통해 판단할 내용을 구체적으로 적은 문서다. 여기에는 피고인을 특정할 수 있는 사항, 죄명, 공소사실, 적용법조 등이 기재된다. 그런데 기소에 이르는 과정에서 시간적·절차적 제약이 존재할 수 있다. 이 때문에 공소장에 기재하는 범죄사실과 적용법조에 대해서는 어느 정도 융통성이 인정된다. 다시 말해, 공소장에 기재된 내용은 공소제기 당시에 여러 현실적인 한계로 다소 부정확했거나 부적절했을 가능성이 있다는 것이다. 따라서 검사는 공판 진행 중에도 공소장에 기재된 공소사실 또는 적용법조의 추가·철회·변경을 재판부에 요청할 권한을 지니며, 재판부는 동일성을 해치지 않는 범위 내에서 이를 허가할 수 있다.

내가 피해를 입었던 사건의 경우, 2011년 검찰에서 기소 처분이 나오자마자 공소장을 확보했다. 10개월이 넘는 수사 과정을 거치며 수사기관에 대한 불신이 깊어진 터라 공소장 내용이 잘못되었을 가능성이 있다고 생각해서였다. 예상대로 시간과 장소가 잘못 기재되어 있어 의견서 제출을 통해 범죄사실에 대한 수정을 요청했다. 나는 연대 과정에서도 재판을 앞두거나 진행 중인 피해자들에게는 공소장부터 꼼꼼히 확인할 것을 권한다. 그 과정에서 실제로 사실관계가 틀리거나 적용법조가 잘못된 경우를 종종 발견한다. 검사에게 공소제기의 편의가 제공된 만큼, 공판 단계로 넘어가서는 공소장 내용이 정확한지, 수정할 부분은 없는지 다시 꼼꼼하게 살펴야 함에도 이를 먼저 알아서 하는 검사들은 찾아보기 어려웠다.

공소장 변경은 다양한 형태가 있다. 예를 들어 '상해치사'와 '살인' 중에서 어떤 법조를 사건에 적용할지 고민하는 검사는 예비적 기재*를 이용하기도 한다. 주위적 공소사실은 살인으로, 예비적 공소사실은 상해치사로 변경해 주위적 공소사실인 살인이 무죄가 나올 때를 대비하는 것이다. 또 강제추행으로 기소했다가, 추가로 밝혀진 사실 등을 기반으로 강제추행치상으로 변경하는 등 피고인에게 불이익을 줄 수 있는 방향으로도 가능하다. 재판 도중 공소장 변경은 이처럼 다양한 방식으로 이루어질 수 있다. 결국 공소장의 작성과 변경은 수사 미진의 가능성을 염두에 두어야 하며, 이후 공판에서 어떻게 하느냐에 따라 결과(유무죄 판단, 양형)마저 바꿀 수 있다.

실제로 내가 모니터링한 사건들 중에는 검사가 적시에 공소장을 변경해 유죄를 끌어낸 사례들이 있다. 2021년 7월 유죄가 확정된 전 유도선수 왕기춘(34세, 남) 성폭력 사건의 경우, 공소를 제기할 때는 청소년성보호법상 '강간' 등 혐의로 기소했다. 그러나 1심 진행 과정에서 강간이 무죄가 될 것에 대비해 예비적 공소사실로 청소년성보호법상 '위

---

* 심판의 순서를 정해 재판부에 주위적 공소사실에 대한 판단을 먼저 구하고, 주위적 공소사실이 인정되지 않는 경우 예비적 공소사실에 대한 판단을 구하는 취지로 기재하는 것. 이와 달리 '택일적 기재'는 심판의 순서를 정하지 않고 수개의 범죄사실 또는 적용법조에 대해 법원이 무엇을 선택해도 좋다는 취지로 기재하는 것이다.

3 또 다른 톱니바퀴들

력에 의한 간음'을 추가했다. 결국 주위적 공소사실은 무죄, 예비적 공소
사실은 유죄로 인정되어 최종 징역 6년이 선고되었다. 강간과 관련해 한
국은 아직 최협의의 폭행과 협박을 그 구성요건으로 하고 있다.* 따라
서 왕 씨 사건처럼 위력을 기반으로 한 그루밍 성폭력의 경우, 강간으
로만 접근하면 현실적으로 유죄를 끌어내기 어려울 때가 많다.

  '박사방' 일당인 천ㅅㅈ('랄로', 31세, 남)의 경우, 1심에서 형법 제
114조와 관련해 범죄집단을 '조직'한 혐의가 인정되어 유죄가 선고되
었지만, 피고인 측이 이에 불복해 항소했다. 그런데 2심 재판부가 피고
인이 활동한 시기와 '박사방'이라는 범죄집단을 조직한 시기를 연결해
이러한 혐의 적용에 의문을 표하자, 검찰은 무죄 선고 가능성에 대비
해 주위적 공소사실로 '범죄집단 조직의 점'을, 예비적 공소사실로 '범
죄집단가입 및 활동의 점'을 추가하는 형태로 공소장 변경을 신청했다.
그 결과 2심에서 주위적 공소사실은 무죄가 선고되었으나, 예비적 공
소사실로는 유죄가 인정되었다.

  'n번방' 홍보 등을 담당했던 '고담방' 운영자 전ㅅㅈ('와치맨')의 경
우, 검찰이 변론재개 후 '영리 목적'을 추가하는 형태로 공소장 변경을
신청했다. 피고인 전 씨 측은 이에 대해 공소사실의 동일성을 해치며
피고인의 불이익을 증가시키는 방향으로 공소장이 변경되는 것이니 문
제가 있다고 항의했다. 그러나 재판부는 기본적인 사실관계가 실질적
으로 동일하며, 적용법조가 변경되어 법정형이 피고인에게 불리하게
가중되는 방향으로도 공소장 변경이 가능하므로 적법하다는 판단을
내렸다.

---

*　형법상 강간죄와 추행죄가 인정되려면 피해자가 가해자로부터 폭행·협박을 당
　하고, 비명을 지르는 등 적극적으로 저항한 증거가 있어야 한다는 것. 강간죄 등
　의 범위를 최대한 좁게 해석한다는 뜻에서 '최협의설'이라고 한다.

한편 공소사실의 요지를 전달하는 검찰의 모두진술에서는, 피해사실과 개인정보 등이 담겨 있기 때문에 피해자의 정보가 유출될 위험이 있다. 불과 2019년까지만 해도 공판검사가 이에 대해 세심하게 신경 쓰지 않았는데, 2020년 디지털 성폭력 사건 재판들을 비롯해 일반인들이 방청객으로 오는 재판들이 많아지면서 달라지기 시작했다. 재판부가 먼저 검찰과 피고인 측에 공소사실 낭독 시 피해자 보호에 만전을 기해달라고 부탁하는가 하면, 아예 비공개로 전환하기도 했다. 공판검사 역시 사전에 이 부분에 대한 양해를 재판부에 구하고 절차에 임한 경우도 있었다.

증인신문 방식이나 신문 기술의 측면에서는 공판검사의 수준이 아쉬울 때가 많다. 나는 연대 과정에서 피해자 증인신문의 신뢰관계인으로 동석해 신문의 전 과정을 지켜본 경험이 많다. 그럴 때마다 검찰의 주신문 내용이 부실한 경우가 많았고, 검찰이 피고인 측의 반대신문에 적극적으로 대응하는 모습도 찾아보기 어려웠다. 이 정도 수준의 신문으로 범죄 입증이 가능한 건지 의문을 품은 적도 한두 번이 아니다. 그렇다고 추가 증거자료 등을 제때 충실히 제출하는 것도 아니다. 판사들이 유죄의 심증이 있어도, 검사가 입증을 제대로 하지 않으면 무죄를 선고할 수밖에 없다고 지적하는 게 빈말만은 아닌 것이다. 또한 증인신문 과정에서 피해자가 각종 2차 가해를 당해도 제때 적절히 개입하는 검사를 찾아보기가 어렵다.

2019년 젠더법연구회가 실시한 〈성범죄 재판 증인신문의 현실 및 피해자 보호규정 도입에 관한 법조인 인식〉 설문조사[23]에는 30명 정도의 검사가 참여했다. 증인신문 중 2차 피해 유발이 우려되는 등 부적절하다고 생각되는 피고인 측 변호인의 신문에 대해 80퍼센트는 "즉각 이의한다"고 답변했으며, "이의하지 않는다"는 0퍼센트였다. 이는 내가 피해 당사자로서, 연대자로서 직접 경험한 법정의 분위기와 너무 달랐다. 실제로 같은 해 내가 성폭력 피해자들을 대상으로 실시한 설문조사에서는, 재판 과정까지 경험한 18명의 피해자 중 2명만이 검사가 "즉각 이의한다"고 답했으며, "가끔 이의한다" 4명, "피해자가 항의해야 이의한다" 4명, 그리고 "이의하지 않았다"가 8명이었다.

부적절한 질문에 대한 피해자와 검사의 생각은 차이가 날 수도 있다. 또 판사의 소송지휘를 기다린다거나 인신공격성의 신문은 구형에 반영하는 정도로 충분하다는 검사의 인식 때문일 수도 있다. 그러나 아무리 긍정적인 사례를 떠올리려 애를 써도 "이의하지 않는다"라는 답변이 0퍼센트라는 것에는 실소를 금치 못했다. 자신들의 업무에 대한 최소한의 객관적 평가도 하지 못하는 것이 아닌가. 현재 검사와 피해자의 인식 격차는 이 정도로 벌어진 상태다.

물론 영상과 사진 등의 증거를 조사하는 방식과 관련해 공판검사가 비공개 전환을 기본으로 피고인 퇴정 등 다양한 의견을 제시한 경우들도 있다. 피해자 증인신문과 관련해서는 기존의 지원제도를 바탕으로 하되, 피고인과의 접촉 차단 형태를 피해자가 원하는 방식으로 진행해달라고 재판부에 요구하는 등 피해자의 의사를 반영하고 피해자를 보호하기 위해 노력하기도 한다. 그러나 문제는 이런 노력이 일부 유명 사건에 한정되는 경향이 있다는 점이다. 일반 성폭력 재판의 경우, 여전히 증거조사 과정에서 피해자의 정보가 유출되는 등의 사례가 계속 나온다.

피고인 신문의 중요성이 커지고 있고, 대검찰청도 피고인 신문의 적극적 활용 등을 골자로 한 매뉴얼을 일선에 배포했지만, 일반 형사재판에서 공판검사가 이를 적극적으로 활용하는 사례를 찾기란 아직 어렵다. 피고인의 진술은 직접 증거로 활용할 수는 없지만 법관의 판단에 따라 피해자 진술의 신빙성을 뒷받침하거나, 직접증거인 피해자 진술과 결합해 공소사실을 뒷받침하는 간접 정황이 될 수 있다는 대법원 판례가 있다.[24] 안희정(57세, 남) 성폭력 사건과 같이 피고인이 공소사실을 부인하는 사건에서 피고인 신문은 피해자 진술을 뒷받침하는 형태로 충분히 활용될 수 있다(안 씨의 경우 2심에 가서야 피고인 신문이 진행되었는데, 구체성과 일관성이 결여된 진술을 한 것으로 알려져 있다). 물론 피고인이 공소사실을 일부 또는 전부 인정하는 경우에도 양형판단을 위해 피고인 신문을 진행할 수도 있다. 그러나 이 모두는 공판검사의 의지에 달려 있다. 따라서 공소유지를 위해 공판검사가 피고인 신문을 어떻게 활용하는지도 모니터링해야 한다.

공판 단계에서 보완수사를 요구하는 절차를 활용할 경우, 검찰은 재판이 진행 중인 상황에서도 경찰에 보완수사를 요구할 수 있다. 실제로 이런 과정을 거쳐 무죄에서 유죄로 바뀐 사례가 있다.[25] 연대한 사례들 중에서도 공판 단계에서 좀 더 적극적인 보완수사가 뒷받침되었다면 피해자가 덜 고통받고, 유죄 입증도 수월했을 사건들이 있다. 결국 어떤 공판검사를 만나느냐에 따라, 공소유지를 위해 검사가 어떻게 노력하느냐에 따라 재판 결과마저 바꿀 수 있는 것이다. "입증책임은 검사에게 있다"라는 말의 무게는 수사권이 과거보다 축소된 현재 상황에서 오히려 더 무거워졌음을 검찰은 잊지 말아야 한다.

최근 들어 피고인 변호인은 공개로 진행되는 결심 공판의 최후변론에서 사건의 상세 정보를 흘리거나, 피해자의 사생활을 유포하고, 피해자에 대한 인신공격을 하는 등의 전략을 쓰고 있는데, 이에 대한 검찰의 대응도 현격한 차이가 난다. 오거돈(73세, 남) 전 부산시장 성폭력 사건의 경우, 1심 결심 공판에서 피고인 측 변호인이 사전 합의 사항을 어기고 외부로 알려지지 않은 피해 사실을 상세히 언급하려다, 검찰

3 또 다른 톱니바퀴들

측의 적극적인 제지로 무산되었다. 그러나 원ㅇ스(57세, 남) 성폭력 사건 재판처럼 1심 결심 공판에서 피고인 측이 방청객 앞에서 사망한 청소년 피해자들에 대해 인신공격을 하거나 사생활을 유포하는 등의 방식으로 최후변론을 하는데도, 피해자 유족이 항의하고 퇴정할 때까지 공판검사들이 제대로 대응하지 않은 사례도 있다.

입증책임이 있는 검사가 정작 피해 당사자와는 소통하지 않아서 피해자가 소외감을 느끼는 경우도 많다. 대개 피해자들은 입증책임이 있는 검사가 사건과 피해자에 대해 충분히 알아본 후 재판에 임할 것이라고 기대한다. 그렇지만 실제 재판에서는 공판검사가 피해자의 상황이나 상태에 대해 알지 못할 뿐만 아니라, 사건도 제대로 파악하지 않은 채로 법정에 출석만 하는 경우도 많다. 피해자에게 변호사가 선임되어 있는지조차 파악하지 않거나, 변호사가 선임되어 있어도 피해자의 의사(예: 처벌불원, 선처, 엄벌 등)를 확인하지 않는다. 이미 경찰과 검찰 단계에 피해평가 제도(경찰: 범죄피해평가, 검찰: 범죄피해양형자료보고서)가 있으므로 이를 양형에 반영해달라고 검사가 재판부에 요청할 수 있지만, 적극적으로 활용하지도 않는다.

또한 선고 결과에 대한 상소(항소, 상고)의 권한은 '당사자'인 검사와 피고인에게만 있는데, 유죄 선고 후 이런 권한을 적극적으로 활용하는 검사를 찾아보기가 어렵다. 물론 최근에는 외부로 알려진 유명 사건들의 경우 구형에 근접한 형량을 재판부가 선고해도 양형부당 등을 이유로 쌍방 상소하는 경향이 생기긴 했다. 하지만 일반 성폭력 사건에서는 여전히 검사가 구형량의 일정 부분을 충족하면 상소를 포기하는 등의 '관행'에 따라 소극적인 모습을 보인다. 특히 디지털 성범죄 재판에서 이런 경향이 두드러진다. 'n번방' 일당들만 하더라도 운영자인 문형욱이 검거되기 이전에 재판이 진행된 공범(오프라인 성착취·성폭력범들로 일명 '오프남'으로 불린다)들의 경우, 검사가 모두 항소를 포기해 1심보다 중한 형의 선고가 불가능했다. 상소하고 싶어도 권한 자체가 없는 피해자의 심정을 헤아린다면, 공판 단계에서 검사는 상소에 좀 더 적극적일 필요가 있다.

대다수 피해자들은 자신들이 당사자가 아니며 재판 참여에 제한이 있다는 사실도 모르거나, 검사가 범죄 입증을 위해 알아서 최선을 다할 것이라고 믿고 싶어 한다. 그러나 현실 속 검사는 검사석에서 졸거나, 공소사실에 대한 정리와 이해가 엉망이고, 사건 파악조차 안 되어 있는 모습을 보여 재판부의 질책을 받기도 한다. 증거조사 과정에서 피해자 보호를 소홀히 하거나, 증인신문 과정에서 검사가 오히려 피해자에게 2차 가해성 질문을 던지는 경우도 있다. 피해자뿐만 아니라 선임되어 있는 피해자 변호사와의 소통도 부족하고, 항소도 잘 하지 않는다. 항소를 했어도, 판결문을 읽긴 했는지 의심스러울 정도로 항소이유서의 내용이 불성실한 경우도 많았다.

소통의 효과

나는 직접연대 과정에서 피해자들에게 공판검사와의 소통을 강조한다. 전화를 걸든 면접을 신청하든지 해서 일단 공판검사가 사건을 제대로 파악했는지, 피해자의 상태와 상황을 알고 있는지, 공판 진행 중 더 필요한 증거가 무엇인지, 유죄 입증을 위해 피해자가 할 일은 없는지 등을 확인하도록 권한다. 형사사법 절차의 특성상 피해자는 '당사자' 지위가 아니며, 재판에서는 당사자인 검사에게 입증책임이 있는 상황에서 공판검사와의 소통은 현실적으로 매우 중요하기 때문이다. 게다가 일반적으로 수사와 공판이 분리되어 있는 검찰 조직의 특성, 수사의 부실화로 공판 과정에서 다시 유무죄를 다투게 되는 최근의 흐

3 또 다른 톱니바퀴들

름, 성범죄에 대한 엄벌 기조의 강화로 공판이 더 중요시되는 현실 속에서 공판검사가 사건 파악을 소홀히 하고 입증을 부실하게 하면 그 피해는 고스란히 피해자에게 돌아온다.

실제 연대 과정에서 공판검사와의 소통은 재판 과정이나 그 결과에 긍정적인 영향을 미쳤다. 피해자와의 소통이 이루어졌을 때 검사는 적극적으로 공소장 변경을 신청했고, 공소사실에 대해 정확히 이해하면서 공판에 참여하는 경우가 많았다. 부실한 경찰 수사에서 빠진 증거자료를 확보하는 과정도 피해자와 함께했다. 양형과 관련해 피해자가 법정에 직접 나와 의견진술을 할 수 있도록 노력했으며, 선택사항이던 피고인 신문을 신청해 피해자 진술의 신빙성을 간접적·보충적으로 뒷받침하는 등 가해자(피고인)의 유죄를 입증하는 데 피해자와 검사의 소통이 주효했다. 피해자 역시 공판 과정에 주체적·적극적으로 참여하면서 불필요한 오해를 줄였고, 합의 등 추가적인 선택지를 신중히 고민하게 되었으며, 재판 결과에 대해서도 비교적 잘 수용하게 되었다.

그래서 연대할 때나 재판 모니터링을 할 때 기본에 충실한 공판검사의 사례를 발굴해 소개하며 활용하고 있다. 한 살인 사건의 결심 공판에서 검사가 파워포인트를 활용해 공소사실과 쟁점을 선명하고 명확하게 정리해서 유죄를 입증하고 강력 처벌의 필요성을 강조한 사례, 검사가 피해자와 적극적으로 소통해 사건을 파악하고 피고인 신문을 통해 유죄를 끌어내기 위해 노력한 사례, 재판 도중에도 검사가 피해자 회복 지원을 위한 여러 제도를 알아보고 전달해준 사례 등이 여기에 해당한다. 또한 피해자 측이 제출한 증거자료 등을 충실히 검토한 뒤 추가 증거자료로 제출하면서 피해자가 양형에 대해 의견을 진술할 수 있도록 조력한 검사, 증인신문 과정에서 증인(피해자) 보호를 위해 신뢰관계인이 피해자와 근거리에 있도록 재판부에 요청하고, 차폐막 정도로 접촉 차단을 결정하려던 재판부를 설득해 피고인을 퇴정시킨 후 피해자가 안전한 상태에서 신문에 임할 수 있게 한 검사 등도 있다.

한 여성 검사는 신문의 과정과 기술 측면에서 주신문을 충실히 구성했고, 피고인 측의 반대신문을 현장에서 적극 분석한 뒤 바로 재주신문*을 통해 피해자 진술의 신빙성이 좀 더 다각적이고 구체적인 형태로 검증되도록 했다. 당시 방청석에서 지켜보는 것만으로도 희열을 느낄 정도였다. 기본에 충실한, 날카롭고도 차분한 신문 방식이 나올 수 있다는 믿음을 그때 갖게 되었다.

공판검사가 제 역할을 하는지 감시해야 한다는 점도 늘 강조한다. 2020년 디지털 성범죄 사건과 관련해 전국 법원을 돌아다니며 재판 모니터링 교육을 할 때는 특히 더 그랬다. 모두절차가 진행될 때 공소장 내용을 어떻게 전달하는지, 공소사실에는 문제가 없는지, 증인신문 등 증거조사 방법에서 피해자 보호를 위해 어떤 노력을 하는지, 피해자 또는 피해자 변호사와 적극적으로 소통하며 주변적·부수적·수동적 지위에 놓인 피해자의 입장을 전하기 위해 노력하는지, 피고인 측의 2차 가해에 때맞춰 적절한 대응을 하는지 등이 그것이다.

'동의할 수 없다'는 이들에게

'개검' 같은 말로 욕을 내뱉기는 쉽다. 비난하면서 아무 행동도 하지 않는 건 누구나 한다. 그러나 비대해진 국가권력에 대한 시민의 감시는 말로 그쳐서는 안 된다. 비판 대상에 대한 반감만 있어서도 변화는 어렵다. 감시와 협조는 양립 불가능한 것이 아니다. 피해자를 위해서라도 사법 시스템에 종사하는 이들이 제 역할을 할 수 있도록 감시

---

*   반대신문이 끝난 다음 해당 증인을 신청한 당사자가 다시 신문하는 것.

하고 독려하는 작업을 해야 한다. 2020년에 전국 방청연대/재판 모니터링 교육을 통해서 현직 판사들에 대한 감시를 실천했다면, 이제는 수사와 재판의 단계에서 경찰과 검찰을 감시하는 프로그램도 기획하려 한다.

나는 포럼 채팅방에 올라왔던 "공판검사가 판사 뒤에 숨어 있다는 것에 동의할 수 없다"는 메시지를 보고 현장에서 즉각 날선 비판을 했지만, 한편으로는 이렇게 현실 파악이 안 되는 수사기관을 대상으로 어떻게 문제제기를 해야 할지 고민이 들었다. 그러던 중 2021년 2월과 7월에 법무연수원에서 진행 중인 신임 검사 교육 과정에 강사로 초빙을 받았다. 익명의 개인 활동가를, 더구나 포럼에서 날선 소리를 내뱉던 이를 외부 강사로 초빙하는 그들의 속내야 어떻든 그 제안을 기꺼이 수용했다. 변화는 타이밍이기 때문이다. 내부에서 변화 동력이 있을 때 외부에서 함께해야 한다.

강연을 준비하면서 트위터로 〈연대자 D, 대나무숲에 가다〉라는 제목의 피해자 설문조사도 진행했다. 앞서 2019년과 2020년에 온라인과 오프라인으로 진행한 〈마녀, 디케를 만나다〉의 설문조사 항목이 판사와 관련된 것이었다면, 이번 설문조사는 수사·재판 과정 속 검찰과 관련된 항목이었다. 조사 기간이 6일에 불과했고 문항이 많았음에도 30명 정도가 참여했다. 이 내용을 토대로 수사기관을 감시하기 위한 각종 체크리스트를 제작할 예정이다. 신임 검사들 앞에서 한 강연의 주된 내용은 이렇다.

견제와 균형의 원리라는 이번 수사권 조정의 취지에 맞게 부디 경찰의 수사 내용에 대한 감시와 검토를 적극적으로 해주십시오. 자백 사건의 경우 수사를 충실히 하지 않는다는 것을 악용하는 가해자들이 많으니, 경찰의 송치결정 사건에 대해서도 세심하게 살피고, 필요할 경우 보완수사를 적극적으로 요구하십시오. 불송치결정, 수사중지결정 역시 수사 과정에 미진함이나 법리 적용의 문제는 없는지, 인권 침해 등은 발생하지 않았는지 꼼꼼하게 살펴주십시오. "입증책임은 검사에게 있다"라는 명제에 부합하게 공판 과정에서 제 역할을 해주시기 바랍니다. 법관이 유죄에 대한 심증이 있다고 하더라도 이를 검찰이 제대로 입증하지 못하면 사법 절차를 통한 피해자의 회복은 요원해집니다. 형사사법 절차에서 배제되어 있는 피해자의 입장을 대변할 수 있는 이도 검사임을 잊지 마십시오.

그리고 맞이한 2022년, 검찰 수사권의 추가 축소 등이 핵심인 형사소송법·검찰청법 개정안과 관련해 검사들이 벌이는 여론전을 보면서 갈 길이 멀다는 생각이 들었다. 검찰이 펼치는 여론전의 주된 내용은 바로 '국민의 피해'다. 그런데 그 내용을 살펴보면 본인들이 사수하려는 수사권에 대한 집착만 가득할 뿐, 수사 단계에서 협조·감시할 대상으로서 경찰을 존중하지 않으며, 그렇다고 '국민'을 위해 본인들이 어떻게 할 것이라는 청사진도 보인 바가 없다. 있는 범죄는 감추고 없는 범죄는 주변을 털어서라도 만들어내던 검찰 자신에 대한 반성은 보이지 않고, 그런 문제를 일으킨 '선배들'과 본인들을 동일선상에 놓지 말아달라는 불만이나 늘어놓았다. 수사―기소―공소유지의 연속성을 강조하지만, 실제 공소유지를 위한 노력은 미흡한 상태에서 본인들의 치부는 감추고 있다. 그러면서 국민의 피해만을 강조하는 모습을 보이니, 결국 국민을 볼모로 협박하는 것 아니냐는 비판의 목소리가 나오는 것이다.

2022년 5월 3일에 공포된 형사소송법·검찰청법 개정안은 9월부터 시행된다. 이와 관련해 대검찰창은 "앞으로 헌법소송을 포함한 가

3 또 다른 톱니바퀴들

능한 모든 법적 수단을 검토하는 등 적극 대응해나갈 것"이라며, "국민으로부터 더욱 신뢰받는 검찰이 될 수 있도록 최선을 다하겠다"고 밝혔다.[26] 개정안의 문제점에 대해 지속적으로 알리며 여론을 형성하겠다는 입장도 언론을 타고 대대적으로 보도되고 있다. 개정안은 한계가 명확하기 때문에 분명 비판하고 보완해야 한다. 그러나 그에 앞서 검찰 스스로 어떻게 신뢰를 얻을 수 있는지 더 많이 고민할 필요가 있다.

여론전 말고 현장에서 어떻게 '국민의 피해'를 줄이기 위해 노력할지 그 방안을 보여주길 바란다. 한국의 검찰은 무너뜨릴 만큼의 신뢰를 구축하지 못한 상태였고, 본인들의 힘으로 시민들을 억압해온 존재였음을 인정하고 반성해야 한다. 개정안을 비판하는 시민들은 시스템의 붕괴가 피해자-약자-소수자의 고통으로 이어질까 봐 염려하는 것이지, 검찰을 옹호하는 게 아니다. 신뢰를 얻으려면 검찰이 먼저 변해야 한다.

국선변호사는
누구를
변호하는가

피해자 국선변호사는 피해자의 권리와 권익을 보호해야 한다. 하지만 피고인은 수사·재판 절차를 지원하고 피해자를 보호해야 할 의무와 책임을 저버렸다. 특히 기억 환기 차원에서 피해 내용을 물어보며 재연을 빙자한 위계를 사용해 추행한 것으로 죄질이 매우 중하다.

2021년 7월, 40대 남성 변호사 추○○는 1심(광주지법 형사3부: 오연수)에서 징역 1년 6개월(검찰 구형: 징역 4년)을 선고받고 법정구속 되었다. 2021년 1월에 구속 기소된 후 3월에 보석으로 풀려났다가, 네 차례에 걸친 선고기일 변경 후에 나온 결론이다(항고와 상고 모두 기각되면서 2022년 4월에 확정). 선고 바로 전날 피고인 추 씨는 또다시 변론재개신청을 하며 선고를 미루려 했으나, 재판부는 더 이상 받아들이지 않았다.

추 씨는 재판 과정에서 자신은 피해자 의사를 전달하는 대리인으로, 피해자를 보호·감독하는 관계가 아니므로 업무상 위력 등에 의한 추행 혐의를 적용하는 것이 부당하다며 위헌법률심판제청을 신청한 바 있다. 이에 재판부는 피고인이 피해자 국선변호사 제도의 취지(법률

3 또 다른 톱니바퀴들

조력, 추가 피해 방지 등)를 이해하지 못한 상태에서 업무를 한 것이라고 지적하면서, 법령의 위헌 여부가 아닌 재판부의 해석 범위를 다투는 것은 허용할 수 없다며 각하했다. 피해자 국선변호사 제도가 시행된 지 10년 정도가 흐른 시점에서, 이 사건은 국선변호사에 대한 제대로 된 관리·감독이 필요하다는 것을 보여준다.

규정과 현실

성폭력 피해자가 변호사의 조력을 받을 수 있는 방법은 크게 세 가지 정도다. 피해자 개인의 사선변호사 선임, 법무부가 지원하는 피해자 국선변호사 제도 활용, 여성가족부가 지원하는 무료법률지원제도 활용이 그것이다.[27] 수사기관은 조사를 시작하기 전 성폭력 피해자 또는 그 대리인에게 변호사의 존재 여부를 확인하고, 변호사가 없을 경우 피해자 국선변호사 신청이 가능하다는 사실을 알려야 한다. 피해자 국선변호사 제도는 2012년 아동·청소년 성폭력 피해자에 대한 조력으로 시작되었으며, 2013년에 전 연령 성폭력 피해자로 그 대상이 확대되었다. 2022년 6월 현재 피해자 국선변호사는 전담변호사 35명과[28] 비전담변호사 600여 명 정도로 구성되어 있다.* 물론 사선으로 선임하거나 무료법률지원 사업을 활용할 경우 중복 지원은 금지된다.

피해자 국선변호사의 역할은 수사 과정과 재판 과정으로 나누어

* 피해자 국선변호사는 전담과 비전담 형태로 이루어진다. 전담변호사의 경우 대한법률구조공단 소속으로 공단 지부 또는 해바라기센터에서 근무하면서 국선 사건만을 전문적으로 담당하며, 월별 일정 수 사건이 배분되고, 소정의 급여를 지급받는다. 비전담변호사는 국선 사건과 개인 수임 사건을 병행할 수 있으며, 관할 지검 또는 지청 단위 국선변호사 예정자 명부에 포함된다. 또한 전담변호사와 달리 개별적으로 지정되고, 2021년부터 기본 보수(기본 업무 수행 시 지급/그 외 업무 수행 시 업무별 보수 증액)를 지급받는 방식으로 운영되고 있다.[29]

볼 수 있다.[30] 수사 과정에서 피해자 국선변호사는 ① 피해자가 수사 절차에 참여하는 방법을 설명하고, ② 변호사, 신뢰관계인, 진술조력인 등 피해자가 지원받을 수 있는 인력을 안내한다. 또한 ③ 피해자 조사에 동석하고, 조사가 끝나면 수사기관에 의견을 개진하며, ④ 피해자와의 상담을 기초로 범죄사실, 증거관계 등에 관련된 의견서를 작성해 제출하고, ⑤ 피해자의 인적 사항이 외부로 유출되지 않도록 방지한다. ⑥ 보복 위험 등에 대비해 피해자 보호조치를 강구하는 등의 역할도 한다.

재판 과정에서는 ① 공판절차에 출석해 피해자에게 재판 진행 상황, 증인신문 절차 등을 안내하며, ② 사건에 대해 의견진술을 하고, ③ 형사재판 절차에서 피해자가 부당하게 배제되거나 다른 피해를 입지 않도록 협력한다. 또한 ④ 피고인 변호인의 유도신문과 공판조서의 잘못된 부분에 대해 이의를 제기하고, ⑤ 증인신문 여부나 방식에 대한 의견을 개진하며, ⑥ 공판검사 또는 수사검사와 협의 또는 조력한다. 또 ⑦ 피해자가 법정 증언을 할 때 신뢰관계자로 동석하고, ⑧ 부적절한 신문에 대해 이의제기를 한다. ⑨ 처벌불원, 엄벌 탄원 등 양형에 대한 피해자의 의견 및 합의 과정과 결과에 대해 전달하고, ⑩ 항소 여부에 대한 의견 개진 등도 할 수 있다.

그러나 실제 이런 조력을 피해자 국선변호사가 하고 있는가? 아니, 이런 역할을 할 수 있는가? 성폭력 피해 신고와 고소율의 증가, 검경수사권의 조정 등 여러 요인으로 수사 초기 단계부터 피해자에 대한 법률 조력의 필요성이 높아졌음에도, 현실에서 피해자 국선변호사는 앞서 열거된 조력을 할 권한이 없거나, 검사와 법원이 맡아야 할 역할까지 떠맡는다. 명문으로 규정된 역할은 한정적인데 기대되는 역할은 많은 탓에 그 괴리에서 여러 문제가 발생한다.

3 또 다른 톱니바퀴들

피해자를 위한 국선변호사 제도와 피고인을 위한 국선변호인 제도는 다르다. 이는 형사사법 절차에서 당사자의 지위를 갖는 피고인과, 참고인과 증인의 지위에 불과한 피해자의 차이와도 연결된다. 우선 피고인 국선변호인은 법원이 관리하며, 헌법에 명시된 방어권을 보장하는 필수불가결한 역할을 맡는다. 이와 달리 피해자 국선변호사는 관리 주체가 법무부이며, 수사와 재판 절차에서 피해자의 권익을 보호하고 2차 피해를 막기 위한 법률자문을 하는 등 보충적 역할을 맡는 것으로 본다.

또한 피고인 국선변호인 제도에서는 재판장이 분기별·반기별로 국선변호인 평가서를 작성해 법원장에게 제출해야 하고, 불성실한 변호 활동이 인정되면 법원장은 그 사실을 소속 변호사협회에 통고한다. 반면 피해자 국선변호사 제도의 경우, 그간 실태 조사나 관리 모두 법무부 재량에 맡겨진 상태였다. 불성실한 변호 활동이 감지되어도 명부 삭제 등이 의무가 아니므로 사실상 방치 상태가 되었던 것이다. 실제로 제도 도입 후 2020년까지 퇴출된 국선변호사는 2020년 단 한 명에 불과했다고 한다.[31]

그러다 보니 피해자 국선변호사에 대한 피해자들의 만족도는 매우 낮은 편이다. 2019~2020년 성폭력 피해자들을 대상으로 한 설문조사[32]와 연대 과정에서 피해자들은 공통적으로 국선변호사에 대한 불신을 드러냈다. 국선변호사 선임에 대한 정보를 제공하지 않는 등 수사기관의 문제도 있지만, 선임한다고 하더라도 피해자가 조사받을 때 동석하거나 합의 시 매개하는 역할을 제외하면 연락조차 힘들다고 입을 모아 말했다. 재판으로 넘어갈 경우 공판 과정에서 국선변호사를 볼 수 있는 기회는 더 줄어든다. 피해자 증인신문 때 신뢰관계인으로 동석하지 않는가 하면, 사건 파악조차 안 되어 있거나, 수사와 재판 과정에 대한 정보를 모르는 경우도 있다. 예를 들어 가해자의 신상이 공개되어 언론에서 다루고 있음에도 피해자 변호사는 본인이 맡은 사건의 피고인이 그 사람이라는 것도 모르고, 공판일자도 파악하지 않은 사례가 있었다. 연차가 낮은 변호사들의 경우, 경력을 쌓기 위한 용도로 피해자 국선변호사 업무를 맡고 그 과정에서 피해자에게 잘못된 정보를 전달하거나, 경험 미숙으로 적절히 조력하지 못하기도 한다.

"목소리, 말투만 들어도 이건 소위 꽃뱀이구나 알아맞힐 수 있을 정도로 촉이 생기더군요." 2018년 당시 어느 4년차 변호사가 자신이 맡은 가해자를 변론한답시고 이런 말을 내뱉었다. 본인이 변호사시험에 합격한 후 겸업으로 피해자 국선변호사로 활동해보니 '꽃뱀', 즉 '가짜 피해자'를 판별해낼 수 있게 되었다는 말이다. 그의 이력을 확인한 후 그가 활동했다는 지역의 피해자 국선변호사 조력 실태를 파악해보니 비웃음만 나왔다. 게다가 그보다 더 오랫동안 피해자 국선변호사로 일해온 사람도, 피해자 국선 전담변호사도 그런 말을 하지 않는데, 어떻게 미디어를 통해 저런 말을 내뱉으며 동료 변호사들에 대한 신뢰 자원을 깎아버리는 것일까.

연차가 제법 되는 변호사들 중에도 피해자 국선변호사 업무를 겸업으로 해 이를 본인의 사선 업무 광고에 적극 활용하는 이들이 있었다. 성폭력 사건의 피해자 변도도 해봤기 때문에 가해자 변호를 더 잘할 수 있다는 식이었다. 이런 식으로 국선 업무를 소홀히 하던 한 '베테랑 변호사'는 재판과 관련된 문서의 제출 기한을 놓칠 뻔했는데, 이에 대해 지적을 받고도 제출했다고 거짓말을 하다가 발각되었다. 조력 과정에서 알게 된 피해자의 정보를 유출한 사례도 있다. 해당 변호사가 피해자에 대한 불만을 토로하며 정보를 유출한 자리에는 피해자를 조력하는 상담기관 활동가가 있었고, 결국 피해자에게 그 말이 전달된 것이다. 이런 경험이 쌓이니 피해자들은 으레 피해자 국선변호사가 일을 제대로 하지 않는다고 생각하거나, 국선 신청을 한 후 소외감을 느끼는 등 부정적인 경험이 쌓이면서 피해자 국선변호사 제도를 불신하게 된다.

피해자 국선변호사로 활동하는 것에 대한 불만을 늘어놓으며 그 책임을 피해자에게 돌리는 변호사들도 보게 된다. 이들 변호사는 피고인들은 고분고분 말을 잘 듣고 보수도 넉넉하게 주는데, 피해자들의 경우 잘못한 게 없다고 생각하기 때문에 자신들을 '감정의 쓰레기통' 정도로 본다고 말한다. 피해자들은 본인이 피해자인데 왜 변호사를 별도로 선임해야 하는지 모르겠다며 불만을 표출하는가 하면, 매사 억울함에 가득 차 자신들의 조언도 듣지 않는다는 것이다. 현직 변호사라는 사람이 트위터에 그런 말을 늘어놓는 것을 보고 어떤 상황인지 짐작이 갔지만, 결국 감수성과 실력의 부족을 실토하는 것이라서 안타까운 생각도 들었다. 그 변호사는 조력 과정에서 피해자와 적절한 거리를 유지하지 못했거나, 피해자가 수용할 만한 설명(조언)을 충분히 제공하지 못한 것이다.

물론 상당수 피해자 국선변호사들은 실력과 신념을 기반으로 활동하고 있다. 피해자 변호는 일반 변호보다 요구되는 것들이 더 많으며, 특히 성폭력 피해자를 변호하는 것은 단순한 법률 조력의 차원을 벗어날 때가 많다. 외부에 대한 불신으로 가득 찬 피해자와 신뢰를 형성하기 위해 일상적으로 심리상담에 준하는 일을 하게 되는 경우가 빈번하고, 성폭력 범죄에 대한 이해부터 피해자의 상태와 상황에 대한 분석까지 전문적으로 해내야 하기 때문에 더 많은 시간과 힘이 든다. 피해자의 억울함과 원망, 분노를 받아 안아야 할 때도 있다. 더욱이 재판에서 피해자의 지위는 당사자가 아니기에 피해자를 변호하는 범위에도 법적 한계가 있는데, 문제 해결의 과정과 결과에는 오히려 더 많은 책임을 지도록 요구받기도 한다. 그럼에도 여러 이유로 전문성을 인정받지 못하거나, 피해자와의 감정적 대립 등으로 법률 조력의 전반이 흔들릴 때도 있다.

"국선변호사님과 계속 할 걸 그랬어요." 한 피해자의 뒤늦은 후회를 접한 적이 있다. 그 피해자는 당시 수사기관이 선정한 국선변호사가 본인의 판단과 결정에 지속적으로 문제를 제기하자 국선변호사에 대한 불신이 생겼고, 결국 '성폭력 전담전문' 법인을 방문해 사선으로 변호사를 선임했다. 하지만 피해자의 말과 각종 자료를 종합해보니, 수사 단계에서 피해자에게 불리한 것도 인정하고 가야 한다는 국선변호사의 조언은 적절한 측면이 있었다. 그런데도 당시 사선으로 선임한 변호사는 피해자가 무고로 피소당할 가능성을 부각하며 불리한 것을 감추라는 식의 조언을 했고, 그렇게 꾸며진 의견서와 진술로 인해 불기소 처분이 내려졌다.

제도의 성장에 필요한 것

피해자 국선변호사를 하고 싶다던 로스쿨 학생들이 기억난다. 로스쿨에서는 변호사시험 합격에 필요한 수업만을 진행하고 있을 뿐, 피해자 변호에 무엇이 필요한지에 대해서는 제대로 가르치지 않는다고 한다. 변호사시험에 합격하고 나서도 마찬가지다. 신입 변호사들이 피해자 국선으로 활동하고 싶어도, 시행착오를 줄이기 위해 어떻게 해야 하는지 알려주는 체계적인 교육이나 지원 프로그램이 부족한 상태다. 해마다 피해자 국선변호사 업무 매뉴얼[33]이 배포되고 관련 교육이나 워크숍 등도 진행되기는 하지만, 교육 내용에 대한 참가자들의 만족도는 떨어지는 편이다. 교육을 담당한 강사진들의 뒤처지는 성인지 감수

3 또 다른 톱니바퀴들

성에 대해 오히려 교육생들(피해자 국선변호사들)이 나서 여러 차례 지적하기도 했다. 이렇듯 교육은 부실하고 관리는 방치 상태이다 보니, 변호 업무가 피해자 국선변호사 개인의 역량이나 인성 문제로 넘어가게 되는 것이다.

보수 역시 현실적으로 피해자 국선변호사 업무를 꺼리게 하거나 업무에 소홀하도록 만드는 주요인이다. 2018년 이후 피해자 국선변호사의 보수는 이전의 50퍼센트 수준으로 떨어진 상태라고 한다. 소명자료를 제출한 후 보수를 신청하는 방식의 번거로움도 크고, 조력을 위한 비용 중 통역 등 다양하게 비용이 발생해도 보전되지 않는다. 그러다 보니 특히 지방의 국선변호사 수가 감소하고 있다. 피해자 조력을 위해 국선변호사 제도를 마련했다고 요란하게 홍보하는 법무부는, 실제 피해자 변호에 무엇이 필요한지는 파악하지 않고 그저 변호사들이 신념과 사명감을 바탕으로 열악한 환경을 견디고 일하도록 강요한다. 관리·감독의 책임을 져야 할 법무부의 무책임한 행보 때문에 피해자 국선변호사 업무는 하면 할수록 손해 보는 일이라는 인식이 팽배해졌다. 결국 법무부가 보유한 국선변호사 예정자 수는 줄어든 상황이며, 변호사들도 피해자 국선변호를 경력 쌓기 용도로 여기거나, 어차피 해도 그만 안 해도 그만이라는 인식으로 보수만 챙기는 사례가 늘어나는 것이다.

피해자 국선변호사들과 만나보면, 피해자 조력 범위의 확대라는 측면에서 원하는 바가 비슷하다. 출석권 보장, 의견진술권 확대 외에도 재판 기록물에 대한 열람·등사 범위의 확대, 피해자의 처벌불원 의사가 전달되는 과정 확인(예: 합의 과정에서 강요 등 2차 피해의 발생 여부) 등이 그것이다. 개인적으로는 검찰이나 법원이 할 일을 피해자 국선변호사에게 떠넘기는 행태도 개선되기를 바란다. 또한 피해자 국선변호사들과 각 기관(수사기관, 법원, 해바라기센터, 성폭력 상담기관 등)의 협력이 체계적으로 이루어지길 원한다. 물론 피해자 국선변호사들도 경찰과 검찰 단계에서 이미 마련되어 있는 범죄피해평가나 범죄피해양형자료보고서 제도를 적극 활용해 피해자의 상태와 상황에 대한 분석 자료를 만들고, 수사와 재판 단계에서 피해자가 활용할 수 있는 보호·지원제도에 대해 좀 더 적극적으로 안내하는 역할을 하길 바란다.

나는 연대할 때 피해자들에게 변호사 조력의 필요성을 강조한다. 수사 초기 단계부터 변호사가 할 수 있는 일들과, 그것이 문제를 해결하는 데 어떤 도움이 될지를 알린다. 이처럼 변호사의 역할에 대한 이해를 구하는 동시에, 변호사가 조력할 수 있는 범위의 한계를 설정한 후 그에 대해서도 설명한다. 그러나 여전히 변호사에 대한 만족도는 낮고, 많은 피해자들은 변호사를 불신한다. 변호사들 역시 피해자가 과한 요구를 한다며 고충을 토로하거나, 문제의 원인을 외부로 돌린다. 이들을 중재하는 역할이 내 연대 활동의 하나이지만, 모든 피해자들에게 이런 중재자가 있을 수는 없다.

기소된 이후에야 조력을 하는 피고인 국선변호인 제도와 달리, 피해자 국선변호사 제도는 수사 초기부터 재판 종결에 이르는 전 과정에서 피해자를 조력하는 제도다. 제도의 취지는 좋지만, 현실적으로 이를 관리·감독하는 주체인 법무부가 제 역할을 하지 않는 가운데 피해자들은 부정적인 경험을 쌓는다. 이 때문에 제도 자체에 대한 불신과 불안이 팽배해 있다. 검사가 형사사법 절차에서 피해자 대리인 역할을 충실히 하지 않는 상황에서 국선변호사마저 불성실하고 자기편이 아니라고 생각할 때, 피해자들은 법률 시장으로 내몰린다. 결국 피해자와 가해자 모두를 대상으로 '성범죄 전담전문 법인'임을 내세우며 장사하는 이들만 배를 불린다. 피해자 국선변호사 제도가 시행 10년에 접어든 지금, 유명무실한 제도가 되지 않도록 검토가 절실하다.

수사와 재판 단계에서 피해자 국선변호사의 조력 실태를 파악하고, 실질적 조력이 가능하도록 권한의 범위를 확대해야 한다. 또한 제때 적절한 정보를 제공하도록 각 기관이 협조하는 가운데, 피해자를 포함한 일반인들이 문제제기하며 감시할 수 있도록 해야 한다. 조력을 질적으로 향상하기 위한 국선변호사 교육의 내실화와 보수의 현실화 등도 필요할 것이다.

2021년 광주 지역 피해자 국선변호사의 성폭력 사건, 공군20전투비행단 성폭력 사건 등이 잇달아 발생하면서 피해자 국선변호사에 대한 외부 비판이 이어졌다. 성폭력 피해자를 조력해야 할 변호사가 피해자들을 대상으로 성폭력을 저지르거나, 자신이 맡은 피해자를 제때 제대로 조력하지 못하고, 오히려 피해자의 신상정보를 공유하는 등의 행위로 피해자 국선변호사 제도에 대한 신뢰를 깎은 것이다. 더욱이 2021년 10월, 법무부가 현실을 무시한 피해자 국선변호사 보수 제도를 발표하면서,[34] 낮은 보수에도 사명감을 갖고 열심히 일하던 피해자 국선변호사들의 이탈 움직임이 나타났다.

이에 피해자 국선변호사들과 시민단체 등은 법무부 등과 협상을 진행하면서 토론회 등을 열었는데, 나는 그중 한 토론회[35]의 패널로 참석해 성폭력 피해자 대상의 설문조사 결과[36]를 분석해 발표했다. 성폭력 피해 당사자이자 연대자로서 피해자 국선변호사 제도의 필요성과 한계에 대해 다양한 이야기를 나눌 수 있었다. 피해자를 조력하는 전문가인 변호사에 대해 이해하지 않고는 연대의 성공을 기약할 수 없고, 협업 체계를 잘 갖추어놓아야 취약계층의 피해자가 입는 추가 피해를 줄일 수 있기 때문이다. 그런 내게 토론회에서 만난 다양한 변호사들과의 대화는 큰 자산이 되었다.

외부 비판에 직면한 법무부는 2022년 피해자 국선변호사에 대한 보수 체계를 보완하고,[37] 피해자 전담 국선변호사의 수를 늘려 총 35명의 전담변호사가 전국에서 활동하게 되었다. 2021년 검경수사권 조정, 2022년 형사소송법·검찰청법 개정 등으로 이제 수사 초기부터 법률 전문가인 변호사의 조력이 더 중요해졌다. 또한 여성가족부 축소·폐지 등이 예상되는 상황에서 앞으로 여성가족부가 지원하는 무료법률지원 사업 등에 변화가 생길 수도 있으며, 피해자 보호·조력 업무가 법무부에 집중될 가능성이 높아진 만큼, 피해자 국선변호사 제도의 질적 성장이 요구되고 있다.

그래서 앞으로는 변호사들과 더 많이 만나 이야기하며 협업을 이어갈 생각이다. 제도나 시스템의 한계만을 지적하며 비웃기는 쉽지만, 그런 태도와 인식으로는 현실을 바꿀 수 없기 때문이다. 피해자 국선 변호사 제도의 한계를 지적하는 일과, 그 제도 속에서 살아 움직이는 이들을 이해하는 일은 동시에 가능하다. 형사사법 절차에 대한 불신을 조장하며, 피해구제와 회복을 개인의 몫으로 돌림으로써 취약한 피해자·약자·소수자의 존재를 삭제하려는 이들에 맞서 싸우기 위해서라도 '우리'는 계속 만나야 한다. 문제가 있으면 인식하고, 원인을 분석하며, 해결하도록 노력해야 한다. 각자의 입장에서 억울함만을 강조하지 말고, 내부와 외부 모두 노력해 오해를 걷어내고 신뢰를 쌓아가야 할 때다.

3 또 다른 톱니바퀴들

"피해자를
불러내
증언의 고통을
안기세요"

　'박사방' 사건의 재판을 모니터링하려고 서울중앙지법에 갔다가 분주히 움직이는 남성 변호사를 만났다. 마스크를 턱에 걸친 상태에서 법정을 드나들며 떠드는 그가 낯익어 검색해보니, 유튜브를 통해 성범죄 가해자에게 조언하는 변호사 중 한 명이었다. 공소사실 전부 혹은 일부를 부인하고, 헌법소원을 제기하며, 아동·청소년인 피해자를 불러내 증언의 고통을 안기는 방식으로 대응하기. 이 모두가 '성범죄 전담전문 변호사'들이 유튜브에서 하는 말들이다.

　2022년 현재 '아청법'을 유튜브에 검색하면 바로 '아청법 기소유예'가 연관 검색어로 뜬다. 현직 변호사들이 영상을 통해 앞다투어 디지털 성범죄자에게 여러 '팁'을 제공하기 때문이다. 수사기관에서 진술하는 방법이나 합의 방법뿐 아니라, 물증 확보를 최소화하려면 저장장치 등을 어떻게 처리할지, 압수·수색이나 포렌식(과학수사)에 어떻게 대응할지 등 범행을 축소하는 방법도 설명한다. 물증 확보를 피할 수 없을 때는 '기소유예'를 끌어내라며 다양한 전략을 소개한다. 반성문을 비롯해 선처받을 수 있는 양형자료에 대해 알려주고, 법인별로 양형

222

자료 리스트를 관리한다고 홍보하며, 상담센터 등과 협업 체계를 구축하기도 한다.[38]

이들 변호사는 '억울함'을 부각해 가해자의 죄의식이 옅어지게 만든다. 물증이 있어 유죄가 나올 것 같으면 피해자를 압박해 합의를 강요하고, 처벌불원이나 고소 취하를 유도한다. 피해자 진술이 유일한 증거라면 무고, 명예훼손, 모욕 등 보복성 고소를 일삼아 법적 다툼이 얽히고설키게 한다. 가해자가 기소유예를 받을 경우, 수임료는 건당 500~1000만 원이다. 특별한 지식이나 전략이 요구되지 않는 정형화된 매뉴얼이 있어 안정적인 수익을 창출하는 '시장'인 셈이다. 대한변호사협회는 '성범죄 전담전문'을 내세우며 자극적인 문구로 광고하는 것은 부적절하다며 모니터링을 약속했지만,[39] 성범죄 전담전문 변호사들은 오늘도 성행 중이다.

성범죄 전담전문 변호사들은 재판에 어떻게 임할까? 나는 전국 법원을 돌아다니며 피해자의 신뢰관계인으로, 때로는 일반 방청인의 자격으로 각종 여성 대상 폭력 사건(예: 살인, 성폭력, 상해, 다양한 2차 가해 등)의 재판을 모니터링하고 있다. 그 과정에서 피고인 측 변호인의 방어 전략을 목격·기록할 때면 도대체 윤리와 상식이란 무엇인지 의심하게 된다. 물증 확보가 어려운 성범죄의 특성상 범죄를 입증하려면 피해자 진술에 대한 검토가 필요하다는 이유 외에도, 재판 과정에서 피해자를 향한 공격이 '피고인의 방어권 보장'이라는 외피를 둘러쓰고 이어지기 때문이다. 성범죄 재판이 '피해자 재판'으로 불리는 까닭이 여기에 있다. 재판에서 드러난 피고인 측 변호인, 즉 성범죄 '전문' 변호사들의 전략을 살펴보자.

3 또 다른 톱니바퀴들

피해자가 동의했다 / 피해자가 동의했다고 가해자가 인식할 만했다

피고인 측은 성인-비장애 피해자에 대해서뿐 아니라 13세 미만 아동이나 장애인 피해자에 대해서도 '성적자기결정권'을 들먹이며 "피해자가 동의했다", "피해자가 성적자기결정권을 행사했다"는 주장을 편다. '정조'에서 '성적자기결정권'으로 보호법익이 변한 것을, 성범죄 재판에서는 피해자가 행사했어야 하는 것, 피해자 책임으로 돌리기 위한 근거로 활용하는 것이다.

게다가 가해자인 피고인의 입장에서 성관계 동의라고 볼 만한 언행을 피해자가 했을 경우, '묵시적·암묵적 동의'라고 주장하며 피해자의 진의와는 무관하게 이를 무죄 주장의 근거로 내세우기도 한다. 일상적인 친절이나 호의 수준의 언행을 성관계에 대한 동의로 이해하는 '논리'를 그대로 가져와 방어하는 것이다. 피해자가 감자탕집에서 고기를 덜어주거나, 반지를 뺐다 끼는 행위를 했기 때문에 피고인이 그것을 성관계에 대한 동의로 인식할 수 있었다는 판결은 이러한 피고인 측의 주장을 그대로 반영한 결과다.

피해자는 당하고 있을 사람이 아니다

피해자가 적극적 성격인 경우, 피고인 측은 그 성격을 들어 피해자가 성폭력을 당하고 가만히 있을 사람이 아니라며 공격한다. 2021년 3월 대법원에서 유죄 취지로 파기환송된 대중교통 내 강제추행 사건이나 세종대 전 교수 김태훈(55세, 남) 사건의 재판 과정에서도 피고인 측은 피해자의 평소 행실과 성격 등을 언급하며 당할 사람이 아니라거나, 당하고 가만히 있을 사람이 아니라는 주장을 폈다. 피해자의 나이, 학력, 혼인 경험과 사회 경험 등이 동일한 논리의 근거로 활용되는 경우도 많다. '알 만한 사람'이라는 것이다. 안희정 성폭력 사건의 재판에서 피고인 변호인들이 내세웠던 전략이기도 하다.

　문제는 이런 전략이 통한다는 데 있다. 안희정 사건의 1심 재판 당시 피해자 증인신문 과정에서 주심 판사가 피해자를 신문하며 '정조'라는 표현을 썼는데, 이에 대해 피해자가 문제제기를 하자 오히려 그것을 성적자기결정권을 행사할 수 있는 여성으로 판단하는 근거로 삼아 무죄를 선고한 바 있다.

피해자는 원래 이상했다

　피해자 진술의 신빙성을 문제 삼기 위해 피해자가 원래 '이상한 여자'라고 주장한다. 이를 위해 사건과 관련 없는 피해자의 사생활을 끌고 와 인신공격하는 전략을 택한다. 피해자가 성폭력 피해를 연이어 입은 경우에도 "한 번 당했는데 왜"라며 피해자의 처신이 잘못되었다는 식의 공격 수단으로 활용한다. 피해자가 정신 병력이 있거나 평소 불안·우울 증세를 보였을 경우, 성폭력을 피해의식이나 망상으로 치부하기도 한다. 2021년 친부(51세, 남)에게 입은 성폭력 피해를 신고한 후 사망한 피해자를 두고, 피고인 측 변호인이 피해자가 평소 피해망상이 있었다는 취지로 무죄를 주장한 것 등이 대표적이다. 피해자를 '문란하고 헤픈 여자', '미친 여자'로 만들어 피고인을 방어하는 것이다.

　심지어 그 내용이 허위여도 상관없다. 일단 재판에서 이기기만 하면 된다. 조덕제 성폭력 사건에서도 피고인 측 변호인은 피고인 조 씨의 지인 이재포 등이 만든 가짜뉴스를 바탕으로 피해자를 "허위·과장의 진술습벽이 있는 여성"으로 몰아갔다. 기사가 허위임이 명백히 밝혀져 이재포 등이 실형을 선고받은 후에도, 재판에서 여전히 피해자에 대한 공격을 멈추지 않았다. 조덕제뿐만이 아니다. 연극연출가 이윤택, 목사 이재록(79세, 남) 등의 위력에 의한 성폭력 사건에서도 피해자 비

　　　　　　　　　　　　　　3 또 다른 톱니바퀴들

난하기는 피고인 측 변호인의 주요 전략이었다.

진짜 피해자라면 그럴 수 없다

사건 이후 피해자의 행적을 추적해, 피해자가 일상을 영위하는 방식을 들어 가해자의 무죄를 주장하는 변호인이 많다. 그래서 재판에 들어서면 피고인 측 변호인은 피해자의 SNS 활동 등을 정리해 제출한다. '진짜 피해자'라면 이렇게 일상을 영위할 수 없다는 논리다. 그런데 일관성은 없다. 피해자가 고통을 강하게 호소하면 "피해자가 원래 예민한 성향이라 그렇다"고 주장하며, 고통 호소가 약하면 "일상생활이 불가능할 정도의 고통이 있을 텐데 그렇지 않으니 이상하다"고 한다. 나 역시 성폭력 사건의 피해자로 증인신문을 할 때 침착하고 냉정하게 대응하자, 피고인 측 변호인은 "진짜 피해자라면 저렇게 말할 수 없을 것"이라고 최후변론에서 주장했다.

그러다 보니 사건 이후 피해자에게 SNS 활동을 줄이거나 중단하라고 요구하는 피해자 변호사들도 있다. '피해자답지' 않은 모습을 보일 경우 재판에 불리하다는 이유에서다. 대개 재판부는 피해자가 피해 이후에 얼마나 고통받았는지에 집중하는 경향이 있고, 이런 전형적인 피해자상에서 벗어날 경우 진술 역시 의심받을 수 있다는 의미다. 그러나 피해자의 모습은 단일하지 않다. 피해 이후 회복과 일상 재구성을 위해 노력하는 방식은 다양하며, 아무 일도 없었던 것처럼 생활하고 싶어 하는 이들도 있다. 결국 그들은 피해자가 어떤 방식으로 일상을 영위하든 '진짜 피해자'가 아니라고 한다. 묻고 싶다. 도대체 그들이 말하는 '진짜 피해자'는 어떤 모습인가?

모든 것은 피해자를 조종하는 배후의 음해와 모함이다

피해자 뒤에 어떤 단체가 존재하고, 피해자는 그 단체의 의도대로 피고인을 모함하거나, 비호를 받아 피고인을 압박한다는 이야기도 한다. 2015년 이후 SNS를 중심으로 성폭력과 교제폭력 등의 피해자들이 공론화와 법적 대응을 했을 때 두드러지게 나타난 양상이다. 2017년 초 문단 내 성폭력 사건에서 피고인을 변론하며 '외부 단체' 운운한 어느 변호사는, 2020년에도 2차 가해를 저지른 피고인을 변론하며 피해자 뒤에 어떤 세력과 단체가 있다고 들먹였다. 정치권에서 연이어 터져나오는 '위력에 의한 성폭력 사건'의 경우, 그 양상은 극단으로 치닫는다. 그리고 피고인 측은 이를 적극적으로 활용한다. 여전히 음모론이 먹힌다고 생각하는 것이다.

나는 피해자와 연대하면서 그 '배후'로 지목된 적이 많다. 익명의 개인 활동가가 그 어떤 보상도 없이 피해자와 연대한다는 것을 납득하지 못하기 때문이다. 저 뒤에는 특정 여성단체가 있을 것이고, 활동에 대한 금전 보상을 받을 것이며, 피해자를 조종하는 것이라고 판단한다. 하지만 그들이 이해하든 말든, 세상에는 선의와 신념으로 움직이는 사람들도 있다. 세상에 그들 같은 사람들만 있는 것은 아니다.

피고인은 정신 상태가 불안하다 / 피고인은 심신미약이다

2020년 디지털 성범죄 사건의 재판에서 두드러지게 나타난 변론 전략 중 하나가 바로 피고인의 정신적 불안증세나 이상증세를 강조하는 방식이다. 물증 확보가 용이한 디지털 성범죄 사건의 특성상 공소 사실 자체를 부인할 수는 없으니, 정신 상태를 내세워 감형을 받으려는 작전이다. 예컨대 '고도비만'으로 인한 콤플렉스로 범행에 이르렀다고 주장하거나, 교도관으로 근무하면서 받은 스트레스 때문에 불법촬

3 또 다른 톱니바퀴들

영을 했다고 하거나, 학창 시절 따돌림을 당하면서 생긴 불안과 우울 증세를 타인에 대한 성적 착취로 잘못 풀어내게 되었다는 등의 주장이 등장하기도 했다.

실제로 피고인이 음주 상태에서 저지른 성범죄에 대해 '블랙아웃' 상태가 인정되어 심신미약으로 감경된 사례도 있고, '분노조절장애'*를 앞세워 감경받은 사례 등도 꾸준히 나온다. 그래서 피고인 측 변호인들은 수사가 시작되면 가해자들에게 바로 정신과에 찾아가 진단서를 끊고 치료를 시작하라고 권한다. 음주 상태로 범죄를 저질렀을 경우 알코올 중독 치료를 시작하라고 말하기도 한다. 이 모두 실제 재판 과정에서 피고인에게 유리한 정상으로 인정된 바 있기 때문이다.

피고인의 가정환경, 혼인 경험, 사회적 유대관계 등을 고려해달라

피고인의 가정환경이 불우하면 불우한 것을 들어, 유복하면 "사회적 유대관계가 분명하다"며 선처를 요구한다.** 혼인 여부도 중요하다. 결혼했으면 가장의 책임을, 결혼하지 않았으면 부모 부양의 의무를 내세운다. 세계 최대 아동 성착취 사이트를 운영한 손정우도 재판에서 '결혼'을 활용했다. 2018년 5월로 잡힌 항소심이 선고되기 2주 전, 혼인신고서를 제출한 뒤 부양할 가족이 생겼다는 점 등을 들어 선처를 호소한 것이다. 2심 재판부는 이를 손정우에게 유리한 정상으로 받아들였다.

---

*   '간헐적 폭발성 장애'라고 해야 하지만, 판결문에는 일반적으로 '분노조절장애'로 나온다. 병명 등을 언급할 때 좀 더 정확하고 구체적으로 적시해야 하지만, 여전히 판결문에는 이런 점이 제대로 반영되지 않는다.
**   반면 피해자에 대해서는 가정환경이 불안정적이면 피해자가 돈을 바라고 허위로 고소했다고 주장하며, 안정적이면 다른 이유를 붙여 무고 가능성을 부각한다.

또한 피고인을 둘러싼 가족, 지인, 직장 동료 등의 선처 탄원은 피고인의 사회적 유대관계가 돈독하다는 것으로 연결되어 유리한 양형 요소로 반영된다. 정상가족과 정상적인 사회생활에 대한 재판부의 집착은, 그런 안정적이고 정상적일 수 있는 환경에서도 범죄를 저지른 피고인이 얼마나 뒤틀린 인간인지에 대한 판단으로 이어지지 못한다. 반대의 경우 역시 피고인에 대한 연민으로 연결되고 있으니, 그 어떤 상황이든 피고인에게 불리할 것이 없다.

피고인의 나이를 고려해달라

피고인의 나이는 그게 몇 살이든 선처를 위한 변론에 활용된다. 미성년자일 땐 나이가 어리다는 것을 강조하고, 20대면 아직 사회 경험이 부족하다거나 인격 혹은 판단력이 미성숙하다고 호소한다.[40] 사회인으로 활발히 활동할 나이라면 사회 경력과 관계망을 들어 선처를 요청한다. 물론 고령이면 또 고령이라는 이유로 엄벌을 피하려 한다.*[41] 심지어 피해자가 사망한 사건에서도 가해자의 나이를 들어 미래와 꿈, 그리고 사회 복귀와 새 출발을 말한다. 2018년에 발생한 두 건의 살인 사건에서 피고인 심ㅈㅎ(31세, 남)과 박ㅊㅇ(25세, 남)에 대해 변호인은 이들이 수험서 등을 구비해 수감시설에서 미래를 꿈꾸고 있다며 선처해달라고 변론했다. 각각 20대, 50대였던 피해자들은 잔인하게 살해되어 일상도 미래도 삶도 빼앗긴 채 영원히 2018년에 붙들려 있어야 함에도 말이다.

---

*　　반면 피해자는 16세 미만의 아동과 청소년이더라도 '성적자기결정권'을 행사한 것이라고 주장하며, 갓 20세를 넘은 경우 상황 판단이나 대처가 완벽하고 성숙한 성인임을 강조하며 피해자 책임으로 돌린다.

신문 기술로 피해자 제압하기

피해자 증인신문을 앞둔 피해자에게 대부분의 전문가들은 "기억나는 대로, 사실대로, 차분하게 말하면 된다"고들 한다. 그러나 이 정도만으로는 피해자 진술의 신빙성을 무너뜨리려는 피고인 변호인에게 대항하기 어렵다. 피고인 측은 동일한 내용을 일부 표현만 바꿔 묻기, 유도신문 하기, 두세 개의 질문을 하나로 묶는 장문형 질문으로 핵심 파악을 어렵게 하기, 사실관계와 무관한 피해자의 의견 끌어내기, 인신 공격하기 등 피해자 진술의 신빙성을 무너뜨리고 고통을 안기기 위해 다양한 신문 방식을 활용한다. 증인석에 홀로 앉아 이를 견뎌야 하는 피해자들은 신문이 끝난 후 자살과 자해 사고에 시달리기도 한다.

이런 문제는 공판검사의 이의제기나 재판부의 적절한 소송지휘로 해결해야 한다. 그러나 대개는 피고인의 방어권 보장을 내세워 그냥 넘기거나, 피해자가 고통스럽더라도 이후 양형에 반영하면 되니 참으라고 강요한다. 물론 뭐가 문제인지 전혀 모를 때도 있다.

피해자에게 고통을 안기는 신문 방식이 용인되니 어떤 피고인 변호인들은 아예 피해자 인신공격을 변론의 주요 전략으로 삼기도 한다. 어차피 변호인 입장에서는 의뢰인인 피고인의 입맛에 맞게 피해자를 비난하는 방식으로 변론함으로써 만족감을 주면, 패소하더라도 피고인들이 불만을 갖지 않는다는 것이다. 전국 법원을 돌아다니다 보면 성폭력 사건 재판에서 특정 법인들의 변호사들을 자주 마주치는데, 그 변호사가 바로 이렇게 피해자 비난하기 전략을 구사하고 있었다. 실제로 의뢰인들의 만족도도 높은 것으로 알고 있다. 이들 변호인에게 법조인의 윤리의식은 언제든 팽개치면 그만일 뿐인 것이다.

그러나 사건의 실체를 파악하고 피고인의 방어권을 보장하는 신문 방식이 피해자를 괴롭히는 방식일 필요는 없다. 2016년 사법정책연구원의 연구[42]에도 나와 있듯이, 이제 세계 각국은 성폭력 피해자 증인 신문에서 사생활에 대한 언급 등으로 피해자에게 고통을 주는 방식을 지양한다. 한국도 이제 피해자 증인신문 방식과 기술에 대한 대대적인 점검이 필요할 때가 아닌가?

잘못된 정보로 사실관계 흐리기

피해자가 재판을 직접 방청하는 경우가 많지 않기 때문에 법정 내에서는 피고인 측의 입장만 부각되기 마련이다. 피고인 측 변호인은 이를 적극 활용해 거짓 정보를 기반으로 증인신문을 진행하기도 한다. 2021년에 진행된 한 성폭력 피해자에 대한 2차 가해 사건의 재판에서 공소사실 중 하나는 허위사실 유포였다. 반디지털성폭력 활동가이기도 한 피해자가 단체활동 중 외부인과 성적인 관계를 맺었다는 것이었는데, 피고인은 이 허위사실을 유포하면서 'SM 플레이'라는 표현을 썼다. 그런데 피고인 측 변호인은 이 단어가 피해자와 외부인의 업무상 위력에 따른 갑을관계를 설명한 것이라고 우기기 시작했다. 명백히 성적 관계를 규정하는 용어인데도, 업무상 지배와 피지배 관계를 설명하기 위해 활용했다는 억지 주장에 방청객 모두가 헛웃음을 터트렸다.

그러나 만약 재판부나 검사가 이러한 용어 등을 모르는 상태에서 피해자나 피해자 변호사, 지인들이 방청조차 하지 않는다면 어떨까? 이런 일방적 주장이 판결에 영향을 미칠 수도 있다. 특히 날로 발달하는 디지털 매체 환경에 익숙하지 않은 재판부에게 피고인 측이 이에 대한 허위 정보를 전달하거나, 왜곡된 해석을 바탕으로 변론을 펼치는 경우가 있다. 그래서 연대하는 사건들의 경우, 나는 재판 방청을 통해 이런 왜곡된 주장과 정보를 확인한 뒤 반박하는 의견서를 제출한다. 그러나 모든 피해자들이 평일 낮에 열리는 재판에, 그것도 피고인과

3 또 다른 톱니바퀴들

마주해야 하는, 게다가 피고인 측의 주장이 일방적으로 전달되는 법정에 방청객으로 앉아 차분하게 기록할 수 있겠는가? 공판조서 등 재판기록물에 대한 피해자의 열람·복사도 제한되는 상태에서 이런 식의 변론이 나오면 검사와 재판부가 진위 여부를 정확히 따져 묻고 확인이라도 해야 하는데, 편차가 너무 크다.

자료·정보를 짜깁거나 왜곡하기

피고인 측 변호인이 제출하거나 신문 과정에서 스크린 등에 보여주는(현출하는) 자료 중에는 짜깁기를 했거나 출처가 불명확한 것, 심지어 허위로 작성된 것들도 있다. 피해자 증인신문 전에 내가 피해자에게 당부하는 것 중 하나는, 신문 과정에서 스크린으로 현출하는 자료들에 대해 바로 답변하지 말라는 것이다. 출처를 물은 뒤 앞뒤 내용이 잘린 경우 해당 내용을 보여달라고 요구하도록 당부한다.

실제로 내가 한 성폭력 피해자의 신뢰관계인으로 피해자 증인신문에 참석했을 때, 시간적 격차가 있는 두 개의 진술조서를 피고인 측 변호인이 하나처럼 이어 붙여 별도의 자료를 만든 후, 피해자에게 답변을 강요한 적이 있다. 아무래도 내용이 이상해서 걱정했는데, 다행히 피해자가 해당 자료의 출처를 밝히고 앞뒤 내용을 보여달라고 요구했다. 이에 피고인 측 변호인이 대강 얼버무리며 넘어가려 했고, 피해자가 그 자리에서 문제제기를 하자, 재판부는 스크린에 띄우는 자료의 출처를 명확히 밝히고 해당 자료를 변형하지 말라며 주의를 줬다.

피해자가 올린 SNS 게시물의 일시 등을 고쳐 제시했다가, 그 자리에서 피해자가 직접 자신의 SNS를 보여주며 항의해 들킨 케이스도 있다. 성폭력 당시를 녹음한 파일도 조작·편집된 것들이 많은데, 심지어 녹음파일과 녹취록에 차이가 있는 경우도 있다. 승소를 위해 어떤 짓이든 할 수 있는 이들이 피고인 측 변호인인 것이다. 그런데도 피고인 측이 제출하는 자료에 대한 재판부의 검증이 부실하기 때문에, 이 역시 피해자가 하나하나 신경 써야 하는 게 현실이다.

피해자를 고소하기 / 국민참여재판 신청하기

변호인들이 권하는 전략은 가해자의 상황에 따라 다르다. 수사 과정에서 다툼의 여지가 있다고 판단하면 피해자를 무고, 명예훼손, 모욕, 업무방해, 강요, 협박 등의 죄목으로 고소하라고 가해자에게 권한다. 이 경우 또 다른 사건을 수임하게 되는 것이므로 피해자를 압박하는 이런 식의 보복성 고소가 피고인 측 변호인에게는 새로운 수익처가 되는 셈이다. 피해자들은 피고인들의 보복성 고소를 견디기 힘들어하며, 이 때문에 상대가 원하는 방식대로 고소 취하나 합의에 응하기도 한다.

피고인이 기소되어 재판으로 넘어간 경우, 변호인은 국민참여재판을 권하기도 한다. 통계상 성범죄는 다른 범죄에 비해 무죄가 나올 확률이 국민참여재판에서 두 배 정도 높은데,[43] 일반인 배심원들이 생각하기에 조두순 정도로 극악한 성범죄자가 아닌 경우 성범죄로 인정하기를 주저하기 때문이다. 게다가 피해자가 재판에 소극적일 경우, 눈앞에서 읍소하는 피고인에게 좀 더 온정적인 태도를 지니게 된다. 배심원단 선정 역시 편향될 우려가 있으며, 성폭력에 대한 이해도가 낮아 편견에 좌우될 위험성도 높다.

이에 추가 가해를 우려하는 피해자 측이 국민참여재판 회부에 대해 문제제기를 하면, 재판부는 피해자가 굳이 나와 진술할 필요가 없다고까지 한다. 피해자가 나오면 그것대로 피해자에게 여러 배심원들 앞에서 증언하는 고통을 안길 수 있고, 피해자가 불출석하면 또 그대

3 또 다른 톱니바퀴들

로 피고인의 일방적인 주장을 전달하기가 용이하니 적극 활용하려는 것이다.

최후변론을 활용해 피해자를 공격하고 변호인 자신을 변호하기

결심 공판의 최후변론을 활용해 피해자의 정보를 유포하고 인신 공격을 하는 것은, 2020년 이후 두드러지게 나타나는 피고인 측 변호인의 변론 전략 중 하나다. 성범죄 재판은 사건의 특성상 피해자 증인신문 등이 비공개로 전환되는 경우가 많지만, 검사의 구형과 피고인 측 최후변론·최후진술이 이어지는 결심 공판은 대개 공개되기 때문에 이를 적극 활용하는 것이다. 검사가 구형할 때 최후의견진술을 상세히 하지 않는 경우가 대부분인 데 비해, 피고인 측은 최후변론과 최후진술을 통해 사건과 피해자, 피고인에 대해 구구절절 늘어놓곤 한다.

문제는 그 과정에서 원래 비공개로 다루어야 할 피해자의 사생활 등 사적 정보, 구체적인 범죄사실, 피고인 측의 일방적 주장을 근거로 한 피해자 인신공격이 여과 없이 외부(기자를 포함한 방청인들)에 공개된다는 것이다. 신문을 포함한 증거조사 과정에서 다룬 내용은 공개된 결심 공판에서 언급하지 않기로 사전에 협의해놓고도, 당일 결심 공판에서 그 협의 사항을 깨는 경우도 있다. 사전 협의를 깨더라도 주의를 받는 정도에 그치기 때문에 형량 자체는 직접적인 영향을 받지 않는다. 설령 불이익이 예상되더라도, 의뢰인인 성범죄자가 피해자에게 고통을 안기는 방식의 변론을 요구하면 그에 맞춰 진행한다. 승패가 중요한 게 아니라 의뢰인의 욕망을 충실히 반영해 피해자에게 고통을 안기면 의뢰인인 성범죄자가 심적 만족감을 얻기 때문인데, 이러한 '전략'은 생각보다 성범죄자들 사이에서 인기가 높다. 따라서 여기서의 '전략'은 감형이나 무죄를 노리는 전략이 아니라 '상술'이라고 볼 수 있다.

사회적으로 지탄을 받는 피고인을 변론할 때는, 최후변론을 활용해 변호인 본인의 고충과 억울함을 토로하는 모습도 여러 차례 목격했다. 최후변론은 광고하거나 해명하는 자리가 아니다. 피고인 변론이라는 본연의 일에 집중하되, 최소한의 인간적인 존중을 갖고 피해자와 사건에 대해 전달해야 한다. 그러지 않을 경우 비판받는 것은 너무도 당연하니 억울해할 필요가 없다. 아무리 극악무도한 범죄자라도 변호인의 조력을 받을 권리가 있지만, 변호인의 조력에 대한 외부 평가는 범죄자의 권리와는 별개의 것이다.

재판 모니터링을 하다 보면 법조인에 대한 기대가 어그러지는 경험을 하게 된다. 법리에 대한 날카로운 접근, 사실관계에 대한 철저한 입증과 방어 등은 판타지에 불과할 때가 많다. 경쟁에 내몰린 변호사들은 살아남기 위해 스스로를 '상인'이라 칭하며, 실적과 결과에 집착할 수밖에 없다고 항변한다. 왜 변호사에게 공익적 활동이나 높은 수준의 윤리의식을 요구하는지 모르겠다고도 한다. 변호사는 공인이 아니기 때문에 그런 부담과 책임에서 자유롭고 싶다고 말한다. 그런데 본인들의 행위로 비난받는 것은 싫어하면서도 전문가와 지식인의 위상은 챙기고 싶어 한다. 사회적 책무의 이행을 꺼리고 기본적인 윤리의식을 갖추지 않은 지식인과 전문가를 신뢰할 수 있겠는가. 신뢰는 배지나 자격증으로 부여되는 것이 아니다.

3 또 다른 톱니바퀴들

계산된 전략,
보복성
고소[＊]

"나는 그렇게 살지 않았다. 어떤 부분은 섭섭함이 있었는지는 모르지만 이렇게 은혜를 아프게 돌려주는 것이 너무나 안타깝다."

2018년 6월 2일, 영화감독 고_故 김기덕(당시 59세, 남)이 성폭력 피해를 폭로한 여성들과, 사건을 보도한 MBC〈피디수첩〉 제작진을 무고와 명예훼손 등으로 형사 고소한 뒤 서울중앙지검에 고소인으로 출석하면서 한 말이다. 그해 12월 검찰은 폭로를 무고로 볼 수 없고, 방송 내용 역시 상당 부분 진실에 근거한 것으로 보인다며 불기소 처분을 내렸다.

그러자 김기덕은 2019년 2월에 시민단체인 한국여성민우회를, 3월에는 피해자와 MBC를 상대로 민사(손해배상 청구)소송을 제기했다. 그리고 2020년 10월 28일, 손해배상 청구소송에서 1심 재판부(서울서부지법 민사12부: 정은영, 최지영, 김주영)는 원고(김기덕) 패소 판결을 내렸

＊   민사소송의 경우 '고소'라는 표현이 부적절하지만, 이 책에서는 성폭력 가해자가 보복의 목적으로 진행하는 민형사소송 모두를 묶어 '보복성 고소'로 명명한다.

으며, 2021년 11월 5일에 2심 재판부(서울고법 민사13부: 강민구, 박재영, 이
정훈)도 1심과 마찬가지로 원고 패소 판결을 내렸다. 김기덕이 피해자
와 연대자, 방송사 등을 상대로 제기한 '보복성 고소'의 결론이다.

보복성 고소란 흔히 '역고소', '맞고소' 등으로 불리는 성폭력 가해
자들의 대응 전략이다. 성범죄 전담전문 법인이 가해자들에게 적극적
으로 추천하는 방식이기도 하다. 나는 2010년 성폭력 피해를 입고 가
해자를 고소한 후, 가해자로부터 여섯 종류의 고소를 여덟 건 정도 당
했다. 가해자의 고소는 '보복'의 성격을 띠고 있었기에, 그 성격을 분명
히 드러내려고 '보복성 고소'라는 말을 만들었다.

가해자는 성폭력 피해자가 신고·고소한 이후 보복성 고소를 진행
하기도 하지만, 피해자가 사법 절차를 밟지 않고 피해 사실을 외부로
알리기만 한 경우(폭로, 공론화)에도 보복의 목적으로 활용한다. 통상
피해자가 신고·고소했을 때는 무고, 명예훼손, 모욕, 업무방해, 공갈,
협박 등의 죄명으로, 피해자가 폭로만 했을 때는 무고를 뺀 나머지 죄
명으로 고소한다. 게시물과 기사, 방송 내용에 대한 가처분 신청과 민
사소송을 진행하기도 한다. 이때 고소 대상은 피해자로 국한되지 않는
다. 피해자의 가족, 주변인을 비롯해 시민단체, 변호사 등 조력인, 연대
자, 언론·방송사나 기자, 심지어 해당 사건에 의견 등을 표명한 제3자
가 포함되기도 한다.

이러한 보복성 고소는 피해자의 입을 틀어막는다. 보복성 고소를
당한 피해자는 피고소인 신분으로 수사기관에 나가 조사를 받아야 한
다. 이 때문에 정작 자신이 입은 피해 사실을 입증하는 데 집중하기가
어려워지며, 고소 취하와 합의를 종용하는 가해자 측에 끌려가게 된
다. 또 가족이나 주변인, 연대자, 조력자가 고소당할 경우 피해자는 죄
책감에 빠지며, 지지나 연대 기반이 무너질 위험성이 생긴다. 언론이나

3 또 다른 톱니바퀴들

방송, 기자에 대한 보복성 고소로 이어지게 되면 사건에 대한 후속 보도가 어려워지고, 앞선 보도 역시 삭제되는 등 조치가 이어질 수 있다. 그럴 경우 가해자의 일방적인 주장만 남거나, 아예 사건 자체가 대중의 눈에서 사라질 수도 있다. 이렇듯 제3자 대상의 보복성 고소는 성폭력에 대한 사회적 논의를 가로막고, 표현의 자유를 침해하며, 피해자·약자·소수자에 대한 연대 의지를 꺾어버린다.

보복성 고소를 성폭력 가해자만 하는 것은 아니다. 가해자의 가족과 주변인의 허위 신고·고소·고발 등의 형태로 이어지기도 한다. 특히 성폭력 가해자가 사망한 경우, 그 가족이 전방위적으로 피해자를 비롯한 이들을 '사자명예훼손' 등으로 고소하기도 한다. 2020년 무고로 벌금형을 선고받은 한 남성(28세)은, 강제추행 범죄를 저지른 남성 직장 동료를 돕기 위해 자신이 피해자에게 추행당했다고 허위 고소한 경우였다. 2018년 전남대학교 로스쿨에서 성폭력 사건이 발생했을 때 피해자를 보호할 책임이 있었던 한 교수는, 국가인권위원회가 전남대 총장에게 "전남대 로스쿨 교수들에 대한 성인지 감수성 교육을 특히 강화하여 실시할 것"을 권고했음에도 피해 폭로 학생을 무고와 명예훼손으로 고발하기도 했다.

또한 형사사법 절차를 밟고 싶어 하지 않는 피해자를 사법 시스템으로 불러내 검증한다며 제3자가 고발을 남발하기도 한다. 이때 간접적으로나마 정치적·경제적 이해관계를 가해자와 공유하는 경우도 있고, 그저 재미로 하는 경우도 있다. 이렇듯 보복성 고소의 종류는 다양하지만 그중 대표적인 두 가지, 즉 '무고'와 '허위사실적시 명예훼손'에 대해 알아보도록 하자.

무고

'무고'(형법 제156조)란 "타인으로 하여금 형사처분 또는 징계처분을 받게 할 목적으로 공무소 또는 공무원에 대하여 허위의 사실을 신고"하는 것을 말한다. 무고가 성립하려면 신고한 사실이 객관적 진실에 반하는 허위사실이라는 요건이 필요하며, 신고 사실의 진실성을 인정할 수 없다는 소극적 증명만으로 성립을 인정할 수 없다는 것이 대법원의 입장이다.[44]

흔히 '성폭력 사건의 무고'란 성폭력 피해 사실을 허위로 고소·신고하는 것이라고 생각한다. 그러나 실제 수사기관에서 무고 혐의로 조사하는 범위는 그보다 넓다. ① 성폭력 피해가 없어도 허위 고소하는 것뿐만 아니라 ② 동의하지 않은 성관계, 원치 않은 성관계, 기억나지 않는 성관계를 성폭력으로 믿고 고소하는 것도 무고 혐의로 조사한다. ③ 또한 성폭력으로 고소당하자 피해자를 무고로 고소한 가해자 등에 대해 '무고의 무고' 혐의로 조사하기도 한다.

문제는 '성폭력 무고'에 대해서 ①의 경우, 즉 성폭력 피해가 없음에도 성폭력으로 허위 고소하는 것의 가능성만 과대 대표되고 있다는 점이다. 이 때문에 성폭력은 피해자의 진술만으로 가해자로 몰려 유죄가 되고, 다른 범죄에 비해 무고 비율이 높다는 그릇된 인식이 팽배하다. ②의 경우와 같이 피해자는 성폭력으로 인식했지만 사법 시스템상에서 인정하는 성폭력*과는 괴리가 있어 피해를 인정받지 못하는 경

* 예를 들어 '강간죄'의 경우, 사법 시스템에서 인정하는 '강간'은 '폭행·협박'을 구성요건으로 하며, 이때 '폭행·협박'은 피해자의 반항을 불가능하게 하거나 또는 현저히 곤란하게 할 정도여야 한다는 최협의설을 따르고 있다. 물론 최근에는 성적자기결정권 등을 들어 이보다 완화해 강간죄 인정 여부를 판단한 판례도 있지만, 여전히 최협의설의 영향에서 자유롭지 않다. 피해자와 피고인 모두 '피해자가 원치 않는 성관계'였다는 점과 '피해자가 거부'했다는 점을 인정했는데도 최

우가 허다한데도, '성폭력 무혐의·무죄=성폭력 무고'라고 생각하는 이들이 있는 것이다. 그리고 ③의 경우처럼 실제로 성폭력을 저지른 가해자가 오히려 피해자를 압박하기 위해 무고로 고소하는 사례도 많지만, 이와 관련된 무고의 심각성은 다뤄지지 않는다.

대검찰청에서 발표한 범죄 분석 통계를 보면, 2019년을 기준으로 무고 범죄자는 총 7173명이며 그중 66.1퍼센트는 남성이다.[45] '성폭력 무고'에 대한 별도 통계는 없는데, 아직 범죄 유형별 무고 통계를 내지 않고 있어서다. 2019년 대검찰청과 한국여성정책연구원이 주최한 포럼에서 '성폭력 무고'에 대한 분석이 시작되었고,[46] 이후 한국여성정책연구원이 보고서를 펴낸 상태다.[47] 불충분하기는 하지만 이를 통해 성폭력 피의자 대비 성폭력 무고 피의자의 비율은 매우 낮다는 사실, 성폭력 무고 고소사건의 불기소율은 다른 범죄의 불기소율보다 높다는 사실, 기소된다고 하더라도 다른 범죄에 비해 무죄 비율이 높다는 사실을 확인할 수 있다.[48]

'성폭력 무고'에서 가해자가 성폭력으로 신고·고소당한 이후 피해자를 무고로 고소하는 사건의 불기소율과 기소 후 무죄 비율이 월등히 높다는 점은, 이것이 성폭력 피해자에 대한 심각한 2차 가해로 이어질 수 있는 보복성 고소임을 보여준다. 성폭력 피해를 입었음에도 피의자로 전환되어 수사기관에서 조사를 받을 수도 있다는 사실은 피해자들이 신고·고소를 망설이는 이유 중 하나다. 실제로 2016년 가수 정준영에게 불법촬영 등의 피해를 입고 고소했다가 취하한 피해자의 경우, 이후 청와대 국민청원을 통해 당시 무고 등 보복성 고소에 대한 두

협의의 폭행·협박이라는 구성요건을 충족하지 않는다는 이유로 무죄가 선고되는 사례가 2021년에도 나왔다. 이 때문에 아예 '동의 여부'를 강간의 구성요건으로 넣어야 한다는 주장이 나오고 있다.

려움으로 소를 취하했음을 밝혔다. 실제로 성폭력 피해자들이 보복성 고소로 무고 피소를 당해 피의자로 전환되면, 피해자로서 받을 수 있던 보호(가명조서, 신뢰관계인 동석, 국선변호사 지원 등)를 받지 못하게 된다.

불기소율과 무죄율이 높은 상황이니 적극적으로 대응하면 되지 않느냐는 말은 현실을 무시한 것이다. 나 역시 여러 건으로 보복성 고소를 당했는데, 피해를 입고도 '피의자'가 되어 보호 장치 없이 수사기관에서 조사를 받게 되자 모멸감과 공포, 불안감 때문에 모든 것을 포기하고 싶었다. 2014년 방송사 촬영기사인 남성 선배에게 강제추행 피해를 입고 고소한 피해자는 가해자가 무고로 고소한 후 오히려 무고로 기소되었는데, 피해자에 대해 대법원은 이렇게 판단했다.

> 성폭력 등의 피해를 입었다는 신고 사실에 관하여 불기소 처분 내지 무죄 판결이 내려졌다고 하여, 그 자체를 무고를 하였다는 적극적인 근거로 삼아 신고 내용을 허위라고 단정하여서는 안 되며 … 진정한 피해자라면 마땅히 이렇게 하였을 것이라는 기준을 내세워 성폭력 등의 피해를 입었다는 점 및 신고에 이르게 된 경위 등에 관한 변소를 쉽게 배척하여서는 아니 된다.[49]

연예인 박유천에게 성폭력 피해를 입고 고소한 피해자 역시 무고와 출판물에 의한 명예훼손으로 고소당했다. 이후 기소되어 국민참여재판을 거쳤는데, 배심원 7명의 만장일치로 무죄가 선고되었다. "피고인(성폭력 피해자)의 입장에서 성폭행으로 인식될 수 있는 충분한 사정이 존재했다"는 이유였고, 이 판결은 최종 확정되었다. 이후 피해자는 박유천을 대상으로 손해배상 청구소송을 제기해 2019년 강제조정 결정을 받아냈으나, 이후 박 씨가 돈이 없다는 이유로 지급을 미루었다. 2020년 피해자 측에서 변제 불이행 시 형사 고소하겠다는 내용증명을 보내자, 박유천은 2021년에서야 배상금을 지급했다.

성폭력 무고에 대한 검찰의 인지 비율은 다른 범죄에 대한 검찰의 무고 인지 비율의 두 배(27.7%)에 달한다.[50] 즉, 검사가 다른 범죄의 무고에 비해 성폭력 범죄의 무고를 더 적극적으로 인식하고 다루었다는 뜻이다. 그 과정에서 검사는 엄격한 증명을 통해 기소하도록 요구되지만, 문제는 여전히 '성폭력 피해자다움'을 기준으로 삼는 경우가 존재한다는 점이다. 특히 피해자와 가해자가 지인 사이이고, 숙박업소나 당사자(피해자, 가해자)의 집에서 피해가 발생한 경우, 검사가 '동의한 성관계'로 이해하고 무고로 인지하는 비율이 높다. 그 결과, 검찰의 인지를 통한 기소 건 또한 무죄 비율이 높게 나타난다.

2021년 검경수사권 조정, 2022년 형사소송법·검찰청법 개정 등으로 인해 무고 인지는 검찰 단계에서 감소하고, 경찰 단계에서 증가했다.[51] 따라서 앞으로는 경찰 수사 단계에서 성범죄 무고 인지가 상대적으로 늘어날 것이라는 전망이 있다. 아울러 20대 대통령의 주요 공약 중 하나가 '무고죄 처벌 강화'였고, 법무부 역시 신중히 검토·협조하겠다고 밝히고 있어, 2022년 이후 수사기관의 성폭력 범죄 무고 인지는 더욱 적극적으로 이루어질 가능성이 있다.

가해자가 직장 상사였고 가해자의 집에서 성폭력 피해를 입은 K씨의 경우, 회사 내부에서 문제를 해결하려다 따돌림 등 직장 내 괴롭힘을 당했다. 이후 가해자가 먼저 피해자인 K씨를 명예훼손 등으로 형사 고소했고, 이에 K씨는 본인이 명확하게 기억하는 두 건의 성폭력(강제추행, 준강간미수)으로 가해자를 고소한다. 그런데 검찰 조사 과정에서 갑자기 검사가 K씨를 무고의 피의자로 전환해 조사하더니 무고로 기소해 재판에 넘겼다. K씨가 고소했던 두 건의 성폭력 중 강제추행은 기소의견으로 송치되었고, 준강간미수는 불기소 처분 후 항고가 진행 중인 상황이었다. 대검찰청은 2018년에 원 사건이 종결될 때까지 무고 사건 수사를 중단하는 것으로 성폭력 수사 매뉴얼을 개정했지만,[52] 개정 후에도 K씨의 사례처럼 피해자 조사를 한다고 부른 후 무고의 피의자로 전환해 조사하는 사례가 많이 나타나고 있다.

무고에 대한 수사가 개시되자, 뒤늦게 가해자는 사건 당일 녹음한 것이라며 파일을 제출했다. 그러나 파일에는 본인의 진술과 배치되는 부분이 있었고, 편집의 가능성을 배제할 수 없음에도 이에 대한 명확한 진술이나 입증 노력이 없었다. 무고를 입증해야 하는 검찰 또한 재판 과정에서 K씨의 고소가 객관적 진실에 반하는 허위사실임을 입증하는 방식으로 노력하기보다는, K씨가 피고인(가해자)과 주고받은 메시지 등을 토대로 그가 '성폭력 피해자답지 않다'는 것을 강조하는 데 초점을 두었다. 이는 수사기관이 생각하는 '성폭력 피해자의 전형'을 벗어난 피해자에 대해서는 원 사건의 수사 과정에서부터 무고 여부에 초점이 맞춰져 수사가 진행됨을 보여준다.

"이 사건의 공소사실은 범죄의 증명이 없는 경우에 해당하므로 무죄를 선고한다."

재판부는 무고를 입증할 직접증거는 증인(성폭력 사건 피의자)의 진술이 유일한데, 증인은 형사처벌을 면하기 위해 허위 진술을 할 동기가 충분하며, 실제로 그 진술 내용에 허위가 많다고 판단했다. 성폭력 피해자로 조사받으러 갔다가 무고 피의자로 전환되어 고통을 겪었던 K씨는 재판이 끝난 후 제대로 울지도 웃지도 못했다. "진짜 성폭력 피해자라면"이라는 말로 계속 피해 사실을 부인당한 시간이 떠올랐을 것이다. 앞으로 남은 싸움에 대한 걱정도 있었을 거다. 회사 내에서 문제를 해결하고자 노력했던 그를 회사는 도려냈고, 가해자의 고소로 사법 시스템에 억지로 끌려 나온 이후 그는 말·시간·자리를 모두 잃었다. K

씨의 사례는 다른 무고 사건에 비해 검찰 인지를 통한 기소 비율이 두 배 이상 높은 성폭력 무고의 전형적인 사례다. 편견에 사로잡힌 수사기관이 피해자를 무고로 적극 인지하려는 관행에 대해 함께 지적해야 하는 이유다.

또한 이미 성폭력 가해자의 전략으로 자리 잡은 '보복성 무고 고소'도 짚어야 한다. 이 부분은 일반적으로 '성폭력 무고'에 대한 언급에서 배제되곤 하지만, 실제 무고 접수 건의 70퍼센트는 바로 가해자에 의한 보복성 무고 고소다.[53] 고소당한 가해자들은 피해자의 입을 틀어막고, 소 취하 등을 압박하며, 유리한 결과를 끌어내기 위해 '무고'를 악용한다. 이런 '보복성 무고 고소'에 대해서는 수사기관이 적극적으로 '무고의 무고'로 인지해 기소하거나, 법원이 선고할 때 양형에 반영해야 한다.

실제로 배우 조덕제의 경우, 2015년 피해자가 강제추행치상으로 신고하자 그해에 피해자를 무고와 허위사실적시 명예훼손으로 고소했다. 검찰은 그의 무고 고소를 무고로 인지해 기소했고, 조덕제는 무고로도 유죄가 확정되었다. 유도부 코치였던 손ㅅㅎ(38세, 남) 역시 성폭력 피소 후 피해자를 대상으로 보복성 고소(무고)를 했다가, 그에 대한 무고로 기소되어 처벌받았다. 연ㅈㅇ(30대, 남)도 피해자에게 준강간으로 고소당하자 피해자를 무고로 고소했는데, 검찰이 그 건까지 '무고의 무고'로 인지해 기소하면서 실형을 선고받았다. 특히 연 씨는 절차적 문제로 파기환송(당시 1심에서 징역 2년 선고)되어 1심부터 다시 진행하게 되자, 본인이 직접 국민참여재판을 신청해 혐의를 부인했다. 그러나 배심원 역시 연 씨에 대해 유죄 평결을 내렸고, 그로 인해 형량이 더 늘어 무고 건의 징역 1년을 포함해 총 4년 6개월 징역이 선고되었다.

'무죄추정의 원칙' 운운하며 '성폭력 무고'에 대한 수사 매뉴얼 변경을 문제 삼는 이들이 있다.[54] 원래 무고는 원 사건(여기서는 성폭력 범죄)의 처분이 확정되어야 피해자의 신고·고소가 허위인지 여부를 가릴 수 있다. 즉, 모든 무고죄에 적용되는 원칙을 성범죄 사건 무고 건에서도 재차 확인한 것이며, 원 사건에 대해 밝혀진 다음 무고 수사가 진행되어야 하니 그때까지 무고 수사는 중단되어야 한다. 이는 역으로 무고 피의자가 되는 피해자에 대한 무죄추정이기도 하다. 또한 성범죄 무고 사건의 검찰 인지 비율이 높은 것 등에서도 알 수 있듯이, 성폭력 피해자에 대한 편견이 무고를 판단하는 데 지대한 영향을 미치는 현실에서 피해자들의 신고·고소를 독려하고 추가 피해를 줄이기 위한 방침이기도 하다.

허위사실적시 명예훼손

2014년 이후 내가 해온 연대 활동의 절반은 보복성 고소를 당한 이들에 대한 연대 활동이었는데, 그중 상당수가 바로 '명예훼손'과 관련되어 있다. 죄명 때문에 피해자들은 더 억울함을 호소한다. 가해자가 잘못을 저질러서 외부에 알리거나 신고·고소를 한 것인데, 어떻게 가해자의 명예를 훼손하는 것이 되며, 피해자인 본인이 왜 가해자가 되어 수사관 앞에 서야 하는지 모르겠다고들 한다.

가해자는 피해자가 외부 폭로를 하거나 신고·고소를 하면 그 내용에 대해 '허위사실적시 명예훼손'이나 그와 동일한 구성요건을 갖는 '업무방해'까지 포함해 고소하곤 한다. 만약 해당 구성요건을 충족하지 못한다고 판단할 경우에는 '모욕'으로 고소한다. 고소 초기에는 '명예훼손'으로 진행했다가 중간에 '모욕'으로 변경하는 경우도 있다. 피해자의 대응을 원천 차단하기 위해 피해자의 SNS 등에 대한 가처분 신청도 병행한다. 형사와 민사를 동시에 진행하면서 예금 동결 등을 통

보복성 고소와 관련된 명예훼손죄 종류

고소 종류		구성요건	처벌	비고
명예훼손	형법 307조	공연히 사실 또는 허위 사실 적시	사실적시: 2년 이하 징역이나 금고 또는 500만 원 이하 벌금 허위사실적시: 5년 이하 징역 또는 10년 이하 자격정지 또는 1000만 원 이하 벌금	* 반의사불벌죄 * '사실적시'의 경우 공공의 이익 입증 시 위법성조각
출판물 등에 의한 명예훼손	형법 309조	비방의 목적으로 신문, 잡지 또는 라디오, 기타 출판물을 통해 사실 또는 허위사실 적시	사실적시: 3년 이하 징역이나 금고 또는 700만 원 이하 벌금 허위사실적시: 5년 이하 징역 또는 10년 이하 자격정지 또는 1000만 원 이하 벌금	* 반의사불벌죄
명예훼손	정보통신망법 70조	비방의 목적으로 정보통신망을 통해 공공연히 사실 또는 허위사실 적시	사실적시: 3년 이하 징역 또는 3000만 원 이하 벌금 허위사실적시: 7년 이하 징역 또는 10년 이하 자격정지 또는 5000만 원 이하 벌금	* 반의사불벌죄
모욕	형법 311조	공연히 사람을 모욕	1년 이하 징역이나 금고 또는 200만 원 이하 벌금	* 친고죄
업무방해	형법 314조 1항	허위사실을 유포하거나 위계, 위력 등을 통해 사람의 업무를 방해	5년 이하 징역 또는 1500만 원 이하 벌금	
무고	형법 156조	타인으로 하여금 형사처분 또는 징계처분을 받게 할 목적으로 공무소 또는 공무원에 대하여 허위사실 신고	10년 이하 징역 또는 1500만 원 이하 벌금	
공갈	형법 350조	사람을 공갈(폭행 또는 협박)해 재물의 교부를 받거나 재산상 이익 취득	10년 이하 징역 또는 2000만 원 이하 벌금	
협박	형법 283조 1항	상대방이 공포심을 일으킬 수 있을 정도의 해악 고지	3년 이하 징역 또는 500만 원 이하 벌금 또는 구류 또는 과료	* 반의사불벌죄

고소 종류		구성요건	처벌	비고
강요	형법 324조	폭행 또는 협박으로 사람의 권리행사를 방해하거나 의무 없는 일을 하게 함	5년 이하 징역 또는 3000만 원 이하 벌금	
위증	형법 152조	법률에 의하여 선서한 증인이 허위의 진술을 한 때	5년 이하의 징역 또는 1000만 원 이하의 벌금	

해 피해자의 돈을 묶어 일상 영위를 어렵게 만들기도 한다.

가해자(고소인)는 피해자를 '허위사실적시 명예훼손'으로 고소한 뒤 대대적으로 떠든다. 그러나 실제 고소장에는 '사실적시'로 판명 나더라도 처벌 의사가 있다고 적거나, 수사기관에서 가해자에게 '사실적시'로도 처벌할 것이냐고 물을 때 그렇게 하겠다고 답한다. 그러면 피해자는 고소 내용이 사실임을 입증해 '허위사실적시 명예훼손' 처벌을 피하더라도 '사실적시 명예훼손'으로는 처벌받는 상황에 내몰릴 수 있다. 다시 말해, '허위사실적시 명예훼손'으로 고소당해도 '사실적시 명예훼손'으로 처벌받을 수 있는 것이다. 더욱이 가해자들은 이를 '허위사실적시 명예훼손'으로 고소해 기소된 것처럼 거짓말을 하고 다니는데, 피해자(피고소인)들은 이에 대해 대응할 여력이 없어지기 마련이다. 사실적시 명예훼손이 죄가 되는 상황에서는 적극적으로 반박하는 식의 대응조차 빌미를 제공할 수 있기 때문이다.

실제 형사사법 절차에서 명예훼손을, 더구나 사실을 적시해도 명예훼손의 죄책을 인정해 처벌하는 국가는 거의 없다. 그래서 '사실적시 명예훼손'만이라도 형법에서 빼자는 의견이 많고, 헌법소원도 지속적으로 제기되고 있으나 헌법재판소는 합헌의견을 고수 중이다. 물론 고

3 또 다른 톱니바퀴들

소된 내용이 사실임을 입증하고 '공공의 이익'을 위한 것이었음을 부각하면 위법성이 조각되어 처벌받지 않을 수 있다.

문제는 그 '공공의 이익'을 판단하는 기준이 수사관이나 재판부별로 현격한 차이를 보인다는 데 있다. 교제폭력을 외부로 폭로한 후 가해자로부터 허위사실적시 명예훼손으로 고소당한 두 피해자에 대해, 2018년 법원은 사실을 적시했으나 공공의 이익을 인정하기에 부족하다며 유죄를 선고했다. 그런데 각 재판부가 똑같이 유죄 판결을 내리면서도, 가해자의 실명을 폭로한 것에 대한 해석은 전혀 달랐다. 한 재판부는 피해자가 가해자의 실명 등 특정할 수 있는 정보를 적게 적었기 때문에 가해자 망신 주기 외에 공익성을 인정하기 어렵다고 봤고, 다른 재판부는 공익성을 추구하려면 굳이 가해자의 실명 등 특정할 수 있는 정보를 구체적으로 적을 필요가 있었냐고 판단한 것이다.

명예훼손과 모욕은 기소율이 높지 않다. 각각 반의사불벌죄와 친고죄라는 성격상 고소인의 고소 의사만 돌리면 문제가 해결되기 때문이다. 수사기관도 이러한 범죄를 형사사법 절차에서 굳이 다루기보다는, 당사자 간 협의 등으로 해결할 수 있도록 형사조정과 합의 등의 절차를 마련했다. 혐의가 인정된다고 해도 기소유예나 약식기소로 마무리되는 게 일반적이기 때문에, 상당수 전문가들도 피해자(피고소인)에게 가해자(고소인)의 의사를 따르도록 권한다. 전문가들의 입장에서는 긴 시간과 비용 등을 들여야 하는 형사사법 절차를 밟기보다 고소인이 원하는 방식대로 사과, 반성, 합의 등을 통해 문제를 마무리하는 게 훨씬 효율적이라고 판단하기 때문이다. 특히 제3자의 경우, 불이익을 감수하면서까지 형사사법 절차를 밟을 필요성을 느끼지 못하기 때문에 가해자(고소인)에게 맞추는 경우가 많다. 피고소인의 입장에서 불이익을 최소화하는 전략이 가해자(고소인)의 입장에서는 본인이 저지른 가해행위를 덮고, 피해자의 위치를 찬탈하며, 합의금 장사를 통해 이익을 얻을 수 있는 기회가 되는 것이다.

피해자나 그 주변인, 연대자, 조력자, 그리고 제3자라 하더라도 본인의 신념이나 표현의 자유를 위해 싸울 의지가 있는 경우 적극적인 싸움을 원하기도 한다. 나는 그런 의지가 있는 이들과 연대해 싸움을 준비했고, 이미 재판이 상당 부분 진행된 건들을 제외하면 대부분 좋은 결과를 끌어냈다. 그러나 이기더라도 이러한 고소를 경험하고 나면 사건과 관련해 외부로 말하기를 꺼리게 되거나, 연대나 조력의 범위를 축소하게 되고, 신념을 말하는 것도 주저하게 된다.

가해자들은 사건을 보도한 언론사 혹은 기자를 상대로 고소를 진행하기도 한다. 그렇게 되면 결과가 나올 때까지 관련 사건의 보도가 이어지지 않는 경우가 일반적이다. 이를 통해 가해자는 대중의 관심을 돌릴 시간을 벌게 된다. 게다가 피해 사실을 알린 피해자와 언론 등의 소통이 원활하지 않으면 가해자에게 유리한 여론이 조성될 수 있고, 여기에 영향을 받은 판결이 나올 수도 있으니 손해 볼 게 없다고 생각한다. 이는 영화감독 고 김기덕을 비롯해 시인 고은(89세, 남), 만화가 박재동 등 유명인들의 사건에서 유독 더 많이 보이는 형태다. 물론 세 명 모두 패소했다.

김기덕의 경우 사망하기 전에 피해자와 MBC를 대상으로 제기한 재판은 2021년 11월 항소심까지 패소 판결이 내려진 상태이고, 한국여성민우회에 제기한 소송은 철회했다. 고은의 경우 성폭력을 목격했다는 목격자 1인을 제외한 피해자와 언론사 대상의 소송에서 모두 패소했다. 사실 고 씨가 일부 승소한 건도 공익성을 인정받기에 충분한 형태여서, 목격자가 재판에 적극적으로 임했다면 전부 패소로 이어질 수도 있었다는 점에서 아쉽다. 박재동의 경우 방송사를 상대로 정정보도 청구소송 등을 제기했는데, 정정보도의 특성상 보도 내용이 허위임을 밝혀야 한다. 따라서 보도 내용의 핵심인 성폭력 피해자의 진술이 허위인지 검증할 필요가 있어서, 피해자가 재판에 불려 나와 증언하기도 했다. 물론 이 건 역시 피해자 진술의 신빙성이 인정되어 원고 박재동의 패소로 마무리되었다. 그러나 결과가 좋게 나오더라도, 민사소송은 일반적으로 형사소송보다 오래 걸리기 때문에* 경제적 기반 등의 지지기반이 없는 피해자가 그 과정을 견디기는 쉽지 않다. 게다가 언론사와 기자를 대상으로 보복성 고소가 이어지면 결국 피해자의 발화는 위축되기 마련이며, 상대적으로 강자인 가해자의 주장만 떠돌게 된다.

이렇게 다양한 형태의 보복성 고소를 당한 피해자의 고통은 어떠할까? 나는 2010년 성폭력 피해를 고소한 뒤 수년간 가해자로부터 여덟 가지 정도 보복성 고소를 당했다. 당시만 해도 성폭력 피해를 고소한 뒤 보복성 고소를 당하면, 성폭력 사건의 수사 중에도 피의자로 나가 조사를 받아야 했다. 피해자인 내가 가해자의 왜곡·과장된 주장이 담긴 고소장을 앞에 두고 조사받아야 하는 상황 자체가 너무 모멸적이었고 고통스러웠다. 이렇게 대다수 피해자는 보복성 고소를 당했다는 사실을 알면 큰 충격을 받는다. 피해를 떠올리는 것 자체도 고통스러운데, 수사관 앞에서 자신의 피해 사실을 언급하며 심지어 자신이 가해자가 아님을 입증해야 하는 과정은 견디기 어렵다.

그러나 수사기관은 무성의했다. 특히 명예훼손이나 모욕의 경우 경찰 단계에서는 경제과나 사이버수사대에서 조사를 진행하는데, 해

---

* 　명예훼손은 민사(불법행위)와 형사(범죄) 모두 소송이 가능하다. 다른 나라의 경우 특히 '사실적시 명예훼손'과 '모욕'은 민사로만 다룬다.

당 수사관들의 인권 감수성은 처참한 수준이었다. 성폭력 피해를 입고도 피의자로 나와야 하는 피해자의 심정을 헤아리지 않았고, 고소당했으니 조사를 받아야 한다는 식이었다. 당연히 내가 당한 보복성 고소 건은 고소 내용이 전부 허위와 과장임이 밝혀졌다. 하지만 수사기관은 가해자의 보복성 고소를 무고로 적극 인지해 수사하지 않았기에, 결과가 나올 때까지 그 고통은 고스란히 피해자인 내 몫이었다.

물론 2015년 이후 SNS 등을 통한 피해 폭로와 신고·고소가 활발해지면서 가해자 쪽의 보복성 고소와 관련해 피의자/피고인(피해자) 조사 시기를 늦추거나, 보복성 고소를 무고로 인지하고 양형 등에 반영하는 사례도 생겼다. 이처럼 사법 시스템이 어느 정도 달라졌음에도 여전히 가해자들은 보복성 고소를 멈추지 않는다. 고소 목적 중 하나는 말 그대로 피해자를 괴롭히기 위한 '보복'에 있으며, 그 방법은 여전히 효과적이기 때문이다. 고 김기덕 사건만 하더라도 2017년 시작된 폭로와 관련된 재판이 2021년까지 이어지지 않았는가. 보복성 고소는 이 모든 것을 계산하고 진행하는 가해자의 악질적인 전략이다.

사법 시스템은 냉혹하고 건조하다. 시간과 비용, 일상과 건강 모두를 갈아 넣어야 한다. 보복성 고소 자체를 막을 수 없다면 이러한 고소와 관련해 피해자가 추가로 받을 고통을 헤아리고, 적극적으로 무고로 인지하며, 판결에서 엄벌 이유로도 더 많이 반영되기를 바란다. 아울러 현 시스템에서 보복성 고소는 원천적으로 막을 수 없는 상황임을 피해자가 이해하고 대비하도록 더 많은 정보가 제공되어야 하며, 전문가의 조력도 필요하다. 사법 시스템에서 가해자의 전략은 늘 한발 앞서기 마련이지만, 피해자도 충분한 정보와 조력이 뒷받침된다면 적절히 대응할 수 있다. 싸울 수 있는 기반을 만들고, 피해자에게 선택권을 주어야 한다. 물론 '사실적시 명예훼손'의 폐지 등 입법적 변화도 뒤따르

3 또 다른 톱니바퀴들

면 좋을 것이다.

억울하게 성폭력 가해자로 몰린 이들에 대한 동정과 연민은 넘쳐
나지만, 성폭력 피해를 입었음에도 무고 등 보복성 고소의 피의자로 몰
렸던 피해자들에 대한 이해와 공감은 적다. '법대로' 하라며 쉽게 말을
내뱉지만, 수사기관과 법원에서 피해를 인정받지 못하고 가해자로 몰
릴 수도 있는 상황에서 어떤 피해자가 사법 시스템을 선택하겠는가.
'억울한 피해자'가 발생하지 않도록 하기 위해서라도 성폭력 무고에 대
한 통념이 현실과 배치된다는 점, 가해자의 보복성 고소가 전략적으로
활용되고 있다는 점을 인정하면서 입법적 보완 등의 노력을 함께 기울
여야 할 때다.

'후기'로
맺어진
유대

"단 한 명도 반성하지 않아요. 다 억울하다고 합니다."

교정기관 관계자에게 전해 들은 성범죄자 이야기다. 수감된 이들만 억울하다는 말을 내뱉는 게 아니다. 나는 연대와 연구 목적으로 성폭력 가해자들을 분석하고 있는데, 수감되지 않은 이들 대다수도 억울해한다. '반성'한다는 것도 사실 본인이 저지른 성폭력 가해에 대한 것이 아니다. 법적 처벌에 대한 두려움, 외부에 알려질 수도 있다는 불안감을 '반성'이라는 단어로 포장할 뿐이다.

성범죄 전담전문 법인 등의 전문가들은 이런 '억울한 가해자'를 노려 무혐의·무죄·선처를 받을 수 있는 각종 '노하우'를 전달하며 수익을 창출한다. 그리고 이러한 노하우 전달은 전문가들만의 일이 아니다. 가해자들끼리도 노하우를 활발히 공유한다. 성폭력 가해자들과 조력자들은 늘 한 발 앞서 있으며, 그들의 유대는 끈끈하다. 따라서 성폭력 피해자와 연대할 때는 이들에 대한 분석을 빼놓지 않는다. 가해자를 알아야 제대로 된 조력이 가능하다.

2019년 10월 '웰컴투비디오' 운영자 손정우에 대한 미국 법무부의 자료가 공개된 뒤, 바로 디지털 성폭력 가해자들이 드나드는 인터넷 카페를 검색했다. 2018년에 이미 국내에서 진행되었다는 사이트 유료회원들에 대한 수사 과정을 알아보기 위해서였다. 이 인터넷 카페는 회원만 약 15만 명에 이르고, '아청법 마당'이라는 별도의 카테고리를 운영하고 있었다. 검색 결과, 이 카페에서는 "대다수가 초범인 20대 남성"이라는 경찰의 발표처럼 10~20대 남성들이 조언을 구하는 중이었다.

이들은 영상 다운로드 기록을 삭제하는 방법, 컴퓨터 덮어쓰기(증거인멸) 방법, 수사기관에서 진술할 때의 요령, 선처를 받기 위한 각종 자료, 실제 수사 과정에 대한 후기, 수사 결과 등을 댓글이나 별도의 게시물로 공유했다. 죄책감이나 반성하는 모습은 없었다. "우연한 기회에", "호기심으로", "남들이 다 하니까" 해봤다며 자신의 범죄행위를 축소하는 데 급급했다. '조언'하는 이들도 "운이 없어서", "위장·함정 수사에 걸려서" 등의 표현을 써서 가해자들의 죄의식을 희석하고 있었다. 그들은 일상을 공유하고 수사·재판에 대한 두려움을 토로하면서 서로를 격려했고, '억울함'이라는 공통의 정서를 만들어내고 있었다.

성폭력 가해자들은 가해 수법도 공유하고 학습한다. 이를 통해 가해행위를 정당화하고 죄책감을 덜어낸다. 온전한 판단능력이 있는 수평적 관계의 상대에게 성관계에 대한 명시적이고 구체적인 동의를 구하기보다는, 억울하게 성범죄자로 몰리지 않는 팁을 공유하는 것이 그들의 문화다. 강력하고 명확한 거부 의사를 표명하지 않은 여성이 문제라고 생각하며, 여성이 거부 의사를 전달해도 내심은 다를 것이라고 판단한다. 아니, 여성을 동등한 인격체로 보지 않고 거래 가능한 대상으로 파악하기 때문에 애초 여성의 의사는 고려 대상이 아니다. 오히려 거부 의사를 표명하는 여성들을 짓밟는 쾌감을 느끼고 싶어 한다.

시·공간의 제약에서 자유로운 온라인 세상이 열리고 온·오프라인의 경계가 무너지면서, 범행 수법의 공유와 학습은 물리적 한계를 넘어섰다. 학습이 끝나면 자가발전을 시도한다. 익명성이 보장되는 디지털 세상에서 가해행위에 대한 정보는 가해자들의 다양한 욕망을 충족시키는 데 활용된다. 그리고 이러한 가해행위의 결과는 온라인에 공유되며 즉각 확인할 수 있기 때문에 그들은 중독에 가까운 쾌감을 얻는다. 특히 온라인 공간은 가해자들이 비슷한 성착취·성폭력 목적을 지닌 이들과 만나 안정감을 느끼도록 해줄 뿐 아니라, 가해행위로 피해자의 삶을 통제한 뒤 동일한 가해자들로부터 인정받게 함으로써 자신감을 찾도록 해준다. 게다가 경제적인 수익도 창출할 수 있기 때문에 성착취·성폭력은 가해자의 삶을 풍족하게 만들어준다. 그러다 보니 경쟁이 발생하고 범행은 더 잔인해진다. 더욱이 공권력을 우습게 보는 풍조 속에서 자신들은 잡히지 않을 것이라는 확신이 퍼져 있다. 설령 잡히더라도, 빠져나올 방법을 온라인 공간 속 사람들이 알려줄 것이므로 문제가 없다고 믿는다.

'n번방', '박사방', '프로젝트n번방' 등으로 이어지는 흐름은 이를 잘 보여준다. 온·오프라인을 연결하는 잔혹한 성착취·성폭력 수법을 전수해 존재감을 인정받은 '갓갓' 문형욱, 그를 경쟁자로 인식해 좀 더 조직적이고 체계적인 집단을 만들어 수익 창출까지 꾀한 '박사' 조주빈, 이들의 범행 수법을 학습한 후 자체적으로 해킹 프로그램을 만들어 범행을 저지른 10대 남성 '로리대장태범' 배ㅅㅎ, 취약한 아동·청소년을 찾아 성착취·성폭력 저지르는 방법을 '영강' 배준환에게 전수한 배ㅈㅇ(31세, 남), 지역 내에서 '포주'로 활동한 경험을 바탕으로 피해자들을 유인·협박하는 '조건사냥' 방식을 10~20대 초반 남성들에게 알려준 정ㅅㅇ(40대, 남), 자신들의 성범죄 전과(모두 집행유예)를 과시하고 다른 가해자들에게 수사 회피와 대응 방법, 선처받는 방법 등을 알려주며 공권력과 시스템을 조롱하던 '와치맨' 전ㅅㅈ과 '켈리' 신ㄱㅎ.

일면식도 없는 이들이 범행의 복제와 발전을 통해 단기간에 많은 피해자를 만들어낸 것은, 어느 날 갑자기 특별하고 악질적인 성범죄자가 등장해서가 아니다. 여성혐오와 여성차별을 바탕으로 한 한국의 강간문화rape culture가 이들 사이에 공기처럼 퍼져 있고, 그 위에서 범행 수법의 공유와 학습이 이루어지면서 언제든 이런 성범죄자들을 내보낼 준비가 되어 있는 것이다.

범행 수법을 공유·학습·발전시키던 가해자들은, 자신의 사건이 사법 시스템 안에서 처리되기 시작하면 그때부터는 수사·재판의 전략과 정보도 공유하고 학습한다(가해자들은 수사가 시작되는 것을 '사건화되다'라는 말로 표현한다). 여기에 성범죄 전담전문 법인 등 전문가들과 성범죄 전력을 가진 이들이 결합하면서 그들의 유대는 강화된다. 피해자에게 가혹하고 가해자에게 관대한 사법 시스템은 이들의 활동을 뒷받침한다. 가해자가 자신의 행위를 반성하고, 피해자의 피해 회복을 위해 책임을 지며, 건전하고 건강한 사회인으로 복귀할 수 있는 기회는 이런 식으로 날아가는 것이다.

이들은 수사와 재판으로 나누어 각 단계별로 전략을 취한다. 우선 수사 단계에서는 물증이 부족하거나 없는 경우 무혐의 전략을, 물증이 확실한 경우에는 기소유예 등 선처를 구하는 전략을 세운다. 무혐의 전략을 취할 때는 물증을 없애는 방식을 공유하는데, 특히 디지털 성범죄 사건에서 두드러진다. 그런데 '증거인멸죄'는 "타인의 형사사건 또는 징계사건에 관한 증거를 인멸·은닉·위조 또는 변조하거나 위조 또는 변조한 증거를 사용하는 죄"이기 때문에, 가해자 본인이 직접 증거를 인멸할 경우 해당 죄명으로 처벌할 수 없다. 그래서 가해자들은 특정 프로그램 등을 통해 휴대전화 같은 각종 저장매체 속 물적 증거를 없애는 방식으로 포렌식에 대비한다. 이런 방법은 인터넷 카페나 유튜브 등에 공유되고 있다.

무혐의·무죄 전략에서는, '위법수집증거'를 유죄의 증거로 사용할 수 없다는 형사사법 절차의 원칙도 적극 활용한다. 게다가 2022년부터는 검찰에서 작성한 피의자 신문조서(이하 '피신조서')도 경찰의 피신조서와 마찬가지로 피고인이 부인하면 증거능력이 없다는 점도 한 발 앞서 적극적으로 악용하고 있다. 그래서 수사 과정에서 일부 혐의를 자백해 부실 수사를 끌어낸 후 재판에 들어가면 피신조서 내용을 부인해 다시 유무죄 다투기, 강압수사를 들먹여 피신조서 내용을 부인해(예: "수사관이 강압적으로 수사해서 자백 취지의 진술을 할 수밖에 없었다") 다시 유무죄 다투기, 수사 과정에서 증거수집이 위법했다는 절차적 문제를 짚어 다시 유무죄 다투기 등의 전략을 공유한다. 실제 재판에서도 이러한 전략이 관철되는 사례가 늘고 있다. 더욱이 2021년 검경수사권 조정, 2022년 형사소송법·검찰청법 개정 등으로 검찰의 보완수사 등에 제한이 생기면서 수사 단계부터 가해자들이 빠져나갈 구멍이 더 생겼다. 물적 증거가 없거나 불충분한 성범죄 재판에서는 특히 유죄 입증을 위한 공판의 중요성이 더 커질 텐데, 경찰이나 공판검사, 그리고 재판부는 기존의 관행을 벗어나 충실한 심리를 진행할 준비가 되어 있는가.

물증이 이미 확보된 경우에는 선처를 받기 위해 자백하거나, 다른 가해자들의 정보를 수사기관에 전달하는 방식을 쓴다. 혐의 일부 혹은 전체를 인정할 때는 애매하고 추상적인 형태로 자백해 여죄 수사 등을 막으려 한다. 수사기관이 자백의 범위 안에서만 수사를 진행한 뒤 중단하는 경향이 있다고 믿기 때문인데, 실제로 이러한 관행은 존재한다.

3 또 다른 톱니바퀴들

또한 수사에 적극 협조하면 선처해주는 것이 일반적이므로 다른 가해자들의 정보를 넘기기도 한다. 이 경우, 조사가 시작되면 가해자들의 끈끈했던 연대는 조각나기 시작한다.

그 외에도 선처를 받기 위해 각종 양형자료에 대한 정보(예: 반성문, 심리상담 내역서, 정신과 등 각종 진료기록, 봉사활동 방법과 기관, 기부 방법과 기부처, 부채증명서, 재직·재학 증명서, 성폭력예방교육 이수증과 소감문, 알코올 클리닉 상담 내역, 건강 및 장기요양 보험료 납부 내역서, 장기기증 서약서 등)를 공유한다. 이런 양형자료가 실제 수사·재판 과정에서 어떻게 활용되었고, 어떤 효과가 있었는지에 대해서는 '후기'를 이용해 서로 알려준다.

'박사방' 사건의 피고인 조주빈이 재판 과정에서 지속적으로 '반성문'을 제출했음에도 엄벌이 내려진 것을 들어, 반성문의 효력이 떨어졌다는 전문가들의 평가가 이어지기도 한다. 그러나 전국 법원을 돌아다니며 직접 재판을 모니터링하고 판결문을 분석해본 결과, 여전히 '반성문'은 피고인이 내세우는 '진지한 반성'을 가늠하는 기준으로 활용되고 있다. 또 다른 피고인 강훈 또한 장기기증 서약서를 제출하며 선처를 구한 사실이 알려지자 비웃는 사람들이 많았는데, 불과 몇 년 전에도 대장내시경센터장인 현직 의사의 성폭력 사건 재판에서 이 장기기증 서약서가 유리한 양형사유로 인정되어 감형된 사례가 있다. 이런 양형자료가 여전히 유효한 상태에서 2022년 6월 검찰은 이를 '부당감형자료'(일명 '꼼수감형')로 규정해 적극 대응하기로 했으나, 실제 수사와 재판 과정에서 어떻게 반영될지는 두고 봐야 한다.[55]

한편 성폭력 가해자들이 인터넷 카페, 블로그, 사이트, 유튜브 등에서 수사·재판에 대응하기 위한 정보와 전략을 적극적으로 공유할 때, 그 정보에는 사건과 피해자에 대한 내용이 날것으로 포함되어 있다. 각종 수사·재판 기록이 피해자의 동의도 없이 가해자들의 손에 들어가고 있는 것이다. 더욱이 인터넷 카페는 신상정보만 간신히 가려진 온갖 수사·재판 기록물을 일정한 조건만 갖추면 얻을 수 있게 운영되기 때문에, 피해자들은 추가로 피해를 입는다.

성범죄 전담전문 법인·변호사가 결합하면 정보의 공유 방식은 체계적이고 조직적인 형태로 발전한다. 형사사건의 경우 대개는 수사기관을 거친 전관들이 수임을 맡는 게 일반적이고, 성범죄 사건에 대해서도 마찬가지였다. 하지만 디지털 성착취·성폭력 사건이 폭발적으로 증가하고, 피해자들 역시 예전보다 적극적으로 형사사법 절차를 통한 해결 방식을 선택하는 경우가 많아지면서 다양한 '성범죄 전담전문 법인'이 등장했다. 이들은 인터넷 카페 등을 이용한 온라인 홍보에 집중하는데, 실제로 회원 수 6만 명이 넘는 한 카페는 아예 법인이 개입해 운영하면서 체계적으로 관리하고 있다. 전문가들이 가해자의 불안을 이용해 인지도를 쌓고 수익을 얻는 것이다. 그 과정에서 다양한 성범죄 사건 기록들이 가해자들 손에 넘어가고 있지만, 이에 대한 문제제기는 보이지 않는다. 나는 연대하는 과정에서 재판 일정 등만 공유해도 고소·고발의 협박을 받는데, 아무리 신상정보를 가리더라도 사건과 피해자의 정보가 버젓이 담긴 수사·재판 기록물들이 거래되는 현실은 왜 비판받지 않는지 이해가 가지 않는다.

성범죄 전력이나 활동 내역이 있을수록 '정보 제공자'로 환영받고, 금전적 대가 등을 제공하면 더 많은 정보·전략을 얻을 수 있는 이러한 방식은 디지털 성착취·성폭력 범죄집단이 만들어지고 유지되는 방식과도 흡사하다. 이런 성범죄자들의 교화가 가능한가? 성범죄자들의 재범률 등 통계에 기반해서도, 그리고 경험적으로도 난 아직 회의적이고 냉소적이다. 한국의 수사기관은 '남성이라면 다 성욕이 있고, 운이 안 좋아 걸렸다'는 인식을 피의자에게 심어주며 부실하게 수사한다. 거기에 변호인은 '큰 시장'인 성범죄 사건의 수임을 위해 윤리를 내던진다.

법원은 어떤가? 성범죄자들이 받는 판결문은 어디서 찍어낸 것처럼 다 똑같다. 가해자가 인정하고 읍소하면 내용조차 제대로 살피지 않고 선처하는 관행이 이어진다. 판사들은 다른 범죄자들에 비해 상대적으로 성범죄자들의 '진지한 반성'을 신뢰하고, 그들에게 일상 회복과 사회 복귀의 기회를 부여한다. 가해자에 대한 응보든 피해자에 대한 회복이든, 형사사법 절차에서 그 어떤 것도 제대로 기능하지 않는데 '악순환의 고리'가 끊어질 수 있겠는가. 본인이나 주변과 거리를 두고 욕해도 괜찮을 악질적인 성범죄자만을 들이밀며 특별한 악인으로 취급하는 일반인들의 인식도 나아진 게 없다. 강간문화는 형태를 바꾸어가며 여전히 한국 사회를 잠식하고 있다.

성범죄자들의 자살 소식이 언론을 타고 퍼진다. 성범죄 혐의를 받는 정도도 견디지 못해서, 살아서 자신의 행위에 책임지는 것이 두려워 생을 마감하는 가해자들을 보면 안간힘을 써서 버티고 있거나, 버티다 못해 죽음으로 몰려간 피해자들의 고통이 떠오른다. 가해자들은 그 정도로도 삶을 포기할 수 있구나. 그렇다면 성폭력 피해를 입고 시간, 말, 자리를 박탈당한 피해자들은 어땠을까. 게다가 가해자가 자살하면 이 사회는 피해자에게 문제 해결을 포기하고 피해 사실을 망각하라고 강요한다. 사람이 죽었는데 뭘 더 바라냐는 거다. 심지어 가해자 자살의 책임을 피해자에게 돌리면서 추가 가해를 이어나간다. 죽음에 관대한 문화이기 때문일까? 아니, 죽음조차 피해자와 가해자는 불공평하다. 피해자의 죽음은 보이지 않는다. 혹은 다른 이유로 포장되거나, 다른 가해자들에게 유희거리로 소비된다. 반면 성폭력 가해자들은 죽어서도 피해자가 아닌 다른 이들에게 용서를 받고 추앙의 대상이 된다. 심지어 '피해자'로 명명되기도 한다.

가해자에 대한 엄벌과 배제로는 성폭력 문제를 해결할 수 없다고들 한다. 모두 구조의 문제란다. 그래서 가해자도 그 구조의 피해자란다. 가해자를 용서하고 기회를 부여하는 것이 공동체를 위해 더 나은 선택이라고 한다. 참 이상적인 말이다. 그래, 그러니 성폭력 가해자들을 제대로 이해하고 분석해야 하지 않을까? 그런데 그 작업이 제대로 되고 있는가? 가해자들이 자신들의 가해행위를 인정하고, 피해자에게 용서를 구하며, 책임질 수 있게 만들고 있는가? 가해자에 대한 응보가 제대로 되지 않는 상황에서, 피해 회복과 일상 재구성을 위해서는 피해 사실을 잊고 가해자를 용서하는 것이 낫다고 피해자에게 강요하는 것은 합당한가?

피해자들은 이론 속에서 살아가는 게 아니다. 바로 지금 이 진창을 견디고 있다. 복수든, 망각이든, 용서든 피해자에게 언제 오롯이 선택권이 주어진 적이 있던가? 구조와 시스템에 대한 문제제기, 당연히 필요하다. 그런데 피해자를 배제한 채로 공허한 문제제기만 오가고 있다. 이제는 사법 시스템 전반을 피해자의 시각과 입장에서 재구성하며 접근할 때가 되지 않았는가? 언제까지 피해자를 배제할 셈인가?

피해자들과 청부살인에 대한 이야기를 농담처럼 주고받는다. 사법 시스템을 통한 문제 해결이 이렇게 지난하고 고통스러울 줄 알았다면 선택하지 않았을 것이라는 말도 하면서. 나처럼 용서할 생각이 없는 피해자도 있지만, 용서를 선택지로 갖고자 하는 피해자들도 있다. 그러니 그들을 위해서라도 제대로 된 응보부터 시작해야 한다. 사법 시스템을 악용하는 가해자들과 조력인들에 대해 널리 알리고, 그 행위를 절차나 결과에서 어떻게 처리할지 고민해야 할 것이다.

'여'가 없으면 기사를 못 쓰나

'지적장애녀', '성폭행 주장녀', '미투녀', '몰카', '음란물'.

2021년 1월, 성폭력 사건을 다룬 한 기사의 제목에 들어간 단어들이다. 성폭력 사건의 보도에서 이제 '○○녀女' 표현 지양하기와 '몰카' 대신 '불법촬영'으로 지칭하기, '음란물' 대신 '성착취물'로 표현하기는 합의된 원칙으로 생각했으나, 기대가 너무 컸다. 이렇게 퇴행하는 모습을 볼 때면 '기레기'('기자'와 '쓰레기'를 합친 말)라는 멸칭을 언론이 기꺼이 뒤집어쓰는 것이 아닌가 의심하게 된다.

나는 2015년 '#뉴스기사_남성성별_표기운동'이라는 해시태그에 참여하면서 기사 속 성별 표기의 불균형 문제를 지적했다. 그리고 여기에서 나아가 2022년 현재까지 만 7년 이상 성폭력·교제폭력·살인 등 여성 대상 강력범죄 사건을 보도하는 언론의 행태에 대해 비판해왔다. 초기에는 기사의 제목과 이미지에 나타난 문제에 집중했다면, 2018년 이후부터는 기사 본문까지 포함해 문제제기를 지속하고 있다. 물론 민주언론시민연합, 언론인권센터, 한국기자협회, 언론중재위원회 등 이러한 문제를 비판하고 피해자를 구제하기 위해 노력하거나, 분쟁을 조정하는 단체와 기구는 이미 존재한다. 그래서 나는 SNS를 이용해 시민들이 언론을 비판하는 지점을 좀 더 간결하고 명확하게 보여주는 데 집중하고 있다. 그 결과, 자극적인 형태로 기사를 올리는 언론사에 대한 시민의 감시가 일상화된 운동으로 자리 잡게 되었다.

　여성 대상 강력범죄 사건을 다루는 언론 보도를 살펴보면 기사를 구성하는 3대 요소, 즉 제목·이미지·본문 곳곳에서 두루 문제점이 발견된다. 기자들은 자신에게 제목과 이미지를 선정할 권한이 없다며 '데스크' 탓으로 돌리지만, 본문은 본인들이 쓰는 것 아닌가. 문제 기사는 특정 요소 하나만으로 만들어지는 게 아니다. 그러한 언론들을 비판해오면서 정리한 문제 기사의 행태는 다음과 같다.

여성 성별만 부각

　언론은 '여성'의 성별만 특정해 표현하는 것을 관행이라고 주장해왔지만, 왜 그게 관행인지의 질문에는 답변하지 않는다. 당연하다. 여성차별과 여성혐오에 기반한 것이라 다른 이유를 댈 수 없는 것이다. 이와 관련해 지속적으로 문제제기를 하자 2018년 10월 국가기간뉴스통신사인 《연합뉴스》는 그런 관행을 고치겠다고 발표했다.[56] 그러나 여전히 언론사들은 제목과 본문에서 '○○녀'를 표기하는 등의 방식으로 여성의 성별을 부각하는 '관행'을 버리지 않고 있다.

　제목에서 특히 그런 경향이 두드러지게 나타난다. 피해자든, 가해자든, 의인이든 여성이기만 하면 '○○녀'라고 표현한다. 살인과 성폭력 등 강력범죄 사건을 다룬 기사들은 제목에서 가해자는 언급하지 않은 채 피해자만 '묻지마 강남녀'(살인), '트렁크녀'(살인), '대장내시경녀'(강제추행), '성폭행녀'(강간), '미투녀'(강간, 강제추행 등), '박카스녀'(성매매, 불법촬영) 등으로 표현하며 조회 수 경쟁을 한다.

여성이 가해자인 경우에는 남성이 가해자인 경우와 다르게 제목에서 성별을 특정하거나 짐작할 수 있는 표현을 쓴다. 2018년 3월 20일 《연합뉴스》는 두 건의 가정폭력 사건을 보도하며 제목에 각각 "아이·시댁 문제로 다툰 임산부 폭행", "헤어지자는 말에 수면제 투약하고 마구 폭행한 아내"라고 썼다. 가해자가 남성인 경우 아예 제목에서 삭제하고, 여성인 경우에는 성별을 짐작할 수 있는 표현으로 제목을 만든 것이다.

의인인 경우에도 여성이면 '심폐소생술녀' 등 성별을 부각하는 자극적 표현을 남발했다. 《세계일보》도 '야구장 알바女', '미투女', '폭로女', '하천둑 20대女', '7살 연상女', '30대 女교무실무사', '만취 女승객', '뇌질환 20대女', '女제자', '女화장실' 등 '여'를 한자어로 써서 부각한 기사가 많다.[57]

기사 본문에서도 인물 정보를 표기할 때 남성은 괄호 속에 나이만 쓰지만, 여성은 나이와 함께 '여'라고 병기한다. 예를 들어 A가 남성이면 'A(33)'로, B가 여성이면 'B(33세, 여)'로 표기한다. 이는 명백히 성차별적인 관행이며, 트위터를 중심으로 이런 관행에 문제제기를 한 것이 바로 '#뉴스기사_남성성별_표기운동'이다. 그러나 이러한 관행은 여전히 지속되고 있다.

피해자 이름으로 사건명 만들기

여전히 아동·청소년 대상의 살인, 성폭력, 학대 등 강력 사건에서 피해자의 이름(가명 포함)으로 사건명을 붙이는 경우가 있다. 대중이 생각하는 '전형적인 피해자상'에 걸맞아 대중의 관심을 끌어내기 쉽기 때문이다. 피해자는 본인의 이름으로 사건이 명명되어도 그런 취약성 때문에 제대로 항의하기가 어렵다. 그러니 언론은 부담이 없는 것이다.

사실 가해자의 이름으로 사건명을 만들어 언급하는 것도, 피해자 개인의 입장에서는 망각하고 싶은 사건을 계속 떠올리게 하므로 고통스러울 수 있다. 따라서 피해자의 이름으로 사건을 부르는 것은, 그 이름이 가명일지라도 피해자를 피해 입은 그 시간에 묶어두는 가해행위다.

인용부호를 이용한 부적절한 묘사

언론사들은 특히 기사 제목에 인용부호를 넣어 사건을 설명하는 방식을 많이 취한다. 그런데 본문을 살펴보면 그 말이 아예 없거나, 가해의 발언이나 입장을 기자가 멋대로 정리한 경우가 대부분이다. 이런 방식으로 가해자의 일방적인 주장이나 입장을 강조할 경우, 독자들에게 사건에 대한 편견을 심어줄 수 있다. 또한 은연중에 가해자의 시각으로 사건을 바라보게끔 유도함으로써 가해자에게 우호적인 여론을 형성하며, 피해자에게 책임이 있다고 인식하게 만든다. 특히 관계자가 말하지 않은 내용임에도 기자가 멋대로 인용부호를 사용해 제목을 작성하면 사실관계를 왜곡할 수 있다. 인용부호 속 표현이 사건의 심각성을 훼손해 대중이 사건을 가볍게 인식할 우려도 있다. 다음은 실제 보도된 기사 제목을 일부 추린 것이다.

"유부녀지만 누나는 내 여자" … 11살 연하남의 빗나간 집착
"연애가 맘처럼 잘 안 돼" … 썸녀 집 턴 한심한 노총각
"너도 이 꼴 된다" 반려견 도살 뒤 사진 찍어 동거녀에게 전송
"여대생 치마 속이 궁금해" … 몰카 찍은 30대 회사원
"혼인신고 망설여?" … 여친 손가락 자른 30대
"허벅지 탱탱하다"며 여제자 성추행·장학금 뺏은 교수
"한잔 했더니 갑자기 성욕이" … 4시간새 '묻지마 성폭행' 3차례 시도한 40대

3 또 다른 톱니바퀴들

검거

"네가 맛있어 보여" 검찰 내 또 다른 성폭력 피해

"여중딩 금방 노예로 만든다" n번방 '켈리' 텔레그램 대화록

"왜 내 마음 거절해" 여성 BJ 찾아가 전기충격기로 상해

사건 희화화

사건 기사의 제목에 기자나 데스크의 왜곡된 관점이 반영될 경우, 사건은 대중에게 가볍게 전달된다. '강제추행'이나 '강간', '살인' 등의 명확한 범죄명을 적는 대신 '나쁜', '못된', '몹쓸', '덮친', '음흉한', '숨지게 한', '더듬더듬' 등의 수식어를 활용하거나, 영화나 웹툰 제목을 활용해 장난스럽게 표현하기도 한다. 온라인에서 통용되는 각종 '밈'을 쓸 때도 있다. 실제 보도된 다음의 기사 제목들을 살펴보자.

20대女 입에 뽀뽀한 상사

"오빠·동생으로 지내자" 여중생에 입맞춤 40대 징역형

여고생들 몸 더듬더듬 '나쁜 손' 50대 교사

귀갓길 여고생 성폭행 실패하자 흉기 휘두른 '나쁜 어른'

여승무원 몰카 찍은 못된 대학생

15세 의붓딸에게 온갖 몹쓸 짓 40대

여직원 덮친 40대 공무원

'음흉한' 사장님, 화장실 몰카로 여직원 도촬

은밀하게 위대하게 찰칵찰칵 … 몰카 등 성폭력 범죄 올해도 23% 급증

재미있는 오빠가 늑대로 돌변

부적절·부정확한 용어 사용

여전히 '몰카', '리벤지 포르노', '음란물' 등의 표현을 고민 없이 쓰는 언론사들도 많다. 유희적 성격이 강했던 '몰카' 대신 '불법촬영'으로, '음란물' 대신 '성착취물' 등으로 바꾸자는 목소리가 있지만, 조금만 감시가 소홀하면 퇴행한다. 2021년 8월, 리셋ReSET이 '호불호깜'* 캠페인을 하며 언론의 디지털 성범죄 표현에 대한 문제제기를 다시 시작한 것도 이런 퇴행 때문이다.

기자들이 법적 용어를 제대로 이해하지 못하고 쓰는 경우도 허다하다. 강간 사건 가해자의 재판 소식을 전하면서 "징역 3년에 집행유예 5년의 실형을 선고했다" 등 앞뒤가 맞지 않는 표현을 하거나, '위력威力'과 '위계僞計'**를 동일한 것으로 표현하는 등 법률용어에 대한 기본기도 없이 기사를 쓰는 경우를 많이 본다.

의도적으로 용어의 의미를 폄훼하는 경우도 있다.《연합뉴스》등이 '#미투(나도 말한다/나도 고발한다)'를 '나도 당했다'라고 표현함으로써 성폭력 피해자의 사회 고발 발화의 가치를 축소한 것이 바로 그 사례다.[58] 특히《연합뉴스》는 '미투 가해' 등의 표현을 부호까지 넣어가며 지속적으로 부각하는데, 이는 성폭력 피해 발화운동을 깎아내리려는 의도가 있는 것이다.[59] 외신에 대한 일반인의 접근성이 커지면서 교차 확인이 가능한 경우가 많기 때문에, 이제 예전처럼 의도적으로 오역하기는 쉽지 않다. 그러나 여전히 이런 시도를 지속하고 있으므로 감시

---

*   "불법촬영은 불법촬영으로, 깜짝카메라는 깜짝카메라로 부르기"라는 뜻. '몰카' 대신 '불법촬영'과 '깜짝카메라'로 구분해 지칭하기, '음란물'이 아니라 '성착취물'로 지칭하기, '무슨무슨 n번방'을 남발하는 대신 디지털 성범죄 사건을 제대로 지칭하기 등의 내용을 담고 있다.

**   법률상 '위계'는 거짓을 의미한다. 일반인들이 '위력'과 동일하게 생각하는 '위계(位階)'와는 다르다.

가 필요하다.

부적절한 이미지를 통한 묘사

다수의 한국 언론들은 기사에서 여성 대상 폭력을 묘사할 때 무료 이미지 제공 사이트인 픽사베이, 게티이미지뱅크 등에서 확보한 이미지를 그대로 또는 가공해 사용한다. MBN(매일경제방송)처럼 아예 독자적인 일러스트를 만드는 경우도 있고, TV조선처럼 실제 사건 자료를 모자이크로 처리해 내보내기도 한다. 그런데 그 이미지가 대부분 폭력적이고 부적절하다. 범죄 장면을 관찰하는 시선으로 재현하거나, 피해자의 고통과 상처를 비극적으로 소비하면서 무력한 피해자의 모습을 강조한다. 반면 가해자는 강력한 힘을 가진 존재 혹은 악마처럼 묘사되거나, 손과 같은 신체 일부로 상징되고, 나아가 비인간적인 모습으로 표현되기도 한다.

사건과 관련된 실제 이미지 자료를 쓸 때는 피해자의 정보가 노출되는 등 피해자 보호에 무신경하거나, 자체 일러스트를 제작할 때도 범죄 장면을 피해자 중심으로 상세히 묘사하는 방식을 택하곤 한다. 언론사들이 활용하는 이미지는 그 자체로 추가 가해행위일 뿐만 아니라, 그 전형성 때문에 피해자와 가해자의 상을 왜곡할 수 있으며, 사건을 흥밋거리로 전락시킨다. 이미지는 활자만큼 메시지 전달의 효과가 큰데도, 몇몇 언론사를 제외하면 이에 대한 고민이 여전히 보이지 않는다. 2015년에 봤던 이미지를 2022년에도 계속 보고 있다.

가해자 서사 부각

2020년에 디지털 성범죄자와 살인자 등의 신상공개가 이어지면서, 가해자 서사를 중심으로 한 자극적인 기사가 많이 나왔다. 사건과 관계없는 가해자의 일상을 에피소드처럼 구성하거나, 가해자나 그 가족, 지인들의 일방적인 말을 여과 없이 보도해 가해자에 대한 온정적 시각과 몰입을 유도한다.

2016년 4월 8일 《연합뉴스》는 국내 최대 디지털 성착취·성폭력 사이트였던 소라넷에 대한 수사가 진행 중인 상황에서 가상의 소라넷 운영자 시점으로 풀어 쓴 기사를 게재했다.[60] 이 기사는 소라넷의 실체를 파악해 문제를 인식하거나, 원인을 분석하거나, 해결책을 제시하는 그 어떤 공적 기능도 수행하지 못했다. 오히려 소라넷과 같은 성착취·성폭력 사이트가 사람들의 은밀한 욕망에 기대어 존속할 것이라는 '예측'으로 마무리함으로써, 성폭력 문제의 사회구조적 해결을 가로막았다. 이처럼 사건이나 현상을 분석하는 기사를 쓴답시고 소설이나 편지 양식을 빌어 자신의 얄팍한 가치관을 드러내는 경우가 있는데, 이는 언론의 공적 기능을 무시한 것이다. 그런 글은 자신의 블로그에나 쓰면 된다.

2018년 10월 춘천에서 발생한 심ㅈㅎ(31세, 남)의 연인 살인·사체 훼손 사건에 대해서도 《연합뉴스》는 "혼수 문제로 다퉜다"는 가해자 측의 일방적인 주장을 담은 기사를 작성했고,[61] 이 기사가 퍼지면서 사망한 피해자와 그 가족들에게 비난이 집중되었다. 재판 과정에서 해당 주장이 피고인 심 씨의 거짓말이었다는 사실이 드러났지만, 《연합뉴스》를 비롯한 언론사들은 책임지지 않았다.

KBS의 경우 '사건후'라는 제목으로 여러 강력 사건을 정리하는 기사를 내보내는데, 정말 문제가 많다. 스토킹을 하던 20대 남성이 피해자의 주거지에 불법카메라를 설치한 후 무단으로 침입한 사건의 경우, "집을 보러온 A(27)씨는 순간 승강기 앞에서 B(23, 여)씨를 보고 마음에 들어 무작정 B씨를 뒤따라가 그녀의 집을 알아낸다. 이후 A씨의 머릿속에는 B씨가 떠나질 않았고"[62] 따위로 가해 남성의 심리를 온정적으로 묘사하며 가해자의 범죄행위를 실패한 구애처럼 표현했다. 이런 식으로 얄팍하게 정리하는 '사건후'를 2015년 이후 계속 내보내고 있는데, KBS는 그 어떤 조치도 취하지 않는다.

가해자를 '악마', '소시오패스' 등으로 표현함으로써 평범한 일반인과 구별되는 예외적인 존재로 만들기도 한다. 이는 일상화된 성범죄에 대한 총체적이고 깊이 있는 고민과 해결을 가로막는다. 가해자가 정신질환이 있을 경우, 이를 범죄의 원인으로 몰아가 정신질환자에 대한 혐오를 확산시키는 등 근거 없이 소수집단에 대한 배제와 혐오를 유도할 때도 있다.

피해자 비난

사건의 책임이 피해자에게 있다는 식으로 기사 내용이 구성되는 경우도 여전히 존재한다. 일부 기자들은 피해자 책임론이 과거보다는 많이 줄어들었다고 주장한다. 그러나 2015년 이후 상황을 놓고 보면, '어떤 피해자'인지에 따라 언론의 접근은 달라진다. 본인들이 생각하는 '무결한' 피해자(아동 등)가 아닐 경우, 범죄의 발생 원인을 피해자에게서 찾으려는 움직임이 여전히 있다. 피해자의 상태나 상황, 즉 '음주', '여행', '1인 가구' 등을 범죄의 원인으로 몰아간다.

인용의 방식을 이용해 피해자를 비난하기도 한다. 가해자 등 사건 관계인뿐만 아니라 지역 주민 등 제3자의 발언까지 인용하면서 피해자가 범죄를 유발했을 가능성을 부각하는 경우도 많다. 물론 기자들은 이에 대한 반론도 기사에 '공평하게' 포함시킨다고 항변한다. 그러나 아무리 기사 본문에서 인용 내용에 대한 문제제기를 덧붙여놓아도, 독자들은 인용 부분을 더 집중해서 읽기 때문에 결국 피해자 책임으로 인식될 위험성이 높다.

피해자의 폭로나 법적 대응으로 가해자뿐만 아니라 그 가족과 주변인들의 삶이 위협받는다거나, 심지어 국가 이미지에 부정적인 영향을 미쳤다는 식의 보도로 피해자에게 책임을 전가하기도 한다. 한국의 불법촬영 문제가 'molka'라는 이름으로 외국에 알려지면서 한국의 디지털 성범죄 실태를 전하는 흐름이 이어지자, 2018년 《조선일보》는 이를 '나라 망신'이라고 표현했다.[63] 국제 인권 단체 휴먼라이츠워치가 2021년 보고서[64]를 통해 짚은 것처럼 한국의 디지털 성폭력은 심각한 수준인데도, 가해자를 비난하기보다는 피해자이거나 피해자일 수 있는 이들의 운동을 비난한 것이다.

피해자의 고발과 법적 대응은 가해자의 성폭력이 없었다면 애초 발생하지 않았을 텐데도, 피해자 때문에 특정 집단이나 단체, 해당 지역이나 관련 업계 등이 손해를 보고 있다는 식의 비열한 기사도 나온다. 물론 그때 해당 언론은 가해자 또는 그 주변과 정치적·경제적 이해관계를 맺고 있는 경우가 많다.[65]

피해자 정보 유출

많은 성폭력 피해자들이 궁지에 몰리다 못해 언론을 이용한 공론화를 선택한다. 그런데 피해자의 의사가 그렇더라도, 공적 책임을 져야 하는 언론사는 보도에 신중을 기해야 한다. 그렇게 공개된 피해자의 삶이나 이후의 법적 대응에 대해 언론사가 책임을 지는 데는 한계가 있기 때문이다. 물론 책임을 지려고 시도하는 경우도 드물다. 피해자의 실명, 거주지, 근무지 등 개인정보를 유출하는 사례도 여전하다. 사건을 보도하면서 피해자의 SNS 등을 노출해 피해자 특정이 가능하게 만들거나, 사건과 관계없는 피해자의 사생활을 기사화하기도 하고, 피해

3 또 다른 톱니바퀴들

자가 사건으로 입은 상처의 사진 등을 여과 없이 내보내기도 한다.

배우 조덕제의 강제추행 및 무고 사건과 관련해, 2017년 10월 13일 《디스패치》는 촬영 전 감독이 연기 지시를 하는 메이킹 영상과 추행 장면이 담긴 사건 영상을 짜깁기해 피해자 실명과 함께 게시한 바 있다. 특히 사건 영상의 경우 정식 감정을 거치지 않고 자신들이 원하는 일부 영상만을 부각시키는 형태로 전문가의 잘못된 분석을 유도했다. 익명으로 재판에 임하고 있던 피해자는 《디스패치》의 연속 기사 이후 강제로 대중 앞에 끌려 나왔다. 더욱이 짜깁기된 영상과 부적절한 전문가 분석 때문에 피해 경험을 부정당하는 추가적인 가해에 시달렸다.[66] 이후 《디스패치》는 언론중재위원회의 조정을 거부해 고소당했고, 1년이 지나서야 사과문을 게시하며 기사를 삭제하는 등 조치를 취했다. 그러나 기사와 영상은 여전히 온라인에 떠돌고 있다. 이에 대한 책임은 누가 질 것인가.

상세하고 자극적인 사건 묘사

강력범죄 사건의 경우, 그에 대한 언론 보도를 접한 이들이 모방 범죄를 저지를 수 있기 때문에 범행 수법·과정·양태 등에 대한 묘사를 최소화해야 한다. 《헤럴드경제》의 경우 2016년 6월 3일 "○○한 ○○대 여○○ 몸 속 3명의 ○○ … 학부형이 집단강간"이라는 제목의 기사를 올렸다가 사과문을 올리기도 했다.

수사 진행 상황이나 수사기법에 대한 묘사 역시 가해자 검거에 부정적인 영향을 미칠 수 있기 때문에 주의해야 한다. 2020년 디지털 성착취·성폭력 사건이 경쟁적으로 보도될 당시, 많은 언론사들이 'n번 방'과 '박사방'이 피해자들을 착취하고 폭력을 저지른 상황에 대해 상세히 묘사하는 형태로 기사를 작성했다. 이 때문에 조심스럽게 수사

중이던 다른 디지털 성범죄 사건의 범행 수법과 가해자 정보가 유출되어 수사 진행이 방해받기도 했다.

보도 내용의 불균형

가해자의 주장이 피해자의 호소보다 앞서는 경우도 많다. 이에 기자들은 피해자에 대한 접근이 어렵다는 핑계를 댄다. 그런데 피해자의 상태와 상황에 대한 이해가 전제된 상태에서 사전 준비를 하고 접근하는 기자들이 드물다. 인터뷰이의 말을 끌어내기 위해서는 인터뷰어의 능력이 중요한데, 그런 능력이 부족한 것이다. 연대 활동을 하다 보면 내게 피해자와의 연결을 요청하는 기자들이 있는데, 나는 피해자를 연결할 때 인터뷰 수락 조건으로 기획 의도와 사전 질문지 전달, 수정 요구(사실관계 한정)의 수용 등을 먼저 내건다. 그러나 이조차 제대로 준비하고 지키는 기자를 찾는 게 쉽지 않다.

재판에 대해 보도하는 경우, 공개 심리에서는 쌍방의 의견을 다 들을 수 있는데도 가해자(피고인)의 일방적 주장만을 담아 기사를 작성한다. 기자들은 '중립'과 '팩트'를 강조하는데, 실제로는 '편향'과 '의견'인 경우가 많다. 내가 전국 법원을 돌아다니며 직접 재판 모니터링을 하는 이유 중 하나가 바로 이런 불균형을 바로잡기 위해서다.

비공개 심리로 진행되지 않는 이상 법원 출입기자들은 다양한 정보를 얻을 수 있고, 기자가 어떤 감수성과 시각을 지녔는지에 따라 같은 사건도 다르게 전달될 수 있다. 이 때문에 다양한 언론과 기자의 보도가 중요하다. 그런데도 수도권 외 지역의 경우 해당 지역에서 발생한 성폭력 사건의 보도를 특정 기자가 전담하고, 다른 언론사들은 그 내용을 검증 없이 그대로 게시하는 경우[67]가 있어, 이 부분에 대한 문제 제기도 필요하다.

SNS 계정의 부적절한 활용

언론사들은 SNS 공식 계정을 통해 저열한 인식을 드러내길 서슴지 않는다. '친근함'을 앞세우고 있으나, 실제로는 차별과 혐오를 바탕으로 소수자, 약자, 피해자를 공격하고 있다. SNS의 특성상 계정 운영자가 요약한 내용을 토대로 사건 내용을 파악하는 이들이 많은데도, 자극적이고 부적절한 표현으로 사건의 본질을 왜곡한다.

《연합뉴스》의 경우 트위터 계정을 적극적으로 활용하는 편인데, 2017년 2월 3일 여성차별적 성별 표기에 항의하는 시민을 대상으로 "그런다고 해서 욕하고 저주할 일인가요?"라고 답변한 바 있다.[68] 그리고 만 4년이 지난 2021년 2월까지 이를 그대로 올려두었다. 공적 기능을 수행하는 국가기간통신사로서 자신들의 잘못을 인정하고 수정하는 태도를 보이기보다는 시민과의 힘겨루기 방식을 택한 것이다.

《조선일보》는 특히 SNS에서 여성혐오를 기반으로 한 '밈'을 활용해왔다. 이 언론사의 페이스북 계정 운영자는 '조트지기'라고 불리는데, 현직 기자 여러 명이 협의를 거쳐 멘트를 작성·게시하는 것으로 알려져 있다. 그러나 그 내용은 도저히 기자가 작성했다고 볼 수 없는 수준이다. 〈"게임 폐인 됐다" … 차로 넥슨 분당 사옥 돌진〉이라는 기사를 올리면서 넥슨 사옥 앞에서 시위를 벌였던 여성들을 '햄버거'로 표현했고,[69] 〈미국에서 첫 성기이식 성공 … 세계 두 번째〉라는 기사를 올릴 때는 아동 성착취·성폭력을 기반으로 한 게임 〈실비 키우기〉의 이미지를 의사 사진에 연결한 후 "의사양반(흐뭇)/실비보험은 필수죠"라는 멘트를 붙이기도 했다.[70] 아동·청소년 대상의 디지털 성착취·성폭력 사건이 연달아 발생하는 상황에서 "소아성애 수위가 철컹철컹" 등의 표현도 올렸다.[71]

온라인을 통해 기사를 접하고, SNS 등을 이용해 요약된 형태의 기사를 보는 이들이 많아지고 있기 때문에 언론사가 운영하는 SNS 계정의 영향력은 더 커질 것이다. 문제를 제때 제대로 짚지 않으면 언론의 오염은 더 심각해질 위험성이 높다.

그렇다면 지침은 없는가? 있다. 한국기자협회의 〈성폭력 관련 정관〉(2012), 〈성폭력 사건 보도수첩〉(2014), 〈성폭력·성희롱 사건, 이렇게 보도해주세요!〉(2018), 〈언론중재위원회 시정권고 심의기준〉 등 보도준칙과 지침은 존재한다. 그러나 언론이 지키지 않는다. 그래서 피해자들은 언론중재위원회에 제소를 하고, 각종 민형사소송에 나선다. 사실 이러한 지침들 역시 그런 피해자들의 분투 끝에 만들어진 것이다.

물론 2015년을 기준으로 놓고 봤을 때 변화가 아예 없었던 것은 아니다. 일부이기는 하지만 젠더데스크 구성, 전문기자 양성 등 내부에서 변화의 움직임을 보이는 언론사도 있고, 과거에 비하면 피해자를 취재하기 전 사전 준비를 하는 기자들도 있다. 그러나 문제는 여전하고, 어떤 면에서는 더 심각해졌다. 특히 2022년 대선을 거치면서 일부 언론은 여성, 아동, 장애인, 성소수자 등 사회적 약자들에 대한 '혐오'와 '차별'을 정당화하는 기사를 내뱉고 있다. 소수자·약자·피해자의 언어를 약탈하고, 그들에 대한 가해를 정당화하며, 다수자·강자·가해자를 위해 그들의 존재까지 삭제하려는 시도에 적극 부역 중인 것이다. '틀린 의견'을 '다른 의견'으로 소개하고, 권력의 나팔수로 기꺼이 '외람이'가 되기를 자처하면서도, 유튜브 등을 이용한 1인 미디어와 본인들은 다르다고 주장하는 기자들은, 과연 사회적 책임을 생각하고는 있는가.

언론은 본연의 기능과 역할에 충실하면서 사회적 책임을 무겁게 받아들여야 합니다.

3 또 다른 톱니바퀴들

언론은 권력과 자본이 아닌 시민을 위해 복무해야 합니다.

언론은 민주주의와 저널리즘 근간을 훼손하고 뒤흔드는 시도에 맞서야 합니다.

언론은 시민 피해에 대한 구제 노력을 더욱 강화해야 합니다.

2022년 5월 3일 '표현의 자유와 사회적 책임위원회'에서 배포한 의견서 중 일부다.[72] 의견서의 모든 내용에 동의하는 것은 아니지만, 언론의 사회적 책임을 촉구하는 부분은 인상적이었다. 변화를 불신하고 의지를 조소하며 행동을 아끼는 손쉬운 선택지로의 유혹이 있을 때마다, 늘 내외부에서 문제를 인식하고 해결하려는 이들이 있음을, 여전히 싸움을 지속하는 이들이 있음을 잊지 않으려 노력한다. 이제 한국 언론이 제 역할을, 제 책임을 다하기 위해서는 시민들의 감시와 협조가 필요하다. '언론'이 제구실을 해야 피해자의 회복과 일상 재구성도 앞당겨질 수 있다.

연대의
탈을 쓴
착취자들

안녕하십니까, 딥페이크Deep Fake 방지 프로젝트팀 딥DEPP입니다. depp. official.kr@gmail.com 으로 포트폴리오를 제출해주시면 저희 팀에서 긍정적으로 검토해 보겠습니다. 그 밖에도 딥페이크 관련 피해 사례나 영상을 제보해주시면 해당 소스를 기반으로 사용된 모델을 추적하여 저의 활동에 참고하도록 하겠습니다. 아래는 저희의 후원 링크입니다.

또 등장했다. 사회적 공분을 사는 성범죄가 발생할 때마다, 피해자를 대상으로 또 다른 착취와 폭력을 저지르기 위해 연대의 탈을 쓰고 나타나는 거머리들. 이번에는 2021년 2월 27일 방영된 SBS 〈그것이 알고 싶다〉의 '보고, 듣고, 의심하라: 가짜와의 전쟁, 딥페이크' 편에서 다룬 이화여자대학교 '딥트DEEP't' 팀을 모방했다. '딥트'는 딥페이크 자동탐지 기술을 만들어낸 팀이다. 트위터에 등장한 '프로젝트팀 딥'은 자신들이 딥트 팀과 유사한 활동을 한다며 팀원을 모집했고, 피해 사례를 수집했으며, 비트코인으로 후원을 받는다고 홍보했다.

나는 이 사실을 알게 된 직후, 과거에 유사한 수법으로 피해자들

277

이 착취당한 사례를 언급하며 계정에 대한 신고를 독려했다. 그러자 해당 도메인의 원주인이라는 사람이 나타났다. 도메인을 빌려간 지인이 부적절한 행위를 했다며 본인 선에서 처리하겠다고 했다. 그 후 계정은 사라졌지만, 이런 수법으로 피해자를 착취하려는 거머리들은 여전히 기승을 부린다.

연대 활동을 하면서 싸워야 할 대상에는 이런 식으로 피해자를 다시 착취하고 폭력을 저지르는 이들도 포함된다. 이들은 취약한 피해자를 상대로 개인적인 욕구나 욕망을 채운다. 피해자를 내세워 돈벌이에 나서거나, 자신의 이름을 드높이는 도구로 활용하기도 한다. 대부분 선의나 연대를 가장해 접근하므로, 외부의 도움이 절실한 피해자는 그 손길을 외면하기가 힘들다. 특히 직업 특성상 피해자의 취약성을 전문적으로 이해하고 조력해야 할 전문가들마저 피해자를 먹잇감으로 삼기도 하는데, 그런 추가적인 피해를 입은 피해자는 사람과 사회에 대한 불신을 씻어내기 어렵다.

연대 과정에서 만난 많은 피해자가 1차 성폭력 피해 이후 연인이나 지인, 연대자로부터 2차, 3차 성착취·성폭력 피해를 당했다. 특히 사건 전부터 연인 관계였거나 사건 후 친밀한 사이가 된 경우, 피해자가 추가로 교제폭력 피해를 입는 사례가 많다. 취약한 피해자를 골라 통제하면서 자신에게 기댈 수밖에 없는 상황을 이용해 경제적·성적 착취를 이어가는데, 이를 애정으로 포장한다. 1차 성폭력 피해조차 인정하기 힘든 피해자의 입장에서는 연인에게서 추가로 착취·폭력 피해를 당하는 상황을 수용하기가 매우 어렵다. 그래서 불편하고 불쾌하고 힘들어도 자신의 탓으로 돌리며 연인에게 매달리게 된다. 피해자의 이런 심리를 너무나 잘 알고 있는 가해자는 이를 활용해 자신들의 착취와 폭력을 정당화한다. "내가 아니면 누가 네 곁에 있겠냐"며 고립에 대한 공포를 불러일으키고, "나 없이는 안 돼"라는 식으로 피해자의 문제 해결 능력을 폄하한다. 그렇게 피해자가 자립할 가능성을 짓밟으며 외부 세계와 연결되는 끈을 끊어버린다.

연대를 내세워 피해자에게 사적 만남을 강요하는 행태 역시 많이 목격했다. 연대 과정에서 피해 경험과 관련된 자료를 얻은 연대자가 이를 이용해 피해자에게 접근하는 것이다. 내 연대 원칙 중 하나는 피해자와 사적 관계를 형성하지 않는 것이지만, 일부 연대자는 오히려 자신의 위치를 악용한다. 스토킹을 하면서도 피해자의 안전을 위한 연대 활동의 일환인 것처럼 우기기도 하고, 자신이 요구하는 사적 만남 또는 관심에 대해 피해자가 거부하거나 자제를 요청하면 연대하지 않을 것처럼 말한다. 단 한 명의 힘이라도 더 필요한 피해자의 입장에서는 연대자의 이런 요구에 적극적인 거부 의사를 표명하기 어려워진다. 실제로 피해자가 자신의 관심을 거부했다는 이유를 들어 연대 활동을 중단한 연대자도 있었다. 그는 연대 과정에서 얻은 정보를 바탕으로 피해자의 사생활과 관련된 허위사실도 유포했는데, 나는 피해자가 그를 고소해 형사처벌을 받도록 하는 과정에 연대한 경험도 있다.

연대자가 경제적 착취를 하는 경우도 있다. 연대 활동의 대가라고 직접적으로 표현하지는 않지만, 급하게 돈이 필요하다는 연대자의 말을 들은 피해자는 고민할 수밖에 없다. 대개 피해자들은 피해 이후 경제적으로 취약한 상태가 되는데, 그럼에도 연대자의 금전 요구에 응하려고 무리하는 일이 생기곤 한다. 피해자가 거절하면 본인은 피해자가 힘들 때 도와줬는데 왜 본인이 힘들 때는 외면하느냐며 원망한다. 피해자가 자신의 문제를 충분히 해결하고 여유가 생겼다면 모를까, 아직 해결 과정에 있는 피해자에게 왜 그런 요구를 하는지 이해할 수 없다.

전문가들이 추가로 저지르는 성착취·성폭력 피해 사례도 많다.

나는 피해자와 연대하는 과정에서 사적 만남을 원하는 남성 변호사들의 추악한 실태를 많이 접했다. 의뢰인인 피해자에게 개인적인 만남을 요구하다 거부당한 한 기혼 남성 변호사는, 이후 의견서 작성을 지속적으로 미루면서 내용을 부실하게 구성했다. 결국 내가 의견서의 문제점을 하나하나 짚어 되돌려 보냈고, 피해자에게 부당하게 요구한 내용들을 취합해서 변호사가 소속된 법인에 문제를 제기했다. 변호사협회 등에 제소도 검토했지만, 피해자가 본인 사건의 해결만으로도 너무 힘들어해서 변호사를 교체하는 것으로 마무리했다.

경찰 등 수사관이 수사 과정에서 얻은 피해자 연락처를 이용해 피해자에게 편의를 제공하겠다는 식으로 접근하는 것을 내가 직접 나서서 차단한 적도 있다. 피해자는 그가 경찰이었기 때문에 무조건 신뢰하며 따르려 했다. 본인의 사건을 맡고 있기 때문에, 그것도 공권력의 상징인 수사관이기 때문에 수사관의 말에 따르지 않으면 불이익을 받을까 봐 두려워하기도 했다. 결국 그 건도 피해자를 설득해 수사관 기피신청을 했고, 바뀐 수사관에 의해 진행된 수사는 기소의견 송치로 잘 마무리되었다.

직장에서 성폭력 피해를 입고 상담하러 온 피해자에게 상담사나 정신과 의사가 추가로 성착취·성폭력을 저지르는 사례도 이어진다. 상담학 박사이자 국내에서 드라마와 역할극을 이용한 예술심리치료 분야의 권위자로 알려진 김세준은 직장 내 성폭력 피해자를 대상으로 위계·위력을 이용한 성폭력을 저질러 1심에서 징역 3년의 실형을, 2심에서는 징역 2년 6개월에 집행유예 3년을 선고받았다. 상담 과정에서 꼭 필요하다며 피해자를 속였기 때문에, 이미 1차 성폭력 피해로 궁지에 몰려 있던 피해자 입장에서는 전문가인 그의 말을 따를 수밖에 없었다고 재판부는 판단했다.

그런데 재판 과정에서 김 씨가 이전에 강제추행으로 '교육조건부 기소유예 처분'*을 받았던 전력이 드러났음에도, 재판부는 이를 피고인에게 불리한 정상으로 보지 않았다. 오히려 이외에 성범죄로 처벌받은 다른 전력이 없다는 점을 유리하게 판단했다. 기소유예든 뭐든 성범죄 전력이 있는 자가 어떻게 성폭력 피해자를 상담할 수 있는 걸까. 울분을 토하다 보니, 진료 과정에서 성범죄를 저질러 실형을 선고받아도 의사면허를 그대로 유지한 의사들의 사례가 넘치도록 떠올랐다. 이 전문가들은 모두 성폭력 피해자들의 취약성을 잘 알고 있으며, 피해자의 정보도 갖고 있다. 이런 전문가를 신뢰하는 피해자를 탓할 것인가?

연대체를 구성해 피해자를 조력하다가 문제가 생기는 사례도 있다. 형사사법 절차에 대한 연대체의 이해도가 떨어져 어떤 일을 해야 하는지 갈피를 못 잡는 경우는 그나마 낫다. 연대 초기에 여기저기 공론화를 시도했다가, 활동 도중 내분이 생겨 와해되면서 결국 피해자의 부담만 더 커진 경우도 있다. 또 연대체의 일원이 피해자와 사전 협의 없이 개인정보나 사건 관련 자료를 유출해 피해자가 곤경에 빠진 일도 있었다. 가해자가 연대체 일원들을 대상으로 보복성 고소를 하면, 연대체가 그 상황에서 우위를 차지하고자 피해자를 압박해 더 자극적인 폭로를 하도록 강요하기도 했다. 선의나 진정성만으로는 형사사법 절차에서의 연대를 이어가기가 어려운 것이 현실이다.

아예 유명세 등 다른 목적을 위해 연대체를 만든 사례도 있다. 이런 경우 연대 활동은 피해자를 착취하는 형태로 흘러가며, 결국 법적 책임 역시 피해자에게 돌아갈 위험이 높다. 2018년 #미투(나도 고발한

＊　초범 등의 경우 재범을 방지하기 위해 기소유예를 해주는 대신 재범 방지 교육을 받게 하는 것.

3 또 다른 톱니바퀴들

다)운동이 한창일 때, 성폭력 피해자를 돕고 피해 사례를 알리겠다는 공익적 목적을 내세우며 등장한 '미투닷컴' 등의 사이트가 대표적이다. 실제로 이 사이트들에 많은 피해자가 몰렸던 것으로 기억한다. 피해자와 고발자를 위해 익명으로 운영하고, 관련 사례를 자체적으로 검증한 뒤 공론화하겠다고 했지만, 구체적인 운영 방침 등을 보면 운영진은 연대 활동을 제대로 해본 경험이 있다고 믿기 어려운 수준이었다. '자체 검증' 역시 피해자 정보의 유출 등 위험성이 깔린 방식이었다. 그들은 사이트를 운영하다가 비판을 받고 슬그머니 사라졌다.

디지털 성폭력과 관련해서는 피해를 이용해 경제적 수익을 창출하려는 자가 많다. '웹하드 카르텔'에는 일부 '디지털 장의사'의 결탁도 포함되어 있다. 이들은 피해 영상을 삭제해준다며 피해자들에게 수백만 원에서 수천만 원의 돈을 받고는, 웹하드 업체와 결탁해 수개월 뒤 다시 그 영상을 유통시켰다. 피해자들의 절박한 상황을 악용해 돈을 뜯어내고, 웹하드로 또 다른 이익을 창출하는 방식이었다. 그 과정에서 피해자는 영원히 지울 수 없는 영상을 쫓아다니다 절망한다. 내가 아는 피해자도 그런 과정을 견디다 못해 이 세상을 등졌다.

연대 활동을 하면서 정보 전달을 위한 트위터 계정(@DT_Monitoring)을 운영하고, 세미나와 강연을 병행하는 이유가 여기에 있다. 피해자에게 제때 적절한 정보를 전달하고 관련된 교육을 지속해 정보 접근성을 높이는 방식으로 추가 피해를 막아보려는 의도도. 이화여대 딥트팀을 모방한 '프로젝팀 딥'이 등장했을 때도 많은 이들이 문제제기를 했고, 피해를 입었을 때 연락할 수 있는 공식적 창구(디지털성범죄피해자지원센터)와 증거수집법 등을 빠르게 공유했다.

이는 온라인에서 할 수 있는 연대의 새로운 모습이다. 온라인은 가짜뉴스 등 걸러야 할 잘못된 정보도 많지만, 디지털 네이티브 세대의 주 활동 무대이기 때문에 이를 이용한 연대 방식을 꾸준히 고민하고 만들어낼 필요가 있다. 피해자를 착취하려는 이는 끊임없이 나타나지만, 이런 착취범들의 방식이나 전략을 제때 무력화하면서 피해자에게 적절한 정보를 제공하면 추가적인 피해에 노출되는 피해자가 줄어들 것이다.

3 또 다른 톱니바퀴들

그럼에도
당신이
싸우기를
선택한다면

"법대로 해."

참 무심하고 쉽게 내뱉는 말이다. 그래, 형사사법 절차가 제 기능을 발휘하고 있다면 성폭력 피해자들에게 '법대로'는 의미 있는 선택지가 될 수 있을 거다. 그러나 현실 속 사법 시스템은 가해자, 강자, 다수자를 위해 기능하는 경우가 더 많다. 수사부터 재판까지 그 긴 시간을 지지·연대 기반이 없는 일반인 성폭력 피해자가 혼자 견디기란 너무힘들다. 끝까지 싸운다고 해도 피해자에게 남는 것은 결과를 담은 판결문뿐일 수도 있다. 나 역시 고소 이후 모든 것을 잃었다. 성폭력 피해 자체도 힘들었지만, '법대로' 문제를 해결하는 과정에서 회복 불가능한 손실을 경험했고, 그 후유증을 지금까지 경험하고 있다. 그래서 피해자들에게 형사사법 절차를 필수적인 최선의 선택지로 소개할 수는 없다.

2010년 성폭력 피해를 입었던 그때로 돌아간다면 나는 어떤 선택을 할까 가끔 생각해본다. 아마 그래도 싸웠을 것이다. 나는 빈곤층으로 태어나 이전에도 다양한 형태의 성폭력 피해를 입었는데, 하필 왜 2010년의 피해를 '법대로' 해결하려고 했을까. 당시 피해가 감내할 수 있는 선을 넘기도 했지만, 사법 시스템이 피해자인 나를 보호하리라는 기대와 신뢰가 있었기 때문이다. 지금은 기대와 신뢰의 내용이 그때와 다르지만, 그럼에도 그 선택을 후회하지는 않는다.

하지만 다른 성폭력 피해자들이, 그것도 지지나 연대 기반이 없고 경제적 여유도 없는 일반인 피해자들이 '법대로' 하고자 한다면, 부디 싸움을 하기 전에 여러 자원을 체크해서 활용하기를 바란다. 여전히 성폭력 재판은 '피해자 재판'으로 불릴 만큼 그 과정에서 많은 고통을 안기기 때문이다. 내가 2010년 이후 줄곧 사법 시스템을 이용한 싸움의 연대자로 활동해온 것도, 나 같은 피해자들에게 좀 더 안전한 길을 안내하기 위해서다. 그 길이 지름길이거나 편한 길은 아니지만, 목표를 찾아갈 수 있는 안내서가 있고, 같이 걷고 달릴 사람도 있다. 그러니 준비하고 싸우자.

피해자가 알아두면 좋은 것

형사사법 절차를 택한 피해자에게 지지와 연대 기반은 매우 중요하지만, 모든 피해자에게 이런 기반이 있는 것은 아니다. 가족이나 지인 등 친밀한 이들이 오히려 피해자에게 고통을 안기기도 하며, 경제적 여유가 없는 경우도 많다. 이런 상황을 홀로 감당해야 하는 피해자는 법적 지식이 부족할 뿐 아니라, 신체적·정신적 회복을 위해 상담과 치료가 필요한 상태일 때도 있다.

난 성폭력 피해를 입고 가족 등 주변인들에게 알리지 않고 혼자서 싸웠으며, 지금도 그 결정을 후회하지 않는다. 다만 그 과정에서 당시에도 활용할 수 있었던 기관과 제도 등의 자원들을 놓친 것은 아쉽다. 형사사법 절차는 긴 시간이 소요되고, 각종 인적·물적 자원이 요구되며, 신체적·정신적 건강 상태에도 악영향을 미치기 때문이다. 법률지원과 의료지원 등을 충분히 활용했다면 시행착오도 줄이고 더 빨리 회복되지 않았을까.

　　현재 경찰의 피해자전담경찰관 제도(국번없이 182), 검찰이 운영하는 피해자 지원실(1577-2584), 범죄피해자지원센터(1577-1295), 스마일센터(총괄: 02-333-1295), 해바라기센터(통합형/위기지원형/아동형), 여성긴급전화 1366을 비롯해 각종 지원제도와 기관이 존재한다. 또한 법무부는 2022년 4월부터 범죄피해자지원센터(1577-1295)를 이용해, 여러 기관으로 흩어져 있는 범죄 피해자 지원을 통합한 '원스톱지원서비스'를 실시 중이다.[73] 피해자들이 피해 회복과 일상 재구성을 위해 이러한 자원을 활용하는 방식은 다양하다. 이 글에서는 지연 고소, 즉 피해 직후 신고·고소하지 않고 일정 시간이 흐른 뒤 고소를 결심한 피해자들이 '지속성' 있는 싸움을 하기 위해 성폭력 상담기관을 거쳐 '준비'하는 방법을 소개하려 한다.

　　지연 고소의 경우 물증을 확보하기가 어렵기 때문에 고소 전 단계부터 준비를 한 후 수사기관에 가는 것이 안전하다. 문제는 지지나 연대 기반이 부재하고 경제적으로 취약한 상태의 피해자가 이런 준비를 혼자서 하기 어려우며, 가까스로 준비한다 하더라도 긴 시간이 소요되는 수사·재판을 혼자 버티기가 어렵다는 것이다. 더구나 피해자들은 수사와 재판의 과정에서 2차 가해에 노출되기도 하며, 가해자의 무고 등 보복성 고소로 원치 않는 법적 분쟁에 휘말리기도 한다.

　　사법 시스템을 선택한 피해자에게 성폭력 상담기관이 하는 역할 중 중요한 부분이 바로 이런 '준비', 그리고 '지속성'과 관련이 있다. 성폭력 상담기관을 찾는 방법은 여러 가지다. 간단히는 전화 '여성긴급전화 1366'을, 웹사이트는 '한국여성인권진흥원'(여성폭력 초기상담/디지털성범죄피해자지원센터/성희롱·성폭력근절종합지원센터)을 이용해 관련 기관을 찾을 수 있다. 비용이나 회차의 제한이 있기는 하지만, 성폭력 피해자 지원기관에는 다양한 프로그램이 마련되어 있으므로 자신의 상황과 상태를 알린 뒤 지원을 받도록 하자. 물론 이러한 지원기관이 아니더라도 이미 공적 시스템 내에 피해자를 위한 각종 의료지원도 있으니 알아보고 활용하자.

각 기관별로 조력의 범위와 내용은 차이가 있지만, 법적 싸움을 결심한 성폭력 피해자들에게 지원받도록 권하는 것은 크게 의료지원과 법률지원 두 가지다. 먼저 의료지원은 피해자가 자신의 건강 상태를 점검하고, 긴 시간이 걸리는 사법 시스템 속 싸움을 견딜 기반을 만드는 데 필요하다. 싸우려면 힘이 필요하기 때문에 신체적·정신적 건강을 점검해야 하며, 필요할 경우 상담과 약물 치료 등을 받는 것도 매우 중요하다. 자가진단을 하며 버티려 하지 말고 병원과 상담기관을 찾아가야 한다. 나는 피해 이후 외상후스트레스장애PTSD 진단을 받았을 정도로 상태가 악화되었음에도, 싸움 자체에 집중하느라 회복을 위한 의료적 치료를 제대로 받지 않았다. 그래서 싸움이 마무리된 후 감정과 감각을 회복하는 데 오랜 시간이 걸렸으며, 제때 치료받지 못해 생긴 피해는 지금도 회복 불가능한 부분으로 남아 있다. 그러니 버티지 말고 도움을 청하자.

덧붙여, 병원과 기관의 상담 기록 등은 추후 사법 시스템에서 피해 입증을 위한 자료로 활용할 수도 있다. 물론 법적 싸움이 이런 식으로 증빙자료의 여부에 좌우되는 것은 부적절한 측면이 있다. 피해자의 환경에 따라 기관의 조력이 여의치 않을 수도 있으며, 의료지원을 받다가 추가적인 피해를 입기도 한다. 그럼에도 시도할 만한 가치는 있다. 가해자들도 법적 대응 차원에서 정신과 등 병원에서 진료기록을 만들고, 각종 기관을 다니면서 양형자료를 준비한다. 그러니 지원을 받는 것이 가능하다면 그 지원을 적극 활용하자.

법률지원으로는 기본적인 법률상담과 무료법률지원이 있다. 특히 지연 고소를 결심한 피해자들, 가해자로부터 무고·명예훼손·모욕 등의 보복성 고소를 당한 피해자들의 경우 무료법률지원을 적극 활용하기를 권한다. 국가에서 피해자 국선변호사 제도를 운영하기는 하지만, 고소장 작성 등 수사 초기부터 적극적으로 조력하는지 여부는 제도 활용 시기와 변호사의 역량에 따라 많이 갈린다. 이에 상당수 피해자들은 국선변호사 제도에 불신을 표한다. 법률구조공단 등의 지원을 받을 수도 있지만, 역시 고소장 작성 등 수사 전 단계부터 활용하기에는 제한이 있으며, 보복성 고소 등을 당한 이후의 대응도 어렵다.

그래서 기관에서 연계하는 여성가족부의 무료법률지원제도를 이용하라고 권한다. 2022년 기준으로 피해자 1인당 500만 원 한도 내에서 심급당 120만 원씩 지원받을 수 있다. 형사·민사·가사·행정 등의 고소와 가해자의 보복성 고소 등 형사 피소 시에도 활용할 수 있어 그 범위가 넓은 편이다. 아울러 고소 초기부터 조력을 받을 수 있고, 불송치결정과 불기소 등에도 활용이 가능하다. 기관 연계 법률지원의 경우, 연대나 지지기반이 없는 피해자를 위해 기관 활동가가 수사기관과 법원에 신뢰관계인으로 동행하거나, 수사와 재판을 모니터링해줄 수도 있다.

물론 한계도 많다. 일단 이러한 지원들은 매년 예산이 정해져 있기 때문에 하반기로 갈수록 받기 어려울 수 있다.[74] 또한 기관 상담사나 활동가가 사법 시스템에 대해 이해가 부족하거나 인권 감수성이 떨어지는 경우도 있다. 지역에 따라 지원 범위에 차이가 생기기도 하고, 연계된 전문가(변호사 등)가 피해자에게 고통을 안기기도 한다. 특히 성폭력 피해자 지원기관은 사법 시스템을 이용한 지원 외에도 다양한 지원과 반성폭력 활동을 맡고 있기에, 기관의 지원 역시 수사와 재판 과정의 피해자에게만 한정되지 않는다. 따라서 사법 시스템을 선택해 집중적으로 지원받고 싶은 피해자의 기대 수준과 차이가 발생할 수 있다.

앞서 언급한 피해자 지원기관과 제도는 성폭력 상담기관을 통하지 않고 활용할 수도 있다. 다만 각 기관별 지원 형태에 차이가 있고, 장단점이 있기 때문에 피해자 자신의 상황과 상태에 걸맞은 방식을 선택해야 한다. 강조하고 싶은 점은, 혼자서 하지 말라는 것이다. 받을 수 있는 지원을 놓치지 말라는 것이다. 사법 시스템은 건조하고 냉혹하기 때문이다.

연대자가 알아두면 좋은 것

'법대로' 싸우기를 고민하거나 선택한 피해자들 곁에서 그들의 싸움에 연대하고 싶어 하는 이들이 있다. 그렇다면 사법 시스템을 이용한 연대는 전문가나 기관 활동가만이 가능한가? 법적 지식이 부족한 일반인이 연대할 수 있는 방법은 없을까?

당연히 일반인도 연대자로서 피해자를 조력할 수 있다. 전국 단위의 온·오프라인 세미나를 지속하는 이유 중 하나는 사법 시스템에 대한 일반인들의 이해도를 높이려는 데 있다. 피해자와의 연대를 위해서, 시스템에 대한 비판과 변화를 촉구하기 위해서 형사사법 절차에 대해 알 필요가 있기 때문이다. 알고 있어야 피해자에게 전문가 조력의 필요성을 설명할 수 있고, 제때 적절히 조력받도록 유도할 수 있다. 다만 본인의 위치에 따른 한계를 인정하고, 그 범주 내에서 조력하려는 노력이 필요하다.

일반인이 연대할 수 있는 방법은 원거리 연대와 근거리 연대가 있다. 원거리 연대는 방청연대와 재판 모니터링 활동, 각종 공청회·토론

289

회 등에 참여하기, 탄원서 작성하기, 시위 등 문제제기를 목적으로 하는 각종 행사에 참여하기 등 다양하다. 특히 2020년에는 일반인의 방청연대가 자리 잡았고, 양형위원회에 대한 감시를 통해 디지털 성범죄의 양형기준을 만들어냈으며, 각 재판에 탄원서를 제출해 시민들의 의견을 전달하기도 했다. 2021년부터는 검경수사권 조정으로 자치경찰제 등이 전면 도입되면서 각 지역별로 일반 시민들의 수사·재판 감시가 더욱 필요해졌다.

근거리 연대는 안전장치의 부재, 전문성 부족, 과몰입과 통제욕구 등으로 여러 문제가 생길 수 있다. 가해자의 보복성 고소를 감당해야 할 수도 있으며, 피해자와의 거리 유지에 실패할 경우 관계가 악화될 수도 있다. 또 연대자 본인의 상태와 상황에 따라 활동으로 인한 심적 고통에 시달릴 수도 있다. 그래서 직접적인 근거리 연대를 원하는 이들에게는 성폭력 상담기관에서 실시하는 교육을 받거나 관련 세미나 등에 참석해 연대의 범위를 확인하고, 본인의 위치와 역량을 미리 점검하도록 권한다. 근거리 연대만이 진정성을 인정받을 수 있는 연대 활동은 아니며, 스스로를 마모해가며 하는 연대는 오히려 연대자 본인과 피해자 모두에게 악영향을 미치게 된다.

그러면 사법 시스템을 이용한 근거리 연대는 무엇이 있을까? 우선 신고와 고소를 고민하는 피해자에게 관련 기관, 매뉴얼 등을 소개할 수 있다. 다만 본인이 아는 범위 내에서 하기를 권한다. 전문 상담은 변호사 등 자격증이 있는 전문가에게 맡겨야 한다. 나 역시 직접연대를 하더라도 '상담'하지 않는다. 해서는 안 되는 것이다. 법적 싸움은 가변적인 요소가 많기 때문에 본인의 경험을 기반으로 한 조언도 다른 피해자의 상황에서는 적절하지 않을 수 있다. 연대자의 일은 그런 전문가를 찾아가는 방법을 알리거나, 전문적 조력이 가능한 기관과 제도에 대한 정보를 제공하는 것이다.

캡처, PDF 파일 저장, 녹취록 작성 등 피해를 입증할 수 있는 각종 직간접 증거자료의 수집을 도울 수도 있다. 피해자는 당사자이기 때문에 증거자료를 모으고 검토하면서 또다시 고통을 받는다. 이때 외부에서 조력하면 그 고통이 경감될 수 있다.

주의할 점은, 피해자가 원하지 않는데 추가로 고통을 안길 수 있는 정보를 일방적으로 전달하면 안 된다는 것이다. 피해자가 부탁하기 전에, 싸울 여력이 없는 피해자를 위해서 연대자가 미리 정보를 수집·분류·분석해놓을 수는 있다. 하지만 그러한 정보는 피해자가 원할 때만 전달하는 것을 원칙으로 삼아야 한다. 피해 사실을 아예 모르는 피해자(예: 딥페이크 피해자 등)에게 피해 사실을 알리기 위해 접근할 때도 신중해야 한다. 피해 사실을 전달하는 차원에서 나아가 대응 방법(예: 디지털성범죄피해자지원센터 안내 등)을 함께 전하는 방식도 활용할 필요가 있다.

수사기관이나 법원에 신뢰관계인으로 동석하는 연대 방법도 있다. 성폭력 사건의 경우 피해자의 심적 안정 등을 위한 신뢰관계인 제도가 마련되어 있으며, 피해자가 원할 경우 원칙적으로 허용해야 한다. 피해자들이 수사기관이나 법원에서 2차 가해를 당할 위험성을 줄이기 위해서라도 곁에서 감시하는 사람이 필요하다. 신뢰관계인은 일정 거리를 유지하면서 수사와 재판 과정을 분석하는 역할도 할 수 있다. 피해자를 혼자 보내지 않고 동행하는 신뢰관계인은 별도의 자격이 필요하지 않으며, 이러한 제도의 활용은 일반인이 할 수 있는 강력한 연대 방법 중 하나다. 동석하기 전 피해 사실과 관련해 피해자와 충분히 대화를 나누고, 경찰·검찰 조사 시 피해자가 활용할 수 있는 제도 등을 알아가도록 하자.

3 또 다른 톱니바퀴들

이외에도 여러 이유로 법정에 오기 어려운 피해자를 대신해 방청하면서 재판 내용을 기록하고 전달하는 것도 효과적인 연대 방법이다. 기관과 연계되어 있을 경우 활동가가 그 역할을 하기도 하지만, 활동가의 인원은 제한되어 있고 모든 피해자가 그런 조력을 받을 수 있는 것도 아니므로 일반인 연대자가 그 역할을 해주면 도움이 된다.

피해자에 대한 정서적 지지 역시 일반인 연대자가 할 수 있는 연대 방법 중 하나이다. 전문가에게 상담과 치료를 맡기는 것과 별개로 피해자에게는 주변의 지지와 연대도 필요하기 때문이다. 따라서 적극적인 의사표현을 통해 피해자에게 힘이 되도록 노력하는 것도 연대의 한 방식이 될 수 있다. 그러나 어설픈 조언을 하거나 피해자를 통제하려 할 경우 문제가 생길 수 있으므로 주의해야 한다.

마지막으로, 비상연락망을 구축해 위급 상황에 대비할 수 있다. 긴 시간 싸움을 하는 피해자들은 순간적으로 약해질 때가 있으며, 그때 자살·자해 사고가 발생할 우려가 있다. 비상연락망을 통해 피해자의 상태·상황을 살피고, 위급 상황인 경우 외부기관의 도움을 요청하도록 하자. 피해자의 삶과 생명을 연대자가 전적으로 책임질 수는 없다. 그렇지만 살릴 수 있는 기회가 있다면 최대한 놓치지 않았으면 한다.

'법대로'가 만능의, 최선의 선택지는 아니다. 그럼에도 당신이 사법 시스템을 이용해 싸우길 선택한다면, 그럼에도 당신이 피해자와 함께 싸우길 선택한다면,

혼자 싸우지 말자.

혼자 싸우게 두지 말자.

톱니바퀴들의
상호작용:

군은
무엇을 지키나

자긍심 높은 군인이었던 성폭력 피해자들이 '또' 사망했다. 2021년 5월에는 10일 간격으로 각각 공군20전투비행단과[1] 공군8전투비행단[2] 소속이었던 성폭력 피해자 두 명이, 8월에는 해군2함대에서[3] 발생한 성폭력 사건의 피해자가 연달아 죽음으로 몰려간 것이다. 이들은 모두 군에서 성폭력 피해를 입은 후, 군에 이를 알리고 문제 해결을 위한 절차를 밟고자 했다.

하지만 군은 "자살하겠다"며 피해자를 협박하는 가해자를 구속하기는커녕, 성인지 감수성이 낮아 문제가 있다고 평가받은 가해자를 사건 이후 피해자와 분리조차 하지 않았으며, 피해자의 개인정보와 사생활 등을 유포하는 2차 가해행위도 막지 않았다. 군은 심지어 피해자들이 사망한 이후에도, 자살 사고를 사건이 외부로 알려지기 원하지 않았던 피해자 탓으로 돌리거나, 성폭력과 사망의 인과관계를 인정하기 어렵다며 보고에서 누락하기도 했고, '스트레스성 자살'이라 명명하며 유족에게도 성폭력 사실을 알리지 않는 등 적극적으로 은폐했다.

앞서 2013년 육군에서는 상관의 성관계 요구를 거절한 피해자가 "저는 명예가 중요한 이 나라의 장교입니다"라는 유서를 남기고 사망했고,[4] 2017년 해군에서는 정신과 치료를 빌미로 성폭력을 저지른 대령에게 시달리던 피해자가 사망했다.[5] 그러자 군은 2015년, 무관용 원칙(원 스트라이크 아웃)을 적용하겠다며 '성폭력 근절 종합대책'을 요란하게 발표했고,[6] 2018년에는 국방부가 나서 '양성평등위원회'를 설치하며 각종 매뉴얼을 쏟아냈기도 했다.[7] 그런데도 2021년 피해자 세 명의 사망은 막지 못했다. 아니, 오히려 군은 이들을 '살해'했다.

한국군은 피해자 사망 등으로 외부 비판이 집중되면, 작전 구사하듯 호들갑스럽게 대책을 마련해 홍보하며 생색을 내왔다. 이번에도 절차나 제도가 없어서 피해자가 죽음으로 몰려간 게 아니다. 국방부에 양성평등센터 등 사건을 처리할 기구가 있었고, 성폭력 피해자 지원 절차도 마련되어 있었다. 그런데 제 역할을 전혀 하지 못했다. 그러다 2021년 들어 3개월 만에 피해자 세 명이 연달아 사망하자, '군 기강과 지휘권 확립'을 내걸며 30년 넘게 군 사법개혁에 제동을 걸어온 군이 눈치를 보며 협조하는 흉내를 낸다. 그렇게 마련된 군사법원법 개정안으로 2022년 7월부터 고등군사법원이 폐지되는 등 변화가 있었지만, 군 성범죄를 해결하기에는 여전히 부족하며 부적절하다.

내부 가해의 세계

도대체 그동안 군에서 성폭력 사건은 어떻게 처리되어온 걸까? 먼저 가해자가 군인 신분이면, 피해자가 민간인이든 군인이든 수사와 재판이 모두 군에서 진행되었다. 수사(군경찰), 기소(군검사), 1심(보통군사법원), 2심(고등군사법원)까지 진행되다가 3심에 이르러서야 대법원이 맡는 구조였다. 민간인일 때 범죄를 저질러 수사와 재판을 받던 가해자가 도중에 군에 입대해도 수사·재판의 권한이 군으로 넘어갔다. 입대 전 저지른 범죄에 대해서도 피고인이 '현재' 군인이기만 하면 군에서 맡은 것이다. 그러다 재판이 길어져 전역하면 다시 민간 법원으로 옮겨와 처리한다. 그 과정에서 피해자가 당하는 2차 가해와 소외, 조력 미비 등의 인권 침해와 재판의 비효율 등은 누구도 책임지지 않는다.

현역 군법무관으로 구성된 군검사와 군판사의 독립성과 전문성에 대한 문제제기도 계속 이어진다. 민간에서는 엄격히 분리되는 검사, 판사, 피해자 변호사가 군에서는 함께 근무한다. 나는 군사법원에서 진행된 성폭력 사건 재판에 연대하는 과정에서 피고인(가해자) 변호인에 대해 조사해본 적이 있는데, 대다수의 가해자가 군 법무관 출신의 변호인을 선임했다. 이들 변호사는 이미 군판사, 군검사 등 관계자들과

톱니바퀴들의 상호작용

의 친분과 인맥을 자랑하는 방식으로 본인들을 광고하고 있었다. 그러다 보니 재판 과정에서도 느슨한 분위기 속에서 피고인 변호인이 피해자나 피해자 변호사를 대상으로 2차 가해를 빈번하게 저지른다. 심지어 그 2차 가해가 민간 법원에서는 상상조차 할 수 없는 수준인데도 군 재판관이 방조한 사례도 있다.[8] 신성해야 할 법정에서 피고인 변호인이 그런 패악을 부려도 용인되는 게 군사법원에서 진행되는 재판의 모습이었다.

군은 북한군과의 대치 상황에서 군의 특수성을 반영해 신속한 재판이 필요하다는 등의 이유로 평시 군사법원이 필요하다고 주장한다. 그러나 국회입법조사처에 따르면, 안보 상황이 우리와 유사하다는 평을 받는 대만은 군사법원뿐만 아니라 군검사와 군경찰도 없다. 군 지휘권 강화를 내건 미국도 2심 재판부터는 민간 법원에서 진행된다.[9] 미국은 이미 2005년부터 국방부 산하(장관 직속)에 성폭력 대응 총괄기구인 '사프로SAPRO, Sexual Assault Prevention and Response Office'를 운영 중이다.

특히 미국은 2020년 4월, 텍사스주 육군 기지에서 복무하던 성폭력 피해 군인이 살해당하자 대통령 지시로 '미군 내 성폭력 관련 독립 검토위원회IRC'를 설립해, 90일간 조사를 거쳐 82개의 권고사항을 담은 보고서를 발표했다. 보고서는 '특별 피해자' 관련 대상 범죄(예: 일반 성범죄, 가정폭력, 스토킹, 디지털 성착취물 범죄 등)를 군 지휘관이 아닌 특별 검사가 맡도록 권고했다. 또한 오랫동안 군 내 성범죄 처리를 독점해왔던 군 지휘관들의 반대에도 불구하고, 의회는 이 권고안을 수용해 2021년 하반기부터 논의 중이다.[10]

이렇게 외국은 인권보장의 측면에서 군사법원을 폐지하거나, 군 지휘관의 개입을 차단해 독립성을 보장하는 방식으로 운영한다. 그러나 한국은 군 사법개혁의 필요성을 인정하면서도 군 지휘관의 권한 축소는 거부한다. 현행법상 군 지휘관은 군경찰·군검사에 대한 지휘감독권, 군사법원의 관할관 지위가 있으며, 이 때문에 군대는 수사·기소·재판이 분리되지 않는 폐쇄적 구조가 유지되어왔다.

지휘권 확립을 중시하는 군은 수사와 재판에 대한 통제 권한을 빼앗길까 봐 극도로 경계한다. 현재는 사문화되었다지만, 지휘관이 재판장을 임명하는 '심판관 제도', 판결에 개입해 선고 형량의 3분의 1 미만의 범위에서 감경할 수 있는 '관할관 확인조치권'이 포장만 바꾸어 힘을 발휘해왔다. 군사법원법 개정으로 2022년 7월부터는 아예 조항이 사라졌지만, 실질적으로 지휘관의 부적절한 개입을 막을 수 있을지는 아직 확신할 수 없다. 군 법무관의 전역 후 진로 등 현행 군 사법체계에 얽힌 이해관계가 많기 때문에, 군이 실제 개혁을 자발적으로 진행하리라고 기대하기 어렵다. 군경찰과 군검찰의 부실 수사, 사건 은폐와 조작 등이 언제든 일어날 수 있는 구조이며, 그로 인한 피해자들의 고통도 줄어들지 않을 가능성이 높다.

군검사가 부대 관계자에게 피해자의 피해 상황 및 수사 내용을 보낸 SNS 관련 부분, 피해 부사관의 국선변호사와 그의 동기 법무관들이 가입한 SNS에 성폭력 피해자의 신상정보를 공유하며 대화를 나눈 부분 및 공군 본부 법무실장이 압수수색 집행 전날 군사법원 직원과 통화한 부분에 대하여 추가 조사를 실시할 것.[11]

이는 2021년 5월 21일 공군20전투비행단에서 발생한 '성폭력에 의한 생명권 침해 사건'에 대한 국가인권위원회의 권고 내용이다. 이와 관련해 피해자 가족은 2022년 3월 15일, 가해자 장○○(26세, 남) 중사에 대한 구속 수사를 방해했다는 등의 사유로 공군본부 법무실장 전

톱니바퀴들의 상호작용

○○을 직권남용 혐의로 공수처에 고발했다.[12] 또한 지속적으로 특검을 요구한 끝에 2022년 4월 14일 '공군20전투비행단 이예람 중사 사망사건 관련 군 내 성폭력 및 2차 피해 등의 진상 규명을 위한 특별검사 임명 등에 관한 법률안'이 통과되어, 2022년 4월 26일에 공포되었다.[13]

공군20전투비행단의 피해자보다 10일 앞서 사망(2021년 5월 11일)한 공군8전투비행단 피해자의 경우, 군검찰이 적극적으로 사건을 은폐하려 했다. 피해자가 사망한 후에, 그것도 가족들의 강력한 요구로 마지못해 가해자를 강제추행 등으로 기소한 군검찰은 재판에서도 피해자에게 유리한 녹취록을 제출하길 거부했다. '피해자에게 불리한 내용'이 담겨 있어 전문 공개가 불가하다는 것이었다. 그러나 실제로는 피고인들의 위증 공모 정황이 담긴, 즉 피고인들에게 불리한 증거였다. 이러한 사실은 모두 피해자 가족의 노력으로 밝혀졌다. 내부 성폭력 사건이 빨리 묻히길 원하던 군에 맞서 정보공개 요청(8회), 이의신청(2회), 민원신청(5회), 공군8전투비행단 단장 면담(3회), 수사지도과장 면담(2회)을 수차례 시도했기 때문이다. 2021년 군에서 일어난 피해자 세 명의 사망은 모두 이런 폐쇄적인 군 시스템하에서 조직적으로 사건을 은폐하고, 피해자를 압박·회유하는 과정을 거쳐 발생한 것이다.

국방부가 정확한 통계 자료를 외부로 공개하지 않기 때문에, 군 성폭력 범죄의 발생 건수는 무엇을 기준으로 잡느냐에 따라 차이가 있다.[14] 2020년에 발표된 인권위의 〈2019 군대 내 인권상황 실태조사〉에 따르면, 부대 내에 성희롱·성폭력 관련 고충이 제기되었을 때 공정한 절차에 따라 처리되는지의 질문에 긍정적으로 답한 군인의 비율은 2012년 75.8퍼센트에서 2019년 48.9퍼센트로 줄었다. 보고서를 작성한 연구팀은 이를 두고 성폭력 고충의 처리 과정에서 공정성이 훼손되었으며, 사후처리가 미흡했고, 2차 피해가 발생했을 가능성이 있다고 분석했다.[15] 이처럼 군 성범죄 발생 건수는 그 수치가 중요하다기보다는, 해마다 군 성폭력 사건의 은폐와 그로 인한 2차 피해가 심각해지고 있다는 점을 더욱 주의해서 볼 필요가 있다.

이와 별개로, 군사법원에서 진행된 형사사건의 상당수가 성폭력범죄라는 사실을 눈여겨볼 필요가 있다. 한국형사법무정책연구원의 2020년 보고서에 따르면, 1심이 진행되는 보통군사법원에 접수된 사건 중 기밀유출 등의 군사범죄는 전체의 8퍼센트에 불과했다. 나머지 92퍼센트는 가해자가 군인인 일반 형사범죄였다. 성범죄 사건만 놓고 보면 1심 대상 사건의 14.5퍼센트를 차지하며, 2심인 고등군사법원으로 갈 경우 전체 사건의 38.4퍼센트에 이른다. 그런데도 군에는 성범죄 전담 부서조차 없거나, 이름만 붙여놓고 실제 활동은 하지 않았다.[16]

가해자가 군에서 수사와 재판을 받는 것이 불리하다는 주장도 있다. 군 성범죄는 벌금형 없이 징역형이 적용되는 군형법을 적용받기 때문이다(군인 간 성폭력 범죄임에도 군형법이 아닌 일반 형법을 적용한 사례도 있긴 하다). 그러나 이는 현실을 도외시한 주장이다. 2015년부터 2020년 상반기까지 군인인 피고인이 1심에서 실형을 선고받는 비율은 10퍼센트대였는데, 이는 민간인 성범죄자들의 1심 실형 비율인 25퍼센트에 한참 못 미친다.[17] 징역형의 집행유예 비율 역시 육군 31.9퍼센트, 공군 31,6퍼센트, 해군 56.5퍼센트로 민간에 비해 낮은 편이다. 심지어 벌금형이나 선고유예도 빈번한데, 특히 선고유예의 경우 민간보다 열 배 가량 많았다.[18] 또한 1심에서 징역형의 실형이 선고되었다가 2심에서 집행유예로 감경되는 경우도 빈번하다. 군사법원에서 내려진 성폭력 사건 무죄 판결에 대해 대법원이 파기환송한 사례도 2021년 이후 자주 언급되는데, 이는 민간 법원 파기율의 두 배가 넘는다. 이런 상황에서 군사범죄의 특수성을 내세워 평시 군사법원을 존치하자는 주장은 설

톱니바퀴들의 상호작용

득력이 떨어진다.

이런 사례들이 쌓이면서 성범죄 가해자들 사이에서는 군인 신분으로 재판을 받는 것이 더 유리하다는 인식이 퍼졌다. 이에 민간인 신분으로 성범죄를 저지른 20~30대 남성 피고인들은 전략적으로 입대를 선택하기도 한다.

수사와 재판을 군에서 받으면 민간인 신분일 때보다 유리하다고 생각하는 경향은 실제 통계로 뒷받침된다. 게다가 입대하면 피고인에 대한 외부의 관심이 줄어드는 효과까지 있어, 어차피 가야 할 군대를 십분 활용하려는 것이다. 2023년 2월 출소를 앞둔 아이돌 그룹 빅뱅의 전 멤버 승리(본명 이승현, 32세, 남)의 경우, 민간에서 수사를 받던 도중에 입대했고, 결국 군사법원에서 아홉 가지 혐의로 기소되어 재판을 받았다. 1심에서 군검찰은 징역 5년을 구형했지만 보통군사법원은 징역 3년을 선고했고, 1심에서 공소사실을 부인하다가 2심에서 전면 인정한 점을 고려해 고등군사법원은 징역 1년 6개월로 감형했으며, 2022년 5월 26일 대법원에서 확정되었다.[19]

가해자가 입대해버리면 피해자는 대응할 방법을 찾기 어려워진다. 수사 과정에서 제대로 법률 조력을 받지 못하거나, 2차 가해를 당하는 상황에 놓인다. 내가 연대하는 과정에서도 그런 사례가 있었다. 군 수사관이 민간인인 피해자에게 피해를 입은 장소에서 성폭력 피해 상황을 직접 재연하라고 요구한 것이다. 2020년 북한이탈 여성 성폭력 사건에서도 군검찰은 피해자에게 범행 당시의 녹음파일을 직접 들려주고, 신변보호 요구를 거부하기도 했다. 피해자도 군인일 경우, 이에 더해 폐쇄적인 구조에서 군의 사건 조작과 은폐 시도를 목도하고 큰 고통을 받는다.

가해자가 기소되어 재판을 받아도, 군사법원에서 피해자가 목소리를 내는 일은 민간 법원보다 제한적이다. 일단 민간인 피해자는 출입하기가 어렵고, 재판 기록물의 열람과 복사도 매우 한정적이다. 그래서 일부 피해자 변호사는 시도조차 하지 않는다. 피해자의 의사를 전달하겠다고 해도, 재판부는 문서로 제출하라며 법정 내 직접 진술을 묵살하기 일쑤다. 이는 피해자의 의견진술권을 보장하지 않는 것이다.

게다가 피고인 등이 방어권을 이유로 소송 서류를 열람·복사할 경우, 피해자의 개인정보가 낱낱이 공개된다.[20] 재판의 진행 상황 역시 피해자가 접근해 확인하기 어려운 구조여서, 피해자는 본인 사건이 어떻게 진행되고 처리되는지 제때 알기가 어렵다. 그렇다면 법은 엄격하게 적용할까? 2018년 고등군사법원이 '폭행이나 협박'에 대한 편협한 이해를 토대로 무죄를 선고한 해군 상관에 의한 성소수자 여군 성폭력 사건 등을 보면 군판사의 전문성을 의심할 수밖에 없다.

유죄가 선고되는 경우에도 가해자가 군인 신분이면 보호관찰 명령이 모두 면제된다. 보호관찰은 재범 방지와 피고인의 재사회화를 위해 형 선고와 함께 내리는 부수적인 처분인데, 보호관찰법 56조(군법 적용 대상자에 대한 특례)에 따라 군인에게는 적용이 면제된다. 판례에 따르면 지휘관들의 지휘권 보장이 필요하다는 점, 군대 안에서 보호관찰 등의 집행이 현실적으로 곤란하다는 점 등이 이유로 꼽힌다. 민간에서는 가해자가 이런 부수 처분을 적용받지 않으려고 애쓰는데, 군인 신분이기만 하면 자동 면제가 되니 이들에 대한 사회적 감시에 구멍이 생긴다. 심지어 가해자가 민간인일 때 범죄를 저지르고 일반 법원에서 보호관찰 명령을 받았어도, 군에 입대하면 면제된다. 그리고 이들 가해자가 다시 민간인 신분으로 돌아가도 면제된 처분에 대해서는 추가

　톱니바퀴들의 상호작용

규제가 이루어지지 않는다.

이런 군에서 디지털 성범죄 사건들은 어떻게 다루고 있을까? 2015년 이후 디지털 성범죄 사건의 재판이 군사법원에서도 많이 열리고 있는데, 군의 발표에 따르면 2018년 이후 군에서 발생한 디지털 성범죄 사건은 2018년 86건, 2019년 104건, 2020년 213건으로 더욱 증가하는 추세다. 그러나 군 수사기관과 군사법원의 이해도나 감수성의 수준은 바닥이다. 피고인이 조사 과정에서 증거를 인멸해도 군검찰이 방관하는가 하면, 디지털 성범죄에 대한 군사법원의 이해도가 낮아서 형량과 판결 내용에도 문제가 많다. 하지만 이 같은 내용이 외부에 잘 알려지지는 않는다.

> 군판사: (영상 원본 등이 담긴 CD 등이) 증거목록에 없습니다. 추가적으로 증거목록이 작성되어야 증거로 채택할 수 있습니다.

> 군검사: 필요하다면 추후 작성해서 제출하겠습니다.

2020년 8월 7일, 수도방위사령부 보통군사법원에서는 '박사방' 조주빈의 공범 이원호의 첫 재판이 열렸다. 이날 증거조사에서는 군판사가 먼저 피해자가 특정되어 추가(2차) 피해를 입지 않도록 모두진술을 하라고 요구했음에도, 군검사는 공소사실을 상세히 밝혔다. 게다가 군검사는 디지털 성착취·성폭력 영상 원본이 담긴 CD를 증거목록에 넣지 않았고, 오히려 왜 넣어야 하느냐는 식으로 되물었다.

군판사는 외장하드와 휴대전화 메모리도 구분하지 못하는 등 디지털 기기에 대한 이해가 부족해 보였다. 결국 밀봉된 압수물을 법정에서 뜯어, 피고인에게 해당 물품이 맞는지 직접 확인했다. 이게 2020년 디지털 성범죄를 다루는 군사법원의 모습이었다. 증거목록 작성도 엉망이고, 증거물에 대한 구분 능력도 떨어지며, 법정 내에서 밀봉된 상태의 증거물을 직접 뜯어 피고인에게 확인하는 작업 전체가 재판에 대한 신뢰도를 떨어뜨리는 것이다. 증거물의 훼손 우려도 문제지만, 확보한 증거물에 대해서조차 이해도가 낮은 이들이 무엇을 입증하고 어떻게 판단을 내린단 말인가?

이런 부실하고 폐쇄적인 재판 과정을 거쳐 2021년 1월 20일, 군사법원은 1심에서 피고인에게 징역 12년을 선고했고, 이어진 4월 22일 항소심에서도 동일한 형을 유지했다. 이원호는 2021년 10월 대법원에서 '박사방'의 다른 공범들과 함께 상고가 기각되면서 형이 확정되었다.

2019년 10월, 일명 '지인능욕' 등의 디지털 성범죄를 수년간 저지르다가 군대로 '도피'한 가해 남성의 1심 재판을 강원도 춘천에서 DSO 팀과 연계해 방청했다. 이 사건의 수사와 재판 과정은 디지털 성범죄를 다루는 군 당국의 문제를 여실히 드러냈다. 군검찰이 주요 증거물인 가해자의 휴대전화에 대한 압수영장을 발부받았는데도 군 당국은 가해자의 외출을 허락했고, 가해자는 귀대 뒤 휴대전화를 분실했다고 신고해버렸다. 또한 군검찰이 조사 중임에도 군 당국은 가해자가 자유롭게 컴퓨터를 쓰도록 허용해 피해자의 합성사진이 또다시 유포되기도 했다. 피해자 쪽에서 문제를 제기했지만, 군 당국은 '피고인 인권'을 운운하며 어떤 책임도 지지 않았다.

이 사건에서 군검사는 피고인에게 징역 3년을 구형했고, 군판사는 고작 징역 8개월을 선고했다. 이 재판부는 그날 열렸던 다른 성폭력 사건 재판들에서도 대개 3년 미만의 형을 선고해, 항소심에서 집행유예로 갈 수 있는 길을 터주었다.

더욱이 군사법원의 이러한 선처는 민간 법원에서 진행되는 다른

톱니바퀴들의 상호작용

공범들의 선고 형량에도 영향을 미친다. 실제로 디지털 성범죄자들의 감형이 잇달았는데, 아동·청소년 성착취물 제작 등의 혐의로 1심에서 징역 2년 6개월 실형을 선고받은 신ㅎㅎ(20대, 남)는 2020년 6월 10일에 열린 항소심에서 징역 2년 6개월 집행유예 3년으로 형이 줄었다. 감형된 이유는 '공범 간 처벌의 균형'이었다. 신ㅎㅎ의 항소심 판결 전에 신 씨의 공범이 육군 제2작전사령부 보통군사법원에서 징역 10개월에 집행유예 2년을 선고받았는데, 이를 본 신 씨가 처벌의 균형을 맞추려면 본인도 감형되어야 한다고 주장해 수용된 것이다. 결국 군사법원의 선처가 민간 범죄의 재판에도 악영향을 미쳤다.

'스스로 개혁'은 없다

사실 군은 이전에 이미 개혁안을 발표했었다. 2018년 2월 〈군 사법제도 개혁안〉을 발표한 뒤, 2020년 5월 '군사법원법 개정안'을 입법 예고했다. '평시 군사재판 항소심의 민간 법원 이관'(고등군사법원 → 서울고등법원), '관할관의 확인조치권 폐지', '심판관 제도 폐지', '지역 군사법원장 민간화' 등이 핵심이었다. 수사 과정에서도 독립성과 전문성을 높이기 위한 방법을 늘어놓았다. 그러나 이런 땜질식 개혁마저 이후 사람들의 관심이 사그라들자 흐지부지되었다. 심지어 몇몇 국회의원 등을 동원해 군 사법제도 개혁안의 문제점을 부각하는 등 군의 영향력을 예전처럼 유지하려는 퇴행적인 시도를 이어갔다.

군은 늘 이런 식으로 변화를, 개혁을 거부해왔다. 2020년만 해도 군은 늘 하던 대로 될 줄 알았을 거다. 그러다 2021년 5월부터 군인인 성폭력 피해자들의 사망 소식이 잇따르면서 다시 제도 개혁에 대한 목소리가 커진 것이다. 기존에 논의되던 형태보다 더 강력한 평시 군사법원 폐지와 비군사범죄 민간 이관 등의 개혁안이 공감을 얻자, 국방부는 부랴부랴 타협안을 제시했다. 그 결과가 2021년 9월에 통과된 군사법원법 개정안이다(2022년 7월 시행).

　이번 개정안은 성범죄, 피해자가 사망한 범죄, 군인이 입대하기 전에 저지른 범죄 등을 민간으로 이관하고, 고등군사법원을 폐지하며, 관할관 제도와 심판관 제도를 없애는 것을 골자로 한다. 2021년 12월에는 군 인권 향상을 위해 국가인권위원회에 '군인권보호관'과 '군인권보호위원회'를 설치하는 내용의 국가인권위원회법 개정안이 처리되었다.[21] 또한 2022년 2월에 국방부는 여러 부서에 산재한 인권 관련 기능을 통합해 '군인권개선추진단'을 신설해서 군 인권 문제를 전담하겠다고도 밝혔다.[22] 또 군 내 성폭력 실태 조사를 연 1회로 정기화하고, 성고충전문상담관을 기존 47명에서 103명으로 늘리기로 했으며,[23] '법원이 재판권을 가지는 군인 등의 범죄에 대한 수사 절차 등에 관한 규정 제정령안'을 입법예고하며, 2022년 7월부터 민간에 이관된 군 성범죄 사건에 대해 민간 경찰과 협력체계를 구축하겠다고 홍보 중이다.[24]

　그러나 2022년 7월부터 시행된 군사법원법 개정안은 반쪽짜리 개혁안에 불과하다. 기소 전인 사건에 한해 예외적으로 군사법원에 기소하도록 결정할 수 있는 여지(국가안전 보장, 군사기밀 보호, 기타 이에 준하는 사정이 있는 경우)를 남겨두었기 때문이다. 즉, 민간 이양 대상인 범죄여도 상황에 따라 군에서 진행될 수 있다.[25] 또한 평시 군사법원이 존속되면서 30퍼센트 정도만 민간으로 이양되었다. 군 내 성폭력은 조직적 은폐와 피해자 대상의 보복 등 2차 가해가 특히 심각한데도, 피해자를 죽음으로 몰아가는 조직적 가해(2차 가해)는 민간 이양에 포함되지 않았다.[26]

　가해자에 따라 성폭력 피해자가 밟아야 할 수사 절차도 매우 복잡해졌다. 가해자가 군 장성일 경우에는 공수처에서(그런데 군 검사는

톱니바퀴들의 상호작용

공수처 수사 대상이 아니다), 직접 가해자는 민간에서, 그 외 2차 가해자들은 군에서 담당한다. 피해자는 한 사건을 두고도 여러 수사기관에서 조사받아야 하는 고충을 안게 된 것이다.[27] '군인권보호관' 역시 인원 수, 권한 등에서 실질적인 역할을 기대하기 어렵다.[28] '군인권개선추진단'도 국방부가 애초 검토했던, 미 국방부 산하 '사프로'를 모델로 한 국장급 전담 신설에서 후퇴한 형태다. 이 때문에 2018년에 국방부가 설치한 양성평등위원회처럼 그 실효성에 의문을 제기하는 이들이 많다.

민간의 준비도 부족하다. 경찰은 2021년 '군사법원법 개정 후속 조치 태스크포스'를 만들기는 했으나,[29] 2021년 검경수사권 조정 이후 업무 과중과 사건처리 지연 등으로 고충을 토로하던 경찰이 제 역할을 할 수 있을지 미지수다. 민간으로 성범죄 수사가 넘어왔다고는 하지만 여전히 군의 협조가 필요한 지점이 있는데, 이에 대해 어떻게 협력체계를 갖출지도 문제다. 법원은 기존 형사소송법 규정 등에 맞춰 군사법원법 개정안 시행에 대비하겠다고 밝힌 바 있으며, 실제로 서울고법은 2022년 2월 형사재판부 한 개를 증설하며 업무량 증가에 대비했으나,[30] 여전히 사무 분담에 대한 우려는 큰 상황이다.

공군20전투비행단 성폭력 및 생명권 침해 사건의 1차 가해자인 중사 장○○은, 성폭력 사건이 발생 111일 만이자 피해자 사망 후 한 달 만인 2021년 6월 22일에야 강제추행치상과 보복협박 등의 혐의로 기소되었다. 그해 10월 8일 열린 1심 결심 공판에서 피고인 측은 강제추행은 인정했지만, 보복협박 등의 혐의는 인정하지 않았다. 군검찰은 징역 15년을 구형하면서 이유 중 하나로 "성범죄 근절을 위해 힘써온 군의 노력을 헛되게 했다"라고 발언했다고 한다. 유족들의 반발이 이어지는 것은 당연하다. 피해자가 죽음으로 몰려간 이유는 군 그 자체에 있기 때문이다.

그럼에도 군은 여전히 반성하지 않고 있다. 2021년 12월 17일, 국방부 보통군사법원은 장 씨에게 징역 9년을 선고했는데, 장 씨의 주장대로 보복협박은 무죄로 판단했다. 양측 모두 불복해 2심이 진행되었고, 2022년 6월 14일 국방부 고등군사법원은 2년 감형된 징역 7년을 선고했다. 1심과 마찬가지로 장 씨의 '자살암시'는 보복협박이 아니라고 판단했으며, 피해자의 자살 사고에 대한 책임을 피고인에게만 물을 수는 없다고 했다. 군 내 성폭력을 은폐한 뒤 책임을 지지 않고 있는 군이, 특검이 진행 중인 상황에서 1차 가해자에 대해서조차 제대로 된 책임을 묻지 않기로 한 것은 사실상 보복을 의미하는 것으로 봐야 한다. 실제로 항소심 선고는 특검이 피해자 유족을 면담한 다음 날 진행되었고, 이해할 수 없는 이유로 감형되어 유족의 큰 반발을 샀다. 이런 군이 평시 군사법원을 유지할 능력과 책임이 있는가? 장 중사 외 2차 가해자들도 징역형의 집행유예나 무죄를 선고받는 등 선처가 이어지는 실정이다.[31]

한편 공군8전투비행단 성폭력 및 생명권 침해 사건의 1차 가해자인 준위 이○○(56세, 남)에 대해 군사법원은 1심에서 강제추행 등 공소사실을 모두 유죄로 인정하며 징역 2년 집행유예 3년을 선고했다. 함께 기소된 원사 박○○(47세, 남)는 벌금 500만 원을 선고받았다. 이에 대해 피해자 가족들은 항소에 대비 중이다. 부실 수사, 피고인 이 씨와의 공모 등 지휘관들의 책임을 묻기 위해 직권남용권리행사방해죄 등의 혐의로 공군8전투비행단 단장, 군사경찰대장, 수사관 등을 국방부 검찰단에 추가 고소했다고 한다.

군인이 국방의 의무를 수행하는 도중에 성폭력 피해를 입고 소중한 생명까지 빼앗기게 된 것은, 개인에 대한 인간의 존엄성 침해를 넘어 국가가 군

톱니바퀴들의 상호작용

인의 생명과 안전을 보호해주지 못한 중대한 인권 침해행위로 판단했다.[32]

성폭력 피해자들의 죽음에 대해 언론은 '극단적 선택'이라고 말한다. 그러나 이러한 인권위의 판단처럼 그들의 죽음은 '선택'이 아니라 군이 저지른 '살해'였고, 피해자들은 존귀한 '생명권을 침해'당했다. 군은 가해자가 피해자의 입을 막기 위해 자살하겠다고 협박한 것도 보복이 아니라고 판단했으며, 피해자의 개인정보를 외부로 유출하는 등 2차 가해를 저지른 이들에 대해서도 무죄나 징역형의 집행유예를 선고하며 선처했다. 피해자의 사망 원인에 대해 그 가족들에게도 거짓말을 하거나 수사·재판 기록을 넘기지 않고 버텼으며, 사건을 사망한 피해자의 책임으로 돌리는 파렴치한 일들도 지속했다.

2021년 사망한 세 명의 피해자들은 가족들이 생계도 포기하고 지속적으로 싸우고 있기에 그나마 외부로 알려졌고, 시스템의 변화까지 이끌어냈다. 그러나 변화된 시스템도 여전히 한계가 있으며, 무엇보다 군의 실질적인 변화에 대한 신뢰는 여전히 낮다. 무엇보다 군을, 국가를 사랑했던, 명예가 목숨보다 소중했던 군인을 죽음으로 끌고 간 군은 어떤 책임을 질 것인가.

군은 변할 수 있을 것인가. 군의 존재 이유는 과연 무엇인가. 군은 지금도 외부의 관심이 줄어들 때를 기다리며 미적거린다. 그래서 더 잊지 않고 기억하고 기록하며 압박해야 한다. 군은 자체적으로 개혁할 만한 능력도 의지도 전혀 없다. 피해자들의 사망에 대해 사회는 군 사법제도의 개혁과 지속적인 감시로 책임져야 한다. 사랑하는 가족의 죽음 앞에서, 가족을 죽음으로 몰아간 시스템을 바꾸기 위해 노력하는 이들에게 힘을 더하는 방법은 망각하지 않고 행동하는 것이다. 기억은, 변화는 사회의 책무다.

4장

잊히기 위한
편지

욕망하는
연대자

"팀으로 활동하는 줄 알았어요."

직접 만난 이들에게서 듣는 말 중 하나다. 혼자서 이런 일들을 모두, 그것도 본업을 병행하며 하는 게 가능하냐는 것이다. 특히 트위터를 적극적으로 활용했을 때는 새벽 시간 잠깐을 빼면 내내 타임라인에서 보이니 도대체 언제 자고 언제 일하며 언제 연대하는지 모르겠다고들 했다. 실제로 2020년까지는 하루에 수면 시간이 두세 시간에 불과했다. 물론 지금은 그 정도로 할 수는 없지만, 여전히 일반인들이 상상하는 개인의 연대 활동 범위를 넘어서 있기는 하다.

2014년 이후 현재까지 내 연대 활동의 절반은 피해자와 일대일로 하는 직접연대가, 나머지 절반은 시스템의 변화를 지향하는 간접연대가 차지하고 있다. 초반에는 피해자와 일대일로 하는 직접연대의 비중이 압도적이었다면, 2017년 이후부터는 시스템의 변화를 지향하는 간접 연대의 비중을 높여갔다. 혼자서 할 수 있는 연대는 한정적이며, 연대의 목적을 시스템 변화로 잡으면서 연대의 확장이 불가피했기 때문이다.

연대 초기, 난 배타적이고 폐쇄적이었다. 몇 달 주기로 유서를 고쳐 고정된 장소에 두고 다닐 정도로 '끝'을 생각하며 살았다. 출소한 가해자와 언제 어디서든 마주칠 수 있다고 생각했다. 보복범죄의 위험에 노출되어 있다고 말해도 수사기관은 "당하면 오라"고 했다. 혼자서 나를 지켜야 했고, 혼자서 죽음을 대비해야 했다. 언제든 내 의지와 무관하게 삶이 끝날 수도 있었다. 왜 살아야 하는지에 대해 명확한 이유를 찾지도 못하는 너덜너덜해진 상태에서, 그저 외부 요인으로 삶이 끊기는 상황을 최소화하기 위해 조심스럽게 활동했다. '성범죄자 알림e'에 올라와 있는 가해자의 출소 후 주소지는 서울 강남이었는데, 본업도 연대도 초기에는 모두 서울 중심으로 했기 때문에 이동할 때 언제나 예민한 상태일 수밖에 없었다. 충분한 휴식을 취하는 등 피해 회복의 과정을 밟지 않은 채 바로 일을 시작하고 연대 활동을 이어나갔으니 문제가 생길 수밖에 없던 거다.

피해자와의 일대일 직접연대에 집중한 이유도 혼자서 판단하고 혼자서 처리하기 위해서였다. 프로젝트 팀에서 잠시 활동했으나, 당시 나는 독단적이고 불통이었으며 날이 서 있었다. 외부와의 협업 없이 그저 내 자리에서 내 일만 하면 된다고 생각했다. 책임질 수 있는 부분만 하려고 했다. 내 그릇의 크기를 정해두고 그 안에서만 하면 된다고 판단했다. 간섭을 하는 것도 받는 것도 극도로 거부했다. 그래도 연대 결과가 좋으니 내가 옳다고 믿고 싶었다. '할 수 있는 일'만 하는 것으로도 충분하다고 여겼다. 할 수 없게 되면 미련 없이 그만두면 되니까.

남들에게는 인간이기에 완전하고 무결할 수 없다고 말하면서도, 정작 내 자신의 불완전성과 흠결은 직시도 인정도 하기 싫었다. 늘 의심 속에 있던 성폭력 피해자였기에, 연대 역시 자기보호의 일환으로 방어적이고 배타적인 형태를 띠게 된 것이다. 그러나 언제까지 피해자로

만 머물 수는 없었다. 연대자로서의 나를 직시해야 할 때가 온 것이다.

2017년 봄, 난 두 명의 피해자들을 떠나보냈다. 친족성폭력 피해자이자 가정폭력 피해자였던 30대 여성 P, 교제폭력 피해자이자 디지털성범죄 피해자였던 20대 여성 Q. 그 빛나던 생은 이제 영원히 그 시간에 멈췄다. 부고 소식을 듣고 달려간 자리에서 유족들과 지인들은 나를 붙들고 자책했다. 바빠서, 몰라서, 힘들어서, 그렇게 각자의 이유로 피해자의 말을 듣거나 손잡기를 피했다며 후회했다. '자살 생존자'라는 말이 있듯이, 가족이나 지인 등 가까운 이의 죽음을 접한 이들은 남은 삶이 고통스럽다. 그들을 다독이고 심리치료 등을 권하며 나는 피해자들을 보냈다. 내가 정신을 차려야 했다. 나는 슬퍼할 수가 없었다. 해야 할 일이 있었다.

Q씨를 처음 만난 건 2016년 11월이었다. 그때는 이미 법적 싸움이 마무리된 후였다. 전 남자친구인 가해자의 불법촬영과 영상 유포로 고통받던 그는 가해자를 고소했고, 가해자는 촬영에 한해서만 기소된 후 벌금형을 선고받았다. 유포는 증거가 없어 기소조차 안 되었다고 한다. 영상의 형태와 편집 방법 등으로 미루어 가해자가 영상을 편집해 유포했다고 볼 수밖에 없었는데도, 수사기관은 더 이상 수사하지 않고 일반인 피해자였던 그에게 증거를 가져오라고 요구했다.

재판에 들어가서도 가해자는 대학원생이라는 신분을 부각하며 '성실한 학교생활'을 했다고 강조했으며, 가족을 비롯한 주변인들의 탄원 등 선처를 위한 다양한 양형자료를 제출했다. 20대 후반 남성의 '미래'를 감안한 재판부는 벌금형을 선고했고, 검사는 항소를 포기했다. 피해자의 엄벌 요구는, 피해자의 미래는 재판부의 판단에 영향을 미치지 않았다. 시스템이 적절한 응보를 포기하면서 피해자는 소외되었다.

Q씨는 인터넷에 떠돌아다니는 자신의 영상을 삭제하기 위해 고

군분투했다. 그는 가난한 집안의 성실한 장녀로 집안의 기둥이었다. 가족은 그에게 부양할 대상이었지 기댈 수 있는 존재가 아니었다. 고등학생 때부터 악착같이 모았던 돈은 몇 개월 단위로 다시 나타나는 영상을 삭제하는 비용으로 들어갔다. 온갖 사이트를 돌아다니며 영상 속 인물이 본인임을 밝히고 삭제를 요청하는 일도 지속했다. 영상 속의 그는 동일한데 제목은 계속 바뀌어 올라왔다. 끝없는 싸움은 그를 갉아댔다. 건강하고 활발했던 그는 점차 바싹 마른, 내성적이고 폐쇄적인 사람으로 바뀌어갔다. 가족과 지인들도 그를 힘들어했다. 그렇게 그는 고립되어갔다.

나는 진단도, 상담치료도 받지 않은 Q씨를 끌고 이곳저곳을 다녔다. Q씨는 중증도 우울증 진단을 받은 후 관련 약물을 처방받았으며, 심리치료 등도 병행했다. 나는 약물에 막연한 거부감이 있던 그를 설득했고, 그는 처방받은 약물을 복용하면서 드디어 일정 시간 수면을 취할 수 있게 되었다. 나는 영상 삭제를 지원받기 위한 방법을 공유했고, 그의 지인들과 함께 비상연락망을 구축한 뒤 지속적으로 연락했다. 모자와 마스크로 가리고 숨어만 다니던 그를 위해 조용하고 안전한 장소를 물색해서 수다를 떨고 식사를 하며 시간을 함께 보냈다. 그렇게 내 위치에서 할 수 있는 일들을 했다. 그러나 좀 더 일찍 시작했어야 했다.

2017년 1월, 그는 또다시 자신의 영상이 올라왔음을 알게 되었다. 그것도 아르바이트를 하던 가게의 직원에 의해서. 남성 직원들이 자신을 보며 수군대는 일이 잦아지던 어느 날, 그중 한 명이 피해자에게 사적 만남을 요구했고, 피해자가 거부하자 '걸레'라고 모욕했다. 그러면서 영상을 봤다고 피해자에게 말한 것이다. 삭제 작업을 외부에 맡기고 이제 좀 숨을 쉬려 했던 그는 큰 충격을 받았다. 사랑하던 이와 보냈던 그 시간이 영원히 박제된 채 인터넷에 떠돌아다니며 자신을 옭아맬 것이라고 생각이나 했겠는가. 그는 절망했다.

병원으로 달려갔다. 주변인들의 빠른 대처로 그는 침대 위에서 눈을 떴다. 무너진 그를 붙들고 하나하나 다시 시작했다. 몸 안의 에너지가 다 빠져나가 바짝 말라 있는 그의 손을 잡고, 그의 눈을 보며, 그렇게 다시 시작했다. 한 달 정도가 흘렀을까. 어느 정도 안정된 모습을 확인한 나는 그의 지인들과 만든 비상연락망을 재차 확인한 후 숨을 골랐다. 그리고 또 한 달이 지났다. 죄송하다고 시작하는 지인의 문자를 받았다. 유서 하나 없이 그는 이 세상에서 사라졌다. 가루로 남은 그를 보며, 나를 붙들고 통곡하는 가족들과 지인들의 손을 잡으며, 나는 울 수조차 없었다. 울 자격이 없다고 생각했다.

그는 나를 통해 자신의 이야기를 하길 원했다. 그게 자신이 할 수 있는 연대라고 생각한 것이다. 상당수 피해자가 그렇듯, 그도 비슷한 처지의 다른 피해자들에게 힘이 되고 싶어 했다. 혼자 겪었던 각종 시행착오를 다른 이들은 덜 겪기를 바랐다. 끈질기게 살아남아 생존 그 자체로 연대하겠다며 웃던 그의 모습이 떠오른다. 그런 그가 죽음으로 몰려갔을 때 그걸 그의 '선택'이라고 말할 수 있을까. 그도 원했고 가족들도 허락한 이야기를 5년이 지난 지금에서야 하는 것은 그를 기억하는 이가 세상에 있음을, 그리고 그 기억을 토대로 사회를 바꾸기 위해 그와 함께 노력하고 있음을 알리고 싶은 마음 때문이다.

2017년에 그가 그렇게 간 뒤 2주 후, 나는 연대 활동을 다시 시작했다. 본격적으로 세상 속으로 들어가기 시작했다. 그 이전에는 연대자로서 내 자신을 드러내기를 극도로 삼가는 이유에 대해, 내 언행이 피해자에게 악영향을 미칠까 염려해서였다고 말하곤 했다. 그러나 이 얼마나 시혜적이고 어리석으며 편협한 통제욕구인가. 피해자는 보호 대상이기만 한가. 개인 연대자가 피해자를 실제로 어떻게, 어디까지 보호할 수 있단 말인가. 그리고 그게 진짜 책임지는 자세인가. 아니, 그럴 리가. 연대는 일방향이 아니며, 책임은 공동의 몫이다. 피해자를 보호 대상으로만 보는 것은 피해 회복과 일상의 재구성이라는 연대의 지향에도 어긋나며, 공적 책임에 대한 회피이기도 하다. 그리고 개인이 해줄 수 있는 보호와 감당할 수 있는 책임은 명백히 한계가 있다. 시스템의 변화가 뒷받침되지 않는 개인 연대는 소진되기 쉽다.

난 이제 더 이상 성폭력 피해자로서의 정체성만 있지는 않다. 내가 원하든 아니든 내 활동에는 사회적인 의미와 평가가 덧붙게 되었다. 그래서 2017년부터 연대의 확장을 본격적으로 고민하기 시작했다. 직접적이고 개별적인 연대는 매우 소중하다. 그러나 시스템에 대한 문제 제기와 변화로 연결시키지 않는다면 매번 동일한 싸움을 반복해야 할수 있다. 개인적인 싸움을 공적인 변화로 이끄는 것. 간접연대의 범주를 전체 연대의 과반 정도로 조정하겠다고 결심한 이유였다.

우선 연대자로서 내 욕망을 직시하기로 했다. '할 수 있는 일'에 이어 '하고 싶은 일'이 무엇인지 고민하기 시작한 거다. '할 수 있는 일'의 범위를 확장하기, 내 자신을 드러내고 그만큼 커진 사회적 책임을 수용하기, 일을 크게 만들고 그 크기만큼 내 그릇도 넓혀가기, 내 역량이 미치지 못할 경우 주변에 조언을 구하고 조력을 받기. 그렇게 내 자신의 가능성에 제약을 두지 않으려고 노력하면서 '하고 싶은 일'을 기획했다. 그러다 보니 '할 수 있는 일'의 범위가 넓어졌고, 결국 다양한 간접 연대를 해내고 있다. 없으면 만들고, 부족하면 채우고, 넘치면 덜어내면 된다.

그리고 이제는 '해야 할 일'을 고민하고 있다. 점점 공적인 책임이 강해지는 방향으로 연대의 내용이 변하고, 늘어난 책임만큼 부담도 있으나 아직 감당할 만하다. 여전히 나는 익명의 개인 활동가로 내 자신을 소개하고 있지만, 내 연대를 함께 만들어온 이들의 신뢰를 안고 가야 함도 알고 있다. '해야 할 일'의 비중이 앞으로 더 늘어나겠지만, 불완전하고 흠결 있는 나를 인정하고 수용하면서 함께하는 연대를 만들어나갈 것이다.

2020년 어느 날, P씨와 Q씨가 가고 3년이 지나서야 울었다. 나는 그제야 그들을 온전히 보낼 수 있었다. 언젠가 그들이 있는 곳으로 가게 된다면 해야 할 말과 해야 할 행동을 해야 할 때 하느라 이제 왔다고 너스레를 떨고 싶다. 만약 그들이 이 세상을 잊기를 선택했다면 그저 안온하고 행복하게 있기만을 바라며 멀리서 지켜볼 거다. 기억과 기록은 산 사람의 몫이다. 그 몫을 제대로 해내기 위한 도전을 멈추지 않을 거다.

트위터,
개미지옥에
빠지다

트위터는 내 사건의 민형사재판이 마무리된 후 활용하기 시작했다. 나는 성폭력 피해를 입은 후 언어 체계가 망가져서 내 생각을 완성된 문장으로 표현하기가 어려웠는데, 트위터는 두세 개의 짧은 문장을 연습하기에 적합했기 때문이다. 트위터는 정보 전달이 상당히 빠르고 휘발성이 강하다. 타임라인을 본인이 구성하기 때문에 편향될 위험성도 높고, 왜곡된 정보가 판을 친다. 제재가 약한 편이라 차별과 혐오, 범죄의 온상이 되기도 한다. 실제로 디지털 성착취·성폭력 사건의 상당수가 트위터를 거쳐 발생하기도 했으며, 사이버불링도 지속적으로 나타난다. 그래서 이런 트위터를 통해 연대 활동을 지속할 줄은, 연대를 시작한 2014년 당시에는 예상조차 못했다.

그럼에도 트위터에서 연대 활동의 일부를 이어가는 것은, 일차적으로 익명 활동이 가능한 몇 안 되는 곳이기 때문이다. 시작이야 자기 보호가 목적이었다. 출소한 가해자가 내가 활동할 만한 곳을 찾아다니던 상황에서, 트위터의 익명성은 보복범죄의 위험으로부터 나를 지킬 수 있는 무기가 되었다. 그런데 연대 활동이 쌓이다 보니 나와 피해자 모두를 지키는 방법이 되기도 했다. 연대 과정에서 가해자들은 연대자인 내 신상정보를 알아내 보복성 고소 등을 하고 싶어 했지만, 익명성이 보장된 트위터의 특성상 그들이 원하는 방식의 보복이 어려웠던 것이다.

또한 트위터를 통해 다양한 인간관계를 구축할 수 있었다. 이름, 나이, 직업 등 내 개인정보를 전혀 모르는 많은 이들이 연대자로서의 나를 신뢰하고 지지하며 함께 활동하고 있다. 나는 개인으로서의 나와 연대자로서의 나를 철저히 분리하고 있기에 연대의 확장과 지속성을 위해서는 새로운 인적 기반이 필요했는데, 그 기반의 대부분을 트위터에서 찾았다. 아울러 트위터를 통해 다양한 간접경험을 했고, 인식의 폭을 넓혔으며, 앎에 대한 갈망도 생겼다. 끊임없이 이어지는 공격에 대응할 수 있는 적당한 긴장감도 유지시켜주어 내게는 여러모로 적합한 도구이다. 구구절절 늘어놓았지만, 원래 온라인 활동을 거의 안 했던 입장에서 유일하게 가입하고 활동하는 트위터가 익숙하고 편해진 게 제일 큰 이유가 아닐까 한다.

SNS를 이용한 이러한 연대 활동에 대해, 트위터 밖의 세상을 보라는 말을 일침이랍시고 하는 이들이 있다. 인터넷에서 글만 써대는 것으로 어떻게 세상을 바꿀 수 있냐는 거다. 그러나 이는 시·공간 등 물리적 한계를 일정 부분 극복하며 활발한 활동을 펼치는 온라인 연대 활동에 대한 무지를 드러내는 것이다. 한국만 하더라도 2015년 이후 익명의 일반인 여성들이 주도한 수많은 반성폭력 운동이 온라인을 기반으로 시작되었다. 그래서 온라인과 오프라인을 명확하게 분리하거나 한쪽을 일방적으로 폄하하는 방식은 시대착오적인 것이 될 수밖에 없다. '디지털 네이티브'와 '디지털 유목민'이 살아가는 시대의 흐름을 이해하고, 그에 맞는 연대 전략과 방식을 찾을 필요가 있다.

4 잊히기 위한 연대

내게도 트위터는 디지털 시대에 적합한 연대 도구다. 먼저, 각종 연대의 소통 창구로 활용한다. 2019년까지는 다이렉트 메시지DM에 거의 실시간으로 답변하면서 피해자를 비롯한 많은 이들과 소통했다. 고소 방법, 관련 기관과의 연계 방법, 사법 절차, 공론화 방법 등에 대한 문의를 비롯해 각종 직간접연대 요청, 협업 요청, 인터뷰 요청 등이 다이렉트 메시지를 통해 들어왔다. 관련 자격증이 없는 일반인인 나는 전문 분야의 '상담'은 할 수 없기 때문에 법률상담이나 심리상담 등 전문가의 역할이 필요한 부분은 관련 기관 등을 연계하는 방식으로 조정했다. 그 외 일상적 대화나 감정적 호소 등은 대응 가능한 선을 미리 정해놓고 그 안에서만 소통했다.

그러다가 피해자와 연대자의 스토킹이 발생했고, 신상정보를 알아내려는 시도가 지속되면서 다이렉트 메시지를 통한 소통에 제한을 두고 있다. 기준을 넘어선 요청에 바로 답변하지 않거나 거절하는 것이 쉬운 일은 아니다. SNS의 특성상 오히려 공격받기 쉬운 측면이 있고, 피해자 연대는 특히 명확한 선을 긋기가 어려운 지점들도 있다. 하지만 선을 정하고 지켜야 내 자신을 보호할 수 있고, 그래야 연대를 지속할 수 있다. 그런 과정에서 쌓이는 오해는 감수할 수밖에 없다.

트위터에서는 사법 시스템의 변화를 위한 간접연대 활동도 다양하게 진행 중이다. 나는 트위터를 통해 수사와 재판 과정에 대한 매뉴얼과 체크리스트, 절차별로 활용 가능한 정보를 제공한다. 특히 지연 고소와 관련된 정보의 비중이 큰데, 성폭력 피해 직후의 신고·고소·증거수집 방법들은 비교적 많이 알려져 있는 반면, 물증 확보가 어려운 지연 고소의 경우 대응책을 알려주는 창구가 적기 때문이다. 또한 수사와 재판 단계에서 활용할 수 있는 피해자 보호·지원제도 등이 있음에도 정보를 몰라 제때 제대로 활용하지 못하는 피해자들이 좀 더 안전하게 대응할 수 있도록, 실전 전략과 매뉴얼, 체크리스트 등을 공유하고 있다. 물론 이러한 자료는 경찰청, 법무부, 법원, 여성가족부, 한국여성인권진흥원, 성폭력 상담소 등 유관기관의 공신력 있는 자료를 바탕으로 연대 경험을 반영해 만들고, 유사한 상황에 놓인 피해자들이 참고할 수 있게 다양한 사례를 소개한다.

현재의 사법 시스템은 일반인들에게 너무 멀고 낯설며 어렵다. 그래서 형사사법 절차를 일반인인 피해자의 시각과 입장에서 정리해 알릴 필요가 있다. 정보야말로 피해자와 연대자의 무기가 되기 때문이다. 동시에 그런 측면에서, 현 시스템의 한계도 지적하고 있다. 시스템을 활용하는 것과 비판하는 것 모두 연대 과정에서는 중요하다. 물론 구체적인 내용을 모두 트위터로 전달할 수는 없기 때문에 전국을 다니며 세미나와 강연 등을 했고, 코로나19 이후 온라인 세미나나 방송을 이용해 정보를 제공하고 있다. 사법 시스템이 피해자의 선택지로 온전히 기능하기 위해서는 더 많은 정보가 알려져야 한다.

재판 과정과 결과에 대한 각종 기록을 남기는 데도 트위터를 이용한다. 우선 전국에서 진행 중인 성폭력 사건의 재판 일정을 월별로 트위터에 공유하고, 재판의 과정과 결과에 대한 정보를 실시간으로 올린다. 외부 공개가 가능한 범위 내에서, 사회적으로 많은 관심을 받거나 피해자가 공개·공유를 원하는 사건들을 중심으로 게시 중이다. 사건번호와 피고인 이름 등 특정 가능한 정보는 제외하고 일시, 장소(법원명, 법정 호수), 사건 요약본, 관련 기사 등을 첨부하는 방식을 취한다.

공판 과정에 대한 일종의 '방청기'도 실시간으로 남긴다. 선고 결과와 판결문 내용 역시 언론사보다 먼저 트위터에 게시한다. 재판 과정과 결과에 대해 시민들이 얻는 정보는 언론의 일방적인 전달에 한정될 때가 많으므로, 이를 시민의 입장에서 기록하는 작업은 사법 감시의

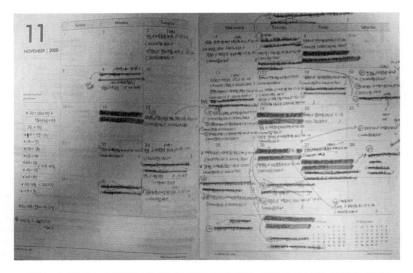

재판 모니터링과 연대 일정을 기록한 다이어리. 트위터에는 외부 공개가 가능한 범위 내에서, 사회적 관심을 받거나 피해자가 공개를 원하는 사건들을 중심으로 재판 일정을 공유하고, 재판 과정과 결과에 대해서도 실시간으로 올린다.

측면에서 매우 의미가 있다. 나아가 이런 사법감시운동은 특정 시민단체가 주도하는 방식을 넘어 일반 시민들에게도 확장될 필요가 있다.

2016년부터 시작한 이 운동은 2020년에 디지털 성범죄 재판의 일정을 공유하고 방청기를 게시하는 '엔드eNd', '온성신' 등이 등장하며 확장된 상태다. '텔레그램성착취공동대책위원회' 등 기존의 시민단체들도 2021년 들어 방청기를 게시하며 그 기반을 단단히 만들고 있다. 이렇게 연대가 확장되는 과정에서 공개재판주의의 의의가 실현될 수 있고, 시민들도 시스템 감시의 주체로 설 수 있을 것이다.

피해자의 요구가 있을 경우 트위터에 일대일 연대 활동의 내용을 소개하기도 한다. 피해자들은 대개 자신의 사례가 다른 피해자들에게 도움이 되기를 바라지만, 여러 이유로 본인이 직접 관련 내용을 게시하기가 어렵다. 따라서 연대자인 내가 정리해서 올리는 방식을 통해 피해자들을 보호하고, 피해자들이 다른 피해자들과 연대하려는 바람도 실현하는 것이다. 내용을 소개할 때는 명확한 사실관계를 확인하고 피해자에게도 확인한 뒤 올리는 방식을 취하고 있으므로 피해자들은 추가적인 법적 분쟁에 휘말릴 염려가 없다. 가해자를 특정할 때도 있는데, 그때도 위험 요소를 최소화하고 내가 법적 책임을 질 수 있는 방향으로 구성한다. 언제든 연대자로서 나는 보복성 고소를 당하는 등 법적 분쟁을 마주할 위험이 있고, 그런 부분을 책임질 각오가 아니었다면 이런 방식의 연대를 하지 않았을 거다.

또한 트위터는 내가 기획하는 각종 프로그램을 알리는 창구이기도 하다. 일반인 대상의 방청연대/재판 모니터링 교육, 전국 단위의 수사·재판 매뉴얼 세미나, 수사·재판 관련 각종 설문조사, 판결문 분석 프로그램, 파티 등 소통을 위한 프로그램까지 그 종류는 다양하다. 이모든 것을 내가 혼자 기획하고 비용을 대며 진행하기 때문에 쉽지는 않지만, 그래도 지금까지 잘 해오고 있다. 물론 이런 기획을 지속할 수있었던 것은 트위터를 통해 알게 된 이들의 전폭적인 지지와 조력 때문이다. '혼자'라고 말하지만 '혼자'가 아닌 것이다.

언론을 비판하는 데도 트위터를 활용한다. 나는 2015년 이래로 성폭력 등 여성 대상의 폭력 사건을 부적절하게 다루는 언론을 지속적으로 비판해왔다. 사건을 전달하는 언론의 여성혐오적이고 차별적인 관행을 지적하지 않으면 현실에서 실질적인 변화를 끌어낼 수 없다고 생각하기 때문이다. 또한 형사사법 절차에 대한 언론의 부족한 이해와 잘못된 보도로, 일반 시민들까지 왜곡된 인식을 갖고 공적 시스템을 불신하는 데 이르는 것도 막을 필요가 있다. 이러한 불신은 오히려 문제 해결을 어렵게 하고 피해 회복을 방해할 수 있기 때문이다.

또한 피해자를 공격하는 '가짜뉴스'에 맞설 도구로도 트위터는 유용했다. 성폭력 가해자들은 언론을 이용해 피해자에 대한 허위사실을 유포하며 극심한 추가 피해를 입히는 경우가 많은데, 나는 트위터에서 이러한 왜곡 보도를 반박하며 언론의 사회적 책임에 대해 계속 지적하고 있다.

물론 이러한 감시가 지속되려면 시민들의 힘이 필요하다. '기레기'라며 비난과 욕설을 하는 데 그치지 않고 언론에 구체적으로 문제제기를 할 수 있어야 한다. 이를 위해서는 '미디어 리터러시media literacy' 능력이 필요하므로 이와 관련된 각종 프로그램도 기획 중이다. 시민들의 언론 감시가 제대로 이루어진다면, 이는 형사사법 시스템에 대한 적절한 감시로도 이어질 것이다. 형사사법 시스템은 강고해 보이지만 이러한 시스템 역시 사람이 운영하고 있으며, 운영 주체도 언론의 흐름은 외면할 수 없기 때문이다.

트위터는 연대자로서의 나를 드러내는 창구이기도 하다. 사실 반성폭력 운동을 하는 단체들은 SNS 계정에서 활동 내용이나 단체의 입장을 건조하게 전하는 경우가 많다. 활동가들도 본인의 개성이 드러날 만한 내용은 자신이 운영하는 별도의 계정에 분리해 올린다. 단체 또는 활동가의 실수나 잘못은 피해자에게 악영향을 미치며, 연대 전반이 어그러지는 결과로 이어질 수 있다는 현실적인 우려 때문일 것이다. 그래서 나도 계정을 운영하며 이 부분을 계속 고민하고 있다. 개인 활동가로서 어느 정도 사회적 인지도가 높아지고 있는 만큼, 내 언행에 대한 공적 책임과 영향력을 고려할 필요가 있기 때문이다.

그러나 역으로 외부의 시선과 평가에 집착할 경우, 내가 할 일과 해야 할 말을 못할 수도 있다. 현실이 '사이다'일 수는 없더라도, 기울어진 지형에서는 확실히 피해자 편에서 피해자의 입장을 대변하며 싸우는 사람이 필요하기 때문이다. 이왕 '마녀'가 되기로 한 이상 그 명명에 걸맞은 형태의 연대자도 필요하지 않을까 생각한다. 다만 '균형 있게 기울어질' 필요는 있다. 이를 위해 한쪽을 선택하고 이를 옹호하는 의견을 개진하되, 공신력 있는 자료와 풍부한 연대 경험을 기반으로 설득력 있게 구성할 것, 그 과정에서 입장이 충돌할 경우 싸움을 피하지 말 것, 비속어 등은 전략적으로 활용할 것, 끊임없이 배우고 익힐 것. 이 정도를 지키려고 노력 중이다. 흥분하거나 감정적 과몰입이 예상될 경우 로그아웃 해버린다.

언제든 역량이 한계에 부딪힐 경우 계정의 운영 방식과 내용을 조정할 생각이다. 트위터 활동을 하면서 기존에 운영했던 계정을 없애거나 바꾸는 이유이기도 하다. 팔로워 수 등에도 얽매이지 않는다. 사실 그게 왜 큰 의미인지도 모르겠다. 팔로워 수가 늘어난다는 것은 감시자가 늘어난다는 뜻으로도 봐야 하니까.

나는 트위터에 가입한 이후 "개미지옥에 빠졌다"라고 표현하곤 한다. 수많은 한계가 있긴 하지만 트위터에서 피해 회복을 시작했고, 많은 이들을 만났으며, 연대 활동도 이어가고 있기 때문에 당분간 스스로 걸어 들어온 이 개미지옥에 더 머물지 않을까 한다. 단, 앞으로의 연대는 이런 온라인 연대를 활용하지 못하는 피해자들에 대한 고민까지 반영할 생각이다. 한계를 보완하기 위한 노력을 병행하지 않으면, 연대는 자기만족을 위한 구호에 그칠 수도 있다.

공동체적

해결에
필요한 것들

성폭력 피해를 입은 후 소속 집단을 통해 문제 해결을 시도하는 피해자들이 많다. 피해 사실이 외부로 알려질 수도 있는 사법 시스템을 통하는 대신, 집단 내부에서 안전하고 조용하게 문제를 해결하길 바라는 것이다. 실제로 2015년 이후 특정 집단과 단체의 내부에서 성폭력 고발이 활발하게 진행되었고, 이것이 SNS를 이용한 공론화로 이어지면서 내부 압박과 보복성 고소가 증가하기 시작했다. 2016년 하반기부터 내게 이와 관련된 연대 요청이 늘어나기 시작한 이유다. 당시 중·고등학교, 대학교, 일반 회사, 공공기관, 정당 등 다양한 집단에서 성폭력 사건의 공론화가 이어졌는데, 가해자들의 대응 또한 적극적인 형태로 나타나면서 연대를 요청하는 일이 빈번해진 것이다.

연대 요청의 첫 번째 유형은 공론화에 활용할 입장문 검토였다. 대다수는 "어떻게 해야 고소를 안 당하느냐"라는 질문부터 시작하는데, 가해자나 사건에 대해 외부에서 알 수 있을 정도로 특정할 가능성이 있다면, 한국에서는 명예훼손, 모욕 등을 이용한 가해자 측의 보복성 고소를 피하기 어렵다. 고소를 안 당하는 방법이 있기보다는 고소

326

를 당해도 좀 더 안전하게 대응할 수 있는 방법이 있는 것이다. 나는 이에 대해 충분히 설명한 후 입장문의 내용을 검토한다. 집단 내 고발에서 그치면 모르겠지만, 결국 외부로 알려지게 되는 것이 일반적이므로 그럴 경우를 대비해 내용과 표현을 수정한다. 명예훼손 등 보복성 고소를 염두에 두고 접근해야 고발인들이 안전하기 때문이다.

또한 입장문은 사건의 진행 상황에 따라 여러 차례 게시하는 것이 일반적이다. 따라서 초반에 활용할 내용과, 소속 집단의 반응을 보고 순차적으로 활용해야 할 내용을 구분해 정리한다. 입장문에는 가해자의 실명 등 가해자를 특정할 수 있는 정보, 피해 사실, 피해자의 상황과 상태, 고발인(예: 피해자, 연대체 등)의 요구 사항 등을 넣는데, 이때 내가 개입할 선을 명확히 긋는다. 피해 사실의 공유 정도, 집단 내에 문제 해결 기구가 존재하는지 여부, 성폭력 문제를 해결하기 위한 지침의 수준 등에 따라 개입 정도가 달라져야 하기 때문이다.

두 번째 유형은 외부인의 직접 개입이 어려워 고발인들이 신뢰관계인 없이 집단 관계자들과 만나야 할 때, 어떤 식으로 해야 하는지에 대한 설명을 요청하는 경우다. 집단 관계자들은 대개 문제제기를 무마하려 하거나 책임을 회피·최소화하려는 경향이 있다. 따라서 준비 없이 만난다면 그들의 전략에 말려들어갈 위험성이 높다. 이런 상황에 놓이면 협의 전에 준비해야 할 것(예: 기록, 녹음 등)을 설명하고, 참여자를 어떤 식으로 구성해야 효과적일지 의견을 나누며, 질의응답 방법에 대해서도 설명한다. 또한 고발인들의 요구 사항에 대해 점검하면서 타협이 가능한 지점과 불가능한 지점을 구분한 뒤, 집단 내 규정/지침을 분석해 유불리에 따라 활용하도록 조언한다. 협의가 무산될 가능성도 많기 때문에 다양한 경우의 수를 고려해 시나리오를 만든다.

세 번째 유형은 외부인의 직접 개입이 가능해 나에게 신뢰관계인

4 잊히기 위한 연대

으로서 조율하는 역할을 요청하는 경우다. 그런데 이런 유형의 연대를 하려면 집단 내에 성폭력 문제를 다루는 독립적인 기구가 있고, 관련 규정이 존재하며, 조사위원회 구성과 조사 과정이 투명하고 개방적인 형태여야 한다. 그러나 내가 신뢰관계인으로 개입해 내부에서 문제를 해결한 경우는 단 한 차례에 불과할 정도로, 이 유형은 찾아보기 어려 웠다. 여기서 말하는 '해결'이란, 공론화부터 가해자 퇴출까지 내부 규 정과 절차에 의거해 진행되고, 이후 별도의 형사사법 절차(예: 보복성 고 소 등)로의 진행 없이 마무리된 것을 의미한다.

2017년, K 대학에서 수년간 지속된 한 강사의 성희롱·성추행 사 건에 대한 공론화 연대 요청이 들어왔다. 졸업생들이 주축이 된 연대 체가 재학생들과 연계해 문제제기를 준비 중이었다. 재학생 피해자가 계속 나오고 있다는 사실을 알게 된 졸업한 피해자들이 공론화를 결 심한 케이스였다. 한번 형성된 학연이 사회생활 전반을 결정할 수 있는 폐쇄적이고 좁은 관계망 안에서, 갓 성인이 된 이들이 피해를 인지하고 문제를 제기하기가 얼마나 어려웠겠는가. 졸업과 동시에 과거의 피해 경험은 돌이켜 보기도 싫었을 것이다. 하지만 그들은 재학생인 후배들 에게도 성폭력이 지속되고 있다는 사실을 알고, 문제를 제기하기로 결 심했다.

우선 직접 만나 연대체의 연대 목적이 무엇인지, 감당할 수 있는 범위가 어디까지인지, 피해자들의 의사는 어떤지 확인했다. 폐쇄적인 집단 내에서 위력에 의한 성폭력이 지속된 경우이기 때문에, 입장 정리 없이 섣부르게 공론화를 할 경우 피해자들과 연대자들 모두 위험할 수 있다. 실제로 연대체 내부에는 이견들이 있었다. 피해자들 사이에서도 피해에 따라 수용 가능한 대응 방법이 갈렸다. 특히 재학생인 피해자 들의 경우, 가해 강사가 강의를 진행 중이라 소극적으로 나온 반면, 졸업생인 피해자들은 법적 대응까지 고려했다. 학생회는 신속하고 적극적인 대응을 원했다. 이 모든 상황을 파악하고 합의점을 찾아 일을 진행해야 했다. 모두가 만족할 만한 선택지는 없었다. 그러나 모두가 안전할 수 있는 선택지는 있었다. 이를 설명하고 설득하며 관철해야 했다.

시간이 걸리더라도 외부·공론화보다는 내부 공론화를 시도한 후, 집단 내 규정과 절차에 의거해 문제제기와 해결을 시도하기로 했다. 대학 내에 성폭력 전담 기구(이하 '성평등상담소'로 통칭[*])가 있었고, 학내 성폭력 발생 시 대처방법을 다룬 규정이 존재했으며, 신뢰관계인의 개입도 가능했다. 피해자들 중 졸업생들은 실명 신고를 했고, 재학생들은 가해 강사의 패턴화된 성폭력을 입증할 수 있는 정보를 가명으로 제공하기로 했다. 학생회도 성급한 공론화 대신 연대체와 협력해 입장을 정리해나가기로 했다.

나는 첫 입장문 작성부터 개입했다. 학내 공론화로 시작하지만 별도의 형사사법 절차를 밟을 경우까지 모두 고려해 내용과 표현을 다듬었고, 입장문을 게시한 후 학교와 가해 강사의 반응에 따라 대응하기로 했다. 언론 등을 이용한 외부 공론화가 아니었고, 입장문에도 가해 강사의 실명을 명시하지 않아서인지 학교와 가해 강사의 반응은 소극적이었다. 그래서 학내 '성평등상담소'를 통해 실명 신고와 조사위 구성 등을 시도하기로 했다. 과거 학내에서 발생한 각종 성폭력 문제를 '성평등상담소'가 제대로 처리하지 못했기 때문에 실제로 문제가 해결되리라 기대하지는 않았다. 그럼에도 이 과정을 밟은 것은, 집단 내 문제 해결의 성공 사례를 만들고 싶었기 때문이다. 만약 실패로 돌아가

---

*   학내 성폭력 문제를 다루는 대학 내 기관의 명칭은 학교마다 차이가 있다. 특정을 피하기 위해 여기서는 해당 기관들의 집합체인 '한국대학성평등상담소협의회'에서 그 명칭을 따왔다.

더라도, 이후 염두에 두고 있던 별도의 형사사법 절차에서 피해자들과 연대자들을 좀 더 안전하게 보호하기 위해서기도 했다.

졸업생 피해자들과 목격자들의 실명 신고서, 재학생 피해자들과 목격자들의 가명 진술서, 피해자 특정 없이 수년간 지속되어온 가해 강사의 패턴화된 성폭력 분석 자료 같은 각종 문서를 연대체 등과 긴밀히 협력해 만들고 보완했다. 연대체와 피해자들을 보호하기 위해 학내 규정을 샅샅이 찾아 분석했고, '성평등상담소'에도 신뢰관계인인 내가 방문해 신고서를 제출했으며, 개별 피해자들에게 연락하는 것을 방지하기 위해 연락 창구도 통일했다. 늘어지는 문제 해결 과정에 불만이 있었던 학생회와도 지속적으로 소통해 상황을 설명했다. 그래서 결국 조사위원회가 구성되었다.

조사 방식을 두고 '성평등상담소'의 말이 계속 바뀌었지만, 이는 내가 신뢰관계인으로 개입해 여러 통로로 확인하는 작업을 거쳐 책임 소재를 분명히 했다. 과거 다른 사건에서 이 '성평등상담소'가 사건을 해결한다며 피해자(신고인)와 가해자(피신고인)를 한자리에 모아 삼자대면의 형태로 조사한 전례가 있었기 때문에, 조사 방식에서 피해자와 가해자의 분리를 요구했다. 또한 관련 규정을 꼼꼼히 분석해, 조사위원 구성부터 피해자들과 연대체의 협의를 거치게 했다. 외부에서 내가 신뢰관계인으로 동석하는 조건도 달았다. 조사위원회 참석 전에는 피해자들과 만나 조사 내용에 대해 검토하고 요구 사항을 정리했다.

피해자들은 모두 조사위원회에 참석해 자신들의 피해에 대해 차분히 전달했으며, 나는 진행 과정을 지켜보며 문제가 될 수 있는 부분들을 정리했다. 연대 요청 초기에 갈피를 잡지 못하고 방황하던 이들이 자신의 입장을 분명히 전달하는 모습을 지켜보는 것만으로도 좋았던 기억이 있다. 이후 피해자들과 연대체의 요구 사항과 관련해 협의하면서 또 말이 바뀌는 학교 측에 대응하느라 고생하긴 했지만, 애초의 요구 사항을 상당 부분 관철하며 목표했던 바를 어느 정도 달성했다. 피해자(신고자 포함)들 색출·접근 금지, 가해 강사의 해촉과 재임용 금지, 가해 강사의 사과문 공개 게시, 학내 태스크포스 구성 등이 그것이다.

　하지만 가해자를 K 대학 바깥으로 퇴출시켜 K 대학 재학생만을 보호하는 수준에 머물렀기에 그가 다른 학교에 교원으로 임용되는 것은 막을 수 없었다는 점, 가해자가 피해자들이나 연대체를 대상으로 제기할 수 있는 보복성 고소까지는 책임질 수 없었다는 점은 한계였다. 그래도 재학생과 졸업생 모두를 안전하게 보호하며 마무리했고, 별도의 법적 대응 없이 집단 내부에서 성폭력 사건을 해결하는 경우가 드물었던 당시에 값진 성공 사례를 남겼다. 이후 별도의 형사사법 절차를 밟을 일이 생겨도 대응할 수 있는 힘을 길렀다는 것도 긍정적이다. 각자 욕망이 다르고, 의견 충돌이 있었으며, 외부의 개입에 대해 날카롭게 반응할 수 있었음에도 연대자인 나를 끝까지 신뢰하고 함께해준 그들에게 늘 감사하고 있다.

　이제는 다양한 문제 해결 방식을 지향하는 '회복적 사법', '회복적 경찰활동', '공동체적 해법' 등의 움직임들이 많이 나타나고 있다. 대화를 이끌어낼 독립적이고 숙련된 조정자/조정기구가 있는 상태에서 피해자가 자신의 고통에 대해 충분히 이야기하고, 가해자는 이에 대해 자발적이고 실질적으로 책임을 진다면 피해자의 회복과 사회 복귀 모두 가능하다는 것이다. 공동체가 정의 구현의 주체로 참여하게 되면 피해자와 가해자는 훼손된 관계를 회복할 수 있고, 안전하고 평화로운 공동체가 지속될 수 있다는 것이 '회복적 정의'의 핵심이다.

　그러나 아직 현실은 이상과 거리가 멀다. 문제를 다룰 독립적 기관과 인력, 피해자의 회복과 일상 재구성을 위한 내부 규정과 외부 감시망 등을 다 갖춘 집단을 찾아보기 어렵기 때문이다. 설령 이 모두를 갖추었더라도 제대로 기능하리라고 기대하기는 사실상 힘든 현실이다.

더욱이 적법절차와 책임원칙을 기반으로 하는 응보마저 불안정한 상태다. 집단 내 공론화를 한 많은 피해자들과 연대자들은 가해자들이 가해 사실을 인정하고 반성하며 자숙하기를 바라지만, 가해자들은 공론화 직후에는 반성한다고 했다가 일정 시간이 지나면 가해 사실을 부인하는 경우가 많다. 또한 집단의 조사를 거부하거나 아예 집단을 탈퇴하기도 하고, 외부에서 형사사법 절차를 이용해 보복성 고소를 하며 피해자들과 연대자들을 압박한다. 집단 내부에서 징계가 내려졌는데도 불복해 명예훼손 등의 보복성 고소를 한 사례도 있다. 따라서 피해자들과 연대자들도 내부 해결을 포기하고 사법 절차를 밟는 경우가 많았다. 이렇듯 다수의 피해자들이 문제제기 이후 집단으로부터 배제되거나, 결국 사법 절차에 이르면서 피해를 곱씹게 된다. 집단 내 해결은 아직 피해자의 실질적 회복이나 가해자의 진정한 반성과 책임으로 이어지지 못하는 경우가 대부분이다.

실제로 K 대학의 이 사례를 제외한 대다수 사례에서는 공론화 이후 집단 내 해결이 지지부진했고, 피해자의 고소 혹은 가해자의 보복성 고소 등 별도의 형사사법 절차를 선택하는 과정이 동반되었다. 심지어 K 대학도 이후 연이어 교원의 성폭력 사건에 대한 공론화가 이어졌는데, 내부에서 해결되지 못하고 형사사법 절차를 별도로 밟았다. 다른 대학 역시 마찬가지다. 가해 교원이 불복하며 각종 민형사소송을 제기하거나, 피해자를 대상으로 추가 가해행위와 보복성 고소를 이어갔다.

정당 내에서 발생한 성폭력·교제폭력 등에 대해서도 조사위원회

구성 자체가 제대로 되지 않거나, 피조사자가 탈퇴해 조사가 무산되는 경우가 있었다. 일반 회사의 경우, 내부에서 신고 등 문제제기를 하는 비율은 40퍼센트도 안 되며, 문제제기 후 불이익을 겪는 경우는 90퍼센트가 넘는다.[1]

'선택지'라는 말을 하고는 있지만, 실상은 형사사법 절차도 공동체적 해결도 아직은 피해자의 온전하고 자발적인 선택지로 기능하지 못하고 있다. 이런 상황에서는 어떤 선택지가 피해자에게 최선이라는 말도 할 수가 없다. 내 위치와 역량 내에서, 사법 시스템을 선택한 피해자들이 덜 고통스럽고 더 안전하게 그 과정을 거친 후 수용할 만한 결과를 얻도록 노력하는 것, 공동체 내 문제 해결 과정에 외부 감시자로서 적절히 개입해 조력하는 방식으로 연대하는 것. 연대자로서 현재의 내 최선은 이 정도다.

파티와
화형식

성폭력 피해로 생긴 부수적인 상실로는 인간관계를 형성하고 유지하는 일이 어려워진 것, 문화와 예술을 향유하기 힘들어진 것 등이 있다. 혼자서 문제를 해결하다 보니, 타인을 신뢰하고 고민을 털어놓으며 책임을 분담하는 일을 꺼리게 되었다. 또한 감각과 감정을 인지하고 조절하는 일 모두 엉망이 되었고, 문화와 예술 등 삶을 풍부하게 만드는 요소들이 일상에 부재하거나 결핍되면서 삶이 상당히 단순해졌다. 모난 인간, 재미없는 일상, 사라지지 않는 상흔, 홀로 멈춘 것 같은 기분. 피해 이후 일상이 무너진다는 것은 이런 것이다. 내가 어떤 인간이었는지, 내 주변에는 누가 있었는지, 무엇에 흥미를 갖고 재미를 느꼈는지, 도통 모르는 것 일색이었다.

나는 연대하면서 자신만의 늪에 빠져 있는 피해자들을 밖으로 부르기 위해 다양하게 궁리했다. 나도 그 늪에서 끊임없이 침잠했던 경험이 있는데, 그 안온한 지옥을 피해자 혼자서 헤쳐 나오기는 어렵다. 한동안 그 늪에 잠겨 있으면 고통을 고통으로 인식하지 못하고 참을 만한 것이라고 최면을 걸기 쉽다. 익숙해져서 변화가 두려워지기도 한다.

이런 피해자들을 위한 전문적이고 다양한 프로그램이 많이 만들어지기를 바라지만, 현재 피해자 지원은 싸움의 과정에 맞춰져 있을 뿐, 사회 복귀 등 싸움 이후를 위한 것은 제대로 갖추어져 있지 않다.

전문가나 각 기관의 상담 또는 치유·회복 프로그램이 있긴 하지만, 불신과 불만을 보이는 피해자들이 있다. 그래서 피해자들끼리 모임이나 단체를 구성하기도 한다. 내게도 그런 제안이 많이 들어왔다. 하지만 그 내부에 갈등 등을 조율할 수 있는 사람이 있어야 하고, 구성원들이 내부 규칙을 준수해야 하는데, 대부분은 그런 준비 없이 모임부터 만드는 방식이어서 거절했다. 안타깝게도 상당수의 모임은 이후 내부 갈등으로 와해되거나 법적 분쟁까지 발생했다. 그래서 피해자들에게 전문가의 조언이나 조력이 뒷받침될 수 있는 모임과 프로그램을 찾도록 권하지만, 실제로는 다수의 피해자들이 그 혜택을 받지 못한다.

여러 고민 끝에 내가 할 수 있는 일부터 해보기로 하고, 2017년 이후부터 피해자들과 만날 수 있는 여러 프로그램을 기획했다. 다수의 피해자들이 참가하는 프로그램의 경우 외부 자문을 거치는 방식으로 하되, 일반인인 내가 책임질 수 있는 범위를 설정한 뒤 조율자의 위치에서 프로그램을 진행했다. 일대일로 피해자를 만나거나, 피해자들의 만남을 연계하기도 하고, 필요한 경우 피해자의 관심사에 걸맞은 외부인을 연결하기도 했다.

피해자들과 일대일로 만날 때는 여러 준비를 한다. 피해자들은 연대자인 내게 여러 형태의 부채감을 갖기 마련이고, 내 제안을 거절하기 어려운 위치에 있기 때문이다. 따라서 내가 생각하기에 피해자를 위한 제안이더라도, 피해자에게 부담을 안기는 행위가 아닌지 많이 고민했다. 경제적인 여유가 없고 자신감이 떨어진, 그리고 외양 역시 본인 마음에 들지 않는 상태에서 초라해진 기분으로 누군가를 만나러

간다는 것이 피해자의 입장에서 어떤 기분인지 이해하고 있다. 내가 그랬으니까. 그래서 피해자들이 부담을 갖지 않게 비용과 공간 모두 내가 책임지는 방향으로, 식사라는 일상적인 행위를 하면서 소통을 확대하기로 했다.

감각을 자극할 수 있는 맛있고 색다른 음식, 피해자를 보호하기 위해 협조할 수 있는 사람의 조력, 깨끗하고 안전한 장소 등 까다로운 조건을 만족할 만한 공간을 찾았다. 서울에 위치한 L과 G가 바로 그곳이다. L 식당의 오너 '하리' 씨의 경우 피해자로 처음 만났는데, 이후 다른 피해자를 위해 자신의 공간을 언제나 열어주고 있다. G 식당의 오너 '광장장' 씨는 피해자와 식사할 때 좀 더 편하게 있으라며 별도의 공간을 마련해주었다. 두 곳 모두 여성이 오너이고, 성폭력 피해자에 대한 이해도가 높으며, 피해자 배려를 최우선으로 한다.

사건 해결 과정에서 피해자들과 개별적으로 만나는 장소는 대개 외부인 출입을 차단할 수 있는 세미나실이나 독립적인 공간이었다. 그러다 일이 어느 정도 해결되거나 기분 전환이 필요할 경우 L이나 G 식당을 예약한 후 만나는데, 생각보다 피해자들이 많이 즐거워한다. 피해자들은 식사를 거르거나 편의점 등에서 파는 음식으로 끼니를 때우며 폐쇄적인 생활을 하기 쉬운데, 이렇게 안전한 공간에서 조금씩 외부와의 접촉을 늘려가는 과정이 필요하다. 형사사법 절차를 통한 가해자 처벌은 중요하지만, 최종적으로는 피해자가 회복하고 일상을 재구성하는 데 연대의 목적이 있기 때문이다.

피해자들끼리, 혹은 피해자와 제3자의 만남을 기획하기도 한다. 비슷한 경험을 한 피해자들이 만나 서로의 사례를 공유하고 대응책 마련을 고민할 수 있도록 돕는다. 이때 만남의 목적 등을 미리 공유해 돌발 상황을 최소화하면서, 예상치 못한 상황이 생길 경우 원활한 소통을 위해 제때 개입해야 한다. 성폭력 피해 이후 소통 능력에 문제가 생겨 의도와 표현이 일치하지 않을 수도 있기 때문이다. 이미 상처를 입은 피해자들끼리 만나 불필요한 오해를 하거나 추가로 상처받지 않도록 중간에서 역할을 제대로 해내야 한다.

피해자들의 관심사 등을 파악해 연관 있는 이들과의 만남을 주선하기도 한다. 자신만의 늪에서 빠져나오려는 피해자들에게 각자의 관심사에 맞는 일이나 사람을 소개하는 일이 필요할 때가 있어서다. 다만 그 일은 피해자들의 상태나 상황에 걸맞은 수준의 자극이어야 하므로, 그런 경험을 안전한 사람 곁에서 시작하도록 조력할 필요가 있다. 다행히 내 주변에는 다양한 분야의 사람들을 아는 이들이 있다. 그래서 도움을 받아 만남을 연계 중이다.

수사나 재판이 마무리될 때마다 피해자들, 연대자들과 함께 안전하다고 느낄 만한 독립적인 공간을 빌려 파티도 열었다. 어떤 절차가 끝났음을 선언하고, 그 끝을 수용한 뒤 다음 단계를 준비하거나 마무리하는 것은 피해자에게 중요하다. 상당수 피해자들은 싸움 이후의 공허함과 막연함을 견디기 힘들어하며, 지나온 시간을 자꾸 곱씹곤 한다. 그렇게 되면 지나간 시간에 계속 미련을 둔 채 앞으로 나아가지 못한다. 그래서 '정리'를 한다. 물론 파티를 한다고 해서 모든 불안이 해소되지는 않는다. 그럼에도 그 시간을 통해 절차의 종료를 확인하며 이후 단계에 대한 고민을 함께 나누고, 혹여 생길 수 있는 각종 갈등을 어느 정도 봉합하게 된다. 여기서도 내 몫은 그 봉합 과정에서 또 다른 문제가 발생하지 않도록 조율하는 것이다.

다수의 피해자들과 함께하는 프로그램을 기획할 때는 신경 쓸 부분이 더 늘어난다. 특히 내가 연대한 피해자들의 경우, 성향과 환경이 너무 달라서 한자리에 모이면 초반에는 모두 어색해했다. 조율자가 제 역할을 못하면 내 기획이 피해자들에게 또 다른 상실감이나 고통을 안길 수도 있기 때문에 고민을 많이 한다. 그래서 이런 프로그램을 기획할 때는 외부의 도움을 많이 받는다.

집단 프로그램의 시작은 2017년 10월 13일 금요일에 열었던 〈마녀의 파티〉였다. '13일의 금요일'이라는 금기와 내 활동명인 '마녀'를 결합해 피해자들과 연대자들이 모여 웃고 떠드는 자리를 만들고 싶었다. 그날은 '조덕제 강제추행치상 및 무고 사건'의 항소심 선고가 예정되어 있기도 해서, 무죄였던 1심을 뒤집고 유죄가 선고되기를 바라는 마음으로 파티를 준비했다. 혜원 씨의 도움으로 포스터를, K 대학 연대체의 도움으로 굿즈를 제작했고, 파티 음식 등은 트위터에서 알게 된 M씨 등이 지원해주는 등 많은 도움도 받았다. 음악 플레이리스트를 짜는 작업도 외부에 맡겼고, 영상물도 함께 감상했다. 오감을 자극할 수 있는 다양한 프로그램을 만들어 익명으로 모인 피해자들과 연대자들이 안전하게 즐길 수 있도록 노력했다.

2019년 2월에는 〈마녀의 화형식〉이라는 프로그램을 만들었다. L 식당으로 들어서서 자리에 앉던 이들의 어색한 모습이 떠오른다. 내가 하는 연대의 범위가 넓다 보니 피해자들도 다양했다. 아마 그들은 평소에는 교류를 하지 않거나 갈등 관계에 있을 수도 있다. 가치관, 취향, 성격 등 모든 것이 다르기 때문에 이런 자리가 아니라면 한곳에 모일 리 없는 사람들이었다. 낯설어하는 게 당연했다. 익명으로 참석한 이들은 훗날 프로그램의 시작을 기다리던 그 어색함이 기억난다고 말하곤 했다. 그러나 이런 부조화와 어색함은 얼마 뒤 사라졌다. 익명성이 보장하는 적당한 거리감과, 비슷한 피해를 경험한 이들의 공감대가 기반이 되어 초반의 벽은 금방 허물어졌다.

첫 번째 파티와 달리 이때는 본격적으로 사법 시스템과 연관된

프로그램을 넣었다. 반민정 씨, 모모 씨, 알 씨를 초청해 성폭력 피해자들, 보복성 고소의 피해자들, 가정폭력 피해자들이 사법 시스템을 통해 어떻게 문제를 해결했는지 이야기를 들었다. 이후 정신과 전문의인 왓슨 씨와 물리치료사인 탐 씨의 말을 통해, 여성 대상 폭력의 피해를 회복하고 일상을 다시 만들기 위한 신체적·정신적 치료와 상담의 중요성에 대해서도 이야기를 나누었다. 이어진 질의응답은 시간이 부족해 아쉬울 정도였다.

이어 60센티미터 크기의 짚 인형을 미리 신청한 개수만큼 가져가하고 싶은 말을 써서 붙이도록 했다. 짚 인형은 예술가 벤티 씨에게 미리 부탁해서 제작해둔 것이다. 인형에 가해자의 사진을 붙여도 되느냐는 질문이 있어, 아예 당시 온라인에 돌아다니던 열두 가지 유형의 남성 이미지를 준비하기도 했다. 파괴적 행위를 통한 스트레스 발산의 필요성에 대해서는 이미 전문가의 자문을 거치긴 했지만, 생각했던 이상으로 다들 흥미를 보이고 참여했다. 그리고 벤티 씨와 내가 가져온 작두로 인형을 자른 후, 옥상으로 올라가 미리 준비한 마녀 모자를 쓰고 함께 화형식을 했다.

가해자의 이름을 호명하고, 가해자의 형상대로 만든 저주인형을 조각내 불속에 던지면서 그들이 외치던 말들이 여전히 생생하다. 용서와 침묵을 강요당했던, 말과 행동을 고르고 골라야만 했던 그 시간들이 서울의 한 건물 옥상에서 짚과 함께 타들어갔다. 그 시간을 잊지 못한다는 이야기를 많이 들은 후, 안전망을 갖추고 외부의 자문을 얻어 피해자의 감정을 건강하게 분출할 수 있는 프로그램을 또다시 만들려 했지만, 코로나19로 잠정 중단한 상태다. 그러나 언젠가는 광장에서 〈마녀의 화형식〉을 또다시 열 생각이다.

물론 이런 기획은 지속성을 담보하기 어렵고, 일시적인 만족감이나 소속감, 해방감을 주는 차원에 머물러 있다. 그런데 이런 작은 일탈이 피해자에게 절실할 때가 있다. 상담과 치료를 위한 전문적인 프로그램은 각종 기관에서 담당하되, 외부에서는 일상적 감각과 감정을 되찾거나 구성하는 다양한 프로그램들을 만들어 협업하고 상호 보완할 수 있기를 바란다. 앞으로는 문화·예술·체육계와 연계해 더 다양한 프로그램을 만들고 싶다. 냉정하고 건조한 형사사법 절차 때문에 일상이 버석거리게 된 피해자들을 위해서라도, 전문가들과 다양한 프로그램을 만들어갈 생각이다.

나는 이제야 음악을 조금씩 찾아 듣고, 책도 읽는다. 영화, 연극, 뮤지컬도 본다. 사람들을 만나 감정을 표현해보기도 하고, 책임을 나누며, 신뢰하는 법을 익힌다. 비로소 계절이 흘러가는 것을 인식하고, 몸을 움직이는 데서 즐거움을 느낀다. 그렇게 더디지만 하나씩 일상을 다시 만들어가고 있다. 다른 피해자들은 삶을 채우고 일상을 다시 만들기까지 나보다는 시간이 덜 걸리기를 바란다. 내가 당신들 곁에서 함께하겠다. 삶은 고통스럽지만, 그럼에도 당신이 있어 아름답다. 우리 곧 광장에서 다시 만나자.

그때의
내게
내가 있었다면

2017년에 간접연대의 비중을 늘리는 방식으로 연대의 확장을 꾀하면서 여러 고민을 했다. 트위터 계정을 운영 중이긴 했으나 SNS를 통해 공개할 수 있는 자료는 한정되어 있고, 개인 활동가라는 한계 때문에 연대를 요청하는 모든 피해자와 함께할 수도 없다. 피해자 곁에 있고자 하는 연대자들도 스스로 무엇을 해야 할지 갈피를 잡지 못하는 모습을 많이 목격했다. 게다가 서울 외에서도 연대 경험을 쌓으며 형사사법 절차에 대한 정보 제공과 피해자 지원 등 여러 면에서 지역 격차를 인지하게 되었기에, 이를 해결할 필요성을 느꼈다. 어떻게 연대를 확장해야 이런 한계를 보완할 수 있을지 고민하기 시작했다. 그래서 선택한 것이 바로 온·오프라인을 이용한 각종 세미나와 강연이었다.

2018년 2월, 서울에서 〈마녀의 나침반〉이라는 첫 번째 세미나를 열었다. 2017년 10월 〈마녀의 파티〉 이후, 피해자들과 연대자들을 모아 형사사법 절차에 대해 구체적인 정보를 전달하고 내 연대 전략을 공유할 필요성을 느꼈기 때문이다. 1인 기획 세미나였지만 형식과 내용 모두 충실하다는 평가를 받고 싶어서 준비를 많이 했다. 혜원 씨에게 부탁해 포스터와 엽서를 만들었고, 각 프로그램별로 외부 인사를 초청해 이야기를 듣는 시간도 마련했다. 2018년을 끝으로 연대 활동을 마무리할 생각을 하고 있었기 때문에, 세미나의 연장이나 확대를 본격적으로 고민하지 않고 1회로 정리하려고 했다.

〈마녀의 나침반〉의 1~2부에서는 내 연대 사례를 소개·분석하며, 수사와 재판에서 필요한 절차별 정보와 전략을 전달했고, 3부에서는 보복성 고소의 피해자였던 모모 씨가 자신의 경험을 공유하는 시간을 가졌다. 이후 비나 씨가 직접 만든 각종 음식을 함께 먹으며 파티를 했다. 4부에서는 서진 감독의 다큐 〈바뀌지 않을 것이다〉의 GV를 통해 연대자가 할 수 있는 일에 대해 논의했다. 마지막 순서로 비나 씨의 이야기를 들으면서 앞선 세대와 현세대의 교차점을 파악하고, 연대의 지향은 무엇이어야 할지 함께 고민했다. 일곱 시간 정도의 긴 세미나였지만 모두가 프로그램에 적극 참여했고, 1인 세미나로서 내 자신의 만족도도 높았기 때문에 그대로 끝내기는 아쉽다고 생각했다.

그러다 2018년 3월, 보복성 고소와 관련해 추가 세미나 요청이 들어왔다. 2018년 초부터 사회 각 분야에서 '미투'를 통한 성폭력 피해자들의 발화가 지속되고 있었으며, 이는 결국 보복성 고소의 증가로 이어졌다. 마침 내가 하는 직접연대의 절반 정도는 보복성 고소와 연관이 있었고, 피해자들과 연대자들이 보복성 고소에 대한 막연한 불안과 공포로 위축되길 원하지 않았기에, 간이 세미나의 형태로 정보와 사례를 전달하기로 했다. 직접연대를 했던 이들에게 사전 허락을 받은 후 자료를 만들었고, 공개 가능한 범위로 정리해 트위터에 게시하기도 했다.

3월의 간이 세미나가 끝나고 두 달 후인 2018년 5월, 〈마녀의 칼〉이라는 세 번째 세미나를 또 서울에서 열었다. 이 세미나에서는 수사·재판 절차별 정보를 전달하는 것 외에, 각 단계별로 피해자 진술을 연습하는 시간도 마련했다. 수사 전 단계, 수사 단계, 재판 단계로 나누어 상황별 시나리오를 만들어 전달하는 것은 일대일 연대를 통해 지속적으로 해왔기 때문에 작업 자체는 수월했다. 그런데 시나리오를 배포한 후, 극에 참여하기로 했던 이들이 2차 가해를 하는 경찰관·검사·변호사·판사 역을 못하겠다며 중도에 포기하는 바람에, 욕먹는 역을 결국 내가 맡았던 기억이 있다. 아무리 극이라지만 거리 유지가 안 되는 상황에서 2차 가해성 언행을 한다는 게 고통스러웠던 거다.

그 자리에는 수사기관과 법원에서 진술을 앞둔 피해자들이 있었는데, 세미나 이후 실제 진술에서 모두 불안과 긴장이 최소화된 상태로 비교적 편안하게 진술했고, 다행히 결과도 긍정적이라고 전해주었다. 절차별 정보는 무지로 생기는 필요 이상의 불안과 긴장, 공포감을 줄여주고, 절차에 대한 왜곡과 오해를 막는다. 이는 피해자가 과정과 결과를 수용하도록 돕기 때문에 중요하다.

이후 트위터의 다이렉트 메시지를 통해 서울 외 지역에서 세미나 개최에 대한 문의가 들어왔다. 지역 격차에 대한 고민을 하고 있던 터에 이런 문의를 받게 되자 움직일 수밖에 없었다. 사실 2018년 초, 만 3년 정도 휴식 없이 해왔던 연대 활동을 잠시 쉴 생각을 했었다. 하지만 서지현 검사의 '미투'를 비롯해 각계각층에서 성폭력 피해자의 말하기가 이어지고 있었고, 이들과 연대하려는 이들도 늘어나고 있었기에 휴식을 포기했다. 그러다 서울 외 지역의 세미나 제안을 받고 아예 전국을 돌며 세미나를 하면 좋겠다고 판단한 것이다.

그래서 2018년 6~8월, 2018년 12월부터 2019년 2월까지 전국을 돌아다니며 〈마녀의 빗자루〉라는 세미나를 열었다. 서울, 인천, 수원, 부천, 부산, 울산, 대구, 대전, 청주, 광주, 전주, 제주 등에서 적게는 3명, 많게는 20명 정도의 참가자들과 세미나와 토론, 파티를 이어갔다.

그 과정에서 나 역시 지역 수사기관의 특성, 지역 연대 기반의 현실, 지역 내 재판 결과 등 대면을 통해서만 알 수 있는 다양한 정보를 얻게 되었다.

전국 세미나는 2018년을 끝으로 그만두려고 했다. 시간과 비용 등의 문제보다는 건강이 매우 나빠졌기 때문이다. 2018년 말에는 서울서부지법에서 재판 모니터링을 끝내고 이동하다 교통사고가 났는데, 독감도 겹치면서 휴식의 필요성을 절실히 느꼈다. 그러나 연이어 터지는 사건들 때문에 결국 2019년에도 휴식을 포기했고, 전국 세미나도 이어갔다. 6월에는 서울에서 12시간짜리 〈마녀의 필리버스터〉를, 8월에 〈마녀의 매뉴얼〉을, 12월에는 〈마녀의 사법 시스템 가이드〉를 기획했다. 전국 세미나는 다시 2019년을 마지막으로 그만두려고 했기에, 특히 마지막 세미나 〈마녀의 사법 시스템 가이드〉는 한 달 동안 12차례 열면서 그동안 방문하지 못했던 강릉 등도 포함해 전국을 돌았다.

2020년은 정말 쉬려고 했다. 건강이 많이 악화되어 더 이상 버티기 힘들었기 때문이다. 아울러 개인 활동의 한계를 절감했기에 한 해 쉬면서 수사·재판 절차별 매뉴얼과 체크리스트를 만들 생각이었다. 그러나 2019년 말, 현직 판사들의 인터뷰에 응하면서 2020년 계획을 전면 수정했다. 나는 시대 흐름을 읽어내는 것도 연대자의 자질 중 하나라고 생각하는데, 2019년 현직 판사들을 만나면서 이 기회를 살려보기로 결심했다. 내부에서 변화를 갈망하는 이들을 어렵게 만난 이 기회를 놓칠 수 없었다. 그래서 '마녀'라는 계정을 없애며 대대적으로 작별인사를 해놓고, 2020년 다시 '연대자 D'라는 계정을 만들어 연대 활동을 지속했다. 계획대로 되는 게 아무것도 없는 게 내 연대의 특징이기도 하다.

2020년은 특히 법원을 겨냥한 각종 교육과 세미나를 기획했다.

방청연대가 실질적인 시민운동으로서 감시·기록·목격의 역할을 할 수 있도록, 전국 법원을 돌아다니며 일반인을 대상으로 재판 모니터링 교육을 실시했다. 일부러 법원 건물의 공간을 교육 장소로 선택했는데, 이런 교육을 받은 이들이 방청석에 앉아 재판 모니터링을 한다는 사실을 알리고 싶어서였다. 형사사법 절차에 대해 아무것도 모르면서 머릿수만 채우는 무지한 일반인들이라고 폄훼하는 일부 전문가들에게, 그 일반인인 시민의 수준을 보여주고 싶기도 했다. 방청연대자들이 재판 진행을 방해할 수 있는 요인을 교육으로 사전 차단함으로써 재판이 원활하게 진행되도록 협조하려는 목적도 있었다.

물론 수사와 재판의 절차에 대한 기존 세미나를 희망하는 이들도 있어 2020년 중간 중간에 별도로 열었다. 그러나 코로나19 때문에 한계가 생겨 고민하다가, '줌'을 이용한 온라인 세미나를 기획했다. 나는 기계를 잘 다루지 못하기도 하고, 온라인 활동도 거의 하지 않는 편이라 어색하기는 했지만, 주변의 도움과 조언을 구해 시도했고, 결과도 만족스러웠다.

2021년부터는 본격적으로 '줌'을 이용한 교육과 세미나, 그리고 트위터 방송 기능(스페이스)을 이용한 정보 전달에 집중하고 있다. 코로나19 때문이기도 했지만, 각종 물리적 한계가 일정 부분 보완됨으로써 오히려 여러 사람을 만날 수 있었기 때문이다. 기존에 해왔던 성폭력 수사·재판 절차에 대한 세미나뿐 아니라 검경수사권 조정 등 변화하는 시스템에 대한 정보를 전달하기 위한 세미나, 〈판결문 톺아보기〉처럼 특정 주제를 중심으로 판결문을 분석하고 사건을 정리하는 세미나 등 주제는 다양하다. 또한 각종 단체에서 교육 등 요청이 지속되고 있어, 이 역시 온라인을 통해 일정 부분 응하는 중이다. 물론 온라인으로 전달하는 내용은 한정적일 수밖에 없어 오프라인 세미나나 교육도 병행하고 있다. 여전히 '현장'에서만 느끼고 공유하는 부분이 있기 때문이다.

전국을 돌아다니며 세미나를 여는 내게 어떤 이들은 내가 돈을 벌거나 유명세를 얻으려 한다는 말을 했다. 세미나 참가비는 초기에는 무료였으나, 주변의 권유로 오프라인 세미나의 경우 몇 천 원 정도 참가비를 받았다(온라인은 무료). 그마저도 안 받으면 신청 후 별다른 통보 없이 불참하는 이들이 생기고, 미리 예정 인원수대로 공간 예약을 마친 상태에서 여러 문제가 발생하기 때문이다. 물론 그렇게 참가비를 다 받아도 공간 대여료에 훨씬 못 미친다. 거기에 교통비와 숙박비 등을 포함하면 세미나를 열 경제적 이유는 없어진다. 그럼 이렇게 사비를 털어 세미나를 하면 유명세가 생기는가? 모든 과정을 익명으로 진행하는 데다 개별적인 연락은 하지 않고, 이후 지속적 소통을 위한 장치도 따로 마련하지 않는데 유명세를 얻으면 얼마나 얻겠는가.

그리고 이와 별개로, 전문성과 풍부한 경험을 토대로 한 프로그램에 대해 대가를 받는 것은 부적절한가? 내가 사비로 이 모든 프로그램을 진행하는 것은 불필요한 잡음을 막아 연대 활동에 집중하고 싶어서이지, 내 진정성이나 진심을 증명하기 위해서가 아니다. '돈'이 개입되면 활동의 진성성이 무너지는 것처럼 이야기하는 이들이 있다. 그리고 그런 이들이 사비를 털어 활동하는 나를 추켜세운다. 그러나 전문성을 바탕으로 합당한 경제적·사회적 이익을 얻으면 진정성이 무너지는가? 오히려 재능 기부나 진정성 있는 연대 운운하며 타인의 전문성, 노동력, 진정성 등을 대가 없이 착취하는 일을 지양해야 하지 않는가? 나는 본업이 별도로 있는 상황에서 외부의 경제적 원조 없이 연대 활동을 이어오고 있지만, 내가 기준이 되기를 바라지 않는다. 활동가들이 그 활동에 부합하는 대가와 처우를 받길 원한다.

여러 문제에도 불구하고 이런 세미나를 굳이 개인 자격으로 여는 이유는 단순하다. 2010년에 온갖 시행착오를 겪으며 혼자 싸워야 했던 내 옆에, 지금의 나 같은 연대자가 있어서 정보를 전달하고 전략을 수립하며 함께했다면 그래도 덜 고통스러웠을 것이라는 판단 때문이다. 그래서 연대를 할 때 피해자였던 내 상황을 돌이켜 본다. 수사·재판의 절차에 대해 알고 싶어도 일반인인 내 시각과 입장에서 설명해주는 전문가 한 명 만날 수 없었던 상황, 물증 확보가 어려운 피해자가 지연 고소를 할 때 어떤 지원과 조력을 받을 수 있는지 아무도 알려주지 않던 그때, 수많은 시행착오를 겪으며 혼자 여기저기서 정보를 수집하고 분석하며 전략을 세우고 자료를 만들던 그 시간. 형사사법 절차에 대한 이해가 곧 수용과 납득으로 이어지는 것은 아니겠지만, 알고 있으면 적어도 싸움과 포기 모두 피해자 본인의 선택지로 충분히 고민할 수 있다.

시중에 나와 있는 법적 절차 대응 매뉴얼은 대개 피의자/피고인 입장에서 필요한 정보를 담고 있다. 성폭력 피해자를 위한 매뉴얼은 몇 안 되는 데다가, 그조차 성폭력 범죄에 대한 친고죄 폐지(2013년) 이전의 내용이 들어 있는 등 현시점에 맞지 않는 경우도 있다. 더구나 공론화나 지연 고소를 한 피해자들이 겪는 보복성 고소 등 피소와 관련된 대응 매뉴얼도 제대로 알려지지 않았다. 그래서 피해자들과 그 곁에 서 있고자 하는 이들을 위한 매뉴얼과 체크리스트 등을 만들고 전달할 뿐 아니라, 이를 충분히 설명할 프로그램을 기획할 필요가 있다. 이젠 1인이 기획하는 세미나에서 나아가, 단계별·절차별로 전문가들과 협업해 더 풍부한 프로그램을 만들 계획이다. 길을 내는 것에 몰두해 길을 고르고 포장하는 작업을 소홀히 해왔으므로, 이제는 그 작업을 다른 이들과 함께해볼 생각이다.

방청연대
연대기

나는 2010년에 입었던 성폭력 피해에 대해 지연 고소를 했다. 내 사건은 경찰에서 불기소의견으로 검찰에 송치되었고, 이후 장시간의 검찰 조사를 거쳐서야 겨우 기소되어 법원에서 판단을 받을 수 있었다. 당시 나는 모든 경제활동을 중단한 상태여서 외부 전문가의 조력을 받을 수 없는 형편이었는데, 공판검사만 믿고 있기가 불안해서 혼자 재판 방청을 시작했다.

기소 후 모든 수사 기록을 받게 된 피고인 측은, 첫 공판에서 관련 자료를 토대로 사건과 무관한 내 개인정보를 지속적으로 거론했다. 나는 방청석에 앉아 듣고 있었기 때문에 현장에서 바로 문제제기를 했다. 누구냐고 묻는 판사에게 이 사건 피해자라고 했다. 이후 매 공판마다 참석하자 방청석에 내가 있다는 것을 인식한 판사, 공판검사, 피고인 측 변호인의 태도가 달라졌다.

아무리 미리 공부를 하고 가도 일반인인 피해자가 형사재판을 따라가는 게 쉽지는 않았다. 하지만 매 공판 방청석에 앉아 노트에 모든 내용을 받아 적으며 재판의 흐름을 놓치지 않으려고 애를 썼다. 피고인과 정보 격차가 있어 불리하다고 느껴지는 부분을 체크해 의견서나 탄원서로 제출했다. 이를 통해 엄벌 의사를 효과적으로 전달할 수 있었다. 이때의 경험으로 피해자 본인이 재판 절차를 방청하는 것의 의미를 깨달았고, 이후 연대자로 활동하면서도 재판 방청의 필요성을 널리 알리게 되었다.

하지만 아무리 공개재판이고, 자신과 관련된 사건이더라도 피해자가 방청을 위해 평일에 매번 법원으로 가는 것은 힘든 일이다. 더군다나 증인지원 절차가 따로 없는 공판 단계를 단순 방청하는 경우, 피고인과의 대면을 감수해야 한다. 피해자 입장에서는 방청석에 앉아 재판을 지켜보기가 고통스러울 수밖에 없다. 그러다 보니 대개 피해자는 증인으로 출석하는 경우를 제외하면 법원에 찾아가지 않고, 피해자 변호사도 사선으로 선임된 것이 아닌 이상 재판에 출석하는 경우가 드물다. 비어 있는 방청석을 앞에 두고 '판사 – 검사 – 피고인 측'이 재판을 진행하는 구도에서 피해자는 소외될 수밖에 없다. 그래서 필요한 게 연대자의 재판 방청이다. 2010년의 내게 현재의 내가 연대자로 있었다면 방청은 내가 할 테니 좀 쉬면서 회복하라고 했을 것이다. 막연한 불안과 공포 속에 혼자 내던져졌던 나 같은 피해자가 없기를 바라는 마음, 그게 연대를 이어나가는 이유이다.

나는 2014년부터 익명의 활동가 '마녀'로서 피해자와 일대일로 연대하는 '직접연대'를 시작했다. 수사기관과 법원에 신뢰관계인으로 동석했고, 필요한 정보와 자료를 수집해 의견서와 탄원서를 작성할 수 있도록 도왔다. 그 과정에서 피해자와 함께, 혹은 피해자가 물리적 제약이나 심리적 고통으로 참석할 수 없다면 혼자서라도 재판을 방청했다. 피해자에게 적절한 조력을 하기 위해서는 많은 정보가 필요했는데, 법조인이 아닌 일반인의 입장에서 정보를 파악하려면 직접 뛰어다니는 수밖에 없었다. 이러한 적극적 방청을 통해 공판검사와 소통하거나 피해자 변호사와 협력할 수 있었다. 또 피해자가 잘 몰라서 겪는 불필요한 억울함을 줄일 수 있었고, 피고인 측의 방어 전략에도 시의적절하게 대응할 수 있었다.

2015년부터는 직접연대를 하지 않은 사건의 재판도 방청하기 시작했다. 초기에는 직접연대 하는 사건을 맡은 재판부의 재판 진행 방식 등을 알기 위해 그 재판부가 담당하고 있는 다른 사건의 재판을 방청하다가, 관심이 가는 사건들이 언론에 보도되면 일정을 파악해 무작정 법원으로 갔다. 그와 동시에 재판 절차에 대해 공부했고, 방청한 사건에 대한 자료를 수집·분석해 피해자를 위한 매뉴얼과 체크리스트를 만들었다.

사실 '재판 방청' 혹은 '재판 모니터링' 활동은 오래전부터 존재해 왔다. 그런데 재판 방청의 초기 형태는 성폭력 피해자 지원기관을 중심으로 진행된 것이어서 일반인들이 접근하는 데는 한계가 있었다. 당사자가 아닌 제3자가 법원에 가서 재판을 방청할 수 있다는 사실 자체를 모르거나, 알고 있더라도 부담을 느끼는 사람들이 많았다.

연대 방법으로서 재판 방청에 대한 일반인들의 관심이 높아진 것은 2016년부터다. 2015년에 트위터와 페이스북 등 SNS를 이용해 교제폭력·성폭력 피해에 대한 공론화가 이루어졌고, 이 흐름이 2016년도에 이르러 문화·예술계 내 성폭력 피해에 대한 해시태그 운동으로 연결되면서 피해자들의 목소리가 다양한 분야에서 적극적으로 터져나오기 시작했다. 그 과정에서 피해자 지원기관 외에도 각 분야의 반성폭력 단체들이 만들어졌다. 그리고 이 단체들이 사법 절차를 밟는 피해자들과 연대하기 시작하면서, 재판 과정의 피해자와 연대할 수 있는 방법을 둘러싼 고민들이 깊어져갔다.

나는 2016년에 반성폭력 운동의 일환으로 조직한 프로젝트 팀에서 활동한 적이 있다. 마침 피해자 지원기관에서 수사·재판 동행을 위한 교육 프로그램을 마련했다고 해서 팀원이 참석했다. 그런데 기대한 것에 비해 아쉬운 측면이 많았다. 모니터링 교육에는 재판의 절차적 측면에서 드러나는 문제에 대한 지적이 들어가야 하는데, 해당 교육 내용은 공판 과정에서 판사, 검사, 변호사 등 재판 참여자들의 태도가 어떤지에 초점을 맞춘다는 인상이 강했다. 특정 사건이나 주제를 정한 뒤 재판을 따라가며 절차별 문제점을 구체적으로 분석하기보다는, 그때그때 일회성 재판 모니터링에 그치는 것도 한계라고 생각했다. 당시에 시민단체의 재판 모니터링을 두고 시스템과 절차를 모르면서 재판 분위기에 대한 단순 인상비평에 머문다는 지적이 나오기도 했었는데, 이러한 비판이 왜 나오는지 확인할 수 있었다. 더구나 이러한 형태의 재판 방청, 재판 모니터링 정도로는 일반인들의 폭넓은 참여를 이끌어내는 데도 한계가 있었다.

이에 형사재판 전 과정에 대한 교육 자료를 만들고, 일반인 대상의 교육 프로그램을 기획하기 시작했다. 용어와 관련해서도 '재판 모니터링'에 '연대'의 개념을 더하면, 일반인들이 책임감을 가지고 적극적으로 함께할 수 있으리라고 판단했다. 그래서 2016년에 '방청연대'라는 이름을 붙이고, 일반인이 참여할 수 있는 재판 모니터링 교육을 본격적으로 시작했다. '방청연대'라는 표현은 2016년 하반기 문화·예술계 내 성폭력 피해 공론화 흐름과 맞물려 피해자들과 연대하려는 사람들을 통해서 일반인들에게 알려지게 되었다. 피해자 지원기관들과 연대 단체들은 2017년 '남배우 A 성폭력 사건'으로 명명한 영화계 내 성폭력 사건과 관련해 '방청연대' 개념을 적극적으로 사용하며 참여를 요청했다. 그렇게 피해자 곁에서 피해자와 연대하려는 일반인들이 조금씩 법원으로 오기 시작했다.

다만 이때의 재판 방청 형태는 여전히 피해자 지원기관 등이 주도하는 방식이었다. 그래서 재판 일정 역시 기관과 단체가 연대하는 사건 위주로 외부에 알려졌고, 일반인들은 기관을 거치지 않으면 해당 사건의 재판 일정을 알기 어려웠다. 그 외 다른 사건들의 재판 일정에 대해서도 알 수 있는 통로가 거의 없었다.

나는 2017년에 프로젝트 팀 활동을 마무리한 뒤, 다시 개인 활동가로 돌아가 트위터에 재판 일정을 게시하기 시작했다. 피해자에 대한 정보가 아닌 피고인의 이름으로 사건을 명명했다. 정보를 접하기 어려운 일반인들도 쉽게 바로 찾아갈 수 있도록 가급적 많은 정보를 담으려고 노력했다. 그러던 중 법원에서 여러 번 마주치는 사람들이 생겼고, 그들에게 재판 절차에 대해 설명해주면서 재판 과정을 이해시키는 일이 중요하다고 생각하게 되었다.

2018년에는 서지현 검사를 시작으로 사회 전 분야에서 '미투'가 이어졌다. '위력에 의한 성폭력' 피해자들이 고소·고발한 사건이 재판 절차에 이르자, 피해자들과 연대하려는 일반인들이 늘어났다. 이 흐름에서 '방청연대'는 연대 방식의 하나로 자리 잡게 되었다. 당시 사회적으로 주목받는 사건들의 상당수가 서울에 몰려 있었는데, 재판 일정에 맞춰 수도권 외 지역에서 서울까지 오는 사람들도 있었다.

인터넷을 타고 이들의 방청후기가 적극적으로 공유되기 시작했다. 재판 방청에 대한 일반인들의 심리적 장벽이 낮아지고 있음이 느껴졌다. '법원에 사람들이 올 수 있구나', '비전문가여도, 일반인이어도 방청을 통해 피해자에게 힘이 될 수 있구나', '내가 할 수 있는 역할이 있구나'를 깨닫게 된 것이다. 더구나 2018년에는 '불편한 용기' 등 일반인들이 주도하는 오프라인 시위가 대중적 지지를 얻으며 진행되기도 했으므로, 이런 경험은 일반인들에게 사법 시스템에 대해서도 문제제기를 할 수 있다는 자신감을 더해주었다.

그러나 이러한 움직임이 곧바로 사법제도와 절차의 실질적 변화로 이어지지는 않았다. 시스템의 변화를 위해서는 좀 더 정밀하고 전문적인 접근이 필요했다. 일반인을 대상으로 수사와 재판 과정에 대한 별도의 교육이 필요하다고 생각한 것도 그 때문이다. 알아야 비판도 싸움도 제대로 한다고 생각했다. 이를 위해 2018년에는 서울에서 여러 차례 세미나를 진행했다. 각 분야에 걸친 '미투' 이후에는 수도권 외 지역에서도 교육을 진행해달라는 요청을 받았다. 여름과 겨울에 두 달씩 전국을 돌면서 같은 내용으로 세미나를 열었다. 이 과정에서 각 지역별로 정보의 격차가 있고, 재판 절차의 진행과 관련해서도 상당한 차이가 있음을 느끼게 되었다.

2019년에는 전년도 '미투'와 관련된 재판들의 항소심과 상고심이 진행되었다. 여성을 대상으로 한 강력 사건들이 공론화되면서 수도권 외 지역에서도 방청연대 요청이 늘어났다. 여기에 디지털 성범죄 재판들이 이어지고 피해자들이 잇달아 사망하는 가운데, 이와 관련된 언론 보도가 지속되면서 성범죄 피해자들이 수사와 재판 과정에서 겪는 고통도 알려졌다. 시민들이 방청연대를 위해 법원을 더 많이 찾아가기 시작했다. 재판을 방청한 일반인들이 재판의 진행 과정과 결과를 외부에 게시하고 공유하는 가운데, 시민의 관점에서 재판을 모니터링할 필요가 있다는 공감대가 형성되었다. 더욱이 2018년에 있었던 오프라인 시위에서 나아가, 수사와 재판 과정에서 반복되는 2차 피해를 막고자 형사사법 절차에 대해 직접 문제제기를 하길 원하는 시민들도 늘어났다. 직접 보고, 직접 비판하겠다는 거다.

여기저기에서 강연과 세미나 요청이 잇달았다. 나는 개인적으로 기획하고 진행 중이던 세미나를 포함해 외부 요청 세미나까지 시간을 쪼개 진행했다. 그 과정에서 1인 활동의 한계를 절감했고, 이 활동을 시민들에게 더 적극적으로 알리고자 성범죄별 수사·재판 매뉴얼과 체크리스트를 만들어 공유해야겠다는 생각을 굳히게 되었다. 정보는 피해자와 연대자의 무기다. 알고 보면 다르다. 알고 비판하면 달라진다.

'#n번방은_판결을_먹고_자랐다'라는 해시태그로 알 수 있듯이, 2020년 들어 사법부에 대한 불신은 상당한 정도에 다다랐다. '웰컴투비디오'의 운영자 손정우에 대한 범죄인 인도 불허 결정을 포함해, 다른 디지털 성착취·성폭력 가해자들에 대한 재판 결과가 널리 알려지면서 법원의 변화를 촉구하는 목소리가 커졌다. 그런데 코로나19 때문에 시위 등 오프라인 활동에 제약이 생기면서, 개인이나 소그룹 단위로 활동할 수 있는 방청연대에 더 많은 관심이 모였다. 사람들의 높아진 관심을 보여주듯 언론에서도 관련 기사를 쏟아냈고, 법원으로 향하는 일반 시민들이 점점 늘어났다. 'n번방'이 기폭제 역할을 했기 때문에 일반인들의 법정 방청기에는 디지털 성범죄 재판에 대한 것이 많다.

누가, 어떤 목적을 가지고 법원에 오는 것이냐는 질문을 자주 받는다. 많은 사람들이 일을 하거나 공부하고 있을 평일 낮 시간에, 그것도 본인의 생활 근거지와 떨어져 있는 법원까지 오는 동력이 무엇인지 선뜻 이해되지 않는다거나 의아하다는 뜻일 것이다. 이는 그동안 외부의 비판에 눈감고 귀 막은 상태로 입만 놀리며 자신들만의 성을 공고히 쌓아온 한국 사법 시스템에 대한 분노일 수도 있고, 피해자에게 공감하고 피해자를 돕기 위한 연대의식 때문일 수도 있다.

2020년 이후 재판을 방청하는 일반인들은 대개 익명의 여성들이었다. 팀으로 활동하더라도 자신의 정보를 알리지 않거나, 팀원들끼리도 실명 또는 개인정보를 알지 못하는 경우가 대부분이다. 이들은 디

연도	특징
이전	• 2005년 '여성인권을 찾는 시민감시단'(한국성폭력상담소) • 2013~2014년 '막무가내로 달려가는 성폭력 피해자 재판동행지원단'(한국여성민우회) • 2015~2017년 '성폭력 피해에 공감하는 첫사람'(한국여성민우회)
2016	• '방청연대' 개념의 도입 • 기관 주도 방청연대
2017	• 문화·예술계 내 반성폭력 단체들의 방청연대 시작 • 기관 주도 방청연대
2018	• 문화·예술계 내 반성폭력 단체들의 방청연대 활발 • 기관 연계 방청연대 • 수도권 일반인 방청연대 시작 • 방청연대 대상 사건의 범위 확대
2019	• 기관 연계 방청연대 • 수도권 일반인 방청연대 활발 • 수도권 외 지역 일반인 방청연대 시작
2020	• 전국 단위 일반인 방청연대 확대 • 재판 모니터링 교육 실시 • 자체적이고 체계적인 방청연대 형태 등장

지털 성범죄의 실제 피해자들이거나, 피해 가능성에 노출된 잠재적 피해자들이기도 하다. 이러한 위치가 그들을 법원으로 오게 했다.

행동하지 않는 불신과 체념, 냉소는 너무나도 쉽다. 그냥 자리에 앉아 입으로 판사를 욕하고 자신의 일을 하면 된다. 그러나 여러 현실적인 어려움과 제약에도 불구하고 시간을 내어, 돈을 들여서라도 기꺼이 법원에 오는 것은, 사법 절차의 마지막에 있는 법원이 사회의 정의를 지키고 피해자를 보호하는 곳이길 바라기 때문일 것이다. 그들은 무엇보다도 이러한 움직임을 통한 변화를 믿고 있으며, 시스템을 신뢰하고 싶어 한다. 방청연대는 이러한 시민들이 선택할 수 있는, 믿음과 바람이 담긴 몇 안 되는 방법 중 하나다.

판결문
읽는 법

"판사는 판결로 말한다."

이 말의 의미는 무엇일까? 선고 전 재판 과정에서 판사가 본인의 예단을 드러내지 않기 위해 침묵을 택하는 것, 담당 사건에 대해 설득력 있는 판결로 그 정당성을 증명하는 것, 판결문 외의 설명이나 부연은 무의미하다는 것, 판사는 외부 세상과 거리를 두어야 한다는 것 등 다양한 해석이 있는 것으로 알고 있다. 근원을 알 수 없는 이 법언에 대한 해석들은 대개 법관의 독립과 재량을 강조하는 입장에서 나온 것이다. 나는 이를 시민의 입장에서 해석하고 적용하려 한다.

나는 방청연대/재판 모니터링 교육을 할 때 "판사는 판결로 말한다"라는 말을 꼭 언급하는데, 사법 시스템에 대한 감시·기록·목격을 위해서는 판결문을 독해하고 분석하는 작업이 필요하다는 의미로 전달하는 것이다. 그래서 교육 과정에 판결문을 검색하고 열람·복사하는 방법, 개인정보 보호를 위해 판결서 열람제한을 신청하는 방법, 일반인의 입장에서 판결문을 분석하는 방법 등을 넣고 있다. 비전문가인 일반인들이 분석하면 어디까지 할 수 있느냐는 말도 듣지만, 최소한 형량을 정하는 과정과 그 과정에서 반영된 각종 양형이유에 대해 검토하고 문제를 제기하는 것은 일반인들의 상식 수준에서도 충분히 가능하다고 판단하기 때문이다.

법원은 이미 시민이 감시하고 참여하는 장場으로 변하고 있다. 공개재판주의의 원칙 아래 일반인들의 방청연대가 이어지고 있으며, 2020년 디지털 성범죄의 양형기준을 설정하는 과정에도 시민들이 적극적으로 참여하는 등 사법 감시를 위한 시민운동이 활발해지고 있다. 또한 대법원의 양형 체험 프로그램 〈당신이 판사입니다〉가 인기를 끌고, 시민이 직접 재판에 참여하는 국민참여재판이 정착되면서 사법 시스템은 더 이상 전문가의 전유물이 아니라는 인식이 생겨나고 있다.

게다가 판결문의 공개 범위가 넓어지고, 일반 시민들을 대상으로 한 재판 모니터링 교육이 적극적으로 진행되면서 이제 언론뿐 아니라 일반인들도 판사들의 '말'을 적극적으로 분석하고 비판하는 중이다. 나는 2010년부터 내 사건을 포함해 전국 법원에서 진행된 각종 성폭력·교제폭력·가정폭력·살인 사건 재판의 판결문을 모으고 분석해왔다. 초기에는 내 사건이나 직접연대 하는 사건들에 참고하기 위해서였지만, 연대의 범위를 확장한 뒤에는 판례 분석을 통해 시스템의 문제를 지적하고 변화를 촉구하기 위한 것으로 그 방향을 재설정했다.

제3자인 일반 시민들이 판결문을 볼 수 있는 방법은 크게 두 가지 정도다. 법원을 직접 방문해 열람하는 방법과 온라인을 이용하는 방법이다. 전자의 경우 대상자의 범위가 한정적이고, 훈련되지 않은 사람일 경우 정보를 얻는 데도 한계가 있어, 대개 온라인을 이용한 열람·복사를 권한다. 온라인을 이용할 때는 '종합법률정보' 시스템을 통해 검색하는 방식(무료)과, '판결서사본 제공신청' 혹은 '판결서 인터넷

열람'을 이용하는 방식(건당 1000원)이 있다. 이 중 교육할 때 알리는 것은 특정 사건을 검색할 때 활용하기 좋은 '판결서사본 제공신청'과 '판결서 인터넷열람'이다. 2013년 이전에 확정된 사건이거나 재판이 진행 중인 확정 전의 사건일 경우 '판결서사본 제공신청'을, 2013년 이후 확정된 사건의 경우에는 '판결서 인터넷열람'을 이용하면 된다.

'판결서사본 제공신청'은 진행 중인 사건에 대해 빨리 파악할 수 있다는 장점이 있지만, 반드시 해당 사건번호를 알아야 하며, 신청 후 재판부의 허가가 있어야만 볼 수 있다. 그에 비해 '판결서 인터넷열람'은 사건번호를 몰라도 되며, 검색 기능을 활용할 수 있다는 장점이 있다. 특정 검색어(예: 성착취)를 넣으면 해당 검색어가 들어간 판결문의 일부가 보이며, 전체를 보려면 비용을 지불하고 내려받으면 된다. 언론사에서 특정 주제의 판결문들을 모아 분석할 때 활용하는 방식이다. 판사별 판결문을 분석하고 싶을 경우에도 특정 판사의 이름을 입력하면 확인이 가능할 정도로 임의어 검색 범위가 넓기 때문에 직접연대 과정에서도 많이 활용하고 있다.

이러한 판결서 열람은 익명 처리 등 개인정보 보호조치가 된 상태로 일반에 공개되지만, 간혹 그조차 불안해하는 피해자들이 있을 수 있다. 그때 활용할 수 있는 것이 바로 '판결서 열람제한' 신청이다. 통상 성폭력 사건 판결문의 경우 확정 전이라도 재판부가 허가하면 제3자에게도 공개(이때 반드시 익명처리를 한다)할 수 있지만, 피해자나 피고인이 열람제한을 신청한 경우에는 불허된다. 연대하는 피해자들에게는 판결서가 외부로 공개되는 것이 꺼려지면 신청하라고 권하는데, 이 제도를 아는 피해자들이 적고, 조력 과정에서 이를 적극적으로 알려주는 전문가들도 많지 않다.

2021년 10월에 《디스패치》와 L 사이트에서 조재범(40세, 남) 성폭력 사건의 재판 문건 내용이 유출[2]되었을 때도 판결서에 열람제한이 걸려 있지 않았다. 피해자 측에서 1, 2심 선고 직후 판결서 열람제한을 신청하지 않다가, 판결문 전문이 공개되자 2심 선고 후에 신청했다. 재판 후 외부, 특히 언론 등을 통해 판결문을 포함한 재판 기록물을 공개하는 성범죄 가해자들이 늘어나고 있으므로 적극적인 대비와 문제제기가 요구된다.

이 열람제한신청은 본인의 사건을 숨기고 싶어 하는 가해자(피고인) 측에서 오히려 적극 활용하기도 한다. 특히 성범죄자의 경우 재판이 진행 중인 상황에서 열람제한을 신청하는 경우가 있다. 2020년부터 진행된 디지털 성착취·성폭력 사건 재판에서도 '켈리' 신ㄱㅎ, '와치맨' 전ㅅㅅ, '도널드푸틴' 강ㅈㅁ 등이 판결서 열람제한을 신청해 현재 외부 공개가 불허된 상태다. 그 과정에서 당사자 지위가 아니라는 이유로 피해자까지 열람제한에 걸려, 자신의 사건인데도 판결서를 열람하지 못하는 일이 생기기도 한다. 물론 최근에는 피해자에게 허가하는 방향으로 가고 있지만, 나만 해도 스토킹 사건에서 제한에 걸려 바로 열람하지 못했다. 그래서 피해자들에게는 선고 전에 미리 재판 결과 통지와 판결서사본 송부를 신청하라고 권한다.

그러면 판결문에서 중점적으로 봐야 할 지점은 무엇인가? 일반인 대상의 방청연대/재판 모니터링 교육을 할 때 나는 '주문-이유'로 이어지는 단순 구도를 파악하는 데서 그치지 말라고 조언한다. 일반인들의 경우 대개 "피고인을 징역 ○년에 처한다"와 같은 '주문'에 집중해 선고형이 어떤지만 관심을 두는데, 그 선고형이 나오게 된 이유를 설명하는 부분을 더 세심히 봐야 제대로 된 비판이 가능하기 때문이다. 주문을 볼 때도 징역형, 금고형, 벌금형 등의 형종(형벌의 종류)과 형량뿐만 아니라 보안처분도 살펴보라고 말한다. 성범죄자들은 이 보안처분

주문 (재판의 결과)	형종	징역형, 금고형, 벌금형 등
	형량	징역 3년(집행유예 기준), 징역 10년(사실오인·양형부당 등의 사유로 상고할 수 있는 기준), 무기징역(가석방 여부), 벌금 500만 원(집행유예 기준) 등
	보안처분	전자장치부착, 보호관찰/보호처분, 신상정보 등록(10~30년), 신상정보 공개·고지(3~10년), 취업제한(최대 10년), 수강명령·이수명령(500시간 이내), DNA 채취 및 보관, 비자발급 제한 등
이유 (주문도달과정)	범죄사실	공소장에 기재된 공소사실(예: 죄명, 구성요건 등)
	증거의 요지	범죄가 될 사실을 인정하는 근거가 되는 증거자료의 요지
	법령의 적용＊	선고형이 결정되는 과정(예: 형종과 형량, 가중·감경요소, 양형인자의 반영 등)
	피고인 및 변호인 주장에 대한 판단	소송관계인이 내세우는 주장(예: 자백, 일부 유죄 인정, 무죄 주장 등)에 대한 재판부의 판단
	양형의 이유＊	유리한 정상(예: 정상참작감경 등), 불리한 정상

'＊' 표시는 연대자들이 시스템 감시를 위해 판결문을 읽을 때 '이유' 부분에서 반드시 확인하도록 권하는 필수사항이다.

의 수를 줄이기 위해 애쓰기 때문이다.

　　교육에서 '이유' 부문을 분석할 때는 항목들을 '필수사항'과 '선택사항'으로 나누어본 뒤 확인하라고 전달한다. 전문 교육을 받지 않은 일반인이 이해할 수 있는 범위 내에서 시스템 감시를 위해 반드시 확인이 필요한 부분은 '필수사항'으로, 독해가 어렵거나 2차 가해로 인한 트라우마 등의 반응이 우려되는 부분은 '선택사항'으로 분류해 설명한다.

　　필수사항은 '법령의 적용'과 '양형의 이유' 정도다. '법령의 적용'은 '법정형－처단형－(권고형: 양형기준 적용)－선고형'으로 이어지는 과정을 파악할 수 있는 부분이다. 여기서 법정형의 상한과 하한은 무엇인지(형

서울중앙지방법원

제 ○○ 형사부

판　결

사　건	2022고합○○○○	아동·청소년의성보호에관한법률위반(음란물제작·배포), 아동·청소년의성보호에관한법률위반(음란물소지), 성폭력범죄의처벌등에관한특례법위반(카메라등이용촬영)

피 고 인　　○○○(주민번호), 직장, 주거, 등록기준지

검　　사　　○○○(기소), ○○○(공판)

변 호 인　　○○○(국선 여부)

판결선고　　2022.○○.○○

주　문

피고인을 징역 ○년에 처한다.

피고인에게 40시간의 성폭력 치료프로그램 이수를 명한다.

피고인에 대하여 아동·청소년 관련 기관 등과 장애인복지시설에 각 5년간 취업제한을 명한다.

피고인에 대한 정보를 ○○년간 정보통신망을 이용하여 공개하고, 고지한다.

압수된 ○○○○○○○○○○를 몰수한다.

이　유

┌─────────┐
│ **범죄사실** │ ⋯ 공소사실을 파악하면서 죄명과 구성요건을 살필 수 있다. 그러나 피해 사실이 여과 없
└─────────┘ 이 드러나는 부분이기도 하므로 고통스럽다면 꼭 읽지 않아도 된다.

1. 아동·청소년의성보호에관한법률위반(음란물제작·배포)

2. 아동·청소년의성보호에관한법률위반(음란물소지)

3. 성폭력범죄의처벌등에관한특례법위반(카메라등이용촬영)

증거의 요지

1. 피고인의 법정진술
2. A에 대한 경찰 피의자신문조서
3. B에 대한 각 경찰진술조서
4. 텔레그램 대화 캡처, 메일 수발신 내역, 피해자 C(가명) 트위터 캡처

법령의 적용   ····→ 선고형이 어떻게 나오게 되는지 그 과정을 파악할 수 있다.

1. 범죄사실에 대한 해당법조 및 형의선택
2. 정상참작감경
   형법 제43조, 제55조 제1항 제3호(아래 양형의 이유 중 유리한 정상 참작)
3. 이수명령
4. 몰수
5. 공개명령 및 고지명령
6. 취업제한명령

피고인 및 변호인 주장에 대한 판단   ····→ 2차 가해를 기반으로 한 주장이 늘어져 있는 경우가 많다. 고통스럽다면 꼭 읽지 않아도 된다.

1. 주장의 요지
2. 판단
   가. 판시 제1의 범행에 대하여
   나. 판시 제2의 범행에 대하여

양형의 이유   ····→ 다양한 형태로 작성될 수 있으며, 사건을 바라보는 판사의 가치관을 확인할 수 있다. '유리한 정상'에 정상참작감경이 포함되어 있다면 그 이유를 꼼꼼히 살필 필요가 있다.

1. 유리한 정상
2. 불리한 정상

재판장 판사 ○○○   ····→ 판사의 이름이 전부 나오는 것이 일반적이지만, 익명으로 처리하는 법원도 있다. 부장판사 외에 주심 판사 이름도 기억할 필요가 있다.
　　　　판사 ○○○
　　　　판사 ○○○

* 추가로 '준수사항'과 '범죄일람표'를 덧붙이는 판결문도 있다.

종·형량에 대한 설명), 법률상 가중·감경요소(예: 누범, 경합범, 심신상실, 심신미약 등)와 재판상 감경요소(예: 정상참작감경 등)는 어떤 것이 있는지, 양형기준 가운데 특별·일반양형인자*는 무엇이 어떻게 반영되었는지, 그리고 결국 선고형은 어떻게 결정되었는지 파악해야 한다.

'양형의 이유'는 판사의 가치관을 가장 잘 볼 수 있는 부분이다. (피고인에게) '유리한 정상'과 '불리한 정상'으로 구성되어 있는데, 이를 일반 시민의 감수성과 상식의 선에서 분석·비판할 필요가 있다. 예를 들어 판사가 사건의 사회적 의미를 제대로 이해하고 있는지, 피고인이 반성했다고 판단하는 근거는 무엇인지, 피해자의 의사는 충분히 반영되었는지 등 세부 항목으로 나누어 체크해야 한다. 특히 '유리한 정상'에 정상참작감경이 나올 경우, 양형의 이유를 꼼꼼히 살펴야 한다. 정상참작감경을 적용하면 법관의 재량으로 법정형의 절반을 깎을 수 있는데, 그렇게 적용한 근거와 이유가 적절한지 분석해야 한다.

이미 가해자들과 그 조력자들은 기존의 판결문들에 나오는 양형이유를 철저히 분석해 유리한 결과를 도출하려고 노력 중이며, 그 전략을 공유하고 있다. 따라서 피고인들이 제출하는 각종 양형자료의 진정성과 적절성 등에 대한 문제제기를 위해서도 '양형의 이유' 분석은 중요하다.

선택사항은 '범죄사실'과 '피고인 및 변호인 주장에 대한 판단' 등이다. '범죄사실'의 경우, 공소사실을 파악하면서 죄명과 그 구성요건 등을 살피도록 권한다. 그러나 피해 사실이 여과 없이 드러나는 부분이기 때문에 고통스러울 수 있으므로 일반인의 입장에서는 굳이 보지

---

* 양형인자는 책임의 경중에 영향을 미치는 내용(감경인자, 가중인자)과 그 정도(특별양형인자, 일반양형인자)로 구분된다. 특별양형인자는 일반양형인자보다 형량에 더 큰 영향력을 미친다.

않아도 된다고 말한다. '피고인 및 변호인 주장에 대한 판단' 부분도 그 주장이 2차 가해를 기반으로 한 경우가 많아서 읽는 것만으로도 상처를 받는 이들이 있다. 실제로 이 부분을 읽다가 트라우마 등의 반응이 나타났다고 호소하는 방청연대자들이 있었는데, 그들에게도 읽을 수 있는 부분만 읽으라고 권한다.

몇 년에 걸쳐 판결문을 모아 분석하다 보니 판결문 작성이 판사들에게 왜 중요한 일인지, 왜 판사는 판결로 말한다고 하는지 시민의 입장에서 이해할 수 있었다. 그래서 주제별로 재판 과정과 판결문까지 엮어 분석하는 프로그램도 만들기 시작했다. 권력형 성폭력 재판이 한창이던 2019년 9월에는 〈마녀의 돋보기〉를 열었고, 2020년 8월에는 위력·위계에 의한 성폭력 사건들을 모아 분석한 〈판결문 톺아보기: 위력에 의한 성폭력〉[3]을 진행했다. 톺아보기 프로그램의 경우 '정치'(안희정), '연극'(이윤택), '종교'(이재록), '무용'(류○○), '체육'(손○○), '대학'(조기흥), '회사'(최호식), '상담'(김○○), '검찰'(김○○) 등 분야별로 나누어 접근했다. 각 판결문 속에서 '위력'에 대한 판단이 어떠했는지, 심급별 판단이 달라졌을 경우 어떤 부분에서 달라졌는지, 한계는 무엇인지, 어떤 부분이 의미 있는지 등을 일반인 입장에서 설명했다.

2021년 5월 2일에는 〈판결문 톺아보기: 2020년 디지털성범죄 재판을 중심으로〉를 온라인으로 열었다. 2020년 서울, 인천, 수원, 춘천, 대구, 안동, 창원, 제주 등 전국 법원에서 동시에 진행된 'n번방', '박사방', '프로젝트n번방' 등 디지털 성착취·성폭력 사건의 1, 2심 판결문을 모아 재판의 진행과 결과를 알렸고, 각 재판에서 의미 있는 지점들을 분석해 참가자들에게 전달했다. 물론 이 〈판결문 톺아보기〉 시리즈는 계속 이어갈 생각이다.

판결문 분석은 더 나아가 언론에 대한 감시의 일환이기도 하다.

언론사는 판결 내용을 전달할 때 주로 자극적인 측면을 강조하는 경향이 있으며, 그 판결이 실제로 어떤 측면에서 유의미하고 문제가 있는지 심층 분석하는 수준으로는 나아가지 못하고 있다. 대중이 자극적인 측면에 관심을 갖기 때문이라고 변명하지만, 실제 법조기자들이 수준 미달인 경우도 많이 봤다. 판결문을 멋대로 해석하기도 하며, 내용을 불균형하게 전달할 때도 있다.

재판 중인 사건의 판결문 제공 범위를 확대하라는 요구에 대해 법원이 긍정적으로 검토하고 있는 것으로 안다. 여러 부작용도 우려되므로 충분히 논의하고 대책을 마련해야 할 것이다. 군사법원의 판결문 공개 사태에서 볼 수 있듯,* 준비 없이 서둘러 공개 범위만 확대하면 피해자의 사생활이 드러나는 등의 추가 피해가 발생할 수 있기 때문이다. 개인정보 유출 문제에 대해서는 제공 전 정보 비공개 처리(비실명화 등)의 지침을 세부적으로 마련하고 적용하는 방향으로 가되, 외부 공개를 꺼려하는 이들을 위해 '판결서 열람제한' 신청 등을 제시하는 방법으로 보완할 수 있을 것이다. 화상정보나 범죄일람표 등의 경우, 일명 '레깅스 판결문'처럼 피해자와 사건을 특정해 추가 피해를 야기할수 있는 이미지가 포함되어 있다면 이를 판결문에 첨부하는 것이 적절한지, '범죄사실'의 경우 사실관계에 대한 설명을 어느 수준으로 조정할지 등에 대해서도 고민해야 할 것이다.

현직 판사들이 판결문 간소화를 주장한다는 기사를 읽은 적이 있다. 그러나 현재 판결문이 내용의 간소화를 주장할 만큼의 수준이던가? 범죄사실이야 재판부의 판단이 개입되는 지점이 아니므로 그 부

---

*　2021년 2월부터 군사법원은 군 형사사건의 판결문을 고등군사법원 인터넷 사이트 내 판결문 검색 서비스에서 검색·열람할 수 있게 했다. 그러나 비실명화 처리를 했다는 주장과 달리 피해자의 주소 등 개인정보가 유출되었다.

분을 상세히 적는 것은 판사들의 '말'과 큰 관련성이 없다. 그런데도 판사들이 이 부분을 상세히 적는 것에 비하면, 당사자들(피고인, 검사)의 주장에 대한 판단이나 양형의 이유를 설명하는 부분은 불친절하거나 부적절한 경우가 오히려 더 많다. 베낀 듯 똑같은 판결문도 전국 각지에서 목격된다. 판결문을 통해 말한다면서 그 말이 수준 미달인 것이다. 동일 주제(예: 성착취물 제작)에 대해 전국 법원의 판결문을 비교·분석해보면 판사들의 수준 차이는 명확해진다. 전문성이 결여된 대중들의 몰이해로 책임을 돌리는 판사들도 있는데, 우선 제대로 '말'하고 나서 외부의 책임을 논해야 할 것이다. 못 알아듣는 외부에 책임을 돌리기 전에, 설득력 있게 말하지 않은 본인의 능력 부족과 태만을 돌아봐야 한다.

한국은 판사의 재량에 대한 인정 범위가 매우 넓다. 그러니 판사의 판단에 대한 외부 평가도 그만큼 감수할 필요가 있다. 책임은 외부로 돌리면서 권위는 유지하던 시대는 지났다. 법원에 대한 신뢰를 회복하기 위해 우선 판사들부터 정확하고 설득력 있는 말하기를 해야 한다. 청중을 고려하지 않는 '말'은 설득력이 떨어질 수밖에 없다. 물론 시민들도 정보 공개의 범위가 넓어지는 만큼 판사의 '말'을 왜곡하지 않고 경청하면서 해독하기 위해 노력해야 할 것이다. 사법감시운동으로서 방청연대, 재판 모니터링과 연계해 판결문 분석을 강조하는 이유 중 하나도 잘 듣기 위한 것에 있다.

사법 감시는 욕하기 위해서가 아니라 시스템에 대한 신뢰를 회복하기 위해서 필요하다. 사법 시스템에 대한 신뢰를 구축하는 일은 피해자, 약자, 소수자를 위해 중요하다. 그러려면 내외부 모두 이해와 소통을 포기하지 말아야 한다. 긴장과 갈등, 평가를 두려워하지 말아야 한다.

시스템은
사람이
바꾼다

"법을 바꿔야지."

성폭력 사건이 발생하면 늘 듣는 말 중 하나다. 물론 입법으로 해결할 문제가 있다. 나 역시 연대 활동을 하면서 입법적 과제까지 검토한다. 그러나 그 법이 어떻게 해석되고 적용될지에 대한 고민이 동반되지 않으면, 입법을 통한 문제 해결은 착시에 머무를 위험성이 있다. 또한 진행형의 싸움을 하는 피해자들에게 미래 지향적인 저 말은 너무 멀다. 그들에게는 법이 바뀌기를 기다릴 시간이나 기회가 없기 때문이다. 그래서 연대할 때 사람과 시스템 모두를 고려하려고 노력한다. 결함 있는 현재의 시스템 속에서 한 사람의 피해자를 위해 충실히 싸우되, 현 시스템의 결함을 인식하고 바꾸기 위해 노력할 것. 그래서 '혼자' 하는 연대에서 '시스템'을 바꾸는 연대로 나아가기로 했다.

피해자와의 일대일 직접연대에 집중했던 연대 초기에는 외부와의 소통과 협업에 부정적이었다. 관계 형성, 신뢰 구축, 책임 분산 등을 할 만한 여유가 없었기 때문이다. 긍정적인 연대 결과가 쌓이면서 기쁘기도 했지만, 얼마 지나지 않아 한계에 직면했다. 시스템 전반에 대한 검토와 문제제기, 변화를 위한 노력이 없으면 내가 하는 연대는 개별적이고 특수한 사례에 머물 수도 있다는 현실을 인식한 것이다. 사람과 시스템, 이 모두를 고민하게 된 이유다.

우선, 연대나 지지기반이 없는 성인-비장애-빈곤층 피해자가 피해 이후 일정 시간이 지나 '지연 고소'를 하는 상황을 설정한 뒤 이를 기준으로 사법 시스템 전반을 점검했다. 현행 시스템이 문제가 있다는 말들은 많지만, 피해자의 입장과 시점에서 시스템을 분석하는 작업은 미흡하다고 판단했기 때문이다. 피해 인지부터 수사와 재판, 피해 회복의 과정 등을 피해자의 시각과 입장을 바탕으로 짚어나갔다. 각 단계별로 피해자들은 어떤 상태인지, 무엇이 필요한지, 현시점에서 지원 가능한 조력은 어떤 것이 있는지, 현행 법체계 내에서 해결이 가능한 부분과 불가능한 부분은 무엇인지 등을 정리했다.

반성폭력 활동가·단체, 성폭력 상담기관, 피해자 지원센터, 변호사, 경찰, 검찰, 법원, 연구기관, 언론 등 한 명의 피해자가 사법 시스템 아래에서 문제를 해결하는 과정 중에 마주칠 수 있는 조직들과 사람들에 대해서도 점검했다. 시스템에 대한 불신의 이면에는 그 시스템 속 사람들에 대한 불신과 몰이해가 깔려 있기 때문이다. 불통과 반목, 비방과 오해로 점철된 시스템이 피해자의 회복과 일상 재구성을 위해 기능할 수는 없다. 각 분야의 사람들을 만나기 시작한 것도 그래서다. 시스템에 대한 신뢰를 회복하기 위해서는 비판하는 일 못지않게 서로 소통하고 이해하려는 노력을 해야 한다. 시스템을 만들고 움직이는 것은 결국 '사람'이기 때문이다.

익명의 개인 활동가가 만날 수 있는 사람들이 얼마나 될 것이며, 그렇게 해서 만난 이들과 '진심'을 나눌 수 있겠느냐는 말을 듣기도 했다. '개인'으로 서야지 '우리'라는 인적 관계망을 구축하는 것은 앞선 세대의 문제를 답습하는 게 아니냐는 비판도 접했다. 물론 나도 연대 초기에는 '사람'과 '관계'에 대해 지극히 폐쇄적인 입장을 취하곤 했다. '개인'으로 혼자 문제를 해결하는 일에 집중한 적도 있었다. 그래도 결과가 좋게 나오니 맞다는 착각을 한 적도 있었다.

그러나 이는 '사람'을 이해하는 기준과 태도의 재정립으로, '관계망'을 만드는 방식의 변화로 그 한계를 일정 부분 극복할 수 있다. 나는 학연이나 지연 등 기존의 연결망을 통해 만나는 사람들이 거의 없고, '유사가족' 형태의 끈끈한 인간관계를 만들지 않는 편이다. 그런 연결망이 없어도 사람들과 신뢰를 쌓을 수 있으며, 연대를 지속할 수 있다. 이해관계로 얽히거나 사적인 친밀함으로 묶이는 일이 적기 때문에 좀 더 자유롭게, 적정거리를 유지하면서 다양한 이들과 함께 시스템 회복을 위한 노력을 기울일 수 있다.

2019년 말부터는 판사들과 일정한 관계를 유지하고 있다. 2019년 10월, 의정부지법의 일명 '레깅스 판결'이 나오자 현직 판사들이 문제 제기를 했다. 판결문 원본에 피해자의 사진을 첨부하는 방식은 피해자의 인격권을 침해할 수 있다는 상식적인 지적이었다. 그럼에도 다른 판사의 재판 진행이나 판결에 관여하지 않는 것을 철칙으로 삼아온 판사들 내부에서 나온 목소리였기에 의미가 있다고 생각했다. 그러다 그해 11월, 젠더법연구회에서 인터뷰 제안을 받았다. 법정 밖에서 성폭력 피해 생존자와 판사들이 갖는 최초의 만남에 초대된 것이다.

이 만남을 일회성 이벤트로 만들 수는 없었다. 전문성·책임감·신념을 바탕으로 판사들에게 신뢰를 얻어야 했고, 나 역시 그들을 신뢰할 수 있는지 냉정하게 판단해야 했다. 그들을 제대로 비판하고 감시하기 위해서라도 적절한 거리를 두고 평가해야 했다. 사전에 인터뷰 기획 의도를 분석하고, 질문지를 받고, 구글폼을 활용한 피해자 대상 설문조사를 제안한 것 모두 상호 신뢰를 쌓아가는 과정이었다.

이어 연말에는 전국 각지에서 모인 판사들과 질의응답을 진행했다. 인터뷰 도중 판사들끼리 토론하는 과정을 지켜보면서 그들을 신뢰하게 되었다. 그들은 갈등을 두려워하지 않았고, 외부의 목소리를 경청할 준비가 되어 있었으며, 행동으로 옮기려는 자세가 되어 있었다. 지난할 것이 예상되지만 이들과 함께하면 바꿀 수 있겠다고 생각했다. 문제의식이 있는 소수의 내부인들만 모였다는 한계 속에서도 변화에 대한 희망과 확신이 생겼다. 익명의 개인 활동가가 지연이나 학연 같은 그 어떤 전통적인 관계망에도 기대지 않고 사법 시스템의 한 축을 만나 함께 고민하며 일을 하게 된 것이다.

이후 판사 13인은 2020년 3월 '아동·청소년 이용 음란물' 범죄에 대한 양형기준의 전면적 재검토를 요청하는 글을 법원 내부 통신망인 '코트넷'에 올렸다. 그 글에는 당시 대법원 양형위원회가 실시한 법관 대상 설문조사와 관련해 '보기'로 설정된 양형이 지나치게 낮다는 등의 지적도 포함되었다. 그 후 판사들이 '디지털 성범죄'에 대해 외부 활동가들의 목소리를 듣고 싶다는 연락을 해왔다. 하지만 당시에는 'n번방', '박사방' 등 다양한 디지털 성범죄 사건의 재판이 한창 진행 중이었고, 디지털 성범죄 전문가로 분류할 수 있는 이들의 나이가 기존 전문가들에 비해 상대적으로 어렸기 때문에, 보수적이고 폐쇄적이며 권위적인 법원 내부에서 이런 기획이 실현 가능할지 걱정이 들었다. 한편으로는 이러한 기획을 만들기까지 어떤 어려움이 있었을지도 짐작이 갔다.

이런 상황에서 변화를 위해 움직이는 내부인들과 연대하는 방법은, 전문성 있고 신뢰할 만한 외부 활동가들을 연결하고 그 결과물을 외부로 알리는 것이라고 생각했다. 그래서 2020년 봄, DSO(디지털성범죄아웃)와 리셋ReSET 전·현직 활동가들이 인터뷰와 강연 등을 통해 판사들과 만날 수 있도록 주선했다. 그해 가을에는 성범죄 재판을 점검하기 위해 젠더법연구회가 주최한 포럼 〈성범죄 재판, 함께 돌아보기: 보호법익, 재판실무, 시민사회의 시선으로〉에 참여해 외부의 의견을 전달하기도 했다. 이렇게 하나씩 법원 내외부의 '사람'들이 사법부에 대한 신뢰를 쌓고 변화를 만들기 위해 노력 중이다.

연대 활동을 시작한 이후 다른 활동가나 단체와의 소통·협업도 지속하고 있다. 사법 시스템을 활용한 연대는 기존의 시스템을 활용하는 것이기에 상대적으로 소극적이고 폐쇄적인 방식에 머무를 위험이 있다. 하지만 지속적으로 반성폭력 운동을 해온 단체들과 소통·협업하면 그런 위험에서 어느 정도 벗어날 수 있다. 한국성폭력상담소, 한국여성의전화, 한국여성민우회 등 반성폭력 단체들은 안정적이고 지속적인 피해자 지원을 담당한다. 연대나 지지기반이 없는 피해자들에게 이들 단체의 상담과 지원을 받도록 권하는 이유다. 국가기관이 피해자 보호와 지원을 모두 담당하면 좋겠지만, 현실적으로 한계가 있는 상황에서 기존 단체들의 다양한 프로그램은 그 공백을 일정 부분 메울 수 있다. 따라서 이들과의 협업은 연대의 확장을 위해서도 필수적이다. 외부 감시를 해온 이들의 문제제기를 경청하지 않으면 연대는 정체되기 쉽다.

2020년부터는 지역에 기반을 둔 반성폭력 단체와 만나려 노력 중이다. 전국의 수사기관과 법원을 돌아다니면서 지역의 특수성을 반영한 반성폭력 운동이 얼마나 필요한지 절감했기 때문이다. 수도권 중심의 연대 방식은 다른 지역에 맞지 않는 경우도 있고, 실제로 피해자를 보호하고 지원하는 일은 그 지역 활동가들과 단체들이 해야 하기 때문에 끊임없이 정보를 주고받으며 서로 배워야 한다.

또한 새로 만들어진 반디지털성폭력 단체들, 활동가들과도 지속적으로 만나며 협업하고 있다. 2015년 이후 등장한 이들은 대개 익명의 일반인 여성들로, 활동 계기나 방향이 나와 비슷하기 때문에 적극적인 소통이 가능했고, 여러 성과도 함께 낼 수 있었다. 그중 DSO를 알게 된 것은 2015년이다. 이들은 국내 최대 성착취·성폭력 사이트였던 '소라넷'의 폐쇄를 이끌어냈으며, '디지털 성범죄'라는 용어를 정착시켰다. 그들이 '소라넷아웃프로젝트'에서 'RPO(리벤지포르노아웃)'으로, 그리고 'DSO(디지털성범죄아웃)'로 이름을 바꾸며 디지털 성범죄와 맞서기 위해 어떤 활동을 했는지, 어떤 성과를 거두었으며 어떤 어려움에 처했는지 곁에서 지켜봤다. 이들은 2020년 초 내외부적으로 번아웃된 상태에서 활동을 마무리했지만, 여전히 각자의 위치에서 반디지털성폭력 활동을 펼치고 있다.

그래서 앞서 언급했듯 2020년 봄 젠더법연구회와의 연결을 주선한 것을 시작으로, 이들을 사법 시스템 내부로 끌고 왔다. 그리고 DSO 전 활동가에게 부탁해 리셋 활동가들과도 만나게 되었다. 이것이 내가 그들과 함께하는 방식이었다. 물론 그들의 전문성에 대한 자신이 없었다면 제안조차 하지 않았을 것이다. 사법 시스템 종사자들의 신뢰를 얻기 위해서는 '진정성'을 뒷받침할 만한 역량이 있어야 하기 때문이다.

2019년 말에 등장한 리셋은 디지털 성범죄 수사와 재판 과정에 적극적으로 개입하고 있으며, 법무부 디지털성범죄 전문위원으로 위촉되어 활동하다가, 2022년 5월 위원회 간사인 서지현 법무부 디지털성범죄대응 태스크포스(TF) 팀장에 대한 법무부의 인사조치 이후 사퇴했다.[4] '텔레그램'으로 대표되는 최신 디지털 환경에 대한 폭넓은 이해를 바탕으로 관련 범죄들을 체계적으로 분석한 그들의 활동은, 디지털 성범죄의 수사 방식과 양형기준 설정 등에 의미 있는 변화를 가져온 동력이 되었다. 운동에 대한 신념과 전문성을 갖춘 젊은 활동가들을 사법 시스템 내부와 연계하는 것은 틀을 깨는 과정이자, 시스템 감시와 변화의 시발점이 되고 있다.

전국 각 법원에서 만난 엔드eNd와의 소통과 협업 역시 중요했다. 시위팀으로 출발한 그들은 코로나19로 오프라인 활동에 제약이 생기자 방청연대로 연대 방향을 조정했다. 이제 그들은 디지털 성범죄 재판이 진행되는 전국 각 법원에서 재판을 모니터링하며 방청기를 온라인에 공개하고 있다. 서울, 인천, 수원, 춘천, 안동, 대구, 제주 등 어디를 가도 만나게 되는 그들의 존재는 개인적으로 혼자 전국 법원을 돌아다녔던 내게 큰 힘이 되었다. 일반인 연대자들이 각 법원에서 재판을 방청하고 관련 내용을 기록으로 남기고 있다는 것, 매주 디지털 성범죄 재판 일정을 알리며 일반인들의 방청연대를 독려하는 또 다른 활동가들이 있다는 것은, 연대의 확장인 동시에 일반인의 사법 시스템 감시가 본격적으로 시동을 건 것이라고 볼 수 있다.

변호사들과의 소통과 협업도 지속하고 있다. 성폭력 상담기관의 활동가와 변호사의 중간 위치라고 내 자신을 소개하기도 하지만, 특히 피해자의 입장에서 법률 전문가인 변호사가 어떤 의미인지는 당사자로서도 잘 알고 있다. 변호사들과의 소통을 본격적으로 고민하기 시작한 것은 2018~2019년에 서울 소재 로스쿨 학생들을 대상으로 몇 차례 강연을 하면서부터다. 그 과정에서 피해자를 조력하기 위해 로스쿨에 들어왔지만, 관련된 교육이 부재하거나 부실해 아쉽다는 말을 들었다. 성폭력 피해자를 조력하려면 트라우마에 대한 이해부터 시작해 수사·재판 과정 전반에 걸쳐 피해자의 상태를 파악하고 적합한 전략을 취해야 하는데, 그런 교육 없이 현장에 내몰리고 있었던 것이다. 그러다 보니 신념을 가지고 로스쿨에 들어와 변호사가 되어도 금방 소진되는가 하

4 잊히기 위한 연대

면, 조력 과정에서 피해자들은 오히려 더 큰 상처를 받기도 한다.

　　이후 변호사 대상의 교육 과정과 내용에 대해 고민하면서 현직 변호사들과 개선 방법에 대해 논의하기도 했다. 미국 로스쿨에는 피해자의 트라우마를 이해하고 변론할 수 있도록 교육 과정이 만들어져 있다는 이야기를 들었는데 그런 교육이 한국에서도 가능한지, 로스쿨을 졸업하고 변호사가 된 후에는 관련 교육이 있는지, 그런 교육은 실효성이 있는지 등 많은 이야기를 나누고 있다. 또한 서울 외 지역의 변호사들도 만나 서울 중심의 시스템 운용과 피해자 지원에 대한 문제의식도 공유했다. 아울러 피해자 국선변호사의 역할과 한계, 각 지역의 특수성 등에 대해서도 전해 들었다. 앞으로는 피해자 변호사의 역할을 정리하고 이에 대한 인식을 확립하기 위해 현직 변호사들과 함께 작업할 예정이다. 감정적 과몰입이나 몰이해를 모두 지양하고 적정거리를 유지하면서 전문적으로 조력할 수 있는 변호사들을 양성하는 일은 피해자를 위해, 시스템의 변화를 위해 매우 중요하다.

　　검찰과 경찰의 수사 과정에 대해서는 2021년부터 더 적극적으로 문제제기를 하고 있다. 부적절한 판결은 결국 부실한 수사와 공판 과정을 거쳐 나오기 때문이다. 검경수사권 조정 등 수사 시스템 전반에 중요한 변동이 있었던 만큼, 경찰과 검찰이 그 변화에 잘 적응하는지, 문제는 없는지 외부 감시를 적극적으로 할 때가 왔다.

　　나는 2021년 1월과 7월, 두 차례에 걸쳐 법무연수원에서 신임 검사들을 대상으로 교육을 진행했다. 2021년부터 검경수사권 조정이 이루어졌고, 2022년부터 검찰 피신조서의 증거능력이 약화된 현시점에서, 비대해진 경찰을 견제하고 공판에 충실히 참여해서 입증책임을 다하는 모습을 볼 수 있게 해달라는 것이 강연의 요지였다. 쉬는 시간에는 현직 검사들의 고충과 신임 검사들이 품은 기대·우려를 전해 들을 수 있었다. 내가 하는 연대는 그 특성상 문제제기와 (적어도) 해결 방향의 제시를 함께 고민해야 한다. 따라서 현장의 목소리를 듣는 것은 매우 중요하다.

그러나 여전히 검찰은 권위적이며 반인권적이고 폐쇄적이라는 평가에서 자유롭지 않다. 게다가 2022년에 임기가 시작된 검찰 출신 대통령의 공약에 검경수사권 재조정, 검찰 독립성 강화 등이 들어 있었기 때문에 '검찰공화국'을 우려하는 목소리도 많다. 이런 흐름 속에서 내가 할 일은 수사와 공판 단계에서 검사가 해야 할 일과 관련해 절차별 체크리스트와 시민 평가 시스템을 만드는 것일 테다. 검찰이 권력의 하수인이 될 것인지, 아니면 시민의 편이 될 것인지 계속 지켜볼 것이다.

경찰은 일선에서 피해자들이 가장 먼저 만나는 전문가라는 점에서 중요하지만, 부족한 인권 감수성으로 인해 형사사법 절차의 첫 단계에서 피해자들을 고통에 빠트리는 또 다른 가해자가 되기도 한다. 특히 검경수사권 조정 이후, 수사권의 상당 부분을 가져간 경찰이 불어난 덩치만큼 제 역할을 할 수 있을지 피해자들은 불안해한다. 실무에서 문제가 없을 거라고 보는 경찰 수뇌부의 판단도 현장과 격차가 크다. '견제와 균형'이라는 검경수사권 조정의 목표를 상기한다면 경찰에 대한 외부 감시는 앞으로 더욱 절실하다. 다행히 2019년에 기획한 〈마녀의 필리버스터〉에 경찰 수사관이 참여한 적이 있었고, 수사 과정의 2차 가해 사례들도 많이 정리해둔 상태다. 따라서 직접 소통은 어렵더라도 매뉴얼과 체크리스트 등을 만들어 정교하게 비판할 계획이다.

세미나에서는 해바라기센터, 스마일센터 등 성폭력 피해자를 지원하는 각종 기관의 종사자들과 만나기도 했다. 현 시스템에도 이처럼 피해자를 보호하고 지원하기 위한 기관들이 존재하기 때문에 이를 적극적으로 활용할 방법을 아는 것은 매우 중요하다. 그러나 이러한 정보는 외부에 잘 알려져 있지 않고, 기관의 상황에 따라 변동도 심하다. 따라서 기관 중심의 조력이 안정되기 위해서라도, 종사자들과 소통하고 협업하는 일은 중요하다. 이에 각 기관 종사자들과 소통할 수 있는 시스템을 만들어 피해자들이 기관을 언제 어떻게 활용하면 좋을지, 현장에서는 어떤 문제가 발생하는지 등에 대해 의견을 나누는 기획을 구상하고 있다.

언론사 기자들과의 협업도 지속하고 있다. 연대와 수사·재판 모니터링을 하면서 느낀 언론의 문제점을 지적하고, 피해자의 말을 안전하고 효과적으로 전달할 창구를 만들기 위해서다. 나는 성폭력 피해자들이 가짜뉴스 때문에 고통받은 다양한 사건에 연대했던 터라 언론과 방송에 대한 불신이 깊은 편이지만, 그래서 더욱 변화를 시도하고 피해자의 말을 경청하려는 기자들과 소통을 멈추면 안 되겠다고 생각한다. 성폭력 사건을 공론화하는 과정이나 피해자 인터뷰 단계의 협업부터, 수사·재판 과정에 나타나는 문제점과 해결책, 특정 사건의 사회적 의미에 대한 종합적 분석까지 만날 때마다 의견을 주고받는 중이다. 언론에 문제제기를 시작했던 2015년 이후 많은 변화가 있었지만, 앞으로도 언론의 힘이 긍정적인 방향으로 발현되도록 감시를 지속할 예정이다.

각 연구기관에 대한 감시와 소통, 협업도 진행 중이다. 연대를 하다 보면 공신력 있는 자료를 바탕으로 싸워야 하는 경우가 생긴다. 그럴 때 각 기관의 통계자료, 연구보고서 등이 매우 유용한데, 이 자료들은 때때로 피해자들의 입장이 제대로 반영되어 있다고 보기 어려운 지점들도 존재한다. 수사와 재판의 과정 중 발생하는 2차 가해 등을 다루면서 정작 피해 당사자의 목소리가 빠져 있거나, 설문조사 문항이 부적절한 경우 등이 그러하다. 어떻게 해야 이러한 연구가 피해자들의 상황과 상태를 적절하게 반영할 수 있을지 같이 고민해야 한다.

아울러 의료계와의 협업도 본격적으로 진행할 예정이다. 연대하는 피해자들이 피해 회복 과정에서 정신과 전문의 등을 만날 때 그 옆에서 알음알음 의견을 듣고는 있지만, 실제 이런 전문가들의 의견이 사법 시스템에 효과적으로 반영되려면 더 많은 노력이 필요하다. 성폭력 피해자들이 안심하고 찾을 수 있는 의료기관의 리스트를 정리하는 기초적인 작업부터 PTSD 등 피해자에게 나타나는 각종 신체적·정신적 증상에 대한 정리까지 할 일이 많다.

문화·예술·체육계 종사자들과의 협업도 기획 중이다. 연대 초기부터 피해 회복을 위한 방식으로서 삶을 다채롭게 채우는 분야들에 관심이 있었는데, 문화·예술·체육계가 일정 부분 그 역할을 할 수 있다고 생각한다. 전시 외에도 피해자가 직접 참여할 수 있는 다양한 프로그램을 개발하고 싶다. 물론 지금도 국가기관 등에서 예술치료 등의 명목으로 피해자 지원 프로그램을 운영하지만, 프로그램의 질이 떨어지는 경우가 많다. 각 프로그램에 대한 실태 조사를 비롯해 그 실효성에 대한 분석까지 할 일이 쌓여 있다. 이 밖에도 다양한 분야의 전문가들 및 일반인들과도 소통과 협업을 지속할 것이다. 이들이 산발적으로 흩어져 있는 현 상황에서는 피해자가 제때 제대로 된 조력을 받아 문제를 해결하고 일상을 다시 만들기가 어렵다. 그래서 이러한 종합적인 문제제기와 더불어 시스템과 사람에 대한 이해를 이어가려고 한다.

2022년 들어 본격적으로 피해자, 약자, 소수자에 대한 혐오를 활용해 정치 장사를 하는 이들의 목소리가 커지고 있다. 그 과정에서 시스템에 대한 문제제기는 묻히고, 피해 회복과 일상 재구성을 피해자 개인의 몫으로 돌리려는 흐름도 보인다. 전문가의 이름을 내걸고 구조적 차별과 혐오를 부정하면서 오히려 구조적 차별과 혐오를 견고히 하

4 잊히기 위한 연대

는 곡학아세의 사례들도 목격하는 중이다. 그러나 그들은 틀렸다. 그리고 그런 흐름을 방치해서는 안 된다. 지금이야말로 구조를, 시스템을 바꾸고, 그 시스템이 피해자·약자·소수자를 보호할 수 있게 감시해야 한다.

시스템은 사람이 만들고, 사람이 움직이며, 사람이 바꾼다. 시스템 속 사람들의 상호 이해와 소통, 비판과 견제는 분리되지 않으며 함께할 수 있다. 연대의 목표를 생각해야 한다. '사람'만을 욕하거나 '시스템'으로 모든 문제를 돌리면 편하다. 그러나 피해자 연대는 그런 배설의 쾌감을 지양해야 한다. 피해자 연대는 피해자의 말, 시간, 자리를 보호하는 방향으로 가야 한다. 시스템과 사람을 이용해 문제를 해결해야 하는 것이다.

'-디'가

되기
위해

2015년 이후 온라인을 매개로 다양한 연대 활동이 이어졌고, 기관의 활동가 양성 프로그램 등을 거치지 않은 일반인 연대자들의 비중이 커졌다. 이렇듯 연대의 확장은 급변하는 시대의 흐름에 기민하게 대응할 수 있다는 장점이 있지만, 연대 과정에서 시행착오나 갈등이 증폭할 위험성도 내포한다. 실제로 많은 이들이 결국 연대 활동을 중단했다.

활동가들의 번아웃(소진) 현상은 기존의 반성폭력 활동에서도 지적되어왔다. 전업 활동가의 경우 불완전한 고용 상태와 낮은 임금, 공사 구분이 불명확한 일처리 등에서 오는 여러 문제뿐 아니라, 피해자들과 연대하는 과정에서 겪게 되는 여러 심리적인 문제, 외부 공격에 대응하면서 발생하는 어려움도 있을 것이다. 어떤 형태의 연대든 신념만으로, 그저 버티는 것만으로 활동을 지속하는 것은 한계가 있다.

전주에 가서 씬 씨를 만났다. 그는 2015년 이후 반디지털성폭력 활동을 하다가 중단한 뒤 새로운 일상을 살고 있다. 원망이나 억울함을 내세우기보다는 활동가로서의 나를 걱정하는 그와 반디지털성폭력 활동에 대해 진단하고, 방향성에 관한 이야기를 나누며 시간을 채웠다. 가끔 안부를 전하는 그에게 내가 할 수 있는 최대한의 애정과 존경의 표시는 내 위치에서 할 일을 제대로 하는 것이 아닐까 한다. 이렇게 자의로든 타의로든 소진되어 사라진 많은 여성들을 생각하면 마음이 아리다. 사람을 귀하게 여기지 않는 활동이 무슨 의미가 있을까.

　지금이라고 해서 많이 변했을까. 반성폭력 활동은 그 자체로 활동가들을 극한으로 몰아가는데, 여기에 활동가들 사이의 세대갈등과 인물 중심의 활동이 지니는 한계가 더해질 때도 많다. 특히 반디지털성폭력 활동가처럼 전문성을 기반으로 새로운 분야를 개척해야 하는 이들의 경우, 소수의 역량과 희생에 기대는 방식으로 연대 활동을 한다. 외부의 후원이나 조력이 없는 상태에서 이렇게 사람을 갈아가며 하는 연대는 당연히 소모적일 수밖에 없다. 선의를 내세워 착취를 정당화하는 연대가 지속되기는 어렵다. 많은 이들이 이렇게 사라졌다. 정신과 전문의인 왓슨 씨와 계속 이야기한 지점도 이 부분이었다. 2018년 이후 나는 성폭력 피해자를 대상으로 하는 감각 자극 프로그램에 대해 왓슨 씨와 이야기를 나누면서 활동가들과 연대자들에 대한 고민도 공유했다. 번아웃 상태에 빠진 활동가들을 위한 프로그램, 그들을 대하는 태도나 자세, 개인·단체·사회가 고민해야 할 지점에 대해 이야기했다.

　하지만 현실은 여전히 활동가들의 번아웃을 막거나 그들의 회복을 돕기 위한 장치가 부족한 상태다. 더구나 전문적인 교육을 받지 않고 연대 활동에 뛰어든 이들의 경우, 공감과 분노를 동력으로 활동에 몰입하다 자신의 삶 전반이 흔들리기도 한다. 이런 사람들의 스트레스나 트라우마를 이해하고 회복을 돕기 위한 보호 장치가 만들어져야 한다. 기존의 성폭력 상담기관의 경우 활동가들을 위한 보호 프로그램 등이 늦게나마 만들어진 것으로 안다. 그러나 이제 연대 활동은 전업 활동가로 국한되지 않기 때문에 이에 대한 고민을 해나갈 필요가 있다. 일반인 연대자들을 대상으로 한 교육 프로그램을 기획하는 이유도 여기에 있다.

나 역시 이런 번아웃(소진)에 대한 고민이 있다. 원래는 내가 피해를 입고 문제를 해결했던 기간인 만 4년에 맞추어 연대 활동을 기획했다. 혼자서 힘들었던 그 시간만큼 사회에 돌리면 내 몫은 끝난다고 생각했기 때문이다. 나는 운동이나 활동에 온 생을 바치는 숭고한 이들처럼 될 수도 없고, 될 생각도 없었다. 난 기본적으로 무언가를 위해 희생하거나 낭비하는 사람이 아니다. 그래서 연대 초기에는 깔끔하게 내가 할 수 있는 일만 하고 떠나려고 했다. 기한을 정하고 시작한 연대였기 때문에 사적인 이익이나 시간을 포기하고 연대에 집중할 수 있었다.

2019년 12월 31일, 활동명 '마녀'를 버리고 연대 활동의 중단을 선언했다. 이 또한 원래 계획보다 1년 정도 늦춘 것이다. 활동 시작 후 만 4년이 되는 2018년에 마무리하려고 생각했으나, 2018년 전방위로 확산된 성폭력 피해자들의 고발을 조력할 필요가 있어 한 해 정도 미루었기 때문이다. 연대 자체를 아예 그만두는 것은 아니었고, 활동가의 개성이 뚜렷이 드러나는 '마녀'로서의 활동을 중단하기로 했다. 활동가 개인에게 집중되는 형태의 운동이 갖는 한계 때문이다.

나는 성폭력 피해 당사자와 개인 활동가의 정체성 모두를 지닌 내가 어떤 상징이나 표본이 되는 것을 극도로 경계했다. 익명 활동을 고집한 이유에는 개인인 내게 초점이 맞춰지는 것을 막기 위한 것도 있었다. 그래서 2020년부터는 철저히 그림자로 돌아가려 했다. 피해자와 연대자를 위한 각종 매뉴얼과 체크리스트를 만들며 서서히 연대 활동을 마무리하려고 했다. 전문가가 아닌 개인 활동가의 마무리로서는 적절하다고 판단했다.

그러나 삶이라는 게 언제나 계획대로, 내 뜻대로만 흘러가는 것은 아니다. 2019년 말, 판사들과의 만남 이후 연대 계획 전반을 수정했다. 흐름을 읽어 종합적으로 상황을 판단하고, 돌발 변수에 즉각적으로 유연하게 대응하는 것이 연대자로서 내가 지닌 능력 중 하나인데, 판사들과 만나면서 아직은 쉴 때가 아니라고 판단했다. 지금이 사법 시스템 내부로 성폭력 피해자들과 활동가들의 목소리를 전달할 때이며, 특히 반디지털성폭력 활동과 관련해서는 사법 시스템 변화를 위한 내부의 움직임이 있는 이때, 내가 가교 역할을 하며 내외부 공조에 기여해야 한다고 생각한 것이다.

의지야 충만했지만 몸은 그 의지를 배반하려 했다. 교통사고와 과로가 겹치고 수면의 질이 계속 떨어지면서 몸 상태가 최악이었고, 2020년과 2021년에는 병원 신세를 지기도 했다. 누워 있으면서 '대체 가능한 인물'이 되어야겠다는 생각을 굳혔다. 내가 연대 활동을 지속하지 못하는 상황은 언제든지 발생할 수 있기 때문이다. 그래서 2020년 이후 내 역할을 '연결어미'로 잡았다. 피해자이자 활동가로서의 개성이 강하게 드러나는 '마녀'라는 활동명을 버리고 '연대자 D'로 활동명을 바꾼 후부터 간접연대 비중을 늘린 것도 그 이유에서였다. 'D'라는 활동명은 한국어 형용사의 연결어미 '-디'에서 따온 것이며, 이는 기본적으로 그림자나 가교로서의 역할에 충실하겠다는 의지의 표명이다.

2020년 이후 '사람'과 '관계'에 대한 고민을 이어가며 많은 이들을 만난 것도 이 때문이다. 원래 나는 낯을 많이 가리고, 깊이 있는 교류에 폐쇄적이며, 나서는 것을 귀찮아하는 성격이라 사적 영역에서는 나 자신에 집중하는 경향이 있지만, 연대자로서 '나'는 달라야 한다. 한 명의 성폭력 피해자는 피해를 인지하고 문제를 해결하는 과정에서 많은 사람들을 만나게 된다. 나는 연대자로서 피해자 외에도 피해자가 만나는 사람들을 이해하고, 그들과 교류하며, 그들에 대한 감시와 협업을 동시에 해내야 했다.

그래서 반디지털성폭력 활동가들과 판사들의 만남을 연계했고, 각 지역에서 활동하는 변호사들을 만났으며, 기존 혹은 신생 반성폭력 단체들이나 활동가들과도 꾸준히 소통했다. 언론과의 접촉 빈도를 늘린 것도 2020년부터다. 《한겨레21》에 기고하기 시작했고, 공중파 방송에 인터뷰이로 나서기도 했으며, '닷페이스'의 영상 제작에 응하고, 성폭력 피해자들과 언론의 연계도 시도했다. 수사기관이나 피해자 지원기관과의 소통을 늘리고, 각 분야별 전문가들도 지속적으로 만난다. 그렇게 피해자와 그들을, 그리고 사람과 시스템을 연결하는 활동가가 되기 위해 노력하고 있다.

2021년부터는 '대체 가능한 인물'이 되기 위한 여러 작업을 더 진행했다. 나는 괜찮다고 생각하지만, 내 기대와 달리 나는 많이 소모된 상태이고, 언제든 문제가 발생할 수 있다. 활동 중 잘못을 저지르기도 했으며, 앞으로도 그럴 위험성은 존재한다. 내가 빠지더라도 연대는 지속될 수 있게 만들어야 한다. 개인의 느낌이나 감에 의존해 책임질 수 없는 연대를 해서는 안 된다.

그래서 1년 동안은 미뤄둔 작업들에 집중했다. 코로나19 때문에 오프라인 활동에 제약이 생긴 만큼 온라인 활동의 폭을 넓히려 했다. 〈D의 파문〉이라는 이름으로 온라인 세미나를 열었고, 〈판결문 톺아보기〉 시리즈 역시 주제를 정해 지속하고 있으며, '재판 모니터링 교육'도 온라인 교육을 병행해 진행 중이다. 앞으로는 '지연 고소'를 하는 성폭력 피해자들을 위해 수사와 재판 과정을 다룬 각종 매뉴얼, 체크리스트, 시나리오 등의 작업에 본격적으로 들어간다. 수사기관과 법원을 대상으로 한 일반인의 감시 프로그램도 더 많이 만들 예정이다. 인적 관계망을 구축해 시스템 감시와 변화를 위한 노력을 이어가고, 공부 역시 계속할 것이다.

연대 초기에는 '잊히기 위해' 연대한다고 했다. 물론 이는 내가 연대한 피해자들이 나와의 연대마저 잊고 일상을 만들어가길 바라는 마음에서 한 말이지만, 한편으로는 연대 활동의 중단을 염두에 둔 발언이기도 했다. 그러나 이제는 연대자로서 내가 수행해야 할 공적 활동과 책임을 의미하는 말로 바뀌었다. 피해자가 편하게 일상을 살아갈 수 있도록, 다른 피해자들과의 연대를 위해, 그리고 시스템 감시와 변화를 위해 연대 경험을 활용해야 한다. 동시에 내가 없어도 이런 활동이 이어질 수 있도록 토대를 구축해야 한다. 연대자로서의 나는 잊혀도, 내가 한 활동이 피해자를 위해 남아 있기를 바라기 때문이다. 나는 대체 가능한 연대자가 되기를 원한다.

5장

디지털 성범죄
재판 방청기

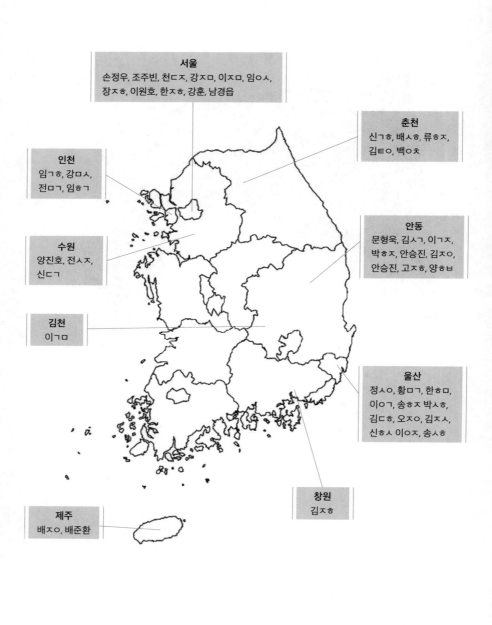

서울
손정우, 조주빈, 천ㄷㅈ, 강ㅈㅁ, 이ㅈㅁ, 임ㅇㅅ,
장ㅈㅎ, 이원호, 한ㅈㅎ, 강훈, 남경읍

춘천
신ㄱㅎ, 배ㅅㅎ, 류ㅎㅈ,
김ㅌㅇ, 백ㅇㅊ

인천
임ㄱㅎ, 강ㅁㅅ,
전ㅁㄱ, 임ㅎㄱ

수원
양진호, 전ㅅㅈ,
신ㄷㄱ

안동
문형욱, 김ㅅㄱ, 이ㄱㅈ,
박ㅎㅈ, 안승진, 김ㅈㅇ,
안승진, 고ㅈㅎ, 양ㅎㅂ

김천
이ㄱㅁ

울산
정ㅅㅇ, 황ㅁㄱ, 한ㅎㅁ,
이ㅇㄱ, 송ㅎㅈ 박ㅅㅎ,
김ㄷㅎ, 오ㅈㅇ, 김ㅈㅅ,
신ㅎㅅ 이ㅇㅈ, 송ㅅㅎ

창원
김ㅈㅎ

제주
배ㅈㅇ, 배준환

서울:
'박사방' 재판이
중요한 이유

서초역과 교대역은 수도권 중심의 연대 활동을 하는 내가 자주 들르는 곳이다. 서울중앙지법, 서울고법, 대법원이 몰려 있어 외부의 관심을 받는 굵직한 재판들이 자주 열리기 때문이다. 길가 어디서든 변호사 사무실의 간판이 보이고, 기자증을 목에 건 이들이 우르르 몰려다니므로 재판의 전략과 여론의 동향을 파악하고 분석하기에 용이하다. 교통이 편리해 '방청연대'를 원하는 사람들을 모으기도 쉽다. 그래서 2020년부터는 이들 법원 안팎의 여러 공간에서 일반인을 대상으로 재판 모니터링 교육을 진행했다. '웰컴투비디오w2v'* 운영자 손정우

---

* 손정우가 사용자 추적이 어려운 '다크웹'에서 19세였던 2015년부터 운영한 세계 최대의 아동 성착취물 사이트. 업로드 페이지에는 "성인 포르노(성착취물)는 올리지 말 것"이라는 배너가 걸려 있었다. 이 사이트에서 영상을 다운로드 받으려면 '아동 성착취물 업로드'나 '새로운 사용자 추천', '비트코인 이용 구매'를 통해 포인트를 모아야 했다. 22만 건 이상의 아동 성착취물이 업로드되었으며, 이 중 45퍼센트는 다른 사이트의 수사 과정에서 적발된 적 없는 새로운 것이었고, 100만 건 이상 다운로드된 것으로 알려졌다. 미 법무부에 따르면 그중에는 2세 미만 영유아 대상의 성학대·성착취 범행이 포함된 성착취물도 있었으며, 수사

(26세, 남)의 범죄인 인도심사, '박사방' 운영자 조주빈('박사', 27세, 남)과 그 일당의 형사재판 등이 모니터링 대상이었다.

서울중앙지법과 서울고법에서 열리는 성범죄 재판은 '기준'이 되기 때문에 중요하다. 이 두 곳에 성폭력 사건 전담 재판부가 있고, 여러 여건상 외부 감시가 활발하므로 재판의 전 과정이 거의 생중계된다. 그래서 상대적으로 외부 감시가 느슨한 다른 지역의 재판을 모니터링할 때 비교 기준으로 활용할 수 있다. 특히 2020년부터 진행된 '박사방' 일당의 재판은 검찰의 모두진술 방식, 피해자 증인신문 등을 포함한 증거조사 방식, 재판부의 소송지휘권 행사, 피고인 측의 방어 전략, 피해자 변호사의 재판 참여 등 다양한 측면에서 의미 있는 변화들이 나타났다. 그래서 이를 일반 시민의 관점에서 정리하고 분석할 필요가 있었다.

법원 안에서 재판 모니터링 교육을 할 때는 휴게 공간을 이용하는 편이지만, 서울중앙지법과 서울고법의 경우(두 법원은 한 건물에 있다) 코로나19로 인해 임시 폐쇄된 6번 법정출입구 앞, 선착순으로 방청권

개시 후 미국, 영국, 스페인 등에서 착취당하던 23명의 아동들을 구출했다고 한다. 영국 경찰이 용의자 매튜 팔더Matthew Falder(징역 25년이 확정되어 복역 중이다)를 조사하면서 이 사이트를 발견했고, 이후 영국, 미국, 한국 등의 국제 공조로 수사가 진행되었다. 2017년에 서버의 IP 주소 제공자가 한국의 KT이며, 위치가 충남 당진의 한 아파트인 것으로 밝혀지면서 2018년 2월, 미 연방법원은 손정우에 대한 수색영장을 발부하고, 한국 경찰도 같은 해 3월 4일 손 씨를 체포한다. '웰컴 투비디오'는 유료회원만 4000명이 넘었으며, 2019년 당시 국제 공조로 검거된 이용자 310명 중 223명이 한국인이고, 대다수가 20대 남성인 것으로 알려졌다. 이후 《경향신문》이 대검찰청에 문의한 결과, 경찰은 유료회원 240명을 검찰에 송치했으며, 이 중 206명이 기소의견이었다. 검찰은 혐의가 인정되는 207명 중 123명(59.4%)을 기소했고, 미성년자 1명을 소년부로 송치했으며, 나머지 83명(40.1%)은 기소유예했다.

을 배부하는 장소인 4-2번 법정출입구 앞, 대법정(417호) 앞을 활용했다. 6번 법정출입구 앞은 공간이 넓은 데다 의자도 있고, 사람들이 많이 다니기 때문에 적극 이용한다. 재판 모니터링 교육의 1차 목표가 참석한 일반인들에게 형사사법 절차에 대한 정보를 제공하고, 방청연대를 할 때 유의사항과 체크리스트를 전달하는 것이라면, 2차 목표는 일반인 대상 재판 모니터링 교육의 수준을 외부에 알리고, 시민들의 사법감시운동을 직접 보여주는 데 있기 때문이다.

방청권 배부를 하는 4-2번 법정출입구 앞 역시 사람들의 출입이 잦아 교육 내용을 외부에 알리기 좋다. 그곳에서 교육을 진행하면 사전에 모니터링 교육을 신청한 사람들 외에 다른 일로 법원을 찾은 사람들이 참여할 때도 있고, 법원 관계자의 도움을 받을 수도 있다. 대법정의 경우 그나마 건물 내부에서 법정 앞 공간에 여유가 있는 몇 안 되는 곳이라, 2~8명 정도의 인원을 대상으로 한 교육에 적합하다.

처음으로 〈찾아가는 연대, 재판 모니터링 교육〉을 진행한 2020년 6월 16일, 오전에는 1차로 6번 법정출입구 앞에서 모니터링 교육을 한 후 손정우의 범죄인 인도심사 재판을 방청했고, 오후에는 인천으로 이동해 '피카츄방' 운영자 강ㅁㅅ('잼까츄', 22세, 남)의 1심 재판이 진행 중인 인천지법 법정 밖 복도에서 2차 모니터링 교육을 했다.[1] 이날은 '닷페이스'[2]와《한겨레》가 동행해 영상을 찍고 인터뷰를 할 예정이었으므로 사전에 교육 참가자들의 허락을 구하기도 했다. 이런 형태로 2020년 서울중앙지법과 서울고법에서만 4회 정도 오프라인 교육을 실시했다. 교육을 받은 이들은 재판 방청을 위해 개인적으로 법원에 다시 오거나, 팀을 꾸려 체계적으로 방청연대를 진행하는 등 사법감시운동을 다양하게 펼치고 있다.

2019년 10월 16일, 미 법무부 자료에서 'Jong Woo Son'이라는 이름을 처음 접했다.[3] 공소장에는 2세 미만의 영유아를 포함해 다양한 국적과 연령대의 아동·청소년을 대상으로 한 성착취·성폭력 사례들이 적혀 있었다. 이 사례들이 알려지면서 한국 사회도 서서히 움직였다.

우선 나는 사이트 운영자의 이름을 특정해 알릴 필요가 있다고 판단해, '웰컴투비디오' 운영자인 손 씨의 형사 판결문을 찾기 시작했다. 이전에 《한겨레》에서 손 씨의 항소심 결과를 전하는 기사를 본 기억이 있어 기사 속 정보를 바탕으로 '판결서 인터넷열람'을 신청했고, 바로 1심과 2심의 판결문 모두를 확보했다. 그리고 트위터에 '손정우'라는 실명을 공개했다. 한국은 '사실적시 명예훼손'이 형사법 체계에 있는 몇 안 되는 국가이고, 신상공개가 안 된 범죄자다 보니 언론도 손 씨의 실명을 밝히지 않은 채 미적대고 있어 더 적극적으로 알렸다.

이어서 국제 공조 수사로 신원이 확인된 '웰컴투비디오' 회원 중 70퍼센트 정도를 차지한다는 한국인 이용자들의 수사·재판 상황을 알아보기 위해, 성범죄자들이 주로 이용하는 인터넷 카페와 블로그 등을 돌아다녔다. 그 결과 운영자인 손정우는 고작 징역 1년 6개월의 처벌을 받았다는 점, 그리고 이용자들이자 공범들 중 상당수[4]는 기소유예 정도의 처분을 받아 재판에 회부조차 되지 않았거나(대검찰청에 따르면 40.1퍼센트), 재판까지 갔더라도 벌금형 또는 징역형의 집행유예 정도로 선처를 받았음을 확인했다. 한국에서의 수사와 재판은 이미 다 마무리된 상태였던 것이다.

손정우가 세간에 알려진 직후인 2019년 11월, 한국에서는 디지털 성착취·성폭력에 대한 대대적인 공론화가 진행되고 있었다. 2019년

7월 '추적단 불꽃'에서 시작된 텔레그램 기반 성범죄 추적이 그해 11월 《한겨레》의 연속 기사 등 언론 보도로 이어졌고, 12월 리셋ReSET의 활동이 시작되면서 대중적 관심을 얻은 것이다. '#n번방을_판결을_먹고_자랐다'라는 해시태그가 등장하고, 각종 청원들이 잇따르면서 공분은 커져갔다. 그리고 2020년 봄, 'n번방'과 '박사방' 등 텔레그램 기반 성착취·성폭력 사건에 대한 대대적인 보도와 함께, 일당들의 검거와 신상공개 소식도 매일같이 들려왔다. 그러자 손정우에 대한 미국의 범죄인 인도청구에 소극적이던 한국 법무부 역시 4월 16일, 인도심사를 위한 절차를 밟기로 결정했다. 사회적 공분 속에 "세계 최악의 아동 성착취 사이트" 운영자 손정우의 범죄인 인도청구 재판이 다가오고 있었다.

2020년 6월 16일, 손정우에 대한 범죄인 인도심사 재판이 열렸다. 재판 모니터링 교육을 받던 이들과 함께 서울고법 중계법정으로 들어가 방청했다. 재판부의 질문에 즉각적이고 명확한 답변을 못하는 검사, 한국에서 재판을 받게 해달라는 손 씨의 변호인을 지켜보며 당시 교육생들이 불안감을 드러냈다. 아니나 다를까, 2020년 7월 6일 한국 법원은 결국 '사법주권'과 '자국민 보호' 등을 앞세워 범죄인 인도를 불허했고, 당일 손 씨는 석방되었다(2장의 〈미국으로 갔어야 했다〉 참조). 한국 수사기관과 법원에서 '웰컴투비디오'에 대한 수사와 재판은 더 이상 진행되지 않았다.[5] 이미 가해자들은 법적인 판단을 받았기 때문이다.

한편 2022년 2월 검찰은 손정우를 범죄수익은닉과 인터넷 도박 혐의로 불구속 기소했고, 2022년 5월에 재판이 시작되었지만, 외부의 관심은 많이 줄어든 상태였다. 그래서인지 6월 결심 공판 당시 기자들도 몇 없는 법정에서 본 손 씨는 2020년 범죄인 인도심사청구 재판 때보다 더 편안해 보였으며, 사람들의 시선을 의식하지 않고 법원을 유유히 활보했다. 법원을 활보하는 그를 보고 뒤에서 "뻔뻔하다"라며 소리를 지르자, 두리번거리던 그는 꾸벅 인사한 뒤 재빨리 사라졌다.

한 달 뒤인 1심 선고일에 맞춰 재판 모니터링 교육을 하기로 결정하고 일반 시민들의 신청을 받은 것도, 손정우에게 그를 감시하는 이들이 여전히 있음을 보여주기 위해서였다. 7월 5일 1심 선고 당일 서울중앙지법 6번 법정출입구 앞에서 모니터링 교육이 끝난 후, 교육에 참여한 시민들과 함께 선고 방청을 위해 513호 법정으로 향했다. 일찍 도착한 손정우가 기자들 틈에 끼어 법정에 들어가려 할 때 나는 "저기 저 사람이 바로 손정우다"라고 가리켰고, 교육에 참여한 이들 모두 그를 지켜봤다. 그리고 모두가 지켜보는 가운데, 손 씨는 징역 2년의 실형을 선고받고 법정구속 되어 끌려 나갔다. 2022년 7월 검사와 손 씨 모두 항소해 2심이 진행될 예정이다.

'아동·청소년 성착취물 제작'은 한국에서 2020년에도 이미 '징역 5년 이상 또는 무기징역'의 중형 선고가 가능했던 범죄다. 하지만 수사기관은 기소유예를 남발하며 재판으로 넘기지도 않았고, 재판으로 넘어가더라도 법원은 벌금형 혹은 징역형의 집행유예를 선고하곤 했다. '박사방' 일당보다 앞서 재판이 진행되거나 확정된 손정우 등 디지털 성착취·성폭력 사건의 피고인들은 이런 과정을 거쳐 선처를 받았다.

손정우의 석방 시기와 맞물려 진행되던 '박사방' 일당에 대한 재판이 중요해진 것은 그래서다. 2020년 당시 양형기준조차 없던 디지털 성범죄에 대해 한국 법원은 어떤 판단을 내릴 것인가.[*] 관례대로 디지털 성범죄의 양형기준 미설정을 이유 삼아 외부에 책임을 돌리거나, 한국과 일본 등에만 존재하는 '정상참작감경'을 내세워 또다시 사회적

[*] 디지털 성범죄에 대한 양형기준은 2021년 1월 1일부터 적용되었기 때문에 그전에 기소된 디지털 성범죄 재판(예: '박사방' 사건, 'n번방' 사건 등)은 양형기준이 미설정된 상태로 진행되었다.

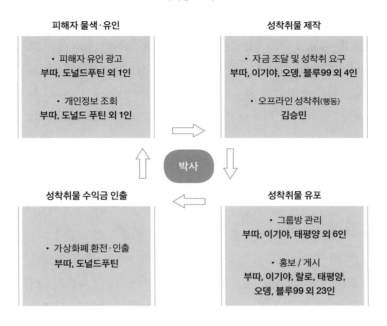

'박사방' 조직도

피해자 물색·유인

- 피해자 유인 광고
부따, 도널드푸틴 외 1인

- 개인정보 조회
부따, 도널드 푸틴 외 1인

성착취물 제작

- 자금 조달 및 성착취 요구
부따, 이기야, 오뎅, 블루99 외 4인

- 오프라인 성착취(행동)
김승민

박사

성착취물 수익금 인출

- 가상화폐 환전·인출
부따, 도널드푸틴

성착취물 유포

- 그룹방 관리
부따, 이기야, 태평양 외 6인

- 홍보 / 게시
부따, 이기야, 랄로, 태평양,
오뎅, 블루99 외 23인

책무를 방기하는지 지켜봐야 했다.

　그래서 검찰이 '박사방' 일당에 대해 형법 제114조(범죄단체 등의 조직)를 적용해 기소하는지에 관심이 쏠렸다. 통상 형법 제114조는 조직폭력배 혹은 보이스피싱 사건에 적용되었고, 이전까지 성범죄 사건에서는 인정된 바가 없었다. '박사방'이 범죄단체나 범죄집단으로 인정될 경우, 운영자인 조주빈과 그 단체원들 혹은 집단원들은 엄벌을 피할 수 없게 된다. '단순 가담'으로 분류되지 않기 때문이다. '박사방' 이전에 기소된 'n번방'과 '프로젝트n번방'의 가해자들은 모두 형법 제114조로 기소되지 않았기 때문에 '박사방' 일당들이 어떻게 처리되는지가 중요했다.

검찰은 '박사방' 일당들을 '단독범행'과 청소년성보호법상 '성착취물 제작·배포' 등의 혐의로 우선 기소했고, 2020년 6월 22일 형법 제114조를 적용해 추가 기소했다. 범죄집단을 조직한 혐의 등으로 조주빈, 천ㄷㅈ('랄로', 31세, 남), 강훈('부따', 21세, 남), 한ㅈㅎ('김승민', 29세, 남)을, 범죄집단에 가입해 활동한 혐의로 강ㅈㅁ('도널드푸틴', 26세, 남), 이ㅈㅁ('태평양', 18세, 남), 임ㅇㅅ('블루99', 36세, 남), 장ㅈㅎ('오뎅', 43세, 남), 남경읍(31세, 남) 등을 기소한 것이다. 군사법원에서 재판을 받던 이원호('이기야', 22세, 남) 역시 같은 혐의로 추가 기소되었다. 이들은 피해자 물색·유인(피해자 유인 광고/개인정보 조회) - 성착취물 제작(자금 조달 및 성착취 요구/오프라인 성착취) - 성착취물 유포(그룹방 관리/성착취물 홍보·게시) - 성착취물 수익금 인출(가상화폐 환전·인출) 등으로 역할을 분담했다.

2020년 '박사방' 일당들의 재판은 매우 복잡하게 돌아갔다. 일당들의 단독범행 재판도 있었고, 추가 기소 건에 대한 재판의 병합처리 여부도 얽혀 있었기 때문이다. 2020년 3월에는 '박사방' 사건과 별개로 성착취물 제작·배포 등의 혐의로 기소되었던 '태평양' 이ㅈㅁ 사건을 배당받은 서울중앙지법 형사20단독 오덕식 판사를 배제해달라는 청원이 청와대 게시판에 올라왔다. 46만 명 이상의 동의가 이어진 가운데, 오 판사(20단독) 스스로 사건 처리에 현저히 곤란한 사유가 있다는 서면을 기재해 재배당을 요청했고, 법원은 이 사건을 형사22단독으로 다시 배당했다.

성폭력 사건 전담 재판부를 맡은 오덕식 판사가 재판 과정에서 보여준 성폭력 사건에 대한 몰이해와 뒤떨어지는 성인지 감수성은 이전부터 비판이 많았다. 나는 연예인이었던 연인을 불법촬영하고 협박한 최종범(30세, 남) 사건의 1심을 2019년 4월부터 8월까지 직접 모니터링 했었다. 내 모니터링의 원칙상 모니터링 대상이 된 재판부의 다른 사건 재판도 방청하는데, 최 씨 사건을 포함해 성범죄 사건 재판에서 오 판사가 법대 위에 앉아 보여준 언행을 아직도 기억한다. 방청객인 나조차 모멸감을 느낄 만한 지점이 여럿 있었다. 청원에 동의한 시민들 역시 그가 '박사방' 등 디지털 성폭력 사건의 재판을 맡는 것이 부적합하다고 판단한 것이다.

그럼에도 당시 한국 법원은 시민들이 재판에 대한 무지와 몰이해를 바탕으로 판사를 오해하고 있으며, 나아가 오 판사 배제 청원이 법관의 독립성을 침해하는 것이라고 방어했다. 오 판사가 왜곡·과장된 보도 때문에 과도한 비난을 받는다며 안타까움을 표하기도 했다. 그러나 그 법정에 내가 있었다. 감시·기록·목격을 담당하는 시민들이 존재했다. 시민을 무시하고, 책임은 등한시하며, 비판에는 앓는 소리로 대응해왔던 법원이 이번에는 사건들을 제대로 처리할 수 있을까.

＊ ＊ ＊

'박사방' 일당의 재판들은 개별적으로 진행되다가, 2020년 10월을 기점으로 병합된 건과 끝까지 개별 재판으로 진행되는 건으로 나뉘었다. 서울중앙지법 형사30부(이현우, 유중렬, 박예지)가 조주빈, 천ㄷㅈ, 강ㅈㅁ, 이ㅈㅁ, 임ㅇㅅ, 장ㅈㅎ의 1심 재판을 병합해 진행하면서 별개로 남경읍의 1심 재판을 맡았으며, 형사31부(조성필, 김미경, 김재승)는 한ㅈㅎ, 강훈의 1심 재판을 개별적으로 진행했다. 이후 서울고법 형사9부(문광섭, 박영욱, 황성미)가 조주빈을 포함한 6인과 강훈의 항소심을, 형사8부(배형원, 강상욱, 배상원)가 한ㅈㅎ의 항소심을, 형사12-3부(김형진, 최봉희, 진현민)가 남경읍의 항소심을 진행했다.

'박사방' 일당 전원은 공소사실을 부인했다. '박사' 조주빈의 변호인은 조 씨를 수사기관의 강압적·위법적 수사의 피해자로 묘사했고,

한국 사회의 희생양이라거나 '마녀사냥', '마녀재판' 운운하기도 했다. 이는 가해자를 '구조의 피해자'로 위치를 변화시켜 죄를 감경받으려는 전형적인 전략이다. '박사방' 회원으로 조사를 받던 중 자살한 이들에 대해서도 수사기관의 허위사실 공표를 광적으로 받아 적은 언론에 희생당한 피해자라고 말했다. 나아가 'n번방'에 비해 가학적 행위가 덜한 데도 'n번방'과 맞물리는 바람에 '박사방' 일당의 혐의가 수사기관과 언론에 의해 과장되었다고 주장했다. 더욱이 'n번방' 일당이 '범죄단체 등의 조직'(형법 제114조)으로 기소되지 않았는데, 왜 '박사방'은 범죄집단으로 기소되었는지 이해할 수 없다는 주장을 펼쳤다.

동시에 조 씨의 변호인은 같이 재판을 받고 있던 '박사방' 일당들을 조주빈이 저지른 사기의 피해자로 표현했다. 일당들 또한 자신들은 조주빈의 범행에 휘둘린 피해자라고 말했다. 재판 모니터링 교육을 받던 한 교육생이 왜 조주빈이 모든 것을 안고 가려 하는지 질문한 적이 있는데, 이는 조 씨가 안고 가려는 게 아니라 '범죄단체 등의 조직' 등의 죄를 적용받지 않기 위한 계산된 전략이다.

또한 조주빈 측이 일부 피해자들의 진술에 부동의하면서 피해자들은 법원에 직접 나와 증인신문을 거쳐야 했다. 디지털 성착취·성범죄는 특성상 피해자와 가해자가 비대면인 상태에서 범행이 일어나는 경우가 많다. 그런데 이렇게 피해자를 직접 법원으로 불러낼 경우, 피해자는 법원에서 가해자를 대면하는 공포까지 떠안게 된다.

'랄로' 천ㄷㅈ는 재판 과정에서 피해자에 대한 추가적인 가해행위를 멈추지 않았다. 그는 '박사방'과 별개로 아동·청소년 대상 성폭력 사건으로 기소되어 재판을 받았다. 초기에는 공소사실을 인정했다가 변호인을 교체한 후 공소사실 일부를 부인하고 피해자를 증인으로 신청했으며, 공소사실과 관련해 위헌법률심사제청 등을 하며 재판을 지

연하는 전략을 펼쳤다. 그는 미성년자가 영상물 촬영에 합의한 경우에
도 처벌하는 것은 위헌이라고 주장했다. '합의된 촬영'에 대한 처벌은
아동·청소년의 성적자기결정권을 침해하고, 사생활 보호에 반한다는
취지였다. 10명이 넘는 아동과 청소년에게 성착취와 성폭력을 저지르
고도, 피해자들이 '합의'했는데 왜 자신이 벌을 받아야 하느냐고 항변
한 것이다.

　　이에 그치지 않고 천 씨의 변호인은 재판 과정에서 지속적으로 피
해자의 실명 등 정보를 노출했다. 재판부와 검찰, 피해자 변호사가 수
차례 문제제기를 했지만, 항소심에 이르러서도 그런 가해행위를 멈추
지 않았다. 이는 실수가 아니라 의도한 것이다. 최근 성범죄 재판에서
는 변론을 빙자해 피고인이 원하는 방향대로 2차 가해를 서슴지 않는
변호사들이 나타나고 있다. 재판 과정에서 피해자에게 고통을 안기면
유죄가 선고되더라도 의뢰인인 가해자들이 만족한다는 것이다.

　　이에 대해 문제제기를 하면 자신들은 의뢰인의 요구에 따랐을 뿐
이며, 피고인의 방어권 보장을 위해 피해자가 마땅히 감수해야 하는
것 아니냐는 태도를 보인다. 윤리와 공적 책임을 팽개치는 것이다. 천
씨의 변호인 역시 그런 '나쁜 변호사'로 평가받을 수 있는 조건을 충분
히 갖추었다고 볼 수 있다. 그런데도 결심 공판에서 사람들에게 왜 나쁜
사람을 변호하느냐는 질문을 받는다며 고뇌하는 척했다. 피해자의 정보
유출은 피고인의 방어권과 관련이 없다. 사람들은 실수와 고의를 구분
할 수 있다. 욕먹을 짓을 해놓고 욕먹는 것을 억울해할 필요가 없다.

　　'도널드푸틴' 강ㅈㅁ의 경우, 스토킹에서 시작된 강력범죄의 전형
을 보여주었다.[6] 그는 17세였던 2013년 당시, 피해자를 스토킹하고 협
박하다가 소년 보호처분을 받았다. 그러나 22세인 2018년 또다시 피
해자의 개인정보를 해킹해 추적하는 등 스토킹 행위를 멈추지 않았고,

.

피해자의 부모와 자녀까지 협박하다가 '상습협박'으로 징역 1년 2개월의 실형을 선고받아 복역했다. 출소 후에는 2019년에 사회복무요원으로 일하면서, 피해자에게 보복하겠다며 조주빈과 결탁해 피해자의 자녀를 살해할 구체적인 계획을 세우고, 조 씨에게 돈을 지불하기도 했다.

'박사방' 재판 도중 강 씨는 사회에 책임을 돌리는 등 부적절한 언행을 지속했는데, 일부 언론은 그 내용을 여과 없이 전달했다. 2018년 범행에 대한 재판 당시 '아스파거 증후군'을 내세워 유리한 정상으로 인정받는 데 성공했던 강 씨는, 이번 재판에서도 '아스파거 증후군'에 따른 심신장애(법률상 감경) 주장을 펼쳤다. 그러나 재판부는 '아스파거 증후군'으로 인해 범행 당시 사물 변별 능력이나 의사 결정 능력의 상실·미약에 이르렀음을 인정할 수 없다고 판단했다.

'부따' 강훈은 미성년자 최초로 수사 과정에서 신상이 공개되었다. 그는 운영자 조주빈이 본인과 대등한 협력 관계라고 언급했을 정도로 '박사방'의 조직과 운영에 영향력을 발휘한 인물이다. 강 씨는 2020년 4월 16일 신상이 공개된 직후, 신상정보 공개 처분 취소소송 및 집행정지를 행정법원에 제기하기도 했으나 바로 기각당했다. 그는 재판 과정에서 자신이 조 씨의 '꼭두각시'에 불과했으며, 신상공개 등 협박에 못 이겨 범행을 저질렀고, 성착취·성폭력 등을 '직접' 하지 않았다는 취지로 항변했다.

그러나 강훈은 2019년 지인 대상 성착취 영상물(일명 '지인능욕')을 제작해달라며 조주빈에게 접근했고, 영상을 제작하는 데 돈이 필요하다는 조 씨의 말에 돈을 지급하는 대신 운영을 도와주겠으니 성착취물을 제작해달라고 재차 요구했다. 강 씨는 '박사방' 운영진으로 활동하던 2019년 11월, 자신의 단독범행인 '지인능욕' 사건(정보통신망 침입 후 개인정보 탈취, 피해자 계정 이용 허위사실 유포 등)으로 이미 수사가 진행 중이었음도 계속 '박사방' 관련 범행을 저질렀다.

'태평양' 이ㅈㅁ은 '박사방' 사건 외에도 디도스ᴅᴅᴏѕ(분산서비스 거부) 공격, 악성코드 유포 등의 혐의로 징역 장기 1년 단기 6개월의 실형을, 랜섬웨어 방조 등의 혐의로 징역 4개월에 집행유예 1년을 추가로 선고받았으나, 2022년 1월 항소심에서 형을 면제받았다. 만 19세 미만 소년범에게 형을 선고할 때는 장기 10년, 단기 5년을 넘어서는 형을 선고할 수 없는데, 이 씨는 이미 '박사방' 사건으로 장기 10년, 단기 5년이 확정되었기 때문이다. 이ㅈㅁ은 성착취물을 경품으로 내걸어 '박사방' 회원들을 불법도박 사이트로 유인하는 총판 역할을 맡았던 것으로도 알려진다. 실제로 이 씨처럼 많은 남성 청소년들이 다양한 경제적 이유, 즉 도박 자금을 마련하거나 도박빚을 갚기 위한 용도 등을 내세워 성착취물을 활용한 각종 범행에 가담하고 있다.

재판부는 이에 대해 이ㅈㅁ의 불우한 가정환경이 영향을 미쳤다고 지적했는데, 기성세대가 만들어놓은 착취와 기생, 폭력의 범죄 구조가 이런 미성년 가해자들을 쏟아내는 현실도 살펴야 한다. 비대면 상태로 범죄를 저지를 수 있는 디지털 성폭력의 경우 대상과의 소통이 필요 없고, 비슷한 욕망과 쾌락을 추구하는 이들이 모여 공동으로 범행을 기획·실행할 수 있기 때문에 죄책감도 옅다. 쾌락과 자극에 예민한 청소년들이 성착취물이나, 불법 다운로드가 가능한 웹툰 등을 미끼로 내건 각종 범죄에 노출되는 현실에 관심을 기울이지 않으면, 한국은 디지털 성범죄 국가의 오명의 벗을 수 없을 것이다.

'김승민' 한ㅈㅎ은 '박사방'에서 활동하기 전에도 다수의 아동·청소년에게 성착취·성폭력 범죄를 저질렀으며, '박사방'에서는 조주빈과 공모해 오프라인 성착취·성폭력을 저질렀다. 만약 한 씨가 더 일찍 2019년이나 2020년 초반에 재판을 받았다면, 유사한 범행을 저질렀지만 평균적으로 징역 3.2년을 선고받은 'n번방'의 '오프남'(오프라인 성착취·성폭력범)들처럼 선처받았을 것이다. 그러나 한 씨 재판은 디지털 성범죄에 대한 엄벌 요구가 강해진 2020년 중반 이후 진행되었기 때문에, 상대적으로 높은 형의 선고가 가능했다고 할 수 있다. 물론 범죄집단 가입·활동이 인정된 한 씨와 'n번방' 일당을 동일선상에 놓고 기계적으로 판단할 수는 없다. 그러나 한 씨의 재판 결과를 놓고 보면, 사회적 공분과 관심이 집중된 2020년 이전에 검거되어 재판을 받은 'n번방' 일당에 대한 선처가 내내 아쉽게 느껴진다.

한ㅈㅎ은 1심 과정에서 지속적으로 반성문을 제출하며 선처를 구했다. 실제로 1심 재판부는 이를 바탕으로 온정적인 판단을 했다. 불우한 생활환경에서 비롯된 높은 고독감으로 '박사방' 내의 비정상적인 사회적 관심에 취약했다며 안타까워했고, 조주빈의 부추김에 의해 범행으로 나아간 점, '박사방' 이전에 저지른 단독범행의 경우 성착취물을 제작할 때 피해자들의 '허락'을 받았다는 점 등을 유리한 정상으로 참작했다.

그러나 2021년 7월 9일, 항소심 재판부는 1심과 마찬가지로 한 씨가 범죄집단 조직에 관여하지는 않았다고 보면서도, 죄질이 안 좋고 다른 공범들과의 형평성을 고려할 때 1심의 형량이 가볍다며 2년이 늘어난 징역 13년을 선고했다. 이는 2022년 6월을 기준으로 '박사방' 사건에서 1심보다 가중된 처벌을 받은 유일한 사례다.

'박사방' 일당 중 가장 늦은 2020년 7월 15일에 신상이 공개된 남경읍의 재판은 병합되지 않고 개별적으로 진행되었다. 2021년 7월 8일, 1심 재판부는 조주빈과의 공범관계, 범죄집단 가입·활동 등 모든 공소사실을 유죄로 인정해 징역 17년을 선고했고, 2022년 1월 25일 항소심 재판부는 2년 감형된 징역 15년을 선고했다. 항소심 재판부는 조주빈의 범행이 알려지자 남 씨가 자신의 범행사실을 감추고 피해자에게 접근해 도와주겠다며 합의를 시도하고, 구속영장이 청구된 후에는 피해자 두 명과 합의했다고 법원에 거짓 자술서를 제출하는 등 범행 후 정황도 좋지 않다고 지적했다. 그러면서도 항소심 들어 일부 피해자가 처벌불원 의사를 밝혔고, 피고인 남 씨는 반성문을, 그 가족은 선처 탄원서를 제출한 것 등의 이유를 들어 감형했다.

남경읍은 1심 재판 도중 구치소에서 배우의 나체 사진을 반입해 '금지처분'(독방 감금)을 받기도 했다. 재판부는 이를 두고 그가 성적 충동에 대한 통제력이 미약해 재범 위험성이 높을 것으로 판단하며 전자발찌 부착 등도 명했다. 구치소와 교도소 등 교정기관의 수감자들이 성착취·성폭력 등이 묘사된 도서나 영상 등 외부 물품과, 일반인 프로필 사진 등을 화보 형태로 반입한다는 기사는 몇 년 전에도 보도된 바 있다.[7] 일명 '수발업체'로 불리는 외부 업체들이 이런 일을 하는데, 교정당국이 반입을 불허해도 법원과 국가인권위원회가 수감자의 인권을 내세워 제동을 걸고 있다. 입법적으로 보완하는 노력도 더딘 상태다.

성인물 반입이 허용되는 성인 수감자와 달리, 소년수의 경우 유해 간행물이나 성인물은 볼 수 없지만 다른 도서의 반입은 가능하다. 이렇게 반입이 가능한 간행물 중에는 각종 성폭력 등 강력범죄 수법을 묘사하고 미화해 문제가 되었던 잡지 《맥심》도 들어 있다.[8] 연쇄 살인범 유영철을 비롯해 장기간 수감 생활을 하는 강간범 등이 성착취물 등을 들여오다 적발되는 일이 빈번한 가운데, 이런 습벽을 지닌 수감자들이 제대로 교정이 될지는 의문이다.

'박사방' 활동 중 군에 입대한 '이기야' 이원호는 2020년 4월 3일 긴급체포 되기 이틀 전까지 텔레그램을 이용한 범죄 활동을 이어왔다고 알려져 있다. 당시 육군 모 부대 중대장은 "호기심으로라도 '박사방’, ‘n번방’에 접속한 경험이 있거나 가담한 경험이 있으면 직접 메모, 전화, 상담을 요청하라. 자수(보고)를 하면 처벌을 경감하겠다”는 단체 문자를 보내 문제가 되기도 했다.

이원호는 2020년 4월 28일, 군에서 성폭력 범죄 피의자로서 정식 절차를 밟아 신상이 공개된 최초의 인물이 되었다. 하지만 2020년 8월 7일 수도방위사령부 보통군사법원에서 진행된 이원호의 첫 재판은 디지털 성범죄에 대한 이해도가 낮은 군 수사기관과 법원의 수준을 그대로 드러냈다(302~303쪽 참조). 그리고 2021년 1월 20일, 보통군사법원은 1심에서 이원호에게 징역 12년을 선고한다. 범죄집단 가입과 활동 등 공소사실을 유죄로 인정하면서도, ‘박사방’ 핵심 인물인 그에게 선처를 베푼 것이다. 이후 고등군사법원에서 진행된 항소심에서도 1심과 동일한 형이 유지되었다.

2021년 10월과 11월, ‘박사방’ 일당 중 운영자 조주빈을 비롯해 강훈, 이원호, 천ㄷㅅ, 강ㅈㅁ, 한ㅈㅎ, 이ㅈㅁ, 장ㅈㅎ, 임ㅇㅅ 등 주요 범죄자들에 대해 상고가 기각되었고, 2022년 4월 남경읍마저 상고가 기각되면서 ‘박사방’과 관련된 주요 인물들은 형이 확정된 상태다. 하지만 ‘박사방’과 관련해 범죄집단의 가입·활동 혐의로 기소된 이들의 재판은 여전히 이어지고 있으며, ‘박사방’에서 무료회원으로 활동하며 성착취물 소지·유포 등을 한 자들에 대한 수사도 끝나지 않았다.

＊ ＊ ＊

‘박사방’은 ‘범죄집단’으로 인정되었다. 이제 성범죄에도 ‘범죄단체 등의 조직’(형법 제114조)을 적용할 수 있게 된 것이다. 대법원 판결(대법원 2020.08.20 선고 2019도16263 판결 등)에 따르면 “‘범죄를 목적으로 하는 집단’이란 ① 특정 다수인이 ② 사형, 무기 또는 장기 4년 이상의 범죄를 수행한다는 공동목적 아래 ③ 구성원들이 정해진 역할분담에 따라 행동함으로써 ④ 범죄를 반복적으로 실행할 수 있는 조직체계를 갖춘 ⑤ 계속적인 결합체를 의미한다. '범죄단체'에서 요구되는 '최소한의 통솔체계'를 갖출 필요는 없지만 ⑥ 범죄의 계획과 실행을 용이하게 할 정도의 조직적 구조를 갖추어야 한다"고 되어 있다. 그런 측면에서 '박사방'을 '범죄집단'으로 인정한 1심과 2심 판결문에는 다음과 같은 내용이 나온다.

> '박사방' 조직은 텔레그램 내에 순차 개설된 '박사방'의 주요 구성원들을 주축으로 한 특정 다수인으로 구성되었다. '박사방' 조직은 피고인 조주빈('박사')과 그 공범이 아동·청소년 등을 협박하여 성착취물을 제작하고 이를 배포한다는 사실을 인식한 구성원들이 오로지 그 범행을 목적으로만 구성하고 가담한 조직이다. 위 조직의 구성원들은 모두 각자의 역할[성착취 영상물 제작에 직·간접적 가담, 그룹 관리 및 홍보, 가상화폐(범죄수익) 수익 환전 및 전달, 광고 배포 행위 등]을 수행하였다. 위 조직의 구성원들 대부분은 다른 소규모 그룹방에도 참여해 범죄행위를 반복적으로 실행했다. '박사방'은 그룹방이 계속 생성·폐쇄되었지만 조직의 정체성이 그대로 유지되었다. 결국 '박사방'은 피고인 조주빈('박사')이 등급제를 시행하고, 소규모 그룹방을 개설해 적극적으로 홍보하고, 각종 이벤트와 활동을 행하면서 '박사방'을 체계적으로 관리한 2019년 9월 하순경에는 피고인(조주빈 외) 등의 특정 다수인이 함께 또는 역할을 분담하면서 아동·청소년이용음란물* 제작 및 배포를 공동의 목적으로 하는 범죄집단이 이미 형성되었고, 그와 같은 범죄집단은 피고인 조

---

*　개정되기 전의 법률이 적용되어 '음란물'이라는 용어가 사용되었다. 2020년 6월 개정된 법률은 '성착취물'이라는 용어를 사용한다.

주빈('박사')이 검거된 2020년 3월에 이르기까지 유지되었다고 판단된다.[9]

    '박사방' 일당의 재판 과정에서 가장 많은 변화를 보여준 것은 법원이었다. 우선 절차적 측면에서 피해자 보호를 위해 세부 사항까지 점검하려는 노력을 보였다. 피해자 정보의 유출이나 피해 사실의 상세한 묘사로 인한 추가 피해를 우려한 재판부가 검사의 모두진술 때부터 주의를 주거나 비공개로 진행하던 것, 피해자 증인신문과 영상·사진 등의 증거조사 방식에서 피해자 변호사의 의견을 경청하는 등 피해자 보호를 위해 신경 쓰던 모습, 기존 유사 사건의 재판 때보다 확연히 높아진 형량의 선고 등 그래도 나아간 모습을 엿볼 수 있었다. 물론 외부의 관심이 몰리는 사건의 재판과 그렇지 않은 사건의 재판은 그 진행과 결과에 여전히 차이가 있다.

    공판검사의 경우 재판 진행 과정에서 피해자 보호를 위해 이의제기를 적극적으로 하거나, 증거조사 방식에 대해 함께 고민하는 모습을 보이기도 했으며, 수사와 공판을 연계시켜 입증 노력에 최선을 다한다는 인상을 주기도 했다. 그러나 공소사실 등 사건에 대한 내용을 충분히 정리하지 않은 상태로 들어와 재판부의 질책을 받거나, 피고인 측 변론 전략에 한발 앞서기보다는 그때그때 대응하는 수준에 머무르는 등 끌려가는 인상을 주는 측면도 여전히 존재했다. 피해자 변호사가 없을 경우 피해자를 대변하거나 보호하기 위해 노력하는 모습을 찾기 어려운 점도 문제다. 또한 재판부와 마찬가지로, 공판검사도 외부 감시가 느슨하면 무력하고 소극적인 태도로 재판에 임한다.

    서울에서 진행된 '박사방' 사건 재판에서 피해자 변호사는 모범적이었다. '텔레그램성착취공동대책위원회'(이하 '공대위') 등에 소속된 변호사들이 피해자 변호사로 자원해 법정을 찾았다. 그들은 피해자 증인신문 방식과 영상 재생 방식 등에 대해 의견서를 제출했고, 재판 과정에서 피해자 정보를 보호하기 위해 즉각적으로 문제제기를 하는 등 제한된 조건에서 할 수 있는 최선의 모습들을 보여주었다.

그래서 더 아쉬웠다. 모든 피해자들이 이처럼 양질의 조력을 받을 수 있는 게 아니기 때문이다. 서울중앙지법에서 진행된 사건만 하더라도, 천ㄷㅈ이 저지른 개별 범행의 피해자들은 만 13세 미만 아동을 포함해 아동·청소년만 11명이었는데, 3차 공판 전까지 단 한 명의 피해자에게만 변호사가 있었고, 다른 10명의 피해자에게는 변호사가 없었다. 이후 공판부터는 공대위 소속 변호사 등이 지속적으로 조력했지만, 서울에서조차 이렇듯 법률 조력에 차이가 발생한다. 그리고 서울 외 지역으로 갈수록 이런 격차는 더욱 벌어진다.

* * *

가해자의 대응은 언제나 피해자보다 앞서간다. 이번 '박사방' 일당 재판에서 피고인 측 변호인들이 펼친 전략은 이미 (예비) 성범죄자들에게 널리 알려진 것들이다. 디지털 성범죄 사건은 수사기관이 물적 증거를 확보하기가 상대적으로 용이하다. 따라서 피고인들도 증거를 가지고 다투기보다는 수사 과정의 절차적 문제를 지적하거나, 적극적 수사 협조 등을 내세워 무죄나 감형을 받으려는 전략을 선택한다.

최근 성범죄 재판에서는 '위법수집증거배제의 법칙'이 적극 활용되고 있다. 압수·수색 집행 과정에서 피의자의 참여권을 제대로 보장했는지 등 절차적 위법성에 대해 문제제기를 하는 것이다. 실제로 유튜브처럼 접하기 쉬운 매체에서 현직 변호사들이 절차적 위법성을 문제 삼아 수사·재판을 유리한 방향으로 끌고 가는 방법에 대해 공유하고 있으며, 수사 단계부터 가해자들이 그 조언을 적극적으로 따르는 등 변화가 나타나고 있다. '박사방' 사건에서도 천ㄷㅈ 등이 절차적 위법성을 들어 빠져나가려 했다. 절차적 적법성에 대한 논의가 수사와 재판의 과정에서 더 깊이 있게 진행되어야 할 이유다.

특히 디지털 증거의 경우 증거의 동일성 문제부터 압수·수색 집행까지 짚어야 할 게 많다. 디지털 정보는 작성자의 서명·날인이 없고, 특정 기술에 의해 내용이 편집·조작될 위험성이 높기 때문에 '동일성'(전자정보가 원본과 동일하다는 것)과 '무결성'(압수 후 공판에 증거로 제출되기까지의 과정에서 전자정보가 변경되거나 훼손되지 않아야 한다는 것)이 증거능력과 관련해 중요하다. 이를 알고 있는 성폭력 가해자들은 최근 재판에서 이 부분에 대한 문제제기를 하는 경우가 많다.

법원은 절차적 적법성에 대해 강조하면서도, 디지털 성폭력 범죄의 특성을 고려하는 판단을 내리기도 한다. 수사기관의 절차 위반 행위가 적법절차의 실질적인 내용을 침해하지 않고, 경미한 위법을 들어 증거능력을 배제하는 것이 오히려 적법절차의 원칙과 실체적 진실 규명의 조화로 형사사법 정의를 실현하려는 취지에 반하는 결과를 초래한다고 평가될 경우, 이를 '예외적인 경우'로 판단해 증거능력을 인정하고 있기는 하다.

그러나 '예외적인 경우'에 대한 판단이 재판부마다 다를 수 있고, 앞으로 이 부분에 대해 가해자들이 더 적극적으로 방어하리라 예상되는 상황에서 수사기관과 법원은 이에 대비할 필요가 있다. 관행을 내세워 절차적 측면을 무시하고 책임지지 않으려는 수사기관의 태도나, 여전히 디지털 매체·환경과 포렌식 등에 대한 이해가 부족한데도 보완하지 않으려는 법원의 나태 또한 아직 목격하고 있다.

'박사방' 일당의 재판 과정에서 시민들의 사법감시운동이 활발했던 것은 고무적이다. 특히 엔드eNd의 경우 전국 법원에서 진행 중인 디지털 성범죄 사건 재판들을 꾸준히 모니터링하는데, 당연히 서울에서 진행했던 '박사방' 사건의 재판도 적절히 인력을 배분해 방청연대를 지속했다. 전국 법원을 돌아다니며 혼자 재판 모니터링을 하면서 느꼈던 한계가 그들의 활동으로 일정 부분 보완되었다. 재판 모니터링 교육을 받은 엔드eNd가 독자적으로 방청연대단을 구성해 교육하고, 재판 일정과 발전된 방청기를 게시하는 모습을 지켜보는 것은 연대 확장의 측면에서 매우 즐겁다.

또한 기존 반성폭력 단체들의 결합체인 '텔레그램 성착취 공동대책위원회'는 2020년 2월부터 피해자 법률 조력과 지원, 언론 대응, 재판 방청 등 다양한 일을 담당하고 있다. 언제나 현장에 든든하게 서 있는 그들이 있기에 시민들의 사법 감시가 빛을 발한다. 리셋과 DSO의 전·현직 활동가들의 측면 지원도 빼놓을 수 없고, 평일 대낮에 일부러 시간을 내어 법원을 찾는 일반인 연대자들도 사법 감시를 통한 변화를 이끌어내는 동력이다.

70명이 넘는다는 피해자들을 생각한다. 내가 성폭력 피해를 당했을 때 가해자는 사진을 찍었다고 했고, 출소 후 그 사진을 유포하겠다는 협박성 게시물을 '일베' 등에 올렸다. 실제 사진을 찍었는지, 그것을 유포했는지는 여전히 알 수 없다. 다만 가해자의 협박이 담긴 게시물을 처음 봤을 때의 감각은 지금도 생생하다. 불확실한 촬영·유포 협박을 당해도 이렇게 마음이 조여드는데 그들은 어떨까 생각하다가, 피해자들의 고통을 온전히 이해하기란 어렵다는 한계를 인정하고 내가 할 수 있는 일을 찾기로 한다.

대법원에서 '박사방' 주범들에 대한 상고가 기각된 2021년 10월 14일, 언론은 조주빈이 썼다는 글을 호들갑스럽게 보도했다. '악마의 삶' 운운하던 조 씨를 치켜세우느라 난리였던 한국 언론은, 그 수준에 걸맞게 또다시 '충격' 운운하며 조 씨의 글을 퍼 날랐다. 그러나 언론이, 사회가 기억하고 기록해야 하는 것은 그런 게 아니다.

이제까지 한국 사회는 망각을 선택했고, 피해자들에게는 기억을 강요했다. 가해자들이 미래를 계획할 때 피해자들은 과거에 머물렀다. 이제 법적 싸움이 끝난 이후를 생각해야 한다. 피해자들이 선택권을 갖고 자신의 삶을 구상할 수 있게 조력해야 한다. 그들이 더 이상 피해자로만 머물러 있지 않도록 그들의 말, 시간, 자리를 함께 지키고 찾아야 한다. 사회가 기억하고 개인은 잊을 수 있도록, 그들의 피해 회복과 일상 재구성을 위해 같이 노력해야 한다.

수원:
'성착취'가
등장하다

　'디지털 네이티브' 세대인 10대와 20대 디지털 성범죄자들에 대한 성토의 목소리가 높다. 그러나 실상 그들은 기성세대가 만들어놓은 판위에서 복제·발전된 것으로 봐야 한다. '요즘애들'이 있기까지 앞선 세대들이 먼저 '소라넷'부터 '웹하드 카르텔'에 이르는 한국 사회의 디지털 성착취·성폭력 구조를 구축해놓았다는 사실을 외면하면, 문제를 해결할 수가 없다.

　한국의 디지털 성착취·성폭력 역사에서 '소라넷'은 상징성이 크다. 1999년 '소라넷가이드'라는 이름으로 등장해 2016년 폐쇄되기 전까지 100만 명 정도의 회원이 활동한 '소라넷'은 한국 최대의 성착취 사이트로 악명이 높았다. 성착취물을 미끼로 사람들을 끌어 모아 물리적 성폭력, 도박, 성매매, 창작물의 불법 유통 등을 부추기며 천문학적 수익을 창출한 것으로 알려져 있다. 2022년 6월을 기준으로, '소라넷' 운영진 중 핵심 역할을 했던 3명(해외 거주)에 대한 수사는 답보 상태며, 붙잡힌 다른 운영진에 대한 처벌 역시 징역 4년 정도에 그쳤고, 범죄수익은 추징조차 실패했다.

회원 수 122만 명을 넘긴 'AV스눕AVSNOOP'*은 안○○(38세, 남)이 2013년부터 운영을 시작해 2017년 폐쇄 전까지 회원들에게 각종 불법 성착취물을 넘기는 대가로 상품권, 비트코인 등을 지급받아 막대한 수익을 창출했다. 그러나 안 씨는 고작 징역 1년 6개월을 선고받았고, 2022년 6월 기준으로 이미 출소해 제약 없이 사회를 활보하고 있다. 2015년에는 손정우가 다크웹에서 세계 최대의 아동 성착취 사이트인 '웰컴투비디오'를 열어 세계 각국의 아동들을 대상으로 한 성착취·성 폭력을 부추기며 수익도 챙겼다. 2018년 운영자 손 씨가 국제 공조 수사 끝에 체포되기는 했으나, 한국 수사기관과 법원이 운영자인 손 씨와 회원들의 사회 복귀를 너무도 쉽게 용인하면서 국제사회의 일원으로서 한국의 위상마저 추락하게 되었다.

　2017년에는 '오카방'(카카오톡 오픈채팅방)에서 '평경장'('빨간방' 운영

* 　연인과의 성관계 영상 및 아동·청소년 대상 성착취물 등 영상의 불법유포 창구. 회원 수는 약 122만 7000명 정도로 알려져 있으며, 사이트가 폐쇄되기 전까지 성착취 영상물 약 46만 개가 게시되었다. 사이트 운영자 안○○은 2013년 이후 현금과 수표로만 14억 7000만 원 정도의 수익을 창출했다고 판결문에 나와 있다. 회원이자 헤비업로더 중 한 명이었던 '와치맨' 전ㅅㅈ은 사이트 폐쇄 후 'AV스눕'의 이름을 딴 블로그와, 텔레그램 'n번방'으로 들어가는 창구인 '고담방'을 운영했다. 손정우는 이곳의 영상물을 다운로드 받아 '웰컴투비디오'에서 판매했다. 2017년에 사이트가 폐쇄된 후 운영자 안 씨는 2017년 9월 7일 1심(수원지법 형사9단독: 반정모)에서 징역 1년 6개월 실형을 선고받았고, 2018년 1월 2심(수원지법 형사항소8부: 하성원, 김형돈, 김수양)에서는 징역형 유지에 더해, 비트코인 일부 몰수(압수한 216비트코인 중 191비트코인 몰수) 및 추징금 두 배가량 상향(1심: 3억 4000만 원 → 2심: 6억 9000만 원)이라는 판결이 내려졌으며, 2018년 5월 확정되었다. 검찰은 몰수한 비트코인을 법령 미비 등으로 처분하지 못하고 있다가 2021년 3월, 4년 전 몰수 당시 개당 약 140만 원(총 2억 7000만 원 정도)이었던 비트코인을 개당 6426만 원에 처분(총 122억 9400만 원 정도)해 국고에 귀속했다. 2022년 6월 기준으로, 이미 출소한 안 씨 외 122만 명의 회원들은 당시 대부분 초범이라는 이유로 벌금형 또는 징역형의 집행유예를 선고받았다.

자), '야동엽'이라는 닉네임을 사용하는 이들이 성착취물을 미끼로 사람들을 유인해 불법도박 사이트로 연결하는 조직적·계획적 디지털 성범죄를 저질렀다. 특히 이들은 피해자들을 협박해 직접 성착취물을 제작하기도 했는데, 그 수법이 이후 등장하는 'n번방', '박사방'의 모델이 되었다는 평가를 받는다. 2020년 십대여성인권센터의 제보로 수사가 시작되기는 했으나, 운영자들이 자취를 감춘 상태에서 카카오톡 등 플랫폼 회사의 재발 방지 노력 등이 미흡해 유사 범죄가 지속되는 상황이다.

결국 이런 흐름 속에서 2019년 문형욱과 조주빈 등이 텔레그램을 이용해 'n번방', '박사방'을 만들었고, 2022년 현재도 다양한 플랫폼과 매체를 활용한 디지털 성범죄가 이어지고 있다. 그리고 그 계보에 전ㅅㅈ이 존재한다.

* * *

'고담방' 운영자 전ㅅㅈ('와치맨', 40세, 남)에게서 우리는 한국 디지털 성착취·성폭력 범죄의 역사와 그에 기생해 살아가는 범죄자들의 삶을 엿볼 수 있다. 전ㅅㅈ는 'AV스눕'의 헤비업로더였으며, '고담방'으로 붙잡히기 전에 이미 디지털 성범죄 전과자였다. 2018년 전 씨는 IP카메라 해킹을 통해 확보한 피해자들의 사진을 트위터 등에 게시한 혐의로 1심 재판(대구지법 형사7단독: 강은구)에서 징역 1년에 집행유예 3년을 선고받았으나, 오히려 이 전과를 바탕으로 성범죄 수사·재판 대응 전략이나 방법 등을 다른 (예비) 성범죄자들에게 공유하며 입지를 쌓았다.

'AV스눕'이 폐쇄된 2017년 이후, 그는 '소라넷'부터 이어져온 성착취·성폭력물 사이트의 계보를 잇겠다고 공공연히 발언했으며, 실제로

'AV스눕'의 이름을 딴 블로그를 운영했다. 또한 텔레그램 '고담방'을 'n번방'의 연결통로이자 홍보창구로 적극 활용했다.

전 씨가 2019년 9월 29일 체포될 때만 해도 그와 'n번방'의 관계는 구체적으로 알려지지 않았다. 경기남부지방경찰청이 2019년 10월에 처음 그를 구속 기소한 혐의는 불법촬영물을 게시한 사이트(블로그) 운영에 관한 것이었다. 그러다 '갓갓' 문형욱(27세, 남)의 후계자로 'n번방'을 물려받은 신ㄱㅎ('켈리', 34세, 남)가 비슷한 시기에 검거되어 조사가 시작되면서 전ㅅㅈ의 추가 범행도 드러나기 시작한다. 당시 신ㄱㅎ를 수사하던 강원지방경찰청은 'n번방'과 연결된 '고담방'을 운영한 전ㅅㅈ을 쫓고 있었는데, 관련 수사를 한 뒤 전 씨의 사건을 수원지검으로 송치했고, 2020년 2월 전 씨는 해당 혐의로 추가 기소되었다.

체포되기 이틀 전까지 '고담방'을 운영하던 전ㅅㅈ은, 기소 후에는 2020년 3월 결심 공판 전까지 재판부에 총 12차례 반성문을 제출하며 감형을 노렸다. 2018년 정보통신망법 위반으로 징역형을 선고받았을 때 반성문 등 각종 양형자료를 이용해 집행유예를 끌어내고, 이후 블로그 등에 성착취물 관련 범죄 수사 대응법, 수사기관 추적 회피 방법, 반성문 등 유리한 양형자료를 제출해 선처받는 법 등을 대대적으로 게시해온 전과자다웠다. 전 씨는 집행유예 기간이 2021년까지 남아 있는 상태에서 범행이 발각되었으므로 실형 선고가 불가피했다. 따라서 최대한 외부 관심이 쏠리지 않는 상태에서 재판을 빨리 마무리하고 싶었을 거다. 그의 바람대로 2020년 3월 19일 결심 공판에서 검찰은 징역 3년 6개월을 구형했고, 1심 선고는 4월 9일로 잡힌 상태였다.

그러나 결심 공판 사흘 전에 '박사방' 운영자 조주빈이 잡혔고, 언론을 통해 전ㅅㅈ의 결심 공판 내용이 알려지면서 검찰 구형에 대한 비판의 목소리가 높아졌다. 결국 수원지검은 3월 24일 재판부에 급히 변론재개를 신청했고, 재판부도 이를 허용했다. 수원지검은 변론재개를 신청하면서 "기소 당시에는 전 씨와 'n번방'의 관련성이 확인되지 않았고, 직접 음란물 제작에 참여했던 것도 확인되지 않았기에 징역 3년 6개월을 구형했던 것"이라고 밝히며, 보강수사를 통해 추가로 확인할 부분을 확인하고 적용법조 등을 검토하겠다고 말했다.

2020년 4월 6일 수원지법에서 본 피고인 전ㅅㅅ은 매우 억울해했다. 피고인 측 변호인은 선고만을 앞둔 상태에서 외부 비판에 직면한 검찰이 재판이 아니라 수사를 하려 한다며 문제제기를 했다. 사회적 물의를 일으킨 피고인의 행위가 잘못인 건 맞지만, 피고인이 저지르지도 않은 행위에 대해 언론이 과장되고 왜곡된 기사를 쏟아내어 피고인의 프라이버시가 침해되었으며, 지인과 가족이 고통받고 있다고 호소한 것이다. 신상정보뿐만 아니라 각종 허위사실까지 유포해 피해자들을 괴롭혀온 피고인이 자신과 주변에 대한 프라이버시 침해와 그로 인한 고통을 언급하는 모습은, 디지털 성범죄 재판에서 늘 목격하는 장면이다. 그러나 아무리 목격해도 이해도 용납도 할 수가 없다.

공판 후 기자들 앞에 선 전ㅅㅅ의 변호인은 전 씨가 사람들이 불법 영상물을 업로드하는지 '감시'하는 동시에, 경찰이 '합법' 영상물을 단속해 표현의 자유를 억압하는지 감시하기 위해 '와치맨'('감시자'라는 뜻)이라는 닉네임으로 활동한 것이라고 전했다. 전 씨처럼 자신의 활동을 특정 캐릭터에 맞춰 영웅화하거나, 범죄를 소탕하려고 잠입해 활동했다며 황당한 주장을 펴는 디지털 성범죄자들을 종종 만난다. 물론 법원이 이런 헛소리를 수용한 사례를 아직 본 적은 없다.

내용이야 어떻든 적극적인 방어 전략을 펴는 피고인 측에 비해, 변론재개를 신청한 검찰의 준비와 대응은 상대적으로 미흡했다. 불법 촬영물의 전시와 관련해 '영리 목적'을 추가해서 공소장 변경을 해놓고

5 디지털 성범죄 재판 방청기

도, 'n번방'과의 관련성 등 공소사실에 대한 분석과 정리를 제대로 하지 않은 상태로 재판에 임한 것이다. 물론 당시 디지털 성착취·성폭력 사건에 대한 수사와 재판이 전국에서 동시다발적으로 진행되었고, 공소장 변경과 추가 기소 등이 정신없이 이어지는 상태였기에, 공판검사가 그 모든 내용을 실시간으로 정확히 이해한 뒤 출석하기에는 한계가 있었을 것이다. 그러나 범죄에 대한 입증책임을 지고 피해자를 대변하도록 기대되는 공판검사의 모습에서 전문성을 찾기 어려우면, 시민들의 입장에서는 재판에 대한 신뢰가 떨어질 수밖에 없다. 검경수사권 조정, 피신조서의 증거능력 변화 등으로 공판의 중요성이 점차 커지고 있는 상황에서 검사의 전문성 제고는 필수적이다. 재판 모니터링 과정에서 앞으로 더 적극적으로 공판검사를 감시·평가해야 한다고 사람들에게 말하는 이유다.

4월 6일 재판에서 가장 기억에 남는 것은 재판부(수원지법 형사9단독: 박민)의 '성착취'라는 표현이었다. 피해자들과 반디지털성폭력 활동가들은 줄곧 '음란물' 용어의 부적절함을 지적하면서 '성착취물'로의 명명을 요구해온 터였다. 판사의 입에서 "인간으로서 상상하기 어려운 성착취 범죄"라는 말이 나왔을 때, 머릿속에 지난 시간이 파노라마처럼 펼쳐졌다. 자신이 '음란물'이냐며 고통스러워하던 피해자들의 모습, 우리부터 용어를 적확히 사용하자며 서로 독려하던 활동가들, 사법 시스템 속 용어의 문제점을 지적하자 이를 수용하며 변화의 필요성에 공감하던 법조인들이 떠올랐다.

한편으로는 아무리 '음란물' 용어의 부적절성을 지적해도 자극적인 형태의 표현을 고수하던 언론사 기자들, 용어 변경의 당위와 변경의 효용을 폄하하며 관련 움직임을 비웃던 이들까지 여러 사람들도 머릿속을 스쳐갔다. 그래, 변화는 저절로, 알아서, 당연히 오는 것은 아니었지. 포기와 체념, 냉소는 쉽지만 그렇게 하지 않고 희망을 갖고 싸우는 이들이 있어 이 세상은 변하는 것이고.

2020년 10월, 검찰은 피고인 전ㅅㅈ에 대해 징역 10년 6개월을 구형한다. '영리 목적' 성범죄 혐의가 추가되기 전인 3월 구형량(징역 3년 6개월)보다 세 배 가까이 늘어난 것이다. 그리고 1심 재판부는 2020년 11월 전ㅅㅈ에 대해 징역 7년을 선고했다. 재판부는 영리 목적이 없었다는 피고인 전 씨의 주장을 배척했고, 접속 링크의 게시가 성착취물 등의 전시가 아니라는 주장에 대해서도 그것은 직접 전시와 마찬가지라고 판단했다. 링크의 게시는 텔레그램 대화방을 단순히 소개·연결하거나 성착취물의 배포·전시를 방조하는 정도를 넘어, 사실상 지배·이용을 가능하게 만든다는 것이다. 양형과 관련해서도, 피고인 전 씨가 수사·재판 과정에서 추적을 피하거나 유리한 양형이유로 참작받는 방법을 게시·공유한 행위는 공권력에 대한 조롱이라고 보았다. 또한 피해자의 삭제 요청을 묵살하며 비하·멸시한 행위를 들어 그가 죄책감도 없다고 판단했다.

문형욱의 공범들 중 오프라인 성착취·성폭력범들은 문 씨가 검거된 2020년 5월 이전에 진행된 재판에서 평균적으로 징역 3.2년 정도의 형을 선고받았다. 그러니 전 씨도 만약 변론재개 없이 2020년 4월에 선고가 그대로 진행되었다면 그 정도 형을 선고받았을 가능성이 높다. 결국 검사와 재판부 모두가 적극적으로 재판에 임하도록 시민들의 비판과 감시가 이어졌기에 당초 예상보다 높은 형의 선고가 가능했던 것이다.

2021년 4월 23일, 전 씨의 항소심 재판 방청 차 수원지법에 들렀다. 일정 변경이 있을 경우 '대법원 나의사건검색' 사이트에 실시간으로 변경 사항이 반영되는데, 당일까지 변경 사항이 올라오지 않아서 재판이 진행되는 줄 알고 왔다가 법정 앞에 붙은 종이를 통해 기일 변경 소식을 알게 되었다. 피해자 변호사인 C1 변호사 역시 같은 이유로 법원에 들렀다가 법정 앞에 서 있었다. 그를 서울과 안동에서 열리는 각종 디지털 성착취·성폭력 사건 재판에서 본 적이 있던 터라 인사를 나누었다. 집행유예 기간이 얼마 안 남은 피고인 전 씨 측이 의도적으로 재판을 지연시키는 것 아니냐는 이야기를 주고받으며, 피해자 변호사에게 재판 일정 변경도 제대로 알리지 않는 시스템의 문제에 대해서도 한 번 더 고민하게 되었다.[10]

2021년 5월 28일 항소심 결심 공판에서 피고인 전 씨의 변호인은 1심에서와 마찬가지로 피고인이 '와치맨(감시자)'이라는 닉네임을 사용한 이유에 대해 늘어놓으며, 문제가 될 수 있는 불법 영상물 게시를 막기 위해 노력했다고 주장했다. 이어 2020년 3월 변론재개 전과 후의 구형량을 비교하면서 '여론 재판'이라며 억울함을 호소했다. 그러나 2021년 6월 23일 항소심 재판부(수원지법 형사5부: 김은성, 박은지, 조민식)는 검사와 피고인 측 모두의 항소를 기각하며 1심의 징역 7년을 유지했다.

이에 전 씨는 2심 판결문에 대해 열람제한을 건 후 상고했으나, 9월 30일 기각되면서 최종 확정되었다. 정확히 2년 전인 2019년 9월 30일, 전ㅈ이 운영하던 '고담방'에는 '감시자 추모방' 링크가 올라왔었다. 300여 명의 가입자가 국화꽃 이미지를 올리며 바로 전날 이루어진 전 씨의 체포 소식에 안타까움을 표했고, 공권력에 대해 조롱하는 대화를 이어나갔다. 지금 그 300명은 또 누구를 추종하며 추모하고 있을까. 그들이 이어나가는 디지털 성착취·성폭력 계보를 끊을 수는 없는가.

* * *

수원지법에서 진행된 텔레그램 성착취·성폭력 사건의 주요 재판

중에는 '남성복지부' 운영자 신ㄷㄱ('흑통령', 34세, 남)의 사건도 있었다. 현직 승려였던 그가 디지털 성착취·성폭력물 사이트를 운영한 것은 이제껏 종교인이 저질러온 성착취·성폭력 사건의 변주이자, 예상보다 더 빠르게 온라인과 오프라인의 경계가 무너지고 있다는 증거다. 그간 종교인에 의한 성착취·성폭력 사건은 교인들 대상의 그루밍 성범죄 성격이 짙었는데, 이제는 불특정 다수를 대상으로 비대면 상태에서도 다양한 성범죄를 저지르고 있는 것이다. 디지털 성범죄는 이렇듯 높은 윤리의식이 요구되는 직군에서도 발생하고 있다. 우리 사회의 윤리의식 붕괴가 생각보다 더 심각하다는 의미다.

피고인 신 씨 측은 공판 과정에서 일부 영상물에 등장하는 피해자들이 아동·청소년임을 몰랐다는 취지로 항변했지만, 대체로 공소사실을 인정하는 방향으로 변론 전략을 잡았고, 이후 항소나 상고도 포기했다. 다만 일부 영상에 등장하는 피해자들이 아동·청소년인지 확인하기 위한 증거조사는 필요했다. 그러나 1심 재판 초기에 선임된 피해자 국선변호사가 지속적으로 불출석하면서, 증거조사 방식과 관련해 2차 피해를 방지하기 위한 피해자 측 의견 확인이 불발되기도 했다. 디지털 성범죄 재판에서는 영상이나 사진에 대한 증거조사 과정 자체가 피해자에 대한 추가 가해가 될 우려가 있다. 따라서 심리 공개 여부나 증거조사 방식 등에 대한 의견을 묻는 재판부가 늘어나고 있는데, 피해자 변호사가 없으면 제때 제대로 반영되기 어렵다.

당시 판사가 유선을 통해서라도 피해자 변호사의 의견을 확인해야 한다며 검찰에 당부하기는 했지만, 선임된 국선변호사도 제 역할을 하지 못하거나 안 하는 현실에서 연대자로서 내가 무엇을 해야 하는지 고민이 들었다. 그나마 변호사의 풀이 넓은 편에 속하는 수도권에서도 이렇듯 피해자 조력에 격차가 발생하는데, 다른 지역은 그 수준이 어떨지 우려스럽기도 했다. 전문가 선택의 기준을 제시하고, 조력을 받을 수 있는 범위와 단계를 정리해 일반인들 눈높이에 맞게 구체적으로 알리는 일이 연대자로서 내가 현재 할 수 있는 일이겠지만, 이런 현실에서는 좀 더 넓은 방식의 연대를 고민해야 한다는 생각이 들었다. 다행히 3차 공판 이후 공대위 소속 변호사들이 선임계를 제출해 공판에 참여했다. 그들은 증거조사 방식과 관련해 비공개 심리로의 전환을 요구했으며, 영상 등을 법정 내에서 현출할 때 최소한의 인원만 입정한 상태에서 진행해달라고 요청하는 등 추가 피해를 최소화하기 위한 의견을 제시했고, 재판부도 이를 수용했다.

신ㄷㄱ 사건의 재판부(수원지법 형사9단독: 박민)는 전ㅅㅈ 사건을 담당한 재판부이기도 했다. 일반인 방청객들의 평가를 종합하면, 해당 재판부의 재판 진행에 대한 호평이 많았다. 특히 정확한 발음과 적당한 속도감, 어려운 법률용어를 일반인 입장에서 수용 가능한 범위로 풀어 설명하는 모습은 다른 재판에서 찾아보기 어려운 진행 방식이었다.

전국 각 법원을 돌아다니며 모니터링을 하다 보면, 일반인이 따라가기 어려울 정도의 수준으로 재판이 진행되는 게 과연 적절한가 하는 생각이 든다. 간혹 판사들이 피해자들이나 피고인들을 향해 "알겠어요? 알아듣겠어요?"라고 질문하는 모습을 목격하는데, 이에 대해 일반인인 그들이 얼마나 이해하고 답변하는 것인지 의문이 들 때가 많다. 그러다 이해도가 떨어지는 소송관계인들에게 짜증을 내고 목소리를 높이는 판사들도 종종 본다. 사법 시스템에 종사하지 않는 일반인에게 재판은 어렵고 낯설며 멀게 느껴지기 마련이다. 이런 입장을 고려하지 않은 채 '못 알아들었다'고 윽박지르는 판사의 모습을 보다가 '친절한' 판사의 모습을 보면 자연스럽게 비교가 된다.

변호사의 조력을 받아 재판에 임하는 이들의 경우 그나마 어려움이 줄어들겠지만, 그 조력조차 받기 어려운 이들이 더 많은 게 현실이다. 따라서 재판 진행에 대한 법원의 성찰이 필요한 때라고 생각한다. 물론 '쉽게' 설명한다는 것이 곧 '제대로' 된 재판 진행을 의미하진 않는다. 그러나 무지나 오해 등으로 재판 결과를 수용하지 못하게 되는 일을 막기 위해서라도 변화가 필요한 시점이라고 판단하고 있다.

그래서 전국 법원을 돌아다니면서 비교할 만한 사례들을 많이 발굴하는 중이다. 또한 재판 모니터링을 할 때 판사들의 재판 진행을 평가하며 일반인의 이해도를 여러 방식으로 분석하고 있다. 재판 이후 피해자 등 관계자들이나 방청객들과 재판 내용에 대해 이야기를 나누는 것도 그래서다. 이후 재판 모니터링 교육을 세분화할 계획도 가지고 있는데, 그때 이런 사례들을 분석해서 평가 기준을 좀 더 구체적으로 만들 생각이다.

2020년 12월, 신ㄷㄱ에게는 징역 6년이 선고되었다. 재판부는 일부 성착취물에 등장하는 피해자들이 아동·청소년임을 인식하지 못했다는 피고인의 주장을 받아들이지 않았고, 영리 목적으로 성착취물을 판매한 점, 피해자들이 엄벌을 요구한 점 등을 들어 판결을 내렸다.

* * *

"피고인은 억울한 점이 많습니다. 웹하드에 대해서도 편견 없이 봐주시기 바랍니다."

2021년 5월 3일 수원지법 성남지원 제3호 법정에서 피고인 양진호 측 변호인이 재판부에 이렇게 말했다. 사전에 제출한 60쪽에 이르는 의견서를 통해 양진호 측은 공소사실 중 횡령과 조세법 위반 일부를 제외한 혐의 대부분을 부인했다. 그중에는 헤비업로더에 의한 '음란물 끌어올리기', 즉 불법촬영물 등 각종 성착취·성폭력물 게시·유포

행위를 방조한 혐의(정보통신망법 위반 방조 등)도 포함되어 있다. 양진호와 함께 기소된 뒤 동일한 로펌의 조력을 받는 '이지원인터넷서비스', '선한아이디', '한국인터넷기술원' 같은 회사도 비슷한 주장을 펼치며 혐의를 부인했다.

　오전 10시에 열릴 예정이던 이 재판은 사건의 중요성을 고려해 다른 사건들을 먼저 처리한 뒤 진행되었다. 그런데 방청석에는 언론사 기자가 손에 꼽을 만큼 적었다. 외부의 관심이 줄었다는 방증이다. 하지만 이는 예견된 것이기도 했다. 양진호의 범죄 행각은 2018년 7월에 이미 SBS 〈그것이 알고 싶다〉 방송을 통해 세상에 드러났음에도, 그해 11월 공익제보의 외피를 둘러쓴 내부자의 '고발'이 주목받으면서 '갑질'에 초점이 맞춰져 본질이 왜곡되었기 때문이다.

　피고인 양진호는 2019년 기소되었다. 그러나 디지털 성범죄의 핵심 혐의 중 하나인 '음란물 유포 방조' 등은 '갑질 사건'과 동시 진행되다가, 2020년 5월 28일에 열린 1심 선고(수원지법 성남지원 형사1부: 이수열, 이인호, 김웅수) 전에 분리되었다. 이후 '저작권법 위반' 등 다른 사건들과 병합되면서 2021년에야 비로소 재판이 시작되었다. 하지만 피고인 측이 횡령과 배임 등 다른 건을 먼저 처리한 뒤 웹하드 카르텔과 관련된 부분(음란물 유포 방조, 저작권법 위반 등)은 나중에 다루자고 제안했고, 이를 재판부가 수용해 순서대로 재판이 진행 중이다. '웹하드 카르텔'로 불리는 기업형 디지털 성착취·성폭력 사건의 재판이 '갑질 사건'과 함께 마무리된 것으로 아는 이들이 많은데, 양 씨의 '갑질'을 가능하게 한 동력인 '웹하드 카르텔'에 대한 재판은 2022년에 들어서야 겨우 시작되었다.

　피고인은 일명 '갑질 사건'(강요, 상습폭행, 정보통신망 침해, 공동상해 등 총 7개 혐의)으로 이미 2021년 4월 15일 징역 5년의 유죄가 확정되었다. 따라서 급하게 재판을 진행할 이유가 없다. 어차피 '갑질 사건'으로 수감되어 있는 상황에서 재판에 대한 외부 관심이 줄어들수록 본인의 의도대로 재판을 끌고 갈 수 있으리라 판단했을 것이다. 'n번방 방지법'*에 따라 웹하드 사업자 등의 책임을 강하게 묻는 방식으로 전기통신사업법이 개정되었지만, 양진호 사건은 법 개정 이전에 발생해 그 법을 적용받지 않는다. 따라서 '방조'로 기소된 것이며, 검찰의 입증이 치밀하지 않으면 또 선처를 받을 수 있다. 긴 호흡이 필요한 싸움이다.

양진호는 이미 2011년 웹하드 업체 '위디스크'와 '파일노리' 내에서 '누리진'이라는 비밀 업로드 조직을 운영하다 발각되었다. 당시 양진호는 성착취물 등과 관련된 불법 유통 혐의가 아니라 저작권법 위반·방조 등의 혐의로 구속 기소되었고, 징역 1년 6개월에 집행유예 3년을 선고받고 풀려났다. 그때는 수사기관이나 법원 모두 '웹하드 카르텔'의 정체가 무엇인지 알지 못했고, 웹하드 사업자나 사이트 운영자에게 법적 책임을 물을 수 있는 법령도 미비했다. 설령 적용할 수 있는 죄명이 있었어도, 디지털 성범죄에 대한 당시 수사기관과 법원의 인식·대응 수준을 보면 엄벌을 기대할 수 없는 상황이었다. 실제로 실형이 선고된 경우도 평균 징역 1년 6개월 정도에 그쳤기 때문에 그들은 사법 시스템을 무서워하지 않았다. 양진호 같은 이들이 집행유예 등으로 나올 수 있었던 것은 이렇듯 엉성하고 무책임하게 수사한 수사기관과 선처를 남발한 법원이 있었기 때문이다.

---

* 성착취물 등 온라인 성범죄에 대한 처벌 범위를 대폭 확대하고, 처벌 수위도 상향하는 내용 등이 담겨 있는 법안. 성폭력처벌법 개정안, 형법 개정안, 범죄수익은닉의 규제 및 처벌 등에 관한 법률 개정안, 정보통신망법 개정안, 전기통신사업법 개정안 등이 포함되었으며, 2020년 4월 29일과 5월 20일에 국회에서 통과되어 12월 10일부터 시행되었다.

이번에도 양진호와 그 일당은 호화 변호인단의 조력을 받아 재판에 임하고 있다. 웹하드에 대한 편견 없이 사건을 살펴봐달라는 후안무치한 주장을 펼치는 것도, 이미 경험을 통해 사법 시스템이 자기편이라는 확신이 있기 때문이다. 웹하드 업체, 필터링 업체, 디지털 장의사, 헤비업로더의 담합으로 구성된 '웹하드 카르텔'은 수사기관의 태만과 법원의 관대함이 만들어낸 산물이다.

이는 드라마와 다른 전개다. 2021년에 방영된 드라마 〈모범택시〉는 동명의 웹툰을 원작으로 했는데, '박양진'이라는 이름이 암시하듯 양진호를 모델로 한 인물의 에피소드에서 '갑질 사건'과 '웹하드 카르텔'을 정조준하며 큰 반향을 불러일으켰다. 이 에피소드는 사망한 피해자의 가족이 사적 복수에 참여하고, 물리적 폭력으로 가해자에게 고통을 안겨주며, 가해자의 폭사(폭발로 말미암아 죽음)로 마무리된다. 드라마 속에 삽입된 '법원권근(법은 멀고 주먹은 가깝다)' 문구로 집약될 수 있는 문제 해결 방식이 시청자들에게 대리만족을 느끼게 했다는 분석이 나왔다.

드라마가 사건을 일시적으로 환기하거나 제3자에게 '사이다' 같은 쾌감을 줄 수는 있었겠지만, 정작 그것을 본 현실 속 피해자들은 고통스러워했다. 사망한 피해자의 서사를 넣어 활용하는 부분도, 상세한 피해 묘사도 피해에 대한 끔찍한 복기였기 때문이다. 드라마처럼 서버가 있는 곳으로 묘사된 '광산'을 날리고, 가해자들이 폭사해서 문제가 해결된다면 좋겠지만, 현실은 그렇지 않다. 디지털 환경에서는 언제든 그 광산이 부활할 수 있다. 광산을 날린다 해도 그 잔해가 원본과 다를 바 없이 독한 연기를 뿜는다.

게다가 모든 피해자가 드라마처럼 자신을 대변할 다크히어로를 만날 수 있는 것도 아니다. 드라마에서 피해자 서사는 늘 도구로 활용될 뿐이다. 그러다 보니 가해자 응징에 머물러 있을 뿐, 응징 이후 피해 회복을 위한 수습 과정이 빠져 있다. 복수가 마무리된 후 피해자는 어떻게 피해를 회복하고 일상을 만들어나갈까. 피해자의 현재와 미래는 어떤 모습일까.

물론 드라마는 드라마(허구)라는 것을 피해자들도 안다. 그럼에도 실제 사건을 모티브로 할 경우 그 작품에 일정 거리를 유지하기가 어렵다. 영화나 드라마를 제작할 때 피해자에 대한 존중과 배려가 요구되는 이유다. 피해자는 누군가의 각성이나 복수를 위해 잠시 존재했다 사라지는 도구가 아니다. 그들은 현실을 살아가는, 숨 쉬는 존재다. 그걸 드라마나 영화에서는 자주 잊는다. 그 때문에 피해자들이 힘들어한다.

피해자들을 만나면 길고도 고통스러운 수사와 재판 과정을 견디느니 차라리 사적 복수를 하는 편이 낫지 않느냐는 말을 주고받곤 한다. 경찰에 신고·고소하고 재판받는 동안 또 다른 피해를 입으면서까지 왜 버텨야 하는지 모르겠다는 거다. 고소와 재판을 거치면서 모든 것을 잃었던 나도 사적 복수를 상상한 적이 있다. 출소한 가해자로부터 보복당할 위험이 있다며 도와달라는 내게 실제 피해가 생기면 오라던 수사기관의 대응에 절망했을 때였다.

"너 여기만 광산인 것 같지? 나한테 50원, 100원 내고 다운로드받아가는 그 개새끼들이 다 내 광산이야!" 드라마에서 유일하게 와닿았던 대목이다. 현실에서 '광산'은 어디든 존재한다. 디지털 환경의 특성상 디지털 성착취·성폭력 영상물의 원본과 복사본은 차이가 없고, 언제든 저장과 변형이 가능하기 때문이다.

양진호는 수감되었지만 여전히 그는 이 광산들을 통해 수익을 얻고 있다. 구속되지 않은 양진호의 주변인들이 그 광산에서 채굴 작업을 진행 중이며, 그렇게 얻은 이익은 또다시 피고인 양진호를 방어하는

데 쓰이고 있다. 또한 '광산'들은 발전하는 디지털 환경에 맞춰 진화한다. 피해자를 직접 물색해 착취와 폭력을 저지르며, 스스로 제작·유통을 해서 개인적 욕망과 욕구를 충족하거나 경제적 이익을 창출하는 형태로 변하고 있다.

2021년 9월 16일 다시 성남지원으로 향했다. 배임·횡령 건에 대한 재판이었지만, 5대 로펌 중 하나를 선임해 대응 중인 양진호 측의 전략과 재판 진행을 살펴보기 위해서 방청을 결정했다. 마침 '웹하드 카르텔'을 추적하고 공론화했던 한국사이버성폭력대응센터와, 지역 내 반성폭력 운동을 지속하는 성남여성의전화 활동가들도 현장에서 만나 여러 이야기를 나눌 수 있었다. 긴 호흡이 필요한 싸움이기에 재판 모니터링을 비롯한 시민감시운동을 효과적으로 이어나가기 위해서라도 협업이 필요하다. 현장에서 만나는 활동가, 연대자 들과 정보를 주고받으며 이후 일정에 대해 조율하는 이유다.

양진호 측 변호인들은 모두 4명이었고, 판검사 출신들이 포함되어 있었다. 변호인 4명이 각자 역할을 분담해 증인신문을 진행하면서 종이 대신 태블릿 PC를 활용한 반면, 검사 1명이 키보다 더 높이 쌓인 문서들을 두고 하나하나 찾아가며 신문을 이어가던 모습 등이 대비되어 기억에 남는다. 증인으로부터 의도한 답변을 끌어내기 위해 모호하고 불명확한 질문을 연달아 던지던 피고인 측 변호인에게, 재판부가 명료하게 질문할 것을 요구하면서 증인을 몰아가지 말라고 지적한 점 또한 인상적이었다.

기업형 성착취·성폭력 범죄를 저질렀던 그에게 한국 법원이 어떤 판단을 내리는지 지켜봐야 한다. 현재 양진호에 대해 사람들이 기억하는 것은 '갑질' 정도다. 갑질을 가능하게 한 '광산'에 대해 이 사회는 책임을 회피하고 망각을 택할 수도 있다. 그러나 전스스와 같은 디지털 성범죄자들이 수익 창출을 위해 디지털 성범죄를 꾸준히 저질러온 이면에는, 성착취·성폭력물을 통해 이미 부를 축적한 양진호 같은 인물이 존재한다. 그 연결고리를 끊어야 한다. 망각을 유도하는 그들에게 맞서 다시 싸움을 준비하며 숨을 골라야 한다. 이제는 그 광산들의 위치를 정확하게 탐지하고, 발견 즉시 신속하게 폐쇄·폭파 등의 조치를 취하며, 잔해 제거 등의 후속 작업을 제대로 이어가는 방식으로 시스템을 정비해야 한다.

그래서 다시 현실로 돌아간다. 뒤틀린 시스템이 가해자·강자·다수자를 위해 기능하는 현실을 외면하지 않으려 애쓰면서도, 시스템의 붕괴와 부재가 피해자·약자·소수자에게 더 큰 고통을 안길 수 있다는 점도 기억한다. 시스템을 통한 문제 해결이 피해자에게 선택지로 기능할 수 있도록 활동을 이어나간다.

무력감을 느끼고 절망하는 이들이 있음을 안다. 그러나 2015년에 디지털 성범죄가 가시화된 이후, 우리는 많은 것을 바꾸었고 많이 바뀌었다. 그 변화는 당신과 나, 우리가 함께 만든 것이다. 영웅은 화면 속에 있지 않다. 당신이, 내가, 우리가 바로 영웅이다. 그러니 힘들면 숨을 고르며 쉬었다 와도 된다. 길을 내고 다듬는 이들이 있음을 잊지만 않았으면 한다. 변화와 발전에 대한 믿음을 잃지 말아주었으면 한다. 각자의 위치와 역량 안에서 할 수 있는 일, 하고 싶은 일, 해야 할 일을 하기를 바란다. 나도 전국 법원을 다니며 계속 모니터링하고 전할 것이다. '웹하드 카르텔'과 관련된 양 씨의 1심 선고는 2022년 9월로 예정되어 있다.

인천:
연대자들을
향한 위협

　　인천에서 재판을 방청하기 시작한 것은 미성년 피고인들의 성폭력 사건 때문이었다. 인천 지역 수사기관의 2차 가해에 대한 피해자들의 호소가 많았고, 실제 수사마저 부실하게 진행되어 언론에도 인천 경찰의 기강 해이를 보도하는 기사가 여러 번 나왔다.[11] 2021년만 해도 인천 지역 경찰관이 10대와 20대 여성들을 스토킹한 사건이 있었다. 4월에 발생한 노래주점 살인 사건의 경우, 피해자의 112 신고를 상황실 근무자가 접수하고도 출동지령을 내리지 않았다. 친누나를 살해한 후 농수로에 유기한 윤ㅈㅇ(27세, 남) 사건에서도 경찰은 윤 씨의 말만 믿고 피해자 실종 신고에 안일하게 대처하는 등 문제가 많았다.

　　2021년 5월 최종 유죄가 확정된 두 중학생 김ㅌㄱ(17세, 남), 김ㄷㅎ(17세, 남)의 집단 성폭행 사건도, 경찰이 수사 과정에서 범행 현장의 CCTV 영상 일부를 열람하고도 제대로 확보하지 않아 증거가 소실되었다. 또한 피해자 측이 요청했음에도 가해 남학생들의 휴대전화를 압수하지 않아, 검찰이 보강수사에서 피해자의 신체 사진이 삭제된 기록을 찾아냈다. 이 때문에 담당 경찰들은 정직과 견책 등 징계처분을 받기도 했다. 이러한 부실 수사는 수사 과정에서 2차 가해로 이어지기 쉽고, 기소된다 하더라도 부실한 재판이 될 가능성이 높다.

텔레그램 성착취·성폭력 사건의 재판은 인천지법에서도 진행되었다. 나는 그중 '노모피카츄방' 등을 운영한 '잼까츄' 강ㅁㅅ 등의 재유포 사건 재판을 집중적으로 모니터링했다. 강ㅁㅅ는 2019년 12월부터 2020년 3월까지 '박사방', 'n번방' 등에 올라온 아동·청소년 성착취·성폭력 영상물을 재유포한 혐의로 재판을 받았다. 재유포 사건에서 가해자들은 수익 창출을 위한 판매 상품, 불법 사이트로 유인하기 위한 경품, 다른 성착취물과 교환하기 위한 도구 등으로 영상을 이용한 경우가 많다. 따라서 다수의 피해자가 동시에 급속히 발생하며, 영구 삭제가 불가능할 수도 있다는 불안과 공포 때문에 피해자들의 고통도 막심하다.

그럼에도 '원본'과 '최초 유포(자)'에 크게 집착하는 수사·재판의 관행으로 인해 재유포범에 대해서는 그간 관대한 처분·처벌이 이어져 왔고, 언론 등 외부 관심도 낮은 편이다. 더구나 인천 지역은 수사기관이 엉성하게 수사하는 경향이 있었고, 그에 따라 공판 진행 역시 느슨했으며, 재판 결과도 적절하다고 보기 어려웠다. 그래서 강 씨의 재판 결과에 더욱 신경을 곤두세울 수밖에 없었다.

* * *

2020년 5월 19일, 강ㅁㅅ의 재판을 방청하기 위해 인천지법에 갔을 때 이미 엔드eNd를 포함한 많은 여성 방청연대자들이 법정 밖 복도에 있었다. 이름은 모르지만 전국 법원에서 안면을 익혔던 터라 간단히 인사를 하고 법정에 들어갔다. 피고인 강ㅁㅅ 측은 공소사실은 모두 인정하지만, 피고인의 성장 과정과 가정환경 등을 양형에 반영해달라며 양형조사*를 신청했다.

재판 도중 법정 내에서 울음소리가 들렸는데, 피고인 강 씨의 가족으로 추정되었다. 방청 후 법정 밖 복도로 나와 잠시 방청연대자들과 재판 내용에 대해 이야기를 나누는데, 법정에서 울었던 여성이 다가와 자신의 말을 들어달라고 붙들었다. 강ㅁㅅ의 불우한 가정환경에 대해 이야기하고 싶다는 거다. 대화 한번 나누지 않은 초면의 방청연대자들에게 그런 하소연을 하려는 이유를 이해할 수 없었고, 그가 피해자 등 사건 관계자도 아니었기 때문에 거절했다. 이후 나는 사법연수원에서 예정된 법관 연수 〈젠더와 법, 그리고 법원〉에 토론자로 참여하기 위해서 바로 일산으로 이동했다.

문제는 내가 떠난 뒤에 발생했다. 남성 변호인을 동반한 피고인 측가족이 방청연대자들을 붙잡고 폭언을 한 것이다. 특히 나를 겨냥해 "싸가지 없는 년 어디 갔느냐"라고 했으며, 수기로 작성된 연대자들의 기록물을 강탈했다. 변호인이 직접 나서 수기 내용으로 인한 법적 처벌의 가능성을 언급하며 협박해대니, 10~20대 초반의 여성들로 구성된방청연대자들은 위협을 느꼈을 것이다.

그리고 그 과정에서 피고인 측 가족들이 재판 전에 법정 밖 복도에 모여 있던 여성 방청연대자들을 무단으로 촬영한 사실이 밝혀졌다. 촬영 당시 기자로 생각하고 바로 항의하지 않았던 연대자들은, 촬영자가 피고인 가족인 것을 확인하고 문제제기를 했다. 당시 피고인 강 씨의 가족들과 방청연대를 위해 모인 이들은 재판 전 어떤 대화도 접점도 없었다. 더구나 법원 내에서의 촬영은 제한되어 있었기에 연대자들

---

*   '합리적 양형'을 결정하기 위한 보조 역할을 하는 제도. 검찰 처분 단계와 법원 판결 단계에서 활용되고 있으며, 보호관찰관에 의한 판결 전 조사, 결정 전 조사, 검찰 양형조사, 법원 양형조사 등이 있다.[12]

은 일반인이 무단으로 촬영할 것이라고 생각하지 못했다고 한다.

무단 촬영에 항의하자 그제야 피고인 가족들은 현장에서 사진을 삭제했지만, 도대체 그들은 그 사진으로 무엇을 하려 했을까? 법관도 허용하는 방청 기록물을 피고인의 사생활 침해를 이유로 강탈해가면서, 정작 본인들은 젊은 여성들을 무단으로 촬영하는 이유가 무엇인가? 거리낌 없이 그런 행위를 하는 가족들이 과연 성착취·성폭력 영상물 등을 재유포해 수익을 얻었던 피고인 강ㅁㅅ를 계도할 수 있을 것인가?

연대를 하다 보면 법원 내외에서 많은 위험에 노출된다. 피고인 강 씨의 경우처럼 그 가족이나 지인들이 피해자나 연대자에게 다가와 위협적 언행을 하는 경우도 발생한다. 실제로 나도 피해자와 일대일로 직접연대를 하다가 법원 내외부에서 폭행과 폭언을 당한 적이 여러 번 있다. 피해자는 형사재판에서 당사자가 아니기 때문에 증인으로 출석할 때를 제외하면 별도의 보호 장치가 없다. 물론 법원 안에 경위 등이 있긴 하지만 모든 상황에 개입하기는 어려운 게 현실이다. 이때 피해자 앞에 서서 피해자를 보호하는 역할도 연대자의 몫 중 하나가 된다. 그래서 직접연대 시 피해자와 함께 재판을 방청할 때는 늘 긴장한다. 상대측이 시비를 걸면 상황에 따라 적극적으로 대항하고, 피해자가 흥분하면 적당한 수준에서 말려야 한다.

물론 간접연대 과정에서도 위험에 노출될 때가 있다. 2021년 2월, 전 세종대 교수였던 김태훈(55세, 남)의 성폭력 사건 재판의 1심(서울서부지법 형사6단독: 신진화) 선고에서 김 씨는 징역 1년 4개월 실형을 선고받아 법정구속 되었다. 당시 선고 후 나는 법정 밖에서 전광판 등을 보며 필요한 정보를 정리하고 있었는데, 피고인 측 가족들과 지인들이 판사를 죽이겠다는 식의 욕설을 내뱉다가 갑자기 내게 다가와 시비를 걸고 폭언을 한 적도 있었다. 이런 일들이 비일비재하기 때문에 법원에 갈 때는 보안 검색 과정과 경위의 위치 등을 반드시 확인한다. 특히 나는 개인 활동가라 이런 위험에 처할 경우 대처할 방법이 많지 않으므로 안전에 각별히 신경을 쓰는 편이다.

인천지법에서 피고인 강ㅁㅅ 측 변호인과 가족들이 연대자들에게 폭언한 사건을 나중에 전해 들은 뒤, 관련 경험이나 지식이 있던 내가 그 자리에 있었다면 좀 더 안전하게 상황을 마무리할 수도 있지 않았을까 하는 생각이 들었다. 아무래도 일반인 연대자들은 재판 전후에 발생하는 돌발 상황에 대한 경험이 없고, 상황에 대처하기 위한 정보도 부족하기 때문이다. 간접연대의 비중을 늘린 상황에서 재판 모니터링과 방청연대가 대중화되는 것을 보고, 이제는 일반인 연대자들 역시 보호 대상의 범위에 포함시켜야 한다는 생각도 들었다. 그래서 엔드 eNd의 공식 대응에 협조하는 데서 나아가, 대다수가 10~30대 일반인 여성들로 구성된 연대자들을 보호하고, 원활한 재판 진행을 도와 공개 재판주의의 의의도 실현할 수 있는 방청연대 방식을 구상했다.

그래서 시작한 것이 재판 모니터링 교육 프로그램인 〈찾아가는 연대, 재판 모니터링 교육〉이다. 2020년에 전국 법원에서 진행했는데, 그 첫 번째 교육을 6월 16일 서울과 인천에서 열었다(389쪽 참조). 서울에서 1차 재판 모니터링 교육을 받고 재판을 방청한 교육생들 중 일부는, 오후에 열리는 인천 재판을 방청하기 위해 교대역에서 버스를 타고 이동해 다른 교육생들과 결합했다.

그날 인천에서 열린 강 씨 재판에서는 영상 등 증거조사를 할 예정이었기 때문에 비공개 심리를 할 가능성이 높았다. 법정에 도착하자 재판부가 피고인 측 가족을 제외한 방청객들의 퇴정을 명해 법정 밖으로 나왔다. 그래서 법정 바로 밖 복도에서 20명 정도의 교육생들을 대상으로 재판 모니터링 교육을 했다. 인천지법은 서울과 달리 법정 밖 복도 공간이 매우 넓은 편이라 20명 이하의 소규모 교육을 진행하기에 적합하다.

물론 교육 과정에서 법정 내 재판 진행을 방해하거나 소란을 피워 서는 안 된다. 그렇지만 용인 가능한 범위 내에서 한다면 진행 중인 재판을 간접적으로 감시하고 교육 내용을 홍보하는 효과도 있다. 실제로 당시 모니터링 교육을 할 때 우연히 지나가던 다른 일반인들이 함께 듣기도 했다. 그날 재판은 전체 비공개여서 재판이 마무리된 후 복도 에서 2차 교육을 하고, 교육생들과 함께 코로나19 때문에 임시 폐쇄된 인천지법의 입구로 옮겨 그날의 교육을 마무리했다.

* * *

2020년 9월 8일 '잼까츄' 강ㅁㅅ는 1심에서 징역 3년 6개월을 선고받았다. 재판부(인천지법 형사3단독: 김지희)는 피고인 강 씨가 2020년 3월 31일경 다른 이용자에게 "체포 안 당하려고 로리 지우려는데 안 지워져서 결국 폭파햇자나"라는 메시지를 보낸 점 등을 들어 아동·청소년 성착취물이 포함된 줄 몰랐다는 피고인의 주장을 배척했다. 그리고 2차 성징도 안 나타난 아주 어린 아동조차 피해자임을 들어 엄벌의 필요성을 강조하면서도, 검찰 구형량(징역 7년)의 절반에 해당하는 형량을 선고하는 데 그쳤다. 집행유예 선고가 가능한 기준인 징역 3년을 넘겨 실형을 선고하기는 했지만, 구형량에 비하면 아쉬운 결과였다. 판결문을 확인해보니, 가족들의 적극적인 선도 다짐이 강 씨에게 유리한 양형이유로 반영된 데 비해 피해자의 고통은 충분히 반영되지 않았다.

피고인 강ㅁㅅ에게 그 가족들의 선도 의지가 유리한 양형으로 반영된 점은 부적절하다고 생각한다. 물론 '가족들의 선도·계도 의지'는 피고인들을 선처할 때 판결문에 언급되는 이유이긴 하지만,[13] 미성년자도 아닌 성인 남성에게 의미 있는 요건이 될 수 있는지 의문이다. 특히 피고인은 불우한 가정(성장)환경 때문에 범죄의 유혹에 쉽게 빠졌다고 읍소해왔는데, 그게 사실이라면 그런 '환경'이었던 가족의 선도 의지를 신뢰해도 되는 걸까. '불우한 가정환경'과 '가족의 선도 의지'가 동시에 반영될 수 있는 것인지 의심이 든다.

더구나 피고인 강 씨의 가족은 법정 밖에서 일반인 여성들을 무단으로 촬영하고 욕설 등 폭언을 한 자들이다. 성범죄 중에서도 재범률이 더 높은 것으로 알려진 디지털 성범죄자를 그런 가족들이 잘 이끌 수 있을까? 실제로 성범죄자들은 다른 범죄자들에 비해 자신을 둘러싼 '환경'에서 받는 영향이 절대적이지 않으며, 가족들의 애정이나 감독 수준과는 무관하게 범행을 할 가능성이 높다고 한다.[14] 그래서 '사회적 유대관계'나 '환경' 등을 양형에 반영하는 것에 대해 문제제기를 하는 목소리가 높다.

기존 유사 범죄의 재판에 비추어 보면, 이 역시 (특히 실형 선고라는 점에서) 중형에 해당한다고 볼 수 있긴 하다. 그러나 피해자들의 입장에서는 재유포에 대한 불안과 공포, 그로 인한 추가 피해를 재판부가 제대로 헤아렸다고 받아들이기 어려울 것이다. 재유포 가능성은 디지털 성범죄 피해자들의 피해 회복을 더디게 하는 요소지만, 실제 수사와 재판 과정에서 재유포 피해자의 말은 가닿기 어려운 구조다. 그래서 판단은 법관 개인의 역량과 감수성에 맡겨지거나, 기존 판결에 기대어 기계적으로 흘러갈 가능성이 높다.

강ㅁㅅ 사건의 판결문에 별지로 붙어 있는 100쪽 가량의 범죄일람표를 보고 여러 생각을 했다. 2318개의 숫자로 정리된 영상과 사진

속 피해자들의 삶을 생각한다. 강 씨가 돈벌이를 위해 묶어서 판매하던 영상들 속 피해자들의 시간을 생각한다. 피해를 입어도 정리가 가능하면 다음 단계로 넘어갈 수 있다. 그러나 디지털 성범죄의 경우 그런 '정리'가 어렵다. 재유포 사건은 피해자에게 '정리'할 기회를 빼앗아 간다. 피해자들에게도 '기회'를, '다음'을 보장해주어야 한다. 재유포범들에 대한 적극적 수사와 엄벌이 필요한 이유다.

인천지법에서는 사회복무요원이었던 임ㅎㄱ(24세, 남)의 재유포 사건 재판도 열렸다. 임 씨는 텔레그램 채팅방을 이용해 아동·청소년 성착취물 등을 판매·유포했으며, 'n번방', '박사방'으로 시끄러웠을 때도 "박사방을 능가하는" 등의 수식을 해가며 영상을 판매했다. 직접 '노예'가 될 만한 피해자를 물색하기도 했다. 2020년 8월, 재판부(인천지법 형사11단독: 김이슬)는 피고인의 죄질이 가볍지 않다면서 징역 3년의 실형을 선고했다.

그런데 선고 과정에서 재판부는 법정에 나와 있는 피고인과 그 가족들을 언급하며 "마음이 무겁지만 이런 판결을 내릴 수밖에 없다"라는 발언을 했다. 실제로 재판 과정에서 피고인과 가족들은 반성문과 탄원서를 지속적으로 제출했고, 판결문에는 가족들이 피고인의 재범을 막기 위해 각별히 돌보겠다는 탄원을 한 것이 유리한 양형이유로 적혀 있었다. 당시 다른 사건의 피해자가 재판 모니터링 차 인천지법에 왔었는데, 마음이 무겁다는 재판부의 발언을 방청석에서 듣고 매우 고통스러워했다. 피고인을 생각하는 마음의 일부만이라도 피해자를 생각하는지 모르겠다며 힘들다고 토로했다.

나 역시 그때 재유포된 영상 속 피해자들의 '현재'에 대해 생각하고 있었다. 판결문의 범죄일람표 속 그 수많은 피해자들의 삶은 어떨지 판사들은 고려하고 있을까. 나는 전국 법원을 돌아다니며 재판 과정에서 판사들이 덧붙이는 말들을 접하는데, 그런 말을 들을 때마다 판사들과 일반인들의 간극을 체감하곤 한다. 역시 판사들은 '우리'와 다르구나. 그들은 피해자들의 입장에 충분히 공감할 수 없구나. 잠시이긴 하지만 이런 회의감이 스쳐 지나갈 때면 연대자 입장에서도 버거울 때가 있다. 판사의 '말'과 '글'은 힘이 실린다. 힘에 걸맞은 신중하고 책임감 있는 말하기와 글쓰기가 필요하다.

한편 같은 날 인천지법에서는 현직 남성 변호사 윤○○(40대, 남)의 강제추행 등 사건의 1심 선고도 진행되었다. 그는 고용 관계에 있는 피해자에게 강제추행을 저지르고, 피해자의 정보를 허위사실과 함께 페이스북에 올리는 등의 혐의로 징역 2년에 집행유예 4년을 선고받았다. 변호사라는 인간이 페이스북에 '무고', '꽃뱀' 등의 용어를 늘어놓고, 재판에서는 본인의 직업과 '양극성 장애' 등을 내세워 빠져나가려 하는 모습을 보니, 피해자들이 수사·재판 과정에서 추가 가해로 어떤 고통을 받았을지 가늠조차 어려웠다. 재판부는 그가 재범 위험성이 높고, 2차 가해를 저질러 죄질이 안 좋다고 판단하면서도 "많이 고민했다"라는 말을 덧붙이며 그에게 집행유예를 선고했다.

현직 남성 변호사들의 성폭력 사건 재판들을 전국에서 지속적으로 모니터링 중인데, 그들은 법을 알기 때문에 피해자들을 더 괴롭히면서 재판을 지연시키는 특징을 보인다. 변호사인 피고인들의 이런 전략 때문에 피해자가 받는 고통을 재판부가 양형에 충실히 반영하기를 바라지만, 오히려 같은 법조인으로서 피고인 측에 더 공감하는 모습들을 보이는 것 같다. 실제로 이 사건의 항소심 판결은 선고가 수차례 연기된 끝에, 1심 선고 후 1년 2개월 정도가 지난 2021년 10월에야 내려졌다. '항소 기각'이었고, 이후 쌍방이 상고를 포기해 확정되었다.

* * *

　‘n번방’과 ‘박사방’처럼 텔레그램 등을 이용한 디지털 성착취·성
폭력 사건에 대한 관심이 높아지던 때, 온라인에서는 이런 디지털 성범
죄자들의 신상을 공개하고 처벌한다는 ‘자경단’이 생겨났다. 대표적인
것이 ‘디지털교도소’, ‘주홍글씨’, ‘중앙정보부’다.

　먼저 이ㅊㅅ(35세, 남)가 운영한 ‘디지털교도소’는 2020년 봄부터
디지털 성범죄자들을 비롯해 각종 성폭력 가해자들의 신상을 인스타
그램 등에 공개했다. 외부의 관심이 높아지면서 운영자 이 씨는 판사의
신상도 공개했는데, 이러한 본인의 행위가 정의감에 기반한 것이라고
주장했다. 그러나 공개된 이들 중에는 성범죄자가 아닌 사람도 포함되
었고, 억울함을 호소하다가 자살에 이르는 사람도 나오면서 이 씨는
활동을 중단한다. 2020년 9월 베트남에서 검거된 이 씨는 2021년 4월
1심(대구지법 형사8단독: 박성준)에서 징역 3년 6개월을 선고받았다. 이후
2021년 9월 마약 범죄 사건(1심: 징역 1년 6개월)과 병합된 2심에서 징역
4년으로 감형된 뒤 확정되었다.

　‘주홍글씨’ 역시 텔레그램에서 활동하면서 조주빈, 강훈, 이원호
등의 신상공개가 결정되기 전에 먼저 온라인에 올리는 등 디지털 성범
죄자들의 개인정보를 게시해왔다. 본인들은 디지털 성범죄자들이 사
회생활을 하지 못하도록 낙인을 찍는다며, 경찰 수사를 돕는 정의로운
활동을 한다고 주장했다. 경찰 수사에도 잡히지 않을 것이라며 자신감
을 보이던 이들은 활동 중 디지털 성범죄 피해자의 정보를 유출하는
등 여러 문제를 일으켰고, ‘디지털교도소’ 운영자와 ‘주홍글씨’ 운영진
일부가 검거되자, 압박을 느끼고 2020년 10월 활동을 중단했다.

　‘중앙정보부’ 운영자 전ㅁㄱ(‘김재규’, 18세, 남)의 재판은 인천지법에

서 진행되었다. 전ㅁㄱ은 신상공개보다는 사적 제재와 금전 갈취를 목적으로 활동했다. 전 씨는 지인의 얼굴에 나체 등의 음란물 사진을 합성*해준다는 광고를 보고 제작을 의뢰한 이들을 대상으로(피해자, 즉 제작을 의뢰한 이들 16명 중 14명이 남성 청소년), 합성 의뢰 사실을 지인들과 주변인들에게 알리고 이름 등 신상정보를 공개하겠다고 협박했다. 이후 그들을 일명 '노예'로 만들어 벌을 준다는 명목으로 성적 가학행위를 하고, 이를 영상으로 찍게 해 게시했다. 전 씨는 자신은 잡범에 해당하기 때문에 잡혀도 보호처분만 받을 뿐이라고 자신하며 범행을 이어갔다. 그러다 2020년 4월 검거되었고, 공범들 역시 10월에 잡혔다. 공범 11명은 전원 남성이었고, 그중 9명이 10대 남학생이었다.

2020년 9월 전ㅁㄱ에 대한 1심(인천지법 형사13부: 고은설, 김주완, 백규제) 선고 공판이 열렸다. 이날 재판부는 "아무리 나쁜 범죄자라도 그에 대한 처벌은 법이 정한 절차에 따라야 하며 어느 누구도 이러한 절차에 따르지 않고 임의로 범죄자를 처벌할 자격은 없다. 피고인과 공범들은 스스로 성범죄자들을 응징하여 사회정의를 실현한다는 목적을 빙자하여 잔혹한 범행을 반복하였으나, 실제로는 위와 같이 어린 피해자들을 유인하여 협박하고 '노예'로 만들어 괴롭히는 것을 유희로 삼았을 뿐"이라며 피고인에게 징역 장기 5년 단기 3년을 선고한다.

이 사건은 사적 제재의 위험성이나 한계와도 연관이 있지만, 디지털 성범죄 가해자이자 피해자라는 이중적 지위를 갖게 된 10대 남성들에 대한 고민과도 맞닿아 있다. 경찰청 국가수사본부의 발표에 따르면 디지털 성범죄 피의자 중 20대가 39퍼센트, 10대가 33.6퍼센트를 차지했다(피해자의 경우 10대가 50.2퍼센트, 20대가 38.9퍼센트에 달한다).[15] 이

＊   이른바 '딥페이크'로 '지인능욕'의 일종이다.

처럼 디지털 성범죄는 디지털 네이티브 세대인 10대, 20대 가해자의 비율이 매우 높은데, 그래서인지 전ㅁㄱ 사건에서처럼 디지털 성범죄를 저지르려다 피해자가 되는 사례가 나타나고 있다.

연대를 하다 보면 "여성 피해자만 있느냐"는 말을 많이 듣는데, 디지털 성착취·성폭력 사건에서는 앞으로 이런 사례를 포함해 남성 피해자도 많이 증가할 것이다. 여전히 디지털 성착취·성폭력 사건에서 피의자 성별은 남성이 95퍼센트, 피해자 성별은 여성이 95퍼센트로 압도적 차이가 있지만,[16] 피해자의 경우 남성 비율도 증가 추세에 있기 때문이다. 최근의 남성 디지털 성폭력 피해 유형으로는 몸캠 피싱, 그루밍 성범죄(온라인상 각종 '역할극' 등), 가해자의 피해자화 등이 대표적이다.

'몸캠 피싱'의 가해자는 일반적으로 SNS와 랜덤채팅 등을 통해 범행 대상자(피해자)에게 접근한다. 이후 스마트폰 해킹 프로그램과 영상통화를 이용해 피해자 스스로 자신의 신체 등을 촬영한 영상을 전송하게 하거나, 그 장면을 불법촬영한 후 지인 등에게 유포하겠다고 협박하며 금전을 요구한다. 가해자들은 피해자를 유인할 때 타인인 여성의 사진을 도용하거나 성착취물 등을 이용하는데, 이런 방식의 범행은 유인을 위해 별도로 여성을 모집할 필요가 없고, 범행에 걸리는 시간을 단축하면서도 유출·유포 협박의 실효성이 높다. 게다가 피해자 다수가 채팅 등에 응한 본인의 행위에 수치심 등을 느끼고 신고·고소를 꺼리기 때문에, 몸캠 피싱은 검거율이 20퍼센트 정도로 낮은 수준에 머무르면서 점점 조직화·집단화되는 추세다. 피해자가 특정 세대에 국한되지 않지만, 어린 나이에 범행 대상이 될 경우 자살 등 극한 상황으로 몰리기도 한다. 2021년 5월에도 중학생이었던 남성 피해자가 목숨을 끊은 사건이 발생했다.

일반적인 몸캠 피싱이 피해자에게 금품을 요구하는 것과 달리, 김영준(30세, 남)처럼 개인적 욕망 등을 충족하기 위해 단독범행을 저지르는 경우도 있다. 김 씨는 2011년부터 10년 간 여성으로 가장해 남성 아동·청소년들에게 접근한 후 79명의 성착취물을 제작했고, 그중 일부를 판매했으며, 협박을 통해 강제추행 등의 성폭력을 저지르기도 했다. 문제는 실제 성착취물 피해자들 상당수가 본인이 피해를 입었는지도 모르는 상황일 수 있다는 점이다(경찰 발표에 따르면 김 씨는 1300명이 넘는 남성들과 영상통화를 했다고 한다).[17]

SNS에서는 '놀이'를 빙자한 성착취·성폭력이 비일비재하다. 트위터 등 SNS는 나이 제한이 없거나, 있어도 인증 절차가 까다롭지 않고, 성착취물 등 영상을 검색하는 데 제한이 없기 때문이다. 또한 이런 '놀이'로 소통을 하고 인간관계를 형성하며 쾌락을 느끼는 경우가 있기 때문에, 피해자들은 본인이 피해를 입었다는 사실을 인지하지 못하며, 가해자들은 피해자의 '동의'가 있었으니 성착취·성폭력이 아니라고 주장한다. 최찬욱(27세, 남)은 2016년부터 5년 동안 트위터에 30개 정도의 계정을 만들어 여성, 동성애자, 초등학생 행세를 하며 피해자들에게 접근했다. 이후 피해자의 신체 사진을 요구해서 피해자가 응하면 이를 빌미로 협박해 성착취물을 제작했고, 물리적 성폭력도 저질렀다.[18]

'놀이'로 즐거움을 느끼거나 그 착취 방식에 익숙해진 피해자들이 이후 다른 취약한 피해자들을 대상으로 가해행위를 한 사례도 있다. 내가 연대했던 한 사건에서는 가해자가 이전에 트위터에서 발생했던 역할극 형태 성착취 사건의 피해자였다. 가해자는 자신의 주체적 판단에 따라 '역할극'에 참여했고, 그 행위에 즐거움을 느꼈기 때문에 그 방식대로 피해자에게 참여를 권유했을 뿐이라고 했다. 가해자와 피해자가 처음 피해를 입었을 때의 나이는 둘 다 만 14세였다(가해자는 군대를 다녀온 22세 때 범행을 저질렀다).

'중앙정보부' 운영자였던 17세의 전ㅁㄱ도 또래 남성 청소년들이 '지인능욕' 등 디지털 성범죄를 일종의 놀이로 받아들인다는 것을 알고 있었다. 그래서 이를 이용해 디지털 성범죄자들을 사적으로 처단하겠다는 목표를 세울 수 있었고, 본인도 동일하게 타인에 대한 성착취를 저질렀다.

문제는 이런 심리를 이용해 조직적·집단적 범죄를 저지르려는 이들이 등장했다는 데 있다. 지인 대상의 디지털 성범죄를 의뢰했다가 금전적 비용을 내는 대신 범죄집단을 조직·운영하는 일을 맡은 강훈 등의 사례, '지인능욕'을 해달라고 찾아온 아동·청소년들을 협박해 다른 피해자들을 물색하고 금품을 갈취하도록 강요하거나 피싱 범죄 등에 활용한 사례들이 바로 그것이다. 2020년 5월 사법연수원 법관 연수에 토론자로 나섰을 때 한 현직 판사도 "피고인 중 10대 남성들의 비중이 늘어나고 있는데, 어떻게 대응해야 할지 고민이 된다"며 토로한 적이 있었다. 나도 전국 법원에서 모니터링 작업을 지속하면서 실제로 디지털 네이티브 세대의 가해자들을 많이 보고 있다. 앞으로는 디지털 성착취·성폭력 사건에서 점점 절대 다수를 차지하는 10~20대 피의자와 피해자에 대해 적극적으로 대응할 필요가 있다.

2021년 2월, 오래전 연대했던 디지털 성폭력 피해자의 메일을 받았다. 이젠 어느 정도 사건으로부터 거리를 둘 수 있게 되었고, 사회생활을 다시 시작했으며, 미뤘던 결혼도 가을에 할 예정이라고 했다. 그는 연인과의 성관계 장면이 담긴 불법촬영물이 유포된 사건의 피해자였다. 이 사건으로 연인은 자살 시도를 했고, 유포 경로에 대한 수사가 지연되면서 그는 다니던 회사를 그만두었다. 그는 이 몇 년을 '그 일'로 정리했다.

성인 남성인 본인이 디지털 성범죄 피해자가 될 줄은 예상조차 못했다던 그는, 소수이기는 하지만 남성 역시 디지털 성범죄 피해자가 될 수 있음을 알리고, 가해자가 되지 않도록 교육을 철저히 해야 하며, 범죄자에게는 엄벌을 내려야 한다고 강조했다. 아울러 본인은 그나마 성폭력으로 인한 경력 단절이 생 전체를 갉을 정도는 아니었지만, 동일한 피해를 입었던 연인은 결혼을 앞두고도 여전히 힘들어한다며, 부디 피해자 지원과 보호를 위해 더 많이 노력해달라고 부탁했다.[19] 연대자인 나는 그의 말을 기억하며 실천하려고 노력 중이다.

춘천:
지역 활동가들의 힘

내가 재판 모니터링을 위해 춘천에 들르기 시작한 것은 2018년 심ㅈㅎ(31세, 남)의 연인 살인 사건 재판부터다. 혼수 문제로 다투다가 우발적으로 연인을 살해했다는 가해자 심 씨의 말을 언론들이 일방적으로 옮기는 바람에, 사망한 피해자에 대한 모욕과 명예훼손 등 심각한 추가 피해가 발생한 사건이었다. 피해자 사망 이후 언론의 무책임함에 분노하다가, 피해자 가족이 올린 청원의 글을 보고 재판 방청을 결정했다. 개인의 힘이 얼마나 되겠냐마는, 그래도 피해자 가족들에게 힘을 보태고 재판을 감시하기 위해 춘천으로 향했다.

피해자 가족에 대한 증인신문 과정에서 증인이 원하는 비공개 심리는 이루어지지 않았지만, 신뢰관계인을 바로 옆에 착석하게 해달라는 증인의 요구를 수용한 재판부의 결정은 다른 재판부와 달라서 인상적이었다. 여전히 대부분의 재판에서 신뢰관계인은 증인석의 사선 뒤쪽 혹은 방청석에 앉게 된다. 그렇게 되면 증인의 시야에 신뢰관계인이 보이지 않아, 사실상 피해자 혼자 앉아 신문에 응해야 하는 상황이 된다. 피해자의 심적 안정 등을 위해 신뢰관계인 동석을 허가한다면,

5 디지털 성범죄 재판 방청기

그 자리 역시 피해자의 바로 곁이어야 하지 않는가?

피해자 변호사의 좌석과 관련해서도 법관 정면에 위치한다는 규정은 있으나, 실제 위치는 전국 법원마다 차이가 있다. 별도로 있다 하더라도, 피해자 증인신문 때 피해자 바로 곁에 앉지 못하는 게 일반적이다. 피해자가 아동과 청소년이어도 마찬가지다. 법원은 재판 진행에 방해되지 않는 선에서 피해자 변호사와 신뢰관계인 제도의 취지를 살리는 방향으로 좌석 선정부터 고민할 때다.

1심 재판부(춘천지법 형사2부: 박이규, 조민혁, 박채은)는 '계획살인'은 인정하지 않았으나, 살인에서 사체 훼손에 이르는 범죄의 잔혹성, 책임을 피해자와 그 가족에게 돌리는 피고인 심ㅈㅎ의 태도, 살해 후 도주 과정, 수감 상태로 가족들과 나눈 대화 내용에서 출소 이후의 삶에 대한 의지를 보인 점 등을 종합적으로 고려해 무기징역(검찰 구형은 사형)을 선고했다.

당시 법정을 가득 채운 이들이 누구인지 궁금했는데, 2020년 들어 춘천지법을 자주 다니면서 그들이 지역 내 반성폭력 활동가들임을 알게 되었다. 춘천은 지역 기반 반성폭력 활동이 활발하다. 춘천지법에 들를 때마다 춘천여성민우회를 비롯해 지역의 반성폭력 단체들과 활동가들이 늘 법정을 지키는 모습을 볼 수 있었다. 코로나19 때문에 수도권 외 지역을 방문하기 힘들어 재판 모니터링을 포기했을 때도 춘천은 걱정하지 않았다. 지역에서 뿌리를 단단히 박고 피해자를 지키는 이들이 있다는 것은 큰 위안이다.

＊ ＊ ＊

2020년 춘천지법에서는 다양한 디지털 성착취·성폭력 사건의 재판이 열렸다. 대표적인 것이 '로리대장태범' 배ㅅㅎ(20세, 남) 등이 포함

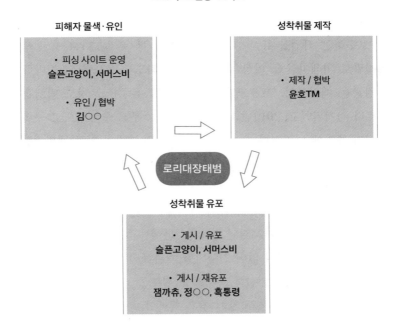

'프로젝트n번방' 조직도

피해자 물색·유인
- 피싱 사이트 운영
슬픈고양이, 서머스비

- 유인 / 협박
김○○

성착취물 제작
- 제작 / 협박
윤호TM

로리대장태범

성착취물 유포
- 게시 / 유포
슬픈고양이, 서머스비

- 게시 / 재유포
잼까츄, 정○○, 흑통령

된 '프로젝트n번방(제2 n번방)' 사건과 'n번방'을 이어받은 '켈리' 신ㄱㅎ 사건이다.

'프로젝트n번방'은 '박사방'과 'n번방'의 운영 방식을 결합해 2019년 11월 만들어졌다. 운영자이자 사건 당시 미성년자였던 배ㅅ ㅎ는 텔레그램을 통해 "같이 노예작업할 개발자 팀원을 구한다"는 글을 게시했는데, 성과에 따라 수익을 배분하고, 아동·청소년 대상 성착취물을 포함한 각종 영상을 '사원 복지' 차원에서 지원한다면서 공범들을 모집했다. 이에 10대 후반부터 20대 초반의 남성들이 순차적으로 지원해 조직적인 디지털 성착취·성범죄를 저질렀다.

류ㅎㅈ('슬픈고양이', 22세, 남)은 피해자의 정보를 탈취하기 위한 피싱 사이트를 최초로 제작했다. 김ㅌㅇ('서머스비', 22세, 남)은 피싱 사이트를 보완해달라는 배ㅅㅎ의 요구에 따라 오류를 수정하고 사이트를 유지·보수하는 작업을 류ㅎㅈ와 함께 맡았다. 백ㅇㅊ('윤호TM', 19세, 남)은 거짓말로 피해자들을 피싱 사이트에 접속하도록 유도한 뒤 협박해 성착취물을 제작했다. '프로젝트n번방' 일당들은 한 달 정도 범행을 저지르다 검거되었고, 2019년 12월 12일 김ㅌㅇ부터 순차적으로 구속 기소되어 재판에 넘겨졌다. 이와 별개로 그들은 불법촬영 등 개별적인 범죄로도 기소되었다.

'프로젝트n번방' 사건과 '켈리' 신ㄱㅎ 사건 모두 2019년 하반기에 수사가 시작된 후 기소되었기 때문에, 디지털 성착취·성폭력 사건에 대한 사회적 공분이 거세졌던 2020년 봄에는 재판이 상당 부분 진행된 상태였다. 외부 감시 없이 진행되던 재판에서 '프로젝트n번방' 일당들은 혐의를 부인했고, 신ㄱㅎ는 수사 협조를 내세워 선처를 구했다. 이런 그들의 전략에 차질이 생긴 것은 재판의 진행 과정이 외부로 알려진 2020년 3월 이후였다.

한편 2020년 5월 춘천지법에서 열린 '프로젝트n번방' 사건의 재판 도중 방청석에 앉아 있던 한 방송사 남성 기자는 이런 말을 했다.

> 피해자 보호를 위해서 비공개로 심리한다고 하셨는데, 피해자 이름을 가명으로 하면 되지 않습니까. 이 사건은 전 국민의 관심을 받고 있으므로 국민의 알 권리를 위해 공개재판을 해주실 것을 요청합니다.

당시 검찰은 피고인 신문을 신청하면서 피해자 보호 등을 내세워 비공개로 전환해달라고 요청했고 재판부가 이를 수용했는데, 갑자기 기자가 '알 권리'를 내세워 신문을 공개하라고 요구한 것이다. 극심한 불안과 공포 때문에 아동·청소년 피해자들이 수사기관과 법원의 연락도 피하는 상황에서 피해자 정보 등이 드러날 수 있는 피고인 신문을 공개하라는 것은 또 다른 폭력이다. '알 권리'를 내세우기 전에 보도 윤리부터 돌아봐야 할 기자가 방청석에 앉아 피해자 보호는 도외시한 채 재판부에게 고압적인 요구를 하는 장면은, 성폭력 사건을 다루는 한국 언론의 수준을 단적으로 보여주는 듯해 인상적이었다. '기레기'라는 멸칭이 괜히 나오는 게 아니라는 생각이 들었다.

재판부 역시 기자의 요구에 생각해보겠다고 답변했을 뿐, 재판 관계자도 아닌 그의 무리한 요구에 대해 지적하지 않았다. 심지어 당시 피해자들에게는 입장을 대변해줄 변호사조차 없었다. 기자의 억지 요구에 대해 피해자의 편에서 적극적으로 의견을 표명할 사람이 법정에 존재하지 않았던 것이다. 특정된 피해자가 있는 사건임에도 선임계가 제출된 흔적이 없었고, 재판 과정에서도 피해자 변호사를 만날 수 없었다. 재판 과정에 피해자들의 입장과 목소리가 반영되기 어려운 상황이었던 것이다. 피해자들에게 변호사 조력이 시작된 것은 결심 공판 직전이었다.

'프로젝트n번방'의 가해자들 중 김ㅌㅇ은 피싱 사이트의 보완·유지·보수에 참여했다가 1심에서 징역 8년을, 2심에서 징역 7년을 선고받고 최종 확정되었다. 김ㅌㅇ은 미성년자였던 2018년에 성착취물 소지 혐의로 기소유예 처분을 받은 전력이 있었는데, 각종 컴퓨터 프로그래밍 대회에서 수상한 경력으로 대학에 입학하는 등 디지털 매체를 다루는 기술을 인정받은 인물이기도 하다. 피고인 김 씨는 사이트 보완·유지·보수 등에만 관여했을 뿐, 실제 피해자들의 정보를 탈취하거나 유인·협박 등을 통한 직접적인 성착취 행위에는 참여하지 않았다고 주장했다. 당시 본인은 범행 계획을 몰랐으며, 알고 나서는 범행 계획을 와해시키고 수사기관에 신고할 목적으로 협조하는 척했을 뿐이라는 주장도 폈지만, 1심과 2심 재판부 모두 그의 주장을 일축했다.

여기서 적용된 것이 바로 '공동가공의 의사'와 '기능적 행위지배'를 요건으로 하는 '공동정범'(형법 제30조)이다. 1심과 2심의 재판부는 피고인 김ㅌㅇ이 성착취 범행에 대한 고의가 있었고, 범행을 위해 다른 공범들과 지속적으로 연락했으며, 성착취 등 범죄를 실행하기 위한 필수적인 전제조건이었던 피싱·열람 사이트의 보완·유지·보수 작업을 담당함으로써 성착취 등 범행에 본질적으로 기여했다고 보았다. 따라서 각 성착취 범행을 '직접' 실행하지 않았더라도 공범임이 인정된다고 판단해 중형을 선고한 것이다(141쪽 참조). 이는 '범죄단체' 혹은 '범죄집단'으로 기소되지 않더라도, 조직적·계획적 디지털 성착취·성폭력 범죄에 가담할 경우 중형 선고가 가능하다는 선례를 남겼다.

한편 춘천에서는 이들 외에도 남성 중학생들(범행 당시 15~16세)로 구성된 성착취물 재유포 사범들도 검거되어 재판을 받았다. 이들과 '프로젝트n번방' 일당을 보면, 어릴 때부터 성착취물 등에 노출된 아동·청소년들이 어떻게 더 악질적인 디지털 성범죄자로 변화되는지 확인할 수 있다. 그래서 기성세대로서 그들을 어떻게 대해야 하는지 고민이 깊어진다. 그들은 갑자기 튀어나온 '괴물'이나 '악마'가 아니다. 앞선 세대가 디지털 성착취·성폭력을 방치한 결과물이기도 한 것이다.

* * *

'켈리' 신ㄱㅎ는 2012년 수원지법 평택지원에서 이미 아동·청소년 성범죄(강간 등)로 징역 3년에 집행유예 4년을 선고받은 성범죄 전과자다. 신ㄱㅎ는 평소 소아성도착적인 성향을 드러냈으며, 스스로를 '공무원'으로 칭했다고 알려져 있다.[20] 그는 아동·청소년이 등장하는 성

착취물 등을 판매·배포했고, 2019년 8월경 '갓갓' 문형욱으로부터 'n
번방'을 물려받았으며, 불법촬영 등 다양한 형태의 디지털 성범죄를 저
질렀다.

신 씨는 2019년 8월 29일 긴급체포 되었다. 텔레그램을 이용해
아동·청소년 성착취물을 '판매'한 혐의였다. 앞서 수사기관이 성착취
물 판매와 관련해 인터넷 상품권 취급처에 대한 압수·수색을 벌였고,
이 과정에서 신 씨가 특정된 것이다. 검거 후 자신의 혐의를 부인하던
신ㄱㅎ는 증거가 나오자 돌연 수사기관에 적극 협조하기 시작했다. 텔
레그램을 이용한 성착취물 유통방식과 성착취물 유포자를 추적·검거
할 수 있는 단서를 수사기관에 제공한 것이다. 성범죄 전과가 있던 신
씨는 수사와 재판을 받은 경험을 살려 수사 협조를 통한 감형을 노리
면서 여죄에 대한 추가적인 수사나 기소를 막으려 했다. 설령 이후 신
씨의 다른 범행이 밝혀진다고 하더라도, 수사 협조를 한 이상 검사가
추가 기소를 하지 않으리란 얄팍한 계산을 한 것이다.

처음에는 부인하다가 물적 증거가 나오자 수사기관에 적극 협조
해 감형을 노리는 이런 전략은, 신 씨의 공범이자 성착취물 영상 배포·
판매를 위해 텔레그램 채팅방을 운영했던 윤ㅎㄷ('트럼피', 28세, 남)도 활
용한 형태다. 윤 씨는 2020년 1월에 기소되어 재판이 진행 중이었음에
도, 그해 5월 18일 문형욱의 검찰 송치 당시 강력한 처벌을 요구하는
1인 시위를 해 언론에 오르내렸다. 그리고 본인 재판에서는 자신이 아
동·청소년 성착취물을 제작하거나 지시한 범인들에 대해 언론사
100여 곳에 제보한 덕분에 수사가 많은 성과를 낸 사실이 있다며, 재
판부에 읍소하고 선처를 구했다. 실제로 윤 씨는 2020년 9월 10일, 범
행 이후 수사에 적극 협조했다는 이유로 1심 재판(대구지법 서부지원 형
사5단독: 손원락)에서 징역 2년(확정)만 선고받았으며, 신상정보 공개·고

지도 면제되었다.

2019년 11월 19일 1심 재판부(춘천지법 형사1단독: 조정래)는 신ㄱ
ㅎ에게 징역 1년을 선고한다. 재판부는 "피고인은 수사 도중 자신의 잘
못을 인식하고, 수사기관에 텔레그램을 이용한 음란물의 유통방식을
알렸으며, 점조직 형태의 아동·청소년이용음란물의 유포자 등을 검거
하거나 추적하는 단서를 제공하는 등 수사에 적극 협조하고 기여하였
다"라며 수사 협조를 유리한 양형이유로 적시했다. 이에 징역 2년을 구
형했던 검찰은 항소를 포기했고, 피고인 신 씨만 양형부당을 이유로 항
소했다. 항소 포기 사유에 대해 검찰은 기소 당시 'n번방'과의 관련성
을 인정할 만한 자료가 전혀 없었고, 성착취물 유포 외에 제작에 관여
한 사실은 없었던 데다, 범행 일체를 자백했고, 점조직 형태의 성착취
물 유포자들을 추적할 단서를 제공했기 때문이라고 2020년에 밝혔다.

피고인만 항소할 경우 1심보다 무거운 형을 선고할 수 없다는 '불
이익변경금지의 원칙'을 바탕으로 1심 형량마저 더 줄이고자 항소했던
그의 전략에 제동이 걸린 것은, '추적단 불꽃'에서 시작된 디지털 성범
죄 공론화의 불길이 전국을 덮기 시작하면서다. 신 씨에 대한 항소를
포기한 검찰에게 비판이 쏟아지자, 2심 선고를 이틀 앞둔 2020년 3월
25일 검사는 재판부에 변론재개를 신청했고, 다음 날 변론재개 결정이
내려진다.

그러자 신 씨는 3월 26일에 바로 1심 판결서 열람제한을 신청했으
며, 4월 16일 검찰이 공소장 변경허가 신청서를 제출하자 다음 날인
2020년 4월 17일 항소 취하서를 제출해 형이 확정되었다. 외부의 관심
이 집중될 항소심을 포기하고, 1심 판결문의 외부 유출을 막아 조용히
형기를 채울 심산이었던 것이다. 당시 피고인 신 씨의 형기 만료일은
2020년 8월 27일이었다.

검찰의 직무유기와 법원의 선처에 대한 비판의 목소리가 높아지자, 검찰은 성착취물 제작 관여 여부, 'n번방'과의 관련성과 공범 유무 등에 대한 보완수사를 진행했다. 다행히 2019년 7월 '추적단 불꽃'의 제보로 강원지방경찰청이 신 씨와 'n번방'의 관계에 대한 수사를 별도로 진행하고 있었다. 이때 확보한 증거 등을 바탕으로 춘천지검은 2020년 6월 4일, '성착취물 배포'와 '불법촬영' 등의 혐의로 추가 기소(이하 '2차 기소')한다.

2020년 8월 11일에 열린 2차 기소 건의 첫 공판에서 피고인 신ㄱㅎ는 2차 기소 자체가 검사의 공소권 남용이며, '성착취물 배포' 건은 이미 1차 기소 건에서 동종범행으로 처벌받았기 때문에 포괄일죄*를 적용해 면소 판결을 내려야 한다고 주장했다. 1, 2차 기소 건은 단일하고 계속된 범의**하에서 일정 기간 계속되었으며, 피해법익도 동일하기 때문에 '일사부재리의 원칙'***에 따라 다시 처벌받지 않도록 해 달라는 것이다. 또한 '불법촬영' 등 공소사실에 대해서는 압수·수색 절차가 위법하고, 증거물의 동일성이 훼손되는 등 증거능력이 없다고 주장했다. 2020년 8월 27일 형기 만료를 앞둔 신 씨는, 석방된 상태에서 재판을 받겠다며 보석과 구속집행정지 등도 신청했다.

성범죄로 수사나 재판을 경험한 가해자들이 전문가인 양 행세하는 모습을 자주 목격한다. 실제로 가해자들을 위한 정보가 유튜브 등에 넘쳐나기도 하고, 관련 커뮤니티도 활발하게 돌아가고 있기 때문에

---

*   여러 개의 행위가 포괄적으로 1개 죄의 구성요건에 해당하여 1개의 죄가 성립하는 범죄.

**   범죄임을 알면서도 행하려는 의사.

***   형사사건에서 일단 판결이 확정되면 같은 사건에 관해 다시 공소제기가 허용되지 않으며, 공소가 제기될 경우 면소 판결을 내려야 한다는 것.

수사·재판 전략과 대응 방법은 일반인들도 쉽게 접할 수 있다. 그래서 사선으로 변호사를 선임하기 어려운 가해자들 중에는 신 씨처럼 본인이 보고 들은 얄팍한 지식을 바탕으로 재판을 끌고 가려는 이들도 있으며, 그 과정에서 국선변호인과의 갈등도 발생한다. 신ㄱㅎ의 2차 기소 건 1심에서도 피고인 신 씨가 국선변호인 변경을 신청하거나, 선정된 국선변호인이 취소 신청을 하는 등 갈등이 드러나기도 했다.

물적 증거가 있을 경우, 흔히 가해자들은 수사에 협조하며 읍소하는 전략을 취한다. 그런데 그 방식이 통하지 않게 되면 '위법수집증거배제의 법칙'을 들어 절차적 문제점을 지적하며 빠져나가려는 전략을 취한다. 이는 최근 디지털 성범죄를 비롯한 각종 성폭력 사건 재판에서도 자주 보이는 형태이며, 신 씨 역시 2차 기소 건 재판에서 이 전략을 활용했다. 신ㄱㅎ는 1심에서 수사관을 증인으로 신청하고 절차적 위법성을 논하며 재판을 지연시키는 방식을 선택했는데, 이 때문에 구속 사건인데도 기소에서 선고까지 8개월 정도가 걸렸다.* 다른 성범죄 사건에서는 위법수집증거 등으로 인한 무죄 판결도 나오고 있다. 따라서 영장 집행 과정, 압수·수색 과정의 피의자 참여권, 영장 제시 방법, 압수물 목록 교부 등과 관련해 적법절차를 준수하려는 기관의 노력이 요구된다.

2021년 2월 16일, 2차 기소 건의 1심 재판부(춘천지법 형사1단독: 정문식)는 피고인 신ㄱㅎ에게 신상정보 공개·고지를 포함해 징역 4년을 선고했다. 재판부는 징역 1년이 선고된 1차 기소 건의 수사와 기소가 성착취물 '판매'에 초점을 두고 진행되었다면, 2차 기소 건은 'n번방'과

＊   1심의 경우, 구속 상태이고 추가로 영장을 청구하지 않았다면 6개월 이내에 마무리되는 게 일반적이다.

의 연계 지점에서 '배포'를 중심으로 진행되었다고 판단했다. 따라서 1차 기소 건과 2차 기소 건은 범의의 단일성과 계속성이 있다고 보기 어려우며, 범행 수법도 동일하지 않다고 보았다.

또한 재판부는 2차 기소 건이 1차 기소 건과는 별도로, 외부에 유통되는 성착취물의 총량을 독립적으로 증가시키고 있어 피해법익을 확대하는 것이지 피해법익이 동일하다고 할 수 없다고 판단했다. 아울러 압수·수색 과정은 적법했고, 압수물의 동일성과 무결성 측면에서 전자정보의 증거능력도 충분히 인정할 수 있다며 피고인 측의 주장을 배척했다. 다만 일부 공소사실에 대해서는 증거가 없거나 불충분하다는 점을 들어 무죄를 선고했고, 1차 기소 건과 동시에 판결을 받을 수도 있었던 상황임을 양형에 유리하게 반영했다.

1심 선고 후 피고인과 검찰 모두 항소하면서, 2심 재판은 1차 기소 건과 달리 '불이익변경금지의 원칙'이 적용되지는 않았다. 1심에서 무죄가 선고된 건이 유죄로 인정될 수 있고, 양형에서 재판부가 더 적극적으로 판단할 경우 최소한 1심이 유지되거나 1심보다 중한 형의 선고도 가능해진 것이다. 항소심에서도 신ㄱ하는 공소권 남용과 절차적 위법성 등을 부각하며 면소를 주장했다. 이에 2021년 8월 20일 항소심 재판부(춘천지법 형사1부: 김청미, 홍유정, 이주일)는 1심에서 일부 무죄가 선고된 건을 유죄로 인정하기는 했으나, 1차 기소 건과 동시 판결했을 경우와의 형평 등을 고려해 형량은 그대로 징역 4년을 유지했다.

항소심 재판부는 판결문에서 피고인 측이 제기한 '공소권 남용'과 관련해, 사회 전반의 수사와 처벌 요구나 여론 등을 반영한 수사의 개시도 허용될 수 있으며, 그 후에 이루어진 기소가 검사의 기소재량권을 일탈한 처사라고 단정할 수 없고, 오히려 이 사건처럼 사회적으로 미치는 악영향이 심각한 중대 범죄의 경우 검사의 기소재량권도 더 폭넓게 인정되어야 한다고 적시했다. 이는 사회의 변화에 뒤처진다고 비판받을 때마다 "법은 항상 느리다"며 면피성 발언을 일삼아왔던 수사기관과 법원이 사회 변화에 적극적·능동적으로 대처해야 함을 의미하는 것이자, 시민운동이 실제 시스템 변화에 기여할 수 있음을 보여주는 것이라고 할 수 있다.

　또한 재판부는 1차 기소 건과 관련해 피고인이 수사 협조를 했다는 이유만으로, 검사가 그 사건 외 피고인의 어떤 범행에 대해서도 기소하지 않겠다는 확정적 의사 표시를 한 것으로 볼 수 없다고 했다. 수사 협조를 내세워 여죄에 대한 수사와 기소를 막으려던 신 씨의 계산이 틀어지는 순간이었다. 아울러 피고인 신ㄱㅎ가 본인이 퇴정한 상태에서 추적단 불꽃의 증인신문이 진행되어 피고인의 방어권이 침해되었다고 주장한 것에 대해서도, 증인들이 공익신고로 피해를 입거나 입을 것을 우려해 피고인의 면전에서 충분히 진술할 수 없다는 점을 인정했다. 또한 피고인의 퇴정을 명하되 법정 출입문을 열어놓아 피고인이 증인의 진술을 청취하도록 한 사실, 증인신문 종결 후 피고인에게 진술의 요지를 고지하고 증인을 신문할 기회를 부여한 사실 등에서 이를 위법하다고 볼 수 없다고 했다. 여전히 많은 재판부가 차폐막 설치 정도로 증인과 피고인의 접촉이 충분히 차단될 수 있다거나, 피고인 퇴정 등이 방어권 침해라는 낡은 인식을 지닌 상황에서, 이런 판결이 지속적으로 나온다면 증인 보호의 효과를 높일 수 있다.

　2020년 5월 전주지법에서 열린 한 성폭력 사건(일명 '연극계 미투')의 재판에서 피해자 증인신문 당시 피해자 측이 피고인 퇴정을 요청했음에도 재판부가 불허했다는 소식을 들었다.[21] 차폐막만 설치한 뒤 불안한 상태의 증인(피해자)을 피고인과 동일한 공간에 둔 채 신문을 진행했다는 것이다. 증인신문은 취조가 아니다. 피해자가 신문을 거치면서 왜 취조에 준하는 고통을 감내해야 하는가? 그런 과정이 있어야만 진술의 신빙성을 판단할 수 있을 정도로 한국 재판의 수준이 낮은가? 피고인의 방어권 보장과 증인 보호의 균형을 맞출 수 있는 방법을 찾아야지, 언제까지 증인에게 고통을 감내하고 재판에 나오라고 할 것인가?

2021년 11월 25일, 대법원은 신 씨의 2차 기소 건에 대한 상고를 기각해 징역 4년이 확정되었다. 신 씨가 처음 아동·청소년 대상 성범죄를 저질렀을 때 한국 법원이 신 씨를 엄벌에 처했다면 어땠을까 생각해보곤 한다. 성폭력 사건에서 법원은 유독 '초범'에 대해 관대한 처벌을 내려왔는데, 이제는 재범 가능성 등을 두루 살펴 신중한 판단을 내리기를 바란다.

＊　＊　＊

2020년 10월 28일, 춘천여성민우회 소속의 활동가 J의 제안을 받아 춘천 지역 반성폭력 활동가들을 대상으로 〈디지털성폭력대응강원미투행동연대 오프라인 방청연대 세미나〉에서 재판 모니터링 교육을 진행했다. 기존 단체들 및 활동가들과의 교류 확대를 고민하던 내게, 앞서 활동한 이들을 만나는 것은 의미 있는 기회였다. 각자의 경험을 안고 재판 모니터링 교육에 참여한 이들의 모습을 보며, 나 역시 더 열심히 해야겠다는 각오를 다졌다.

교육 후에는 '프로젝트n번방' 외에도 춘천에서 진행 중인 성착취·성폭력 사건에 대해 정보를 교환하고, 활동의 한계 등에 대한 고민도 함께 나누었다. 또 춘천의 자랑이자 명물이라는 '추적단 불꽃'에 대한 이야기를 하며 웃었다. '추적단 불꽃'이 춘천에서 반디지털성폭력 활동의 시작을 알리는 불을 붙였고, 강원 지역 반성폭력 활동가들은 그 불을 꺼뜨리지 않고 계속 타오르게 해야 한다는 사명감으로 활동을 이어간다고 했다. 기성세대에 속하는 활동가들이 디지털 네이티브 세대인 10대, 20대 활동가들에 대한 존중과 애정을 가지고 활동하는 모습을 보게 된 것도 고무적이었다. 당일 교육까지 참여한 엔드eNd 역시 젊은 활동가들의 팀이었는데, 세대를 넘나드는 유연한 활동을 어떻게 이어나갈지 한참 고민하면서 서울로 향했다.

2021년 5월 13일에도 〈춘천여성민우회 디지털 성범죄 관련 재판 모니터링 워크숍〉 온라인 세미나에 참여했다. 코로나19로 대면 활동이 제한된 상태여서 아쉬운 측면이 많았지만, 강원 지역의 각종 성착취·성폭력 사건들에 대한 정보를 얻었고, 지역 내 활동의 고충을 조금이나마 이해할 수 있었다. 앞으로 내 연대는 지역의 정보 격차를 줄이고, 지역 내 반성폭력 활동이 깊게 뿌리내리도록 조력하는 일을 찾는 것도 포함될 것이다.

2021년 8월 13일에는 일명 '미행캠'이라고 불리는 디지털 성범죄 사건에 대한 1심 선고 공판을 방청하기 위해 다시 춘천에 들렀다. 2021년 여름에는 신체적·정신적 건강 상태가 급속도로 악화되는 바람에 이전처럼 적극적인 재판 모니터링을 하지 못했던 터라, 가면서 춘천 지역 활동가들에게 알리지 못했다. 법정 방청석에 앉아 재판이 시작되기를 기다리고 있던 차에, 바로 앞줄 대각선으로 중장년 여성 방청객이 손에 종이를 들고 착석하는 것을 보았다. 그 방청객이 들고 있는 종이는 내가 강원 지역 활동가들을 대상으로 교육했을 때 교육 자료로 배포했던 것이다. 자료 속 법정 배치도를 펴놓고 법정을 둘러보는 일반인 방청객을 보았을 때의 감동은 지금도 잊히지 않는다.

재판이 끝난 후 활동가들을 만나 이야기를 들어보니, 재판 모니터링 교육을 받은 활동가들이 춘천지법에서 진행하는 성폭력 재판들을 꾸준히 모니터링하면서 일반인 방청연대자를 대상으로 교육도 병행한다고 전해주었다. 나는 지역 격차와 정보 격차를 줄이기 위해서 온·오프라인 교육 프로그램을 만들고 있는데, 교육을 받은 활동가들이 다양한 기획을 통해 이러한 연대를 확장하는 것이야말로 개인 활동가로서 내가 한계를 일정 부분 극복하는 방법이자, 내가 바라는 연대의 모습이기도 하다.

2021년 8월 20일 신ㄱㅎ의 항소심 선고를 방청하기 위해 춘천지법을 다시 찾았다. 20대부터 60대에 이르는 다양한 연령대의 일반인 방청객들이 활동가들과 함께 법원에 들른 것을 보았다. 그 자리에서 나는 간단하게 교육을 하고, 선고 후에는 판결의 의미 등을 정리할 시간을 내어달라고 활동가들에게 부탁해 일반인 연대자들 앞에서 간단히 재판 분석을 하기도 했다. 이후 활동가들과 이야기를 나누며 지역 연계를 위해 무엇을 협업할지도 논의했다.

전국 단위의 방청연대를 이어가는 엔드eNd와도 춘천에서 자주 만난다. 전국 법원에서 성실하고 꾸준하게 디지털 성범죄 재판을 모니터링하고, 재판 일정을 알리며 방청기를 올리는 이들이 있기에 나 혼자 재판 모두를 직접 모니터링하려는 강박에서 벗어날 수 있었다. 모두가 할 수는 있지만 모두가 하지는 못하는 일. 연대의 확장을 고민하던 내게 전국에서 만나는 그들은 희망 그 자체다. 그러나 언제까지 소수의 시민들이 사비와 개인 시간 등 많은 비용을 들여 이런 활동을 지속할 수 있겠는가. 좀 더 안전하고 지속 가능한 형태의 연대를 고민해야 할 때다.

5 디지털 성범죄 재판 방청기

창원:
수기를 불허하는
공개재판?

　창원지법에 내려가게 된 것은 2020년 3월, 트위터 다이렉트 메시지로 온 텔레그램 기반 디지털 성범죄 사건의 공론화 요청 때문이었다. 피고인 김ㅈㅎ(27세, 남)은 수많은 인원이 가입된 텔레그램 채팅방에 여러 피해자들의 사진과 영상을 올렸고, 피해자들의 개인정보를 유출하며 협박을 일삼았는데도 1심에서 선처를 받았다. 이와 관련해 외부의 관심과 공론화가 필요하다는 것이다.

　이렇게 종종 트위터 다이렉트 메시지를 통해 사건 공론화와 방청 연대 요청이 들어오곤 한다. 그러면 사건에 대한 정보를 정확하게 확인한 후 외부로 공유가 가능한 부분은 게시하고, 내가 할 수 있는 연대의 범위를 결정한다. 이 사건은 '판결서사본 제공신청'을 통해 1심 판결문 내용부터 확인했고, 항소심이 열리는 창원에 직접 내려가기로 했다.

　피고인 김 씨는 2019년 9~11월에 8000명 이상이 참여하는 텔레그램 채팅방('대한민국창녀DB방')을 통해 성착취물 사이트에서 다운받은 영상 80여 개를 유포했다. 사진과 영상을 삭제해달라는 피해자의 요구에 다른 노출 사진을 보내주지 않으면 영상을 지우지 않겠다고 협박하며 조롱했으며, 채팅방에 피해자의 개인정보를 허위사실(성매매, 불륜 등)과 함께 게시하기도 했다.

2020년 1월 22일, 1심 재판부(창원지법 마산지원 형사1단독: 김한철)는 피고인 김ㅈㅎ에게 징역 1년 2개월을 선고했다. 다수의 피해자 중 특정된 피해자 2인과 합의했으며, 전과가 없고, 경제적 이익을 취했다고 인정할 증거가 없다는 이유에서였다. 텔레그램을 기반으로 한 성착취·성폭력 범죄가 본격적으로 공론화되기 직전에 1심 선고가 이루어졌기 때문에, 피고인 김 씨는 간발의 차이로 기존의 디지털 성범죄자들처럼 선처를 받을 수 있었다. 쌍방(검사, 피고인)이 양형부당 등을 이유로 항소했지만, 창원지법 항소부가 디지털 성범죄에 대한 이해도나 감수성이 떨어지고, 검찰 역시 입증 과정에서 적극적으로 노력하지 않는다는 평가가 있었기 때문에 항소심 진행의 전 과정에 대한 감시가 필요했다.

2020년 4월 28일, 김ㅈㅎ의 텔레그램 성착취·성폭력 사건 항소심 첫 공판을 방청하기 위해 창원지법에 갔고, 바로 당일에 항소심 결심 공판이 진행되었다. 쌍방이 모두 양형부당만 다투던 때였기에 재판부(창원지법 형사항소1부: 최복규, 구본웅, 김인해)는 사실관계 확인 등을 위한 추가 공판이 불필요하다고 판단했다. 재판이 시작되기 전, 재판부는 법정을 가득 채운 사람들을 향해 어디서 왔느냐고 질문했다. 통상 지법의 항소부 재판에 방청객이 몰리는 경우가 적기 때문이다. 나 역시 예상 외로 많은 방청연대자들이 와서 놀랐는데, 이는 그만큼 창원 지역의 반성폭력 운동이 활발하다는 의미이기도 하다.

결심 공판에서 검사는 1심과 동일하게 징역 7년을 구형했다. 검사는 피고인이 피해자를 도와줄 것처럼 접근하는 한편, 영상을 내려달라고 요구하는 피해자들을 조롱하는 이중적 태도를 보였음을 강조했다. 피고인 측은 피고인 김 씨가 영상을 수정하지 않고 그대로 올린 것에 불과하며, 양형을 결정하는 데 '재범 가능성'에 대한 고려가 필요하다며 선처를 구했다.

항소심 재판부는 특정된 피해자 두 명에게 지급했다는 합의금 액수도 확인했다. 나는 합의금 액수를 듣고 맥이 빠졌다. 그 정도 금액이면 반 년치 영상 삭제 비용도 되지 않는다. 그런 수준의 금전합의가 과연 피해 회복에 기여할 수 있겠는가. 수많은 형사 판결문 속에서 본, 액수가 적히지 않은 "상당한 금원을 주고 한 합의"라는 대목이 떠올랐다. 과연 '상당한 금원'의 기준은 무엇인가? 금전합의가 실질적으로 감형의 필수 요건처럼 되어 있는 한국의 사법 시스템에서, 합의금 액수는 어떻게 산정되고 있으며, 그 적절성을 판단하는 기준은 무엇인가? 한국 형사법 체계에서 금전합의가 제 기능을 하고 있는지 회의감이 들었다. 금전합의를 양형에 직접 반영하는 것이 적절한지에 대한 논의가 다양한 측면에서 진행될 필요성도 여기에 있다.

2020년 6월 3일, 선고를 하루 앞두고 변론이 재개되었다. 이런 경우가 종종 있기 때문에 '대법원 나의사건검색' 사이트에서 기일 변경 여부를 자주 확인한다. 선고 전날까지 공지가 없어 당일 기차를 타고 내려가던 차에 기일 변경을 확인한 사례도 있었다. 그래서 이번 건 역시 사정변경이 있을 만한 일이 무엇인지 궁금해하며 다음 날 창원으로 내려갔는데, 알고 보니 검찰에도 변론재개 결정이 통보되지 않은 상황이었다. 당일에서야 재판부는 피고인 측에 '음란물'(성착취물) 취득 경위와 텔레그램 채팅방 운영방법 등에 대한 소명을, 검찰 측에는 압수한 영상물 내용(정도) 확인 등을 요구했다.

그런데 갑자기 법원 경위가 방청석을 가득 채운 사람들에게 수기도 하지 말라고 요구했다. 전국 법원을 다니며 재판 모니터링을 하고 있지만, 전자기기를 이용하는 것도 아닌 수기마저 불허하는 재판은 대법원을 제외하고 처음이었다. 심지어 대법원도 이제 수기를 허용하고 있다. 개인정보 유출 등이 우려되면 현장에서 방청객들에게 주의를 주는 것으로도 충분하다. 왜 하급심이 공개재판을 하면서 수기마저 불허하는지 이해가 되지 않았다. 그럴 거면 아예 비공개 심리를 하면 될 게 아닌가. 당일 방청객들이 소란을 피우는 등 재판 진행을 방해하는 행위를 했다면 모를까, 그 어떤 문제행위도 없었는데 왜 그러는지 이해할 수 없었다.

2020년 7월 23일, 변론재개 후 다시 잡힌 김ㅈㅎ의 항소심 결심 공판을 방청하기 위해 다시 창원으로 왔다. 재판부는 당일 피고인 신문을 비공개로 진행했고, 일주일 뒤 바로 선고일을 잡은 상태로 공판을 마무리했다. 법원 휴정 기간*임에도 선고일을 이렇게 급히 잡은 것은 피고인 김 씨의 구속기한 만료가 얼마 남지 않았기 때문이었다. 그리고 7월 29일, 2심 재판부는 피고인 김 씨에 대해 1심(징역 1년 2개월)을 깨고 징역 10개월을 선고했다.

1심에 비추어 추가 합의 등 사정변경은 없었다. 그런데도 재판부는 '형벌의 기능'과 '형벌감수성'**을 들어 1심보다 가벼운 형을 선고했다. 피고인 김ㅈㅎ가 "실제 세상에서 억눌려 있던 인정욕구를 온라인 세상을 통해 실현하는 과정에서 잘못된 영웅심에 사로잡힌 것"이며, 피고인의 부친이 생계수단인 택시를 처분한 금원으로 합의금을 지급했고, 성실하게 학교생활을 했으며, 비행을 저지른 바도 없는 데다, 군 복무를 마쳤고, 대학 졸업 후 성실히 노력한 끝에 마트의 정식 직원이

---

*   매년 두 차례 법원 휴정 기간이 있는데, 여름의 경우 7월 말에서 8월 초까지 2주 정도다.

**   형벌이 범죄자 개인에게 미치는 고유한 영향 및 고통의 정도.

되었다는 점 등을 고려해 감형한다는 것이다.

디지털 성착취·성폭력 범죄에 대한 몰이해를 바탕으로 피고인의 사정에만 과몰입한 재판부 때문에 피고인은 항소심 선고 후 두 달 만에 세상에 나왔다. 신상정보 공개·고지도 면제되었으니, 현재 그는 거리를 마음껏 활보하고 있을 것이다. 반면 디지털 성폭력 피해자들은 '재유포'의 공포 때문에 일상을 영위하기 어렵다. 불법촬영물이 원본과 동일하든 편집을 거쳤든 영원한 삭제가 불가능할 수도 있다는 상황 자체가 피해자들에겐 고통이다. 재판부가 '상당한 금원'으로 인정한 합의금은 고작 몇 개월의 삭제 비용에 지나지 않는다.

더구나 재판부가 반영한 '합의'에는, 합의에 응한 일부 피해자를 제외한 특정되지 않은 다른 피해자들의 의사가 전혀 반영되지 않았다. 가해자들이 다수의 피해자들을 대상으로 성착취·성폭력을 저지르고도, 일부와 합의에 성공해 처벌불원서를 받아낸 뒤 이를 근거로 감형해달라고 읍소하는 전략은 이런 식으로 먹혀든다. 합의하지도 않았고 (혹은 할 수도 없었고), 엄벌을 요구하는 피해자들의 의사는 어떻게 할 것인가? 특히 디지털 성범죄의 경우, 수사 단계에서 피해자를 특정하기 위한 노력을 수사관들이 게을리할 때가 많다. 그런 상황이기 때문에 피해자들이 다수인 사건에서 합의를 반영할 때는 신중해야 한다. 재판부는 피고인의 과거와 현재, 미래는 하나하나 절절히 살폈지만, 과거에 묶인 피해자의 시간은 외면했다. 검찰의 불성실하고 소극적인 입증 과정도 문제다. 피해자는 법정에서 도대체 누구를 믿어야 하는가.

피고인 김 씨 측은 항소심 선고 며칠 뒤 '판결서 열람제한'을 신청했다. 사회 복귀를 앞둔 시점에서 자신의 과거를 지우려는 것이다. 이 또한 성범죄자들이 재판 후 보이는 전형적인 대응 중 하나다. 그가 과연 다시 범죄를 저지르지 않을까? 한 번도 안 하는 사람은 있어도 한

번만 하는 놈은 없을 정도로 재범의 위험성이 높은 게 바로 디지털 성
착취·성폭력 범죄다.

* * *

　2020년 4월에 김ㅈㅎ 디지털 성범죄 사건의 항소심 첫 공판을 방
청하고 나오면서, 1인 시위를 하는 지역 활동가를 본 적이 있다. 그 뒤
로 지역 기반 성폭력 운동에 어떻게 연대할 수 있을지 고민했었는데,
그 방법 중 하나로 재판 모니터링 교육을 하면 좋겠다고 판단했다. 재
판에 대한 시민감시운동이 효과를 거두려면 많은 정보가 제공되어야
하고, 지역 격차를 줄이기 위해서는 여러 지역 활동가들의 연계가 필요
하다. 그래서 김ㅈㅎ 사건 재판을 모니터링하기 위해 창원을 방문하는
동안 내가 할 수 있는 일을 찾다가 6월 18일, 창원지법에서 두 번째 〈찾
아가는 연대, 재판 모니터링 교육〉을 진행했다. 장소는 미리 봐둔 법원
내의 휴게 공간으로 잡았다. 교육을 신청한 일반인들과 '여성의당 경남
도당' 당원들이 모였는데, 비가 오는 날씨임에도 참여 열기가 뜨거웠다.
　이날은 하ㅊㅇ(45세, 남)의 스토킹 살인 사건 1심 공판이 열리는 날
이기도 했다. 하 씨가 저지른 살인에 대해 애초 언론은 식당 서비스에
불만을 품은 하 씨의 우발적 범죄로 전했다. 하지만 휴대전화 포렌식
등 수사가 진행되면서 하 씨가 피해자를 스토킹하고 있었음이 드러났
고, 이후 그의 범행은 계획적인 스토킹 살인 사건으로 규정되었다. 그럼
에도 공소장에는 '이성적 호감' 정도로 스토킹 행위가 축소되어 있었
고, 하 씨는 그마저도 부인했다. 교육 후 이동한 법정에는 피해자 가족
들이 있었는데, 그들을 보자 전국 법원에서 만났던 유가족들이 떠올랐
다. 재판 모니터링을 더 철저히 해야겠다고 다짐했다.
　스토킹은 강력범죄의 전조 범죄라고 한다. 단일범죄에 그치지 않

고 다수의 범죄와 결합하는 형태를 보이며, 강력범죄로 연결되는 비중이 높기 때문이다. 성폭력과 신체 폭력뿐만 아니라 살인으로 이어지기도 한다. 스토킹은 특히 여성 대상 살인·살인미수 사건의 30퍼센트 정도와 연관되어 있을 정도로 위험한 신호다. 나 역시 스토킹 피해자이며, 연대 과정에서도 스토킹이 동반된 강력 사건의 피해자들과 연대해왔다.

그러나 이제까지 한국 사회는 스토킹을 구애, 애정, 짝사랑 등 개인의 다소 미성숙한 혹은 적극적인 감정 표현 형태로 보고 독려하는 문화가 있었다. 그러다 보니 수사와 재판 과정에서 스토킹 피해자들의 고통이 제대로 반영되지 않거나 무시당했고, 관련 법 조항이 없다는 등의 이유로 분리해 처벌하면서 상당수 가해자가 중한 형을 피할 수 있었다.

피해자 대다수는 스토킹 행위 자체만으로도 심각한 수준의 두려움을 느끼며, 타인에 대한 혐오, 불신, 대인기피 증상 등으로 힘들어한다. 자살·자해 사고가 생기거나, 학업이나 직장생활을 중단하기도 한다. 연대 과정에서 나는 운전하다 자신을 쫓아온 남성 때문에 다시는 운전하지 못하게 된 피해자, 대학 선배의 스토킹으로 국내에서 학업을 포기하고 유학을 택한 피해자, 직장 동기의 스토킹으로 직장생활을 포기하고 개명한 피해자, 가해자의 집요한 스토킹에 시달리다가 환청·환시 등의 증상으로 폐쇄병동에 입원한 피해자 등을 만났다.

게다가 스토킹은 피해자에만 국한되지 않는다. 가해자는 피해자의 주변인(가족, 지인 등)이나 반려동물 등 피해자와 연관이 있거나 소중히 여기는 대상을 범죄의 목표물로 삼기도 한다. 이러한 방법이 피해자를 통제하는 데, 혹은 자신의 의도대로 따르지 않는 피해자에게 보복하는 데 효과적이라고 생각하기 때문이다. 실제로 다수의 피해자가 스토킹으로 주변마저 피해를 볼까 봐 극도로 두려워하며, 그로 인해 가해자의 요구에 응하거나 피해자 본인의 삶을 축소해나간다.

온라인 스토킹도 심각해지고 있다. 이는 전통적인 형태의 오프라인 스토킹에 비해 가볍게 다뤄지는 편이다. 그러나 온라인 스토킹은 시·공간 등 물리적 제약이 없고, 흔적이 영구히 남을 수 있으며, 가해자와의 즉각적·직접적 분리가 어렵다. 또한 디지털 성착취·성폭력을 포함한 다른 강력범죄로 이어지는 전조 범죄의 성격을 지녔다는 점에서 심각한 가해행위다. 특히 개인정보를 알아내는 데서 그치지 않고 당사자를 사칭하거나, 그 정보를 다른 범죄에 이용 또는 유포해 제3자의 범행을 부추기기도 한다. 이러한 방식은 디지털 성착취·성폭력 사건에서도 많이 나타나는 형태다. 'n번방', '박사방', '프로젝트 n번방' 등 디지털 성착취·성폭력 사건의 가해자들이 피해자의 정보를 해킹 등으로 알아낸 뒤 후속 범죄로 이어간 모든 과정도 온라인 스토킹과 연관된다고 할 수 있다.

2021년 10월부터 시행된 '스토킹 처벌법'은 처음 법안이 발의되었던 1999년 이후 22년 만에 생긴 스토킹 관련 법이다. 드디어 스토킹 범죄에 공권력이 개입할 근거가 생긴 것이다. 그러나 이 법안은 여러 한계 때문에 개정 등 보완 작업이 필요하다. 우선, '반의사불벌죄'로 규정되었기에 가해자가 신고를 막거나 고소 취하와 합의 등을 강요할 가능성이 크다. 가해자가 피해자에게 100미터 이내로 접근하는 것을 금지하는 '긴급응급조치'도 100미터라는 물리적 거리가 피해자를 안전하게 보호할 만한 거리인지 의문이다. 게다가 최대 6개월의 기한도 너무 짧고, 가해자가 이를 어기더라도 과태료 처분에 그쳐 실효성이 없다는 지적도 나온다. 또한 피해자보호명령*이나 신변안전조치 규정이 없고,

---

*   피해자가 수사기관을 거치지 않고 법원에 직접 주거 격리와 접근 금지 등의 보호 명령을 청구하는 것.

직장생활을 하는 피해자의 경우 고용 상태에서 불이익을 받지 않도록 하는 불이익처분금지 등의 조치도 미흡하다.

더구나 스토킹 행위를 "피해자의 의사에 반해 정당한 사유 없이 불안감 또는 공포감을 일으키는 행위/지속적 또는 반복적 행위"로 엄격하게 규정했기 때문에 단발성 행위로는 처벌이 어려울 수 있다. 피해자의 주변인에 대한 실질적인 보호조치도 없다. 그러니 더욱 수사기관은 제때 적절히 적극적으로 개입하고, 법원은 엄벌로 스토킹에 대응해야 한다.[22] 관련 법의 구멍을 메우기 위한 작업도 병행해야 한다. 살기 위해 숨었던 나 같은 스토킹 피해자가 더는 생기지 않기를 간절히 바란다.

2020년 9월 10일, 하ㅊㅇ의 스토킹 살인 사건의 1심 선고가 있었다. 검찰은 결심 공판에서 징역 30년을 구형했고, 피고인 측은 살인의 고의가 없고 우발적 범행이었다며 선처를 구했다. 1심 재판부(창원지법 형사2부: 이정현, 윤성식, 최지원)는 징역 20년을 선고했다. 우발적 살인이었다는 피고인 측의 주장을 일축하고 계획적 살인으로 규정한 것이다.

언론 보도에 따르면 선고 당일 법정 밖에서 피해자 가족들과 피고인 가족들의 충돌이 있었다고 한다. 자기들도 피해를 입었다고 말하는 피고인 가족들을 보는 피해자 가족들의 심정은 어떨까. 돌아올 수 없고 항변할 기회도 사라진 피해자는 눈이나 제대로 감을 수 있을까. 이 사건은 2심 재판부(창원지법 형사1부: 김진석, 반변동, 이수연)의 항소 기각과 3심(대법원)의 상고 기각을 거쳐 1심의 징역 20년이 최종 확정되었다. 이후 피해자 가족들은 스토킹 처벌법과 관련된 사건들이 있을 때마다 목소리를 내고 있다. 그들에게 부디 평안이 오기를 바란다.

* * *

　한편 2020년 여름 창원에서는 스토킹에서 시작된 안인득(45세, 남)의 살인·방화 사건 항소심도 진행되었다. 5명이 사망하고 17명이 다친 피고인 안 씨의 범죄에 대해 앞서 1심 재판부(창원지법 형사4부: 이헌, 안은지, 이병호)는 국민참여재판을 거쳐 사형을 선고했다. 그런데 항소심 재판부(창원지법 형사1부: 김진석, 반병동, 이수연)는 심신미약을 내세운 피고인 측의 주장을 수용해 2020년 6월 24일 무기징역을 선고했고, 10월 29일 대법원에서 확정되었다.

　연대 과정에서 지켜본 재판들 중에는 검찰이 사형을 구형한 사건이 많았다. 2016년 서울 가락동에서 한ㅎㅈ(38세, 남)이 전 연인을 대상으로 저지른 스토킹 살인 사건, 2018년 춘천에서 심ㅈㅎ(31세, 남)이 결혼을 약속한 연인을 대상으로 저지른 살인·사체훼손 사건, 2019년 순천에서 성범죄 전과자 정ㅁㄹ(39세, 남)이 직장 선배와 다툰 뒤 선배의 약혼자를 대상으로 저지른 강간 살인 사건, 2020년 전주에서 최신종(33세, 남)이 지인 등을 대상으로 저지른 연쇄 강도·강간 살인 사건 등이 그것이다. 모두 검찰이 사형을 구형했으나 무기징역이 확정되었다.

　재판 진행 과정에서 피해자 가족·지인 등을 만나보면, 그들이 사형을 원하는 것은 실제 집행을 원해서라기보다는, 사형이 선고되면 가석방이 불가능해 가해자의 사회 복귀를 막을 수 있다는 이유에서였다. 한국의 무기징역은 가석방이 가능하며, 일정 기간만 채우면 강력범죄자들이 사회로 돌아올 가능성이 생기기 때문이다. 더구나 법무부는 가석방 요건을 완화하겠다고 밝힌 바 있다. 물론 살인 등 강력범죄자들에게 그 혜택이 돌아갈 가능성은 크지 않지만, 피해자와 가족들, 지인들은 불안해한다. 실제로 살인 등 범죄를 저지른 가해자들이 수감된 상태에서도 사회 복귀가 가능하다는 기대를 품고, 수험서 등을 반입해 미래를 준비하기도 했다. 피해자는 살해된 순간에 영원히 붙들려 있는데도 말이다.

한국은 1997년 12월 30일에 사형수 23명에 대한 사형을 집행한 후, 20년 넘게 사형 집행을 하지 않고 있다. 사형 선고 역시 민간인으로서는 2015년에 확정된 장재진(선고 당시 25세, 남)이, 군인으로서는 2016년 2월 '육군 22사단 GOP 총기난사 사건'을 일으킨 혐의로 확정된 임도빈(선고 당시 24세)이 마지막이었다. 2007년 앰네스티가 한국을 실질적인 사형폐지국으로 분류했듯, 앞으로도 사형이 선고되더라도 실제 집행될 가능성은 희박하다고 봐야 한다. 최신종 사건을 맡았던 항소심 재판부(광주고법 전주재판부 형사1부: 김성주, 김봉원, 조찬영)는 무기징역을 선고하면서 "부디 입법부는 가석방 없는 종신형 형태의 무기징역 제도를 조속히 입법해 사실상 사형제가 폐지된 국가로 분류되는 대한민국에서 국민들을 안전하게 지켜달라"라는 말을 남기기도 했다.

2022년에도 검찰이 사형을 구형했던 강력 사건들의 재판이 이어졌다. 스토킹을 하다가 피해자와 일가족을 살해한 김태현(26세, 남)의 스토킹 살인 사건,[23] 일명 '당진 자매 살인 사건'으로 불리는 김ㅈㅅ(34세, 남)의 연쇄 살인 사건,[24] 20개월 영유아를 대상으로 한 양ㅈㅅ(30세, 남)의 강간·학대 살인 사건[25] 등이 그것이다. 이제는 사형제에 대한 논의에서 나아가 가석방 없는 종신형 제도의 도입 등을 적극 고려해야 할 때라고 생각한다. 어떤 이들의 사회 복귀는 영원히 막아야 할 필요가 있다.

2021년 6월 10일, '경남여성단체연합'에서 진행하는 〈2021 경남여성안전 모니터링 활동을 위한 역량강화 교육〉의 강연을 위해 다시 창원으로 갔다. 이미 창원지법에서 '여성의당 경남도당' 대상의 재판 모니터링 교육을 진행했었고, 부산에서는 '경상도 비혼여성공동체 WITH'도 만난 적이 있었으므로 경남 지역의 반성폭력 활동가들을 만날 수 있는 그 시간에 대한 기대가 컸다. 스토킹 법제화 운동을 펼쳐왔고, 디지털 성범죄 등 여성 대상 폭력 사건에 대한 재판 모니터링을 지속해왔던 경남여성단체연합 활동가들과의 만남은 지역과 정보의 격차를 줄이며 소통할 수 있는 기회이기도 했다.

그렇게 활동가들을 만나고 1년 후, 또다시 그들로부터 연락을 받았다. 2022년에는 〈경남 여성안전을 만드는 사람들〉이라는 프로젝트를 만들었는데, 그 프로젝트의 일환으로서 경남 지역에 거주하는 일반 시민들로 구성된 '시민 모니터링단' 대상 교육이 필요하다는 것이었다. 다양한 세대로 구성된 시민들이 창원지법, 마산지법, 진주지법으로 흩어져 7월부터 3개월간 모니터링 활동을 진행 중인데, 이들을 본 순간 지역 기반 활동의 확대가 가져올 미래를 믿게 되었다. 나는 재판 모니터링부터 지역 내 여성안전 정책과 언론 감시 활동까지 운동의 폭을 넓히려는 지역 활동가들의 시도들이, 의미 있는 결실을 맺을 수 있도록 지속적으로 협력할 예정이다.

다양한 세대의 활동가들이 모여 지역의 반성폭력 운동을 함께하는 모습을 보는 경험은 내게도 큰 힘이 된다. 그들이 피해자 가족과 함께하던 모습, 1인 시위를 하며 법원 앞에 서 있던 모습, 법정을 가득 채우고 열심히 재판을 감시하던 모습들을 기억한다. 지역 기반의 반성폭력 운동이 단단히 뿌리를 내려야 수사와 재판의 전 과정에서 시민감시가 효과를 거둘 수 있다. 그들을 보고 배우며 나 역시 함께할 수 있는 여러 방법들을 찾는 중이다. 다음에는 여유를 두고 내려가 다양한 이야기를 나누고 싶다.

안동·김천:
'갓갓' 이전과 이후

'성명불상'.

'n번방' 공범들의 판결문 속 '갓갓'을 지칭하는 단어다. 2020년 봄, 'n번방'을 이어받은 '켈리' 신ㄱㅎ, 'n번방'을 홍보하던 '와치맨' 전ㅅㅈ, 일명 '오프남'으로 불리던 오프라인 성착취·성폭력 공범들이 속속 수사기관에 잡혀 재판이 진행되거나 형이 확정되고 있었지만, '갓갓'의 검거 소식은 좀처럼 들리지 않았다. 결코 잡히지 않을 것이라며 공권력을 조롱하던 '갓갓' 때문에 많은 이들이 불안해하던 당시, 참고인 조사에 자진출석한 문형욱(27세, 남)은 '갓갓'임을 부인하다가 경찰이 들이미는 각종 증거 앞에 결국 자백한다. 2020년 5월의 일이다.

문형욱이 검거된 후, 공범들에 대한 수사와 재판의 진행 상황을 체크해보았다. 오프라인 성착취·성폭력을 저지른 공범들은 이미 대구지법 안동지원과 김천지원, 수원지법 성남지원 등에서 1심을 끝내고 2심이 진행 중이거나 형이 확정된 상태였다. 공범들의 평균 형량은 징역 3.2년 정도였다. 재판부는 그들에게 범행을 지시하거나 그들과 공모한 '성명불상'의 인물(이 공범들의 재판 과정에서 수사기관은 이 인물이 문형욱임을 밝혀내지 못한 상태였다), 즉 문형욱이 있었음을 인정하면서도 '정상 참작감경'을 적용해 최저 형량을 선고했고, 검사가 항소 등의 상소를 포기하면서 '불이익변경금지의 원칙'에 따라 원심보다 더 무거운 형의 선고는 불가능해졌다.

이처럼 문형욱이 검거되기 이전에 공범들이 선처를 받은 상황인 데다가, 'n번방'의 경우 범죄의 목적이 경제적 수익 창출에 있지 않았고, 형태상 범죄단체 혹은 범죄집단으로 규정하기 어려워 관련 법리를 적용하는 데 무리가 따른다는 수사기관의 판단도 있었다.[26] 이런 상황에서 운영자 문형욱도 '박사방' 일당들에 비해 낮은 형이 선고될 가능성이 있었고, 나머지 공범들의 재판도 아직 남아 있었다. 안동으로 가야 했던 이유다.

문형욱의 첫 공판이 열리던 2020년 7월 2일, 아침 일찍 버스를 타고 대구지법 안동지원에 도착했다. 나는 전국 법원을 돌아다니면서 여러 가지를 체크하는데, 그중 하나가 바로 검색대 통과 과정이다. 그날은 이른 시각에 도착한 이유도 있겠지만, 코로나19가 유행 중이었음에도 검색대를 지키는 인원이 한 명도 없어 그냥 통과했다. 법원 내부에서 관계자들이나 피해자들이 위협당한 사례들을 알고 있기에 검색대 통과가 느슨한 지법의 지원으로 오면 늘 걱정이 되곤 한다. 시간이 남아 법원을 둘러보면서 재판 모니터링 교육을 한다면 어디서 할 수 있을지도 찾아봤다. 그러다 재판 시각에 맞춰 도착한 엔드eNd와 인사를 나눈 후 자리에 앉았다.

법정에서는 박ㅎㅈ(30대 후반, 남)의 결심 공판이 먼저 진행되었다. 피고인 박 씨는 텔레그램에서 제공받거나 교환받은 아동 성착취물과 불법촬영물을 판매한 혐의, 대포통장과 대포폰을 이용해 수사기관의 추적을 피한 혐의 등으로 기소되었다. 검찰은 징역 10년 등을 구형했고, 피고인 측은 디지털 성범죄가 최근 사회문제로 대두된 것은 알지만, 기존의 유사 범죄 형량과의 형평을 고려해서 판단(선처)해달라고 요구했다.

그리고 '갓갓' 문형욱이 등장했다. 피해자 변호사도 출석했고, 검사도 두 명이 나왔다. 검사의 모두진술을 통해 피고인 문 씨의 범죄 행각을 구체적으로 알 수 있었다. 텔레그램 성착취 대화방인 'n번방'을 만든 문형욱은 2017년 1월부터 트위터나 페이스북 등 SNS에 노출 사진을 올린 아동과 청소년 등 피해자를 물색한 뒤, 경찰을 사칭해 피해자들에게 접근했다. 이후 피해자들에게 나체 사진 등을 전송받은 다음, 가족들에게 알리거나 이미지를 유포하겠다고 협박해 성착취 영상을 찍게 했다. 그리고 이를 받아 텔레그램 대화방 등에 유포하거나, 피해자를 이른바 '노예'로 칭하며 공범들에게 성폭력을 하도록 지시했다.

피고인 문 씨의 변호인은 증거에 관한 의견을 제시하며 영상 등 물적 증거에 대해서는 모두 동의한다고 말했다. 또한 추가 피해를 막기 위해 피해자 증인신문은 신청하지 않을 것이며, 법정 내에서 성착취 영상과 사진을 현출하지 않겠다고 했다. 이미 물적 증거가 확보된 부분에 대해 혐의를 인정한 것임에도, 이를 통해 피해자가 법정에 출석하지 않도록 '배려'했다며 피해자 보호에 최선을 다했다고 읍소해 선처를 구하려는 전형적인 전략이다.

문 씨가 먼저 잡혔던 공범들의 진술에 동의하지 않고, 그들이 범행을 저지르는 데 자신은 최소한의 영향만 미쳤음을 강조하려 한 점에서도 알 수 있듯이, 이는 모두 피고인이 철저히 유불리를 따져 접근한 것이지 진심으로 혐의를 인정하고 반성한 게 아니다. 아니나 다를까, 증거에 관한 의견을 전하는 변호인 옆에 있는 피고인 문 씨의 낯빛에는 그 어떤 반성의 기미도 보이지 않았다. 아직도 온라인 세상에서 '갓갓'

으로 불리던 본인에 대한 도취에 빠져 있던 거다. 그래, 재판 초기에 피고인들은 아직 여유가 있으니까.

✻ ✻ ✻

2020년 8월 13일, 대구지법 안동지원에서는 문형욱, 문형욱의 공범 안승진(28세, 남), 안승진의 공범 김ㅈㅇ(24세, 남), 그리고 박ㅎㅈ 등 연달아 세 건의 재판이 예정되어 있었다. 전날인 12일에는 부산지법과 울산지법에서 모니터링할 재판들이 있었기 때문에, 아예 안동까지 넣어 1박 2일 〈D와 함께하는 재판 모니터링 여행〉 코스를 짰다. '재판 모니터링 여행'은 원래 2020년 휴식을 계획하고 기획한 프로그램이었는데, 예상과 달리 휴식을 할 수 없게 되어 미뤘었다. 전국 법원을 돌아다니면서 가장 아쉬웠던 점이 지역의 경치를 감상하거나 맛집 탐방을 할 여유가 없는 것이었기에 휴식을 취하면서 여행도 하고 싶었다.

그러나 2020년은 코로나19로 인해 모임 자체가 매우 조심스러웠다. 그래서 일단 안동에 숙소를 잡은 상태에서 소수의 인원만 만난 뒤, 다음 날 법원에서 재판 모니터링 교육과 방청연대를 하기로 결정했다. 부산과 울산의 일정을 마무리한 후 안동에 도착해 숙소 '유교랜드'로 향했다. 숙소 이름을 보며 가부장제 타파를 위해 적진 한복판에 잠입한 것 같다는 실없는 생각을 하다가, 숙소에 도착해 J씨를 기다렸다.

디지털 성폭력 피해자이자 연대자로 활동 중인 J씨를 처음 만난 건 2019년 서울 세미나에서였다. 이미 성폭력 피해자이자 연대자로서 활동 중이었던 나를 보기 위해 알던 기자의 소개로 세미나에 왔다고 했다. 성폭력 피해자들 중 상당수는 이후 연대자로 활동하고 싶어 한다. 그러나 준비 없이 마음만으로 시작했다가 여러 상처를 입고 중단하는 경우가 많다. 그래서 잠시 스치는 인연으로 알았던 J씨를 2020년 안동지원에서 연대자로 만났을 때 심정이 복잡했다.

본업을 끝내고 늦게 합류한 그는 지쳐 보였다. 반디지털성폭력 운동은 훈련된 활동가들도 번아웃을 토로할 정도로 고통이 심한데, 피해 당사자는 오죽하겠나. 그가 법원에서 접하는 디지털 성범죄 사건에 거리 유지를 할 수 있을까. 연대의 중요성을 인식하며 힘을 보태고 싶어 노력하는 그였지만, 나는 휴식을 권했다. 마모되고 소진된 상태의 자신을 돌보지 않고 계속 연대 활동에 매달리면 본인을 잃을 수 있다. 그가 할 수 있는 연대 방식이 재판 모니터링만 있는 것도 아니다.

다음 날, 재판 모니터링 교육은 무사히 마무리했다. 소수의 인원이었고 법정 바로 밖의 공간이 넓은 편이었기 때문에 그 자리에서 교육을 진행한 뒤 방청을 위해 법정으로 이동했다. 우리 외에도 지역 내 반성폭력 활동가들이 많이 보였다. 먼저 안승진과 김ㅈㅇ의 첫 공판이 진행되었다. 피고인 안승진은 2019년 3월 문형욱의 지시로 아동·청소년 3명을 협박해 성착취물을 만들려다 미수에 그쳤다. 또 아동·청소년 성착취물을 유포하고 소지한 혐의도 있으며, 2015년에는 SNS에서 아동·청소년에게 접근해 노출 영상물 등을 전송받은 뒤 협박하는 방법으로 아동·청소년 성착취물도 제작한 것으로 드러났다. 이 밖에도 2015년에 13세 미만의 아동을 대상으로 의제강간*을 했으며, 수차례 성매매를 한 혐의도 받고 있었다.

피고인 김ㅈㅇ는 안승진과 공모해 아동·청소년 성착취물을 제작했다. 그는 2014~2016년에 저지른 다수의 아동·청소년 성착취물 제

---

*　강간과 동일하게 간주되는 성행위. 상대방의 동의 여부와 관계없이 만 16세 미만의 아동과 성행위를 할 경우에는 형사처벌 대상이 된다. 2020년 5월 'n번방 방지법' 중 하나로 미성년자 의제강간 연령 기준을 기존 13세에서 16세로 높이는 법안이 통과되었다.

작·판매·유포라는 개별 범죄로도 기소되었다. 2014년 범행 당시 김ㅈㅇ는 미성년자였다. 첫 공판에서 재판부는 검사에게 피해자가 안동지원 관할 내에 거주하지 않아 관할위반이 의심된다면서 영장의 위법성여부를 지적했다. 이에 대해 검사는 문형욱과의 연계성이 있어 특별히 문제될 것은 없다고 답변했다. 사실관계 외의 절차적 측면에서 위법성 문제가 발생할 가능성이 있으면 예민하게 체크할 수밖에 없다. 피고인들이 이를 적극적으로 활용하는 전략을 세우고 있기 때문이다. 이날 영상의 법정 내 재생 등이 있어 일부 공판은 비공개로 전환되기도 했다.

이어진 문형욱 재판에서는 재판부가 법리적 부분에서 상상적 경합 등과 관련해 검사에게 의견 제시를 요구했고, 추가 기소 건을 병합하기로 결정했다. 또한 공범들이 수사기관에서 한 진술에 대해 피고인문 씨 측이 재판의 증거 인부 과정에서 부동의함으로써 공범들이 증인으로 채택되었는데, 이들에 대한 신문 순서 등을 구체적으로 정했다. 피고인 측은 '와치맨' 전ㅅㅈ에 대한 증인 신청은 철회했는데, 앞선 공판에서 부동의했던 전ㅅㅈ의 진술에 대해 이번 공판에서 동의하면서 신문할 필요가 없어졌기 때문이다. 그리고 '켈리' 신ㄱㅎ에 대해서는 증인 채택 여부를 보류하면서 최종적으로 공범 6인(안승진, 고ㅈㅎ, 양ㅎㅂ, 이ㄱㅈ, 이ㄱㅁ, 김ㅅㄱ)에 대한 증인신문 순서를 결정했다. 이처럼 현장에 와야만 얻을 수 있는 정보들이 있는데, 그 정보들을 바탕으로 사건에 대한 입체적·종합적 분석을 할 수 있다. 이번 재판 과정에서도 언론에는 알려지지 않았던 공범들의 정보를 확보하면서 공범들과 관련된 사건과 재판 결과 등을 더 상세히 분석할 수 있었다.

재판이 중간 중간 비공개 심리로 진행되어 법정 밖으로 나왔을 때는 지역 활동가가 다가와 재판 모니터링 교육에 대해 질문했는데, 시간이 없어 좀 더 상세히 설명하지 못한 게 아쉬웠다. 2018~2019년에 대구 등 경북 지역에서 일반인 대상의 세미나를 수차례 진행했던 터라, 지역 활동가들을 대상으로도 교육할 기회가 있으면 좋겠다고 생각했기 때문이다. 서울과 수원 등에서 본 피해자 변호사 C1씨와 S씨는 안동에서도 만났다. 지역별로 법률 조력의 차이가 여전한 현실에서 먼 거리를 마다하지 않고 오는 피해자 변호사들이 있어 안심이 되긴 했지만, 개인적으로는 적절한 보수 등을 받는지 걱정되기도 했다.

모니터링 도중 재판부가 계속 '음란물'이라고 표현하는 것이 마음에 걸렸는데, 비슷한 시기에 진행되고 있던 다른 재판에서는 재판부가 의식적으로 '성착취물'이라는 표현으로 바꾸는 것을 목격했던 터라 비교가 되었다. 재판부는 문 씨의 1심 재판이 거의 끝나갈 무렵에야 '성착취물'이라는 용어를 썼다. 물론 구법에서 '음란물'로 규정하고 있던 터라 재판부의 기존 표현이 법에 따른 것이라고 좋게 해석할 수도 있겠으나, 명명의 중요성과 사건의 심각성을 알고 있을 재판부가 굳이 그 많은 사람들 앞에서 '음란물'이라는 용어를 고수하는 것은 구태의연하다고 생각했다.

* * *

2020년 9월 24일, 박ㅎㅈ은 징역 4년을 선고받았다. 범행을 자백하고 성착취물 제작에는 관여하지 않았다는 이유다. 이어 12월 17일에는 안승진이 징역 10년, 김ㅈㅇ은 징역 8년을 선고받았다. 'n번방'이 외부로 알려지고 사회적 공분을 일으킨 후에 진행된 안승진과 김ㅈㅇ 등에 대한 판결을 보면, 문형욱이 검거되기 전에 확정되거나 진행 중이었던 다른 공범들에 대한 판결이 평균 징역 3.2년에 머문 것은 아쉬울 수밖에 없다. 문형욱이 검거되기 전에 진행된 공범들 5인의 1심 재판 결과를 확인해보자.

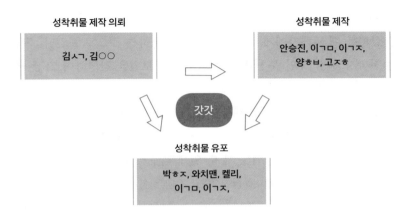

'n번방' 조직도

성착취물 제작 의뢰

김ㅅㄱ, 김○○

성착취물 제작

안승진, 이ㄱㅁ, 이ㄱㅈ,
양ㅎㅂ, 고ㅈㅎ

갓갓

성착취물 유포

박ㅎㅈ, 와치맨, 켈리,
이ㄱㅁ, 이ㄱㅈ,

    먼저, 문 씨와 공모해 피해자들을 직접 만나 성착취·성폭력을 저지른 자들로 이ㄱㅁ(31세, 남)은 2019년 8월 20일 대구지법 김천지원(형사부: 김정태, 허민, 이규석)에서 징역 3년, 이ㄱㅈ(25세, 남)는 2019년 11월 7일 대구지법 안동지원(형사합의부: 박찬석, 강동원, 박노을)에서 징역 3년, 고ㅈㅎ(30대, 남)과 양ㅎㅂ(22세, 남)은 2020년 2월 6일 수원지법 성남지원(형사1부: 최창훈, 최은경, 정우용)에서 각각 징역 4년과 징역 3년 집행유예 4년을 선고받았다.

    이들은 아동·청소년 성착취물 제작 등의 혐의로 기소되었기 때문에 법정형이 '징역 5년 이상 또는 무기징역'이었지만, '정상참작감경'을 선택한 재판부에 의해 최저형에 가까운 선처를 받았다. 게다가 검사마저 항소를 포기하고 피고인만 항소했기 때문에 '불이익변경금지의 원칙'에 따라 1심의 형이 최대가 되었다. 피고인들의 항소와 상고는 모두 기각되었지만, 항소심 판결문 일부에는 1심의 판단에 대한 아쉬움이 묻어나 있어, 만약 검사가 항소를 했다면 어떻게 진행되었을지 생각해

보곤 한다.

　이들 피고인에게 반영된 유리한 양형이유로는 "반성문의 내용 등을 살펴볼 때 피해자에게 진심으로 용서를 구하는 것으로 보인다", "사건 전까지 투병 중인 부친과 거동이 불편한 모친을 간병하며 가장 역할을 해왔다", "지적장애 3급으로 판단능력이 다소 떨어지며, 문형욱의 유혹에 범행을 저질렀다", "지체장애 1급 장애인으로 신체 상태 고려 시 소극적 역할에 불과했을 것이고, 별다른 성적 경험을 할 기회가 없는 상황에서 여성과 성행위를 할 수 있게 해주겠다는 문형욱의 유혹에 범행을 저질렀다" 등이었다. 심지어 고ㅈㅎ의 경우 이미 장애인에게 위계 등 간음의 성폭력을 저질러 실형을 선고받은 전과가 있었고, 출소한 뒤 누범* 기간에 범행을 저질렀음에도 고작 징역 4년을 선고받았다.

　한편 문형욱에게 성착취물 제작을 의뢰한 김ㅅㄱ(39세, 남)의 경우도 2019년 9월 5일 대구지법 안동지원(형사합의부: 박찬석, 이영제, 박노을)에서 '정상참작감경'이 적용된 징역 3년을 선고받았다. "반성과 치료를 통해 성적 충동을 고치겠다고 다짐하고 있으며, 피고인의 가족과 지인들도 선도를 다짐하며 선처를 탄원한다"는 이유로 말이다. 그런데 '박사방' 일당 중 비슷하게 오프라인 성착취·성폭력을 저지른 이른바 '오프남' 한ㅈㅎ(닉네임 '김승민')은 2021년 1월 21일 1심(서울중앙지법)에서 징역 11년을 선고받은 후, 쌍방이 항소했던 2021년 7월 9일 2심(서울고법) 선고에서 징역 13년으로 늘어났다. 한 씨 선고와 비교해보면, 한 씨 재판보다 빨리 진행된 데다 검사가 항소와 상고를 포기했던 'n번방' 공

---

*　금고 이상의 형을 받아 그 집행이 끝났거나 면제를 받은 후 3년 이내에 또다시 금고 이상에 해당하는 죄를 범하는 일. 누범에게는 형이 가중되며, 그 죄에 정한 형의 장기의 두 배까지 가능하고(형법 35조 2항), 50년을 초과할 수는 없다(42조 단서).

범들의 재판이 아쉬울 수밖에 없다.

　문형욱의 경우, 공범들의 증인신문이 마무리된 후 선고기일이 잡혔으나, 변론재개가 계속되어 선고일이 미뤄지는 바람에 2021년 4월 8일에야 1심이 선고되었다. 검찰은 결심 공판에서 무기징역을 구형했고, 1심 재판부는 징역 34년을 선고했다. 재판부는 피고인 문 씨가 스트레스 해소를 위해, 혹은 자신의 지시를 따르지 않는 피해자들에 대한 보복감정으로 범행을 저질렀으며, 피해자들을 아이템 정도로 취급하는 등 인간의 존엄을 심각하게 손상시켰다고 판단했다. 특히 문형욱이 아동·청소년을 범행 대상으로 삼은 이유에 대해, 그들의 취약성을 인지한 상태에서 계획적으로 접근한 것으로 보인다고 지적했다. 피해자의 수도 30명이 넘을 것으로 예상(수사 과정에서 문 씨는 피해자 수가 50명 정도라고 진술한 바 있다)되며, 사회적 해악이 크고, 범행 수법도 잔인하기 때문에 엄벌이 불가피하다고 했다.

　하지만 '박사방' 사건과 달리 '범죄단체'나 '범죄조직'을 구성해 범행에 이르지는 않았고, 경제적 이익을 목적으로 하지 않았다는 이유로 형량은 조 씨보다 낮았다. '박사' 조주빈에게 징역 40년(병합 전)이 선고된 이상, '범죄단체 등의 조직' 죄를 적용받지 않는 문형욱은 조주빈보다 낮은 형을 선고받을 거라던 추측대로였다. '박사'(조주빈)를 중심으로 한 '박사방'과, '갓갓'(문형욱)을 중심으로 한 'n번방'은 범죄의 목적이 다르다. '박사'가 경제적 이익 창출을 중심으로 성착취·성폭력을 산업화하려 했다면, '갓갓'은 경제적 이득에는 큰 관심이 없었고, 성착취와 성폭력 그 자체가 목적이었다. 그래서인지 '박사방' 관련 재판에서는 피고인들이 'n번방'보다 성착취·성폭력의 강도가 약하다고 주장했고, 'n번방' 관련 재판에 가보면 피고인들이 '박사방'과 달리 조직적 범죄가 아니고 경제적 수익을 목적으로 하지 않았다며 선처를 구했다.

그러나 피해자들 입장에서는 죄질의 경중 차이가 없다. 비교할 것 없이 모두 사회 복귀가 불가능하거나 어렵게 되기를 바란다. 재판부(대구지법 안동지원 형사부: 조순표, 이승엽, 김준영)가 판결문을 통해 지적한 대로, 문형욱은 최근 디지털 성착취·성폭력 범죄가 집단적·조직적·계획적 성격을 띠도록 기준을 제시했고, 다른 범죄자들에게 범행 수법과 수사 기피 방법 등을 알려주며 범행의 확산에 절대적 기여를 한 자이기 때문에 세상 빛을 보게 해서는 안 된다. 그가 저지른 단독범행도 끔찍하지만, 그의 범행이 하나의 모델로 기능한 것은 공범들이 있었기 때문이며, 이에 대한 판단이 실제로 '범죄단체 등의 조직' 범죄로 규정된 '박사방'보다 약하게 평가받아서는 안 된다고 생각한다.

＊ ＊ ＊

2021년 8월 19일, 대구고법에서 진행될 문형욱 재판 2심 선고를 방청하기 위해 동대구역으로 향했다. 법원에 도착하니 이른 시간부터 지역 내 반성폭력 활동가들이 자리를 지키고 있었다. 사람들이 몰릴 것을 우려한 재판부가 다른 사건들의 선고 공판이 끝날 때까지 문 씨의 2심 선고 방청객들의 입정을 불허했고, 나는 법정 밖에서 다른 지역 활동가들과 함께 기다리다가 들어갔다.

2심 재판부(대구고법 형사1-3부: 정성욱, 손병원, 조진구)는 쌍방의 항소를 모두 기각하며 문형욱에 대해 징역 34년을 유지했다. 재판부는 정보통신기술 발달과 관련해서 디지털 성범죄의 확산 양상과 피해 정도에 대해 언급하며 1심의 판단이 적절하다고 판단했다. 재판부는 1995년생인 피고인 문 씨가 성인이 되던 2015년부터 약 5년간 범행 수법을 정교화·고도화시켰으며, 범행의 전시·과시를 통해 범행 수법을 전파했다고 지적하면서, 그가 사회적으로 큰 문제를 일으킨 다수의 디지털 성착취 범죄의 시초가 되었다고 보았다. 그럼에도 원심의 판단을 벗어나는 판결을 내리지는 않았다.

일반적으로 항소심은 1심에서 내린 판단을 존중해 판결을 내리는 경향이 있기 때문에 가중 처벌에 대한 기대는 없었다. 그래도 문형욱이 검거되기 전 수사·재판이 진행되는 바람에 운 좋게 선처를 받았던 공범들을 생각하면 문 씨의 형량이 아쉽게 느껴진다. 문 씨가 공범들의 몫까지 더해 감옥에 있기를 원하지만, 그게 어렵게 되었으니 가석방 없이 형기를 다 채우기를 바란다.

'n번방'은 디지털 매체의 발달과 한국 사회의 강간문화가 결합되어 나타난 대표적인 디지털 성폭력 범죄다. 한국은 디지털 인프라가 비교적 잘 갖추어진 국가이며, 현세대는 '디지털 네이티브'로 불릴 만큼 삶 자체가 디지털과 밀착되어 있다. 문제는 올바른 인터넷 문화를 만드는 데 한국 사회가 제대로 신경 쓰지 않았다는 데 있다. 현세대는 합성을 이용한 '지인능욕' 등의 디지털 성폭력을 범죄가 아니라 놀이의 하나로 받아들일 만큼 디지털 성폭력에 대한 인식이 매우 희박하다. 여성혐오와 성차별을 기반 삼아 여성을 인격체가 아니라 통제 가능한 객체로 파악하며, 그 통제를 위한 효과적 수단으로 디지털 성폭력을 적극 활용한다. 디지털 성폭력을 여성에 대한 '징벌'로 보며, 이를 통해 피해자들을 억압하고, 그것을 다른 남성들과 공유하며 인정받는 데서 쾌감을 느끼는 것이다.

그러면 디지털 성착취·성폭력은 현세대의 문제이기만 할까? 'n번방'이나 '박사방'이 나타나기 전에도 피해자들을 유인해 성착취물을 제작하던 이들이 있었다. 성착취물을 경품으로 내걸어 불법도박 등 다른 범죄로 사람들을 유인하던 이들도 있었다. 강간문화를 견고하게 구축해온 앞선 세대들이 존재했던 것이다. 따라서 현세대의 디지털 성범죄자들을 '악마' 등으로 부르며 본인들과 선을 긋는 기성세대의 몰염치도 함께 짚지 않으면 문제 해결은 요원해질 수밖에 없다. '문형욱'은 갑자기 등장한 특별한 범죄자가 아니다. 그의 삶의 궤적이 던지는 경고를 무겁게 받아야 한다.

2021년 11월 11일, 대법원의 상고 기각 결정으로 문형욱에게 징역 34년을 선고한 원심이 확정되었다. 운영자 '갓갓' 문형욱을 마지막으로 'n번방'과 관련된 가해자들의 재판은 다 마무리되었고, 문 씨는 최대 34년간 감옥에 있게 된다. 그러나 형기를 다 채워 만기 출소를 해도 50대에는 세상 빛을 보게 될 것이다. 게다가 문 씨의 공범들은 훨씬 더 빨리 사회로 복귀하게 된다.

그 시간이 피해자에게 어떤 의미가 될지, 우리가 할 일은 무엇인지 생각해본다. 가해자에 대한 처벌은 피해 회복의 시작일 뿐이다. 피해자가 일상을 다시 만들고, 꿈을 꾸며, 시민으로 이 사회에 안전하게 자리매김할 수 있도록 함께 노력해야 한다. 판결문 속에 등장하는 '회복 불가능한 피해'라는 표현이 가해자의 죄질에 대한 판단으로만 머물지 않도록, 실제 피해자들의 삶을 그 표현에 가두지 않도록 이 사회를 같이 바꾸어야 한다. 피해자의 이후의 삶을 생각해야 할 때다.

울산:
'디지털 네이티브'가 적힌 판결문

"혹시 단체에서 방청하러 오셨어요?"

2020년 8월 12일, 울산지법 301호에서 재판 모니터링을 마치고 나오자 법정 밖에서 어떤 여성이 내게 말을 걸었다. 방금 전까지 피해자 변호사석에 앉아 있던 사람이다. 어딘지 낯이 익어 인사를 하고 명함을 받았는데, 나중에 찾아보니 2018년 4월 서울에서 열렸던 〈권력형 성폭력 피해자 지원 및 보호를 위한 심포지엄〉에서 발표와 발제를 맡았던 피해자 전담 국선변호사 C2였다. 심포지엄 발표가 인상적이어서 기억에 남았는데, 법원에서 이렇게 우연히 만나게 되니 신기했다.

그날 울산지법에 간 것은 피고인만 12명에 달하는 사건의 1심 재판을 방청하기 위해서였다. 언론에 '오프라인 n번방'이라는 자극적인 제목으로 보도된 이 사건은, 지역 내에서 성매매 포주 역할을 해왔던 40대 남성이 범행 수법을 전수하고, 10대 후반에서 20대의 나이로 구성된 나머지 남성들이 실제 피해자를 물색해 범행을 저지르는 형태였다. 피고인들은 앱을 이용해 '조건만남'을 하겠다며 피해자를 물색했고, 아동·청소년 혹은 장애인인 취약계층의 피해자들을 유인했다. 피해자가 약속 장소에 나오면 '조건만남'을 하려 했던 사실을 알리겠다고 협박하며 성폭력을 저질렀고, 불법촬영을 통해 피고인들의 말에 따르도록 강제했다. 그들은 피해자들의 탈출을 막기 위해 합숙을 시키고 성매매를 강제해 돈을 갈취했다. 피고인들이 본인들의 범죄를 '조건사냥'이라고 명명한 이유다. 취약한 피해자들은 피고인들에게 사냥감이었으며, 성매매를 통해 돈을 벌게 해주는 수단이었던 것이다.

이는 온라인과 오프라인이 결합된 성착취·성폭력 사건이자, 오프라인의 기성세대 '포주'가 집단적·조직적으로 성매매 관리 방식을 젊은 세대에게 전수하는 형태였기 때문에 디지털 성착취·성폭력 사건의 연대 과정에서도 분석해야 할 사건이었다. 범행 수법의 전수와 공유, 성착취·성폭력을 위한 범죄단체 혹은 범죄집단의 구성은 이제 혈연, 지연, 학연 등 전통적인 관계망에서만 이루어지지 않는다. 익명의 가해자들이 모여서도 얼마든지 조직적·집단적으로 성착취·성폭력을 저지를 수 있게 된 것이다. 특히 2020년을 기준으로 아동·청소년 대상 성매매를 알선(평균 연령 21.7세, 남성 86.8%)하고 강요(평균 연령 19.3세, 남성 78.9%)한 가해자의 대다수가 10~20대인 현실에서[27] 착취 방식의 공유와 전수가 어떤 식으로 이루어지는지 분석할 필요가 있다.

법정을 나오며 C2 변호사와 나눈 짧은 대화를 통해 울산과 부산 등지를 돌아다니며 느꼈던 문제점도 확인할 수 있었다. 바로 수사와 재판에 지역 차이가 존재한다는 점이다. 이는 판사들과의 인터뷰나 신임 검사를 대상으로 한 교육 과정에서도 언급한 부분이다. 특히 검경수사권 조정으로 2021년 1월부터 경찰이 1차 수사종결권을 가져간 상태에서 7월에 자치경찰제까지 전면 도입되면서, 기존에 있었던 수사의 격차가 재판의 격차로도 이어지고 있을 뿐 아니라 앞으로 이런 지역 격차가 더욱 커질 가능성이 있다. 수사의 충실도는 재판의 충실도로 연결되기 때문이다.

지역 격차는 피해자 지원과 연대에도 영향을 미친다. 수도권 중심의 연대 활동을 하다 보니 내 기준 역시 수도권에 맞춰져 있는데, 서울에서는 당연한 수사·재판 단계의 피해자 지원이 특정 지역에는 알려져 있지도 않거나, 요청해도 지원받지 못하는 경우가 발생한다. 피해자 지원의 격차는 결국 피해자가 사법 시스템을 선택지로 두지 못하게 만드는 결과를 낳는다. 그런 점에서 C2 변호사와 같이 지역 사정에 밝은 전문가들과의 교류는 연대 활동에서 중요하다. 이후 9월에 진행된 〈성범죄 재판, 함께 돌아보기: 보호법익, 재판실무, 시민사회의 시선으로〉의 토론자를 추천할 기회가 생겨 C2 변호사를 추천했고, 포럼 참석 차 서울동부지법으로 온 그를 만나기도 했다.

울산에 도착하기 전, 부산에 먼저 들러 현직 남성 변호사의 성폭력 사건을 방청했다. 나는 이 사건의 피해자와 직접연대를 하고 있었는데, 이외에도 연대 과정에서 다양한 지역의 현직 변호사들이 저지른 성폭력 사건의 수사·재판을 모니터링해왔다. 범행 대상은 법률사무소 직원부터, 성폭력 피해를 입고 국가에서 지정한 피해자 국선변호사를 찾아왔던 피해자까지 다양하다. 가해자들은 피해자가 변호사인 자신을 함부로 신고·고소하지 못할 것이라는 자신감을 갖고 있다. 그래서 피해자가 신고·고소를 하면 자신의 법적 지식을 최대한 활용해 피해자를 협박하는 등의 2차 가해도 서슴지 않는다. 실제 성폭력 범죄로 이어지지는 않더라도 피해자 등에게 사적인 만남을 요구한 사례도 있다.

내가 연대한 사건에서도 피고인인 변호사가 계속 범행을 부인하는 등 재판을 끌다가, 변호사 자격을 유지해야 피해 배상을 할 수 있다며 뒤늦게 선처를 요청하기도 했다. 그럴 거면 진작 피해자에게 사과하고 배상했으면 되었을 게 아닌가. 잘못에 대한 인정과 반성은 인지 즉시, 혹은 최대한 빠르게 하는 것이 가해자에게도 좋다는 걸 왜 가해자들은 받아들이지 않을까.

부산지법에서 변호사 성폭력 사건 재판(2021년 1월 최종 유죄 확정)을 방청하고, 당일 열린 정당 관계인의 성폭력 사건 재판까지 모니터링한 뒤 S씨를 만났다. S씨를 처음 만난 곳은 2018년과 2019년에 서울에서 열었던 세미나였다. 이후 S씨가 로스쿨 학생 대상의 강연을 내게 제안해서, 혈기왕성한 예비 법조인들과 강연을 내세운 열띤 토론을 할 수 있지 않을까 기대하며 갔던 기억이 있다. 다른 로스쿨에서도 계속 강연을 이어나갔는데, 강연 전후에 학생들과 이야기를 나누면서 한국 로스쿨의 현실에 대해 조금이나마 이해할 수 있었다. 그 과정에서 신념만으로는 피해자 변호사로 성장하기 어려운 로스쿨 교육 과정의 한계에 대해, 그리고 현장에서 만나게 되었을 때 어떻게 협업할 수 있을지에 대해 논의했었다.

그러고 나서 S씨가 부산으로 가면서 한동안 만나지 못했는데, 마침 부산에 들를 일이 있어 그에게 연락했다. 연대자로서 내가 갖고 있는 장점 중 하나는 다양한 가치관을 지닌 이들과 지속적으로 교류한다는 점인데, S씨 역시 내 경험 밖의 다채로운 이야기를 전해주는 사람이라 늘 배우고 있다. 폭우를 뚫고 그가 안내한 맛집에 들러 법원의 현실에 대해 각자의 입장에서 논하며, 지역별 연대를 위해 무엇을 하면 좋을지 함께 고민했다.

2020년 8월 28일, 울산지법에서 열린 '조건사냥' 사건의 1심 결심 공판에서 검찰은 피고인 12인에게 징역 3~35년형의 중형을 구형했다. 방청석에 앉아 검찰의 구형 내용을 받아 적으며 사실 놀랐다. 전국 법원을 돌아다니며 성매매와 관련된 다양한 재판들을 방청했지만, 구형이 이 정도 나오는 재판을 보기가 드물었기 때문이다. 디지털 성착취·성폭력에 대한 엄벌 요구가 강했던 당시 사회적 분위기도 영향을 미쳤을 것이다. 하지만 엄밀히 말해, 이 사건이 다른 디지털 성범죄 사건들과는 차이가 있는, 일반적인 성매매 사건으로 취급받을 가능성이 크다고 생각했다. 그래서 구형만 요란하고 실제 판결은 그에 훨씬 미치지 못할까 봐 걱정했다. 특히 취약계층인 피해자들이 합의를 하거나 처벌불원 의사를 재판부에 전달했고, 진술을 번복한 부분도 있었기에 재판부가 어떤 판단을 내리는지 지켜봐야 했다.

피고인들 중 유일한 40대 남성인 정ㅅㅇ은 다른 피고인들에게 성매매 수법을 전수하지 않았고, '조건사냥'으로 명명한 집단적·조직적 성착취를 공모한 사실이 없다고 주장했다. 다른 피고인들 역시 계획적·조직적 범죄임을 부인하면서, 피해자 일부와 합의를 했고 그들이 처벌을 원하지 않았으며, 성매매 역시 피해자들이 자발적으로 했다며 선처를 구했다.

그 넓은 법정에 피고인들의 가족들만 방청석에 앉아 한탄하고 눈물을 훔치는 과정을 지켜보며, 피해자들을 생각했다. 가족의 지원을 받을 수 있었다면 그렇게 몰리지도 않았을 어리고 취약한 피해자들의 '말'을 고민했다. 그들의 말이 어떤 외부적 요인에 의해서가 아니라 진의대로, 왜곡되지 않고 전달되도록 하려면 어떤 노력을 해야 할까. 눈물을 흘리며 각자의 사정을 토로하는 피고인들의 최후진술을 지켜본 후, 부디 재판부가 그루밍을 기반으로 온·오프라인이 결합된 형태의 성착취·성폭력에 대해 이해한 상태로 판결을 내리길 바라며 서울로 돌아왔다.

       5 디지털 성범죄 재판 방청기

＊ ＊ ＊

2020년 10월 8일, 울산지법에서 열리는 '조건사냥' 사건의 1심 선고 공판을 방청하기 앞서, 서울북부지법에서 하일지(본명 임종주, 67세, 남) 전 동덕여대 교수의 성폭력 사건 1심 선고를 지켜봤다. 피고인 측 변호인은 2016년 이후 '#문단_내_성폭력' 사건 재판에서 피고인들을 지속적으로 변호해오던 이였다. 피해자의 사생활을 들먹이고, 배후에 누군가 있다는 식의 변론 전략을 꾸준히 취했기에 기억하고 있었다. 공교롭게도 그가 변호한 사건들의 재판 중 내가 방청한 사건들은 전부 피고인들의 유죄가 인정되었기에, 이번에도 유죄 선고가 날 것이라는 기대를 안고 법정에 들어섰다.

이 사건은 피고인 임 씨를 비롯해 그 지인인 박진성 등이 피해자를 대상으로 추가 가해행위를 지속했기 때문에, 피해자가 오랜 수사·재판 과정을 견디기 어려울 것이라 생각했다. 2016년 이후 공론화된 교수 성범죄 사건들의 수사·재판은 상당수가 2022년 6월을 기준으로 여전히 진행 중인데, 수사·재판이 늘어지고, 기소된 피고인(교수)들은 하나같이 국민참여재판을 신청하는 등 피해자를 괴롭히는 방식을 취하고 있어 피해자들이 고통스러워한다. 그래서 이 사건의 재판 결과가 중요했다. 물적 증거가 없는, 피해 이후 상당한 시간이 흐른 뒤 피해자의 진술이 주요 증거로 작용할 수밖에 없는 재판에서 어떤 결과가 나올 것인가.

당일 재판부(서울북부지법 형사9단독: 이미경)는 피해자와 서로 이성적인 감정을 가지고 피해자의 '묵시적 승낙' 아래 성적 접촉을 했다는 피고인 측의 주장을 일축하고, 피해자 진술의 신빙성을 인정하면서 피고인 측의 주장에 대해 하나하나 명확한 근거를 들어 배척했다. 그리고 공소사실을 유죄로 인정하며 징역 1년에 집행유예 2년을 선고했다. 이후 피고인 임 씨는 항소했으나 기각(서울북부지법 형사항소1-1부: 김지철, 이근영, 노진영)되어 2021년 5월 유죄가 확정되었다. 그러나 1, 2차 가해자들은 여전히 자신들의 잘못을 인정하거나 반성하는 태도를 보이지 않는다.

하일지 사건의 1심 선고가 끝난 뒤 울산으로 이동해 법정에 들어서니, 선고 공판임에도 C2 변호사가 나와 있었다. 통상 선고 때는 피고인 측 변호인도 불출석하는 경우가 대부분이기 때문에, 피해자 변호사가 출석해 자리를 지키는 모습을 보는 건 약간 낯설었다. 피고인 12인에게 수갑을 채운 상태로 선고가 진행되었는데, 사안이 중하고 피고인이 다수이며 법정 내 소란이 우려된다는 교도관의 판단이 수용된 결과였다.

한 시간 정도 이어진 선고 과정을 기록하다가 '디지털 네이티브'라는 표현이 판사 입을 통해 나왔을 때, 순간 멈칫했다. 원래 해당 판사가 판결문을 쓰는 데 공을 들인다는 것은 알고 있었다. '디지털 네이티브'는 2020년에 DSO 전 활동가들, 리셋 현 활동가들과 함께했던 젠더법연구회 판사들과의 인터뷰나 사법연수원 강연 등에서 언급한 용어였지만, 바로 그해 성착취·성폭력 사건의 판결문에 등장하리라고는 예상하지 못했다.

재판부(울산지법 형사11부: 박주영, 김도영, 정의철)는 '디지털 네이티브'와 이 세대의 여성 아동·청소년·장애인에 대한 이해를 토대로 왜 그들이 온라인 랜덤채팅을 하는지, 어떤 과정을 거쳐 '조건만남'으로 이어지는지, 그 과정에서 '자발성'의 외피를 둘러쓴 성매매가 어떻게 '성착취'로 연결되는지 상세히 언급했다. '합의'와 관련해서도 합의 과정·내용·금액 등을 구체적으로 살폈을 때 피해자의 진의에 의한 것인지 그 배경이 의심된다고 했다. '자발성'을 앞세운 피고인들의 주장에 대해서도 "순수한 자발적인 성매매란 없고, 특히 청소년 성매매는 성착취다"라고 규정하며, 피고인 측이 주장하는 '자발성'이란 자발성을 가장하거나 길들여진 것(그루밍)일 가능성이 높다고 지적했다.

피고인 12인 중 한 명을 제외한 나머지에게 구형된 형량의 절반 이상이 선고되었다. 앞서 결심 공판 때 기존 사례에 비해 구형이 세다고 생각하긴 했지만, 해당 재판부가 진행한 다른 판결들을 보면 특별히 엄벌을 내리는 경향이 있다고 생각하진 않았기 때문에 큰 기대는 없었다. 그럼에도 징역 1~18년 정도가 선고된 것을 보고 시대의 흐름에 따라가려 노력했다고 판단했다. 울산지법의 공보판사는 이 판결에 대해 "'n번방' 사태를 계기로, 조직적 성착취 범죄가 갖는 폐해의 심각성을 제대로 이해하고 대처해야 한다는 시대적 요청이 더해지는 가운데, 성매매 합숙소를 운영하며 성을 착취한 이번 범행에 대해 엄벌에 처한 사례"라고 정리했다.[28]

특히 오프라인 포주였다가 젊은 남성들(나머지 피고인들)에게 관련 수법을 전수한 40대 남성 피고인 정ㅅㅇ에 대해서 검찰 구형대로 징역 7년을 선고한 것은 의미 있다고 보았다. 40대인 정 씨와 10대 후반에서 20대 초중반인 나머지 11명 피고인들의 형량을 합치면 총 102년이었다. 다만 예상했던 대로 모두 신상정보 공개·고지명령이 면제되어,* 복역 후 그들의 신상정보는 일반인이 알 수 없다. 2021년 4월에 열린 항소심(부산고법 형사2부: 오현규, 정동진, 김정환)에서는 대다수가 감형(징역 1~3년)되긴 했지만 1심 형량의 범위에서 크게 벗어나지는 않았으며,

---

＊   일반적으로 신성정보 공개·고지명령은 여러 이유로 면제되는 경우가 많다. 극악한 성폭력 사범도 면제 대상이 될 수 있는 터라, 성매매 사건에서 신상정보 공개·고지까지 가는 경우는 거의 없다.

2021년 7월에 상고가 기각되어 유죄가 확정되었다.

나는 1심 선고 당일 바로 '판결서사본 제공신청'을 했고, 얼마 후 117쪽에 이르는 판결문을 받았다. 이 사건 전체에 해당하는 15쪽의 양형이유(개별 피고인에 대한 판단은 그 뒤에 각각 유불리 정상이 언급되어 있다)에는 헌법재판소 결정문, 관련된 국제 선언, 성매매와 디지털 성범죄 등을 연구하는 법학자들과 여성학자들, 반디지털성폭력 활동가들의 다양한 논문과 보고서 등이 인용되어 있었다. 특히 '디지털 네이티브'는 박수연 씨와 백가을 씨 등 DSO 전 활동가들이 강조하던 용어로, 이번 판결문에는 2020년 2월 젠더법연구회가 주최한 〈디지털 성폭력 톺아보기〉 인터뷰 과정에서 판사들에게 공유된 백가을 씨의 글 〈디지털 이주민이 법정에서 디지털 네이티브를 만난다면〉이 인용되었다. 법원 내부에서 2019년 이후 지속되어온 변화의 움직임이 실제 판결에도 반영되고 있다는 의미였다.

이는 번아웃으로 지쳐 있던 반디지털성폭력 활동가들에게 상당히 희망적인 메시지가 되었다. "판사는 판결로 말한다"라는 것이 이런 의미인가. 물론 그 '말'에 모두 동의하지는 않지만, 재판부가 대화를 포기하지 않으려고 노력하는 모습을 확인한 것만으로도 활동가로서는 기뻤다. 사법 시스템과 그 시스템 속 사람들에 대한 신뢰를 버리지 않았던 선택을 후회하지 않게 된 것이다.

물론 이 판결문에는 논쟁적인 요소나 아쉬운 점도 존재한다. '성매매'에 대한 규정, '성적자기결정권'에 대한 판단 등은 다양한 시각들이 충돌할 여지가 있다. 또한 구형량에 미치지 못한 선고 형량이나 신상정보 공개·고지 면제 등에 대한 판단도 아쉽다. 그러나 이 판결은 온·오프라인의 경계가 사라지고 있는 성착취·성폭력 사건을 판단할 때 유효한 측면이 많다고 생각한다. 성매매가 디지털 성범죄와 결합하는 가운데 신구세대를 거쳐 범행 수법이 전수되고 계획적·조직적 성착취로 이어지는 과정은, 연대 활동을 하면서 많이 접한 '조건만남' 관련 사건들에도 그대로 드러나는 형태이기 때문이다. 또한 취약한 피해자들의 '성적자기결정권'과 '자발성'에 대한 이해, '합의'와 '처벌불원'에 대해서도 결과만을 놓고 판단하는 우를 범하지 않으려 노력한 점 등은 다른 성폭력 사건 재판에 시사하는 바가 있다.

반성폭력 운동은 늘 성공하지도, 바로 변화로 이어지지도 않는다. 시간에 파묻힐 경우 변화를 체감하지 못할 수도 있다. 그래서 많은 이들이 활동에 회의감을 느끼고 체념하며 냉소적인 태도를 취한다. 변화에 대한 믿음이 사라진 운동은 생명력을 잃을 수밖에 없다. 그래서 활동을 하면서 그 활동이 시스템 변화로 이어지는 사례들을 많이 전하려 노력 중이다. 당장은 보이지 않아도 바뀐다. 우리가 바꾸고 있고, 바꿀 수 있다.

개인적으로는 이 사건을 계기로 연대 대상의 폭을 넓히게 되었다. 이후 아동·청소년 피해자, 장애인 피해자와도 연대하고 있다. 피해자에게는 고통스러웠을 사건을 외부인이 변화의 계기나 동기로 이야기하는 것은 부적절하다고 생각하지만, 그럼에도 이 말을 하는 것은 연대자이자 활동가로서 다짐을 표명하고 싶어서다. 그간 내 연대의 주 대상자는 성인-비장애 피해자였다. 연대 대상의 범위를 좁히면 싸움의 전략을 세우기도 수월하고, 그 결과도 긍정적이기 때문이다. 하지만 연대를 이어가면서 언제까지 그 틀에만 머물 수는 없다고 판단했다. 개별 사건에 집중하는 데서 나아가 사법 시스템 전반에 문제를 제기하고 변화를 촉구하기 위해서는 초기에 설정한 피해자의 범위를 넓혀야 하며, 그만큼 더 공부하고 경험할 필요가 있다.

가끔 이 사건 피해자들의 현재와 미래에 대해 생각해본다. 재판 결과는 이렇게 나왔지만, 그들의 삶에는 변화가 있을까. 성폭력 피해를 입은 후 법적 처벌이 완료되었다고 하더라도 취약계층의 피해자가 그 취약성을 벗을 수 있을까. 연대자로서 해야 할 일의 범위는 어디까지인가. 그러다 이런 생각 자체가 피해자들에게 결례가 아닌지, 시혜적인 시각으로 그들의 삶을 함부로 재단하는 것은 아닌지 고민한 뒤 다시 정신을 다잡는다. 내가 할 일은 피해 이후의 삶에 대해 피해자들과 더 많은 이야기를 나누고, 그들을 보호·지원할 수 있는 기반을 탄탄히 다지는 것이어야 한다. 연대는 아직 끝나지 않았다.

제주:

호통에
가려진 것들

"판사가 검사 역할까지 한다."

제주에서 성폭력 사건을 담당하는 1심 재판부(2020년 기준)가 변경된 후 나온 평가라고 한다. 성범죄자들이 모인 인터넷 카페에서 바뀐 재판부(제주지법 형사2부: 장찬수, 정영민, 이선호)를 경계하는 내용의 글이 연달아 올라오고, 재판 모니터링 당시 피고인인 성범죄자들에게 호통치며 재판을 끌어가던 부장판사의 모습을 떠올리니, 그런 평가가 나올 만하다는 생각이 들었다.

재판부가 변경되기 전, 제주지법에서 성범죄 재판을 맡았던 형사2부(제갈창, 이혜진, 하승수)는 매해 전국성폭력상담소협의회가 선정하는 '성폭력 수사·재판과정에서의 인권보장을 위한 시민감시단 디딤돌·걸림돌'에서 2017년과 2019년 두 번이나 '걸림돌'에 선정되었다. 그만큼 재판의 운용과 결과물 모두 부정적 평가를 받았기에, 더 비교가 되었을 것이다. 더욱이 재판에서 문제제기를 하며 피해자를 보호하고 유죄입증에 최선을 다해야 할 검사가 소극적인 모습을 보이는 것 같으니, 검사에 대한 기대를 재판부에 투영하는 것이다.

제주에 내려가기 시작한 것은 2018년부터였다. 제주에 거주할 당시 입었던 성폭력 피해를 제주를 벗어난 후에야 고소한 피해자와 직접 연대를 했는데, 재판 모니터링을 위해서는 제주지법에 방문해야 했다. 진행 중이던 전국 세미나를 제주에서 열 목적도 있었다. 2018년 당시 제주는 부분적으로 자치경찰제를 시행 중이었는데(2021년 7월부터 전국 시행), 인구 대비 5개 강력범죄(살인, 강도, 절도, 폭력, 성폭력)의 발생 건수가 전국 최대 수준이었다(2018년 기준 501건). 2018년 '주민체감안전도 조사'에서도 전국 꼴지를 차지한 데다가, 폐쇄적 분위기 때문에 피해자들이 힘들어한다는 이야기도 들었다. 따라서 지역별 비교를 위해서도 제주 방문은 필요했다.

C3 변호사와 인연도 이때부터 시작되었다. 세미나에서 처음 만난 그는 처음엔 본인의 직업을 밝히지 않았다. 간혹 세미나에 다양한 분야의 '전문가'들이 참석하는데, 아무리 드러내지 않으려 해도 그들 특유의 느낌은 숨기기 어렵다. 각 분야 전문가들과의 교류와 소통은 연대 활동에서도 중요한 부분이기에, C3 변호사가 자신의 직업을 밝혔을 때 기뻤다. 적정거리를 유지하면서도 상호 신뢰하에 일을 할 수 있는 전문가를 만나는 것은 연대의 확장을 위해서 필요하기 때문이다.

또한 지역의 특성을 이해하고 있는 변호사를 현지에서 만나는 것은 매우 중요하다. 수사와 재판 과정에서 지역과 정보의 격차는 실제로 존재하며, 이 격차가 사건 해결과 피해 회복 등에 지대한 영향을 미친다. 나는 그를 통해 항공권이나 법원 근처의 숙소에 대한 정보부터 제주에서 발생한 성폭력 사건의 수사와 재판에 대한 정보도 얻을 수 있었다. 나 역시 연대자로서 얻은 경험이나 정보를 그와 공유하며, 좀 더 효과적이고 발전적인 피해자 지원과 조력에 대해 함께 고민하고 있다.

나는 2018~2019년에 제주지법에서 열린 성범죄 재판을 모니터링하고 판결문을 분석하면서 여러 차례 문제를 발견하고 지적했다. 미성년자를 대상으로 저지른 성범죄 사건의 재판을 모니터링한 적이 있는데, 피고인인 학원 강사가 국민참여재판을 신청하자 재판부가 별다른 고민 없이 수용하는 것을 보았다. 검찰이 소극적으로 문제제기를 했지만 재판부는 일축했다.

제주와 같이 폐쇄적인 지역에서 진행되는 국민참여재판은 피해자가 공동체에서 배제되는 결과로 이어질 수 있다. 또한 2차 피해를 우려한 피해자가 증인신문에 소극적일 경우, 결과는 피고인에게 유리해질 수밖에 없다. 실제로 성범죄는 다른 범죄에 비해 국민참여재판에서 무죄 판결이 내려지는 비율이 지난 10년 사이 두 배 이상 높아졌고(2010년 14% → 2020년 48%), 실형 비율은 두 배 가까이 낮아지면서(2010년 65.5% → 2020년 39.1%) 전체 범죄 평균에도 훨씬 못 미치는 상황이다.[29] 가해자들은 이런 점을 적극적으로 활용한다. 피고인의 국민참여재판에 대한 권리만큼이나 피해자 보호나 2차 가해 방지 등에 대한 고민이 뒤따라야 하는데, 재판부별 편차가 매우 크다.

재판부가 변경된 후 내려간 제주 법원의 분위기는 달랐다. '호통 판사'가 등장한 것이다. 성범죄 사건 피고인의 비상식적인 주장을 듣고만 있지 않고 즉각 개입해 문제제기하는 판사를 보는 것은 신선했다. 개인적으로는 호통치는 판사를 선호하진 않지만, 동석한 피해자들 중에는 그런 판사의 모습에서 작은 위안을 얻는 이들도 있다. 그러다 보니 언론도 그런 판사의 호통을 중심으로 기사를 구성하는 경우가 많은데, 실상 짚어야 할 지점은 그게 아니다. 재판부가 다소 느슨하게 공판을 준비해온 검찰의 허점을 지적하는지, 피해자의 의사를 확인하기 위해 피해자 변호사를 적극적으로 활용하는 등 절차적 측면에서 노력을 쏟는지 평가하고, 그 현실적인 한계와 결과의 적절성 등을 짚는 것이 언론의 역할이어야 한다.

　자세히 모니터링을 해보면 사실 해당 재판부, 특히 부장판사는 '50대 남성'의 일반적인 시각을 벗어나지 못하는 측면이 있으며, 비교될 만큼 엄벌을 선고한다고 보기 어려운 데다, 판결문도 특별히 상세하다고 볼 수 없다. 그럼에도 불구하고 피해자들의 평가가 좋고, 가해자들이 그 재판부를 경계한다면 이런 지점들을 좀 더 종합적으로 분석하려는 노력을 언론이 해야 할 것 아닌가. 한국 언론은 재판 내용을 단순히 요약·정리해 기사로 만드는 수준에서 언제나 벗어날 수 있을까.

＊ ＊ ＊

　2020년 제주지법에서도 디지털 성착취·성폭력 사건의 재판이 진행되었다. 2020년 7월에는 배준환('영강', 39세, 남)의 신상이 공개되었다. 그의 '사부'로 불리던 배ㅈㅇ(31세, 남)의 경우, 이미 기소되어 재판에 넘겨진 상태였기 때문에 수사 단계에서의 신상공개를 피했다.＊ 이들은 '경제적 수익 창출'이 아니라 성적 욕망, 지배·통제욕구, 인정욕구 등 '개인적 욕구 충족'이 범행의 이유였기 때문에 경제적 이익을 위한 목적으로 조직적·계획적 범죄의 형태를 보인 다른 사건들에 비해 선처받을 가능성이 높았다.

　배ㅈㅇ은 배준환에게 '사부'라고 불리며 온라인상의 성착취·성폭력 수법을 전수했다. 이들은 한국 사회가 'n번방' 등으로 시끄러울 때도 성범죄를 멈추지 않았다. 배ㅈㅇ은 가출청소년, 학교폭력 피해자, 경제적 취약계층 등 정신적·경제적으로 궁박한 처지의 아동·청소년을

＊　배ㅈㅇ는 2021년 8월 19일 징역 20년이 확정되면서 10년간 신상정보 공개·고지 명령이 내려졌기 때문에 출소한 후에야 '성범죄자 알림e' 등을 통해 신상이 공개된다.

대상으로 범죄를 저질렀는데, 전국을 돌며 아동·청소년들을 성적으로 착취하거나 강간했고, 이를 이용해 제작한 성착취물을 유포하기도 했다. 배준환 역시 카카오톡 오픈채팅방으로 알게 된 아동들과 청소년들에게 접근해 성착취물을 제작하고 유포한 혐의로 기소되었다.

2020년 6월 29일, 배ㅈㅇ의 1심 공판에서 재판부는 피고인 배 씨에게 진지한 이성교제를 해본 적이 없는지, 왜 이런 짓을 했는지 계속 질문을 던졌다. 피고인은 성적 만족을 위해서였고, 열등감이 있었으며, 당시에는 제정신이 아니었다고 답변했다. 또한 재판부는 출석한 피해자 변호사에게 피해자들의 상태와 상황 등에 대해 질문했다. 변호사가 피해자들과 직접 대면하기 어려워 상태를 확인하지 못했다고 답변하자, 변호사에게 해당 내용에 대한 의견서를 요구했는데, 그 점이 인상적이었다.

이는 당연한 과정임에도, 서울 외 지역에서 재판을 모니터링해보면 피해자 변호사가 피해자와 연락 한 번 안 된 상태에서 재판이 진행되는 것을 많이 목격한 탓이다. 실제로 한 사건에서는 피해자 변호사가 사건 파악이 전혀 안 되어 있어, 피해자가 나를 통해 재판 진행과 결과까지 알게 된 경우도 있었다. 검사 역시 피해자와 연락이 안 되었거나 소통에 관심이 없는 경우가 많기 때문에, 피해자의 목소리는 법원에 가닿지 않는다.

이어진 공판에서 재판부는 피고인 배ㅈㅇ을 향해, 재판을 위해 재판부가 기록을 들여다봐야 하지만 정상적인 사람이라면 이런 기록을 보는 것 자체도 너무 괴롭다며, 피고인이 저지른 범죄가 얼마나 추악한 것인지 돌아보라며 질타했다. 보통 사람들 중에는 평생 성착취물 한 번 안 보는 이들도 있다며, 본인이 어떤 상태인지 아느냐고 재차 호통을 쳤다. 개인적으로 호통의 내용에 공감하거나 시원함을 느끼지는 않앉지만, 호통을 들으며 얼굴이 시뻘겋게 달아올라 고개를 숙이는 피고인 배ㅈㅇ을 보면서 여러 생각이 들었다. "술 마시면 그럴 수 있지", "젊은 혈기에 실수로 한 번" 등 법정에서 피고인의 상태·상황에 대한 공감을 표하던 몇몇 판사들의 얼굴도 떠올랐다.

2020년 9월 17일, 배ㅈㅇ의 1심 결심 공판을 방청하기 위해 다시 제주를 찾았다. 그때 조ㅁㅅ(63세, 남) 전 제주대 교수 사건, 해군 경정 전ㅅㄱ(56세, 남) 사건 등 권력을 이용한 성폭력 사건들의 선고도 방청할 수 있었다. '블랙아웃'과 '피해자와의 합의'를 내세워 선처를 구하던 조ㅁㅅ은 징역 2년 6개월의 실형을 선고받았다. 피해자가 성인이고 비장애인이었음에도 재판부는 합의가 피해자의 진의인지 살피려고 노력했으며, 선고 전 공판에서 피고인 조 씨를 구속하기도 했다.

전ㅅㄱ의 경우, 재판부가 징역 10개월의 실형을 선고하면서 검사에게 왜 '강제추행'이 아니라 '업무상 위력에 의한 추행'으로 기소했느냐며 아쉽다고 했다.* '강제추행'으로 기소해도 충분히 유죄 선고가 가능했는데, '업무상 위력에 의한 추행'으로 기소해서 낮은 형을 선고할 수밖에 없다는 것이다. 재판 전체를 모니터링한 것은 아니기 때문에 진행 과정에서 검사가 공소장 변경 등을 할 수 없는 사정이 존재했는지, 재판부가 진즉에 공판 과정에서 적용법조에 대해 문제제기를 할 수는 없었는지는 판단할 수가 없다. 다만 선고 과정에서 재판부가 직접 검사에게 적용법조에 대해 아쉬움을 표한 경우는 본 적이 없어서 기억에 남았다.

수사부터 기소에 이르는 과정에서 성폭력을 어느 범죄로 접근할

---

*　'강제추행죄'는 "10년 이하의 징역 또는 1500만 원 이하의 벌금"(형법 제298조)에, '업무상 위력에 의한 추행죄'는 "3년 이하의 징역 또는 1500만 원 이하의 벌금"(성폭력처벌법 제10조)에 처해진다.

지는 매우 중요한 문제다. 어떤 법조를 적용하느냐에 따라 구성요건이 달라지는데(예를 들어 '강제추행'의 경우 일반적으로 '폭행이나 협박'이 구성요건이며, '업무상 위력 등에 의한 추행'의 경우 '위력'이 요건이다), 그로 인해 범죄를 입증하는 방식이나 내용도 차이가 발생한다. 상대적으로 입증이 용이한 죄명으로 접근하는 전략도 있고, 입증 부담은 있지만 좀 더 강력한 처벌이 가능한 죄명으로 접근하는 전략도 존재한다. 성폭력·성폭행에 대한 일반인들의 이해 정도와 실제 수사·재판을 통해 입증해야 하는 성폭력 범죄의 간극 때문이다. 이는 고소장 작성 단계부터 피해자, 변호사, 나아가 수사관이 함께 고민하는 지점이기도 하며, 수사 초기부터 피해자들에게 전문가의 조력을 받도록 강조하는 이유이기도 하다.

당일 배ㅈㅇ의 결심 공판 전, 재판부는 피해자 변호사의 출석 여부를 확인한 뒤, 법정에 나온 피해자 변호사에게 하는 말은 아니라며 피해자 변호사의 역할과 성실도에 대해 언급했다. 그러면서 피해자 국선변호사가 얼마나 성실히 재판에 참여했는지를 정리해 연말에 이들을 관리·감독할 책임이 있는 검찰에 전달하겠다고 했다. 재판 출석, 합의 과정과 결과, 피해자 의사 전달 등과 관련해 피해자 국선변호사별로 차이가 너무 크기 때문에 이를 검찰이 알아야 한다는 것이었다.

실제로 피해자 국선변호사 제도가 도입된 지 10년이 흘러가고 있지만, 관리 주체인 법무부는 사실상 방치하고 있으며, 피해자 국선변호사 제도는 변호사 개인의 역량이나 신념에 기대 운영되고 있다.[30] 피해자의 재판 참여권에 대한 논의가 활발해지고, 특히 성폭력 사건 재판 등에서 피해자 의사 등을 확인하려는 재판부가 늘어나고 있는데도, 피해자 변호사가 제 역할을 하지 않거나 하기 어려운 상황이 반복되고 있는 것이다.

이어진 1심 결심 공판에서 검찰은 피고인 배ㅈㅇ에게 무기징역을 구형했고, 피고인 측은 선처를 바란다는 내용으로 최후변론과 최후진술을 마무리했다. 이후 여러 사정으로 인해 당일 변론재개가 되는 등 1심 선고가 늦어졌다. 전국 법원을 돌아다니다 보면 당일에 이렇게 재판 일정이 변경되어 허탕을 치는 일도 비일비재하다. 그럴 경우 해당 재판부의 다른 재판들을 방청하는데, 성폭력 재판뿐만 아니라 다양한 재판을 모니터링하는 것은 재판을 입체적으로 보는 데 도움이 된다. 형사 외에 민사, 가사, 행정을 포함해 여러 재판 절차를 경험해야 제대로 된 연대를 할 수 있을 것이라는 주변 전문가들의 조언도 있어서, 최대한 많은 재판을 보고 오려고 노력 중이다.

당시 제주지법에서는 여러 성폭력 사건 재판 외에도 제주4·3과 관련해 행방불명된 수형인에 대한 재심 개시 결정, BJ 후원 등으로 진 빚을 탕감하기 위해 편의점에서 일하며 성실하게 살아가던 피해자를 살해한 피고인 강ㅌㅇ(31세, 남)의 강도 살인 사건 등의 재판도 진행 중이어서 모니터링을 했다. 이미 사망한 피해자들과 관련된 재판은 지켜보는 것만으로도 버거울 때가 있다. 과몰입은 방지하되 어떻게 해야 제대로 된 감시를 할 수 있을까 고민하는데, 그게 사망한 피해자들에 대해 외부인인 내가 할 수 있는 연대 방식이라고 생각하기 때문이다.

＊　＊　＊

배ㅈㅇ의 1심 선고가 늦어지면서 그보다 늦게 기소된 배 씨의 제자 '영강' 배준환의 1심도 결심 공판을 앞두게 되었다. 2020년 12월 3일, 제주지법에서 본 배준환의 1심 결심 공판은 잊히지 않는다. 결심 공판에서 검사는 엄벌이 불가피하다며 무기징역을 구형했다.

최후변론에서 피고인 측 변호인은, 피고인이 아내와 성관계를 할 수 없는 상황에서 성욕을 풀고 사람들에게 추앙받는 데 심취해 '허세욕'으로 성착취물을 업로드한 것이지, 사이코패스나 소시오패스가 아니라고 항변했다. 아울러 'n번방'이나 '박사방'과 범행 수법 등을 비교해보더라도, 사건의 본질이 다른데 시기상 겹쳐 이례적으로 신상이 공개되는 등 모든 면에서 부당하게 평가받았다고 주장했다.

특히 피고인 측 변호인은 'n번방'이나 '박사방'에 대해 사건 내용을 잘 몰라 '나무위키'를 참조해 사건을 파악했다고 법정에서 말했다. 현직 변호사가 법정에서 '나무위키'를 참조했다고 밝히며 변론할 것이라고는 예상조차 하지 못했다. 게다가 'n번방'이나 '박사방'과 관련된 자료는 경찰과 검찰 등 수사기관의 공적 자료나 언론사들의 기획 기사도 풍부한 상황이라 더 이해하기가 어려웠다. 전문가라는 법조인들이 정보와 자료를 얻는 게 이런 수준이라면 그들의 언행에 대해 신뢰할 수 있을까? 일반인인 나조차도 공신력 있는 자료와 정보를 찾기 위해 노력하는데, 어떻게 전문가들 수준이 이 정도로 떨어질 수 있는가?

게다가 피고인 측 변호인은 피고인이 피해자 특정을 피하기 위해 '모자이크'를 하는 등 나름대로 '배려'했다는 궤변을 늘어놓았다. 이에 재판부가 '배려'라고 생각하는 것이 피고인의 의사가 맞는지 묻자, 피고인 측 변호인은 재차 '배려'가 맞다고 답변했다. 거기서 그치지 않고 변호인은 피고인 배 씨의 거주지가 경남이라 제주와 관련이 없는데,* 제주지검에서 수사하고 제주지법에서 재판을 받아 과도한 양형이 걱정된다고까지 말했다. 듣고 있던 재판부가 너무한 것 아니냐며 실증을 제시하라며 재판부에 대한 모욕이라고 지적했으나, 배준환의 변호인

＊ 피해자들이 전국에 분포해 있다 보니 인지 또는 신고, 고소를 접수한 수사기관에서 처리되기 때문이다. 디지털 성범죄 재판의 특성 중 하나가 바로 이처럼 지역 구분이 의미가 없다는 점이다.

은 아랑곳하지 않았다.

변호인은 죄는 미워하되 사람은 미워하지 말라며, 엄벌이 능사가
아니라 피고인이 정상적인 사회인으로 복귀하게 하는 것이 더 중요하
다고 주장했다. 이에 재판부는 적절한 처벌을 전제로만 피고인의 사회
복귀를 논할 수 있다고 지적했다. 마지막으로 최후진술에 나선 배준환
은 피해자들에게 사죄하면서, 자신의 아내에게 미안하고 자식 곁에 있
어주지 못해 미안하며 괴롭다고 진술했다. 이에 재판부는 피해자들 역
시 모두 부모가 있고, 누군가의 소중한 딸이며 아동·청소년이라고, 범
행을 저지를 당시에 자식에게 충실했느냐고 질타했다.

2020년 12월 10일, 배ㅈㅇ은 1심에서 징역 20년을 선고받았다. 재
판부는 죄질이 안 좋다고 판단하면서도 피고인이 범행을 인정하고 반
성하는 점 등을 반영했다고 밝혔다. 조직적 범죄가 아니고 경제적 수
익 창출을 목적으로 하지 않았기 때문에, 범죄집단을 조직하고 경제
적 수익 창출을 목적으로 했던 조주빈보다 형량이 낮을 것이라는 예
상대로였다. 한편 당일 선고가 진행되었던 강도 살인 사건 재판의 피고
인 강ㅌㅇ의 경우, 재판부는 그 어떤 측면을 보아도 피고인에게 유리한
양형 요건이 없어 정상참작감경의 여지가 보이지 않는다며, 평생 피해
자에게 속죄하고 살라면서 무기징역을 선고했다. 이 사건은 2021년
5월 최종적으로 무기징역이 확정되었다.

이어 24일에는 배준환이 1심에서 징역 18년을 선고받았다. 두 배
씨 모두 항소했고, 2021년 5월 26일 항소심(광주고법 제주형사1부: 왕정옥,
김기춘, 박형렬)에서 배ㅈㅇ은 그대로 징역 20년이 유지(법리적 이유로 원심
이 파기되었으나, 결과적으로 형량과 보안처분은 1심과 동일)되었다. 같은 재판
부가 맡은 배준환의 항소심은 진행 과정에서 일부 피해자와의 합의 등
이 인정되어, 1심보다 2년 감형된 징역 16년이 선고되었다. 두 배 씨는

항소심에서도 자신들의 범죄가 'n번방', '박사방' 등과 본질적으로 다르다고 주장했으나, 항소심 재판부는 인정하지 않았다. 두 피고인 모두 상고장을 제출했지만, 2021년 8월과 9월에 각각 대법원에서 기각되었다.

이 자들의 범행에 노출되었던 취약한 상태·상황의 피해자들을 생각한다. 안전망이 없던 내 어린 시절을 투영해본다. 시스템과 사람에 대해 일찍 체념하면서 균형 잡힌 인간으로 성장하지 못했던 나를 돌아본다. 그래서 피해자들이 피해를 회복하고, 미래를 꿈꾸며, 이 사회와 다른 '어른'에 대한 신뢰를 잃지 않도록 어떤 일을 해야 할지 고민하게 된다. 사건 이후, 수사와 재판 이후 피해자들의 삶을 고민한다. 연대는 '이후의 삶'에도 이어져야 한다.

앞으로도 제주는 여러 사건을 모니터링하기 위해 내려가게 될 것이다. 여전히 제주에서는 다양한 형태의 성착취·성폭력 사건 재판이 진행 중이며, 수사 과정의 문제도 있기 때문에 계속 감시가 필요하다. 다만 이제는 숙소를 법원 바로 앞이 아니라 바다가 보이는 곳으로 잡고, 맛집을 소개해준다는 C3 변호사와도 함께 식사하면서 여러 이야기를 나누고 싶다. 비행기가 이착륙할 때만 바다를 보는 것은 너무 삭막한 삶이 아닌가.

연대 활동을 지속하기 위해서라도 내 삶에 여유가 필요하고, 그러기 위해 아름다운 경치와 맛있는 음식, 좋은 사람과의 관계는 중요하다. 나를 잃거나 희생만 하는 연대를 하다가 억울함에 사로잡히고 싶지 않다. 연대 활동과 일상의 균형을 잡기 위해 앞으로도 노력할 생각이다.

부록 1: 한눈에 읽는 지역별 재판 결과

- '집유': 집행유예, '전자발찌': 위치추적전자장치 부착, '신상공개': 신상정보 공개 ·고지, '치료': 성폭력 치료프로그램 이수.
- 색칠은 각 피고인이 최종적으로 받게 된 형량과 보안처분이며, 2022년 6월 기준 미확정된 경우는 빈칸으로 표시했다.

• 서울

순서 이름(나이)	1심 선고일	법원 사건번호	구형	형량	보안처분	항소	2심 선고일	법원 사건번호	구형	형량	보안처분	상고	3심 선고일	법원 사건번호	결과
손정우	2018 0907	서울중앙지법 2018고단1640	징역 3년	징역 2년 집유 3년	X	쌍방	2019 0502	서울중앙지법 형사항소부 2018노2855	징역 3년	징역 1년 6개월	X	검찰 X 피고인 O			상고 취하
	2020 0706	서울고법 2020도1	범죄인 인도 불허(석방)							X	X				X
	2022 0705	서울중앙지법 2022고단508	징역 4년 벌금 500만원	징역 2년 벌금 500만원	X	쌍방									
조주빈 (박사)	2020 1126	서울중앙지법 2020고합486	무기 징역	징역 40년	전자발찌 30년, 신상공개 10년, 취업제한 10년	쌍방	2021 0601 (병합)	서울고법 2020노2178	무기 징역	징역 42년	신상공개 10년, 취업제한 10년, 전자발찌 30년	검찰 X 피고인 O	2021 1014	대법원 2021도7444	기각
	2021 0204	서울중앙지법 2020고합866	징역 15년	징역 5년	치료 40시간, 신상공개 5년, 취업제한 5년, 전자발찌 5년	검찰 X 피고인 O									
천ㄷㅇ즈 (갈로)	2020 1126	서울중앙지법 2020고합486	징역 15년	징역 15년	치료 120시간, 신상공개 10년, 취업제한 10년	쌍방	2021 0601	서울고법 2020노2178	징역 17년	징역 13년	1심과 동일	쌍방	2021 1014	대법원 2021도7444	기각

순서 이름(나이)	1심 선고일	1심 법원 사건번호	1심 구형	1심 형량	1심 보안처분	1심 항소	2심 선고일	2심 법원 사건번호	2심 구형	2심 형량	2심 보안처분	2심 상고	3심 선고일	3심 법원 사건번호	3심 결과
강ㅈㅁ (도널드 루팀)	2020 1126 / 2021 0204 (병합)	서울중앙지법 2020고합486 / 서울중앙지법 2020고합866	징역 15년 / 징역 6개월	징역 13년 / 징역 27개월	치료 40시간, 신상공개 7년, 취업제한 10년, 전자발찌 10년 / X	쌍방 / 검찰X 피고인O	2021 0601 (병합)	서울고법 2020노2178	징역 15년	징역 13년	치료 40시간, 신상공개 7년, 취업제한 10년, 전자발찌 10년	검찰X 피고인O	2021 1014	대법원 2021도7444	기각
이ㅈㅁ (태평양)	2020 1126	서울중앙지법 2020고합486	징역 장기 10년 단기 5년	징역 장기 10년 단기 5년	치료 120시간, 취업제한 7년	쌍방	2021 0601	서울고법 2020노2178	1심과 동일	1심과 동일	1심과 동일	검찰X 피고인O	상고 취하		
임ㅇㅅ (블루99)	2020 1126	서울중앙지법 2020고합486	징역 14년	징역 8년	치료 80시간, 취업제한 10년	쌍방	2021 0601	서울고법 2020노2178	징역 13년	1심과 동일	1심과 동일	검찰X 피고인O	2021 1014	대법원 2021도7444	기각
장ㅈㅎ (오빵)	2020 1126	서울중앙지법 2020고합486	징역 10년	징역 7년	치료 80시간, 취업제한 10년	쌍방	2021 0601	서울고법 2020노2178	1심과 동일	1심과 동일	1심과 동일	쌍방	2021 1014	대법원 2021도7444	기각
이원호 (이기야)	2021 0120	보통군사법원 2020고14	징역 30년	징역 12년	신상공개 7년, 취업제한 10년	쌍방	2021 0422	고등군사법원 2021노54	1심과 동일	1심과 동일	1심과 동일	쌍방	2021 1014	대법원 2021도5436	기각
한ㅈㅎ (김승민)	2021 0121	서울중앙지법 2020고합195	징역 20년	징역 11년	치료 80시간, 신상공개 5년	쌍방	2021 0709	서울고법 2021노208	1심과 동일	징역 13년	1심과 동일	검찰X 피고인O	2021 1014	대법원 2021도9859	기각

순서 (서울)

이름(나이(별명))	선고일	1심 법원 사건번호	1심 구형	1심 형량	1심 보안처분	항소	2심 선고일	2심 법원 사건번호	2심 구형	2심 형량	2심 보안처분	상고	3심 선고일	3심 법원 사건번호	3심 결과
강훈 (부마)	2021 0121	서울중앙지법 2020고합350	징역 30년	징역 15년	치료 40시간, 신상공개 5년, 취업제한 5년	쌍방	2021 0826	서울고법 2021노209	1심과 동일	1심과 동일	1심과 동일	검찰X 피고인O	2021 1111	대법원 2021도11816	기각
남경읍	2021 0708	서울중앙지법 2020고합624	징역 20년	징역 17년	치료 120시간, 신상공개 10년, 취업제한 10년, 전자발찌 10년	쌍방	2022 0125	서울고법 2021노1325	1심과 동일	징역 15년	1심과 동일	검찰X 피고인O	2022 0428	대법원 2022도2170	기각

• 수원

순서 이름	선고일	1심 법원 사건번호	1심 구형	1심 형량	1심 보안처분	항소	2심 선고일	2심 법원 사건번호	2심 구형	2심 형량	2심 보안처분	상고	3심 선고일	3심 법원 사건번호	3심 결과
양진호 ①	2020 0528	수원지법 성남지원 2018고합263	징역 11년	징역 7년	치료 40시간, 취업제한 5년	쌍방	2020 1201	수원고법 2020노397	징역 11년	징역 5년	X	검찰X 피고인O	2021 0415	대법원 2020도17774	기각
②	2022 0113	수원지법 성남지원 2021고합89	확인 불가	징역 2년	X	쌍방		수원고법 2022노84							
③	2022 0908	수원지법 성남지원 2019고합182													

• ①은 '강철', ②는 '업무상 배임', ③은 '웹하드 카르텔' 사건의 재판이다.

5 디지털 성범죄 재판 방청기

순서	1심					항소	2심					상고	3심		
이름	법원사건번호	선고일	구형	형량	보안처분		선고일	법원사건번호	구형	형량	보안처분		선고일	법원사건번호	결과
전ㅅㅈ (외치엔)	수원지법 2019고단5736	2020 1116	징역 10년 6개월	징역 7년	치료 120시간, 신상공개 10년, 취업제한 10년	쌍방	2021 0623	수원지법 형사항소부 2020노6449	1심과 동일	1심과 동일	1심과 동일	검찰 X 피고인 O	2021 0930	대법원 2021도9002	기각
신ㄷㄱ (촉퉁령)	수원지법 2020고단2413	2020 1221	징역 8년	징역 6년	치료 120시간, 신상공개 10년, 취업제한 10년	검찰 O 피고인 X	2021 0623	수원지법 형사항소부 2021노238	1심과 동일	1심과 동일	1심과 동일	쌍방 포기		X	

• 인천

순서	1심					항소	선고일	2심				상고	선고일	3심	
이름	법원사건번호	선고일	구형	형량	보안처분			법원사건번호	구형	형량	보안처분			법원사건번호	결과
임ㅎㄱ	인천지법 2020고단3463	2020 0819	징역 7년	징역 3년	치료 160시간, 취업제한 5년	쌍방	2020 1106	인천지법 형사항소부 2020노2795	1심과 동일	1심과 동일	1심과 동일	쌍방 포기		X	
강ㅁㅅ (평까슈)	인천지법 2020고단3288	2020 0908	징역 7년	징역 3년 6개월	치료 80시간, 취업제한 5년	쌍방	2020 1204	인천지법 형사항소부 2020노3112	1심과 동일	1심과 동일	1심과 동일	쌍방 포기		X	
전ㅁㄱ (김제규)	인천지법 2020고합311	2020 0918	징역 장기10년 단기5년	징역 장기5년 단기3년	치료 80시간, 취업제한 5년	쌍방	2021 0408	서울고법 2020노1777	1심과 동일	징역 장기4년 단기2년 6개월	1심과 동일	검찰 X 피고인 O	2021 0604	대법원 2021도5016	기각

• 춘천

순서	이름	1심 선고일	1심 법원사건번호	1심 구형	1심 형량	1심 보안처분	항소	2심 선고일	2심 법원사건번호	2심 구형	2심 형량	2심 보안처분	상고	3심 선고일	3심 법원사건번호	결과
①	신ㄱㅎ (켈리)	2019 1119	춘천지법 2019고단860	징역 2년	징역 1년	치료 40시간, 취업제한 3년	검찰 X 피고인 O	항소 취하							X	기각
②	신ㄱㅎ (켈리)	2021 0216	춘천지법 2020고단561	징역 8년	징역 4년	치료 200시간, 신상공개 7년, 취업제한 10년	쌍방	2021 0820	춘천지법 2020노192	1심과 동일	1심과 동일	1심과 동일	쌍방	2021 1125	대법원 2021도12215	기각
	배ㅅㅎ (로리대장태범)	2020 0605	춘천지법 2019고합122	징역 장기 10년 단기 5년	징역 장기 10년 단기 5년	전자발찌 10년, 준수사항 부과	쌍방	2020 1209	서울고법 춘천재판부 2020노95	1심과 동일	1심과 동일	1심과 동일	검찰 X 피고인 O	2021 0311	대법원 2020도18284	기각
	류ㅎㅈ (슬픔고양이)	2020 0605	춘천지법 2019고합122	징역 8년	징역 7년	신상공개 5년	쌍방	2020 1209	서울고법 춘천재판부 2020노95	1심과 동일	1심과 동일	1심과 동일	쌍방 포기		X	상고 취하
	김ㅌㅇ (서버스비)	2020 0605	춘천지법 2020고합120	징역 8년	징역 8년	치료 40시간, 신상공개 5년, 취업제한 10년	쌍방	2020 1209	서울고법 춘천재판부 2020노95	1심과 동일	징역 7년	1심과 동일	검찰 X 피고인 O	2021 0325	대법원 2020도18285	기각
	백ㅇㅊ (운호TM)	2020 0703	춘천지법 2020고합6	징역 장기 9년 단기 5년	징역 장기 9년 단기 5년	치료 40시간, 취업제한 10년	쌍방	2020 1028	서울고법 춘천재판부 2020노111	1심과 동일	1심과 동일	1심과 동일	검찰 X 피고인 O			상고 취하

• 신ㄱㅎ(켈리)의 경우 ①은 1차 기소 건의 재판이고, ②는 2차 기소 건의 재판이다.

5 디지털 성범죄 재판 방청기

• 창원

순서	1심						2심						3심		
이름	선고일	법원사건번호	구형	형량	보안처분	항소	선고일	법원사건번호	구형	형량	보안처분	상고	선고일	법원사건번호	결과
김ㅈㅎ	2020 0122	창원지원 마산지원 2019고단1200	징역 7년	징역 1년 2개월	치료 40시간, 취업제한 3년	쌍방	2020 0729	창원지법 항소부 2020노377	1심과 동일	징역 10개월	1심과 동일	쌍방 포기			X

• 안동·김천

순서	1심						2심						3심		
이름	선고일	법원사건번호	구형	형량	보안처분	항소	선고일	법원사건번호	구형	형량	보안처분	상고	선고일	법원사건번호	결과
이ㄱㅁ	2019 0820	대구지법 김천지원 2019고합41	확인불가	징역 3년	치료 80시간	검찰 X 피고인 O	2020 0108	대구고법 2019노453	1심과 동일	1심과 동일	1심과 동일	검찰 X 피고인 O	2020 0326	대법원 2020도998	기각
김ㅅㄱ	2019 0905	대구지법 안동지원 2019고합32	확인불가	징역 3년	치료 40시간, 취업제한 5년	검찰 X 피고인 O	2019 1218	대구고법 2019노470	1심과 동일	1심과 동일	1심과 동일	검찰 X 피고인 O	2020 0102	대법원 2020도16	기각
이ㄱㅈ	2019 1107	대구지법 안동지원 2019고합47	확인불가	징역 3년	치료 40시간, 취업제한 7년	검찰 X 피고인 O	2020 0422	대구고법 2019노572	1심과 동일	1심과 동일	1심과 동일	검찰 X 피고인 O	2020 0619	대법원 2020도5402	기각

순서 이름	1심 선고일	1심 법원 사건번호	1심 구형	1심 형량	1심 보안처분	1심 항소	2심 선고일	2심 법원 사건번호	2심 구형	2심 형량	2심 보안처분	2심 상고	3심 선고일	3심 법원 사건번호	3심 결과
고ㅈㅎ	2020 0206	수원지법 성남지원 2019고합198	확인 불가	징역 4년	신상공개 3년, 취업제한 5년, 전자발찌 20년	검찰 X 피고인 O	2020 0813	수원고법 2020노159	1심과 동일	1심과 동일	1심과 동일	검찰 X 피고인 O			상고 취하
양ㅎㅂ	2020 0206	수원지법 성남지원 2019고합198	확인 불가	징역 3년 집유 4년	치료 40시간, 보호관찰	쌍방 포기	X						X		X
박ㅎㅈ	2020 0924	대구지법 안동지원 2020고합35	징역 10년	징역 4년	치료 80시간, 취업제한 7년	쌍방	2021 0127	대구고법 2020노421	1심과 동일	1심과 동일	1심과 동일	쌍방 포기			X
안승진	2020 1217	대구지법 안동지원 2020고합43	징역 20년	징역 10년	치료 80시간, 취업제한 10년	쌍방 (이후 피고인 취하)	2021 0422	대구고법 2021노17	1심과 동일	1심과 동일	1심과 동일	쌍방 포기			X
김ㅈㅇ	2020 1217	대구지법 안동지원 2020고합43	징역 15년	징역 8년	치료 80시간, 취업제한 10년	쌍방	2021 0422	대구고법 2021노17	1심과 동일	1심과 동일	1심과 동일	검찰 X 피고인 O			상고 취하
문형욱 (갓갓)	2021 0408	대구지법 안동지원 2020고합31	무기 징역	징역 34년	신상공개 10년, 취업제한 10년, 전자발찌 30년	쌍방	2021 0819	대구고법 2021노169	1심과 동일	1심과 동일	1심과 동일	검찰 X 피고인 O	2021 1111	대법원 2021도11753	기각

5 디지털 성범죄 재판 방청기

• 울산

순서	1심						2심						3심		
이름	선고일	법원 사건번호	구형	형량	보안처분	항소	선고일	법원 사건번호	구형	형량	보안처분	상고	선고일	법원 사건번호	결과
정ㅅㅇ	2020 1008	울산지법 2020고합73	징역 7년	징역 7년	치료 80시간, 취업제한 10년	쌍방	2021 0407	부산고법 2020노581	1심과 동일	1심과 동일	1심과 동일	검찰 X 피고인 O	2021 0729	대법원 2021도5129	기각
황ㅁㄱ	2020 1008	울산지법 2020고합73	징역 20년	징역 15년	치료 80시간, 취업제한 10년	쌍방	2021 0407	부산고법 2020노581	1심과 동일	징역 12년	1심과 동일	검찰 X 피고인 O	2021 0729	대법원 2021도5129	기각
한ㅊㅁ	2020 1008	울산지법 2020고합73	징역 35	징역 18년	치료 80시간, 취업제한 10년	쌍방	2021 0407	부산고법 2020노581	1심과 동일	징역 16년	1심과 동일	검찰 X 피고인 O	2021 0729	대법원 2021도5129	기각
이ㅇㄱ	2020 1008	울산지법 2020고합73	징역 30년	징역 16년	치료 80시간, 취업제한 10년	쌍방	2021 0407	부산고법 2020노581	1심과 동일	징역 14년	1심과 동일	검찰 X 피고인 O	2021 0729	대법원 2021도5129	기각
송ㅊㅈ	2020 1008	울산지법 2020고합73	징역 16년	징역 6년	치료 80시간, 취업제한 10년	쌍방	2021 0407	부산고법 2020노581	1심과 동일	징역 5년	1심과 동일	검찰 X 피고인 O	2021 0729	상고 취하	
박ㅅㅎ	2020 1008	울산지법 2020고합73	징역 10년	징역 7년	치료 80시간, 취업제한 10년	쌍방	2021 0407	부산고법 2020노581	1심과 동일	징역 5년	1심과 동일	검찰 X 피고인 O	2021 0729	상고 취하	
김ㄷㅎ	2020 1008	울산지법 2020고합73	징역 10년	징역 8년	치료 80시간, 취업제한 10년	쌍방	2021 0407	부산고법 2020노581	1심과 동일	징역 6년	1심과 동일	검찰 X 피고인 O	2021 0729	상고 취하	
오ㅈㅇ	2020 1008	울산지법 2020고합73	징역 13년	징역 8년	치료 80시간, 취업제한 10년	쌍방	2021 0407	부산고법 2020노581	1심과 동일	징역 7년 6개월	1심과 동일	검찰 X 피고인 O	2021 0729	상고 취하	
김ㅈㅅ	2020 1008	울산지법 2020고합73	징역 8년	징역 5년	치료 80시간, 취업제한 10년	쌍방	2021 0407	부산고법 2020노581	1심과 동일	징역 4년	1심과 동일	검찰 X 피고인 O	2021 0729	상고 취하	

510

순서	1심						2심						3심		
이름	선고일	법원 사건번호	구형	형량	보안처분	항소	선고일	법원 사건번호	구형	형량	보안 처분	상고	선고일	법원 사건번호	결과
신ㅎㅅ	2020 1008	울산지법 2020고합73	징역 장기 10년 단기 5년	징역 장기 5년 단기 3년 6개월	치료 80시간, 취업제한 10년	쌍방	2021 0407	부산고법 2020노581	1심과 동일	징역 4년	1심과 동일	검찰 X 피고인 O	2021 0729		상고 취하
이ㅇㅈ	2020 1008	울산지법 2020고합73	징역 10년	징역 6년	치료 80시간, 취업제한 10년	쌍방	2021 0407	부산고법 2020노581	1심과 동일	징역 5년	1심과 동일	쌍방 포기		X	
송ㅅㅎ	2020 1008	울산지법 2020고합73	징역 3년	징역 1년 집유 2년	치료 80시간, 취업제한 10년	검찰 O 피고인 X	2021 0407	부산고법 2020노581	1심과 동일	1심과 동일	1심과 동일	쌍방 포기		X	

• 제주

순서	1심						2심						3심		
이름	선고일	법원 사건번호	구형	형량	보안처분	항소	선고 일	법원 사건번호	구형	형량	보안 처분	상고	선고일	법원 사건번호	결과
배ㅈㅇ	2020 1210	제주지법 2020고합103	무기징역	징역 20년	신상공개 10년, 취업제한 10년, 전자발찌 20년	쌍방	2021 0526	광주고법 제주형사부 2020노118	1심과 동일	1심과 동일	1심과 동일	검찰 X 피고인 O	2021 0819	대법원 2021도9481	기각
배준환 (명강)	2020 1224	제주지법 2020고합151	무기징역	징역 18년	치료 40시간, 신상공개 10년, 취업제한 10년	쌍방	2021 0707	광주고법 제주형사부 2021노5	무기징역	징역 16년	1심과 동일	검찰 X 피고인 O	2021 0915	대법원 2021도9418	기각

5 디지털 성범죄 재판 방청기

부록 2: 'n번방', '박사방', '프로젝트n번방' 사건의 평균 형량·보안처분(2022년 6월 기준)

사건 (범행기간)	피고인	사건 당시 나이/ 현재 나이	형량* 징역(집행유예)	형량* 피고인 수	형량* 평균(총합)	보안처분 신상정보 공개·고지 기간	신상정보 공개·고지 피고인 수	신상정보 공개·고지 평균(총합)	각 기관 취업제한 기간	각 기관 취업제한 피고인 수	각 기관 취업제한 평균(총합)	위치추적전자장치 부착 기간	위치추적전자장치 부착 피고인 수	위치추적전자장치 부착 평균(총합)
n번방 (2019.02 ~ 08)	문형욱(갓갓)	24세/27세	34년			10년			10년			30년		
	신ㄱ호(켈리)	31세/34세	4년			7년			10년			X		
	전ㅅㅈ(와치맨)	37세/40세	7년			10년			10년			X		
	안승진(코태)	25세/28세	10년			X			10년			X		
	고ㅊㅎ	30대/30대	4년	9명	7.9년** (71년)	3년	4명	7.5년 (30년)	5년	7명	8.1년 (57년)	20년	2명	25년 (50년)
	양ㅎㅂ	19세/22세	3년(5년)			X			X			X		
	이ㄱㅈ	22세/25세	3년			X			7년			X		
	이ㄱㅁ	28세/31세	3년			X			X			X		
	김ㅅㄱ	36세/39세	3년			X			5년			X		
박사방 (2019.09 ~ 2020.03)	조주빈(박사)	24세/27세	42년			5년			10년			30년		
	강훈(부따)	18세/21세	15년			5년			5년			X		
	이원호(이기야)	19세/22세	12년			7년			10년			X		
	천ㄷㅈ(블루)	28세/31세	13년			10년			10년			X		
	이ㅈㅁ(태평양)	15세/18세	장기 10년 단기 5년	10명	14.3~ 14.8년 (143~148년)	X	7명	7.7년 (54년)	7년	9명	9.1년 (82년)	X	3명	16.7년 (50년)
	강ㅈㅁ(도널드푸틴)	23세/26세	13년			7년			10년			10년		
	남경읍	28세/31세	13년			10년			X			10년		
	한ㅈㅎ(김승민)	26세/29세	13년			5년			10년			X		
	장ㅈㅎ(오뱅)	40세/43세	7년			X			10년			X		
	임ㅇㅅ(룰루99)	33세/36세	8년			X			10년			X		
프로젝트 n번방 (2019.11 ~ 12)	배ㅅㅎ(로리대장태범)	17세/20세	장기 10년 단기 5년			X			X			10년		
	류ㅎㅈ(슬픈고양이)	19세/22세	7년	4명	6~8.3년 (24~33년)	5년	2명	5년 (10년)	5년	2명	10년 (20년)	X	1명	10년 (10년)
	김ㅌㅇ(셔먼스비)	19세/22세	7년			5년			10년			X		
	백ㅇㅊ(운호TM)	15세/19세	장기 9년 단기 5년			X			10년			X		

* 미성년 범죄자가 포함되어 있는 경우, '부정기형'이 선고되므로 형량 평균과 총합이 기본적임을 반영했다(예: '박사방'의 이ㅈㅁ, '프로젝트n번방'의 배ㅅㅎ, 백ㅇㅊ).

** 'n번방'의 경우, 운영자 문형욱이 검거되기 전 재판이 진행된 5명(고ㅊㅎ, 양ㅎㅂ, 이ㄱㅈ, 이ㄱㅁ, 김ㅅㄱ)의 평균 형량과 총합임.

부록 3: 텔레그램 성착취·성폭력 사건의 수사와 재판, 그리고 연대의 기록

- n번방, 박사방, 프로젝트n번방 사건 위주로 정리했다.
- n번방(2019년 2~8월)은 대부분의 오프라인 범행이 n번방 운영 전이나 초기에 일어났기 때문에, 재판이 2019년부터 2020년 상반기에 걸쳐 진행되고 있다는 특징이 있다. 박사방(2019년 9월~2020년 3월)과 프로젝트n번방(2019년 11월~12월)은 운영 시기와 시기가 일치하는 편이다.

1999년

소라의가이드('소라넷' 전신) 개설

2004년

웰하드 업체 위디스크 설립

2013년

| 12월 | 안OO, AV스눕(AVSNOOP) 운영 시작 |

2015년

| 7월 | 손정우, 웹컴투비디오(W2V) 운영 시작 |
| 10월 | 소라넷고발프로젝트('DSO'의 전신) 등장 |

2016년

4월	소라넷 폐쇄
6월	소라넷 SNS 계정 삭제
11월	DSO(Digital Sexual Crime Out) 설립

5 디지털 성범죄 재판 방청기

2017년

4월	AV스뉴 폐쇄 AV스뉴 운영자 안○○ 기소
5월	한국사이버성폭력대응센터 개소식
9월	AV스뉴 운영자 안○○ 1심 선고

2018년

1월	AV스뉴 운영자 안○○ 2심 선고
3월	4일: 웹컴투비디오 운영자 손정우 체포 22일: 손정우 기소
4월	디지털성범죄피해자지원센터 설치(여성가족부 산하 한국여성인권진흥원 소속) AV스뉴 운영자 안○○ 3심 선고
5월	홍대 누드 크로키 모델 불법촬영 사건 '불편한 용기'(성별판매수사규탄시위) 개최(~12월, 총 6회)
6월	소라넷 운영자 1인(해외 거주 4인 중 1인) 기소
9월	웹컴투비디오 운영자 손정우 1심 선고

월	n번방	박사방	프로젝트n번방	기타 사건
11월	공범 고주홍, 양승봉 범행			
12월	공범 이ㄱㅁ 범행			양진호(위디스크) '갑질 사건' 기소

	n번방	박사방	프로젝트n번방	기타 사건
1월				최종범(불법촬영, 상해 등 사건) 기소
2월	문형욱(갓갓), 운영 시작			소라넷 운영자 1인(해외 거주 4인 중 1인) 1심 선고
3월	공범 안승진 범행 공범 김ㅅㄱ 범행 공범 이ㄱㅈ 범행			정운영, 최종훈, 권ㅎㅈ, 김ㅇㅊ, 허ㅎ(강간, 불법촬영, 유포 등) 범행 발각
4월	공범 이ㄱㅁ 기소			정운영, 최종훈, 권ㅎㅈ, 김ㅇㅊ, 허ㅎ 기소
5월	제유포범 박ㅎㅈ 범행			웰컴투비디오 운영자 2심 선고
6월	공범 김ㅅㄱ 기소			
7월	공범 신ㅎㅎ(켈리) 범행			소라넷 운영자 1인(해외 거주 4인 중 1인) 2심 선고
	추적단 불꽃, 강원지방경찰청에 n번방 사건 관련 제보 및 수사 협조			
8월	운영자 문형욱(갓갓) 정직 및 n번방 일부를 신ㅎㅎ(켈리)에게 양도 공범 고ㅈㅎ, 안ㅎㅂ 기소 공범 이ㄱㅈ 기소 공범 이ㄱㅁ 1심 선고 공범 신ㄴㅎ(켈리) 별건 검거			양진호(위디스크) 웹하드 카르텔 사건 기소 최종범 1심 선고

5 디지털 성범죄 재판 방청기

	n번방	박사방	프로젝트n번방	기타 사건
9월	5일: 굿밤 김ㅅㄱ 1심 선고	조주빈(박사), 운영 시작		
	18일: 굿밤 신ㄱㅎ(헬리) 별건 기소(1차 기소)			
	29일: 굿밤 전ㅅㅈ(와치맨) 별건 검거			
	추적단 불꽃, 뉴스통신진흥회 우수상 수상 (n번방 사건 관련 기사)			
10월	10일: 굿밤 전ㅅㅈ(와치맨) 별건 기소			16일: 웰컴투비디오 운영자 손정우 관련 미 법무부 공소장 공개
				30일: 소라넷 운영자 1인 3심 선고
11월	7일: 굿밤 이ㄱㅈ 1심 선고		배ㅅㅎ(로리대장태범), 운영 시작	29일: 정준영·최종훈, 권ㅎㅈ, 김ㅇㅈ, 허ㅎ(강ㄷ, 불법촬영, 유포 등) 1심 선고
	19일: 신ㄱㅎ(헬리) 별건 1심 선고			
12월	10일: 한겨레, 텔레그램 성착취·성폭력 실태 연속보도		12일: 굿밤 김ㅌㅇ(세마스비) 기소	
	18일: 굿밤 김ㅅㄱ 2심 선고		19일: 운영자 배ㅅㅎ(로리대장태범), 굿밤 류ㅎㅈ(슴프고양이) 기소	
	5일: ReSET(리셋) 결성			

2020년

	n번방	박사방	프로젝트n번방	기타 사건
1월	8일: 굿밤 이ㄱㅁ 2심 선고	28일: 굿밤 강ㅈㄷ(도널드푸틴) 1차 기소	20일: 굿밤 백ㅇㅊ(윤호TM) 기소	
	23일: 팀 eNd(n번방 성착취 강력처벌 촉구시위) 활동 시작			
	27일: 청와대 청원 <n번방 공조수사 촉구 청원> 달성			

월	n번방	박사방	프로젝트n번방	기타 사건
2월	6일: 공범 고ㅈㅎ, 양ㅎㅂ 1심 선고	4일: 공범 천ㄷㅈ(랄로) 1차 기소		
	10일: 국회 청원(제1호) <텔레그램에서 발생하는 디지털성범죄 해결에 관한 청원> 달성			
	14일: 텔레그램 성착취 대응 공동대책위원회 출범			
3월	19일: 공범 전ㅅㅈ(와치맨) 별건 1심 구형	5일: 공범 이ㅈㅁ(태평양) 기소		
		9일: 공범 한ㅈㅎ(김승민) 기소		
	26일: 공범 이ㄱㅁ 3심 선고	16일: 운영자 조주빈(박사) 검거		
		24일: 운영자 조주빈 신상공개		
3월	2일: 경찰청장, 1월 청와대 청원에 대한 답변			
	5일: 'n번방 방지법' 국회 통과			
	10일: 추적단불꽃과 국민일보, 텔레그램 성착취 · 성폭력 실태 연속보도			
	20일: n번방 사건 관련 청와대 청원 하루 만에 4개 달성			
	23일: 경찰, 검찰, 국회, 대통령 등 n번방 사건 관련 대책 제시			
	24일: 법무장관, n번방 사건 엄정 수사 지시 / 경찰청장, n번방 가담자 철저 수사 지시			
	25일: 경찰, 디지털성범죄 특별수사 태스크포스(TF) 구성 / 서울중앙지검, 디지털성범죄 특별수사 전담수사팀 구성 / 법원 내 젠더법연구회 판사 13인, 대법원의 양형기준 설정 설문조사와 관련해 '코트넷'에 비판 건의문 게시			
	26일: 법무부, 디지털성범죄 대응 TF 구성			
	27일: 박사방 사건 공범 ㅇㅈㅁ 재판의 오녹식 판사 배제 청와대 청원			
	30일: 법원, 재판부 변경			

517

5 디지털 성범죄 재판 방청기

	n반방	박사방	프로젝트n반방	기타 사건
4월	17일: 공범 신ㄱㅎ(켈리) 별건(1차 기소 건) 항소 포기 / 재유포범 박ㅎㅈ 기소	2일: 공동운영자 강훈(부따) 검거/공범 강ㅈㅁ(도널드푸틴) 추가기소 관련 검찰 송치 3일: 공범 천ㄷㅈ(랄로) 추가기소 관련 검찰 송치/공동운영자 이원호(이기야) 검거 13일: 운영자 조주빈(박사) 1차 기소/공범 ㅇㅈㅁ(태평양), 강ㅈㅁ(도널드푸틴) 추가기소 16일: 공범 천ㄷㅈ(랄로) 신상공개 22일: 공범 천ㄷㅈ(랄로) 추가기소 28일: 공동운영자 이원호(이기야) 신상공개		
5월	9일: 운영자 문형욱(갓갓) 긴급체포 13일: 운영자 문형욱(갓갓) 신상공개 22일: 공범 전ㅅㅈ(와치맨) 추가기소	1일: 공동운영자 이원호(이기야) 기소 6일: 공동운영자 강훈(부따) 기소 25일: 유료회원 장ㅈㅎ(오영), 임ㅇㅅ(블루99) 구속		12일: 정준영, 최종훈, 권ㅎㅈ, 김ㅇㅊ, 허ㅎ(강간, 불법촬영, 유포 등 사건) 2심 선고
6월	4일: 공범 신ㄱㅎ(켈리) 2차 기소 건 기소 5일: 운영자 문형욱(갓갓) 기소 15일: 공범 안승진 구속 23일: 공범 안승진 신상공개	3일: 공범 남경읍 구속영장 기각 22일: 조주빈, 이ㅈㅁ, 천ㄷㅈ, 강ㅈㅁ, 장ㅈㅎ, 임ㅇㅅ(범죄집단 조직·가입·활동 등) 기소	5일: 운영자 배ㅅㅎ(로리대장태범), 공범 류ㅎㅈ(슬픔조앙이), 공범 김ㅌㅇ(서머스비) 1심 선고	28일: 양진호(위디스크 사건) 1심 사건 1심 선고
7월	9일: 공범 안승진, 안승진 공범 김ㅈㅇ 기소	6일: 공범 남경읍 구속 15일: 공범 남경읍 신상공개	3일: 공범 백ㅇㅈ(훈광TM) 1심 선고	2일: 최종범(불법촬영, 상해 등 사건) 2심 선고 6일: 운영자 손정우(웰컴투비디오 사건) 범죄인 인도청구재판 불허

518

	n번방	박사방	프로젝트n번방	기타 사건
8월	13일: 공범 고ㅈㅎ 2심 선고			
9월	24일: 제유포범 박ㅎㅈ 1심 선고 15일: 대법원 양형위원회, 디지털성범죄 양형기준 마련	3일: 공범 남경읍 기소		24일: 정준영, 최종훈, 권ㅎㅈ, 김ㅇㅊ, 허ㅎ 3심 선고
10월			28일: 공범 백ㅇㅊ(윤호TM) 2심 선고	15일: 최종범 3심 선고
11월	16일: 공범 전ㅅㅈ(와치맨) 1심 선고	26일: 조주빈, 이ㅈㅁ, 천ㄷㅈ, 강ㅈㅁ, 장ㅈㅎ, 임ㅇㅅ 1심 선고		
12월	17일: 공범 안승진, 안승진 공범 김ㅈㅇ 1심 선고		9일: 운영자 배ㅅㅎ(로리대장태범), 공범 류ㅎㅈ(슬픈고양이), 공범 김ㅌㅇ(서머스비) 2심 선고	1일: 양진호 갑질사건 2심 선고

2021년

	n번방	박사방	프로젝트n번방	기타 사건
1월	27일: 제유포범 박ㅎㅈ 2심 선고	20일: 공동운영자 이원호(이기야) 1심 선고 21일: 공동운영자 강훈(부따) 1심 선고		
2월	16일: 공범 신ㄱㅎ(켈리) 2차 기소 건 1심 선고			
3월			11일: 운영자 배ㅅㅎ(로리대장태범) 3심 선고 25일: 공범 김ㅌㅇ(서머스비) 3심 선고	

5 디지털 성범죄 재판 방청기

월	ㄴ변방	박사방	프로젝트ㄴ변방	기타사건
4월	8일: 운영자 문형욱(갓갓) 1심 선고 22일: 공범 안승진, 안승진 공범 감ㅈㅇ 2심 선고	22일: 공동운영자 이원호(이기야) 2심 선고		15일: 양진호(위디스크) '감질 사건' 3심 선고
6월	23일: 공범 전ㅅㅈ(와치맨) 2심 선고	1일: 조주빈, 이ㅈㅁ, 천ㄷㅅ, 강ㅈㅁ, 장ㅈㅎ, 임ㅇㅅ(범죄집단 조직·가입·활동 등) 2심 선고		
7월		8일: 공범 남경읍 1심 선고		
8월	19일: 운영자 문형욱(갓갓) 2심 선고	26일: 공동운영자 강훈(부따) 2심 선고		
9월	20일: 공범 신ㄱㅎ(켈리) 2차 기소 건 2심 선고 30일: 공범 전ㅅㅈ(와치맨) 3심 선고			
10월		14일: 조주빈, 이ㅈㅁ, 천ㄷㅅ, 강ㅈㅁ, 장ㅈㅎ, 임ㅇㅅ 3심 선고 / 공동운영자 이원호(이기야) 3심 선고		
11월	11일: 운영자 문형욱(갓갓) 3심 선고 25일: 공범 신ㄱㅎ(켈리) 2차 기소 건 3심 선고	11일: 공동운영자 강훈(부따) 3심 선고		

2022년

월	ㄴ변방	박사방	프로젝트ㄴ변방	기타사건
1월		25일: 공범 남경읍 2심 선고		
4월		28일: 공범 남경읍 3심 선고		

길을 잇는 이들에게

나는 스스로 개인 활동가이며 특정 단체나 집단에 속하지 않는다
고 말하고 있지만, 내 활동은 다른 그림자들이 앞서 만들어놓은 길이
있기에 가능하다는 점을, 그 길을 함께 걷는 사람들이 있기에 의미 있
는 결과로 이어진다는 점을 알고 있다. 그래서 이 책을 만들면서 '길'과
'사람들'을 생각했다.

형사사법 절차는, 사법 시스템은 성폭력 피해 이후 피해자들이 선
택할 수 있는 여러 길 중 하나다. 그러나 현실에서 이 길은 험로인 경우
가 대부분이며, 길을 따라 걸어도 목표한 곳에 도달하지 못할 수도 있
다. 나도 그 길에서 말, 시간, 자리를 되찾지 못하고 도착 지점에서 승
소했다는 판결문 하나만을 받았다. 이렇게 '법대로'는 최선의 선택지가
되기엔 아직 불안하고 거칠며 좁은 길이다.

그런데도 왜 사법 시스템을 활용해 연대를 하냐고들 묻는다. 취약
한 피해자, 약자, 소수자일수록 시스템이 제 기능을 발휘하면 피해 회
복과 일상 재구성이 앞당겨진다고 생각하기 때문이다. 취약계층으로
태어나 다양한 착취와 폭력에 노출되면서 성장했던 나는, 그래서 사법

시스템이 이런 이들을 보호할 수 있어야 한다고 생각하며, 여전히 그 가능성을 믿으려 노력 중이다.

현실 속 사법 시스템은 가해자, 강자, 다수자를 위해 존재하는 것처럼 보인다. 돈과 권력만 있으면 있는 죄를 덮고 없는 죄는 만들어낼 수 있는, 부조리하고 불합리한 것이라고들 한다. 해봤자 바뀌는 것은 없을 거라는 말도 듣는다. 개인이 하면 얼마나 할 수 있냐는 비아냥 속에서 활동했다. 이겨도 바뀌는 것 하나 없는 현실에 울분을 토하는 피해자 곁에서 원망을 떠안기도 한다. 그러나 나는 그래도 희망과 변화, 신뢰와 책임을 말하려 한다. 우리는 이미 많은 것을 바꾸어 왔고, 바꾸고 있으며, 바꿀 수 있기 때문이다.

나는 2010년의 내 곁에 나 같은 연대자가 있었다면 덜 불안했을 것이라는 생각으로 2014년 이후 연대를 해왔다. 개별 사건의 연대 사례가 쌓이면서 이를 외부로 알리는 작업을 하게 되었고, 그러다 보니 현재의 사법 시스템에 대해 이해해가는 동시에 그 시스템의 한계를 고민하게 되었다. 아울러 시스템을 움직이는 여러 사람들에 대해서도 생각하게 되었고, 연대의 확장이 필요하다고 판단하게 되었다.

성폭력 피해 생존자이자 익명의 개인 활동가. 전문성을 강력하게 요구하는 사법 시스템 속에서 이런 내가 연대자로 전문가들의 신뢰를 얻는 일은 요원해 보였다. 연대 활동 초기, 자칭 전문가라는 이들에게 하나하나 트집을 잡히기도 했다. 사이버불링이 일상화된 SNS에서 활동했기 때문에 외부 공격에도 취약한 상태였다. 나는 어쭙잖게 자격증이 있는 전문가들을 흉내 내거나, 과한 도덕적 기대치에 완벽히 맞추려 애쓰면 오히려 연대 확장에 실패할 것이라고 판단했다. 주제 파악과 거리 유지라는 두 가지 연대 원칙을 세우고 끊임없이 스스로를 점검하기 시작한 것도 이 때문이다. 그렇게 기회를 기다렸다.

그러자 길을 잇고 다듬는 이들에게서 연락이 오기 시작했다. 사법 시스템을 둘러싼 다양한 분야의 전문가들과의 만남이 이어졌다. 서로의 고민을 토로하고, 사법 시스템의 한계를 발견하며, 이를 해결하기 위해 어떻게 해야 하는지 논의했다. 각자의 위치에 따른 차이를 이해하는 가운데 그 위치에서 하고 싶은 일, 할 수 있는 일, 해야 할 일을 찾아나갔다. 나는 시민사회가 해야 하는 사법 감시를 좀 더 대중화된 형태로, 여성주의 운동과 결합하는 방식으로 만들기 위해 노력했다. 이 책은 그런 과정을 통해 만난 이들에 대한 기록이기도 하다. 누가 길을 만들고, 다듬고 있는지 남겨야 한다고 생각했기 때문이다.

변화는 저절로, 알아서, 당연히 이루어지는 게 아니다. 감시·기록·목격이 뒷받침되지 않으면 언제든 퇴보할 수 있다. 한국 사회가 변화의 가능성 앞에서 만나게 된 백래시가 바로 그 예다. 혐오와 차별이 공정과 조화의 외피를 둘러쓰고 한국 사회를 지배하려 한다. 기껏 끌고 왔던 변화의 길 위에 또다시 낙석이 보인다. 앞으로 나아가지 못하고 물러나야 할 것처럼 보인다. 낙석에 깔린 피해자·소수자·약자를 삭제해 위장된 평화를 선전하려는 이들의 힘이 강력해 보인다. 사람들은 불편은 감수하지 않고 부당은 감내하면서도 무엇이 문제인지 모르는 것 같다. 그러나 나는, 우리는 포기해서는 안 된다.

나는 이제 연대를 더 확장하려 한다. 사법 시스템은 독자적으로 존재하지 않는다. 정치, 교육, 국제관계 등 다양한 사회 시스템과 연결되어 있으며, 이러한 연계를 통해서만 제 역할을 할 수 있기 때문이다. 시민들의 사법 감시 형태를 다양하게 만들 것이다. 그러기 위해 당신의 연대가 필요하다. 당신도 피해자의 그림자가 될 수 있다. 당신이 내민 손이 피해자를 살릴 수 있다. 당신이 다듬는 길이 결국 이 사회를 바꿀 것이다. 그러니 길로, 광장으로 나오길. 나는 당신을 기다릴 것이다.

에필로그

1장

1   김남영, 〈박원순 사건 2차 가해자, 학생 대상 강연 나서 논란〉,《한국경제》, 2021.7.21.

2   김민웅 전 교수는 2022년 4월 성폭력처벌법 위반(비밀준수 등) 혐의로 불구속 기소되어, 2022년 8월 1심 선고를 앞두고 있다. 6월에 열린 결심 공판에서 검찰은 피고인 김 씨에게 징역 1년을 구형했고, 피고인 측은 '고령', '질환', '반성'을 내세워 선처를 구하면서도 여전히 '입증되지 않은 피해' 운운했다. 임하은, 〈검찰, '박원순 피해자 공개' 김민웅 전 교수에 징역1년 구형〉,《뉴시스》, 2022.6.17; 권효중, 〈'박원순 성폭력 피해자 실명 공개' 김민웅, 檢 징역 1년 구형〉,《이데일리》, 2022.6.17 참조. 박원순 성폭력 사건 피해자의 신상정보를 공개한 최 모 씨도 2심에서 항소가 기각되면서 징역 1년 집행유예 2년을 선고받았다. 양다훈, 〈'박원순 전 서울시장 성폭력 사건' 피해자 신원 공개한 40대 '집행유예'〉,《세계일보》, 2022.6.30 참조.

3   대법원 양형위원회는 2022년 7월 4일 '성범죄 양형기준 수정안'(2022.10.01. 기소 건부터 적용)을 의결하면서 '2차 피해 야기'를 일반양형인자와 집행유예 일반참작사유로 반영했다. 여기서 '2차 피해'란 ① 합의를 시도하는 과정에서 피해자를 지속적으로 괴롭힌 경우, ② 합의 거절에 대한 유형·무형의 불이익을 암시하는 등 부당한 압력을 가하거나 이에 준하는 방법으로 피해를 일으킨 경우(기존: "합의를 시도하는 과정에서 피해자를 지속적으로 괴롭히거나, 범행사실을 공개하거나 공개할 의사를 표명해 압력을 가하거나, 기타 이에 준하는 방법으로 합의를 강요한 경우"), ③ 피해자의 인적사항 공개, 신고에 대한 불이익 조치, 피해자에 대한 모욕적 발언, 집단 따돌림 등을 한 경우 등을 의미한다. 대법원 양형위원회, 〈양형위원회 제117차 회의 보도자료〉, 2022.7.5.

4   MBC, "당신이 믿었던 조덕제, 반민정 사건", 〈당신이 믿었던 페이크〉, 2018.11.27.

5   정철운, 〈배우 반민정 음해 치밀했던 작전의 전말〉,《미디어오늘》, 2019.7.5; 정

철운, 〈조덕제 강제추행·이재포 가짜뉴스 사건의 전말〉,《미디어오늘》, 2018.12.22; 손가영, 〈조덕제 성추행 피해자 '갈취녀' 만든 기자들, 모두 구속〉, 《미디어오늘》, 2018.10.4. 참조.

6 '회복적 사법'이란 형사사법 절차에서 피해자의 지위를 재정립해 당사자로서 피해자의 참여를 활성화하고, 피해자와 가해자 두 당사자의 대면을 통해 필요한 것들을 협의하며, 가해자에게 형사책임만으로는 달성할 수 없었던 폭넓은 책임(정서적·관계적 회복 등을 포함)을 부여하면서, 지역사회 등 공동체가 적극적으로 개입해 대통합을 이룰 수 있게 만들어야 한다는 것이다. 이전부터 존재했던 형사조정, 화해제도 등이 회복적 사법과 연관이 있으며, 수사권 조정 이후 경찰도 '회복적 경찰활동'을 부각하고 있다. '응보적 사법'과 '회복적 사법'을 더 자세히 비교해 알고 싶다면 사법정책연구원,《형사재판에서의 회복적·치료적 사법에 관한 연구》, 2021, 23쪽에 재인용[원문: "Retributive vs. Restorative Justice", Conflict Solutions Center, http://www.cscsb.org/restorative_justice/retribution_vs_restoration.html(확인일: 2020.9.2)]된 표를 참조. 응보적 사법이 불안정한 상태에서 섣부르게 회복적 사법을 전면적으로 적용할 경우, 오히려 적법절차와 책임원칙이 무너질 수 있다는 점도 주의해야 한다.

2장

1 연대자 D, "성폭력 피해자 64명 대상의 대면/온라인 설문조사", 〈마녀, 디케를 만나다〉 프로젝트, 2020.1. 나는 2019년 12월 '젠더법연구회 인터뷰단'의 인터뷰 요청을 받은 후, 성폭력 피해자를 대상으로 수사·재판 과정에 대한 설문조사를 실시했다. 구글폼을 통해 익명의 피해자 34명이 참여했고, 젠더법연구회와의 인터뷰 후 피해자 30명이 개별 대면 인터뷰에 응하는 등 총 64명의 피해자가 참여했다.

2 연대자 D, "성폭력 피해자 64명 대상의 대면/온라인 설문조사".

3 민주사회를위한변호사모임, 〈[공동성명] 반대신문권 보장이라는 미명하에 형사사법절차 내 아동청소년 성폭력 피해자의 권리를 19년 전으로 퇴행시킨 헌법재판소의 결정에 깊은 유감을 표명한다〉, 2021.12.24.

4 2022년 4월, 여성가족부와 법원행정처는 희망자에 한해 법정과 피고인 등으로부터 분리·독립된 장소인 해바라기센터에서 비디오 등 중계장치를 활용해 증언할 수 있게 하겠다고 밝혔다. 같은 달에 법무부 또한 '바르나후스 모델'을 참고해서 한국의 법체계와 여건에 맞는 아동친화적 사법제도(편안하고 익숙한 장소에서, 피고인과 그 변호사로부터 분리된 상태로, 훈련된 전문 조사관을 통해 간접적으로 신문 사항에 대해 질문하도록 하는 '성폭력 피해 아동을 위한 아동친화적 진술

청취' 제도 마련 등이 핵심) 설계를 목표로 한 성폭력처벌법 개정안을 입법예고했고, 2022년 6월 국무회의를 통과한 상태다. 여성가족부, 〈해바라기센터, 성폭력 피해자 영상증인신문 시범사업 추진〉(보도자료 4144번), 2022.4.6; 법무부, 〈법무부, 성폭력 피해아동을 위한 아동친화적인 증거보전 제도 도입 추진〉(보도자료 4655번), 2022.4.14; 법무부, 〈미성년 성폭력 피해자 맞춤형 증거보전절차 도입〉(보도자료 4700번), 2022.6.29; 마녀(연대자 D), 〈판사를 증인석에 앉혀보고 싶다〉, 《한겨레21》, 2022.1.9.

5 사법정책연구원, 《성폭력 재판 절차에서의 피해자 증인신문 재판참고사항에 관한 연구》, 2016, 290~306쪽.

6 2021년 12월 대법원 양형위원회는 '합의' 관련 양형기준 수정안을 최종 의결했다. 디지털 성범죄를 포함해 각 범죄별 합의 기준 재정비, 그간 문제로 지적되어온 '실질적 피해 회복'의 정도, '합의 시도 중 피해 야기' 등에 대한 고민을 일부 반영했다. 대법원 양형위원회, 〈양형위원회 제113차 회의 보도자료〉, 2021.12.7.

7 연대자 D, "성폭력 피해자 64명 대상의 대면/온라인 설문조사".

8 2019년 11월 송오섭 판사의 양형연구회 발표 자료에 따르면 2009~2019년 기준으로 89.7퍼센트에 이른다.

9 대법원 양형위원회, 〈디지털 성범죄 양형기준안 설명자료〉, 2020.9.15, 12쪽.

10 같은 글, 12~13쪽.

11 법률상 감경 중 유기징역의 경우 형기의 절반을 깎을 수 있다. 감경은 여러 번 적용해도 되는데, 법률상 감경 요인이 여럿이면 중복해서, 법률상 감경과 재판상 감경을 연속 적용해서 깎기도 한다. 이 사례의 경우, 법정형 자체가 너무 높아서 순서상 우선 법률상 감경으로 절반을 깎은 후 재판상 감경까지 적용해 또 절반을 깎았다. 그래야 집행유예 선고가 가능한 형량 범위로 가져올 수 있기 때문이다. 자세한 내용은 형법 제55조(법률상의 감경) 참조.

12 한국의 수사기관에 따르면(판결문 내용에 따르면), 손정우는 415비트코인의 범죄 수익을 얻었다(비트코인은 시세에 따라 가격 변동이 심하다. 일각에서 44억 원 정도의 수익 추정치를 내놓은 것은 2020년을 기준으로 계산한 것이다). 법원은 이 중 약 3억 5000만 원을 추징하고, 코어지갑과 계정 등에 남아 있던 비트코인은 몰수했지만, 실제 그 수익이 손 씨의 범죄 수익 전체인지는 확인하기 어렵다. '소라넷'과 'AV스눕' 사례에서도 알 수 있듯, 디지털 성범죄자들의 범죄 수익은 수사 과정에서 제대로 다 찾지도 못하며, 일부 찾는 게 있다고 하더라도 몰수·추징이 제대로 안 되는 게 현실이기 때문이다.

13 유설희·김희진·최민지, 〈W2V 운영자 인도 불허 '후폭풍' … 거세지는 사법부

비판〉, 《경향신문》, 2020.7.7.

14 정상빈, 〈미국 감옥 최대 60년인데 … 한국 택한 손정우 '징역 2년'〉, MBC, 2022.7.5; 안세연, 〈실형 선고된 손정우 … 판례 분석 결과 '집행유예' 나올 확률 높았다〉, 《로톡뉴스》, 2022.7.5.

15 김유진, 〈임신중단권 폐기 후폭풍에 휘말린 미국 … 대법원 보수화에 피임, 동성결혼 권리도 후퇴 우려〉, 《경향신문》, 2022.6.26; 류영재, 〈출산은 여성의 의무가 아니다〉, 《한겨레》, 2022.6.26.

16 문항은 2019년 4월 대법원 젠더법연구회가 진행한 〈미투, 그 이후: 법정으로 온 성범죄 사건의 쟁점들〉 심포지엄에서 나온 "성범죄 재판 증인신문의 현실 및 피해자보호규정도입에 관한 법조인의 인식"이라는 설문조사 문항을 기본 토대로 삼았다.

17 연대자 D, "성폭력 피해자 64명 대상의 대면/온라인 설문조사".

3장

1 한국여성의전화, 《#경찰이라니_가해자인줄 해시태그 사례집[자료집]: 11월 2일의 경찰 대응, 그 전과 후에 관한 112개의 증언》, 아카이브문. 2017(http://herstory.xyz/items/show/164494). 자료집 발행연도는 2016년으로 되어 있지만 실제 해시태그 운동은 2017년에 진행되었으며, 한국여성의전화가 이를 모아 정리했다.

2 같은 책.

3 이승환, 〈김창룡 청장, 수사권조정 '책임수사' 긍정평가 … 현장선 '갸우뚱'〉, 《뉴스1》, 2021.4.20.

4 이윤주, 〈"검찰은 현장 경찰관들 모욕 말라" 경찰직장협의회장 글 공유한 최강욱〉, 《한국일보》, 2022.4.14.

5 정다슬, 〈경찰옴부즈만 "고소장 반려 시 고소인의 동의여부 명확히 확인해야"〉, 《이데일리》, 2021.6.16.

6 개선 방안의 주요 내용은 제출된 고소·고발장은 모두 '접수 절차'로 진행하고, 접수된 고소·고발을 반려하는 경우 고소인 등 민원인이 작성한 서면동의서를 수령해야 하며, 이때 동의서 사본과 이의제기 절차가 기재된 안내서를 민원인에게 교부할 것 등이다.

7 강한, 〈사건 골라 받는 경찰 … 법조계 "책임수사 실종" 비판〉, 《법률신문》, 2021.6.17; 강한, 〈검·경 수사권 조정 이후 '형사사건의 민사화' 기현상〉, 《법률신문》, 2021.7.19.

8 대한변호사협회, 〈'형사사법제도 개선을 위한 최근 회원 설문조사' 결과 발표〉,

2022.5.1.

9   경찰은 2021년에 〈범죄피해자 권리 및 지원제도 안내서〉 개정판을 냈다
     (https://www.police.go.kr/files/ebook/VOCP/voc_guide_f.html#page=1).

10   CBS, "김예원 변호사 '검수완박? 범죄자만 살 맛 나는 세상'", 〈한판승부〉,
     2022.4.14.

11   경찰청 통계에 따르면 검경수사권 조정 후인 2021년 1~10월에 경찰 1인당 처
     리 사건 수는 평균 17.9건, 처리 기간은 평균 64.2일로 검경수사권 조정 전보
     다 늘어난 것으로 나온다. 남가언, 〈[검수완박 '惡法' 논란①] "경찰 수사지연·법
     리이해 부족, 의뢰인만 피해" … 일선 변호사들, 현장 문제 꼬집어〉, 《법조신
     문》, 2022.4.27; 정병묵, 〈[2021국감]경찰, 1사건 처리기간 평균 62일 … 3년새
     12일↑〉, 《이데일리》, 2021.10.5.

12   대한변호사협회, 〈'형사사법제도 개선을 위한 최근 회원 설문조사' 결과 발표〉.

13   대검찰청, 〈개정 형사제도 시행 1년 검찰업무 분석〉(보도자료), 2022.2.18.

14   국가인권위원회는 2022년 6월 22일 "경찰이 고소인에게 수사 결과를 통지하
     면서 '피의자 불송치 이유'를 고소인이 충분히 이해할 수 없을 정도로 간략하
     게 알린 것은 고소인의 알 권리를 침해"한 것이라고 보고 경찰에 관련 직무교
     육 실시를 권고했다. 수사 결과를 통지할 때 피의자 등 사건 관계인의 명예나
     권리를 침해하지 않도록 주의해야 한다는 것이, 통지받는 고소인이 불송치 이
     유를 이해할 수 없을 정도로 축소해 기재해도 된다는 의미는 아니라는 것이
     다. 불송치 이유에 대한 상세 내용을 알고 싶으면 정보공개청구를 하면 된다는
     수사관의 주장도 불송치 이유를 7일 이내에 고소인 등에게 통지하도록 한 규
     정의 취지를 무색하게 하는 것이며, 정보공개청구 절차를 추가하는 것은 수사
     결과에 대한 고소인의 불복 의지를 꺾는 등 고소인의 권리를 부당하게 축소시
     키는 행위라고 판단했다. 아울러 수사관이 (수사 개시 후 1개월마다) 수사 진행
     과정과 (7일 이내에) 결과를 고소인과 변호인에게 통보하지 않는 것은, 고소인
     의 알 권리와 피해자의 변호사 조력권을 충분히 보장하지 못한 행위라고 보았
     다. 국가인권위원회, 〈경찰의 불송치 이유 통지 시 고소인이 이해할 수 있는 최
     소한의 정보가 없으면 알권리 침해〉(보도자료 3895번), 2022.7.6.

15   박수연, 〈변호사들, 경찰 불송치 결정서에 '황당'〉, 《법률신문》, 2022.5.2.

16   이관주, 〈국정원 협력 강화·안보수사 전문가 선발 … 경찰, '대공수사권' 준비
     잰걸음〉, 《아시아경제》, 2021.7.11; 최의종, 〈[수사권 축소 이후] '검찰독재' 피하
     려다 '경찰독재'? … 견제장치 시급〉, 《더팩트》, 2022.5.4.

17   2022년 2월 '경찰수사에 관한 인권 보호규칙(행안부령)' 제정안을 입법예고 하
     면서 경찰 수사 단계에서 인권 침해 요소를 줄일 것이라 공언했고, 국가수사

본부의 설치로 수사 업무의 독립성과 전문성을 키우겠다고 했다. 자치경찰제를 확대해 민생 치안을 책임지고, 대화와 협의를 통해 해결할 수 있는 문제를 발굴하겠다며, 경찰이 중재해 문제를 해결하는 회복적 경찰활동을 펼치겠다고 내세웠다.

18 1심 재판부(수원지법 안산지원 형사1부: 이태수, 박동복, 김병국)는 당시 심신미약은 '필요적 감경사유'였고 검사가 적극적 대응을 하지 않았기 때문이라며 검찰에 책임을 돌리는 형태로 항변했으나, 해당 판결문을 모두 분석해도 '심신미약'을 적용할 만한 근거는 나타나지 않는다. 피고인의 진술이 비일관적이고, 당시 술을 마셨는지도 불분명하며, 음주와 연관된 전과가 많았던 점 등을 고려해볼 때 오히려 감형을 위해 심신미약을 기계적으로 적용한 것이 아니냐는 비판이 있다. 피고인이 심신미약을 주장하기만 하면 재판부가 검증 없이 수용하는 것인지, 왜 판결문에는 판단의 근거가 빠져 있는지 등 재판부의 책임을 돌아볼 필요가 있다.

19 의안정보시스템, 〈[2115407] 형사소송법 일부개정법률안(대안)(법제사법위원장)〉; 〈[2115408] 검찰청법 일부개정법률안(대안)(법제사법위원장)〉.

20 검찰청법(법률 제18861호, 2022.5.9 일부개정, 2022.9.10 시행); 형사소송법(법률 제18862호, 2022.5.9 일부개정, 2022.9.10 시행).

21 법무부, 〈범죄 피해자 보호-지원, 이제 한 번의 신청으로!〉(보도자료 4641번), 2022.3.31.

22 2021년 12월, 대검찰청은 〈검사 작성 피의자신문조서 증거능력 제한 대응 매뉴얼〉을 일선에 배포했다. 수사 중 영상녹화의 적극적 실시, 증거보전청구와 증인신문청구의 적극 활용, 조사자 증언제도 활성화, 충실한 피고인 신문, 피고인의 진술번복 여부나 법정 태도를 구형에 반영하는 것 등이 핵심인데, 아직 이런 매뉴얼에 걸맞은 검사의 모습을 찾기란 쉽지 않다. 대검찰청, 〈검사 작성 피의자신문조서 증거능력 제한 대응 매뉴얼 일선 배포〉(검찰발표자료 448번), 2021.12.30.

23 김도요, 〈성범죄 재판 증인신문의 현실 및 피해자보호규정도입에 관한 법조인의 인식〉, 《미투, 그 이후: 법정으로 온 성범죄 사건의 쟁점들 자료집》, 대법원 젠더법연구회, 2019.4.5.

24 대법원 2018도7709 판결문(2018.10.25 선고).

25 대검찰청, 〈8월 공판 우수업무사례 6건 선정〉(검찰발표자료 421번), 2021.9.24.

26 이대희, 〈대검 "검수완박, 헌법상 적법절차 준수 안 돼 … 참담"〉, 《연합뉴스》, 2022.5.3.

27 무료법률구조사업에 대해서는 한국성폭력위기센터, 〈(신청) 무료법률구조사업

안내(서식첨부)〉, 2018.11.14 참조.

〈참고〉 무료법률구조 제도와 피해자 국선변호사 제도 비교

	무료법률구조 제도	피해자 국선변호사 제도
담당부처	여성가족부	법무부
신청	성폭력상담기관 사업수행기관	경찰, 검찰
조력범위	형사: 사건 전반(심급별 포괄적 대리) 그 외: 형사 피소, 민사, 가사 등	형사: 사건 전반(사건별·절차별 포괄적 대리) 그 외: 없음
조력시작	고소장 작성 단계부터 가능	고소장 작성 단계부터 가능* (진술 후 조력 시작 가능성)
비용	무료	무료
보수	심급별 지급 (1인 500만 원 한도/심급당 120만 원)	기본보수제 (수사/공판/기타 절차 참여 시)

* 현실에서는 고소장 제출 후 진술 전에 안내하는 사례가 많으며, 심지어 피해자 진술 이후 조력을 시작하는 경우도 있다.

28 법무부에 따르면 2021년 기준 피해자 국선변호사는 전담변호사 23명과 비전담변호사 600여 명으로 구성되어 있었다. 그러다 2022년 4월과 6월 12명의 전담변호사 충원이 진행되어 총 35명의 피해자 국선 전담변호사가 전국에서 활동하고 있다. 2021년을 기준으로 전담변호사 23명, 비전담변호사 576명으로 비전담변호사의 비율이 96.2퍼센트를 차지하며, 전체 지원 건수(2만 5471건) 중 약 88.7퍼센트(2만 2587건)를 비전담변호사가 맡았다. 법무부, 〈범죄피해자 보호 강화 및 지역별 불균형 해소를 위한 피해자 국선전담변호사 확대 배치〉(보도자료). 2022.4.11.

〈참고〉 피해자 국선 전담변호사 수

	2022년 3월	2022년 4월	2022년 6월
서울	4	6. (서울중앙, 서울서부 각 1명 추가)	6
인천	2	2	2
경기	3 (수원, 의정부, 고양 각 1명 추가)	6 (부천, 성남, 평택 각 1명 추가)	7 (수원 1명 추가)
부산	2	3 (부산 서부 1명 추가)	3

광주	1	1	1
울산	1	1	1
대구	2	2	2
대전	1	1	1
강원	. 1(춘천)	1	1
충북	1(청주)	1	1
충남	1(천안)	1	1
전북	1(전주)	2 (군산 1명 추가)	2
전남	1(목포)	1	2 (순천 1명 추가)
경북	0	1(김천)	1
경남	1(창원)	1	3 (마산, 진주 각 1명 추가)
제주	1	1	1
합계	23	31	35

29 법무부, 〈법무부, '피해자 국선변호사 기본업무–기본보수제'도입〉(보도자료),
2021.10.5; 〈법무부, '피해자 국선변호사 보수기준표' 보완 개정〉(보도자료),
2022.2.3.

30 〈참고〉 피해자 국선변호사 업무

종류	내용
기본 업무	피해자와 대면상담(전화, 문자 등 상담 가능/관계자와 상담 가능)
	의견서 제출(관련 서면 대체 가능)
	피해자 조사 참여
	법정 출석
기본 업무 외 수사 절차 참여	증거보전 등 피해자에 대한 절차 참여
	구속 전 피의자심문
	현장 검증
	항고이유서 작성·제출
	재정신청서(이유서 포함) 작성·제출
	불송치 이의신청서(이유서 포함) 작성·제출

531

기본 업무 외 공판 절차 참여	피해자와 대면상담
	공판준비 절차 참여
	기일 외 출석
	변호사 본인에 대한 증인신문 등에 참여
	공판 절차 의견진술 등 기타 절차 참여
기타 절차 참여	합의를 위한 업무 수행
	야간·휴일 업무 수행

자료: 법무부, 〈법무부, '피해자 국선변호사 보수기준표' 보완 개정〉(보도자료), 2022.2.3.

31 이에 법무부는 2022년 7월부터 6개월마다 선정 주체인 검사가 피해자 국선변호사에 대한 평가를 담당하도록 했다. 피해자 국선변호사 평가 항목은 ① 의견서 제출, ② 형사 절차 참여 성실도, ③ 피해자 권익 보호를 위한 노력으로 구성되어 있고, 변론 내용 자체에 대한 평가가 아니라 변호사가 피해자를 위해 '성실히 변론을 제공하고 있는지'에 중점을 둔다고 한다. 김태헌, 〈법무부, 피해자 울린 '불량 국선변호사' 퇴출 … 반발 커질 듯〉, 《노컷뉴스》, 2022.5.17; 법무부, 〈피해자 국선변호사에 대한 평가제도 도입〉(보도자료 600번), 2022.5.17.

32 연대자 D, "성폭력 피해자 64명 대상의 대면/온라인 설문조사".

33 법무부, 〈피해자 국선변호사의 길잡이, 업무 매뉴얼 제작·개시〉(보도자료), 2012.12.24.

34 법무부, 〈법무부, '피해자 국선변호사 기본업무-기본보수제' 도입〉(보도자료).

35 전국성폭력상담소협의회·한국여성변호사회, 〈2021 성폭력피해자 X 피해자 국선변호사, 잘 연대하고 있습니까〉, 2021.12.3.

36 2019년과 2020년에 젠더법연구회에 전달했던 자료 중 피해자 국선변호사 부분을 발췌·정리해 전달했다.

37 법무부, 〈'피해자 국선변호사 보수기준표' 보완 개정〉(보도자료).

38 강창욱·이동환·정진영·박장군, 〈'성범죄자 선처세트 팔아요~' 엉터리 심리상담에 55만원[이슈&탐사]〉, 《국민일보》, 2022.5.24.

39 대한변호사협회에 따르면 전문 분야 등록을 한 변호사만이 '전문'이라는 명칭을 사용할 수 있는데, '성범죄'는 변호사 전문 분야에 해당하지 않는다. 이에 '성범죄 전문 법인', '성범죄 전문 변호사'라는 표현을 사용해서는 안 되므로 '성범죄 전담', '성범죄 형사 전문'('형사'는 전문 분야 중 하나다)이라는 표현으로 우회한다. 대한변호사협회, 〈변호사전문분야등록에관한규정[2020.12.28.개정]〉; 〈변호사광고에관한규정(舊변호사업무광고규정)[2021.5.3.]〉.

40 강성민, 〈[단독] 여자친구 때려죽여도 '집행유예' … 2년 뒤 또 범죄 저지른 그 '청년'의 처벌은〉, 《로톡뉴스》, 2022.7.13; 안세연, 〈피해자가 미성년자여도, 합의하지 못했어도 … 가해자의 유리한 양형 '청년'〉, 《로톡뉴스》, 2022.7.14.

41 2022년 7월 4일 대법원 양형위원회는 '성범죄 양형기준 수정안'을 의결하면서 집행유예 기준 중 긍정적 일반참작사유로 활용했던 '피고인이 고령'에 대해 그 의미가 불명확하고 재범 위험성과의 관련 정도도 뚜렷하지 않으므로 삭제한다고 밝혔다. 대법원 양형위원회, 〈양형위원회 제117차 회의 보도자료〉, 2022.7.5.

42 사법정책연구원, 《성폭력 재판 절차에서의 피해자 증인신문 재판참고사항에 관한 연구》, 2016.

43 홍진영, 〈국민참여재판에 따른 성폭력범죄 재판 운용의 실무적 개선방향에 관한 고찰 – 피고인의 국민참여재판을 받을 권리·피해자 이익의 보호·법관의 실체적 진실 발견 의무의 조화를 위하여〉, 법조협회, 2017; 윤상문, 〈성범죄 무죄 받으려면 국민참여재판 해라?〉, MBC, 2020.7.8; 문재연, 〈성범죄 무죄율 20% 국민참여재판 … 잣대 어떻길래?〉, 《헤럴드경제》, 2020.5.14.

44 대법원 83도1401 판결문(1984.01.24 선고).

45 대검찰청, 〈2019년 범죄분석〉(https://www.spo.go.kr/site/spo/crimeAnalysis.do).

46 대검찰청·한국여성정책연구원, 〈성폭력 무고의 젠더분석과 성폭력 범죄 분류의 새로운 범주화〉(제117차 KWDI 양성평등정책포럼), 2019.7.19; 김정혜, 〈검찰 사건 처리 통계로 본 성폭력 무고 사건의 현황〉, 《제117차 KWDI 양성평등젠더포럼 자료집》, 2019.

47 김정혜, 〈여성폭력 검찰통계 분석(II): 디지털 성폭력범죄, 성폭력 무고죄를 중심으로〉, 《한국여성정책연구원 2020 연구보고서》, 2020, 1~184쪽.

48 해당 연구 결과는 앞서 언급한 세 가지 유형의 '성폭력 무고' 중 유형 1, 2를 중심으로 나온 것이기 때문에, 유형 3의 무고의 무고 부분은 별개의 분석이 필요하다.

49 대법원 2018도2614 판결문(2019.0.11 선고).

50 김정혜, 〈검찰 사건 처리 통계로 본 성폭력 무고 사건의 현황〉; 김정혜, 〈여성폭력 검찰통계 분석(II): 디지털 성폭력범죄, 성폭력 무고죄를 중심으로〉, 1~184쪽.

51 대검찰청 보도자료에 의하면 범죄 구별 없이 전체 무고 범죄와 관련해 2021년 검찰이 인지·처분한 건수는 2020년 대비 71퍼센트 정도 감소한 것으로 나온다. 경찰의 무고 인지는 2020년 78건에서 2021년 126건으로 48건 증가했다. 대검찰청, 〈개정 형사제도 시행 1년 검찰업무 분석〉(검찰발표자료 459번),

2022.2.7; 정성조, 〈대검 "경찰에 요구한 보완수사, 절반은 3개월 넘게 안 돌아와"〉, 《연합뉴스》, 2022.4.12; 박사라, 〈[단독] 법무부 "권력형 성범죄·무고죄 처벌 강화 협조"〉, Jtbc, 2022.3.30.

52 대검찰청은 법무부 성희롱-성범죄 대책위원회의 제2차 권고(성폭력 피해자에 대한 2차 피해를 방지하기 위해 성폭력 사건 종결 시까지 성폭력 무고 사건 수사의 진행을 중단함)에 따라 매뉴얼을 개정했다. 법무부, 〈성희롱·성범죄 대책위원회〉(보도자료), 2018.5.28.

53 대검찰청·한국여성정책연구원, 〈성폭력 무고의 젠더분석과 성폭력 범죄분류의 새로운 범주화〉(제117차 KWDI 양성평등정책포럼); 김정혜, 〈검찰 사건처리통계로 본 성폭력 무고 사건의 현황〉; 김정혜, 〈여성폭력검찰통계분석(Ⅱ): 디지털 성폭력범죄, 성폭력 무고죄를 중심으로〉, 1~184쪽.

54 '무죄추정의 원칙'을 언급한 글로는 이선옥, 〈성폭력 무고죄 적용 유예, 그것은 정의가 아닙니다〉, 《미디어오늘》, 2017.1.17 등이 있다. 이에 대해 박은정 검사는 다음과 같이 반박한 바 있다. "먼저 성폭력 수사 매뉴얼 개정이 피의자의 무죄추정 원칙 등에 반하는 위헌적인 개정인지를 살펴보면, 성폭력 무고 사건의 진행은 원 사건인 성폭력 사건에서 성폭력 여부가 결정되어야 피해자의 신고나 고소가 허위사실인지를 판단할 수 있다. 이는 성폭력 무고 사건에서뿐만 아니라 모든 무고 사건에서의 원칙이다. 이를 두고 피의자에 대한 무죄추정 원칙 위반 주장은 법리에 맞지 않다. 피의자가 무죄추정 원칙을 적용받는 것과 무고로 피해자를 고소하여 피해자에 대하여 무고 수사가 진행되는 것은 전혀 별개의 절차이고, 다른 법적 원리가 적용되는 것이다. 피의자의 무죄추정 권리에 피해자를 무고로 고소하는 권리는 포함되지 않으며, 실제 수사실무상 위 유형 3에서 보듯이 오히려 이러한 무고의 무고를 인지하여 기소한 사례가 많다. 또한 피해자의 무고에 대하여 무죄추정 원칙이 적용된다면 원 사건의 수사에서 실체가 밝혀진 다음 무고 수사가 진행되어야 하므로 더더욱 무고 수사가 중단되어야 하는 것이 맞다. 위 헌법소원에 대하여 헌법재판소는 검찰의 수사 매뉴얼은 헌법소원심판 대상이 아니라는 이유로 각하처분을 한 바 있다." 대검찰청·한국여성정책연구원, 〈성폭력 무고의 젠더분석과 성폭력 범죄분류의 새로운 범주화〉(제117차 KWDI 양성평등정책포럼).

55 이와 관련해 2022년 6월 20일, 대검찰청은 성범죄자들이 수사와 재판에서 선처받기 위해 부당한 감형 자료를 제출하는 일명 '꼼수감형', '감형꼼수' 등의 행위에 엄정 대응하기로 했다. 실제로 피고인이 기부 자료를 제출해 선처를 받은 뒤 기부를 중단하거나, 청첩장(혼인을 했거나 앞둔 상황일 경우 선처받은 사례가 있다)을 조작하고, 피해자를 협박해 합의서를 받아내거나, 아예 합의서 자

체를 위조해 제출하는 등 감형을 위해 부당한 자료를 제출하는 사례가 있었다. 이에 대검찰청은 성범죄자들이 수사와 재판의 과정에서 제출한 각종 양형 자료(예: 합의서, 반성문, 진단서, 각종 이수증 등)의 진위 여부를 적극 확인할 예정이며, 위·변조가 드러날 경우 형의 확정 여부와 관계없이 추가로 수사하기로 했으며, 피고인의 개인 사정은 감형 사유에서 배제하고, 피해자 대상의 2차 가해에 대해서는 가중 사유로 반영될 수 있도록 적극적인 의견을 내기로 한 데다, 양형기준에서 벗어날 경우 항소하기로 했다. 김재환, 〈선처 받자 기부 멈춘 성범죄자 … 대검 "감형 꼼수 엄단" 주문〉, 《뉴시스》, 2022.6.20.

56 최승영, 〈연합뉴스, 기사에 '여성차별적 성별 표기' 안하기로〉, 《한국기자협회보》, 2018.10.22.

57 박태훈, 〈'무죄 이유가 궁금' … 女간호사 사칭해 女신체 사진 찍어 전송케 한 男 여름밤 샤워 중인 女 훔쳐보다 몹쓸짓 한 성폭행 전력자, 징역 8년〉, 《세계일보》, 2017.12.19 등 해당 기자의 '女 시리즈'는 유명하다.

58 천경환, 〈충북여성단체 "'미투 논란' 우건도 공천은 여성 유권자 무시"〉, 《연합뉴스》, 2022.5.9의 본문에도 "'미투'(Me too·나도당했다)"가 나온다.

59 대표적인 예로 최평천, 〈백석예술대, '미투 가해' 강사 해고 … "수차례 제자 성희롱"〉, 《연합뉴스》, 2018.3.31 등이 있다. 이 기사가 올라 온 후 다른 언론사들이 전부 똑같은 제목의 기사를 만들어 올렸다.

60 이상서, 〈디지털스토리: 소라넷은 어떻게 17년을 살아남았나〉, 《연합뉴스》, 2016.4.8.

61 이재현, 〈혼수 문제로 다투다 여자친구 흉기로 찔러 숨지게 한 20대 체포〉, 《연합뉴스》, 2018.10.25.

62 사정원, 〈'내 스타일이야' … 데이트 신청 대신 몰카 설치·무단침입 20대〉, KBS, 2018.3.13. 해당 기자는 '사건후'라고 이름 붙인 이런 식의 기사를 계속 보도하고 있다.

63 고성민, 〈"'한국은 몰카국' 퍼뜨려 관광객 줄이자" 나라망신 시키는 워마드〉, 《조선일보》, 2018.7.31.

64 휴먼라이츠워치, 〈"내 인생은 당신의 포르노가 아니다": 한국의 디지털 성범죄〉, 2021.6.16(https://www.hrw.org/ko/report/2021/06/16/378896).

65 배나은, 〈수정된 기사, 충격적 원문 … 문제적 '미투 보도' 모아보니〉, 2018.2.27.

66 성폭력특별법 제24조(피해자의 신원과 사생활 비밀 누설 금지) 제2항에서는 "누구든지 제1항에 따른 피해자의 주소, 성명, 나이, 직업, 학교, 용모, 그 밖에 피해자를 특정하여 파악할 수 있는 인적 사항이나 사진 등을 피해자의 동의를 받지 아니하고 신문 등 인쇄물에 싣거나 「방송법」 제2조제1호에 따른 방송 또

는 정보통신망을 통하여 공개하여서는 아니 된다"라고 규정하고 있으나, 언론은 국민들의 알 권리를 내세워 이를 지키지 않는다.

67 2018년부터 부산지법에서 열린 성폭력 재판을 모니터링한 바에 따르면, 부산 지역 성폭력 재판 기사의 원 재료를 《연합뉴스》가 생산하면 다른 언론사가 그대로 베끼는 형태로 기사가 게시되었다. 대학 기숙사에서 발생한 성폭력 사건을 전하면서 성폭력을 '입맞춤'으로, 가해자에게 구속영장이 청구된 것에 대해서는 "구속될 위기에 처했다"라고 표현했다가 비판받자 수정하는 등 제목과 본문 모두 가해자에게 온정적인 시각으로 작성된 바 있다. 게다가 재판도 가해자(피고인) 측 주장만 일방적으로 전하는 등 균형감도 상실한 상태였다. 곰탕집 강제추행 사건의 항소심만 하더라도, 내가 직접 가서 모니터링해보니 해당 기자가 의도적으로 가해자(피고인) 측 의견에 힘을 실어 기사를 작성하고 있었음을 확인할 수 있었다. 수도권 외 지역에서 진행되는 성폭력 사건 재판은 특정 언론사에 의해 1차 생산이 되고, 이후 다른 언론사들이 이를 그대로 혹은 가공해 게시하는데, 그럴 경우 그 언론사의 시각으로 사건이 왜곡되어 전달될 위험이 높다. 인용된 기사는 김선호, 〈부산대 여자기숙사 또 외부인 침입 … 여대생 강제추행 당해〉, 《연합뉴스》, 2018.12.16(수정되었음); 김선호, 〈부산 '곰탕집 성추행 재판' 피고인 지인 "추행했다면 알았을 것"〉, 《연합뉴스》, 2018.12.5 참조.

68 이은솔, 〈〈연합〉 트위터의 헛발질, 그냥 지나칠 수 없다〉, 《오마이뉴스》, 2017.2.8.

69 하성태, 〈'패악 드립' 〈조선〉 페북, '자폭'을 축하합니다〉, 《오마이뉴스》, 2016.7.27.

70 이하늬, 〈수위 넘은 '조폐지기', "이 정도면 범죄 아닌가요?"〉, 《미디어오늘》, 2016.8.11.

71 장형태, 〈[카드뉴스] 인터넷 속 소아성애 수위가 철컹철컹〉, 《조선일보》, 2016.3.5.

72 의견서는 '징벌적 배상제' 등을 포함한 언론중재법 개정안, '허위조작 정보'에 대한 심의 강화 등을 핵심으로 한 정보통신망법 개정안 등을 다루었다. 전국언론노동조합, 〈[의견서] 표현의 자유와 사회적 책임 위원회 의견서〉, 2022.5.3.

73 법무부, 〈범죄피해자 보호·지원, 이제 한 번의 신청으로!〉(보도자료 4641번), 2022.3.31.

74 게다가 20대 대통령의 공약 중 '여가부 폐지'가 있었고, 공약 이행을 공언한 데다, 2022년 5월 국민의힘 권성동 의원은 '정부조직접 개정안'을 발의해 여성가족부 폐지를 추진 중이다. 여성가족부가 폐지되지는 않더라도 업무는 기존

과 달라질 것으로 예상되며, 범죄 피해자 보호 등의 업무가 법무부로 이관되는 등의 변화가 예상된다. 그렇게 될 경우 여성가족부의 지원으로 운영되던 무료법률지원 사업 등에도 차질이 발생할 수 있으므로, 이런 점을 감안할 필요가 있다. 의안정보시스템, 〈[2115525] 정부조직법 일부개정법률안(권성동의원 등 11인)〉, 2022.5.6; 계승현, 〈[국정과제] 여가부 폐지 보류됐지만 … '성평등 컨트롤타워' 기능 삭제〉, 《연합뉴스》, 2022.5.3.

톱니바퀴들의 상호작용

1   김형준, 〈공군 부사관 성추행 가해자 징역 9년 … 보복협박 무죄 판단〉, 《노컷뉴스》, 2021.12.17; 군인권센터, 〈[성명] 끝도 없는 가해자 봐주기, 노 준위 보석으로 풀어준 군사법원〉, 2021.12.27; 군인권센터, 〈[기자회견문] 공군 법무실장, 가해자 구속 방해 정황 또 나와〉, 2022.3.15.

2   군인권센터, 〈[보도자료] 8비 성추행 사망 사건, 유가족 속이고 가해자 도와준 공군 군사경찰〉, 2021.12.1; 이은기, 〈공군 하사의 죽음 그 후 8개월, 진실을 찾아나선 부모〉, 《시사인》, 2022.1.17; 이은기, 〈공군 하사 사망 사건, 1심 재판부 '성추행' 사실 인정했다〉, 2022.1.18.

3   박성진·박은경·김상범, 〈해군 성추행 피해자의 사망, 76일만에 알았다는 국방부〉, 《경향신문》, 2021.8.13.

4   김도균, 〈"억울함 좀 풀어주세요 명예가 중요한 장교입니다"〉, 《오마이뉴스》, 2014.3.24.

5   국가인권위원회, 〈군사법원 공정한 재판, 지휘관계 성범죄 가중처벌 등 권고〉(보도자료), 2017.12.21.

6   박성진·박은경, 〈'무관용 원칙' 세우고도 단절되지 않는 군 성범죄〉, 《경향신문》, 2021.6.4.

7   군인권센터, 〈[논평] 여군 창설 71주년, 대한민국은 여군에게 안전한가〉, 2021.9.6.

8   군인권센터, 〈[보도자료] 가해자 변호인의 2차 가해를 방조한 공군 군사법원〉, 2021.12.16.

9   백상준, 〈군 사법제도 개선논의 및 향후과제〉, 국회입법조사처, 2020.

10 장예지, 〈'군대 내 성폭력' 계기로 구성된 미국의 독립기구 … 우리와 뭐가 달랐나〉, 《한겨레》, 2021.8.26; 신규진·윤상호, 〈성폭력과 싸우는 군대 … "마초문화-온정주의 못깨면 필패"〉, 《동아일보》, 2021.8.28.

11 국가인권위원회, 〈군 내 성폭력으로 인한 생명권 침해 근절 권고〉(보도자료), 2022.3.31.

12 군인권센터, 〈[기자회견] 공군 법무실장, 가해자 구속 방해 정황 또 나와 – 故 이예람 중사 유가족, 전익수 공군 법무실장 공수처에 직권남용 고발〉, 2022.3.15.

13 의안정보시스템, 〈[2115273] 공군 20전투비행단 이예람 중사 사망 사건 관련 군 내 성폭력 및 2차 피해 등의 진상규명을 위한 특별검사 임명 등에 관한 법률안(대안)(법제사법위원장)〉, 2022.4.14.

14 수가 증가했다는 보도는 진혜민, 〈군 성폭력 4년간 10배 폭증 … 성추행 가장 많아〉, 2022.2.18 참조. 비슷한 시기에 수가 감소했다는 보도는 소중한, 〈[최초공개] 1874건 … 5년간 군에서 매일 1건 이상 성범죄가 발생했다〉, 《오마이뉴스》, 2021.12.22; 소중한, 〈[최초공개] 군인 성범죄로 5년간 민간인 861건·군인 992건 피해〉, 《오마이뉴스》, 2021.12.22; 소중한, 〈[최초공개] 1874건 중 91건 … 군인 성범죄 실형 4.86%〉, 《오마이뉴스》, 2021.12.22 참조.

15 국가인권위원회, 〈2019 군 내 인권상황 실태조사〉, 2020.3.3.

16 박은하, 〈또다시 던져진 질문 … 군사법원 왜 있어야 하는가?〉, 《경향신문》, 2021.6.7.

17 강연주, “뽀뽀할 때까지 뻗쳐” 군법원은 왜 K중사를 풀어줬나〉, 《오마이뉴스》, 2021.5.6.

18 박상휘, 〈모두가 한 몸인 군사법체계 … 지휘관 권한 분리 못하면 은폐 반복〉, 《뉴스1》, 2021.6.9.

19 박세연, 〈[단독] 빅뱅 승리 “항소 계획” … 징역 3년 1심 판결 불복〉, 《스타투데이》, 2021.8.19; 김형준, 〈버닝썬 승리, 2심서 1년 6개월로 감형 … “혐의 인정하고 반성”〉, 《노컷뉴스》, 2022.1.27; 대법원, 〈특정경제범죄가중처벌등에관한법률위반(횡령) 등 사건(2022도2570) 보도자료〉, 2022.5.26.

20 가명조서 작성 등의 제도가 있긴 하나, 사실상 엉망으로 운용되고 있다. 이승윤, 〈[와이파일] 공군 중사 성추행 가해 피의자들의 군사재판 취재기〉, YTN, 2021.8.17; 이영태, 〈국방부·법무부, 軍 성폭력 피해자 지원 강화 업무협약 체결〉, 《뉴스핌》, 2021.10.14.

21 정재민, 〈‘군인권보호관 설치’ 국가인권위법 개정안, 국회 운영위 통과〉, 《뉴스1》, 2021.12.2; 군인권센터, 〈[공동성명] 군인권보호관 설치, 국방부 거수기로 전락한 인권위〉, 2021.11.25.

22 정빛나, 〈국방부, 국장급 성범죄 예방대응 조직 신설하려다 무산〉, 《연합뉴스》, 2022.2.18; 국방부, 〈국방부, 「군인권개선추진단」 출범〉(보도자료), 2022.2.18.

23 김기훈, 〈스토킹 가해자 긴급조치 불이행때 처벌 … 매년 군 성폭력실태조사〉, 《연합뉴스》, 2022.3.30; 이홍근, 〈군 성고충상담관 ‘성폭력 상담 경력자’는 절반뿐 … “전문가 없는 전문집단” 비판〉, 《경향신문》, 2022.2.28.

24 법제처, 〈법원이 재판권을 가지는 군인 등의 범죄에 대한 수사절차 등에 관한 규정 제정령안 입법예고〉(입법예고 공고번호제2021-415호), 2021.12.9.

25 김형준, 〈군 성범죄 민간서 수사·재판 … 곳곳에 군 개입 여지는 논란〉,《노컷뉴스》, 2021.8.25.

26 강연주, 〈군 '성범죄'는 민간경찰·'2차 가해'는 군사경찰 … 따로 노는 수사 가이드라인〉,《경향신문》, 2022.7.11.

27 강동헌, 〈'공수처는 장성만', '2차 가해는 민간 아닌 군에서' … 수사도 제대로 못 받는 軍 성범죄 피해자들〉,《서울경제》, 2022.3.26.

28 국가인권위원회, 〈7월 1일, 이제 군인권보호관이 동행합니다〉, 2022.6.16.

29 최의종, 〈군 성범죄 경찰 수사 반년 앞 … 현장은 업무과중 우려〉,《더팩트》, 2022.1.16.

30 김대현, 〈3개월 뒤 군사법원법 개정안 시행 … 일반 법원 '인력난' 관건〉,《아시아경제》, 2022.3.29.

31 장용석, 〈군검찰, '李중사 사건' 2차 가해 준사관에 징역 7년 구형〉,《뉴스1》, 2022.1.10; 김형준, 〈집행유예 아니면 무죄 … 공군 부사관 '2차 가해' 처벌 미진한 이유〉,《노컷뉴스》, 2022.2.1; 군인권센터, 〈[성명] 고등법원은 이예랑 중사에게 보복 중입니까?-가해자 항소심 규탄 성명〉, 2022.6.14.

32 국가인권위원회, 〈[보도자료] 군 내 성폭력으로 인한 생명권 침해 근절 권고〉, 2022.3.31.

4장

1 직장갑질119·재단법인공공상생연대기금, 〈'직장갑질119' 제보 사례 전수 분석을 통해 본 직장인 성희롱, 괴롭힘 실태 보고서〉, 2021 참조.

2 오명주·구민지, 〈"평창 금메달이 창피해" … 심석희, 국가대표 조롱 논란〉,《디스패치》, 2021.10.8.《디스패치》에는 피고인 측 변호인 의견서로 추정되는 내용이, L 사이트에는 판결문 전문이 공개되었다.

3 이혜리, 〈교묘하게 일상 속에 스며들어 성폭력 피해자 짓누르는 '위력'〉,《경향신문》, 2020.9.29.

4 선대식, 〈법무부 전문위원 17명 '사퇴' … "한동훈 장관, 서지현 두려운가"〉,《오마이뉴스》, 2022.5.18.

5장

1 고한솔, 〈#n번방이_판결을_먹고_자랄수없도록〉,《한겨레21》, 2020.6.26.

2 해당 재판 모니터링 교육 과정은 영상이 제작되어 배포되었다. 〈조주빈 재판

을 감시하는 '마녀'라고 불리는 이 사람〉, 닷페이스, 2020.7.23(https://youtu.be/lyMTZyxVLJA).

3 "South Korean National and Hundreds of Others Charged Worldwide in the Takedown of the Largest Darknet Child Pornography Website, Which was Funded by Bitcoin", U.S. Department of Justice, 2019.10.16 (https://www.justice.gov/opa/pr/south-korean-national-and-hundreds-others-charged-worldwide-takedown-largest-darknet-child).

4 유설희, 〈'웰컴투비디오' 이용자의 40%는 기소되지 않았다〉, 《경향신문》, 2020.9.2.

5 선대식, 〈세계 최대 아동성착취물 사이트 추가 수사 없었다〉, 《오마이뉴스》, 2021.10.13.

6 스토킹과 강력범죄의 연관에 대해서는 마녀(연대자 D), 〈스토킹 엄단해야 피해자가 산다〉, 《한겨레21》, 2021.7.13 참조.

7 장훈경, 〈교도소 해결사 '수발업체' … 음란물·공범 접견까지〉, SBS, 2017.8.22.

8 이명희, 〈'맥심 코리아', 과거에도 '작업의 화룡점정' 술에 약타고 '몰카' 성능 비교〉, 《경향신문》, 2015.9.5.

9 서울고법 2020노2178 판결문(2021.6.1 선고).

10 2022년 4월 29일, 법원행정처는 피해자 변호사를 포함한 사건 관계인들이 사전 동의를 한 경우 모든 형사재판의 기일 지정·변경 등에 대해 문자메시지로 안내하기로 했다. 한광범, 〈형사재판 일정 문자로 받는다 … 대법, 서비스 확대〉, 《이데일리》, 2022.4.29.

11 윤신원, 〈'여중생 집단 성폭행 사건' 피해자 오빠 "경찰이 CCTV 영상 고의로 삭제"〉, 《아시아경제》, 2020.4.21; 손현규, 〈친누나 살인범의 거짓말에 속은 경찰 … CCTV 부실 수사(종합)〉, 2021.5.3; 손현규, 〈범인 잡으랬더니 범죄 저지른 인천 경찰관들 … 도 넘은 기강해이〉, 《연합뉴스》, 2021.6.30.

12 최근 성폭력 범죄 등 여성 대상 강력범죄 사건의 재판에서 피고인 측이 적극적으로 양형조사 등을 신청해 선처를 받으려는 전략을 펴고 있는데, 이는 양형조사가 피의자·피고인의 상황이나 상태를 중심으로 진행되기 때문에 본인들에게 유리하다고 판단하기 때문이다. 2019년 전국 판사들과 만나서 진행한 인터뷰에서 나는 양형조사가 '합리적 양형'을 보조하는 역할을 한다기에는 피고인 중심의 조사에 그치고 있으며(조사 문항 속 피해자와 관련된 사항은 피고인에게 합의 의사가 있는지를 묻는 수준에 머물러 있다), 피해자 대상의 양형조사는 신청도 거의 되지 않는 데다, 신청한다고 해도 양형조사관의 낮은 인권 감수성으로 인해 피해자가 추가적 피해를 입는 사례가 있다고 지적한 바 있다. 양형조

사와 관련해 법무부 디지털성범죄 전문위원회는 2022년 1월 〈객관적·합리적 양형을 위한 형법 양형조건 개정 및 성범죄 피해자 진술권 강화 등〉의 권고안을 통해 피해자 관련 사항의 반영 등 양형조사 제도 개선의 필요성을 역설했다. 법무부, 〈『객관적·합리적 양형을 위한 형법 양형조건 개정 및 성범죄 피해자 진술권 강화 등』 권고〉(보도자료), 2022.1.6.

13 공식적으로 규정된 것이라기보다는 이전까지 형법 제51조에 언급된 양형의 조건 중 피고인의 환경에 대한 부분이 있고, 판결을 할 때 그 환경과 관련해 불우해도 감형, 사회적 유대관계가 확실(사례처럼 피고인 가족의 선도나 계도 의지, 선처 탄원 등)해도 감형을 해왔다. 직업과 환경의 격차가 양형의 차이로 이어지는 부분에 대한 문제제기도 당연히 있다. 정다운·김재완, 〈변호사 사야 작량 감경↑ … 커지는 법정 빈부격차〉, 《노컷뉴스》, 2021.6.17; 마녀(연대자 D), 〈3년 뒤 똑같이 미성년 성추행한 경찰공무원〉, 《한겨레21》, 2022.5.26.

14 박기쁨, 〈디지털성범죄의 양형상 문제〉, 《현대사회와성범죄연구회 창립기념 공개토론회: 디지털환경과 성범죄의 진화−디지털 성범죄와 성매매를 중심으로 자료집》, 현대사회와성범죄연구회, 2021.10.22.

15 경찰청 보도자료, 〈상반기 사이버성폭력 집중단속, 449명 검거〉, 2021.7.14. 가해자 성별이 삭제된 보도자료가 7월 19일 다시 업로드되었다. 해당 자료에는 2021년 3~6월에 실시된 '사이버 성폭력 불법유통망·유통사범 집중단속'의 결과가 나와 있다.

16 경찰청 국가수사본부가 2021년 3~6월에 '사이버 성폭력 불법 유통망·유통사범 집중단속'을 실시한 결과, 디지털 성착취·성폭력 사범의 피의자 94.9퍼센트는 남성으로 집계되었다.

17 2022년 1월 25일 1심(서울중앙지법 형사29부: 김창형, 이혜린, 송승훈) 선고에서 재판부는 김 씨에 대해 징역 10년(검찰 구형: 징역 15년), 5년간 신상정보 공개·고지, 10년간 아동·청소년 관련 기관 및 장애인 복지시설 취업제한, 80시간의 성폭력 치료프로그램 이수, 추징금 1485만 원, 형 집행 종료 후 5년간 보호관찰을 명했다. 박정영, 〈"피해자들은 두려움 안고 살아갈 것" … '남자 n번방' 김영준 징역 10년〉, 《국민일보》, 2022.1.25 참조. 이후 피고인과 검사 모두 항소했으며, 2022년 5월 27일에 열린 2심(서울고법 형사4-3부: 김복형, 배기열, 오영준) 선고에서도 징역 10년과 보안처분이 그대로 유지되었고, 상고 포기로 형이 확정되었다.

18 최찬욱은 2021년 12월 23일 1심 재판(대전지법 형사11부: 박현행, 김주연, 권겸)에서 징역 12년(검찰 구형: 징역 15년), 10년간 신상정보 공개·고지, 10년간 취업제한, 10년간 위치추적전자장치 부착명령을 받았다. 피고인과 검찰 모두 항소

했으며, 2022년 5월 27일에 열린 2심(대전고법 형사1-1부: 정정미, 백승엽, 이홍주) 선고에서도 징역 12년과 보안처분이 그대로 유지되었고(일부 죄형의 변경으로 원심은 파기되었으나 형량은 그대로 유지), 2022년 6월 기준으로 최 씨의 상고로 대법원에 넘어간 상태다.

19 여성가족부 발표에 따르면 남성 성폭력 피해자 지원은 2021년을 기준으로 해바라기센터를 통해 20년간 11.5퍼센트 정도, 디지털성범죄피해자지원센터를 통해 최근 3년간 20.8퍼센트 정도 이루어졌다고 한다. 여성가족부, 〈여성가족부 정책 바로 알기 #3 – 성폭력 피해자 지원 편〉, 2021.7.27(http://www.mogef.go.kr/nw/enw/nw_enw_s001d.do?mid=mda703&bbtSn=709514).

20 추적단 불꽃, 《우리가 우리를 우리라고 부를 때》, 이봄, 2020.

21 이세아, 〈피해자·가해자 붙여놓고 "진술보다 증거" … 성범죄 재판부의 2차 가해〉, 《여성신문》, 2020.11.4.

22 정상빈, 〈[집중취재M] '스토킹처벌법' 실형은 0명 … 40%는 재판도 안 받았다〉, MBC, 2022.7.6; 양소연, 〈[집중취재M] 스토킹 처벌해달랬더니 … "전에 사귄 사이"니까 선처〉, MBC, 2022.7.6.

23 2021년 10월 12일 서울북부지법 형사13부(오권철, 류의준, 정경수)는 피고인 김태현에게 무기징역을 선고했다. 재판부는 피고인에게 유리한 양형이유로 "피고인이 이 사건 범행을 대체적으로 인정하고 있는 점, 벌금형을 초과하는 범죄 전력이 없는 점, 이 사건 범행 후 도주하지는 아니한 점, 그것이 피고인의 진심에서 우러나온 것인지는 피고인만이 알 수 있고 그 외의 사람들이 이를 섣불리 판단할 수는 없기는 하나, 피고인이 수사 및 재판 과정에서 자신의 잘못을 반성한다는 취지의 반성문을 제출하고 법정에서 직접 피해자 및 유족들에게 사죄의 뜻을 밝히기도 한 점"을 들어 비판을 받기도 했다. 피고인이 벌금형을 받은 범죄 전력은 2015년 모욕(벌금 30만 원), 2020년 성적목적다중이용장소침입(벌금 200만 원), 2021년 통신매체이용음란(벌금 200만 원)이다. 1심 이후 피고인 김태현과 검찰 모두 쌍방 항소했고, 2022년 1월 19일 항소심 재판부(서울고법6-3부: 조은래, 김용하, 정총령)가 항소를 기각한 뒤 쌍방이 상고해 대법원으로 넘어갔으나, 2022년 4월 상고 기각으로 무기징역이 확정되었다.

24 2021년 1월 20일 1심 재판부(대전지법 서산지원 제1형사부: 김수정, 고유강, 김근홍) 피고인 김ㅈㅅ에게 무기징역(위치추적전자장치 부착명령청구는 기각)을 선고했다. 2022년 1월 25일 2심 재판부(대전고법 제3형사부: 정재오, 문봉길, 류재오)가 무기징역(위치추적전자장치 부착명령 20년)을 선고한 뒤 검찰만 상고해 대법원에 넘어갔으며, 상고 기각으로 무기징역으로 확정되었다.

25 2021년 12월 22일 1심 재판부(대전지법 제12형사부: 유석철, 김수한, 신은경)는

양ㅈㅅ에게 징역 30년(200시간 아동학대치료프로그램 이수명령, 20년간 위치추적 부착명령, 10년간 취업제한, 일명 '화학적 거세'로 알려진 치료명령청구는 기각됨)을 선고했다. 검찰만 항소해 진행된 항소심(대전고법 형사1-1부: 정정미, 백승엽, 이홍주)에서 무기징역(1심의 보안처분에 10년간 신상정보 공개·고지가 추가됨)이 선고되었고, 쌍방 상고 포기로 형이 확정되었다.

26 한동훈, 〈경찰, 'n번방' 사건엔 범죄단체가입죄 적용 어려울 듯〉, 《서울경제》, 2020.5.28.

27 여성가족부, 〈2020년 아동·청소년 대상 성범죄 발생추세 동향 분석〉(보도자료 4136번), 2022.3.24 참조. 이 자료에 따르면 성매매 강요 범죄자의 평균 연령은 19.3세, 성매매 알선·영업 범죄자의 평균 연령은 21.7세이다. 지난 7년간 (2014~ 2020년) 추이를 살펴보면, 성매매 알선·영업 범죄자의 평균 연령은 2014년 27.2세에서 2020년 21.7세로 낮아졌다. 성매수는 99.4퍼센트가 남성, 성매매 알선은 86.8퍼센트가 남성, 성매매 강요는 78.9퍼센트가 남성이었다.

28 최지호, 〈미성년자 성매매 알선 일당에 '징역 18년' 철퇴〉, MBC, 2020.10.8.

29 대법원, 〈국민참여재판 실시 현황 자료〉, 2010~2020; 송재호 의원실, 〈국민참여재판, 성범죄사건 접수 가장 많은데 성범죄사건 국민참여재판 무죄율 14% → 48%〉, 2021.8.17.

30 여러 비판에 직면한 법무부는 피해자 국선변호사의 보수 체계를 재정비하고 (2021년 10월 이후), 인력을 확충했으며(2022년 4월 이후), 검사를 통한 평가 시스템도 마련해(2022년 7월 이후) 시행 중이다. 더 자세한 내용은 3장의 글 〈국선변호사는 누구를 변호하는가〉에서 관련 내용 참조.

1장

— "고통은 현재에 있다"

이혜리, 〈"가해자의 범행은 과거에 있지만 피해자의 고통은 현재에 있다."〉, 《경향신문》, 2020.7.29.

이혜리·윤지원, 〈찍힌 순간 세상에 저장되는 불법촬영물, 피해자의 고통은 끝나지 않았다〉, 《경향신문》, 2020.7.30.

— "왜 하필 당신이어야 했나?"

김잔디, 《나는 피해호소인이 아닙니다: 박원순 성폭력 사건 피해자가 살아낸, 끝날 수 없는 생존의 기록》, 천년의 상상, 2022.

노유진, 〈[단독] 만화계도 '미투'… "시사만화 거장 박재동 화백이 성추행"〉, SBS, 2018.2.26.

손가영, 〈박재동 성추행 사건 판결문은 어땠나〉, 미디어오늘, 2020.08.03.

— 허위과장의 진술습벽이 있는 여자

박판석, 〈'유죄' 조덕제 피해자 반민정 "연기를 빙자한 성폭력 사라져야 한다" [입장문 전문]〉, OSEN, 2019.9.15.

언론중재위원회, 〈2020년도 언론관련판결분석보고서〉 2부 언론관련판결 사례(서울남부지법 2019가단231582: 김ㅎㅊ 대상 손해배상 판결문 분석), 49~56쪽, 2021.

정철운, 《뉴스와 거짓말: 한국언론의 오보를 기록하다》, 인물과사상사, 2019.

— 그때도 틀렸고, 지금도 틀렸다

김보화·장주리, 〈한국성폭력상담소 성폭력역고소 상담일지분석: 5년간 상담통계와 1년간 상담사례를 중심으로〉, 《반성폭력 이슈리포트 제12호》(한국성폭력상담소 부설연구소 울림), 2018.

김지혜, 〈SNS에 '미투 폭로' 했다가 보복성 고소를 당하면 … 〉,《경향신문》, 2018.4.4.

홍영오·연성진·주승희, 〈여성 대상 폭력에 대한 연구: 친밀한 관계에서의 폭력을 중심으로〉, 한국형사법무정책연구원, 2016.

── 고소와 고립 앞에서

김보화, 〈부추겨지는 성폭력 역고소와 가해자 연대〉, 한국여성연구원 엮음,《여성학논집》, 35권 2호, 113~153쪽, 2018.

한국성폭력상담소,《[의지로 프로젝트 열린포럼] 의심에서 지지로, 성폭력 역고소를 해체하다 자료집》, 2018.

── 가해자의 죽음, 피해자의 삶

김서영, 〈성폭력 폭로한 선생님은 오늘도 징계와 싸운다〉,《경향신문》, 2022.3.6.

서보미·신지민, 〈'양육비 밀린 전 남편' SNS에 올렸다가 범죄자 될 뻔〉,《한겨레》, 2021.1.9.

손은민, 〈성폭력 고발했더니 … 피해자 징계한 교육청〉, 대구MBC, 2021.1.12.

── 싸움이 끝난 후

김지은,《김지은입니다: 안희정 성폭력 고발 554일간의 기록》, 봄알람, 2020.

김지은, 〈[김지은의 보통날] 다시 평범한 노동자로 살고 싶다〉,《여성신문》, 2021.3.26.

2장

── 보호할지 말지 정하는 사람

대한민국 법원 사이트, 〈모모씨 증언하러 법정가다〉(청각장애인용/비장애인용), 2012.12.27(2022년 6월 20일 법원 유튜브 채널에 일반·수어·외국어 버전이 모두 올라왔다).

박기쁨·유성희·지충현, 〈형사절차에서 피해자의 절차상 권리 및 피해자 보호조치 검토〉,《성범죄 재판, 함께 돌아보기: 보호법익, 재판실무, 시민사회의 시선으로 자료집》, 법원 젠더법연구회 재판다시돌아보기팀, 2020.9.

이선미·박용철, 〈성폭력 형사사건에서 피해자 진술의 신빙성과 경험칙에 관한 연구〉, 사법정책연구원, 2020.

── 합의는 어떻게 악용되는가

대법원 양형위원회, 〈합의 관련 양형요소 정비에 따른 양형기준 수정안〉, 2021.10.12.

이진화, 〈합의와 공탁이 아동·청소년 대상 성폭력범죄의 양형에 미치는 영향〉,《사법》, 1권 31호, 사법발전재단, 2015.

더 깊이 읽기를 위한 자료

차성안, 〈성범죄 양형기준상 처벌불원의 정당성: 비교법적 고찰에서 출발한 시론적 논의를 중심으로〉, 《서울법학》, 28권 4호, 서울시립대학교 법학연구소, 2021.

— '최대 29년 3개월'의 진짜 의미

김재완·정다운, 〈10년 넘게 중범죄 절반 '정상참작감경' … 법원·국회 서로 네탓〉, 《노컷뉴스》, 2021.6.19.

김중호·정다운·홍영선 외, 〈日천황서 기원한 판사의 권력 … 묻지도 따지지도 못해〉, 《노컷뉴스》, 2021.6.14.

정다운·김재완, 〈변호사 사야 정상참작감경↑ … 커지는 법정 빈부격차〉, 《노컷뉴스》, 2021.6.17.

정다운·김중호, 〈[법정B컷] "그 양형은 틀렸다" 14년 만의 法내부 비판〉, 《노컷뉴스》, 2021.6.20.

정다운·윤준호, 〈피고인 엄마 사죄에 '정상참작감경' … '진지한 반성' 맞나〉, 《노컷뉴스》, 2021.6.16.

김중호·정다운, 〈'판사 견제하라' 만든 양형위, 정상참작감경 부추기나〉, 《노컷뉴스》, 2021.6.18.

정다운·홍영선, 〈지적장애 신도 성폭행 목사, '재범'에도 정상참작감경〉, 《노컷뉴스》, 2021.6.15.

— 성범죄자에게 잊힐 권리란 없다

김지선·김영중·오현아 외, 〈중형주의 형사제재의 실효성 평가연구(I): 신상정보등록 및 공개제도의 실효성 평가연구〉, 한국형사·법무정책연구원, 2020.

— 미국으로 갔어야 했다

유설희·김희진·최민지, 〈W2V 운영자 인도 불허 '후폭풍' … 거세지는 사법부 비판〉, 《경향신문》, 2020.7.7.

— 이것을 정말 변화라고 말하려면

강병철·진선민, 〈尹 임기 중 대법관 13명·헌재 9명 교체 … 사법부 보수색 짙어질 듯〉, 《서울신문》, 2022.3.14.

김재중, 〈'임신중단을 선택할 권리'를 뒤집겠다는 미국 대법원〉, 《경향신문》, 2022.5.8.

대법원 양형위원회, 《양형기준안에 관한 제15차 공청회: 디지털성범죄양형기준안 자료집》, 2020.10.30.

대법원 양형위원회, 〈양형위원회 117차 회의 보도자료〉, 2022.7.5.

텔레그램성착취공동대책위원회, 《[토론회] 디지털 성폭력, '양형부당'을 말하다: 피해자 관점에서 본 양형기준 자료집〉, 2020.10.20.

헌법재판소, 〈구 성폭력범죄의 처벌 및 피해자보호 등에 관한 법률 제21조의3 제 4항 등 위헌소원〉(위헌결정문: 사건번호 2018헌바524), 2021.12.23.

— 듣는 일에도 준비가 필요하다

고한솔, 〈어린 피해자의 트라우마 헤집는 재판〉, 《한겨레21》, 2022.4.15.

고한솔, 〈피해아동의 진술을 존중하는 법〉, 《한겨레21》, 2022.4.15.

국가인권위원회, 〈아동권리협약 및 선택의정서〉, 2021.7.16.

국가인권위원회, 〈아동권리위원회 일반논평〉, 일반논평 12호(아동의 피청취권), 2021.7.16.

김대근·홍가혜, 〈범죄피해자의 트라우마에 대한 형사정책적 체계정립 방안〉, 한국 형사·법무정책연구원, 2021.

이혜리, 〈판사들에게 말한다 "성폭력의 원인을 피해자에게서 찾지 말라"〉, 《경향신 문》, 2020.4.22.

이혜리·유설희·정희안, 〈"그게 강간이라고 생각해요?" 판사가 내 진술을 의심하는 것 같았다〉, 《경향신문》, 2020.4.20.

젠더법연구회 인터뷰단, 〈모진만남vol.3-1, "디케, 마녀를 만나다" 그리고 그의 자리 에 서서 듣다 1편(인터뷰편)〉, 2020.

한국여성변호사회, 〈미성년 피해자 영상진술 특례조항 위헌결정 이후의 대응방안 심포지엄 자료집〉, 2022.3.17.

현대사회와성범죄연구회, 〈영상물에 수록된 19세 미만 성폭력 범죄 피해자 진술에 관한 증거능력 토론회 자료집〉, 2022.01.10.

— 어느 판사님께 드리는 편지

박미영, 〈현직 부장판사 "대법원, 성폭력 사건 '유죄 판결 법원' 됐다"〉, 《법률신문》, 2021.5.18.

3장

— 피해자는 당사자가 아니라는 말

강은영·박지선·강민영, 〈성폭력피해자 진술의 신빙성에 대한 형사사법기관 판단 및 개선방안: 성인지감수성을 중심으로〉, 한국형사정책법무연구원, 2021.

박기쁨, 〈형사재판에서의 회복적·치료적 사법에 관한 연구〉, 사법정책연구원, 2021.

법무부, 〈디지털성범죄 전문위원회, 자문위원 위촉 및 첫 번째 권고안 발표〉(보도자 료 4400번), 2021.10.6.

더 깊이 읽기를 위한 자료

법무부, 〈범죄피해자 보호·지원, 이제 한 번의 신청으로!〉(보도자료 4641번), 2022. 3.31.

임수희, 《처벌 뒤에 남는 것들: 임수희 판사와 함께하는 회복적 사법 이야기》, 오월 의봄, 2019.

— 경찰이라니, 가해자인 줄

강석구·김태명·윤동호·조기영, 〈검찰·경찰 수사권 조정의 후속과제〉, 한국형사법 무정책연구원, 2021.

T. 크리스천 밀러·켄 암스트롱, 《믿을 수 없는 강간 이야기》, 노지양 옮김, 반비, 2018.

한국여성인권진흥원, 《2021년 제1차 여성폭력방지 정책토론회: 자치경찰제 도입과 여성폭력 피해지원 실효성 강화방안 자료집》, 2021.5.17.

— 판사 뒤에 숨은 검사들

김도요, 〈성범죄 재판 증인신문의 현실 및 피해자보호규정도입에 관한 법조인의 인 식〉, 《미투, 그 이후: 법정으로 온 성범죄 사건들의 쟁점들 자료집》, 대법원 젠 더법연구회, 2019.4.5.

연대자D, 〈연대자 D, 대나무 숲에 가다(2021.01.20.~2021.01.26.): 검사에게 말하다〉, 일반인 29명 참여 온라인 설문조사, 2021.1.

이상훈·홍진영, 《피의자신문조서 증거능력 제한과 형사재판 자료집》, 사법정책연구 원. 2021.10.

— 국선변호사는 누구를 변호하는가

조현주, 〈피해자 국선변호사로서 성범죄 재판 바라보기〉, 《성범죄 재판, 함께 돌아보 기: 보호법익, 재판실무, 시민사회의 시선으로 자료집》, 법원 젠더법연구회 재 판다시돌아보기팀, 2020.9.

— "피해자를 불러내 증언의 고통을 안기세요"

김보화, 〈성폭력 사건 해결의 '법시장화' 비판과 '성폭력 정치'의 재구성에 관한 연 구〉, 이화여자대학교 대학원 박사학위논문, 2021.

마녀(연대자 D), 〈성범죄 가해자가 적극적으로 국민참여재판 원하는 이유〉, 2022. 6.22.

박수현·조정민, 〈성범죄의 보호법익으로서 성적 자기결정권의 실무상 현황과 과 제〉, 《성범죄 재판, 함께 돌아보기: 보호법익, 재판실무, 시민사회의 시선으로 자료집》, 법원 젠더법연구회 재판다시돌아보기팀, 2020.9.

— 계산된 전략, 보복성 고소

김선화, 〈피해자의 범죄피해 사실적시와 명예훼손죄의 성립: 성폭력 피해자를 중심
으로〉, 한국젠더법학회 엮음,《젠더법학》, 11권, 47~92쪽, 2019.

마녀(연대자 D), 〈가해자의 무기, 사실적시 명예훼손〉,《한겨레21》, 2022.1.15.

장다혜, 〈형법상 성폭력범죄의 판단기준 및 개선방안: 비동의간음죄의 도입가능성
을 중심으로〉, 한국형사·법무정책연구원, 2019.

한국성폭력상담소,《20대 국회 강간죄 개정을 위한 토론회: 성폭력 판단기준, '폭행
과 협박'이 아닌 '동의여부'로 자료집》, 2019.11.

— '후기'로 맺어진 유대

김한균·윤해성·김경찬 외, 〈첨단 과학수사 정책 및 포렌식 기법 종합발전방안 연구
(II)〉, 한국형사·법무정책연구원, 2020.

마녀(연대자 D), 〈가해자는 날아다니는데 기어다니는 수사관〉,《한겨레21》, 2022.
3.17.

오정희·김석순, 〈디지털 증거 압수·수색에 있어서 관련성 문제〉,《현대사회와성범
죄연구회 창립기념 공개토론회: 디지털환경과 성범죄의 진화-디지털 성범죄
와 성매매를 중심으로 자료집》, 현대사회와성범죄연구회, 2021.

— '여'가 없으면 기사를 못 쓰나

노지민, 〈사건기사 제목, 남성보다 여성 표기가 많아〉,《미디어오늘》, 2019.11.10.

유성애, 〈"강간범은 남자" 말 못하는 미디어의 속사정〉,《오마이뉴스》, 2015.9.16.

최승명·김아영, 〈클릭에 눈먼 언론, 여성 비하 언어 '○○녀' 양산〉, 한국기자협회,
2016.5.31.

— 연대의 탈을 쓴 착취자들

김미성, 〈"매일밤 음란 사이트 뒤져요" 디지털 성범죄 끝없는 고통〉, 대전CBS,
2017.12.6.

김수정,《아주 오래된 유죄: 그러나 포기하지 않은 여성을 위한 변론》, 한겨레출판,
2020.

톱니바퀴들의 상호작용

국방부 민·관·군 합동위원 6인, 〈국방부 민·관·군 합동위원 6인 사퇴 입장문: 더
이상 국방부에 개혁을 맡길 수 없습니다〉, 군인권센터, 2021.8.25.

의안정보시스템, 〈[2112215] 군사법원법 일부개정법률안(대안)(법제사법위원장)〉,
2021.09.25(공포일).

강현주·조혜지, 〈"뽀뽀할 때까지 뻗쳐" 군법원은 왜 K중사를 풀어줬나〉, 《오마이뉴스》, 2021.5.6.

강연주, 〈불법촬영 상습범에 무죄 … 이상한 이유로 뒤집혔다〉, 《오마이뉴스》, 2021.5.13.

강연주, 〈성범죄 저질러도 '군인'은 ○○ 면제? 기막힌 특혜 조항〉, 《오마이뉴스》, 2021.5.11.

이은의, 〈군법원 가던 날, 성범죄 피해자는 아연실색했다〉, 《오마이뉴스》, 2021.5.14.

조혜지, 〈소름돋는 판결문, 피해자 주소·애인 이름까지 공개〉, 《오마이뉴스》, 2021.5.7.

조혜지, 〈여군 가슴에 전동 드릴 돌린 상관 … 황당한 1심 판결〉, 《오마이뉴스》, 2021.5.12.

조혜지, 〈"한미동맹 악영향" 미군 강제추행, 벌금형으로 깎인 사연〉, 《오마이뉴스》, 2021.5.10.

4장

— 욕망하는 연대자

김영서, 《눈물도 빛을 만나면 반짝인다: 어느 성폭력 생존자의 빛나는 치유 일기(개정판)》, 이매진, 2020.

디담·브장, 《나, 여기 있어요》, 교양인, 2020.

로빈 윌쇼, 《그것은 썸도 데이트도 섹스도 아니다: 아는 사람에 의한 강간 Acquaintance Rape에 관해 알아야 할 모든 것》, 한국성폭력상담소 부설연구소 울림, 미디어일다, 2015.

봄날, 《길 하나 건너면 벼랑 끝: 성매매라는 착취와 폭력에서 살아남은 한 여성의 용감한 기록》, 반비, 2019.

샤넬 밀러, 《디어 마이 네임: 이름이 지워진 한 성폭력 생존자의 진술서 너머 이야기》, 동녘, 2020.

이경빈·이은진·전민주, 《영미 지니 윤선: 양공주, 민족의 딸, 국가 폭력 피해자를 넘어서-평택 기지촌 여성 구술집》, 서해문집, 2020.

장화·불가살이·김민지 외, 《죽고 싶지만 살고 싶어서: 친족 성폭력 생존자들의 기록》, 글항아리, 2021.

토마스 마티유, 《악어 프로젝트: 남자들만 모르는 성폭력과 새로운 페미니즘》, 맹슬기 옮김, 권김현영 외해제, 푸른지식, 2016.

— 공동체적 해결에 필요한 것들

기독교반성폭력센터·뉴스앤조이,《미투 처치투 위드유: 교회 성폭력 해결을 위한 가이드북》, 뉴스앤조이, 2018.

송진희·종이별·최은순 외,《그건 예술이 아니라 성폭력입니다》, 부산문화예술계 반성폭력연대 기획, 소수점, 2021.

장다혜·추지현·김석호,〈대학 내 폭력 및 인권침해 실태 및 개선방안에 대한 연구〉, 한국형사·법무정책연구원, 2019.

— 파티와 화형식

엘렌 베스·로라 데이비스,《아주 특별한 용기: 성폭력 생존자들을 위한 영혼의 치유(개정판)》, 이경미 옮김, 동녘, 2012.

— 그때의 내게 내가 있었다면

한국성폭력상담소 부설연구소 울림,《보통의 경험: 성폭력 피해자를 위한 DIY 가이드》, 이매진, 2011.

— 방청연대 연대기

팀 eNd,《그래서 우리는 법원으로 갔다: n번방 가해자 재판 방청연대기》, 봄알람, 2022.

— 판결문 읽는 법

박주영,《어떤 양형이유》, 김영사, 2019.

— '-디'가 되기 위해

안주연,《내가 뭘 했다고 번아웃일까요: 내 마음 돌보기》, 창비, 2020.

5장

김현아,〈디지털 성범죄 피해자 구제 및 예방을 위한 개선방안〉,《디지털성범죄 피해자 법률지원 간담회 자료집》, 한국여성변호사회, 2021.3.18.

박수연,〈디지털성폭력에서 '증거' 데이터의 취급〉,《현대사회와성범죄연구회 창립기념 공개토론회: 디지털환경과 성범죄의 진화 – 디지털 성범죄와 성매매를 중심으로 자료집》, 현대사회와성범죄연구회, 2021.10.22.

법무부,《디지털 성범죄 등 대응 TF·전문위원회 활동과 성과》, 2022.5.10.

서혜진,〈디지털 성범죄 피해자 법률지원 현황 및 사례분석〉,《디지털성범죄 피해자 법률지원 간담회 자료집》, 한국여성변호사회, 2021.3.18.

정서현,〈디지털 성범죄의 유형 및 관련 법률 개관〉,《현대사회와성범죄연구회 창립기념 공개토론회: 디지털환경과 성범죄의 진화 – 디지털 성범죄와 성매매를 중심으로 자료집》, 현대사회와성범죄연구회, 2021.10.22.

한국사이버성폭력대응센터, 〈한국사이버성폭력 대응센터 2020년 피해지원 상담통계 분석〉, 2020.

한국여성인권진흥원, 〈2020 디지털 성범죄 피해자 지원 보고서〉, 2021.3.

한국여성인권진흥원, 〈2020 디지털 성폭력 피해지원 및 연계 매뉴얼_디지털성범죄 피해자지원센터〉, 2020.12.

한국여성인권진흥원, 〈2020 사전 모니터링 분석보고서_디지털성범죄피해자지원센터〉, 2020.12.

휴먼라이츠워치, 〈"내 인생은 당신의 포르노가 아니다": 한국의 디지털 성범죄〉, 2021.6.16.(https://www.hrw.org/ko/report/2021/06/16/378896).

DSO(디지털성범죄아웃), 《디지털 성폭력 대응 매뉴얼: 사법적 대응부터 피해 회복까지》, 봄알람, 2019(https://drive.google.com/drive/folders/1kEhTVlbtElQwkNVadqjl7_G3UVD3lQmK).

Project ReSET, 〈텔레그램 내 디지털 성범죄 총정리. 디지털성범죄 톺아보기 간담회 핸드아웃〉, 2020.4.

Project ReSET, 《텔레그램 성착취 사건 이후 디지털성폭력 실태보고 자료집》, 2021.8.

— 서울: '박사방' 재판이 중요한 이유

경찰청, 〈미국 법무부, 아동음란물 다크웹사이트 국제공조사건 수사결과 발표〉(보도자료), 2019.10.17.

연선주, 〈조직화·체계화된 수익목적 디지털 성범죄〉, 《현대사회와성범죄연구회 창립기념 공개토론회: 디지털환경과 성범죄의 진화-디지털 성범죄와 성매매를 중심으로 자료집》, 현대사회와성범죄연구회, 2021.10.22.

유설희, 〈'웰컴투비디오' 이용자의 40%는 기소되지 않았다〉, 《경향신문》, 2020.9.2.

— 수원: '성착취'가 등장하다

경향신문, 〈n번방 리와인드, 디지털 성범죄를 되감다〉(http://news.khan.co.kr/kh_storytelling/2020/tracknroom).

백가을, 〈디지털성범죄의 연혁과 실태〉《현대사회와성범죄연구회 창립기념 공개토론회: 디지털환경과 성범죄의 진화-디지털 성범죄와 성매매를 중심으로 자료집》, 현대사회와성범죄연구회, 2021.10.22.

한겨레21, 〈너머n: 디지털성범죄끝장프로젝트〉(https://stopn.hani.co.kr).

한국사이버성폭력대응센터, 〈웹하드 카르텔 규탄 긴급 기자회견문〉, 2018.11.06(http://cyber-lion.com/?p=211).

— 인천: 연대자들을 향한 위협

박기쁨, 〈디지털성범죄의 양형상 문제〉, 《현대사회와성범죄연구회 창립기념 공개토
  론회: 디지털환경과 성범죄의 진화 – 디지털 성범죄와 성매매를 중심으로 자료
  집》, 현대사회와성범죄연구회, 2021.10.22.

여성가족부, 〈아동·청소년 대상 성범죄 발생 추세와 동향 분석〉(보도자료 4136번),
  2022.3.24.

— 춘천: 지역 활동가들의 힘

김기수, 〈디지털 성범죄 재판절차상 특수성〉, 《현대사회와성범죄연구회 창립기념 공
  개토론회: 디지털환경과 성범죄의 진화 – 디지털 성범죄와 성매매를 중심으로
  자료집》, 현대사회와성범죄연구회, 2021.10.22.

이주연·이정환, 《헤어지자고 했을 뿐입니다: 교제살인, 그 108명의 죽음》, 오마이북,
  2021.

— 창원: 수기를 불허하는 공개재판?

마녀(연대자 D), 〈무기징역이 가해자의 희망이라면〉, 《한겨레21》, 2022.2.26.

엄지원·고한솔·박다해·이정규, 〈죽을 만한 일은 없었다 [페미사이드 500건 분석]〉,
  《한겨레21》, 2021.12.19.

한겨레21, 〈페미사이드 500건의 기록〉(http://stop-femicide.hani.co.kr).

한국여성인권진흥원, 《2021년 2차 여성폭력방지 정책토론회 자료집: 스토킹 처벌과
  피해자 보호: '스토킹처벌법'을 중심으로》, 2021.9.1.

— 안동: '갓갓' 이전과 이후

김완, 〈[단독] 청소년 '텔레그램 비밀방'에 불법 성착취 영상 활개〉, 《한겨레》,
  2019.11.10.

김완, 〈[단독] '아동 성착취물 유통 텔레그램 비밀방'서 마약도 팔았다〉, 《한겨레》,
  2019.11.11.

마녀(연대자 D), 〈재판은 끝났지만 사건은 끝나지 않았다〉, 《한겨레21》, 2022.11.24.

특별취재팀, 〈아동·청소년에까지 성착취물 강요·협박 … "10년 이하 징역"〉, 《한겨
  레》, 2019.11.25.

특별취재팀, 〈능욕 댓글에 집 주변 인증샷 … 피해여성 '공포의 나날'〉, 《한겨레》,
  2019.11.25.

특별취재팀, 〈텔레그램에 퍼지는 성착취 영상 … "알바 모집" 속아 '노예'가 되었다〉,
  《한겨레》, 2019.11.25.

특별취재팀, 〈"지인 얼굴 합성해드려요" 성착취물 비밀방, 접속자 '수만명'〉, 《한겨

레》, 2019.11.26.

특별취재팀, 〈성착취방 지배하는 '박사' … "현실의 찌질함 잊는 상상속 권력"〉, 《한
　　겨레》, 2019.11.26.

특별취재팀, 〈웹하드·단톡방 단속하자 텔레그램 'n번방'이 들끓었다〉, 《한겨레》,
　　2019.11.27.

특별취재팀, 〈"소라넷 계보 잇겠다"…올초 어느 블로거의 'n번방' 선언〉, 《한겨레》,
　　2019.11.27.

특별취재팀, 〈성착취 가해자 추적 보도 시작되자 '비밀방'에선 "기레기 잡아라"〉,
　　《한겨레》, 2019.11.28.

―　　울산: '디지털 네이티브'가 적힌 판결문

김주희, 《레이디 크레딧: 성매매, 금융의얼굴을 하다》, 현실문화, 2020.

김지선·김민영·한민경·조병철, 〈아동·청소년 대상 성범죄 동향 및 추세 분석〉(2018년
　　기준), 한국형사·법무정책연구원 & 여성가족부, 2019.12.

박수현, 〈아동·청소년 대상 그루밍의 실태와 법적 규율〉, 《현대사회와성범죄연구회
　　창립기념 공개토론회: 디지털환경과 성범죄의 진화―디지털 성범죄와 성매매
　　를 중심으로 자료집》, 현대사회와성범죄연구회, 2021.10.22.

박주영, 《법정의 얼굴들》, 모로, 2021.11.5.

신박진영, 《성매매, 상식의 블랙홀》, 봄알람, 2020.

십대여성인권센터, 《대상아동·청소년 이대로 둘 것인가: 성매매 유입 아동·청소년
　　보호를 위한 '아동·청소년 성보호에 관한 법률' 개정 간담회 자료집》, 2019.

조정민·안은지·임미경·신박진영, 〈성매매, 그리고 디지털환경의 개입〉, 《현대사회
　　와성범죄연구회 창립기념 공개토론회: 디지털환경과 성범죄의 진화―디지털
　　성범죄와 성매매를 중심으로 자료집》, 현대사회와성범죄연구회, 2021.10.22.

조현주, 〈권력형 성폭력 범죄의 지원 사례 및 한계, 개선점〉, 《권력형 성폭력 피해자
　　지원 및 보호를 위한 심포지엄 자료집》, 한국여성변호사회, 2018.

―　　제주: 호통에 가려진 것들

전국성폭력상담소협의회, 〈2017년도 성폭력 수사·재판과정에서의 인권보장을 위한
　　시민감시단 디딤돌·걸림돌 선정〉, 2018.1.19.

전국성폭력상담소협의회, 〈2019년도 성폭력 수사·재판과정에서의 인권보장을 위한
　　시민감시단 디딤돌·걸림돌 선정〉, 2020.1.21.

홍진영, 〈국민참여재판에 따른 성폭력범죄 재판 운용의 실무적 개선방향에 관한 고
　　찰: 피고인의 국민참여재판을 받을 권리·피해자 이익의 보호·법관의 실체적
　　진실 발견 의무의 조화를 위하여〉, 《법조》, 66권 5호, 2017.

북펀드에 참여해주신 분들(가나다 순)

강명지	김서영	나현	박경민	서정미
강보라	김서희	날개	박나래	서진
강서하	김선호	남은주	박누리	서호선
강수경	김세원	노미선	박란	성아영
강지영	김수경	노선이	박민아	세계일보 정지혜
강하수	김수인	노순영	박상희	세하
강효원	김수진	노율	박선영	소효종
같이갑니다	김양양	노태훈	박세린	손혜인
계희수	김연경	뉴스피크	박소정	송경아
고시현	김연아	느리걸음	박소해	송윤하
고유	김영무	느린달팽이	박소현	송혜운
고은진	김영신	단감	박수진	쇠고기
고이경	김영우	달	박스고양이	수빈
고이정	김영은	독서의흔적	박아람	수정
고주현(영원)	김영준	동백	박에스더	수현
곰돌리우스	김유나	라라	박예희	슈가링정우
공윤아	김유신	레온	박정은	시월이앤별
공작가	김유정	류다정	박지은	신박진영
곽문정	김유진	류서빈	박태근	신선희
구구	김윤정	류성민	박형원	신수진
구슬	김은지	류성민	박후추	신아름
굴양	김은지	류운	박희원	신예성
권민지	김이모	리나	반민정	신재욱
권순지	김이삭	리리	반유진	신현경
권정민	김재원	리셋	발전하는사람	신현수
권정은	김정화	리즈	밤별	심소려
권지원	김정희원	마녀들의밤	배보르미	아라
권태랑	김제	마루나래아실펫시	배수지	아보카도
글쩨	김주리	마마	배은경	안마노
기경민	김주희	마짱구	백가을	안성희
기호	김주희	망량	백소윤	안소빈
김가연	김주희	막	백은지	안솔기
김건태	김준수	매이	백재호	안재경
김고은	김지선	목격자_걔네	백한나	안정민
김광연	김지연	무랑	벤티	안혜림
김광연	김지연	문미란	변태진	알
김교신	김지영	문보경	별아	앎
김근숙	김지은	문소라	별을 쫓는 늑대	양돌규
김꽃잎	김지은(서로오롯)	문찬미	북극곰	양준호
김나경	김지호	문채영	북스스	엘자
김나은	김치형	문해진	북엇국	여명
김누리	김하은	물고기	불과 단의 지지자	여미정
김도영	김해성	물고기	불꽃 단	여백
김미경	김현자윤	뭄뭄	비밀	여전히여기있는
김미정	김현정	미라클리딩 크리스탈	비플러스	연대합니다
김민경	김현주	민경화	빛이있으리	연수
김민경	김혜리	민은영	ㅅ은지	연은수
김민아	김혜원	민지형	사바스	염윤선
김민정	김혜진	민하	새벽새	염지현
김보경	김회장	바다	서동실	영화계생존자B
김보름	꼬망도르	바람돌이	서미연	예서은서연서
김보미	나비매듭	바지락칼퇴근	서영	오경진

오상엽
오성화
오수미
오연진
오재윤
오주연
오채백
오현지
오현화
요닌
용인숙
우리로불리고싶은자
우유니
웃는개
워녕
유민
유성희
유손경
유승연
유시내
유영은
유인욱
유일다
유주얼
유지은
유태현
유현영
유호재
윤명숙
윤선우
윤성인
윤은주
윤휴빈
은나나
은재상
은희쏠
이경숙
이경준
이규연
이그드라실
이김보라
이나경
이다정
이다정
이도도
이두루
이레몬
이명희
이미진
이민경
이민지
이병현

이보람
이삼백
이상현
이새롬
이서현
이설록
이성지
이소영
이수빈
이수진
이수현
이승혜
이시현
이아림
이애월
이연수
이연주
이영주
이유경
이윤혜
이은수
이이자희
이자영
이정
이정은
이제희
이지영
이지영
이지윤
이지혜
이진송
이진윤
이태경
이하나
이한
이해인
이혜경
이혜진
이희경
이희연
이희원
익명2
임경희
임덕순
임서형
임수연
임정호
임한결
잇다(양숙희)
자매의독서록
자몽
자유부인

장다혜
장성진
장순주
장은실
장은정
장은희
장일호
장주희
장지유
재영
재영
쟁뉴
재
전민주
전소율
전주희
전포롱
전희원
정경윤
정민지
정세리
정소연
정소현
정슬기
정애진
정영인
정윤경
정윤선
정윤정
정윤채
정은호
정이
정제이
정주화
정한새
정해주
조누리
조선희
조설우
조수민
조아라
조원경
조윤경
조은서
조지연
조형원
조혜정
주머니 속 송곳
주연
주원서진
지선
지연의미래

지은지
진냥
차성호
참매
창하
채은
책방79-1
첫봄
최기화
최대심
최미호
최민지
최성은
최윤선
최윤정
최정은
최지윤
최지은
최희영
코코유자
크리
클루거
킥복싱짱
킴킴
탁수정
탐스러운 탐
티앤티씨
팀블루스독
파나우
파주성폭력상담소
펜펜
푸른봄
하나가득
하정원(알렉곰)
하태근
한량
한사회성폭력상담
센터
한상완
한솔
한연화
한유림
한윤미
한정연
한태경
한혜빈
한혜정
함께 살자 끝까지
해영
행여은삶
허수영
허주연

헤즈
현수정
현승민
현월
혜원
홍수정
홍슬기
홍자령
홍해인
황쩍쩍기금
황희정
후원자 HJ
휴가중
희음
@HJsmile
@olhl_eehe
attriceban
cipher0
cui
DSO썬(전선미)
D님응원
eqnme
fad
Fascicle
Gerin
H
HARI
J
Jen
JoJo
K.Chung
KEY
KS
KSY
lighti
Lomi. A
Miru
MR.BAEK
Nothing
polyjean
Reve
Riri30
seri
sez
TOKKI
xxmile
Yune″

그 밖에 이름을 밝히지 않은 129분을 포함해 총 643분께서 참여해주셨습니다. 감사합니다.